A NOITE DO PODER

ROBERT FISK

A NOITE DO PODER

A TRAIÇÃO DO ORIENTE MÉDIO

70

Rio de Janeiro - 2025

A noite do poder

Edições 70 é um selo da Editora Almedina do Grupo Editorial Alta Books (STARLIN ALTA EDITORA E CONSULTORIA LTDA).

ISBN: 978-65-5427-343-5

Translated from original Night of Power. Copyright © 2021 do Copyright Robert Fisk. ISBN 9780007255498. This translation is published and sold by Columbia University Press, the owner of all rights to publish and sell the same. PORTUGUESE language edition published by Almedina Brasil Ltda, Copyright © 2025 by STARLIN ALTA EDITORA E CONSULTORIA LTDA.

Impresso no Brasil – 1ª Edição, 2025 – Edição revisada conforme o Acordo Ortográfico da Língua Portuguesa de 2009.

Dados Internacionais de Catalogação na Publicação

F539n
1.ed. FISK, Robert.

A noite do poder: a traição do Oriente Médio /Robert Fisk. - 1. ed. - Rio de Janeiro: Edições 70, 2025.

672 p.; 15,7 x 23 cm.
ISBN 978-65-5427-343-5

1.Jornalismo internacional. 2. Conflitos no Oriente Médio. 3. Política internacional. 4. História contemporânea. 5. Reportagem de guerra. I. Título.

CDD 956.04

Índice para catálogo sistemático:
1.História contemporânea do Oriente Médio - 956.04

Grupo Editorial Alta Books

Produção Editorial: Grupo Editorial Alta Books
Diretor Editorial: Anderson Vieira
Editor da Obra: Marco Pace
Vendas Governamentais: Cristiane Mutüs

Produtora Editorial: Andreza Moraes
Revisão: Merit Educacional
Diagramação: Merit Educacional
Capa: Natalia Curupana

ALTA BOOKS
GRUPO EDITORIAL

Rua Viúva Cláudio, 291 – Bairro Industrial do Jacaré
CEP: 20.970-031 – Rio de Janeiro (RJ)
Tels.: (21) 3278-8069 / 3278-8419
www.altabooks.com.br – altabooks@altabooks.com.br
Ouvidoria: ouvidoria@altabooks.com.br

Editora **afiliada à:**

Para Nelofer

Sabei que o revelamos (o Corão), na Noite do
Poder.
E o que te fará entender o que é a Noite do
Poder?
A Noite do Poder é melhor que mil meses.
Nela descem os anjos e o Espírito, com a
anuência do seu Senhor, para executar todas as
Suas ordens.
(Ela) é paz, até ao romper da aurora!

Alcorão, sura 97:1-5

SUMÁRIO

MAPAS

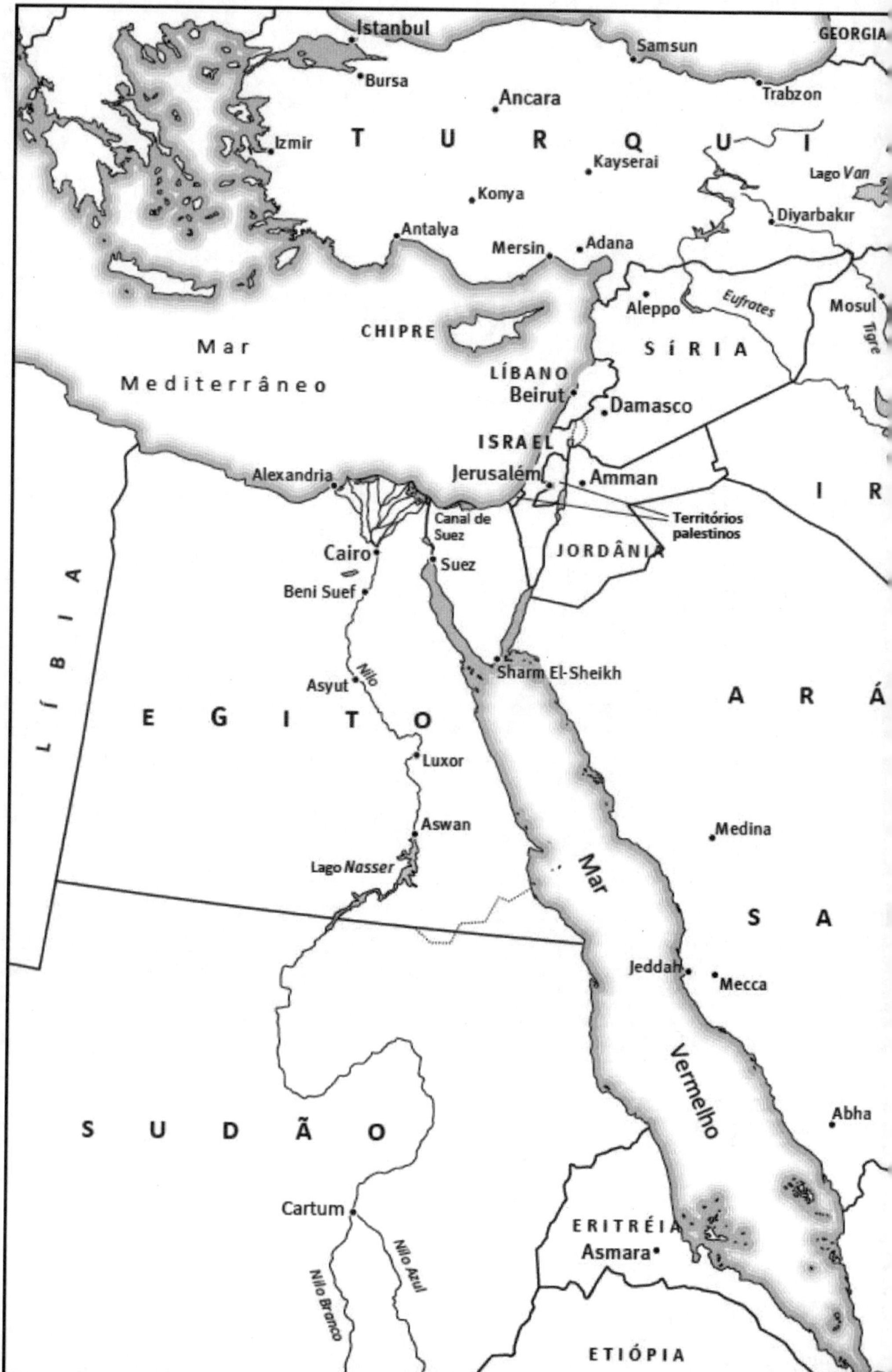

Istanbul
Samsun
GEORGIA
Bursa
Trabzon
Ancara
Izmir
T U R Q U I
Kayserai
Lago Van
Konya
Diyarbakır
Antalya
Mersin
Adana
Aleppo
Eufrates
Mosul
Tigre
CHIPRE
S Í R I A
Mar
Mediterrâneo
LÍBANO
Beirut
Damasco
ISRAEL
Alexandria
Jerusalém
Amman
I R
Canal de Suez
Territórios palestinos
Cairo
Suez
JORDÂNIA
Beni Suef
L Í B I A
Nilo
Asyut
Sharm El-Sheikh
E G I T O
A R Á
Luxor
Aswan
Medina
Lago Nasser
Mar
S A
Jeddah
Mecca
Vermelho
Abha
S U D Ã O
Cartum
ERITRÉIA
Asmara
Nilo Azul
Nilo Branco
ETIÓPIA

Mar Cáspio
ARMÊNIA
AZERBAIJÃO
Baku
Yerevan
TURCOMENISTÃO
Ashgabat
Tabriz
Lago Urmia
Mashhad
Teerã
Kirkuk
AFEGANISTÃO
IRÃ
Isfahan
Basra
Shiraz
KUWAIT
Cidade do Kuwait
PAQUISTÃO
Golfo Pérsico
Manama
BAHRAIN
QATAR
Doha
Dubai
Abu Dhabi
Riyadh
Muscat
U.A.E.
OMÃ
Mar Arábico
IÊMEN
Sana'a
Al Mukalla
Aden
200 milhas
200 km

0
40 milhas
0
40 km
LÍBANO
SÍRIA
Tiro
Colinas do
Golã
Acre
Ocupadas por Israel
desde 1967
Haifa
Mar da Galiléia
Nazaré
Mar
Mediterrâneo
ISRAEL
Jenin
Netanya
Nablus
Jordão
CISJORDÂNIA
Tel Aviv
Lod
Ramallah
JORDÂNIA
Jericó
Ashdod
Jerusalém
Belém
Ashkelon
Mar Morto
Erez
Cidade de Gaza
Hebron
GAZA
Rahat
Khan Younis
Rafah
Beersheba
Deserto de
Negev
EGITO

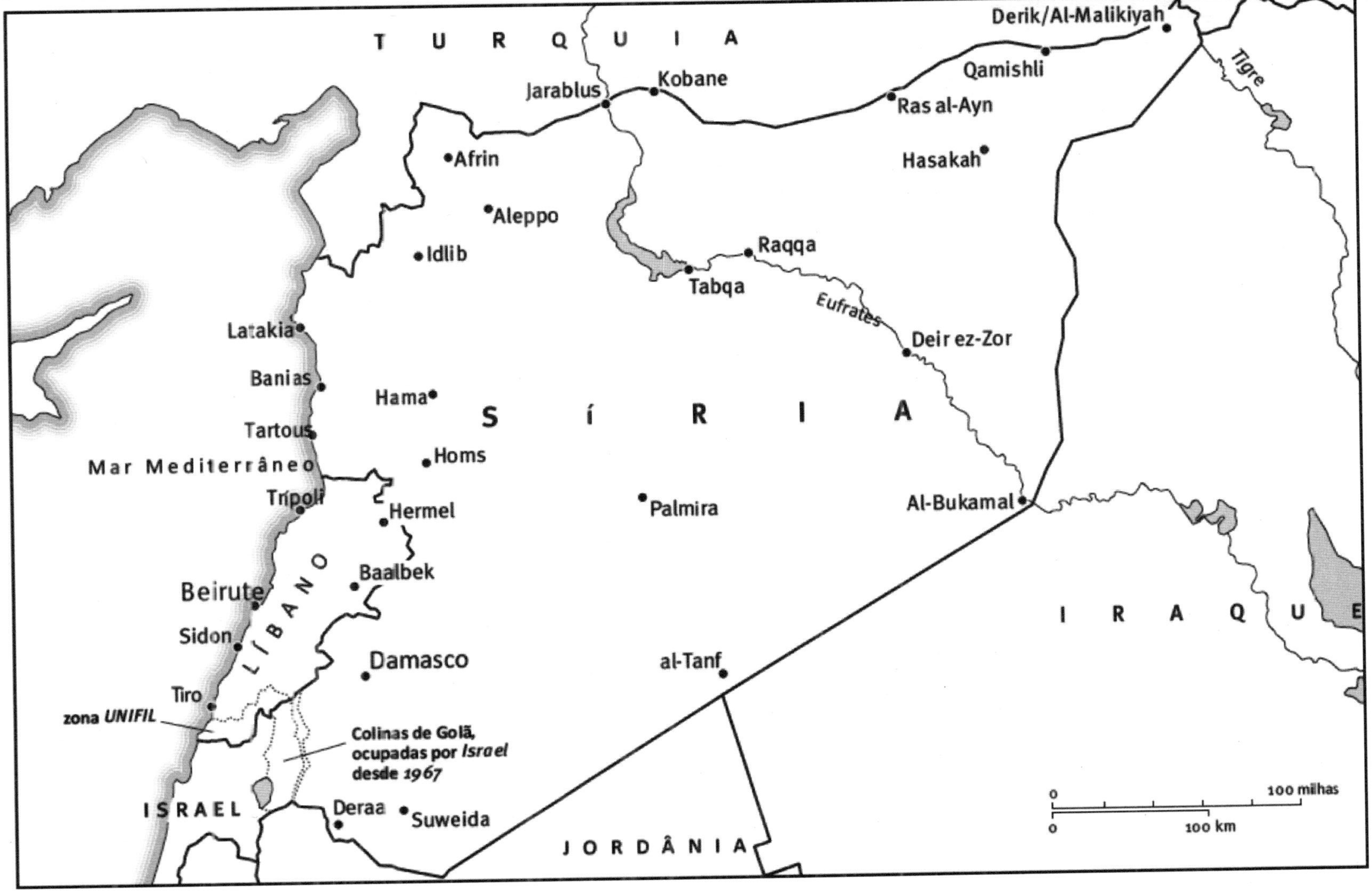

TURQUIA
Derik/Al-Malikiyah
Qamishli
Ras al-Ayn
Hasakah
Kobane
Jarablus
Tigre
Afrin
Aleppo
Idlib
Raqqa
Tabqa
Eufrates
Deir ez-Zor
Latakia
Banias
Hama
SÍRIA
Tartous
Mar Mediterrâneo
Homs
Trípoli
Hermel
Palmira
Al-Bukamal
Baalbek
Beirute
LÍBANO
Sidon
Damasco
al-Tanf
IRAQUE
Tiro
zona UNIFIL
Colinas de Golã, ocupadas por Israel desde 1967
ISRAEL
Deraa
Suweida
JORDÂNIA
0
100 milhas
0
100 km

TURQUIA
AZERBAIJÃO
TURCOMENISTÃO
Mar Cáspio
Tabriz
Ardabil
Lago Urmia
Rasht
Mashhad
Qazvin
Mosul
Kirkuk
Sulaymaniya
Tehran
SÍRIA
Hamedan
Tikrit
Tigris
Qom
AFEGANISTÃO
Kermanshah
Fallujah
IRÃ
Ramadi
Bagdá
Khorramabad
Birjand
IRAQUE
JORDÂNIA
Karbala
Kut
Isfahan
Dezful
Najaf
Eufrates
Ahvaz
Nasiriya
Kerman
Basra
Zahedan
ARÁBIA SAUDITA
Shiraz
PAQUISTÃO
KUWAIT
Bushehr
Golfo Pérsico
Estreito de Hormuz
0
200 milhas
0
200 km

PREFÁCIO

Patrick Cockburn

Conheci Robert Fisk em Belfast, em 1972, no auge dos Troubles[1]1, quando ele era correspondente do *The Times* e eu estava escrevendo uma tese de doutorado sobre história irlandesa na Queen's University.

Também estava nos primeiros passos, ainda hesitantes, como jornalista, enquanto ele estava rapidamente estabelecendo uma reputação de repórter meticuloso e altamente informado, que respondia com ceticismo — e investigava rigorosamente — às alegações de todas as partes, fossem homens armados do IRA ou unionistas, oficiais do Exército Britânico ou funcionários do governo.

Nossas carreiras seguiram direções paralelas porque estávamos interessados nos mesmos tipos de matérias. Ambos fomos a Beirute em meados da década de 1970 para escrever sobre a Guerra Civil Libanesa e as invasões israelenses. Muitas vezes relatamos os mesmos eventos sombrios, como o massacre de Sabra e Shatila de palestinos por milicianos cristãos apoiados por Israel em 1982. No entanto, geralmente não viajávamos juntos porque, além do fato de Robert gostar de trabalhar sozinho, escrevíamos para jornais concorrentes.

Quando compartilhávamos um carro durante as guerras, eu fica-

1 Conflito político na Irlanda do Norte entre as décadas de 1960 e 1990 que teve seu auge em 1972, com o chamado "Domingo Sangrento". (N.T.)

va impressionado com a disposição de Robert em correr riscos, mas sem arrogância, certificando-se de que estávamos com o motorista certo e de que a gasolina não estava diluída. Uma razão pela qual ele apresentou tantas notícias exclusivas — como a descoberta do massacre de 20.000 pessoas em Hama pelas forças de Hafez al-Assad, na Síria, em 1982 — é que ele era um viajante incansável. Um amigo lembra: "Ele era a única pessoa que conheço que podia, quase sem esforço, compor poemas sobre as aldeias do sul do Líbano enquanto as atravessava de carro".

Havia uma razão mortalmente séria por trás de suas visitas a essas aldeias. Quando eu era correspondente em Jerusalém, na década de 1990, eles eram o alvo de repetidos ataques aéreos israelenses, que o exército israelense declarava serem direcionados exclusivamente a "terroristas" e, se houvesse mortos ou feridos, eram sempre descritos como homens armados e não civis. Quase ninguém verificava se isso era verdade — exceto Robert, que dirigia repetidamente para essas mesmas aldeias destruídas e relatava em detalhes explícitos sobre os corpos mortos de homens, mulheres e crianças, e entrevistava sobreviventes. Quando Israel insistia em negar a responsabilidade, ele descobria mais evidências sob a forma de vídeos e viajava para os Estados Unidos para mostrar aos fabricantes de armas fragmentos de mísseis que haviam dilacerado alguma comunidade libanesa.

Robert era adequado a Beirute, com sua atmosfera livre e um tanto anárquica, um lugar sempre à beira do precipício, e o povo — libanês, palestino, exilados de todos os tipos —, sobreviventes natos, embora às vezes as probabilidades contra eles fossem grandes demais. Ele tinha uma simpatia natural por seus sofrimentos e sua raiva contra os que os infligiam. Sua simpatia não se limitava às vítimas do momento: por décadas ele escreveu sobre o genocídio armênio, realizado pelos turcos otomanos durante a Primeira Guerra Mundial. Ele divulgava diários e documentos há muito perdidos sobre o massacre em massa de cerca de 1,5 milhão de armênios, matérias que outros correspondentes achavam distantes da lista de notícias convencional e que seria melhor que fossem deixadas a cargo dos historiadores.

Mas Robert era mais do que um jornalista que catalogava desenvolvimentos e aflições atuais. Ele era tanto um historiador quanto um repórter, que escreveu, entre muitos outros livros, *A grande guerra pela civilização: a conquista do Médio Oriente* e agora *A noite do poder: A traição do Oriente Médio*. Nunca terminei o PhD em Belfast, porque a violência ficou muito intensa para o trabalho acadêmico, mas Robert conseguiu o doutorado no Trinity College Dublin, por sua tese sobre a neutralidade irlandesa na Segunda Guerra Mundial. Ele era mais do que uma pessoa que cobria "as notícias", já que sua obra jornalística — apesar de todas as suas notícias exclusivas e revelações — tinha muita profundidade. Ele era, no verdadeiro sentido do termo, "um historiador do presente".

Robert combinou as habilidades de um jornalista testemunha ocular, registrando e interpretando eventos, com a capacidade de um historiador de colocá-los em um contexto mais amplo e em um período mais longo. Os livros de Robert evitam a falha de muitas das melhores histórias acadêmicas, que é o autor, em grande parte, conhecer o acontecimento em segunda mão. A fraqueza do jornalismo é exatamente o oposto: o repórter concentra-se exclusivamente no que ele ou ela testemunham diante deles, ignorando ou minimizando a importância do que não veem, mas que é de igual ou maior significado. Por sua própria natureza, o jornalismo dilui a verdade não apenas por viés proprietário ou editorial, embora isso aconteça muito, mas porque a escassez de espaço e a necessidade de atrair um público amplo exigem simplificação excessiva. No entanto, a vida real dos povos e países é complicada — todas as setas nunca apontam convenientemente na mesma direção — e o que aparece na mídia será, no máximo, uma sinopse bem informada dos eventos. Somente por meio de livros como este é possível acessar a realidade complexa, mas invariavelmente fascinante. O grande jornalista norte-americano Seymour Hersh me disse uma vez: "Quando as pessoas me perguntam como começar uma investigação, sempre digo a elas: 'Leia, leia, leia'".

Robert era um repórter magnífico, que borbulhava de energia nervosa, muitas vezes mudando o peso de um pé para o outro, caderno na mão, enquanto interrogava testemunhas oculares implacavelmente e investigava o que realmente havia acontecido. Ele não aceitava nada como verdade absoluta e desprezava abertamente quem o fazia. Ele não inventou o velho ditado jornalístico “Nunca acredite em nada até que seja oficialmente negado”, mas concordava plenamente com sua mensagem cética. Ele suspeitava de repórteres que cultivavam diplomacias e “fontes oficiais”, que não podiam ser nomeadas, e cujo provável viés partidário não era mencionado, mas em cuja veracidade éramos convidados a confiar.

Alguns jornalistas responderam à crítica de Robert com um ressentimento perplexo: durante a contrainvasão liderada pelos EUA no Kuwait, em 1991, um jornalista norte-americano infiltrado reclamou que Robert estava relatando injustamente eventos sobre os quais as informações deveriam ter sido restritas a um “grupo” de correspondentes oficialmente sancionado. Outro jornalista norte-americano radicado em Londres, no início dos anos 1980, me disse que considerava Robert um escritor brilhante e o melhor repórter que ele já conheceu, mas ficou impressionado com o número de colegas que torciam o nariz para o nome de Robert. “Pensei nisso”, disse ele, “e acho que 80% da razão para isso é pura inveja da parte deles”. Realmente, o inferno não tem tanta fúria quanto um repórter que teve sua matéria publicada antes por outro, ainda mais um com quem isso aconteceu regularmente. Robert fez isso repetidamente por mais de meio século, então não era de admirar que jornalistas rivais muitas vezes nutrissem sentimentos amargos e ressentidos em relação a ele.

Ele provavelmente ganhou mais prêmios jornalísticos importantes no decorrer de sua carreira do que qualquer outro repórter britânico ou norte-americano. No entanto, as críticas hostis ao que escreveu são talvez uma marca de sua integridade. Quem se lembra do ministro do governo britânico, há muito esquecido, que respondeu à cética, porém imparcial, cobertura de Robert da invasão do Iraque liderada pelos EUA em 2003, descrevendo Robert como “um fantoche do regime de Saddam Hussein”?

Inevitavelmente, qualquer um que relatar honestamente sobre uma guerra fará inimigos — e provavelmente há algo de errado com seu trabalho se não o fizerem. Governos cujos exércitos estão tentando se matar provavelmente não hesitarão em contar mentiras uns sobre os outros. Eles detestam o jornalista que expõe essas falsidades e comumente o demonizam como antipatriota ou peão inimigo, já que todas as guerras são, e sempre foram, guerras de propaganda. Não há muito o que se possa fazer para acabar com isso, o que tem sido uma característica inevitável dos conflitos armados desde que os faraós egípcios escreviam hieróglifos mentirosos sobre suas vitórias inexistentes em monumentos há 4.000 anos. No entanto, deve ser possível alertar o público para a falsidade dessa propaganda, descrevendo, de maneira convincente, o que realmente está acontecendo e por quê. Robert estava bem ciente disso quando escreveu que "exércitos em guerra — como seus governos — devem ser observados com um alto grau de ceticismo e até mesmo de cinismo. No que diz respeito a exércitos e milícias, não há bons moços". Não é que Robert achasse que não havia pessoas boas, mas ele geralmente as encontrava entre as vítimas, e não entre os perpetradores da violência.

Vimo-nos, certa vez, quando ambos entramos para o Independent, Robert em 1989 e eu em 1990. Ele havia decidido deixar o The Times depois que o jornal se recusou a publicar sua história, apoiada por evidências abundantes, sobre como um cruzador norte-americano, o USS Vincennes, no Golfo, havia abatido um avião civil iraniano que voava entre Bandar Abbas e Dubai em 1988, matando todas as 290 pessoas a bordo. Eu estava principalmente no Iraque durante a Primeira Guerra do Golfo e Robert estava no Kuwait. Após a derrubada de Saddam Hussein em 2003, saímos juntos de Bagdá pelo deserto até a Jordânia. Lembro-me que ficamos parados por muito tempo no lado jordaniano da fronteira porque Robert havia conseguido, dos destroços de uma delegacia de polícia em Basra, no sul do Iraque, um arquivo de poemas laudatórios escritos para o feroz chefe de polícia de Saddam na cidade por seus subordinados, por ocasião de seu aniversário. Alguns dos funcionários jordanianos acharam hilárias essas covardes ofertas poéticas, mas outros acharam os documentos misteriosos e nos fizeram esperar horas no sombrio posto de fronteira, enquanto obtínhamos a permissão oficial de Amã para nos deixar passar.

À medida que envelhecíamos, ficamos mais próximos. Ambos tínhamos dúvidas sobre o resultado benéfico da chamada Primavera Árabe em 2011, tendo visto um paroxismo de violência produzido por otimismo semelhante sobre a invasão do Iraque. Nenhum de nós acreditava que Bashar al-Assad e seu regime iriam cair, em um momento em que isso era a sabedoria convencional entre políticos e na mídia. Sugerir o contrário imediatamente o tornaria um defensor de Assad. O curso sensato era ignorar essas diatribes e Robert e eu costumávamos aconselhar um ao outro a não reagir exageradamente e, assim, dar oportunidade para alguma distorção grosseira dos pontos de vista que defendíamos.

Ao longo dos últimos 15 anos de sua vida, conversávamos quase uma vez por semana sobre tudo, desde o estado do mundo até nosso próprio estado, complementando as ligações telefônicas com e-mails periódicos. Uma vida dedicada a descrever crises e guerras tornou Robert mais filosófico sobre a pandemia de Coronavírus do que aqueles com menos experiência direta em calamidades. Em um dos últimos e-mails que recebi dele, pouco antes de sua morte em Dublin, em 30 de outubro de 2020, ele escreveu que a "Covid-19, a menos que de repente se transforme em um tigre, será vista apenas como mais um risco para a vida humana — como acidentes de carro, cânceres, guerras etc. Os humanos não necessariamente lutam contra doenças, injustiças e tristezas. Eles simplesmente sobrevivem e seguem em frente, não importa o quê".

Ele estava certo ao reconhecer que a guerra, a praga e a morte violenta sempre estarão conosco, junto com as mentiras oficiais que se contam sobre elas, assim como aqueles que tentam explicar o que realmente está acontecendo. O primeiro-ministro britânico da Primeira Guerra Mundial, David Lloyd George, disse sobre aquele conflito que "se as pessoas realmente soubessem [a verdade], a guerra seria interrompida amanhã. Mas, é claro, elas não sabem e não podem saber". Robert estava muito interessado na guerra de 1914-18 porque seu pai, que havia lutado nela, o levou para visitar o Somme e outros campos de batalha desde muito jovem. Ao descrever os conflitos e guerras de sua própria época, Robert procurou, em seu jornalismo e em seus livros, contar às pessoas — ao contrário do que Lloyd George acreditava que poderia e deveria ser revelado ao público — sobre as coisas terríveis que acontecem e identificar os responsáveis por esses horrores.

Canterbury, setembro de 2023.

INTRODUÇÃO

> Aquele que escreve um livro deve escrevê-lo apenas se tiver sempre em mente que todos são seus inimigos, que todos são especialistas em seu campo, que ninguém tem nada em mente além de seu assunto e que todos estão prontos e dispostos a desafiá-lo. Nem deve um autor se contentar com isso. Ele deve deixar seu livro de lado e não se contentar com pontos de vista mal elaborados, pois um livro, uma vez composto, é maravilhosamente sedutor...
>
> Jahiz (morto em 868), al-Hayawan (1:88)

Poucos dias depois de chegar ao Oriente Médio como correspondente, em 1976, fiquei terrivelmente doente, com um tipo de disenteria. Fiquei de cama em meu quarto de hotel no Cairo, refletindo sobre a sabedoria daquela nova missão. No meio de um dia, forcei-me a sair da cama, lavar-me, vestir-me e caminhar até a vasta praça atrás do hotel. Era um poço de tráfego, pessoas agarradas às laterais de velhos ônibus vermelhos e creme, uma massa de egípcios abrindo caminho através de viadutos estreitos e por uma fétida estação de ônibus de bancos de concreto quebrados em meio a nuvens de poeira e fumaça.

Desmaiei em um desses bancos, semiconsciente, depois de vomitar por toda a estrada, enquanto as pessoas passavam por mim com indiferença. Eu odiava esse lugar, essa praça, essa cidade. Sabia — sem qualquer sombra de dúvida — que devia renunciar a essa nova nomeação do *The Times of London*. O trabalho de correspondente do Oriente Médio não era para mim. Essa mesma midan, esse terceiro círculo do inferno feito de cimento, cercado por prédios de apartamentos desbotados que zombavam da elegância das avenidas francesas, dominado por um gigantesco bloco de escritórios stalinista, era um lugar de total desespero. Seu próprio nome, para mim, era uma piada de ditador, sinônimo de uma sociedade fechada que nunca poderia emergir da ditadura cinza em que estava envolvida. Chamava-se Praça da Liberdade. Praça Tahrir.

Pouco menos de 35 anos depois, estava naquela mesma praça e agradeci a Deus por ter, através do perigo, do medo, da solidão, da excitação, da aventura, da fúria e da raiva incendiária, permanecido no Oriente Médio. Os velhos bancos de concreto da estação de ônibus haviam desaparecido e o hotel era apenas uma casca, mas a monstruosidade do prédio do Mugamma, os prédios de apartamentos de estilo francês desbotados e o museu egípcio de pedra cor-de-rosa ainda estavam lá. Era o mesmo lugar, mas agora um milhão de egípcios lutaram por ele, conquistaram-no e alteraram o curso da história árabe.

Agradeço a Deus, sempre disse isso a mim mesmo, por trabalhar para um jornal que imprimia cada palavra dos relatos que eu escrevia, por trabalhar para um editor que tratava os ditadores do Oriente Médio e os lobistas de Israel e da América com o desprezo que eles mereciam. A própria covardia que nos aflige, a fabricação do engano, as expressões seguras e formulaicas usadas para mascarar a realidade desse lugar trágico, transformaram os jornalistas em irmãos ensanguentados dos políticos que vão à guerra, no Iraque, no Afeganistão, no Paquistão, no Iêmen, por procuração no Líbano, na Líbia e na Síria, e, é claro, na "Palestina".

Quando Barack Obama foi eleito presidente dos Estados Unidos, não foi fácil mostrar que os governos não são sobre "mocinhos" e "bandidos", mas sobre poder; e que o poder israelense em Washington era muito forte para permitir que um líder jovem e idealista quebrasse o perigoso e acrítico apoio da América a seu aliado mais próximo no Oriente Médio. Em 2009, fui ao Cairo para ouvir Obama proferir seu discurso de aproximação com o mundo muçulmano. Gostei dele, mas fiquei preocupado com a autoconfiança de seu discurso, sua moral de diretor de escola, suas cuidadosas lições de história, duras com Israel e simpáticas ao mundo muçulmano, quando se tratava de precedentes, mas com poucos detalhes. O Ocidente adorou e as elites árabes gostaram, mas o povo do Oriente Médio permaneceu desconfiado. O discurso de Obama foi devidamente eviscerado pela determinação de Israel em continuar sua colonização de Jerusalém e da Cisjordânia.

Ao aceitar o Prêmio Nobel da Paz em dezembro de 2009, Obama provou que havia se tornado um apologista da guerra, um sucessor cauterizador, mas apropriado, de George W. Bush. Obama não poderia seguir o exemplo não violento de Mahatma Gandhi e Martin Luther King, disse ele, porque "enfrento o mundo como ele é". E assim, ele enviou mais 30.000 soldados para o Afeganistão, aprofundando-se na corrupção e na decadência do Paquistão e do Afeganistão, enquanto encenava uma retirada do Iraque em uma escala mais ilusória do que real. No Irã, na "Palestina", no Líbano, no Egito e na Península Arábica, incêndios estavam ardendo cujos atributos químicos nunca poderiam ser reconhecidos pelos líderes ocidentais. Mesmo nos Balcãs, apenas uma falsa paz nos impede de discernir as fúrias que ainda borbulham sob a pele de lobo da história.

Relatei toda a situação do Paquistão, do Afeganistão, do Irã, do Iraque, da Síria, do Egito, do Golfo, da "Palestina", de Israel e do Líbano, mas nada do que escrevi parecia ter algum efeito. Em 2006, relatei o segundo massacre israelense de civis em Qana, no sul do Líbano; os soldados libaneses que carregavam os corpos das vítimas em sacos plásticos os achavam tão leves para carregar que podiam levar dois corpos nos braços. O relatório que escrevi sobre aquelas crianças massacradas não teve o menor efeito. Ninguém, como já disse muitas vezes, poderia afirmar depois que não havia sido avisado.

Em uma tarde de outono, sentei-me na varanda com vista para o Mediterrâneo e me perguntei se deveria ter permanecido tantas décadas no Oriente Médio. Entre areias e cidades onde o calor cortava, testemunhei tantos banhos de sangue e massacres, vi tantas valas comuns, descrevi tantas torturas e execuções, escrevi tantas vezes sobre a opressão do Ocidente sobre o mundo muçulmano. Teria sido realmente sábio — ou sadio — ter passado tanto tempo aqui?

As guerras no Iraque, na Bósnia e no Kosovo indicavam um padrão sinistro, uma "normalização" da guerra. Se os ataques ultrajantes contra os inimigos eram demais para o público, nos desculpávamos — acidentes acontecem na guerra, não é mesmo? — ou culpávamos as vítimas. Se bombardeamos um bunker cheio de civis em Bagdá, foi apenas porque Saddam havia usado bunkers idênticos para operações de comando e controle. Então, quando bombardeamos o Afeganistão em 2001 e destruímos aldeias inteiras, foi porque a Al-Qaeda ou o Talibã estavam escondidos lá ou — se não estavam — sua tática de se esconder em outras aldeias era a culpada. E em 2003, criamos um espetáculo de brutalidade idêntica contra os iraquianos.

Nossos "aliados" no Oriente Médio seguiram o exemplo. No Líbano, em 2006, os israelenses atacaram pontes, rodovias, estações de energia, aldeias civis inteiras, transmissores de celular, escritórios e ambulâncias da Cruz Vermelha, assim como mais tarde atacaram estradas, centros médicos e instalações da ONU em Gaza. Uma vez estabelecido o precedente, essa nova atrocidade tornou-se um ponto de partida para as próximas mortes.

O fato de a Convenção de Genebra proibir especificamente o tipo de ataques que norte-americanos, britânicos e israelenses lançaram não significava nada. Não estávamos todos envolvidos em uma nova forma de conflito contra o "terror mundial"? E se os norte-americanos podiam bombardear um hospital na Sérvia ou um conjunto habitacional civil em Bagdá, quem era o Ocidente hipócrita para objetar quando o exército israelense massacrava inocentes no Líbano e em Gaza da mesma maneira?

Este, então, é outro tema deste livro; a "normalização" dessa última forma de guerra, que apaga a proteção dos civis consagrada no direito internacional em favor de uma nova e cruel moralidade: o 11 de setembro de 2001 realmente mudou o mundo para sempre, e o novo mundo que emergiu tornou as leis tradicionais da guerra tão ultrapassadas quanto irrelevantes. É de se admirar que Muammar Gaddafi da Líbia e depois Bashar al-Assad da Síria tenham ficado indignados com a hipocrisia quando os condenamos por cometer crimes de guerra na mesma escala que já havíamos cometido nós mesmos?

O pessimismo que trago comigo é ainda maior agora. Não encontrei o título deste volume por acaso. A "noite do poder" cai no vigésimo sétimo dia do mês de jejum muçulmano do Ramadã e marca o momento em que os muçulmanos acreditam que o Alcorão foi revelado pela primeira vez ao Profeta Maomé. "Quem orar durante esta noite com verdadeira fé e esperança", disse ele, "será perdoado de seus erros anteriores". Os muçulmanos não conseguem entender como eles, os crentes, se encontram sob controle militar, político, econômico e cultural, e sua frustração e fúria são, portanto, voltadas contra nós. O estrondo das bombas e o sofrimento de incontáveis milhares de inocentes são registrados aqui, no medo, no horror e na tênue esperança de que aprender sobre a história possa nos ajudar a compreender a terrível natureza dessa tragédia.

Quando comecei este livro, na primavera de 2012, meus pais, Bill e Peggy Fisk, já estavam mortos há muito tempo. Eles não têm parte nesta história, mas ainda estou ponderando a escolha que fiz de viver a maior parte da vida nas terríveis consequências de suas guerras de 1914-18 e 1939-45. Sentado na varanda em Beirute, lembrei-me da carta que recebi do editor de Internacional do *The Times* em 1976, oferecendo-me o cargo de correspondente do Oriente Médio. Se eu soubesse então o que sei agora, teria concordado em passar tanto tempo da vida no centro de tanta escuridão? Cheguei à conclusão de que sim. Não porque fui capaz de registrar a história — há muito que superei esse romantismo —, mas a resposta está em algum lugar nas páginas deste livro. Pois observar a história de tão perto — mesmo arriscando a própria vida — é como ler um grande e trágico romance, cujo drama e violência são tão poderosos que não se pode largar. Quero saber o que acontece a seguir. Então continuo lendo, prometendo a mim mesmo terminar apenas mais um capítulo. E depois outro. Até que ergo os olhos, sobrecarregado pela devastação e a amplitude da história, e descubro luz entre as cortinas. Fiquei lendo até o amanhecer.

Beirute, maio de 2014.

1

Legado

Cordeirinho, quem te fez,
Tu sabes quem te fez?

William Blake, "O cordeiro", *Canções da inocência* (1789–94)

Para o pequeno Sayef, não haverá futuro, nem despertar, nem "Primavera Árabe". Com 14 meses de idade, sua cabeça é duas vezes maior do que deveria; cego e paralisado, está deitado em uma pequena manta vermelha macia, acolchoada por uma almofada barata, às vezes chorando. Sayeffedin Abdulaziz Mohamed — esse é seu nome completo — tem um rosto gentil sob a cabeça descomunal e dizem que ele sorri quando outras crianças o visitam. Mas nunca conhecerá a história do mundo ao seu redor, nunca desfrutará das liberdades de um novo Oriente Médio. Ele só pode mover as mãos e só pode tomar leite na mamadeira, porque não consegue engolir alimentos sólidos. Vive em uma prisão cujas portas permanecerão fechadas para sempre.

Muitas das famílias de Fallujah que têm filhos com o que os médicos chamam de "anomalias congênitas" preferem manter suas portas fechadas para estranhos, considerando seus filhos uma marca de vergonha e não a prova de que algo terrível aconteceu por aqui entre 2004 e 2007, quando os norte-americanos travaram batalhas contra insurgentes na cidade[1].

1 A primeira batalha de Fallujah, "Operação Resolução Vigilante" (abril-maio de 2004), e a segunda batalha de Fallujah, "Operação al-Fajr" — "Amanhecer" — e "Operação Fúria

Após inicialmente negar o uso de bombas de fósforo branco durante a segunda batalha de Fallujah, as forças norte-americanas posteriormente admitiram ter disparado essas munições contra edifícios da cidade. Relatórios independentes mostraram uma taxa de defeitos congênitos muito mais alta do que em outras áreas do Iraque, quanto mais em outros países árabes. No entanto, ninguém pode apresentar provas concretas de que munições americanas causaram a tragédia das crianças de Fallujah.

Sayef mora no distrito de al-Shuhada, em Fallujah, em uma das ruas mais perigosas da cidade. Policiais com armas automáticas ficam na porta da casa de Sayef enquanto o visitamos. Entretanto, dois desses homens armados e uniformizados entram conosco e ficam visivelmente comovidos com o bebê indefeso no chão.

"Meu filho não consegue se sustentar", diz Mohamed, acariciando a cabeça inchada de seu filho. "Ele só consegue mover as mãos. Às vezes, nem consegue tomar leite, então temos que levá-lo ao hospital para tomar soro. Ele nasceu cego. Além disso, um dos rins do meu pobre homenzinho parou de funcionar. Suas pernas não se movem. Sua cegueira é decorrente da hidrocefalia". Mohamed segura as pernas inválidas de Sayef e as move suavemente enquanto observamos o bebê em sua manta. Seu pequeno peito sobe e desce lentamente. Sua cabeça está raspada, como a de um fuzileiro naval, seus braços esmagados sob ele.

Tanto Mohamed quanto sua esposa estão na casa dos 30 anos. Diferentemente de muitas famílias nativas da região, eles não são parentes e suas duas filhas, nascidas antes das batalhas de Fallujah, têm saúde perfeita. Sayef nasceu em 27 de janeiro de 2011. Mohamed trabalha para uma empresa de mecânica de irrigação mas admite que, com um salário de apenas 100 dólares por mês, recebe ajuda financeira de parentes. Ele estava fora de Fallujah durante o conflito de 2004, mas retornou dois meses depois da segunda batalha e encontrou sua casa minada, então ele recebeu financiamento do governo para reconstruí-la.

Pergunto a quem ele culpa pelo sofrimento de Sayef, esperando uma enxurrada de insultos contra os norte-americanos, o governo iraquiano, o

---

Fantasma" (novembro-dezembro de 2004); após quatro anos de luta amarga, as forças americanas retiraram-se de Fallujah no outono de 2007, entregando a cidade ao exército iraquiano como parte de uma operação maior conhecida como "o Grande Despertar Sunita". Em 2014, insurgentes sunitas ligados à Al-Qaeda e ao Estado Islâmico no Iraque e no Levante (ISIS) tomaram o controle de Fallujah e, após um longo cerco, o exército iraquiano finalmente recapturou a cidade em junho de 2016.

ministério da saúde — o povo de Fallujah há muito é retratado como "pró-terrorista" e "antiocidental" na imprensa mundial. No entanto, Mohamed fica em silêncio por alguns momentos. "Só estou pedindo ajuda a Deus", diz ele. O que prova, eu acho, que Fallujah — longe de ser uma cidade de "terror", é o lar de homens muito corajosos.

Os policiais nos escoltam até o Hospital Geral de Fallujah, uma instituição limpa e cintilante financiada pelo Catar que supera a maioria dos hospitais de Bagdá. Cheira a limpeza, com aquele odor hospitalar antisséptico que exala segurança para a saúde. Entretanto, em 2012, esse hospital sediou histórias quase terríveis demais para contar.

As imagens piscam em uma tela em um andar superior do hospital. Um bebê com uma boca enorme e deformada. Uma criança com deficiência na medula espinhal, o material da espinha dorsal para fora do corpo. Um bebê com um enorme olho ciclópico. Outro bebê com apenas metade da cabeça, nascido morto como o resto, data de nascimento: 17 de junho de 2009. Outra imagem pisca na tela. Data de nascimento: 6 de julho de 2009. A imagem mostra uma criança pequena com metade do braço direito, sem a perna esquerda e sem genitália. Esses bebês nunca viveram.

"Agora, vemos isso o tempo todo", diz uma médica que ajudou no parto de algumas dessas crianças mortas. "Nunca vi nada tão ruim assim em toda a minha carreira", ela diz. As fotografias são horríveis demais de ver. Não podem ser publicadas em nenhum lugar que não em uma revista médica.

Os médicos têm a atitude fria de quem sabe que sabemos dessa tragédia. No entanto, o que é tão vergonhoso é que essas deformidades continuam sem monitoramento. Uma médica de Fallujah, obstetra formada na Grã-Bretanha que comprou um aparelho de ultrassom de 79.000 libras para detecção pré-natal de anomalias congênitas, pergunta por que o Ministério da Saúde em Bagdá não realiza uma investigação oficial completa. "Fui ao ministério", ela diz. "Disseram que haveria um comitê. Fui ao comitê. E eles não fizeram nada."

O número de crianças natimortas de Fallujah é uma tragédia, mas a equipe médica do hospital dá provas de sua honestidade ao alertar repetidamente sobre o perigo de se tirar conclusões muito cedo. "Fiz o parto daquele bebê", diz a obstetra enquanto outra imagem pisca na tela. "Não acho que isso tenha a ver com armas americanas. Os pais eram parentes próximos. Os casamentos tribais aqui envolvem muitas famílias que são próximas por sangue".

A dra. Samira Alaani publicou um artigo sobre o "aumento da prevalência de defeitos congênitos" em Fallujah. Defeitos cardíacos congênitos, diz o artigo, atingiram "números sem precedentes" em 2010, e esses números continuam a subir. Enquanto conversamos, uma enfermeira traz uma mensagem para a Dra. Alaani. Vamos imediatamente para uma incubadora ao lado da sala de parto do hospital. Zeid Mohamed tem apenas 24 dias de idade. Ele está dormindo, sua mãe o observa através do vidro. Seu pai é segurança e eles são casados há três anos. Não há registro familiar de defeitos congênitos. Mas Zeid tem apenas quatro dedos em cada uma de suas mãozinhas.

Os arquivos do computador da Dra. Alaani contêm 100 "Zeids". "Esses pais querem saber o que aconteceu com seus filhos", ela diz. "Eles merecem uma resposta". Ela está certa. Entretanto, nem as autoridades iraquianas, nem os norte-americanos, nem os britânicos, tampouco alguma grande ONG, parecem dispostos ou capazes de ajudar.

O Dr. Chris Busby, professor visitante da Universidade de Ulster, que entrevistou quase 5.000 pessoas em Fallujah, originalmente concordou que era impossível ser específico sobre a causa dos defeitos de nascimento e dos cânceres. Em 2010, afirmou em um relatório que a mortalidade infantil em Fallujah foi de 80 em cada 1000 nascimentos, comparada a 19 no Egito, 17 na Jordânia e apenas 9,7 no Kuwait. No entanto, em um relatório posterior, publicado no ano seguinte, Busby e alguns colegas afirmam categoricamente que "uma arma à base de urânio de algum tipo foi empregada na batalha de Fallujah e é essa a principal causa dos altos níveis de câncer e doenças congênitas"[2].

Em um consultório médico do Hospital Geral de Fallujah, há fotos que desafiam as palavras. Como é possível descrever um bebê morto com uma perna e uma cabeça quatro vezes maior que restante do corpo? É a velha história: quando crianças morreram em decorrência de uma praga de câncer no sul do Iraque, após a Guerra do Golfo, de 1991, os norte-a-

2 "Urânio e outros contaminantes no cabelo dos pais de crianças com anomalias congênitas em Fallujah, Iraque", 30 de agosto de 2011. O relatório foi compilado por Busby, Samira Alaani, Mohamed Tafash, Malak Hamdan e Eleonore Blaurock-Busch. Na divulgação do documento, Busby comentou que "o que descobrimos deixa perfeitamente claro que uma nova geração de armas baseadas em urânio existe (...) e leva a aumentos chocantes no câncer e doenças congênitas em civis e soldados inocentes". Ele me disse mais tarde que acreditava que "não há evidências de que o fósforo causa anomalias congênitas", o que não coaduna com as suspeitas dos médicos de Fallujah.

mericanos e os britânicos não quiseram saber e tampouco, é claro, Saddam Hussein. Agora a mesma coisa acontecia em Fallujah. Mas não houve "dados epidemiológicos revisados por pares", então as corajosas pessoas de Fallujah não têm chance de descobrir a verdade.

Foi a mesma coisa quando conheci cada uma daquelas crianças todos aqueles anos atrás. Dhamia Qassem, de 13 anos, sofreu insuficiência cardíaca durante o tratamento de leucemia aguda. Ahmed Walid, um bebê nascido durante os bombardeios de 1991 no Iraque, desenvolveu leucemia mieloide crônica em 1995. Muitos dos pais estavam junto de seus filhos durante os ataques aéreos e alguns falaram de cheiros estranhos, de inseticida e flores. Diplomatas ocidentais — que, exceto por isso, escolheram permanecer em silêncio — questionaram se alguma das crianças poderia ter sido atingida pela fumaça das fábricas de armas químicas de Saddam bombardeadas. Em Basra, encontrei o Dr. Jawad Khadim al-Ali, que havia desenhado mapas dos aglomerados de novos casos de câncer infantil e adulto em todo o sul do Iraque, alguns dos próprios campos de batalha nos quais tanques norte-americanos dispararam munições de urânio empobrecido (DU) contra as forças armadas de Saddam. O que foi surpreendente, no entanto, foi a resposta lamentável do governo britânico.

O Lorde Gilbert, do Ministério da Defesa, disse que meu relato sobre uma possível ligação entre munições de urânio empobrecido e câncer infantil era "uma distorção deliberada da realidade". As partículas das ogivas de urânio empobrecido tornaram-se difíceis de detectar, escreveu ele, "mesmo com os equipamentos de monitoramento mais sofisticados". No entanto, quando um funcionário da Agência de Energia Atômica escreveu à Royal Ordnance, em Londres, em 1998, ele disse que a disseminação da radioatividade e da contaminação tóxica seria "um risco tanto para a população militar quanto para a civil" se não fosse tratada em tempo de paz.

Do lado de fora da casa de cada criança deformada em Fallujah está minha escolta policial, um grupo de "durões" da polícia local, todos sunitas, pois essa cidade era o coração da insurgência sunita contra o novo e "democrático" governo xiita controlado por al-Maliki, que os Estados Unidos deixaram para trás quando finalmente fugiram do Iraque em 2011. No entanto, os policiais também são alvos daquela outra instituição que Washington introduziu como um bacilo no país e que deixou para trás oito anos depois.

"A Al-Qaeda matou dois de nossos homens aqui há dois dias", disse um de meus escoltas. "Então eles nos ligaram para nos dizer o nome de sua operação — em um rádio da polícia!" Estávamos em frente à casa de Sayef Mohamed. Tínhamos seis policiais conosco, um usando uma máscara de esqui. Como um coronel da polícia disse mais tarde, na antiga base dos fuzileiros navais norte-americanos que agora é sua sede decadente, "a Al-Qaeda ainda está aqui. São um incômodo, para mim pessoalmente, quando tenho que me mover pela cidade, mas não são o que eram". Isso mudaria.

Do outro lado, estava a estação ferroviária recém-reconstruída e o pálido estêncil de "USMC" ainda estava na parede do quartel. Entretanto, a palavra "segurança" era tão duvidosa quanto "democracia". Muitos dos postos de controle do exército pareciam assustadoramente com seus predecessores norte-americanos. No entanto, os soldados são iraquianos, fumam cigarros, sorriem para os amigos, acenam com "varinhas" antibomba para nosso carro e comem sanduíches. Seus emblemas de regimento carregam uma variedade de espadas e escudos e insígnias de animais, uma sombra dos logotipos da 82ª Aerotransportada e da 3ª Cavalaria Blindada, há muito desaparecidas. Havia uma sensação de império desaparecido.

Não é que o Iraque não tivesse problemas. Seu vice-presidente, Tariq al-Hashemi, acabara de fugir de Bagdá para o Curdistão iraquiano, depois voou para o Catar e em seguida para a Arábia Saudita. Ele alegou que três de seus homens haviam sido torturados até a morte em uma prisão de Bagdá — o governo de al-Maliki disse que apenas um havia morrido, e por motivos médicos. O governo central até queria disciplinar as autoridades do aeroporto de Erbil, a capital curda, por permitir que al-Hashemi voasse para o Catar. "A lei iraquiana é uma só e se aplica a todos, incluindo o Curdistão", anunciou um porta-voz do governo iraquiano. Mas não é, o Curdistão iraquiano é quase um estado independente, com sua própria bandeira e sua própria língua. Na rodovia para Erbil, há um trecho de 40 milhas que é, geralmente, considerado inseguro — território da Al-Qaeda — e então chegamos ao Curdistão.

Estou na estrada com um jornalista iraquiano, Sadd Tahr Hussein, e a dra. Lubna Naji, uma médica de 25 anos. E o seu país? Pergunto. Ela balança a cabeça. "Não há mais um país de verdade. Falo com meus amigos, principalmente médicos — e todos falam em sair do Iraque. Todos sonham em ir embora. Porque lar é o lugar ao qual você pertence, onde você é desejado. Perdemos o senso de algo que nos pertence, nossa pátria".

Você ouve muito isso. O governo, eles dizem em Bagdá, é descaradamente sectário e corrupto. "Para mim, prefiro morrer aqui, como uma árvore de pé, derretendo", diz Hussein. "Essa é a diferença entre as gerações mais velha e a mais nova". Passamos por tantos postos de controle juntos que quase fico tonto. Quando chego a Erbil, já contei 13 uniformes camuflados diferentes. Aqueles de preto em torno de Bagdá são do partido xiita Dawa de Nouri al-Maliki. Todos os policiais são milicianos, me disseram. Os salários são de 300 libras para os policiais, 500 libras para oficiais do exército. No Iraque, é isso que vale arriscar a vida.

Mas o que aconteceu com o Iraque nos dias em que a guerra sectária começou, o legado da invasão de George W. Bush em 2003, a mudança de regime e a descoberta de "armas de destruição em massa"? A dra. Naji estremece. "Eu era estudante de medicina do quarto ano no instituto de medicina legal ao lado do necrotério e você não acreditaria no que vimos. Lembro-me de um corpo chegando uma vez, tinha sido decapitado e alguém tinha costurado uma cabeça de cachorro nele. Você consegue imaginar quem faria uma coisa dessas?"

Conheço bem o necrotério referido pela dra. Naji. Os escritórios ficavam em um moderno bloco de concreto de dois andares ao lado de uma praça cheia de árvores. Os cadáveres eram alojados em um sujo prédio de tijolos atrás. Eu costumava visitar o necrotério da cidade a dia sim, dia não, após a invasão anglo-americana de 2003, para encontrar o diretor, Faik Amin Bakr, e contar os cadáveres. Eu visitava esses lugares com uma espécie de humor mórbido — o tipo que você usa quando está olhando para vítimas de massacre no calor do meio-dia. Lembro-me de um dia em que havia um homem morto em um carrinho de mão ao sol. Percebendo que sua meia direita tinha um buraco, disse a um colega: "Se você for assassinado em Bagdá, lembre-se de usar um par de meias novo". Podíamos ser impiedosos. Você vai contar uma história de guerra e está lá para relatar a atrocidade, para falar pelos mortos, não para chorar.

Meu colega e amigo Haider Al Safi e eu éramos quase inseparáveis nesses meses, junto com nosso motorista Mohamed al Khazraji. Haider era xiita, Mohamed sunita, amigos de longa data. Havia um massacre todas as noites em Bagdá, a carnificina mais violenta no Iraque pós-invasão. Junho, julho e agosto de 2003 foram os piores meses. A cada manhã, os cadáveres chegavam, explodidos por tiros, esfaqueados, baleados na cabeça ou no estômago; vítimas da "libertação" do Iraque e da anarquia que introduzimos, juntamente com a "liberdade" que estávamos tão ansiosos por dar ao povo iraquiano.

No campo de Yarmouk, havia tantos corpos que os encontrei deitados no quintal, porque a geladeira já estava cheia, em macas com cobertores jogados sobre eles, no concreto quente sob o sol, as moscas zumbindo ao redor no calor de 45 graus. No necrotério da cidade, os coveiros apareciam nas portas da geladeira com macacões verdes sujos, mal olhando para os parentes que choram junto ao portão. As autoridades de ocupação anglo-americanas nunca mencionaram, até anos depois, os mortos inocentes. Muitos deles foram abatidos por soldados norte-americanos em postos de controle ou após emboscadas contra tropas de ocupação, ou então atingidos por balas americanas em festas de casamento. Outros foram abatidos por insurgentes, por vingança familiar ou pela praga de ladrões que nossa invasão do Iraque desencadeou.

Depois de um tempo, depois de dias nos necrotérios, conhecemos as vítimas. Seus pais, esposas e primos nos contavam como eles se vestiam, com que trabalhavam, quantos filhos deixavam para trás. As famílias choravam e diziam que ninguém se importava com elas e, depois de expressarmos nossa tristeza repetidamente, cheguei à conclusão de que estavam certas.

Quantas pessoas foram mortas no Iraque nos primeiros cinco meses da ocupação americana? Ou na tomada americana em Bagdá entre 2003 e 2005? Claro, não há um número total. Por meses, oficiais militares norte-americanos seguiram uma regra inventada pelo General Tommy Franks, comandante do CENTCOM em 2003: "Não contamos corpos". Mas o Pentágono "contou" corpos de civis, embora de uma maneira altamente enganosa. O *New York Times* revelou em 2005 que o exército norte-americano havia mantido registros de mortes de civis, mas apenas de civis mortos por insurgentes. O total chegou a 25.902. No entanto, civis mortos por tropas americanas, britânicas ou outros membros das forças de ocupação não foram incluídos nessa conta[3].

Para constar, aqui está uma amostra do abate de vidas humanas ocorrido em Bagdá na semana de 14 a 20 de setembro de 2003. Hassan Ahmed

3 Ver o *New York Times*, 30 de outubro de 2005, "EUA divulgam discretamente estimativa de vítimas civis iraquianas", de Sabrina Tavernise. As estatísticas norte-americanas, que Tavernise deixa claro serem falhas, sugerem que 26 civis estavam sendo mortos por dia em 2004, subindo para 40 mais tarde no ano. Em agosto de 2005, o número diário era de 63, mas isso não inclui os iraquianos mortos pelo fogo norte-americano.

tinha 26 anos. No necrotério de Bagdá, seu primo Sadeq me mostrou uma fotografia do jovem. Hassan tem um rosto magro, ligeiramente barbudo, e está vestindo uma camisa roxa brilhante. Seu pai, um soldado, foi morto na guerra Irã-Iraque em 1982, quando Hassan tinha apenas cinco anos. Às três horas da tarde do dia 17 de setembro, Hassan estava andando na rua em seu bairro natal de Al-Biyaa quando alguém atirou nele duas vezes, na cabeça.

O velho Sarhan Daoud, quase desdentado e de óculos, estava do lado de fora do necrotério da cidade de Bagdá, vestido com uma longa túnica branca. Algumas horas antes, seus únicos filhos, Ahmed, de 19 anos, e Ali, de 27, foram mortos a tiros em frente de casa em Bagdá. Falou-se em uma vingança, mas o pai não tinha certeza. Depois de meia hora, Ahmed e Ali foram trazidos em caixões de madeira compensada e amarrados ao topo de uma minivan, na qual primos, tios e o velho pai subiram para a jornada fúnebre até a aldeia da família.

Nas paredes do necrotério da cidade, há semanas, famílias têm deixado fotos daqueles que desapareceram desde a "libertação". "O Sr. Abdul-emir al-Noor al-Moussawi desapareceu na última quarta-feira, 11 de junho de 2003, em Bagdá", dizia uma inscrição abaixo da foto de um homem elegante, de terno e gravata. "Ele tem 71 anos, cabelo branco e veste uma dishdash cinza. Uma recompensa será paga a qualquer pessoa que tiver informações". Outro pôster: "Sami Saleh Mohamed Tamur do governo de Nínive. Motorista de táxi, desaparecido em um carro, um Caprice com placa 75760". Depois, há Beida Jaffer Sadr, de 16 anos, uma estudante aparentemente sequestrada em Bagdá, com o número de telefone do pai impresso abaixo da foto. "Cabelo loiro, olhos castanhos, usa uma saia preta".

Por que deveríamos listar esses nomes hoje? Sabemos sobre a tortura e o estupro cometidos pelos norte-americanos contra os prisioneiros iraquianos em Abu Ghraib. Sabemos sobre os massacres por tropas norte-americanas — no Afeganistão e no Iraque — e sabemos sobre a tortura britânica de prisioneiros em Basra. No entanto, os britânicos e depois os norte-americanos se foram. A Primavera Árabe chegou. O presidente sírio Bashar Al-Assad não foi responsável por matar mais inocentes em três anos do que George W. Bush ou Tony Blair no Iraque no mesmo período? Mas esses nomes iraquianos, dezenas de milhares deles, fazem parte de nosso legado. Ignorá-los é correr riscos.

Claro, a "Autoridade Provisória da Coalizão" tentou dar outra explicação para tudo isso. Saddam Hussein governou pelo terror. Dezenas de milhares de suas vítimas foram encontradas nas valas comuns do Iraque, homens e mulheres que não tinham certidões de óbito, nem funerais, nem justiça. Na prisão de Abu Ghraib, o médico-chefe de Saddam — reconduzido pelos novos guardas norte-americanos, quando estes assumiram o controle — me disse que, quando "prisioneiros de segurança" eram enforcados à noite, ele recebia a ordem de não emitir certidões de óbito. Pode-se argumentar que, no regime anterior, o governo cometia os crimes. Agora, era o povo iraquiano que os estava cometendo, mas é dever de uma potência ocupante proteger o povo sob seu controle. O mandato da "Autoridade Provisória da Coalizão" exigia que ela cuidasse do povo do Iraque. No entanto, ela não o fez[4].

Em Bagdá, o cheiro dos mortos invadia a rua pelos dutos de ar-condicionado do necrotério. Ouvia-se um lamento de dor do pátio atrás de nós, onde 50 pessoas esperavam à sombra da parede do necrotério. Havia caixões de madeira na rua, empilhados contra a parede, deitados no pavimento. Quando os corpos eram liberados, eram levados à mesquita em caixões e depois enterrados em sudários.

No calor escaldante do verão iraquiano, algumas famílias enterravam seus mortos sem notificar as autoridades. Alguns corpos permaneceram não identificados e não houve autópsias. Os médicos legistas não diziam por quê, mas um dos funcionários do necrotério tinha uma história sombria para contar. "O Ministério da Saúde instruiu os médicos a não realizar autópsias em casos em que os norte-americanos traziam os corpos, porque eles já terão realizado a operação". Não pode ser verdade, eu disse. As forças norte-americanas nunca realizariam autópsias, a menos que, talvez,

4 Em 1º de janeiro de 2013, o chamado "Observatório Sírio para os Direitos Humanos" — no qual os jornalistas confiaram demais — reivindicou 45.000 como estatística para os mortos em quase dois anos de conflito civil na Síria, embora a Comissão de Direitos Humanos da ONU — aparentemente ansiosa por pressionar o Conselho de Segurança — tenha acrescentado outros 15.000 em 3 de janeiro de 2013. No entanto, mesmo esses 60.000 (mais tarde elevados para 70.000) pareciam incluir 12.000 soldados e apoiadores do governo mortos pela oposição armada. Em um paralelo infeliz com os próprios números distorcidos do Pentágono sobre o Iraque, o SOHR admitiu que combatentes rebeldes entre os mortos sírios foram contados entre as vítimas civis se tivessem tomado armas apenas após o início do conflito, no início de 2011. Em meados de 2013, foi dito que as fatalidades atingiram 100.000. Um ano depois, estávamos falando de 200.000. As estatísticas no Oriente Médio são como a morte: tratadas com respeito duvidoso e melhor evitadas.

elas mesmas estivessem envolvidas nas mortes. Não faz muito tempo, seis corpos chegaram ao necrotério de Bagdá depois de serem trazidos pelas forças norte-americanas. Três deles não estavam identificados. Três tinham nomes, mas suas famílias não podiam ser encontradas. Todos tinham sofrido "ferimentos traumáticos na cabeça", a frase usual para ferimentos a bala. Não houve autópsias.

A morte era agora tão rotineira que até mesmo a mais trágica se tornou uma nota de rodapé. Um homem foi morto a tiros por um soldado norte-americano enquanto ultrapassava seu comboio a caminho do próprio casamento em Bagdá. Só descobrimos isso porque seu casamento seria celebrado em um hotel ocupado por jornalistas. Um tanque norte-americano colidiu com um ônibus no norte de Bagdá, sete civis foram mortos. Os norte-americanos concordaram em abrir uma investigação, mas mal ocupou um parágrafo na imprensa local. Um tanque norte-americano cruzando a rodovia em Abu Ghraib atingiu um carro com duas meninas e sua mãe, todas morreram. A notícia nem sequer chegou aos jornais de Bagdá.

O cunhado de nosso motorista Mohamed al-Khazraji foi morto por ladrões algumas semanas antes, e agora tanto Mohamed quanto Haider estavam ansiosos antes do Ano Novo de 2004. Preocupados com minha segurança, com suas próprias vidas, com a segurança de suas famílias. Evitávamos todos os carros com vidros escurecidos, todos os comboios norte-americanos e, quando possível, todos os postos de controle. "Acho, Robert", Haider começava a alertar, e eu já estava encolhendo os ombros abaixo do encosto do banco traseiro do carro, "que este pode ser o momento de você enterrar a cabeça". Ainda assim, continuávamos a viajar pela cidade.

Ali Salman Ali foi a primeira vítima da captura de Saddam, mas morreu no dia de Natal, duas semanas depois de o califa do Iraque ter sido capturado[5]. Como seu pai de 71 anos, Salman Ghazi, contou, Ali deve ter sido um dos primeiros muçulmanos xiitas do Iraque a gritar de alegria na rua depois que o ex-ditador emergiu de seu esconderijo ao lado do rio Tigre. "Ele gritou que os norte-americanos haviam vindo para nos salvar e nos libertar daquele regime terrível", disse Salman Ghazi, seus olhos escuros fixos no meu caderno. Atrás de mim, os doze primos do homem morto estavam tirando seu caixão do necrotério de Bagdá e colocando-o

---

5 Saddam foi capturado em 13 de dezembro de 2003.

na traseira de uma caminhonete branca enferrujada.

Havia um tipo de cansaço entre os homens em seus trajes tradicionais úmidos, de pé na lama, no necrotério. "Naquela mesma tarde, enquanto ele estava comemorando, eles vieram", disse o pai. "Ele havia saído para fazer compras em Qaddamiya em seu carro e eles estavam em outro carro que o alcançou, ultrapassou e abriu fogo contra ele com rifles". Quem eram "eles"? Eu perguntei. O pai olhou para outro de seus filhos e depois para um primo que havia murmurado a palavra "Wahhabis".

Essa foi a primeira vez que ouvi os wahabitas serem culpados de assassinato por um membro de sua família. No último ano de seu governo, Saddam havia astutamente permitido a existência dos "comitês da fé" para representar os muçulmanos sunitas puristas, ascéticos, muitas vezes financiados e inspirados pela Arábia Saudita, que agora estavam na vanguarda da insurgência antiamericana. Como xiita, Ali Salman Ali havia sido vítima de um assassinato sectário — razão pela qual sua família estava tão desconfortável em culpar os "sunitas" por sua morte. Eles viviam ao lado dos sunitas. E, como sempre me diziam, sunitas se casavam com xiitas. Chamar os assassinos de "wahabitas" deixava os sunitas livres da culpa. Então o pai apontou para o meu caderno. "Chamaremos seus assassinos de terroristas", disse ele.

Como de costume, não houve nenhuma menção à morte de Ali Salman pelas autoridades de ocupação. Ele não era ocidental. O pai de Ali disse que eu podia tirar fotos do caixão enquanto ele era colocado na traseira da caminhonete e um dos primos desabou em lágrimas e beijou a caixa de madeira. "Hoje, este lugar, o Iraque, está cheio desse tipo de negligência", disse o pai. "Não existe um caminho a seguir, nenhuma autoridade e ninguém para cuidar do povo".

O subúrbio de Al-Adil era tão bom quanto qualquer outro lugar em Bagdá para entender que tipo de informação os exércitos de ocupação queriam. Era de classe média à maneira iraquiana, de baixo nível, famílias educadas vivendo em vilas sombreadas por palmeiras em seus jardins empoeirados. Quando cheguei, o 82º Aerotransportado estava fazendo uma visita social com dois tanques Abrams, seis Humvees e uma companhia de soldados e um grupo de homens armados e encapuzados. Aproximei-me deles e o primeiro homem mascarado me acenou com dois dedos. "Iraquiano?" Eu perguntei. Ele acenou com a cabeça.

Logo atrás dele, os norte-americanos da Companhia Charlie estavam distribuindo panfletos. Um intérprete iraquiano me mostrou uma fotocópia de um homem barbudo dançando no que devia ser seu casamento, com as mãos levantadas, sorrindo para a câmera. "Estamos procurando por ele", disse. Vários homens de meia-idade ao meu lado olharam para a foto e deram de ombros. Os norte americanos estavam sobrecarregados com coletes à prova de balas, capacetes e rifles e tentavam ser amigáveis. Eles haviam aprendido um pouco de árabe básico e diziam "shukran" — obrigado — sempre que terminavam de falar.

No portão de entrada de uma vila, encontrei um homem vestido com uma longa túnica cinza. "Eles são educados", disse sobre os norte-americanos. "Estão procurando homens que os atacaram. Mas eles também têm perguntado sobre o sistema de esgoto aqui e se temos eletricidade suficiente. Não causaram problemas". Nesse momento, um grupo de jovens juntou-se a nós sob as árvores e o homem da túnica de repente se transformou em outra pessoa. "Os norte-americanos arrastaram um homem doente de sua casa até aqui, jogaram-no em um caminhão e um dos norte-americanos pisou nas costas do homem — que humilhação! — e o levaram embora. Os norte-americanos se comportam como bárbaros."

Pude perceber o que estava acontecendo. O iraquiano com quem eu conversava estava sendo observado pelos homens armados e encapuzados, mas também estava sendo ouvido por homens que, se não eram membros da resistência, certamente simpatizavam com estes. Então, ele deveria ser amigável com os norte-americanos e também odiá-los. Ele falava da polidez norte-americana e falava de sua crueldade, tudo em um intervalo de 30 segundos. Em Al-Adil, não era difícil para um iraquiano adotar uma personalidade dividida. Era um transtorno psicótico nacional.

O Capitão Joseph Eskindo era um homem inteligente e articulado. "Tivemos alguns ataques aqui contra a polícia iraquiana", disse ele. "Um homem foi morto perto daqui e queremos encontrar as pessoas que fizeram isso". Os homens mascarados, alguns dos quais usavam capacetes azul-marinhos e uniformes camuflados, estavam atrás de nós. "Eles são do Corpo de Defesa Civil Iraquiana, são locais e não querem ser reconhecidos. Nós os levamos conosco para áreas onde eles não moram, mas sempre há a chance de alguém ser reconhecido, por isso escondem os rostos".

Enquanto isso, panfletos estavam sendo entregues a todos os moradores de Al-Adil, um dos quais chamou minha atenção. Haviam fotos de uma metralhadora pesada, um lança-granadas, um foguete antitanque e uma fila de homens iraquianos intimidados em pé na frente de uma parede com as mãos amarradas atrás das costas, observados por um soldado norte-americano. Embaixo, em árabe, estavam impressas as palavras: "As Autoridades da Coalizão anunciaram uma nova política". Qualquer pessoa encontrada com uma dessas armas "será condenada pelos tribunais a uma pena de 15 anos a prisão perpétua". Quem, eu me perguntava, poderia ter produzido um panfleto tão humilhante e ameaçador? O que ele representava era a ocupação. Também era lixo. Nenhum tribunal estava condenando ninguém a 15 anos de prisão, quanto mais à prisão perpétua, e nenhuma dessas sentenças iria se sustentar quando os norte-americanos passassem o poder a um governo iraquiano.

Perguntei sobre a prisão do homem doente e de repente surgiu uma história plausível. "Ele é um esquizofrênico que tem atacado crianças", disse o capitão. "Os vizinhos reclamaram conosco porque ele acabara de pegar um menino e o jogara de cabeça na rua. Conduzimos a criança para o hospital e levamos o homem para uma delegacia de polícia". Isso é tudo o que tinha a dizer sobre a barbárie norte-americana.

No entanto, não muito longe, encontrei uma mensagem pintada a spray em uma parede. "Soldados norte-americanos", dizia. "Fujam para suas casas antes de se tornarem corpos em sacos pretos, e então jogados em um rio ou vale". Perguntei ao jovem capitão se ele nunca se perguntava se poderia acabar naquele saco. "Sim, claro", ele disse.

Então um velho aproximou-se de nós com uma túnica azul, segurando um bastão. Ele disse ao intérprete que um ex-líder baathista morava na mesma rua e mantinha dois guardas em sua casa. "Pergunte-lhe o endereço e voltaremos para verificar mais tarde", disse o Capitão Eskindo. Observei o homem se afastando e percebi que ele acabara de fazer o que seria esperado dele sob o regime de Saddam. Ele havia traído seu vizinho.

No último dia de março de 2004, um velho amigo iraquiano chegou a Bagdá vindo de Fallujah. "Os corpos estavam pendurados de cabeça para baixo na lateral da ponte", disse ele. "Eles não tinham mãos nem pés, um não tinha cabeça". Ele tremia enquanto me contava o que viu. "As pessoas de Fallujah estavam atravessando a ponte como se nada tivesse acontecido. Quando saímos", meu amigo continuou, "não havia helicópteros, nem polícia, nem soldados, tudo parecia bastante normal, exceto pelos corpos. Eles estavam marrons, queimados. Não consegui distinguir se eram homens ou mulheres."

Os quatro homens ocidentais, mercenários — ou "contratados", como éramos obrigados a chamá-los —, foram arrastados de seus carros no centro de Fallujah, mutilados, apedrejados, queimados e espancados com canos de ferro. Um deles foi decapitado e depois arrastado pelas ruas atrás de um carro. O que a potência de ocupação anglo-americana mais tarde chamou de um crime "particularmente brutal" era muito real nas fitas de vídeo que foram gravadas por equipes de filmagem iraquianas em Fallujah.

A multidão — e eram civis locais, não insurgentes — pulava para cima e para baixo, ria e amarrava um dos corpos com fita amarela, atava-o ao para-choques traseiro de um carro e arrastava-o pela rua principal de Fallujah. Os motoristas de carros e caminhões buzinavam impacientemente para ultrapassar esse cortejo obsceno, como esse tipo de horror fosse uma ocorrência cotidiana. Um dos homens mortos usava etiquetas de identificação militar. Um passaporte norte-americano estava ao lado de outro cadáver. Um civil local disse que os mujahidin haviam lançado duas granadas em cada carro antes de arrastar os ocupantes para a rua. Mais tarde, espalhou-se a notícia de que a escolta policial dos mercenários havia deliberadamente bloqueado sua rota através de Fallujah para permitir que os atacantes lançassem as granadas. "Vamos pacificar aquela cidade", gritou o brigadeiro general Mark Kimmitt, chefe adjunto de operações dos EUA, que havia se gabado apenas no dia anterior de que os fuzileiros navais norte-americanos em Fallujah estavam encontrando menos problemas de segurança. E assim começou a primeira batalha de Fallujah.

Entretanto, a "pacificação" de Fallujah havia começado um mês após a invasão de 2003, quando paraquedistas norte-americanos abriram fogo contra uma multidão que protestava contra a ocupação de uma escola local, matando 16 homens e ferindo pelo menos 70 outros. Os norte-americanos alegaram que homens armados na multidão haviam atirado neles. Uma testemunha ocular disse que dois tiros vieram de um carro. Todavia, repórteres não encontraram marcas de tiros na escola de onde as forças americanas dispararam.

Mal se passaram três meses desde a invasão de 2003, um soldado norte-americano morreu a cinco milhas de Fallujah, em uma vila chamada Khan Dhari. Todos os iraquianos que o viram sendo retirado dos destroços de seu Humvee disseram que ele ainda estava usando o capacete, mas tinha um ferimento vermelho escuro no lado direito. Os soldados, disseram eles, estavam gritando depois que a bomba explodiu, a primeira metade do comboio acelerando, os dois últimos veículos parando atrás dos destroços fumegantes

Os iraquianos não lamentaram a morte do soldado norte-americano. "É uma carta para Bush", anunciou um homem gordo em uma longa galabiya branca enquanto um esquadrão da polícia militar norte-americana com viseiras antibomba procurava mais explosivos ao longo da rodovia.

Khan Dhari era uma cidade sunita, wahabita. Seus habitantes admiravam os guerrilheiros que agora atacavam os ocupantes norte-americanos. Eles estavam cientes — ao contrário dos norte-americanos — de que sua cidade tinha um profundo significado na história da guerra do Iraque contra estrangeiros. Em 1920, durante a insurgência contra a ocupação britânica pós-guerra, o filho de um líder tribal local, Sheikh Dhari, matou um oficial britânico aqui, um aventureiro imperial chamado Tenente-Coronel Gerard Evelyn Leachman, que havia chegado para renegociar os pagamentos feitos ao xeique por sua lealdade à administração de Bagdá. Os britânicos avançaram rapidamente em direção a Fallujah e infligiram uma "punição severa" na área ao redor da cidade. O próprio local do assassinato do oficial britânico mais importante, em 12 de agosto de 1920, era agora o cenário da primeira morte de um soldado norte-americano por uma bomba na beira da estrada em 2003. E a história não parou por aí. Harith al-Dhari, descendente do líder tribal da década de 1920, seria procurado em 2006 pelo governo iraquiano apoiado pelos norte-americanos por "incitar à discórdia sectária". Esse al-Dhari, líder da Associação de Acadêmicos Muçulmanos, reclamou que os ministros xiitas do governo ficaram irritados com sua recente visita à Arábia Saudita, cujos governantes sunitas estavam cada vez mais temerosos de um domínio xiita no Iraque. Harith al-Dhari também era apontado, segundo rumores, como líder de um grupo insurgente chamado "Brigadas da Revolução de 1920".

Partidários da mais recente insurgência iraquiana agora se reuniam ao meu redor para assistir aos norte-americanos escavando parte da estrada com picaretas e machados, suas metralhadoras pesadas apontadas para o carro. "Depois da bomba, eles estavam gritando um com o outro", comentou um carpinteiro chamado Rafed. "Isso está a apenas 50 metros do local de outra emboscada armada no mês passado, quando incendiaram um jipe norte-americano". Um outro homem aproximou-se de mim. "É assim que lidamos com os ocupantes", disse ele. "Eles vieram e disseram que eram libertadores, mas quando percebemos que eram ocupantes, tivemos que lutar. Somos gente de aço. Os norte-americanos e todos os outros ocupantes vão queimar". Então ele disse algo arrepiante. "Tenho uma filha de um ano", disse ele. "E eu colocaria alegremente uma bomba em suas roupas e a mandaria para os norte-americanos para matá-los".

Deve ter levado horas para colocar uma bomba pesada sob a reserva central em Khan Dhari, percebi. Deve ter sido à noite. E esses vendedores de bebidas e velhos lojistas devem ter visto os homens trabalhando, sabendo que uma bomba detonada por comando seria acionada por um homem atrás ou entre eles.

Fallujah, a cidade dos cem minaretes, era conservadora e leal — até certo ponto — nos dias do regime de Saddam. No entanto, estava se libertando do regime baathista antes mesmo que os norte-americanos chegassem à cidade. Em abril de 2004, ela seria novamente bombardeada na "Operação Resolução Vigilante", conhecida como a primeira batalha de Fallujah. Tendo, segundo relatos, forçado um terço da população a fugir, os fuzileiros navais norte-americanos cercaram a cidade. Sem conseguir impedir que muitos de seus homens retornassem de caminhão antes da batalha, os norte-americanos fizeram uma tentativa tímida de tomar Fallujah, convocando quatro ataques aéreos contra casas particulares e, em seguida, entregando timidamente o controle a um ex-general de brigada baathista, que prontamente devolveu a liberdade à cidade.

Aqueles de nós que reportavam de Bagdá, já estávamos cientes da extraordinária disparidade entre as afirmações de otimismo resignado proferidas pelas potências ocupantes ocidentais e o terrível drama que estava sendo encenado entre os iraquianos, a mistura de piadas banais dos porta-vozes norte-americanos e a trágica comoção que estávamos infligindo ao povo dessa nação imensamente rica, profundamente ferida, corajosa e perigosa. O cisma entre a versão ocidental do Iraque e a visão do Iraque sobre si mesmo foi um dos elementos mais destrutivos da invasão de 2003 e suas consequências.

As histórias de maus-tratos e abusos estavam se tornando uma norma. Um dos homens do antigo complexo de inteligência reclamou que um soldado norte-americano havia roubado seu dinheiro. Tais alegações eram rotineiramente desconsideradas; entretanto, muitos relatos estavam chegando de roubos idênticos durante as incursões norte-americanas para que todos fossem descartados como exagero[6].

As histórias que relatamos ficavam cada vez mais absurdas. Fora de Fallujah, em meados de setembro de 2003, descobri um cérebro humano ao lado da rodovia principal para Bagdá, arrancado da cabeça de seu dono quando os norte-americanos emboscaram seus próprios policiais iraquianos na noite anterior. A poucos centímetros de distância estavam os dentes de um policial, a dentadura limpa de um jovem. "Não sei se são os dentes do meu irmão, nem sei se meu irmão está vivo ou morto", gritou Ahmed Mohamed para mim. "Os norte-americanos levaram os mortos e feridos — eles não nos dirão nada".

Ahmed era um policial iraquiano que trabalhava para os norte-americanos. Oficiais norte-americanos declararam formalmente que não tinham "nenhuma informação" sobre o assassinato dos nove policiais e o ferimento de outros cinco nas primeiras horas de 12 de setembro. No entanto, eles não estavam dizendo a verdade. Soldados da 3ª Divisão de Infantaria haviam disparado milhares de balas na emboscada, centenas delas atingiram a parede de um prédio do complexo hospitalar jordaniano próximo. Se eles realmente precisassem de "informações", bastava olhar para os cartuchos de granadas de 40 mm espalhados na areia perto dos cérebros e dentes. Em cada um estava impresso o código "AMM LOT MA-92A170-024", um código norte-americano para granadas disparadas por uma metralhadora M-19 norte-americana.

De volta a Fallujah, não foi difícil montar a história. O chefe de polícia local, treinado e pago pelos norte-americanos, Qahtan Adnan Hamad, descreveu como, pouco depois da meia-noite, homens armados em uma BMW abriram fogo contra a prefeitura de Fallujah. Duas equipes de policiais — novamente, treinados e pagos pelos norte-americanos — partiram em perseguição. Como os norte-americanos não revelariam a verdade, coube a Ahmed Mohamed, cujo irmão de 28 anos, Walid, era um dos policiais que perseguiram, descrever o que aconteceu. "A polícia os perseguiu em dois veículos, uma caminhonete Nissan e um carro Honda, e eles seguiram pela velha estrada de Kandar em direção a Bagdá. Entretanto, os

6 Não que pudéssemos ser românticos sobre o comportamento de todos os civis iraquianos. Se os norte-americanos foram desdenhosos com sua própria matança em massa em Amiriyah em fevereiro de 1991, quando visitaram o bunker subterrâneo, agora um local de memória, saqueadores iraquianos invadiram o santuário inspirado no Baath após a "libertação" de Bagdá e roubaram os anéis de ouro das vítimas, que estavam armazenados em vitrines na sala de exposições vizinha.

norte-americanos estavam lá, do lado de fora do hospital jordaniano, para emboscar carros na estrada". Segundo um dos policiais que ficou ferido no segundo veículo, os norte-americanos apareceram repentinamente na estrada escura. "Quando eles gritaram conosco, paramos imediatamente", disse ele. "Tentamos dizer a eles que éramos policiais. Eles simplesmente continuaram atirando".

Isso era verdade. Encontrei milhares de estojos de latão na cena do crime, junto com os cartuchos de granada verde-escuros. Pelo menos 150 balas atingiram a parede de blocos de concreto do hospital jordaniano e dois quartos foram incendiados, as chamas enegreceram o exterior do prédio. Vários iraquianos disseram que um médico jordaniano que trabalhava no hospital havia sido morto e cinco enfermeiras feridas.

Então, o que aconteceu? Os norte-americanos atiraram em seus próprios policiais iraquianos por engano, pensando que eram "subversivos" e, depois que suas balas atingiram o hospital, foram atacados pelos guardas jordanianos no telhado? Tudo o que eles falavam era de suas próprias baixas: dois soldados norte-americanos haviam sido mortos e outros sete feridos em um ataque na cidade vizinha de Ramadi. Isso dava a impressão, mais uma vez, de que as vidas norte-americanas eram infinitamente mais valiosas do que as vidas iraquianas.

Havia outras coisas na rodovia de Fallujah além daquilo que encontrei; um fragmento rasgado e ensanguentado da camisa azul de um policial, um torniquete primitivo, gaze médica e muito sangue enegrecido. A 3ª Divisão de Infantaria estava cansada, dizia a história. Eles invadiram o Iraque em março, não tinham voltado para casa desde então e o moral estava baixo. Mas o boato estava começando a transformar esse massacre em algo muito mais perigoso.

As palavras do irmão de outro policial pego na emboscada foram: "Os norte-americanos foram forçados a deixar Fallujah após muitos combates, após o assassinato de 16 manifestantes em abril de 2003. Foram forçados a contratar uma força policial de Fallujah. Mas eles queriam voltar a Fallujah, então organizaram a emboscada. Os "pistoleiros" da BMW eram norte-americanos, que deveriam mostrar que não havia segurança em Fallujah... Nossos policiais continuaram gritando: 'Somos da polícia'. E os norte-americanos continuaram atirando".

Então, os assassinatos de abril pela 82ª Aerotransportada e a subsequente retirada das forças norte-americanas da cidade foram associados pelos iraquianos ao tiroteio que ocasionou a morte dos nove policiais; pouco mais de seis meses depois, o povo de Fallujah profanou os corpos daqueles mercenários norte-americanos, o que levaria à primeira batalha norte-americana por Fallujah em 2004.

Os assassinatos agora eram os batimentos cardíacos do Iraque. Após a "libertação" do país, os inimigos do partido Baath tiveram aberta a temporada para caçar centenas de funcionários do antigo regime, sem a menor tentativa dos exércitos anglo-americanos ou de sua recém-instalada força policial de acabar com a limpeza étnica.

Muitos dos assassinatos foram cometidos com a mesma crueldade que os capangas de Saddam usavam contra os opositores do regime. Em Najaf, baathistas foram abatidos por homens de motocicleta ou em táxis. Os muçulmanos sunitas suspeitavam que as Brigadas Badr fossem responsáveis, a milícia do Supremo Conselho da Revolução Islâmica do Iraque (SCIRI), cujos representantes fazem parte do conselho de governo. Entre os ataques mais selvagens recentes estava o de Dhamia Abbas, uma professora que levava seus dois filhos de quatro anos para a escola quando foram baleados por uma metralhadora AK-47. "Saí do partido Baath há cinco anos", disse ela de sua cama de hospital. "Mas eles têm me ameaçado e me seguido. Eu estava usando um véu completo quando atiraram. Quero levar meus filhos e deixar o Iraque". Ela não sabia que seus dois filhos já haviam morrido em decorrência dos ferimentos.

Era como se essa crueldade gratuita se comunicasse com os novos ocupantes do Iraque. Em maio de 2004, estações de televisão ao redor do mundo receberam imagens terríveis de uma câmera montada ao lado do canhão de 30 mm de um helicóptero Apache norte-americano em patrulha sobre o centro do Iraque em 1° de dezembro do ano anterior. As imagens registraram os últimos momentos de homens que poderiam — ou não — ser insurgentes planejando uma emboscada em uma estrada rural perto de um posto de controle norte-americano. Um caminhão e uma caminhonete entram em cena, bem como um homem que aparentemente não percebeu o helicóptero pairando.

Ouve-se um dos dois pilotos do helicóptero dizendo: "Grande caminhão aqui. Ele está tendo uma pequena reunião". O motorista da caminhonete retira um objeto tubular, que pode ser um lançador de granadas, do veículo e corre para um campo à esquerda da tela. Ele deixa o objeto cair no campo e retorna para o caminhão. O piloto então transmite por rádio: "Tenho um cara correndo, jogando uma arma". Outra voz então o instrui: "Atacar — fuma ele". Nesse momento, um trator chega perto de onde o homem deixou o objeto e um dos iraquianos aproxima-se do motorista. A câmera registra as balas atingindo o primeiro homem. O piloto então abre fogo contra o caminhão, antes de esperar para ver se acertou o último dos três homens. O terceiro homem é então visto rastejando de seu esconderijo sob o caminhão em chamas, obviamente ferido. O piloto relata: "Espere. Alguém ferido perto do caminhão". Um oficial responde: "Acerte-o, acerte o caminhão e ele. Vá em frente". O piloto atira e o homem é vaporizado em um segundo. Atirar deliberadamente em um homem ferido é um crime de guerra segundo as Convenções de Genebra.

As autoridades de ocupação em Bagdá escolheram manter esse incidente em segredo; assistindo à filmagem, era fácil ver por quê. O pessoal norte-americano e britânico desencantado com a agora desastrosa aventura de Blair e Bush no Iraque tentou por semanas persuadir as estações de televisão ocidentais a transmitir o vídeo, que consideravam vergonhoso e ilegal. No entanto, apesar dos esforços de repórteres tanto em Bagdá quanto em Nova York, a maioria dos editores de televisão optou por censurar a fita, com o argumento de que as imagens eram muito terríveis para serem mostradas[7].

Cada vez que eu voltava ao Iraque, era como encontrar uma lâmina de barbear em uma barra de chocolate. Fora do Iraque, diziam que as coisas estavam melhorando e começava-se a acreditar que talvez o "Novo Iraque" fosse funcionar afinal. Mas cada vez que voltava, percebia a verdade; era o mesmo velho Iraque, só que um pouco pior do que quando saí.

Como explicar essa sede de sangue? Os norte-americanos atribuíram a culpa aos iraquianos, à sua "crueldade nativa" e aos "antigos" antagonismos. Tentei entender essa realidade assistindo aos vídeos gravados pelos assassinos para registrar seu próprio trabalho macabro, uma nova forma de rotina que seria seguida entusiasticamente pelos rebeldes sírios dez anos depois. Voei para Doha, onde Ayman Gaballah, editor-chefe adjunto do canal de satélite da Al Jazeera do Qatar, me mostrou aquelas fitas que nem mesmo sua estação de televisão tinha a coragem de transmitir.

Não há provas das alegações de que os repórteres da Al Jazeera foram

7 Somente a Canal Plus da França, a ABC dos Estados Unidos e a Canadian Broadcasting Corporation tiveram a coragem de exibir as imagens chocantes.

avisados antecipadamente sobre ataques antiamericanos antes de acontecerem, mas há muitas provas de que algumas coisas eram terríveis demais para serem vistas. Fui colocado em uma cadeira na redação. Na tela à minha frente havia um homem seminu, deitado no chão, enquanto um homem encapuzado tirava uma pequena faca de açougueiro e lentamente cortava a garganta da vítima, o grito de dor do pobre homem morrendo em espumas de sangue até que sua cabeça finalmente é arrancada do corpo.

Outra fita mostra 18 policiais iraquianos mantidos em cativeiro contra a exigência de libertação de prisioneiras iraquianas. Eles encaram a câmera desesperadamente. O prazo já passou. A Al Jazeera transmitiu as imagens iniciais e as demandas escritas, mas cortou a próxima cena, que mostra os 18 homens amarrados e vendados na frente de uma vala. Um homem encapuzado então dispara uma pistola na nuca de um deles e — junto com outros homens fora da câmera — vai de um corpo para o outro, disparando repetidamente. Alguns das vítimas ainda estão vivas, e o homem encapuzado vai até cada uma delas e atira na cabeça. Então, ao fundo, um jovem barbudo aproxima-se da câmera, segurando uma bandeira islâmica. Ele está cantando. Perguntei aos repórteres da Al Jazeera como os humanos poderiam cometer tais atrocidades. Um sugeriu que onze anos de sanções impostas pela ONU haviam mudado a mentalidade dos iraquianos.

Até meados de 2008, as estatísticas de refugiados haviam se tornado tão impressionantes que quase se tornaram banais. Quatro milhões dos 23 milhões de iraquianos haviam fugido de suas casas — mais de 1,2 milhão para a Síria, 50.000 para a Jordânia, 20.000 para o Golfo, 70.000 para o Egito, 57.000 para o Irã, 40.000 para o Líbano, 10.000 para a Turquia. A Suécia aceitou 9.000, a Alemanha menos — onde um debate político absurdo sugeriu que refugiados iraquianos cristãos deveriam ter preferência sobre os muçulmanos iraquianos. Com sua magnanimidade habitual, os Estados Unidos de George Bush haviam aceito pouco mais de 500.

A decisão do comentário norte-americano de que os iraquianos não mereciam mais nossos sacrifícios ocidentais pode ter começado em 2004, quando David Brooks anunciou no *New York Times* que o extremismo xiita era o principal inimigo dos Estados Unidos no Iraque. Os EUA, escreveu ele, estavam travando uma batalha "contra pessoas que se opõem veementemente a um Iraque democrático" e a tarefa dos Estados Unidos era "esmagar esses inimigos sem tornar a vida impossível para aqueles que fundamentalmente querem o que queremos". Nesse contexto, Muqtada al-Sadr era um "assassino impetuoso que aterroriza as pessoas onde quer que vá". "Os terroristas são inimigos da civilização", concluiu Brooks. "Eles devem ser derrotados."

Isso combinava com a linha de argumentação dos EUA de que Sadr era um "incendiário" que deveria ser "preso ou morto". Que esse nacionalista, cujo exército mahdi de 70.000 homens logo controlaria metade de Bagdá, pudesse ser declarado inimigo dos Estados Unidos mostrou como as políticas de Washington estavam frustradas. Mas quando Thomas Friedman anunciou no *New York Times* que a verdadeira ameaça dos Estados Unidos no Iraque não eram as míticas ADM, mas as PDM, "pessoas de destruição em massa", ele encontrou um novo inimigo: não os xiitas, mas os sunitas.

Em 3 de novembro, artigos apareceram no *New York Times* e no *USA Today*, o primeiro de David Brooks, o segundo de Ralph Peters, um oficial da inteligência militar dos EUA pós-guerra na Alemanha. Brooks escreveu sobre uma "desintegração social completa" no Iraque. Aceitando os erros norte-americanos, essa ruptura havia sido "exacerbada pelos mesmos velhos demônios iraquianos: ganância, sede de sangue e uma incrível falta de vontade de comprometer-se pelo bem comum, mesmo diante da autoimolação".

Peters foi mais direto. Apoiara a remoção de Saddam, escreveu ele, porque, "com base em experiência de primeira mão, estava convencido de que o Oriente Médio estava tão política, social, moral e intelectualmente estagnado que tínhamos que arriscar a intervenção". Apenas um golpe militar, declarou ele, "poderia manter o país artificial unido". Os Estados Unidos "deram aos iraquianos uma chance única de construir uma democracia baseada na lei. Eles preferiram se entregar a velhos ódios, violência confessional, fanatismo étnico e uma cultura de corrupção... As sociedades árabes não conseguem sustentar a democracia como a conhecemos." A violência nas ruas de Bagdá era um sintoma "da incapacidade abrangente do mundo árabe de progredir em qualquer esfera do esforço humano organizado"[8].

8 Outra conclusão de Peters foi que "se o mundo árabe e o Irã embarcarem em uma orgia de sangue, a dura verdade é que podemos ser os beneficiários". Uma vez que a última dessas "orgias" — a guerra de 1980-88 entre o regime baathista apoiado pelo Golfo no Iraque e o Irã pós-revolucionário — garantiu o papel de Saddam como líder todo-poderoso do mundo árabe, essa era uma tese bastante duvidosa.

Essa foi a guinada política vital de que os tanques norte-americanos precisavam para se arrastar para fora das areias do deserto do Iraque. Os EUA haviam feito seu melhor por um povo desgraçado, mas eles não eram gratos. A frase "democracia como a conhecemos" entregou o jogo. O Iraque tinha que se tornar um país ocidental para se qualificar para o apoio dos EUA.

Cinco anos após a primeira Batalha de Fallujah, um relato notável do derramamento de sangue civil lá foi publicado por Ahmed Mansour, um jornalista da Al Jazeera que — ao contrário de seus colegas ocidentais "integrados" — suportou o conflito entre o povo da cidade. Mansour ajudou uma velha assustada e seus netos a subir em um caminhão que estava saindo de Fallujah. Duas horas depois, o veículo foi atingido por um ataque aéreo norte-americano. Para horror de Mansour, os refugiados que ele acabara de ver foram levados ao hospital em pedaços. "Era impossível dizer qual membro dilacerado pertencia a qual corpo morto, e os corpos estavam empilhados uns sobre os outros em uma massa nauseante de sangue e carne", escreveu ele. "Mesmo agora, enquanto escrevo este parágrafo, é impossível lembrar dessas crianças caídas sem chorar."

2

A era do ditador

O Mal, se bem entendido,
Não é senão o Esqueleto do Bem
Despojado de Carne e Sangue.

John Byrom (1692–1763) de *On the origin of evil* (*Sobre a origem do mal*)

Olhando de soslaio para o sol desdenhoso do deserto ocidental egípcio, o tenente-general Robert Charles Kingston parecia um soldado de um velho filme de guerra. Tinha um rosto grosseiro, a mandíbula quadrada e os olhos ligeiramente caídos, e socava suas palavras como um pugilista. "Se os russos ou qualquer outro inimigo ou inimigo potencial quiserem enfrentar os Estados Unidos", disse ele, "vou dar a eles essa oportunidade". Ele falava em um tom monótono, dividindo as frases em segmentos de três palavras, como se estivesse ditando mensagens por um rádio de campo. Ele havia comandado duas brigadas no Vietnã e parecia um homem que não havia perdido muito sono com o resultado final da aventura norte-americana no Extremo Oriente.

Agora os norte-americanos estavam perdendo novamente. Dois anos antes da aparição de Kingston no Egito, o "policial do Golfo" norte-americano, o Xá do Irã havia sido deposto em uma revolução sangrenta liderada por islamitas iranianos e seus aliados seculares. Apenas alguns meses depois, o presidente soviético Leonid Brezhnev, temendo que a satrapia comunista de seu país em Cabul pudesse ser derrubada por mujahidin muçulmanos, enviou o exército soviético ao Afeganistão; a resposta do presidente Jimmy Carter foi uma recusa patética em participar dos Jogos Olímpicos de Moscou. Saddam Hussein, com o incentivo dos Estados Unidos, havia invadido o Irã apenas um ano antes da proclamação do General Kingston, mas suas legiões haviam fracassado nos desertos a leste do Tigre.

Ainda mais devastador para os EUA, o presidente egípcio Anwar Sadat — novo amigo no Oriente Médio — acabara de ser assassinado por islamitas do mesmo exército egípcio que agora estava realizando manobras ao lado da Força-Tarefa Conjunta de Desdobramento Rápido do General Kingston, que deveria espalhar confiança entre as nações pró-ocidentais do Oriente Médio de que os Estados Unidos defenderiam tanto seus interesses quanto seus amigos. A FDR mostrou que os Estados Unidos estavam prontos para lutar, mas suas tarefas específicas estavam menos claras. Estavam lá para defender os estados árabes da agressão soviética ou, como alguns líderes árabes temiam, para envolvê-los em um conflito com os soviéticos se os interesses norte-americanos fossem atacados?

Grandes exércitos estavam treinando no Deserto Ocidental e houve muitos comentários de aprovação dos homens do presidente Ronald Reagan, até que os soldados egípcios atacaram em uma maré pelo chão do deserto. "Allahu akbar", eles gritavam. "Deus é maior". Kingston e seus colegas ficaram em silêncio. Apesar de toda a sofisticação de suas comunicações, o brilho de seus bombardeios e ataques de helicóptero, eles não haviam testemunhado nada parecido antes.

Caspar Weinberger, secretário de Defesa de Reagan, não escondeu as intenções dos EUA. Embora tenha falado da ameaça soviética ao Golfo, ele se referiu especificamente à necessidade de "defender as vias de acesso" que os soviéticos poderiam utilizar em uma nova invasão ao mundo muçulmano. Um olhar ao mapa sugeria, apesar do equipamento soviético armazenado na Líbia, que era improvável que um ataque soviético chegasse pelo Egito.

Uma pista mais intrigante veio em alguns segundos de filme incluídos em um documentário sobre a FDR, exibido para nós no Cairo. Produzido pelo governo dos EUA, esse filme continha um gráfico ilustrado das rotas de invasão que os soviéticos poderiam tomar para chegar ao Golfo. Três flechas vermelhas brilhantes moviam-se para o sul, a partir do quartel-general das 22 divisões soviéticas que os norte-americanos acreditavam estar estacionadas ao longo da fronteira iraniana ocidental, varrendo o Irã a partir do Afeganistão recém-ocupado e ao sul da fronteira soviético-iraniana a leste do Cáspio. Uma flecha então cortou o Curdistão iraniano e mergulhou para o sul através do Iraque em direção ao porto iraquiano de Basra.

Também não havia muita dúvida de que os EUA estavam se preparando para a possibilidade de lutar contra seus inimigos ao norte do Golfo. Foi por isso que as nações árabes foram tão lentas em expressar seu entusiasmo pela presença de tropas norte-americanas ou em oferecer-lhes bases. Os norte-americanos disseram que só viriam em auxílio dos países que buscassem sua assistência, mas era provável que o Irã pedisse ajuda a Washington? Os líderes árabes que acreditavam na Conspiração também estavam bem conscientes de que, no pior cenário de conflito, os norte-americanos formariam uma linha de frente contra os soviéticos ao longo da fronteira iraquiano-iraniana, ao longo da mesma linha agora formada pelos frontes de batalha da guerra Irã-Iraque. Nessas circunstâncias, o Iraque poderia muito bem ser chamado a lutar do lado norte-americano.

Em 27 de fevereiro de 1982, menos de três meses depois de os EUA demonstrarem sua determinação militar em apoiar seus "amigos" árabes no deserto egípcio, Washington removeu o Iraque de sua lista de "estados terroristas". Em novembro de 1983, a Casa Branca estava sendo informada pelo Departamento de Estado sobre o "uso quase diário" de armas químicas pelo Iraque, mas mesmo isso não colocaria o Iraque de volta na odiosa lista de "terrorismo". Howard Teicher, um membro da equipe do Conselho de Segurança Nacional dos EUA responsável pelo Oriente Médio e assuntos político-militares, acompanhou o enviado especial de Reagan, Donald Rumsfeld, a Bagdá para encontrar Saddam em 1983, três anos após o início da guerra do Iraque com o Irã. "O diretor da CIA, William [Casey], liderou pessoalmente o esforço para garantir que o Iraque tivesse armas, munições e veículos militares suficientes para evitar perder a guerra Irã-Iraque", testemunharia Teicher em 1995.

Conselhos militares estratégicos semelhantes, disse Teicher, foram dados a Saddam "por meio de várias reuniões com chefes de Estado europeus e do Oriente Médio". Teicher esteve presente em muitas dessas reuniões, incluindo entre George Bush pai e o presidente egípcio, Hosni Mubarak. No entanto, caso a guerra continuasse, a assistência de Washington se tornaria ainda mais letal para os soldados de primeira linha do Irã. Um relatório do Senado dos EUA de 1994, de Donald Riegle, revelaria que os EUA licenciaram lotes de bacilos de antraz e outros agentes biológicos para exportação a Saddam "na década de 1980". Anos depois, o Ministério das Relações Exteriores britânico alegaria que tal exportação não ocorreu, afirmando mais tarde que tais exportações eram "consistentes com os requisitos da pesquisa científica legítima".

Isso também era mentira. Entre os destinos dos bacilos de antraz relacionados no relatório Riegle incluíam a Agência de Energia Atômica do Iraque e a Comissão de Energia Atômica do Iraque — a instalação de pesquisa de armas nucleares do Iraque[1]. Essas eram as "armas de destruição em massa" biológicas que Bush e Blair usariam como parte da desculpa para a invasão do Iraque em 2003. Um ano antes, em um discurso rapidamente esquecido na época, Bush também culpou Saddam pela tentativa de assassinato de seu pai.

Uma invasão anterior — o ataque de Israel ao Líbano em 1982 — foi motivada por uma tentativa de assassinato do embaixador israelense no Reino Unido. Shlomo Argov foi baleado e gravemente ferido em frente ao Dorchester Hotel, e Israel imediatamente culpou a OLP de Yasser Arafat. Arafat condenou o ataque, pois sabia — como Israel também sabia — que a OLP, cuja destruição era o objetivo principal de Israel no Líbano, não tinha nada a ver com a tentativa contra a vida de Argov. Pois foi Sabri Khalil al-Banna, o palestino renegado que trabalhava como mercenário no Oriente Médio sob seu patronímico de Abu Nidal, quem ordenou o assassinato do embaixador — a mando de Saddam Hussein. Saddam queria esmagar seus rivais baathistas sírios, destruindo o protetorado da Síria no Líbano[2] e envolvendo as tropas sírias em uma guerra total com Israel. Isso

1 Além da mentira contada em seus "dossiês" sobre as "armas de destruição em massa" do Iraque antes da invasão de 2003, o governo britânico alcançou uma extraordinária reputação de desonestidade em relação às armas exportadas para o Iraque ou usadas contra ele. Em 2011, o ministro das Forças Armadas do Reino Unido, Nick Harvey, admitiu ter enganado os parlamentares sobre uma revisão do Ministério da Defesa que concluiu que as armas de DU (urânio empobrecido) usadas pelo Reino Unido no Iraque eram permitidas pelas Convenções de Genebra. A "revisão", ele concordou mais tarde, nunca ocorreu, mas ele afirmou ter feito sua declaração "de boa fé". Na invasão de 2003, as forças dos EUA e do Reino Unido usaram pelo menos 142.000 kg de DU, 1.900 kg deles por tanques britânicos Challenger que dispararam 420 projéteis de DU.

2 Desde o mandato francês de 1920 para a Síria e o Líbano — concedido pela Liga das Nações após o colapso do Império Otomano —, a Síria estendeu seu amor fraternal ao

porque a Síria era a única aliada árabe do Irã, a república islâmica com a qual Saddam estava agora em uma luta de vida ou morte.

Em Bagdá, Saddam não tinha nada a temer. Seu novo aliado norte-americano o apoiava, e a decisão de Reagan de "retirar" o Iraque da lista norte-americana de "estados terroristas" em 27 de fevereiro de 1982 garantiu que Saddam pudesse contar com a aquiescência de Washington em sua guerra imoral contra o Irã — e em sua igualmente suja guerra contra a maioria muçulmana xiita do Iraque que queria matá-lo. Uma tentativa de assassinato contra a vida de Saddam por aldeões de Dujail, ao sul de Bagdá, ocorreu em 8 de julho de 1982. Saddam acabara de deixar Dujail quando seu comboio foi atacado por dez homens armados com fuzis Kalashnikov. Todos foram mortos, na mesma hora ou mais tarde.

Rumsfeld foi a Bagdá em 19 de dezembro de 1983 para garantir a Saddam o apoio contínuo de Washington. Ele deu ao ditador iraquiano carta branca para lidar de modo tão feroz quanto desejasse com os quinta-colunistas iraquianos, sem o receio de retaliações norte-americanas. O sistema de linhagem patriarcal permitiu à polícia secreta rastrear a linhagem masculina de famílias inteiras e, em seguida, liquidá-las. Suas mulheres foram torturadas e com frequência estupradas. Na época da segunda visita de Rumsfeld ao Iraque, em 1984 — para assegurar ao ministro das relações exteriores, Tariq Aziz, que as críticas oficiais dos EUA ao uso de gás por parte de Saddam contra os iranianos não interromperia o apoio militar norte-americano — os detidos de Dujail já estavam morrendo sob tortura[3]. Em 1985, com pelo menos 40 xiitas mortos, em detenção ou durante interrogatório, outros 96 rebeldes foram condenados à morte e executados. Washington não emitiu sequer um gemido.

Em 2008, fui convidado a visitar um estado do Golfo para encontrar um analista que havia ajudado a traduzir os documentos jurídicos incrimi

Líbano, que foi administrado a partir de Damasco até seu reconhecimento como estado, embora sectário, durante a Segunda Guerra Mundial. Após o início da guerra civil em 1976, as tropas sírias entraram no Líbano sob o disfarce do Exército de Libertação da Palestina (PLA) para reprimir a ascensão da Organização para a Libertação da Palestina (OLP) e para impedir a desintegração do Líbano. Em 2005, após o assassinato do primeiro-ministro Rafiq Hariri, o exército sírio foi forçado a retirar todas as suas forças de ocupação do Líbano.

3 Os leitores que conseguirem suportar os detalhes desses interrogatórios e execuções devem ler o julgamento de Dujail no Tribunal Superior do Iraque — embora em uma tradução inglesa imperfeita — no Caso nº 1/C1/2005 dos arquivos do tribunal.

nadores que selaram o destino de Saddam em seu julgamento de 2005. No entanto, 18 meses após a execução de Saddam, esse homem me pediu para não revelar sua identidade, pois temia por sua vida no "novo" Iraque. Encontramo-nos em um restaurante, onde ele me mostrou uma pasta preta contendo os documentos secretos da polícia de 1982, compilados para o próprio Saddam; era um testemunho assustador e temeroso da seriedade e crueldade dos serviços de segurança da mukhabarat em sua caça aos homens que haviam tramado para assassinar Saddam fora de Dujail.

Uma pilha de papéis do "Gabinete de Ligação de Crimes do Regime" de Saddam relacionava os acusados e seus homens. Foi uma lição objetiva de como destruir uma família tribal iraquiana. Da subtribo al-Tayyar, da tribo Abu Haider de Dujail, por exemplo, havia um bisavô chamado Abdullah com três filhos — Asad, Mohammed e Suheil — que por sua vez tiveram nove filhos. Apenas um descendente homem de toda a família de Abdullah escaparia dos algozes de Saddam.

Mas esses eram apenas os filhos homens de uma família. Em 1982, os assassinos de Saddam queriam muitos mais, como deixa claro o seguinte documento:

> O Partido Árabe Socialista Baath
> Uma nação árabe
> Com uma mensagem eterna
>
> Saudações:
>
> As famílias que se opõem ao partido e à revolução são as famílias dos criminosos que estão mortos, condenados ou daqueles que escaparam da justiça por serem membros do partido al-Dawa. Relatórios detalhados foram enviados anteriormente ao chefe do partido [Baath] por meio da cadeia de comando do partido, e são os seguintes: a família do criminoso morto Latif Abbas Mohammed e seu irmão são afetados. Também o criminoso Raid Said Juwad e suas irmãs e irmãos. Seu pai e sua mãe são originalmente do governo de al-Najaf. Também o criminoso morto Abbas Habib Jaafar. Também a família do criminoso morto Khalil Jamil Ayoub cujo irmão Hassan Mohammed Abdallah é atualmente um desertor [que é] um oficial militar, e sua família é oposta ao partido [Baath] e à

revolução. Seu filho matou o estudante Imad Kamil, chefe da União Nacional Estudantil da Escola Secundária de al-Dujail.

Que você persista na luta pela mensagem eterna de nossa nação.

[Assinado] Camarada Mohammed Ibrahim Darwish, 8 de julho de 1982

No final de uma carta do comando superior do partido Baath estava a seguinte nota: "Trate-os da maneira usual". Estava escrito à mão, por Barzan al-Tikriti, meio-irmão de Saddam e líder do mukhabarat.

Após a queda do regime de Saddam, era fácil dizer que o ditador iraquiano vivia em um mundo ilusório. No entanto, até a guerra contra o Irã começar a sugar o tesouro do único território do mundo árabe que contava com petróleo e água, ele usou a riqueza do Iraque com sabedoria. O país tinha os mais altos padrões educacionais do mundo árabe, a melhor assistência médica, as leis mais liberais para as mulheres e uma das melhores redes de transporte do Oriente Médio.

Se os Estados Unidos pôde ignorar os terríveis abusos dos direitos humanos cometidos por Saddam e seu uso de armas químicas após sua invasão não provocada ao Irã, por que deveria se importar se a disputa do ditador sobre o "roubo" de petróleo iraquiano pelo Kuwait levou à anexação do pequeno emirado? Nesse contexto, a conversa entre Saddam e a embaixadora dos EUA no Iraque, April Glaspie, antes da invasão do Kuwait em 1990, parece bastante diferente. Por anos, o mundo foi levado a acreditar que Glaspie disse a Saddam, em 25 de julho de 1990, que o governo dos EUA "não interfere em disputas fronteiriças" entre estados árabes. De acordo com uma transcrição semioficial publicada pelo *New York Times*, Glaspie disse a Saddam que os EUA "não tinham opinião sobre seus conflitos no mundo árabe, como seu desentendimento fronteiriço com relação ao Kuwait", uma observação que Saddam supostamente considerou como uma expressão de indiferença dos Estados Unidos. As tropas iraquianas cruzaram a fronteira em 2 de agosto daquele ano.

Diplomatas que sentem que foram mal citados devem se manifestar imediatamente para esclarecer a situação, mas Glaspie permaneceu em silêncio por 18 anos. Há muito aposentada e agora vivendo na África do Sul, sua entrevista ao jornal saudita *Al-Hayat* foi tão detalhada quanto reveladora, mas foi amplamente ignorada.

De acordo com Glaspie, sua reunião com Saddam em Bagdá em 25 de julho de 1990 proporcionou uma oportunidade de repetir suas instruções do Departamento de Estado, cuja "essência era: 'Não ocupe o Kuwait, mantenha suas mãos longe daquele país'". O ministro das Relações Exteriores iraquiano, Tariq Aziz, e dois assessores estavam na sala "para fazer a minuta da reunião". Saddam, lembrou Glaspie, "começou informando-me sobre o comportamento petulante dos kuwaitianos". Ela temia que ele estivesse prestes a reivindicar o Kuwait como província do Iraque, mas negou ter dito a ele que os Estados Unidos "não interferem em disputas fronteiriças entre estados árabes". Isso, ela disse, era "uma mentira inventada por Tariq Aziz... O que eu disse foi que 'Ele não devia interferir no Kuwait ou em qualquer outro lugar'."

Se a versão de Glaspie sobre a reunião for levada ao pé da letra, parece que ela fez o possível para convencer um ditador cada vez mais delirante de que ele não deveria invadir o Kuwait e que os Estados Unidos iria para a guerra se ele o fizesse. No entanto, colocado em um contexto histórico recente, uma história bastante diferente emerge. De acordo com sua própria evidência, Glaspie adverte Saddam para não invadir o Kuwait — mas ela não lhe diz que os Estados Unidos iriam guerrear para libertar o emirado. Ela diz que "nunca deu a Saddam a impressão de que não interviríamos em uma disputa de fronteira", mas essa dupla negativa — supondo que as palavras de Glaspie foram corretamente relatadas — tinham poucas chances de deixar um ditador brutal tremendo em suas botas.

Sua afirmação de que "não conseguiu convencer Saddam de que cumpriríamos o que avisamos que faríamos" é ridícula; Washington não havia feito essa ameaça específica. Os EUA toleraram privadamente — e até encorajaram — o uso de gás por parte Saddam contra o Irã, ajudaram-no a desenvolver armas biológicas e não mostraram o menor interesse na violenta repressão de seus inimigos internos. Por que diabos os Estados Unidos "interviriam" agora?

A invasão e ocupação do Kuwait por parte de Saddam, a chegada das tropas norte-americanas à Arábia Saudita e a recusa da monarquia saudita em permitir que Osama bin Laden liberasse o Kuwait com combatentes árabes mudariam profundamente a história do Oriente Médio e do mundo. A subsequente traição norte-americana à revolta xiita iraquiana contra Saddam seria seguida por um purgatório de sanções que sufocou a população iraquiana em um manto de pobreza, doença e morte em uma escala ainda mais sem precedentes[4].

A retirada do Iraque do Kuwait não significaria o fim das sanções da ONU. Estas deveriam agora continuar até que o próprio Saddam fosse deposto ou forçado ao exílio. Robert Gates, mais tarde secretário da Defesa de Barack Obama, anunciou que Saddam estava "desacreditado e não poderia ser redimido... Todas as sanções possíveis seriam mantidas até que ele se fosse". Assim, Saddam Hussein, cuja sobrevivência tinha sido muito importante para Washington apenas quatro anos antes, deveria ser destruído. Não mais festejado pelos EUA, que lhe forneceram material para suas novas armas biológicas. Ele foi "desacreditado" não por sua agressão não provocada contra o Irã, nem pela sua utilização de armas químicas ou os seus aliados em Halabja, nem pelo tratamento bárbaro que dispensou aos xiitas de Dujail, mas porque, para os norte-americanos, ele havia invadido o país errado.

Tão chocados estavam com esse tormento civil, que sucessivos coordenadores humanitários da ONU no Iraque, Denis Halliday e Hans von Sponeck, renunciaram em um intervalo de dois anos. Halliday mais tarde se referiria às sanções pós-1991 como um "genocídio". Enquanto isso, as nações árabes que haviam confiado em Saddam para defendê-las do Irã xiita na década de 1980 foram informadas pelos norte-americanos de que agora enfrentavam ameaças do próprio Saddam.

Saddam havia superado seus inimigos internos quando os norte-americanos e britânicos permitiram que ele reprimisse as revoltas que se seguiram à sua retirada do Kuwait. Nem os sauditas, nem os recém-libertados kuwaitianos estavam preparados para tolerar um estado xiita iraquiano em sua fronteira norte; essa perspectiva terrível seria adiada até depois da invasão do Iraque pelos EUA em 2003. Entretanto, as atrocidades que o exército de Saddam foi autorizado pelo Ocidente a cometer contra os xiitas enfureceram uma população que se esperava que, 12 anos depois,

---

4 A funcionária norte-americana encarregada de calcular o número de mortos iraquianos na invasão do Kuwait e na derrota de Saddam foi Beth Osborne Daponte, demógrafa do US Census Bureau. Ela estimou que 158.000 iraquianos — metade deles mulheres e crianças — morreram na guerra pelo Kuwait e suas consequências. Daponte foi demitida quando decidiu publicar sua pesquisa e foi difamada por seu supervisor por usar "informações falsas" e exibir "desconfiança e falta de confiabilidade". O pecado de Daponte pode ter sido a inclusão de mortes durante as revoltas xiita e curda que ocorreram depois que Washington declarou a guerra encerrada. Ela foi reintegrada apenas depois que a American Civil Liberties Union ameaçou tomar medidas legais.

desse as boas-vindas aos invasores anglo-americanos. Durante o massacre dos xiitas, as tropas "Aliadas" ainda estavam em solo iraquiano, reclamou um grupo de estudantes iraquianos exilados, "e não fizeram nada para impedi-lo. Os Aliados traíram o povo iraquiano, uma traição que ficará para sempre gravada na mente dos civis iraquianos." Os norte-americanos ignoraram esses sentimentos.

Com o passar dos anos, aviões norte-americanos e da RAF, que supostamente protegiam os iraquianos que viviam nas "zonas de exclusão aérea", na realidade usavam essa tática para atacar as instalações militares que restavam no Iraque e bombardeavam o país quase diariamente. Qualquer memória de nosso pacto militar com Saddam na década de 1980 havia sido apagada. Os funcionários "aliados" agora falavam da necessidade de "degradar" Saddam, suas armas de destruição em massa e a infraestrutura que havíamos prometido não atacar. Em um período de seis semanas, de abril a maio de 1999, a Anistia Internacional relatou a morte em ataques aéreos de 20 civis iraquianos, incluindo mulheres e crianças. Em agosto daquele ano, a Anistia registrou outros 50 civis mortos e dezenas feridos em ataques dos EUA e do Reino Unido. Em uma casa em Jassan, no sul do Iraque, 15 membros da mesma família foram mortos quando um míssil atingiu sua casa em 17 de agosto. Civis iraquianos que viviam perto das zonas de exclusão aérea protegidas estavam sendo mortos pelos mesmos aviões norte-americanos e britânicos que deveriam protegê-los.

Enquanto seus inimigos matavam os iraquianos de fome e falta de remédios, Saddam exibiu a paranoia familiar de todo autocrata: suspeita e amor. No verão de 2002, havia em Bagdá um homem tão cruel que os detalhes de seu interrogatório foram enviados diretamente a Saddam. Como mencionado anteriormente, Abu Nidal havia servido Saddam com lealdade, organizando um ataque ao embaixador israelense em Londres em 1982. Como resultado — e como Saddam esperava —, Israel invadiu o Líbano e atacou o exército de 40.000 homens que o presidente sírio Hafez al-Assad mantinha em seu estado vassalo.

Ele escolheu o homem certo para iniciar uma guerra. Abu Nidal era um mercenário, um assassino de aluguel que ordenou o massacre de judeus em uma sinagoga de Istambul, de palestinos próximos a Yasser Arafat e de passageiros nos aeroportos de Roma e Viena, juntamente com centenas de membros de suas próprias equipes de assassinato acusados de traição. Os homens de Abu Nidal realizaram ataques em 20 países ao longo de mais de três décadas. Suas vítimas incluíam Salah Khalaf (Abu Iyad), vice de Arafat e chefe de inteligência, que havia se oposto à invasão do Kuwait por Saddam e discutido com o ditador iraquiano. Segundo o escritor Patrick Seale, as revoluções internas dentro do "Conselho Revolucionário Fatah" de Abu Nidal terminaram em valas comuns no Líbano e na Líbia.

Se Abu Nidal pudesse iniciar uma guerra, no entanto, ele não poderia evitar a fúria de seu mestre um ano depois. Depois que seu "Conselho Revolucionário" criticou a Jordânia e os Emirados Árabes Unidos em 1983 — ambos grandes apoiadores da guerra de Saddam contra o Irã —, Abu Nidal foi sumariamente expulso do Iraque por Tariq Aziz. Um palestino presente naquela reunião descreveu mais tarde como Aziz disse a Abu Nidal que "o presidente Saddam chegou à conclusão de que você se tornou um fardo perigoso para nós... você deve deixar o Iraque no momento em que sair por esta porta". Mas em 2002, quando os Estados Unidos prometeu destroná-lo, Saddam descobriu que Abu Nidal havia retornado a Bagdá. A primeira vez que Washington soube disso foi em 21 de agosto daquele ano, quando o Iraque divulgou fotos do corpo do assassino, baleado na cabeça, deitado em uma cama de hospital com sangue encharcando o travesseiro, e até mesmo uma cópia de um passaporte iemenita falsificado. Suicídio, disseram eles. Tahir Haboush, chefe da inteligência iraquiana, afirmou que Abu Nidal usou o documento para entrar ilegalmente no Iraque via Irã em 1999. Mas tudo parecia muito arrumado. Como alguém poderia entrar em um estado policial como o Iraque e não ser descoberto por três anos? E a sugestão de que a polícia secreta iraquiana estava levando Abu Nidal ao tribunal quando ele pediu para ir para casa e se trocar, atirando em si mesmo enquanto os policiais esperavam pacientemente lá embaixo, era certamente incrível.

Os Estados Unidos haviam citado a conexão entre Saddam e a Al-Qaeda como uma das muitas razões ilusórias para sua invasão de 2003, juntamente com a igualmente mítica posse iraquiana de ADM. Agora, relatórios ocidentais sugeriam que a própria polícia de segurança iraquiana havia matado Abu Nidal porque sua presença havia se tornado um embaraço. A Casa Branca não perdeu tempo em ver uma oportunidade. Abu Nidal, anunciou seu porta-voz, havia recebido "refúgio seguro" no Iraque, um fato que demonstrava os laços de Saddam com o "terror global".

Os arquivos da polícia de segurança iraquiana mostram claramente, porém, que os agentes de inteligência iraquianos realmente acreditavam que o assassino palestino estivera trabalhando para os norte-americanos, bem como para o Egito e o Kuwait, na véspera da invasão Bush-Blair; ele havia tentado encontrar evidências ligando Saddam à Al-Qaeda[5]. Os jornais iraquianos sugerem que Abu Nidal realmente se suicidou após confessar o "crime traiçoeiro de espionagem contra este país justo".

Abu Nidal realmente se matou? Ou ele foi "suicidado" a mando de Saddam? Nunca saberemos, mas é possível que ele tenha decidido morrer por sua própria mão em vez de suportar os sádicos algozes de Abu Ghraib.

Após o castigo veio aquele momento de profundo afeto pelo qual Saddam ansiava. Em 16 de outubro de 2002, o governo iraquiano anunciou que a nação o reelegera por mais sete anos — com 100% dos votos. A reação de cara fechada da Casa Branca de que isso "não foi uma votação séria" errou o alvo. Izzat Ibrahim, vice-presidente do Conselho do Comando Revolucionário do partido, reconheceu que "alguém que não conhece o povo iraquiano não acreditará nesse percentual, mas é real... Não temos oposição no Iraque". O resultado foi certamente melhor do que os 96,3% dos votos que o ditador colega de Saddam no Egito obteve para seu terceiro mandato de seis anos em 1993 — pelo qual Hosni Mubarak foi parabenizado pela Casa Branca.

Tampouco a confiança do povo em Saddam ficou sem recompensa. Em troca de 100% dos votos, eles receberiam uma libertação de 100% de todos os prisioneiros nas prisões do inferno do Iraque. Todos os detentos seriam anistiados, exceto aqueles que espionaram para os Estados Unidos, decretou Saddam.

Após da invasão, alguns meses depois, nós, jornalistas, conseguimos vídeos de algumas das violências mais pornográficas no Iraque de Saddam que qualquer um de nós poderia suportar. Uma fita mostrava sua polícia de segurança chicoteando e espancando prisioneiros xiitas quase nus no pátio de sua sede. Os homens estão cobertos de sangue e excrementos, gritando e choramingando. Eles são chutados, seus testículos são esmagados e pedaços de madeira são forçados entre seus dentes enquanto são empurrados para esgotos e espancados no rosto.

Esses vídeos mostravam que havia espectadores, baathistas uniformizados, presentes durante a tortura desses pobres homens. Mostrei alguns

5 O *Washington Post* já havia relatado em 1999 que agentes da CIA haviam infiltrado os inspetores de armas da ONU para espionar os serviços de inteligência de Saddam, pelo menos dois anos antes do retorno de Abu Nidal a Bagdá em 1999.

segundos desses filmes em palestras que dei na Grã-Bretanha, na Irlanda e nos Estados Unidos em 2003, e alguns membros da audiência saíram, enjoados. Para quem esses vídeos foram feitos? Para Saddam? Para as famílias das vítimas? Ou para humilhação, para que esses homens soubessem para sempre — se sobrevivessem — que seu sofrimento havia sido registrado. Dois anos depois, é claro, estaríamos vendo fotos e vídeos de sadismo e humilhação talvez no mesmo presídio; as vítimas seriam novamente iraquianas, mas os torturadores seriam norte-americanos.

Na época em que George W. Bush decidiu invadir o Iraque, a aliança de Washington com Saddam havia sido apagada da memória institucional. Enquanto os líderes europeus enganavam seus povos e parlamentos para a guerra, os invasores potenciais partiram para enganar também os árabes. Eles estavam sem sorte. Talvez os árabes tenham uma memória histórica mais longa, ou talvez seus líderes tenham passado tanto tempo enganando suas próprias populações que conseguiram identificar a mesma tática.

Os árabes tinham uma ideia astuta e inquietante do futuro, tanto para os norte-americanos em sua futura ocupação do Iraque quanto para o resto do Oriente Médio. Mais de 70% dos árabes no Egito, na Jordânia e no Líbano acreditavam que uma invasão norte-americana aumentaria as "operações terroristas" e mais de 15% disseram que haveria um ataque às forças norte-americanas em poucos dias.

No Líbano, onde 241 militares norte-americanos foram mortos no atentado suicida à sede dos fuzileiros navais norte-americanos em 23 de outubro de 1983, impressionantes 81,5% dos entrevistados afirmaram que uma guerra no Iraque aumentaria as "operações terroristas". No Egito, os entrevistados foram convidados a considerar que os Estados Unidos haviam conseguido derrubar o regime de Saddam e estabelecido um novo governo iraquiano pró-norte-americano. Quando lhes perguntaram, 31,9% disseram que haveria ataques às tropas norte-americanas "em poucos dias", 17% "em algumas semanas" e 10,9% "em alguns meses". Refletindo exatamente o oposto do objetivo declarado de Bush, os árabes acreditavam que uma invasão ao Iraque teria pouco efeito em conter o "terrorismo". Na maior parte, suas opiniões foram exatas.

O diretor da agência de pesquisas de Beirute, Jawad Adra, disse que os números mostravam claramente o grau de oposição árabe e a decepção com a política dos EUA no Oriente Médio. "Eles não podem isolar nenhuma questão do viés detectado na política dos EUA em relação aos palestinos", me disse ele. O Vice-Presidente Dick Cheney ouviria exatamente a mesma coisa quando buscasse apoio árabe para um ataque ao Iraque na semana anterior à invasão — não que ele tenha prestado atenção. Em todas as capitais árabes que visitou, disseram a Cheney para voltar sua atenção para a sangrenta guerra palestino-israelense e esquecer o "eixo do mal" até que Bush colocasse seus aliados israelenses na linha. Todos os esforços de Cheney para fingir que o conflito na Cisjordânia, em Gaza e em Israel estava separado do Iraque falharam. Um jornal saudita publicou um artigo de primeira página condenando a política dos EUA na região — quase inédito no Reino — enquanto o ministro das relações exteriores, Príncipe Saud al-Faisal, disse aos norte-americanos que não poderiam usar a vasta Base Aérea do Príncipe Sultan no Reino para qualquer guerra contra Bagdá.

Os assessores de imprensa de Cheney afirmaram repetidamente que os líderes árabes deram seu apoio privado a um ataque norte-americano ao Iraque. Autoridades do Golfo Pérsico ligaram para jornalistas ocidentais para insistir que isso não era verdade; o que os reis e príncipes árabes diziam em privado era exatamente o que diziam em público: uma invasão do Iraque seria um desastre. Várias vezes, Cheney foi informado de que se Saddam fosse derrubado, o Iraque poderia se desintegrar, com efeitos incalculáveis em seus vizinhos.

Repetidamente, Cheney foi questionado sobre evidências de que Saddam estava envolvido no 11 de setembro, então ele inventou um novo dogma para os árabes: "Os Estados Unidos não permitirão que as forças do terror adquiram as ferramentas do genocídio", prometeu ele. Os árabes se perguntaram o que deveria ser esse novo "genocídio". As sanções da ONU não estavam já infligindo um "genocídio" aos iraquianos?

O "lado escuro" da guerra ao terror de Cheney, a tortura e o assassinato institucionalizados dos EUA contra seus inimigos, envergonhou seu país mesmo antes de Saddam ser capturado no Iraque. Mas havia paralelos estranhos entre a administração Bush e Saddam. Ambos acreditavam ser amados — Cheney por seus aliados, Saddam por seu povo. E ambos intimidavam suas populações: Bush aterrorizando os norte-americanos sobre o terror por vir e Saddam com sua igualmente aterrorizante polícia secreta.

Após a invasão, o exército norte-americano no Iraque encobriu suas retiradas e derrotas com lixo verbal. Foi um "pequeno aumento", garantiu-nos o brigadeiro general Mark Kimmitt. Não uma onda súbita de violência, nem mesmo um "pico" — outra das expressões favoritas do general. Mais tarde, seríamos apresentados à "onda de choque", que se tornou toda uma estratégia militar. Uma "onda de choque" era uma palavra positiva; representava uma maré incontrolável. Na realidade, uma "onda de choque" significava reforços — tropas extras que só são enviadas quando um exército está em apuros.

Nossas mãos ficaram dormentes registrando tudo isso — as Loucuras das Cinco da Tarde. Das ruas quentes e perigosas de Bagdá, com seus cortes de eletricidade de doze horas e suas filas de gasolina de dois quilômetros e seus tiroteios, nos dirigimos a cada semana por meio de paliçadas de tambores de concreto, postos de controle e revistas do exército norte-americano, para um vasto centro de conferências com ar-condicionado, uma estrutura cavernosa de Saddam outrora usada para cúpulas presidenciais, onde o General Kimmitt provava que as coisas não estavam tão ruins quanto pensávamos.

Esse macabro ritual semanal foi encenado na "Zona Verde", onde a vida imperial era suportada entre jardins de rosas, piscinas e bares — todos dominados pelo enorme palácio presidencial de Saddam com suas cúpulas e colunas de mármore. Mesmo o arco de entrada triunfal, guardado por paredes de concreto de trinta pés de altura e esquadrões de soldados norte-americanos, falava mais de Lutyens e Nova Delhi do que do "Novo Iraque". Dentro dos ecoantes salões de banquetes, a visão de Bush de um futuro perfeito para o Oriente Médio se manifestava. A nova embaixada dos EUA seria aqui neste vasto complexo, a maior do mundo, construída em íntima proximidade com os escritórios do futuro governo "soberano" iraquiano.

Ao lado de Kimmitt naquele dia desanimador em 2004, estava a figura espectral de Dan Senor, porta-voz da "Autoridade Provisória da Coalizão" que, com sua expressão séria, lembrava o tipo de médico que calmamente aconselha seus pacientes a resolverem seus assuntos.

Mas essa era a Semana das Boas Notícias. O procônsul norte-americano Paul Bremer — chefe da CPA — havia discutido o orçamento de 2005 do Ministério da Educação iraquiano e compareceu a uma reunião municipal de estudantes iraquianos. O mesmo ministério iraquiano havia realizado um simpósio de 200 líderes civis e religiosos iraquianos sobre o desenvolvimento do sistema educacional, e 56 quilômetros de trilhos ferroviários estavam sendo modernizados entre Basra e Umm Qasr. As tropas norte-americanas "continuavam a conduzir operações de precisão contra elementos anti-Coalizão e inimigos do povo iraquiano". Isso soava positivamente soviético.

Existe toda uma escola de literatura sobre as desculpas militares para essa guerra e seu terrível custo em vidas humanas. A preparação norte-americana para a invasão de 2003 e os primeiros dias da ocupação foram, na expressão do professor de jornalismo de Berkeley Mark Danner, "uma guerra da imaginação". Os norte-americanos tomaram o Iraque ilegalmente e massacraram milhares, e depois o declararam libertado e estabeleceram uma autoridade de ocupação — cuja arrogância encorajou um movimento de resistência que começou ainda antes de as forças norte-americanas chegarem a Bagdá. Nas palavras de Danner, os norte-americanos "colocaram sua fé na ideologia e na esperança — no sonho de uma paisagem acolhedora, magicamente transformada". Intelectuais norte-americanos de direita concluíram que "o baathismo era uma forma árabe de fascismo transplantada para o Iraque".

Na mente de Bremer e seu exército de burocratas e acólitos militares, a busca por Saddam e seus dois filhos, Uday e Qusay, assumiu uma importância totalmente desproporcional a qualquer resultado que sua captura ou morte pudesse trazer. Eles eram os Frankensteins do Iraque; nenhum crime era muito terrível para eles, mas comparar Saddam com Hitler era não entender o papel de Saddam na história árabe. O baathismo existia muito antes de Saddam, e a autocracia que ele governava era produto e não causa da política disfuncional do Iraque.

No entanto, os norte-americanos perseguiram Saddam e seus filhos com uma vingança que tinha algo em comum com o próprio frenesi de Saddam para eliminar a herança patrilinear dos xiitas de Dujail. Não muito antes de Kimmitt soltar sua definição de "terrorismo", o tenente-coronel Steve Russell, da 4ª Divisão de Infantaria dos EUA, afirmou ter encontrado armas suficientes na cidade iraquiana de Tikrit, a cidade natal da tribo de Saddam, para lançar 50 ataques de guerrilha. "Eles não estão movendo armas aqui", disse Russell. "Esta é a cabeça da serpente". Uma semana depois, eles capturaram a própria serpente.

A destruição da família de Saddam havia começado quase cinco meses antes, quando Uday e Qusay foram entregues por amigos enquanto se escondiam em uma villa em Mosul. Uday, o playboy depravado, e seu irmão

Qusay, supervisor da Guarda Republicana Especial, foram traídos na noite de 20 de julho, e 200 tropas norte-americanas, incluindo Forças Especiais e agentes da CIA da chamada "Força-Tarefa 20", invadiram a casa na manhã seguinte. Os irmãos revidaram com fuzis automáticos, assim como Mustafa, filho de 14 anos de Qusay. Os norte-americanos apontaram dois mísseis antitanque TOW para a casa e chamaram um helicóptero OH-58 Kiowa para disparar um foguete contra o prédio. A "Força-Tarefa 20" foi a unidade que matou a tiros os ocupantes de um comboio que se dirigia para a fronteira síria no mesmo mês, um comboio cujos ocupantes deveriam incluir Saddam e seus dois filhos; as vítimas acabaram sendo contrabandistas. A inteligência norte-americana também foi responsável pelo ataque aéreo à villa de Saddam no distrito de Mansour, em Bagdá, no final de abril, que deveria matar Saddam, Uday e Qusay, mas apenas massacrou 16 civis.

No entanto, os "filhotes de leão do Iraque" — a própria descrição de Saddam de seus filhos — foram realmente mortos no ataque de julho, junto com o adolescente Mustafa e um guarda-costas. As áreas xiitas de Bagdá explodiram em fogos de artilharia automática comemorativos com a notícia das mortes. Mas como convencer os iraquianos de que os "Dois Males" — como a revista *Time* os havia chamado — estavam realmente mortos? No mundo místico de Saddam, os corpos poderiam ser de "duplos", atores pagos para imitar os verdadeiros califas do Iraque.

No Ocidente, as mortes de Uday e Qusay foram consideradas provas de que a invasão norte-americana seria bem-sucedida. O "guarda-costas" morto permaneceria anônimo e a morte do filho de Qusay foi apagada da história, de modo que toda a atenção foi direcionada aos filhos de Saddam. Mas por que, perguntei ao General Ricardo Sanchez em sua presunçosa coletiva de imprensa na Zona Verde, seus homens não podiam ter levado os irmãos a julgamento, mesmo que apenas para enfatizar a monstruosidade do regime de Saddam?

Sanchez respondeu que um oficial com um megafone ordenou que os irmãos se entregassem antes que a ação militar começasse. Por duas vezes, os norte-americanos tentaram tomar o andar superior da villa, resultando em quatro feridos quando os ocupantes dispararam contra eles. No entanto, os norte-americanos eram especialistas em técnicas de cerco. Nenhum iraquiano duvidaria da verdade se Uday e Qusay surgissem com as mãos para o alto. No entanto, Sanchez concordou que os preparativos militares para o ataque tinham a intenção de "neutralizar o alvo".

Os árabes nunca foram enjoados em relação à morte. Somos nós, ocidentais, que agonizamos com nossas sensibilidades morais ao ver uma foto de um morto. Não consigo pensar em um iraquiano que não tenha visto as vítimas decapitadas de ataques aéreos e massacres, corpos militares dilacerados por cães nos desertos do Iraque ou as valas comuns do Curdistão. A cabeça de Uday, com seu ferimento de bala, poderia ser um pouco difícil de amenizar, embora muitos iraquianos gostariam de ter disparado o tiro fatal eles mesmos.

Os vencedores têm o hábito de mostrar que seus inimigos foram derrotados. Em 25 de julho, portanto, os norte-americanos seguiram uma tradição do partido Baath de exibir inimigos executados na televisão. Em 1963, quando o cadáver de Abdul Karim Qassem foi exibido nas telas iraquianas, o ex-primeiro-ministro apareceu em preto e branco, apoiado em uma cadeira, mas muito morto. Em 2003, tudo estava em cores. Os rostos de Uday e Qusay foram cuidadosamente reconstruídos — seus corpos em carrinhos, costurados e com cor injetada em seus rostos — mas também muito mortos. Os norte-americanos os exibiram pela mesma razão que os baathistas exibiram o corpo crivado de balas de Qassem: para persuadir o povo iraquiano de que o velho regime havia acabado.

Apenas um exército de ocupação poderia ter produzido as fotografias dos cadáveres a tempo para o único dia — sexta-feira, o sábado muçulmano — em que não havia jornais iraquianos para publicá-las. Após a primeira visita da imprensa mundial ao necrotério, no entanto, os cadáveres foram, por assim dizer, reaquecidos para consumo iraquiano. No entanto, um número crescente de jovens iraquianos veria nessas fotos não as agonias de morte de um regime corrupto, mas a oportunidade de se vingar dos estrangeiros no Iraque. Esses homens podem ter odiado os filhos de Saddam, mas todo iraquiano entendeu o que essas fotos representavam: a tradição semelhante a Saddam de destruir a linhagem masculina de uma família. Essa eliminação tribal significava que aqueles que até então hesitaram em se juntar à resistência à ocupação agora poderiam se comprometer com uma guerra de guerrilha.

Além disso, o "respeito" dispensado aos cadáveres dos filhos de Saddam não se aplicava a outras vítimas dos norte-americanos. Apenas quatro dias após a morte de Uday e Qusay, Mohamed Eadem colocou sua chave na fechadura do necrotério do hospital Kindi, pôs um lenço no nariz e abriu a grande porta do freezer para nos mostrar dois conjuntos de restos humanos. Ali, no chão, jazia uma pilha de ossos e carne carbonizados em folhas de plástico, as últimas vítimas da guerra do Iraque. Ambos os homens haviam sido mortos a tiros nas favelas de Hay al-Gailani, em Bagdá. Seu crime foi ter entrado em um emaranhado de arame farpado em uma estrada onde as tropas norte-americanas haviam erguido uma "chicana". "Falha em parar em um posto de controle" foi a razão oficial dada para as mortes, embora poucos pudessem imaginar o horror por trás dessas palavras. Os norte-americanos alvejaram o carro dos homens. O veículo pegou fogo e os norte-americanos foram embora. Por meia hora, o carro ficou queimando. Se os ocupantes iraquianos haviam morrido de seus ferimentos ou foram queimados vivos, ninguém sabia.

Os moradores de Hay al-Gailani tiveram que esperar que o carro em chamas esfriasse para remover os terríveis restos mortais do que restava dos bancos da frente. "Só havia carne e ossos", disse Eadem. E, claro, não havia documentos de identidade e a placa do carro havia se transformado em metal fundido, então eles não tinham a menor ideia de quem eram os homens mortos. Quatro moradores locais de Hay al-Gailani apareceram no hospital às 10h30 com sacos plásticos contendo os restos mortais. Nenhuma tropa norte-americana contatou o necrotério sobre a identidade dos homens que acabaram de matar, embora em algum lugar de Bagdá naquela noite houvesse parentes se perguntando por que esses homens não tinham voltado para casa.

Sobre tudo isso foi enxertada a ilusão da estabilidade liderada globalmente. Os exércitos polonês e japonês logo estariam aqui. Ruud Lubbers, do Alto Comissariado das Nações Unidas para Refugiados, apareceu em Bagdá para anunciar que dezenas de milhares de refugiados iraquianos retornariam em um ano[6]. Era seguro voltar para o Iraque? Alguém perguntou. "Bem, estamos aqui", respondeu Lubbers, sorrindo. No entanto, mesmo enquanto ele saia de sua coletiva de imprensa, os rádios da ONU estavam estourando com estática. Um comboio havia sido atacado na estrada de Hilla, deixando um funcionário iraquiano da ONU morto. Em 16 de agosto, um mês após a garantia morna de Lubbers, a sede da ONU em Bagdá foi destruída por um homem-bomba, matando seu chefe de missão, Sérgio Vieira de Mello

6 Na época, segundo Lubbers, havia 204.000 iraquianos no Irã, 300.000 na Jordânia, 22.250 na Arábia Saudita, 72.000 na Síria, 50.900 na Alemanha (sem mencionar 20.000 solicitantes de asilo) e 38.500 nos Países Baixos. Milhões mais de iraquianos fugiriam de seu país após a invasão.

A captura de Saddam em meados de dezembro de 2003 — ele foi descoberto em um buraco ao lado do Tigre, não muito longe de Ouja, onde seus filhos foram enterrados — instantaneamente transformou o ex-tirano em um mendigo esquelético. Nossas telas de televisão mostraram uma criatura desgrenhada, selvagem e assombrada que se apresentou a seus captores como o "presidente do Iraque", mas que escolheu se render sem resistência. Nenhum martírio no campo de batalha acabaria com a vida desse homem. Nós, jornalistas, relatamos sua descoberta e entramos em seu esconderijo, examinamos sua pequena biblioteca e sua despensa miserável. Paul Bremer estava fora de si de alegria. Ele não entendeu que esse não era outro "ponto de virada", mas uma confirmação final para a resistência de que eles podiam lutar sem medo do retorno de Saddam.

Todos sabíamos como seria seu julgamento. A pena de morte pode ter ofendido a sensibilidade dos ocupantes, mas Saddam não poderia escapar da morte. No entanto, ao mesmo tempo, não podíamos escapar de Saddam. Tão poderosa era sua personalidade que sua captura não apagou sua presença.

Alguns dias depois, eu estava cobrindo outra explosão na escura sujeira do inverno de Bagdá. Um escritório pertencente ao Conselho Supremo Xiita para a Revolução Islâmica no Iraque havia sido explodido, matando um homem. O SCIRI era odiado por muitos muçulmanos sunitas. Durante a guerra Irã-Iraque de 1980-88, muitos membros do partido Baath do exército iraquiano capturados pelas forças iranianas foram interrogados e torturados no Irã por exilados iraquianos xiitas do SCIRI. Havia muitas contas a acertar. Um bando de clérigos estava no meio da pilha de concreto e tijolos amarelos. Tinha sido uma escola religiosa até que um dia alguém decidiu pendurar um aviso declarando-a escritório das Brigadas Badr, a milícia do SCIRI. A guerra Irã-Iraque, provavelmente a maior das loucuras de Saddam, continuava a cobrar vidas.

O interrogatório formal de Saddam pelo FBI começou em 7 de fevereiro de 2004.

Os registros desses interrogatórios não foram completamente divulgados; um documento de referência foi fortemente editado e a última entrevista, de 28 de junho, foi parcialmente censurada. Não sabemos se essas deleções se referiam à estreita aliança pessoal do ditador com os EUA na década de 1980.

Em junho de 2004, no entanto, era hora de pão e circo. Os iraquianos, em meio a massacres e sequestros que os norte-americanos pareciam incapazes de reprimir, tinham que ser distraídos. O julgamento do século estava prestes a começar, e a mensagem era simples. Mostre Saddam aos iraquianos. Lembre-os de como era antes. Faça-os gratos. Faça-o pagar. Acuse-o diante da plena majestade das novas leis "democráticas" do Iraque. E que George Bush vença a próxima eleição norte-americana em quatro meses.

Os jornalistas deveriam transformar isso em uma história de sucesso e, de fato, em 29 de junho, a *BBC World Service Television* disse aos telespectadores que a aparição de Saddam no tribunal era "exatamente o que os iraquianos estavam esperando". Infelizmente, o que os iraquianos estavam "esperando" era eletricidade, segurança, liberdade do crime e eleições genuínas, em vez do julgamento do miserável velho assassino.

O primeiro dia do julgamento de Saddam seria um ato político, e não judicial, uma oportunidade para fotos tão simbolicamente importante quanto a derrubada de sua estátua. Mais simbólico, porém, foi o evento sinistro que ocorreu no ministério do interior iraquiano algumas horas antes. O ministério estava agora sob o novo e "soberano" governo iraquiano criado pelos norte-americanos. Mas ao anoitecer de 29 de junho, o exército norte-americano apareceu para invadir o ministério. Abusos de direitos humanos, alegaram, haviam sido cometidos no prédio. As tropas norte-americanas agarraram 146 prisioneiros e algemaram um grande número de funcionários de segurança pagos pelos norte-americanos, incluindo um coronel. Horas depois, os policiais foram libertados, os prisioneiros devolvidos e a polícia exigiu um pedido formal de desculpas, acrescentando que entrariam em greve se não o recebessem. O "Novo Iraque", parecia, poderia ter características reminiscentes do antigo.

Saddam perguntou se teria direito a um advogado antes de enfrentar o que os jornalistas agora chamavam de "justiça iraquiana". Salem Chalabi, um parente próximo do fraudador condenado e ex-amigo do Pentágono Ahmed Chalabi, originalmente lideraria o trabalho do tribunal iraquiano. Não é surpresa, portanto, que Saddam tenha pedido um advogado. Havia também o pequeno problema dos juízes do tribunal iraquiano, todos advogados sem, aparentemente, nenhuma habilidade judicial. Muitos haviam passado anos no exílio — o tipo com o qual um número crescente de iraquianos que permaneceram e suportaram o governo de Saddam estavam cada vez mais desiludidos.

Os iraquianos assistiram as partes do julgamento que seus ocupantes permitiram que vissem. E lá estava ele. Com bolsas sob os olhos, barba grisalha, dedos apontando com raiva, Saddam estava alerta, cínico, desafiador, abusivo, orgulhoso. No entanto, a história deve registrar que o novo governo "independente" dos Estados Unidos em Bagdá lhe deu uma audiência inicial digna do próprio brutal ditador. Ele foi levado ao tribunal acorrentado e algemado. O juiz insistiu que seu próprio nome deveria ser mantido em segredo, assim como os nomes dos outros juízes e a localização do tribunal. Não havia defesa. Por horas, os juízes iraquianos conseguiram censurar as provas de Saddam da trilha sonora dos procedimentos gravados em vídeo — para que o mundo não ouvisse a defesa do miserável.

Esse foi o primeiro exemplo do sistema de justiça do "novo" Iraque em ação — mas as fitas do tribunal apareceram com o logo "Liberado pelo Exército dos EUA". Então, o que os iraquianos e seus mentores norte-americanos queriam esconder? A voz da Fera de Bagdá enquanto ele se voltava contra o próprio tribunal, apontando que o advogado investigador não tinha o direito de falar "em nome da chamada Coalizão"? A arrogante recusa de Saddam em assumir a responsabilidade pessoal pela invasão do Kuwait em 1990? Ou sua resposta desprezível aos ataques com gás em Halabja?

Talvez os norte-americanos e os iraquianos que eles haviam nomeado para administrar o país tenham sido pegos de surpresa. Saddam, disseram-nos nos dias anteriores, estava "desorientado", "abatido" e era uma "sombra de si mesmo". Mas no momento em que a fita muda começou a ser exibida, o velho Saddam combativo estava evidentemente ainda vivo. Ele insistiu que os norte-americanos estavam promovendo seu julgamento, não os iraquianos.

Observando aquele rosto, nos perguntamos quanto Saddam havia refletido sobre os crimes dos quais foi acusado. Olhando para aqueles olhos grandes e cansados, perguntávamo-nos se ele entendia dor, tristeza e pecado da mesma maneira que nós. E então ele falou e a pergunta desapareceu. Ele exigiu ser apresentado ao juiz. "Sou juiz de instrução", disse-lhe o jovem advogado, sem dar seu nome. Na verdade, era Raid Juhi, um muçulmano xiita de 33 anos que havia sido juiz por dez anos sob o próprio regime de Saddam, ponto que ele admitiu a Saddam mais tarde na audiência. Ele também foi o mesmo juiz que havia acusado o clérigo xiita Muqtada al-Sadr de assassinato no mês de abril anterior. Para surpresa de ninguém, ele havia sido nomeado pelo ex-procônsul norte-americano no Iraque, Paul Bremer.

Já se suspeitava que Saddam havia percebido o que aquele tribunal representava para ele: os Estados Unidos. "Eu sou Saddam Hussein, o presidente do Iraque", anunciou ele — exatamente o que disse quando as tropas norte-americanas o arrastaram de seu buraco na margem do rio Tigre. "Você se identificaria?", perguntou o réu ao juiz. Quando Juhi disse que representava a coalizão, Saddam o repreendeu que os iraquianos deveriam julgar os iraquianos, mas não em nome de potências estrangeiras, ele retrucou. "Lembre-se, você é um juiz — não fale pelos ocupantes." Então ele mesmo se tornou advogado. "Essas leis pelas quais sou acusado foram escritas sob Saddam Hussein?" Juhi concordou que sim. "Então o que o autoriza a usá-las contra o presidente que as assinou?" Ali estava a velha e familiar arrogância, o presidente que acreditava estar acima da lei.

Então, olhando para aquele rosto com sua boca expressiva e dentes brancos tortos, um pensamento terrível ocorreu. Será que esse homem horrível sabia menos do que pensávamos? Será que seus aparelhos, sátrapas e generais rastejantes, até mesmo seus próprios filhos, esconderam dele as iniquidades de seu regime? Será possível que o preço do poder fosse a ignorância, o custo da culpa uma mera sugestão de que as leis do Iraque não eram cumpridas tão justamente quanto poderiam ter sido?

Acho que não. Lembro-me de como, há uma década e meia, Saddam perguntou a um grupo de curdos se ele deveria enforcar o "espião" Farzad Bazoft e como, uma vez que a multidão havia obedientemente lhe dito para executar o jovem repórter freelancer do Observer, ele imediatamente ordenou sua execução. Não, acho que Saddam sabia. Acho que ele considerava a brutalidade como força, a crueldade como justiça, a morte como algo a ser suportado por outras pessoas. Claro, havia aquele blazer preto elegante, a camisa bem limpa, a caneta tinteiro barata e o pedaço de papel amarelo, ligeiramente rasgado, que ele retirava do bolso interno quando queria tomar notas. "Respeito a vontade do povo", disse ele em um determinado momento. "Isso não é um tribunal. É uma investigação".

O momento-chave veio nesse ponto. Saddam disse que o tribunal era ilegal porque a guerra anglo-americana que o trouxe à existência também era ilegal — não tinha o apoio do Conselho de Segurança da ONU. Então ele se abaixou levemente em seu assento e perguntou com ironia: "Não devo me encontrar com advogados? Apenas por dez minutos?" Quantas das vítimas de Saddam devem ter implorado, da mesma forma, por mais dez minutos.

Se os segredos do tribunal eram perturbadores, a censura descarada das audiências tinha uma estranha semelhança com o tipo de "justiça" que o próprio Saddam aprovava. Uma equipe de oficiais militares norte-americanos censurou toda a cobertura do primeiro dia do julgamento, destruindo a fita de vídeo de Saddam acorrentado e excluindo as apresentações legais gravadas de onze membros seniores de seu antigo regime. Um cinegrafista de uma rede norte-americana que exigiu a devolução de suas fitas disse que um oficial norte-americano lhe disse: "Elas são nossas agora. E de qualquer modo, não confiamos em vocês".

De acordo com jornalistas norte-americanos presentes na audiência de 30 minutos de Saddam e 11 de seus ex-ministros no aeroporto de Bagdá, um almirante norte-americano à paisana disse às equipes de filmagem que o juiz havia exigido que não houvesse gravação de som da audiência. Ele ordenou às equipes que desligassem seus cabos de som. Várias das seis equipes presentes fingiram obedecer à instrução do almirante norte-americano. "Soubemos mais tarde", disse-me um deles, "que o juiz não nos ordenou a desligar o som. Os norte-americanos mentiram — eram eles que não queriam som".

Inicialmente, as equipes foram informadas de que uma equipe de filmagem do Departamento de Defesa dos EUA forneceria o som para suas fitas silenciosas. Porém, quando as equipes da CNN e da CBS foram à antiga sede da autoridade de ocupação — agora oficialmente a embaixada dos EUA —, descobriram que três oficiais norte-americanos ordenaram a censura da fita mostrando Saddam sendo levado para a sala do tribunal com uma corrente em volta da cintura, conectada a algemas em seus pulsos. Os norte-americanos não deram nenhuma razão para essa censura.

Estações de televisão em todo o mundo ficaram atônitas quando as primeiras fitas do julgamento de Saddam chegaram sem som; nem lhes foi dito que os norte-americanos censuraram o material. O juiz Raid Juhi queria que o mundo ouvisse a voz de Saddam. No entanto, os norte-americanos também apagaram toda a fita de áudio das audiências dos 11 ex-ministros de Saddam, incluindo a de Tariq Aziz, ex-vice-primeiro-ministro, e do primo de Saddam, "Químico" Ali Hassan al-Majid, acusado de jogar gás nos curdos em Halabja. A fita do Departamento de Defesa dos EUA de suas audiências foi levada pelas autoridades norte-americanas, portanto não havia mais nenhum registro de áudio disponível das palavras desses 11 homens, exceto pelos cadernos dos repórteres autorizados que estavam presentes. Juhi disse, quando foi nomeado, que "não tinha segredos — um juiz não deve se envergonhar das decisões que toma". Os norte-americanos pensavam diferente.

Mas eles não conseguiam decidir como enfrentar a ideia de Saddam. Eles o demonizaram, invadiram seu país, caçaram-no, prenderam-no; mas agora, o ditador desempenhava um papel mais importante — e mais perigoso — no Iraque do que antes de sua captura. O julgamento de Saddam não foi tanto uma farsa da justiça quanto uma farsa das acusações que deveriam ter sido feitas contra o réu. Em um julgamento justo, escreveu Gwynne Dyer, o escritor que primeiro expôs a enormidade do uso de gás por Saddam contra os curdos, se Saddam tivesse sido acusado do massacre químico cometido em Halabja, teria sido impossível impedir que os advogados de defesa apontassem que todos os governos norte-americanos de 1980 a 1992 foram cúmplices de seus crimes. No entanto, a invasão do Irã por Saddam em 1980 e sua repressão às revoltas xiita e curda em 1991 foram consideradas indignas da atenção do tribunal.

Saddam seria, em vez disso, julgado pelo assassinato judicial de 148 de seus possíveis assassinos e seus familiares de Dujail — um crime hediondo, mas insignificante em comparação com seus outros crimes. Isso foi extraordinário. Saddam não teria que se defender de nenhum crime que envolvesse Washington. E, assim, ele não poderia divulgar os detalhes dessa relação especial em público. Os Estados Unidos poderiam evitar ser chamados à responsabilidade instruindo os juízes e advogados envolvidos a se concentrarem em um crime cometido há quase um quarto de século.

Houve muitas outras falhas no processo judicial: ameaças de morte contra o júri, audiências interrompidas por advogados de defesa, testemunhas que se recusaram a comparecer. Rejeitando a ideia de um tribunal internacional, os norte-americanos decidiram que apenas os iraquianos deveriam julgar o ex-ditador. Mais grave foi o apoio financeiro e técnico norte-americano ao julgamento, que custou aos EUA mais de US$ 100 milhões para o fornecimento de conselheiros, advogados e investigadores forenses, bem como a construção do tribunal[7]. Esse julgamento poderia

7 Dezoito tradutores trabalharam no julgamento de Saddam e nem todos estavam felizes com o resultado. "Ele foi interrogado sobre um documento que encontrei", disse-me um deles após a execução de Saddam. "Era um documento de quatro páginas que resumia as

ser justo? No entanto, para os iraquianos, o choque da aparição de Saddam foi rapidamente ofuscado por sua própria agonia pós-invasão.

No momento em que Saddam foi condenado, em 2006 — quando o Iraque havia se transformado em um inferno na Terra — o ditador não poderia ser julgado por nenhum outro crime. A Anistia Internacional, descrevendo as audiências como "um processo fundamentalmente falho", disse que a execução de Saddam era uma conclusão inevitável, já que o Tribunal de Apelações Iraquiano forneceu apenas "uma aparência de legitimidade". Embora as audiências sobre o genocídio dos curdos tenham começado, sua suspensão repentina — quando Saddam foi condenado pelos assassinatos de Dujail — foi um sério revés legal. Mesmo quando três dos mais próximos ajudantes de Saddam foram condenados à morte em junho de 2007 por sua participação no assassinato em massa de 182.000 curdos em 1988, um parlamentar curdo, Mahmoud Othman, reclamou que esse julgamento também havia sido incompleto, "já que em nenhum momento foi dito quem ajudou Saddam a fabricar armas químicas, quais países e quais empresas o ajudaram e as usaram contra nós". O mais condenatório de tudo foi a conclusão de Nehal Bhuta, da Universidade de Toronto, que testemunhou o processo de Saddam para a Human Rights Watch. Para ele, o julgamento indicava que "para o governo iraquiano, era um meio de fornecer vingança, em vez de uma preocupação real com a legalidade ou o devido processo legal".

Saddam claramente pensava o mesmo. Quando o juiz Rauf Abdul Rahman leu a sentença de morte, ele gritou "Allahu Akbar! Viva o Iraque! Viva o povo iraquiano! Abaixo os traidores!" Os "traidores" eram o tribunal, o juiz e os ocupantes norte-americanos. Sentado a poucos metros de distância, o editor de Assuntos Mundiais da BBC, John Simpson, percebeu "o pequeno sorriso de triunfo" no rosto de Saddam.

Saddam pediu para ser executado por um pelotão de fuzilamento, mas o juiz iraquiano insistiu que ele seria enforcado. Em Washington, George Bush anunciou que aquele era "um bom dia para o povo iraquiano". Nouri al-Maliki, o primeiro-ministro muçulmano xiita de um governo iraquiano controlado pelos xiitas, acreditava tolamente que isso mar-

---

investigações originais iraquianas sobre Dujail. Mas eu tinha sentimentos mistos sobre o julgamento. Éramos interdepartamentais. Havia o FBI, a DEA, oficiais federais norte-americanos (...) A ideia era que não se tratava de trazer justiça ao antigo regime — era para mostrar aos iraquianos como funciona a justiça, como estabelecer a justiça."

caria o fim da rebelião muçulmana sunita.

Nas primeiras horas de 30 de dezembro de 2006, Saddam comeu sua última refeição — frango com arroz com uma xícara de água quente e mel. Ele leu, segundo eles, alguns versículos do Alcorão. Pouco antes do fim, sua primeira esposa, Sajida, falou com um amigo meu. Ela disse que havia perdido a esperança de um alívio. "O que poderia ser feito já foi feito — só podemos esperar que o tempo siga seu curso." Pouco antes das seis da manhã, seus captores norte-americanos entregaram Saddam a seus algozes iraquianos no "Campo da Justiça" no subúrbio de Qazimein, em Bagdá. Era um dia sagrado para todos os muçulmanos, o início do Eid al-Adha. Esse dia de execução foi escolhido por acaso?

Oficialmente, Saddam estava "submisso". Mas um vídeo de celular gravado secretamente por um dos homens que lotaram a câmara de execução mostra que ele não morreu como um covarde. Ele grita: "A Palestina é árabe!" Suas mãos já estão amarradas e a corda é colocada em volta de seu pescoço. Ele parece se inclinar para ajudar o jovem encapuzado que segura a corda. Saddam é então provocado por seus algozes xiitas com o nome do jovem clérigo xiita Muqtada al-Sadr, cuja família o condenado havia tentado liquidar. Saddam volta-se para seus algozes. "Muqtada!" ele responde. "É isso que você chama de ser um homem?" Um slogan xiita pode ser ouvido — outro insulto a Saddam — e um homem grita: "Vá para o inferno!" Saddam, bem consciente da anarquia em todo o país, responde: "O inferno que é o Iraque?" Uma voz, identificada como sendo do promotor do processo Munqith al-Faroun, diz: "Por favor, parem. O homem está enfrentando a execução." Quando Saddam recita pela segunda vez a shahada — a profissão de fé — a portinhola falha. Então ela se abre e ele cai. Um forte estalo é o som de seu pescoço se quebrando. Torna-se o vídeo mais popular do Iraque. Quem poderia ser mais merecedor de um fim tão ignominioso?

Mas a história continuará a fazer outra pergunta: e os outros homens culpados? Não, George Bush não é Saddam. Nem Tony Blair. Mas centenas de milhares estavam mortos, junto com milhares de soldados ocidentais, porque Bush e Blair — e não nos esqueçamos dos primeiros-ministros da Espanha, da Itália e da Austrália — foram à guerra em 2003 com base em uma sopa de mentiras e com grande brutalidade. Incentivamos a invasão do Irã por Saddam, vendemos a ele os componentes de suas armas químicas. Mas e quanto aos assassinatos em massa que perpetramos em 1991 e 2003 com nossos projéteis de urânio empobrecido e nossas bombas "destruidoras de bunkers" e nosso fósforo, nos cercos assassinos pós-invasão em Fallujah e no desastre da anarquia que desencadeamos na população iraquiana após nossa "vitória"? Quem será considerado culpado por esses crimes?

É justo que reflitamos sobre o quase inimaginável número de mortos até o momento da execução de Saddam. A Organização Mundial da Saúde e o Ministério da Saúde do Iraque produziram uma pesquisa em meados de 2006 que sugeriu que 151.000 morreram em decorrência da violência nos 15 meses até junho de 2006, mas que o número real poderia chegar a 223.000. No início de 2008, a Opinion Research Business, sediada no Reino Unido, estimou que mais de um milhão de iraquianos haviam sido mortos desde a invasão de 2003 e que um quinto das casas iraquianas havia perdido pelo menos um membro de sua família.

Qualquer que fosse a estatística mais próxima da verdade, a invasão de 2003 não deu aos iraquianos um "novo" Iraque, nem liberdade do medo, nem segurança; o que ofereceu foi uma mudança nominal da propriedade de seu país, da ditadura baathista para a hegemonia norte-americana, a ser imposta com a mesma brutalidade, descuido e injustiça de seu ditador anterior.

A própria hegemonia de Saddam não havia acabado; ela foi estendida. A guerra de imaginação dos Estados Unidos foi abençoada com a ideia fundamental de que Saddam representava o mal, que deveria ser destruído como precursor de um novo Oriente Médio brilhante. No entanto, quando milhões de iraquianos refletiram sobre suas tragédias pessoais, não havia muita diferença entre a violência da "era do mal" de Saddam e a violência da era dos Estados Unidos. Pode-se argumentar que, após seus sofrimentos sob Saddam, os iraquianos poderiam suportar melhor seu vale de tristezas pós-libertação, mas isso não tornava a natureza de sua adversidade mais suportável.

Um dia após sua execução, os norte-americanos transportaram o corpo de Saddam em um helicóptero militar norte-americano para sua cidade natal, Ouja, onde foi enterrado em um salão de recepção sombrio perto do cemitério onde estavam seus filhos Uday e Qusay e seu neto Mustafa.

Em um sentido muito literal, porém, Saddam agora assombrava o Iraque. Dez dias após sua execução, o julgamento de genocídio de seus companheiros criminosos foi retomado em Bagdá, com a cadeira de vinil preta de encosto alto de Saddam ainda presente. E em uma série de gravações de áudio arranhadas tocadas pelo promotor, a voz de Saddam era ouvida incentivando seus associados a usar armas químicas contra os curdos do norte do Iraque, assegurando a seus funcionários que ataques químicos poderiam matar "milhares". Mais tarde, Saddam diz a Izzat Ibrahim al-Douri, seu vice-presidente: "Não sei se você sabe disso, camarada Izzat, mas armas químicas não serão usadas a menos que eu pessoalmente dê a ordem".

Se Saddam tivesse sido julgado pelo uso de gás em Halabja, tais evidências teriam sido condenatórias — mas também teriam permitido ao réu discutir o papel dos Estados Unidos em fornecer assistência militar a seu regime. As evidências no tribunal foram certamente suficientes para enforcar Ali Hassan al-Majid, primo de Saddam que havia ganhado o apelido de "Ali Químico". Ele iria para a forca em 25 de janeiro de 2010.

A ameaça da forca lançou sua sombra sobre o "novo" Iraque em resposta ao "terrorismo" — não o "terrorismo" que Saddam identificou entre seus inimigos, mas o "terrorismo" que os norte-americanos e seu novo governo iraquiano enfrentaram em sua guerra contra os insurgentes. A brutalidade e a câmara de execução eram tão parte do Iraque pós-Saddam quanto antes. Embora respeitassem "a decisão do povo iraquiano" em condenar Saddam, líderes europeus e outros abolicionistas passaram pelas emoções de deplorar o uso da pena de morte. No entanto, quando outros foram para a forca em Bagdá, ficaram calados. Afinal, nos poucos meses antes da execução de Saddam, 50 homens condenados foram executados no Iraque, um deles enforcado duas vezes porque a corda do carrasco se quebrou na primeira tentativa.

Quando a supervisão dos EUA oficialmente desapareceu com a ascensão do governo "soberano" liderado pelos xiitas do Iraque em 2006, os cruéis hábitos da era de Saddam estavam mais uma vez arraigados. Um ex-prisioneiro testemunhou ter visto colegas de cela que perderam membros e órgãos durante interrogatórios. A Anistia Internacional anunciou que mais de mil iraquianos enfrentaram a execução com base em confissões obtidas sob tortura. Saddam usara a pena de morte em escala promíscua e o novo governo iraquiano estava desesperado para suprimir a anarquia que havia começado imediatamente após a invasão. O Código Penal Iraquiano de 1969 permaneceu em vigor, mas crimes capitais adicionais foram criados sob duas leis antiterrorismo em 2005, incluindo o "apoio" a grupos armados.

No entanto, ao retornar à selvageria estatal do passado, o governo iraquiano mostrou sua impotência. Uma insurgência preparada para confrontar a nação mais poderosa da Terra não seria inibida por um retorno à repressão estilo Baath. Além disso, os bombardeiros suicidas não seriam desencorajados pela pena de morte. Nem o governo de Nouri al-Maliki estava acima de condenar seus próprios inimigos do partido, por mais assassinos que fossem.

Nauseados com as evidências que haviam acumulado e com a frequência dos enforcamentos, vários ocidentais que visitaram as câmaras de execução do "novo" Iraque falaram comigo nos meses após a morte de Saddam. As execuções foram realizadas em segredo em uma pequena e apertada cela na antiga sede da inteligência militar em Kadhimiya, onde o próprio Saddam foi enforcado. Não há registro público dessas mortes, mas a maioria das vítimas eram insurgentes "suspeitos". As poucas almas corajosas que falaram do horror da prisão eram homens bons tentando corrigir erros em meio à brutalidade. Esses investigadores forneceram apenas um vislumbre do novo íncubo iraquiano. Aqueles que contaram essa história do sombrio lado saddamita no mundo pós-Saddam estavam tão deprimidos quanto cheios de desesperança. Eles também estavam com medo; um deles me disse que poderia ser assassinado se sua identidade fosse conhecida.

Dizia-se que entre os condenados em Qazimein estavam estupradores e assassinos, bem como insurgentes. Em muitos casos, parecia que os iraquianos não tinham ideia da verdadeira identidade de seus cativos. E por anos, até mesmo os norte-americanos encarregados de Abu Ghraib não conheciam todos os seus prisioneiros. Aqui está o testemunho pessoal a mim de um oficial ocidental ao Grupo de Investigação do Iraque Anglo-americano em busca das famosas armas de destruição em massa:

> "Costumávamos ir às salas de interrogatório em Abu Ghraib e pedir por um prisioneiro específico. Depois de cerca de 40 minutos, os norte-americanos trouxeram esse cara encapuzado, arrastando os pés, algemado de mãos e pés. Tinha uma longa barba. Perguntamos onde ele recebeu sua educação. Ele repetidamente disse: 'Mosul'. Então ele disse que havia deixado a escola aos 14 anos — lembre-se, esse cara deveria ser um cientista de mísseis. Dissemos: 'Sabemos que você tem um PhD e foi à Sorbonne — gostaríamos

que você nos ajudasse com informações sobre o projeto de mísseis de Saddam'. Mas eu disse a mim mesmo: 'Esse cara não sabe porra nenhuma de mísseis'. Então descobrimos que ele tinha um nome diferente do homem que havíamos pedido — ele havia sido pego na estrada quatro meses antes — ele não sabia por quê... Foi uma farsa completa. A incompetência do exército norte-americano foi impressionante, criminosa."

As execuções nunca acabaram. Em apenas um dia em fevereiro de 2012, o Iraque enforcou 14 homens, elevando para 65 o número enviado para a forca em menos de dois meses. Os apelos do escritório de direitos humanos da ONU foram ignorados.

No verão de 2013, o ministro da Justiça iraquiano admitiu que 1.200 pessoas estavam no corredor da morte, 17 delas mulheres. Uma delas era Samar Sa'ad Abdullah, de 23 anos, condenada em 2005 pelo assassinato de seu tio, a esposa dele e um de seus filhos. Ela afirmou que seu noivo era culpado, mas havia confessado, disse ela, porque a polícia a espancou e deu choques elétricos. Ela ainda estaria esperando o carrasco em 2014. Saddam poderia ter feito melhor?

Agora os jornais cobrem execuções em massa em um ou dois parágrafos sob a manchete "Resumo das notícias". Em 20 de agosto de 2013, por exemplo, um jornal egípcio relatou o enforcamento de 17 homens, um deles um cidadão egípcio não identificado, todos menos um por condenações "terroristas", elevando para 67 o número de prisioneiros executados até então naquele ano. Em meados de janeiro de 2014, outros 26 "terroristas" foram executados[8].

Mas se o saddamismo sobreviveu no Iraque de forma ainda mais pervertida após a morte de seu homônimo, os Estados Unidos não. Em 1981,

8 Desde 2009, o interesse internacional pelo histórico de direitos humanos do Iraque havia declinado quase exatamente na mesma proporção da iminência da retirada militar dos EUA. No início de 2010, o *Los Angeles Times* citou autoridades iraquianas dizendo que mais de 100 prisioneiros foram torturados com choques elétricos, sufocados com sacos plásticos ou espancados. Cinco meses depois, um relatório da Anistia Internacional dizia que 30.000 prisioneiros estavam detidos no Iraque sem acusação ou julgamento, torturados, mortos e desaparecidos. Em finais de janeiro de 2012, a Human Rights Watch afirmou que o governo dos EUA estava deixando para trás no Iraque "um estado policial em desenvolvimento" que estava "recaindo no autoritarismo". Na verdade, a transição da barbárie saddamista para a crueldade pós-invasão foi quase imperceptível.

o general Robert C. Kingston estava no deserto egípcio preparado para entrar em combate contra a União Soviética. Vinte e seis anos depois, suas forças e sua amada 82ª Aerotransportada estavam perdendo a guerra contra insurgentes iraquianos mal armados e uma praga de combatentes islâmicos.

Em fevereiro de 2007, um dos principais grupos insurgentes iraquianos — o Movimento Sunita Iraquiano de Resistência Islâmica — estabeleceu seus termos para um cessar-fogo com seus inimigos militares norte-americanos. Em uma declaração passada a mim em Beirute, Abu Salih Al-Jeelani, um de seus líderes militares, exigiu a anulação da nova constituição iraquiana — provavelmente porque o documento concedia áreas petrolíferas do Iraque a xiitas e curdos, mas não à comunidade sunita minoritária. Al-Jeelani sugeriu que a ONU, a Liga Árabe ou a Conferência Islâmica poderiam liderar as negociações com os norte-americanos, acrescentando ainda exigências para a libertação de 5.000 detidos nas prisões iraquianas.

Os norte-americanos, é claro, nunca aceitariam tais demandas. Mas o fato de que elas pudessem ser feitas demonstrava toda a decadência dos EUA como uma potência mundial estratégica. Em 10 de fevereiro de 2007, Bush nomeou o general David Howell Petraeus como seu novo comandante no Iraque. Petraeus viria a se tornar chefe do CENTCOM, mas na imprensa foi apelidado de "o general da última chance". Robert Kingston, o general que estava pronto para enfrentar a União Soviética, morreria aos 78 anos em um hospital da Virgínia, apenas duas semanas após a promoção de Petraeus. Ele foi enterrado em Arlington, sem saber que o Oriente Médio estava destruindo a autoridade de seu exército de maneiras que ele nunca poderia ter imaginado.

3

Pisando em cacos

No portão Norte, o vento sopra carregado de areia,
Solitário desde a aurora dos tempos.
As árvores caem e as ervas amarelam com o outono.
Escalo torres e torres para vigiar a terra bárbara:
Um castelo desolado, o céu, um vasto deserto.
Já não há muros nesse povoado.
Ossos desbotados pela geada,
Promontórios cobertos pela vegetação;
Quem causou esses despojos?
Quem despertou a violenta ira imperial?

"O lamento do guarda da fronteira", Ezra Pound (1915)

Estou sentado em um bar de quinta categoria na rua 44, sem saber como abordar Sue Niederer e Celeste Zappala. Elas haviam sido colocadas no final do desfile do Dia dos Veteranos de 2005 em Nova York, com seu pequeno grupo de veteranos antiguerra e suas lembranças de meninos que foram para o Iraque e voltaram em caixões. Mais tarde, sento-me entre as duas mulheres e me lembro do sangue espalhado pela estrada em Khan Dhari e do 82º Aerotransportado lavando o cérebro da rodovia no centro de Fallujah. Eu vi os cadáveres. Agora aqui estão as mães.

Em 3 de fevereiro de 2004, o filho de Sue, Seth, estava procurando "dispositivos explosivos improvisados" quando uma armadilha explodiu ao lado dele. A voz de Sue sobe indignada, brava e corajosa. "Lembro-me muito bem das últimas palavras do meu filho antes de voltar, depois de suas duas semanas de férias. "Não sei quem é meu inimigo", ele disse. 'É uma guerra sem sentido, uma guerra de religião. Nunca vamos vencê-la'. Ele foi assassinado. Foi assassinado pela administração dos EUA. Ele estava procurando DEIs. Ele encontrou um, parou seu comboio e foi explodido". Iskandariya, onde Seth morreu, é uma cidade muçulmana sunita ao sul de Bagdá, uma terra cruel onde os insurgentes comandam seus próprios postos de controle.

O filho de Celeste, Sherwood, foi morto em 26 de abril de 2004, seu fim tão trágico quanto desnecessário. Ele estava protegendo um grupo de inspetores militares do Iraq Survey Group, que estava procurando pelas míticas armas de destruição em massa do presidente Bush, quando a fábrica de perfumes que inspecionavam em Bagdá explodiu. "Ele estava saindo da cabine de seu caminhão para ajudar os feridos quando destroços caíram do céu e o atingiram", diz Celeste. "Sempre lembrarei que meu filho morreu apenas um mês depois que George W. Bush fez aquela fita de vídeo na frente da imprensa — aquela em que ele fazia uma piada sobre procurar armas de destruição em massa e fingia procurar debaixo de sua mesa. Ele estava zombando do fato de não tê-las encontrado — mas meu filho morreu procurando por elas e elas não existiam."

Sherwood e sua esposa Deborah tinham um filho pequeno. "Sempre dizemos a ele que seu pai foi um herói", diz Celeste. Sherwood havia se juntado à Guarda Nacional em 1997, acreditando que poderia usar o dinheiro para pagar seu empréstimo estudantil. "Ele nos disse que iria e faria o necessário e que traria todos os seus homens para casa em segurança. Eram 15 deles, todos da Pensilvânia, e ele cumpriu sua palavra. Todos voltaram para casa em segurança, exceto Sherwood".

Não é surpreendente que esse pequeno grupo de mães e ex-soldados tenha seguido atrás do Desfile dos Veteranos em Nova York? Despeço-me delas e sigo em direção ao frio de novembro e ao barulho da Times Square. Em uma tela de televisão gigante, o vice-presidente Cheney inclina solenemente a cabeça no cemitério de Arlington, honrando os caídos. E eu me pergunto se ele alguma vez entenderá sua traição aos homens e mulheres na rua 44.

Para os iraquianos, os mortos norte-americanos são apenas números — assim como os iraquianos mortos são para a maioria dos norte-americanos. Mas você tem que ir para os Estados Unidos para entender. Em uma pequena cidade em Madison, Wisconsin, peguei o jornal local, o *Capital Times*. O sargento Warren Hansen, o especialista Eugene Uhl e o segundo-tenente Jeremy Wolfe da 101ª Divisão Aerotransportada estavam todos a caminho de casa pela última vez.

Dois dos três homens morreram em um acidente de helicóptero Black Hawk sobre Tikrit pouco mais de uma semana antes, mas, é claro, o presidente Bush não iria a seus funerais. O homem que se recusou a servir no Vietnã, mas enviou 146.000 jovens norte-americanos para o maior ninho de ratos do Oriente Médio, não ia a funerais. Além disso, as redes de televisão norte-americanas aceitaram fracamente a nova regra do Pentágono de que não poderiam mostrar os caixões dos jovens norte-americanos retornando do Iraque. Os mortos voltavam para casa em segredo virtual.

As coisas estavam mudando. Em uma palestra que dei em Madison, um jovem da plateia levantou-se para dizer que seu irmão havia escrito do Iraque dizendo que a guerra era uma bagunça, que os norte-americanos não deveriam morrer no Iraque. Após a palestra, ele me mostrou a foto de seu irmão e passou uma mensagem de que o soldado queria me encontrar em Bagdá no mês seguinte. Ou pegue o caso de Drew Plummer, da Carolina do Norte, que se alistou durante o último ano do ensino médio, apenas três meses antes do 11 de setembro de 2001. Em casa de licença, ele se juntou a seu pai Lou, ex-membro da 2ª Divisão Blindada dos EUA, em uma vigília "traga nossas tropas para casa". Ao lhe perguntarem sobre sua opinião sobre o Iraque, Drew respondeu: "Simplesmente não concordo com o que estamos fazendo agora. Não acho que nosso pessoal deveria morrer no Iraque. Mas eu não sou pacifista. Vou fazer minha parte".

Mas a liberdade de expressão agora tinha um preço para os militares. A Marinha dos EUA acusou Drew de violar o Artigo 134 do Código Uniforme de Justiça Militar: Declarações Desleais. Em sua audiência oficial, ele foi questionado se "simpatizava" com o inimigo ou estava considerando "atos de sabotagem". Ele negou isso, mas foi condenado e rebaixado.

No entanto, a imprensa norte-americana ainda virou as costas para tudo isso. É revelador, por exemplo, descobrir que o número de soldados gravemente feridos trazidos para os Estados Unidos do Iraque já estava — em novembro de 2003 — se aproximando de 2.200. No total, houve quase 7.000 evacuações médicas de soldados do Iraque, muitos com problemas psicológicos. Isso foi revelado pelo Pentágono a um grupo de diplomatas franceses em Washington. A imprensa francesa noticiou, ao contrário dos jornais da cidadezinha chamada Estados Unidos.

E enquanto o Pentágono planejava ter 100.000 soldados norte-americanos no Iraque até 2006, os pesos pesados do jornalismo estavam alimentando o fogo do patriotismo com uma linha de propaganda ainda mais arrepiante. Afirmando que os torturadores de Saddam estavam atacando as tropas norte-americanas, David Brooks escreveu no *New York Times* que "a história mostra que os norte-americanos estão dispostos a fazer sacrifícios. As verdadeiras dúvidas surgem quando nos vemos infligindo-os. O que acontecerá com o humor nacional quando os programas de notícias começarem a transmitir imagens das medidas brutais que nossas próprias tropas terão que adotar?"

Por que o *New York Times* estava fornecendo espaço para a defesa de crimes de guerra cometidos por soldados norte-americanos? Eu duvidava que os canais de televisão norte-americanos transmitiriam quaisquer imagens de "medidas brutais" — eles já tinham tido a chance de fazê-lo e declinaram. Mas estava sendo preparado o terreno para tais atrocidades no Iraque, para a "normalização" da tortura?

Como correspondente estrangeiro, há muito tempo desenvolvi uma fascinação por relatar do "lado ruim" em um conflito internacional. No Iraque, em 2003, escolhi relatar de Bagdá enquanto os norte-americanos invadiam, contando a história dos iraquianos sofredores, assim como — na terrível guerra civil síria quase uma década depois — cobri a batalha implacável do governo de Assad contra seus inimigos pacíficos e depois cada vez mais armados e assassinos.

Claro, não fui o único escritor a escolher esse papel. Com meus colegas, fui rotineiramente condenado como "antissemita" ou "pró-terrorista" ou "pró-Saddam" ou "pró-Assad" ou simplesmente como "fascista". Fui acusado de trabalhar tanto para o Mossad israelense quanto para o serviço secreto sírio e tive que adotar a velha máxima de que um repórter cobrindo o Oriente Médio tem que se acostumar com pedras e paus. Governos ocidentais e seus comparsas jornalistas nos atacavam regularmente, mas sempre acreditei que aqueles que sofriam do "outro lado" mereciam ter sua história contada, que as potências ocidentais não deveriam ter a imprensa como seus soldados de infantaria.

Além disso, certos padrões emergem quando você é bombardeado pelos "mocinhos". Precedentes foram "normalizados" e poderiam ser usados novamente em outras guerras por outras forças armadas. Crimes de guerra foram assim transformados em táticas militares, da mesma maneira que políticos como Tony Blair transformaram a guerra em uma opção política.

Havia uma cortina entre os norte-americanos e aqueles de nós que estavam relatando o sofrimento dos iraquianos, uma lacuna de conhecimento com a qual os norte-americanos estavam contentes em viver. Quanto mais perigoso ficava para os repórteres viajarem para fora de Bagdá, mais fácil era para os generais norte-americanos afirmar que o Iraque estava seguro. Quanto pior ficava, melhor ficava. Viajei para Khalidiya uma noite para relatar uma emboscada contra os norte-americanos. Encontrei um Humvee queimado, um transportador de tropas destruído por foguetes e um caminhão iraquiano, cheio de balas norte-americanas no rescaldo do ataque, fumegando na reserva central. "Vi os norte-americanos voando pelo ar, explodidos", disse-me um mecânico iraquiano, parado com uma lâmpada a óleo em sua garagem: "Os norte-americanos feridos estavam na estrada, chamando e gritando". Os amigos do mecânico descreveram ter visto braços, pernas e pedaços de uniforme espalhados pela rodovia.

Um dos primeiros a abrir a cortina foi o veterano condecorado das guerras da Coreia e do Vietnã, o coronel aposentado David Hackworth, que publicou dezenas de relatos de oficiais juniores provando que o exército norte-americano estava mentindo sobre a guerra. "Hack", um homem corajoso, bombástico, cáustico, mas honrado, também escreveu para a revista *Newsweek* e falou a verdade de um soldado ao poder, suportando alegremente o despeito e a malícia do Pentágono e seus diversos jornalistas "expecialistas". Já em dezembro de 2003, ele reimprimiu o relato de um jovem soldado norte-americano da 4ª Divisão de Infantaria dos EUA que havia participado de uma batalha na cidade iraquiana de Samarra, após a qual o Pentágono anunciou que seus homens haviam matado 54 do "inimigo".

A história do soldado anônimo foi devastadora. Seu comboio, escreveu ele, carregava a nova moeda iraquiana para abastecer bancos locais em Samarra, escoltado por tanques Abrams e veículos de combate Bradley. "Os relatos de 54 inimigos mortos soarão ótimos na frente interna", escreveu o oficial:

"No entanto, a história inteira é muito mais perturbadora... Quando recebemos as primeiras rajadas, tudo o que pude pensar foi como diabos os iraquianos (...) descobriram sobre esse envio? Isso não foi transmitido nas notícias locais, mas a polícia iraquiana sabia (...) Hack, a maioria dos insurgentes eram civis, não insurgentes ou criminosos (...) Estou muito preocupado que nos próximos dias descobriremos que matamos muitos civis, bem como combatentes regulares iraquianos (...) Provavelmente estamos virando muitos iraquianos contra nós e temo que, em vez de sair do buraco, estamos nos enterrando mais fundo".

Duas semanas depois, um relatório da Associated Press corroborou o relato do soldado anônimo sobre a brutalidade norte-americana em Samarra, descrevendo como soldados norte-americanos usaram marretas, barras de ferro, explosivos e veículos blindados para atacar a "resistência" na cidade. "Samarra tem sido uma pedra no sapato", a AP citou o coronel Nate Sassaman dizendo. "Não avançou tão rapidamente quanto outras cidades na reconstrução do Iraque". "Eles cometeram um erro ao atacar as forças norte-americanas", continuou Sassaman. "Vamos limpar esse lugar".

Três meses depois da batalha de Samarra, o major-general da marinha James "Cachorro Louco" Mattis emitiu um aviso sombrio e assustador aos iraquianos em Falluja e Ramadi: "Esperamos ser os melhores amigos dos iraquianos que estão tentando reconstruir seu país", disse ele a seus homens enquanto assumiam o comando da 82ª Aerotransportada, quase um ano após a invasão. "E quanto aqueles que querem lutar, para os combatentes estrangeiros e para os membros do antigo regime, eles vão se arrepender. Vamos ser muito duros com eles." Para além da identificação imprudente que Mattis fez de seus inimigos — os antagonistas dos fuzileiros navais eram principalmente sunitas iraquianos que se opuseram tanto a Saddam quanto aos EUA —, o que queria dizer "muito duros"?

Hackworth estava morto havia dois anos quando a *Newsweek* ergueu uma bandeira acima da monotonia da reportagem padrão norte-americana, que se havia distinguido principalmente pelo apoio crítico à guerra. Em abril de 2007, no entanto, quando as mortes de norte-americanos no Iraque chegaram a 3.230, a *Newsweek* trouxe os mortos norte-americanos de volta à vida. Bush não queria olhar para os caixões dos mortos nem deixar a imprensa vê-los. Entretanto, a *Newsweek* reuniu dezenas de cartas para casa de soldados que logo morreriam na guerra, e seus fantasmas falaram diretamente aos seus leitores sobre a loucura de um conflito totalmente evitável.

Algumas das cartas expressavam indignação com os iraquianos que queimaram e desfilaram com os corpos dos mercenários norte-americanos, cujos assassinatos provocaram o primeiro cerco norte-americano a Fallujah. "Eu queria tanto atirar nesses bastardos desfilando pelas ruas", escreveu o capitão da marinha Michael D. Martino em março de 2004. "Não tenho respeito por essas pessoas que afirmam que o Islã é a única religião verdadeira e nem mesmo seguem as regras do Alcorão." O segundo-tenente do exército Brian Smith ficou surpreso que "arrastar um cadáver pudesse horrorizar ou envolver uma população". Após um relatório de que um capitão de veículo Bradley havia sido morto em Khalidiya, Smith e seus homens entraram na cidade, "matando tudo o que se movesse". Ele era um observador eloquente da guerra de alta tecnologia em que ele e seus homens agora estavam envolvidos: "Eliminar manchas verdes e granuladas com forma humana correndo no visor do artilheiro não permite realmente uma apreciação total do impacto do ato de acabar com a vida de outro ser humano (...) No final, não senti nem sinto nada."

Depois que Smith e seus homens encerraram o primeiro cerco de Fallujah entregando a cidade a ex-baathistas e, por fim, a insurgentes, ele refletiu sobre a humilhação dos fuzileiros navais e a terrível revelação de que prisioneiros haviam sido torturados em Abu Ghraib. "O que Hajji aprendeu naquela semana?", perguntou ele em uma carta para casa em 11 de maio de 2004. "Primeiro, que os EUA podem ser derrotados. Segundo, que se ele se render, será despido, terá eletrodos presos aos testículos e será colocado em uma banheira de água. Brilhante".

Em janeiro de 2005, o cabo fuzileiro naval Richard Chad Clifton percebeu que "estamos no Iraque porque não importa libertar os iraquianos. Eles vão desperdiçar suas liberdades (...) está na cultura deles. Mas pelo menos todos esses combatentes estrangeiros e extremistas agora têm um campo de batalha, um lugar para nos atacar, norte-americanos. Prefiro lutar contra eles aqui do que ter minha família morta em um atentado ou ter atiradores de elite matando um inocente na rua [nos Estados Unidos]"[1]

1 Sob a administração Obama, dois irmãos chechenos detonaram uma bomba de panela de pressão que matou três civis que participavam da Maratona de Boston em 15 de abril de 2013. O irmão sobrevivente disse que os dois haviam sido parcialmente motivados pela guerra do Iraque; e as autoridades, talvez percebendo o país relevante, prontamente o acusaram de detonar uma "arma de destruição em massa".

Em 2006, à medida que a guerra sectária no Iraque se aprofundava e Bush concordava com um "aumento" de tropas em todo o país, o sargento do exército Ronald Lee Paulsen refletiu um cinismo que poderia ser encontrado nas cartas de outros soldados:

> "Lembra aquilo que eu disse sobre as forças varrendo Bagdá e os caras maus se mudando para as áreas vizinhas? Bem, adivinha? Eles estão aqui. Nas últimas duas semanas, o acampamento foi atacado diariamente com morteiros. Perdemos uma de nossas equipes de AC [assuntos civis] para uma bomba na beira da estrada. Estou ficando realmente irritado (...) Você tem que dar crédito ao Exército dos EUA, porém. Estamos treinando os melhores terroristas do mundo."

Vinte e seis páginas na Newsweek permitiram que ouvíssemos as vozes daqueles que, em alguns casos, sabiam muito bem por que estavam prestes a morrer. Martino tinha 32 anos quando foi morto em seu helicóptero, abatido por fogo inimigo em novembro de 2005. Smith, dois anos mais novo, foi morto a tiros em julho de 2004. Clifton tinha apenas 19 anos quando foi morto na província de Anbar em 2005. Paulsen tinha 53 anos quando morreu de ferimentos causados por um DEI a quarenta milhas de Bagdá em outubro de 2006.

Mas não apenas os mortos falaram. Em 2007, o *New York Times* publicou uma carta de sete soldados do 82º Aerotransportado — dois dos quais morreriam no Iraque apenas três semanas depois — na qual negavam a narrativa do governo dos EUA sobre a guerra. A "grande maioria" dos iraquianos, escreveram eles, "sente-se cada vez mais insegura e nos vê como uma força de ocupação que não conseguiu produzir normalidade após quatro anos e é cada vez mais improvável que o faça enquanto continuamos a armar cada facção em guerra". Os sete homens reconheceram que o governo iraquiano agora era dirigido por uma aliança dominada pelos xiitas — o mesmo sistema que impulsionaria o país para uma guerra civil após a retirada dos norte-americanos — e, na seção mais reveladora de sua carta, eles descreveram como:

> A reconciliação política no Iraque ocorrerá, mas não por nossa insistência ou de maneiras que atendam aos nossos padrões (...) Quatro anos após nossa ocupação, falhamos em todas as promessas, enquanto substituímos a tirania do partido Baath por uma tirania do islamismo, das milícias e da violência criminosa.

Até a publicação dessa carta, os jornalistas que cobriam a guerra não se concentraram no fracasso da política militar dos EUA, mas nas vitórias dos soldados norte-americanos e na astúcia de seus adversários. Nos anos que se seguiram à invasão de 2003, colecionei arquivos de artigos que impuseram todo tipo de cenários dramáticos aos leitores, a maioria deles baseados nas "fontes oficiais" tão amadas pela imprensa de Washington.

Seria negligente ignorar a compaixão com que soldados e fuzileiros navais norte-americanos podiam falar sobre sua experiência no Iraque. Tomemos Benjamin Busch, um oficial de infantaria da reserva do Corpo de Fuzileiros Navais no 4º Batalhão de Reconhecimento Blindado Leve, que serviu duas vezes em combate no Iraque e cujas cartas para casa no verão de 2005 são um modelo de literatura, compreensão política e humana.

Baseado em Ramadi, Busch entende com humor clínico o dilema dos iraquianos confrontados com uma liberdade que nunca experimentaram antes. Em 25 de maio de 2005, ele escreveu:

> "Então você pode perguntar quais são as novidades sobre o novo governo. Bem, o governador militar provisório foi substituído pelo governador de transição, que renunciou sob ameaça e foi substituído por outro governador de transição. Ele foi então substituído pelo governador emergencial nomeado, que acabou de ser substituído pelo governador selecionado escolhido pelo Conselho Provincial Eleito. Ele nunca fez um discurso ou publicou suas opiniões, nunca debateu com os outros candidatos e não esteve presente durante a seleção, nunca fez um discurso de aceitação. Ele foi prontamente sequestrado por uma tribo rival (...) O recentemente deslocado governador emergencial nomeado retornou na esperança de recuperar o cargo; no entanto, o vice-governador agora está servindo como governador interino enquanto o governador selecionado real está em cativeiro. Mas houve uma eleição, então a democracia está em plena floração, pelo que entendi."[2]

2 Busch teria achado engraçado saber que uma história britânica do período mameluco (1750-1831) sugere que o governo local era muito parecido com o Iraque um quarto de milênio antes que os fuzileiros navais norte-americanos chegassem a Ramadi. Em palavras assustadoramente semelhantes ao relato muito posterior de Busch, Zaki Saleh, um professor e acadêmico iraquiano, publicou um volume em 1957 sobre a política externa britânica na Mesopotâmia — alguns deles baseados na história anterior do Iraque do brigadeiro Stephen Longrigg.

O entusiasmo de Busch em criar uma democracia no Iraque colidiu desconfortavelmente com a impaciência de um ocupante. Essa observação profunda, embora desconfortável, levantou uma questão óbvia: por que não podíamos ler jornalismo dessa qualidade em jornais como o *Los Angeles Times*? Mais importante ainda, enfatizou um fenômeno quase único da guerra do Iraque: que enquanto na maioria dos conflitos os pensamentos privados de um soldado muitas vezes refletiam as verdadeiras políticas por trás das guerras, no Iraque eram as declarações públicas que muitas vezes traíam a brutalidade com que os Estados Unidos continuaram sua campanha militar.

O major general Mattis estava construindo uma reputação feroz por ameaças e brincadeiras de videogame, enquanto desfrutava da reputação de um "intelectual intenso". Ele repetidamente falou sobre a necessidade de respeitar os iraquianos e agir com comportamento disciplinado. Muitos oficiais fizeram isso. Mas, ao relatar a guerra norte-americana, descobrimos que alguns comandantes faziam discursos quase maníacos para seus homens. O tenente-coronel Gareth F. Brandl, da 22ª Unidade Expedicionária da Marinha, por exemplo, falou para seus homens antes da segunda Batalha de Fallujah:

> "Os fuzileiros navais que foram feridos nos últimos cinco meses foram atacados por um inimigo sem rosto. Mas o inimigo tem um rosto. Ele se chama Satanás. Ele mora em Fallujah. E vamos destruí-lo."

Pouco depois da invasão do Iraque, os norte-americanos criaram uma unidade especial, a Força-Tarefa 121, para conduzir uma ofensiva secreta e implacável contra o crescente número de insurgentes no Iraque. Um de seus principais planejadores foi o tenente-general William G. Boykin, assistente militar do subsecretário de defesa para inteligência dos EUA e um personagem estranho, para dizer o mínimo. Cristão evangélico, ele disse a um grupo religioso de Oregon que os islamistas violentos odiavam os EUA "porque somos uma nação cristã, porque nossa fundação e nossas raízes são judaico-cristãs". Ele até afirmou que George W. Bush estava "na Casa Branca porque Deus o colocou lá".

Essas não eram as divagações malucas de algum oficial júnior. Eram reflexões preconceituosas de um dos principais militares norte-americanos encarregados de vencer a guerra contra guerrilheiros em uma nação muçulmana. E se o comentário inicial de Bush após o 11 de setembro, de que o Ocidente deveria embarcar em uma "cruzada" contra os "terroristas", foi imediatamente r epudiado por sua equipe, aqui havia uma prova positiva para os iraquianos de que os militares dos EUA pretendiam travar uma guerra religiosa em seu país. Bush mais tarde comentou que as palavras de Boykin não "refletiam" seu "ponto de vista", mas nem o presidente nem o secretário de defesa Donald Rumsfeld disseram uma palavra de crítica.

Se não estavam exortando os soldados a lutar com entusiasmo do Antigo Testamento, uma semântica muito mais perigosa estava se soltando na linguagem colonialista dos ocupantes norte-americanos. "Você tem que entender a mente árabe", comentou o capitão Todd Brown, comandante de companhia da 4ª Divisão de Infantaria. "A única coisa que eles entendem é força — força, orgulho e manter as aparências."

O repórter do New York Times Dexter Filkins registrou como as tropas norte-americanas cercavam aldeias com arame farpado após repetidos ataques a soldados norte-americanos, como civis eram forçados a carregar carteiras de identidade em inglês, como prédios pertencentes a insurgentes eram demolidos e como parentes de suspeitos de serem rebeldes eram presos. Tudo isso foi ao custo da boa vontade do povo. E a resposta norte-americana, observou Filkins sagazmente, estava "começando a ecoar a campanha de contra-insurgência israelense nos territórios ocupados" de Gaza e da Cisjordânia, onde as forças israelenses "há décadas" demoliam edifícios onde os insurgentes supostamente planejaram ataques.

Alguns meses antes, o brigadeiro general Michael A. Vane, chefe adjunto de Doutrina, Conceitos e Estratégia, do Comando de Treinamento e Doutrina, havia revelado, em uma carta aparentemente banal à revista *Army Magazine*, contatos de inteligência militar entre os Estados Unidos e Israel. "A experiência continua a nos ensinar muitas lições", escreveu ele, "e continuamos a avaliar e abordar essas lições, incorporando-as adequadamente em nossos conceitos, doutrina e treinamento. Por exemplo, recentemente viajamos a Israel para aprender com suas operações antiterroristas em áreas urbanas."

Assim, novos precedentes foram estabelecidos. Assim como o exército de Israel empregou violência brutal e desproporcional, além de assassinatos, contra seus inimigos guerrilheiros árabes, as forças norte-americanas foram incentivadas pelos israelenses a adotar as mesmas práticas sangrentas e muitas vezes ilegais internacionalmente. Se as forças de Israel podiam desfrutar de uma reputação de "pureza de armas"[3], os oficiais norte-americanos podiam se vangloriar da contenção e disciplina de seus próprios soldados, por mais cruéis que fossem suas táticas.

Muitos documentos naquela época registraram a estreita cooperação entre oficiais militares norte-americanos e israelenses. Seymour Hersh escreveu que o Pentágono buscou:

> "Ajuda ativa e secreta na guerra contra a insurgência iraquiana em Israel, o aliado mais próximo dos EUA no Oriente Médio. De acordo com oficiais militares e de inteligência norte-americanos e israelenses, comandos e unidades de inteligência israelenses têm trabalhado em estreita colaboração com seus colegas norte-americanos no centro de treinamento de Forças Especiais em Fort Bragg, Carolina do Norte, e em Israel para ajudá-los a se preparar para operações no Iraque."

Stephen Cambone, chefe de William Boykin, era um apoiador entusiasta da cooperação americano-israelense. "Aqueles que têm que lidar com problemas semelhantes tendem a compartilhar informações da melhor maneira possível", disse ele a "escritores de defesa" em Washington. As duas nações estavam "trabalhando juntas", mesmo que não houvesse "diálogo formal". O *Los Angeles Times* relatou que "um alto funcionário do Exército dos EUA disse, sob condição de anonimato, que os israelenses 'certamente têm muita experiência do ponto de vista militar no combate ao terror doméstico, terror urbano, operações militares em terreno urbano, e há muito compartilhamento de conhecimento acontecendo agora'".

Israel também estava torcendo pela guerra contra o Iraque, fornecendo "evidências" das armas de destruição em massa de Saddam, tão fraudulentas quanto as de Bush e Blair, ao mesmo tempo em que endossava entusiasticamente a humilhação pós-guerra de Teerã, Damasco e da liderança palestina em Ramallah. Shoal Mofaz, o ministro da defesa israelense, disse aos membros da Conferência de Presidentes das Principais Organizações Judaicas Norte-Americanas em fevereiro de 2003 que, após o Iraque, os EUA deveriam gerar "pressão política, econômica e diplomática" sobre o Irã.

---

3 Código oficial das Forças de Defesa de Israel de que um "soldado não deve empregar suas armas e poder (...) para ferir não-combatentes", um código muito repetido em discursos políticos e militares mas pouco mantido em ação.

Jornalistas de origem judaica, tanto israelenses quanto norte-americanos, haviam alertado muito antes que os amigos de Israel nos EUA estavam exigindo que Bush e seu governo fossem à guerra no Iraque. Joe Klein escreveu cinicamente na revista *Time* que:

> "Um Israel mais forte está muito embutido na justificativa para a guerra com o Iraque. É parte do argumento que não ousa pronunciar seu nome, uma fantasia silenciosamente acariciada pela facção neoconservadora no governo Bush e por muitos líderes da comunidade judaica norte-americana".

Evidências de estreita cooperação entre os aparelhos de segurança dos EUA e de Israel emergiram aos poucos após a invasão. Repórteres que cobriram tanto a ocupação israelense do território palestino quanto a ocupação norte-americana do Iraque puderam ver em primeira mão as semelhanças entre as estratégias dos dois exércitos quando confrontados com a rebelião armada e não armada.

Eu havia viajado para Samarra após uma emboscada contra tropas norte-americanas na cidade, apenas duas semanas após a batalha descrita tão vividamente pelo soldado anônimo da 4ª Divisão de Infantaria de David Hackworth. Agora, os norte-americanos acabaram de matar outros 18 iraquianos durante manifestações de muçulmanos sunitas protestando contra a prisão de Saddam, 11 deles em Samarra. Em Ramadi, uma fita de vídeo mostrava apoiadores desarmados de Saddam sendo baleados na semi-escuridão enquanto fugiam das tropas norte-americanas. O uso desproporcional de munição real era há muito uma tática das tropas israelenses que enfrentavam manifestantes em terras palestinas.

Novamente, a proliferação de muros de concreto em Bagdá só podia lembrar os jornalistas do enorme muro israelense construído pelo governo de Ariel Sharon. Assim como os habitantes ocidentais da Zona Verde e seu Palácio Esmeralda isolaram-se do Iraque com aço e concreto, os israelenses haviam fechado os palestinos para fora de suas vidas. Pouco mais de um ano depois que fuzileiros navais norte-americanos em Haditha assassinaram 24 homens, mulheres e crianças iraquianos, os norte-americanos construíram um muro de quase quatro metros de altura ao redor da cidade iraquiana para evitar ataques às suas forças.

Quando soldados israelenses mataram civis nos territórios palestinos ou no Líbano ocupado após sua primeira invasão em 1976, os culpados ficaram amplamente impunes[4]. No massacre de Haditha, em 19 de novembro de 2005, crianças e idosos estavam entre os 245 mortos que foram baleados várias vezes à queima-roupa. Os fuzileiros navais inicialmente alegaram que 15 civis foram mortos por uma bomba que visava um comboio norte-americano. Jornalistas tiveram um papel de liderança em descobrir o que era, por qualquer definição, um crime de guerra, mas em meados de junho de 2008, seis réus da Marinha tiveram seus casos arquivados e um sétimo, um sargento-chefe, foi condenado apenas por "negligência culposa no cumprimento do dever".

Um precedente gerou outro. Não surpreendentemente, descobriu-se que os norte-americanos, tendo buscado orientação sobre o Iraque dos israelenses, receberam as "regras de combate" de Israel para a repressão dos palestinos. Isso dificilmente poderia ter sido evitado quando o primeiro procônsul de Washington no Iraque era um apoiador tão entusiasmado do exército israelense. Tendo viajado a Israel por cortesia do Instituto Judaico para Assuntos de Segurança Nacional, o ex-general Jay Garner co-assinou uma carta em 2000 expressando a visão de que "durante os atuais tumultos em Israel, as Forças de Defesa de Israel exerceram uma contenção notável diante da violência letal orquestrada pela liderança da Autoridade Palestina".

A utilização de mercenários pelos Estados Unidos foi outro grande erro tático — e moral. Israel também havia usado milícias locais com efeito assustador no Líbano, para esmagar seus inimigos, reduzir suas próprias baixas e evitar a responsabilidade pelos atos mais criminosos perpetrados durante sua ocupação de 18 anos[5]. Inicialmente, os EUA introduziram mi-

---

4 Em 1978, o tenente Daniel Pinto, comandante interino de uma companhia de infantaria israelense, estrangulou quatro camponeses libaneses cujos corpos, amarrados de mãos e pés, foram encontrados mais tarde em um poço. Pinto foi julgado por corte marcial por sua atrocidade, mas o general Rafael Eitan, chefe do Estado-Maior israelense, reduziu sua sentença de 12 para dois anos e depois ordenou sua libertação. Tropas israelenses que mataram sete palestinos em uma prisão temporária israelense em Sidon em 1982 ficaram impunes depois que o exército israelense declarou que "não pôde determinar quem foi responsável pelas mortes" e que os soldados não tinham "conexão" com as mortes.

5 Israel invadiu o Líbano em 1976 e novamente em 1982, ocupando o sul do Líbano. Israel armou e uniformizou os falangistas cristãos libaneses — cujo ódio patológico pelos palestinos atingiu seu ápice no massacre de Sabra e Chatila em setembro de 1982 — e também criou a milícia "Exército do Sul do Líbano" (SLA), liderada sucessivamente por dois oficiais do exército libanês demitidos, para reprimir a crescente e predominantemente muçulmana xiita insurreição contra seu domínio. A Falange contaminou toda a

lhares de combatentes contratados de todo o mundo para proteger locais do governo norte-americano e iraquiano, campos militares, instalações industriais e diplomatas em Bagdá. Ex-soldados norte-americanos e britânicos foram contratados pelas autoridades de ocupação e por empresas estrangeiras, a taxas exorbitantes. Um ano após a invasão, britânicos fortemente armados trabalhando em mais de 300 empresas de segurança superavam em muito a força regular de 8.000 homens da Grã-Bretanha no sul do Iraque. Embora as principais empresas de segurança norte-americanas e britânicas tenham começado a operar no Iraque no início da guerra, dezenas de pequenas empresas abriram suas portas com pouca verificação de seus funcionários e sem regras reais de combate.

O grau em que esses mercenários substituíram o exército de ocupação tornou-se rapidamente evidente. Empresas de segurança escoltavam comboios enquanto homens armados à paisana de uma empresa norte-americana guardavam as forças militares norte-americanas à noite dentro do antigo palácio presidencial. Quando um helicóptero norte-americano caiu perto de Fallujah em 2003, foi uma empresa de segurança norte-americana que assumiu o controle da área e iniciou as operações de resgate. As baixas de mercenários não foram incluídas nas listas de mortos e feridos militares divulgadas pelas autoridades de ocupação — o que pode explicar a persistente suspeita entre os iraquianos de que os Estados Unidos estavam subestimando seus números de mortos e feridos militares[6].

Notei pela primeira vez o enorme número de pistoleiros contratados da Grã-Bretanha e de outros países europeus chegando a Bagdá quando invadiram o Hotel Al-Hamra em 25 de março de 2004, alguns deles usando chapéus de cowboy, pavoneando-se pelo estacionamento enfeitados com cintos de munição de metralhadora e bebendo cerveja. Quando sugeri a dois deles que seus trajes extravagantes convidavam positivamente para um ataque armado ao hotel, um deles gritou para mim: "Você deveria ficar feliz em nos ver, cara — se não estivéssemos aqui, você estaria morto". Em poucos dias, esses homens estavam sentados à beira da piscina do hotel, com rifles aos pés. Em outros hotéis, hóspedes e funcionários reclamaram que os seguranças faziam festas regadas a bebida, fortemente armados. O

ocupação israelense, enquanto a SLA assassinou e intimidou libaneses opostos à ocupação, antes de ser infiltrada pelo Hezbollah e fugir através da fronteira junto com as tropas israelenses durante uma retirada caótica em maio de 2000.

6 Em meados de 2007, a Reuters informou que 933 "contratados" tinham morrido no Iraque desde o início do a guerra, bem mais de 200 deles norte-americanos.

apelo de um gerente para esconder suas armas em malas foi ignorado. Três dias depois, o mundo viu as terríveis imagens dos quatro mercenários, massacrados e pendurados em Fallujah, dois deles de uma antiga ponte ferroviária. Esses eram os "contratados", cujo desmembramento levou à primeira batalha de Fallujah. Todos trabalhavam para a Blackwater.

A pesquisa de Jeremy Scahill sobre os eventos de 16 de setembro de 2007, quando mercenários da Blackwater mataram 17 civis iraquianos e feriram outros 24 na Praça Nissour enquanto escoltavam funcionários do Departamento de Estado dos EUA por Bagdá, teve efeitos de longo alcance. Apesar da afirmação do Departamento de Estado de que os homens armados da Blackwater foram atacados por "insurgentes", relatos de testemunhas oculares e investigações posteriores contaram sobre rajadas assassinas das escoltas norte-americanas que abateram civis, enfurecendo os iraquianos que estavam acostumados aos tiroteios dos homens armados empregados pelas forças de ocupação.

Nenhum de nós tinha qualquer desculpa para se surpreender. Mais de três anos antes, reportei que:

> "Os capangas da Blackwater, armados, agora empurram e socam iraquianos que lhes atrapalham o caminho: jornalistas curdos já saíram duas vezes de coletivas de imprensa de Bremer por serem maltratados por esses homens. Bagdá está cheia de misteriosos ocidentais carregados de armas, gritando e ofendendo os iraquianos na rua, bebendo pesadamente nos hotéis mal defendidos da cidade. Eles se tornaram, para os iraquianos comuns, a imagem de tudo o que há de errado com o Ocidente (...) há um aumento perturbador de relatos de que mercenários estão abatendo iraquianos inocentes com total impunidade".

Meses antes dos assassinatos de Nissour, Scahill entendeu o que a Blackwater realmente representava para uma administração norte-americana agressiva e de direita. Tal governo não precisava enviar soldados em grande número a guerras impopulares ou implorar por uma coalizão de outras nações para compartilhar seu destino, ou mesmo buscar o apoio da opinião pública, se "as empresas mercenárias oferecem uma alternativa privatizada".

Bem, a um preço. O diretor britânico David Claridge, da empresa de segurança Janusian, estimou no início de 2004 que apenas as empresas britânicas haviam ganhado até US$ 1,2 bilhão com contratos no Iraque. Uma empresa britânica, a Erinys, empregava 14.000 iraquianos como vigias e seguranças para proteger os campos de petróleo e gasodutos do país. Um grupo sul-africano, a Meteoric Tactical Solutions, tinha um contrato de 270.000 libras com o Departamento de Desenvolvimento Internacional do governo do Reino Unido para proteger funcionários britânicos seniores em Bagdá. Muitas empresas operavam a partir de pequenas villas anônimas em áreas de classe média de Bagdá. Pagamentos de US$ 120.000 por ano logo superaram os sonhos mais avarentos de qualquer pistoleiro contratado. O pessoal de segurança em Fallujah originalmente recebia US$ 1.000 por dia. Dois anos depois, uma empresa francesa cobrava de diplomatas US$ 2.000 por hora por uma viagem fora da Zona Verde de Bagdá.

Como todas as guerras, a do Iraque tornou-se brutal. Com razões fraudulentas, uma ocupação feroz e seus "vencedores" cada vez mais cruéis na resposta à insurreição que os dominou, o conflito foi, desde o início, também envolto em uma teia de ingenuidade política e convencimento cristão. Negando as pressões do lobby israelense enquanto depositava uma confiança ingênua na inexistente eficácia das operações "antiterroristas" israelenses, tolerando o comportamento desumano dos soldados norte-americanos, empregando uma força de mercenários aventureiros gananciosos, misturando extremismo religioso cristão com o absurdo objetivo político de "refazer" o Oriente Médio, a aventura do Ocidente no Iraque estava destinada a se tornar uma catástrofe.

À medida que as baixas norte-americanas continuavam a aumentar e as tropas dos EUA viam-se incapazes de controlar a guerra civil sectária entre xiitas e sunitas, Washington tomou a medida de criar sua própria milícia local, no estilo do "Exército do Sul do Líbano". Doravante, Washington pagaria a tribos sunitas iraquianas para que lutassem contra seus próprios aliados sunitas da al-Qaeda na resistência — mesmo que seus recém-recrutados amigos continuassem a luta "nacional" contra a ocupação norte americana.

Homens que haviam lutado no exército de Saddam, ex-agentes de inteligência e brutais seguranças do Baath e milicianos da província de Anbar e salafistas sunitas iraquianos mais fiéis à suas tribos do que aos combatentes da al-Qaeda agora aceitavam o dólar do presidente norte-

-americano. O mesmo faziam os muçulmanos xiitas na profundamente comprometida força policial iraquiana e os atiradores xiitas que haviam se juntado aos esquadrões de proteção pessoal do governo recém-instalado de ministros iraquianos. É impossível determinar exatamente quando a guerra de resistência iraquiana se tornou uma guerra civil, já que as duas se sobrepuseram. A batalha de guerrilha contra os norte-americanos seria temporariamente suprimida em favor do conflito sectário, antes de reacender quando as unidades de resistência tentassem quebrar os efeitos da "onda de choque".

Os historiadores sem dúvida focarão em 22 de fevereiro de 2006 como o dia em que a guerra sectária assumiu proporções épicas. A mesquita al-Askari em Samarra é um dos santuários xiitas mais sagrados, túmulo do décimo e do décimo primeiro imames, e, portanto, quase tão importante quanto os grandes santuários dos Imames Ali e Hussein — neto e genro do Profeta Maomé — em Najaf e Karbala. Os restos mortais de Ali al-Hadi e seu filho Hasan al-Askari em Samarra não são apenas uma parte ainda viva da história xiita, mas também são figuras fundadoras da grande divisão sunita-xiita.

Quer os norte-americanos tenham percebido isso ou não, eles haviam invadido o centro físico da trágica luta teológica entre muçulmanos xiitas e sunitas. Quando Dan Senor e outros porta-vozes dos EUA começaram a falar em "guerra civil" já em 2003, os iraquianos ficaram perplexos e profundamente perturbados. E à medida que as forças de resistência antiamericanas cresciam em número, também cresciam os alertas de guerra civil das autoridades de ocupação estrangeira em Bagdá. Era como se os norte-americanos soubessem o que o povo do Iraque ainda desconhecia.

Funcionários do governo iraquiano insistiriam mais tarde que o atentado a bomba de 2006 em Samarra, que destruiu o enorme domo dourado da mesquita al-Askari, foi realizado por uma unidade predominantemente saudita da al-Qaeda. Que militantes sunitas eram os culpados era evidente para os xiitas do Iraque, que haviam contido valentemente sua ira após constantes provocações de carros-bomba nos meses anteriores. No entanto, 24 horas após a destruição de Samarra, os muçulmanos xiitas desencadearam um pogrom contra seus compatriotas sunitas, matando pelo menos 1.300 em poucos dias. Os norte-americanos declararam-se impotentes para impedir essa carnificina, embora os Artigos 47 a 78 das Convenções de Genebra de 1949 obrigassem uma potência ocupante a proteger os civis em seu território. Os assassinatos noturnos sádicos em todo o Iraque espalharam-se como uma doença de Bagdá para o oeste e o norte do país.

A Síria foi um dos primeiros santuários disponíveis para os iraquianos que fugiam de seus lares, uma ditadura que abriu suas fronteiras para milhares de refugiados, a maioria muçulmanos xiitas, mas muitos sunitas. Washington condenou regularmente a Síria por permitir que quadros de resistência de outros países árabes transitassem pelo território sírio a caminho da guerra no Iraque, uma alegação que tinha seu mérito. No entanto, o serviço de inteligência militar sírio suspeitava que Washington não estava acima de encorajar a própria violência que alimentava o conflito sectário.

Na terceira semana de abril de 2006, fui ao brilhante bloco de escritórios de aço no lado oeste de Damasco, onde um dos homens mais confiáveis dos serviços de inteligência sírios esperava para me ver. Encontrei o general Mohamed Mansour pela primeira vez quando ele comandou a inteligência militar síria na cidade fronteiriça de Qamishli, ao sul da fronteira turca. Em 1991, fui expulso da Turquia e perdi meu único ponto de entrada legal no norte do Iraque, controlado pelos curdos e protegido pelos EUA. Após uma ligação telefônica de Damasco para o general Mansour em Qamishli, eu estava acelerando pela rodovia internacional para Homs e Aleppo. O general Mansour, um dos especialistas de Assad no regime de Saddam, organizou meu transporte através do Tigre e — após minha incursão no norte do Iraque ter terminado — de volta à Síria.

Agora, o general Mansour estava sentado com ainda mais confiança, em seu escritório a apenas cem metros de uma das prisões mais temíveis da Síria. Café e biscoitos franceses foram servidos e um homem à paisana entrava de tempos em tempos para sussurrar no ouvido do general. Apenas seis meses antes, o brigadeiro general Ghazi Kanaan, o ministro alauita[7] da defesa — e anteriormente o homólogo de Mansour como chefe da inteligência militar no Líbano — havia cometido suicídio em seu escritório em Damasco. Céticos afirmavam que ele havia sido assassinado

7 Uma seita xiita em tudo, exceto no nome, um remanescente do surto muçulmano xiita que varreu o Islã mil anos atrás. Como os xiitas, os alauitas acreditam que o primo e genro do Profeta Ali — daí alauita — foi roubado de sua herança pelos três califas. A maioria dos alauitas pertence a quatro tribos: os Matawira, os Haddadin, os Khaiyatin e os Kalbiya. O avô de Hafez al-Assad, Sulieman, pertencia aos Kalbiya; a maioria da elite governante da Síria pertence a essa seita minoritária.

pelo regime, que suspeitava de conspiração — junto com o ex-vice-presidente Abdul Halim Khaddam — para derrubar Bashar al-Assad. Parecia prudente perguntar ao general Mansour sobre o Iraque antes de tocar na morte de seu ex-companheiro de armas.

Ele apresentou uma narrativa feroz do desastre no Iraque, um retrato assustador dos Estados Unidos tentando desesperadamente provocar uma guerra civil em torno de Bagdá para reduzir suas próprias baixas militares. Era um cenário em que Saddam, embora estivesse sob custódia norte-americana há mais de dois anos, continuava sendo o melhor amigo de Washington, em que a Síria havia atacado os insurgentes iraquianos com uma crueldade que os EUA ignoraram em grande parte. E em que o General Kanaan havia cometido suicídio por causa de sua própria instabilidade mental.

Os norte-americanos, suspeitava o General Mansour, estavam tentando provocar uma guerra civil iraquiana para que os insurgentes sunitas gastassem suas energias matando seus correligionários xiitas, em vez de soldados das forças de ocupação ocidentais. "Juro a você que temos boas informações", disse o general, apontando o dedo para o ar. "Um jovem iraquiano nos contou que foi treinado pelos norte-americanos como policial em Bagdá e passou 70% do seu tempo aprendendo a dirigir e 30% em treinamento de armas. Eles disseram a ele: 'Volte em uma semana'. Quando ele voltou, deram-lhe um celular e disseram para ele dirigir até uma área lotada perto de uma mesquita e ligar para eles. Ele esperou no carro, mas não conseguiu obter o sinal de celular certo. Então ele saiu do carro para um lugar onde havia um sinal melhor. Então seu próprio carro explodiu."

Parecia impossível, mas me lembrei de quantas vezes os iraquianos em Bagdá me contaram histórias semelhantes. E eu sabia de onde vinha grande parte da informação síria: das dezenas de milhares de peregrinos muçulmanos xiitas que vinham orar na mesquita Sayeda Zainab, no sul de Damasco. Mansour conversou pessoalmente com essas pessoas, homens e mulheres das favelas de Bagdá, Hilla e Iskandariya, bem como Najaf e Basra. Sunitas de Fallujah e Ramadi também visitaram Damasco para ver amigos e parentes e falaram livremente sobre as táticas norte-americanas no Iraque.

No mundo anárquico do Iraque, muitos grupos norte-americanos operavam fora de qualquer lei ou regra. Ninguém podia explicar o assassinato, até 2006, de 191 professores universitários, nem o assassinato no Iraque de mais de 50 ex-pilotos de caça-bombardeiros iraquianos que haviam atacado o Irã na guerra de 1980-88. Em meio a esse caos, o general Mansour me perguntou como se poderia esperar que a Síria diminuísse o número de ataques a norte-americanos dentro do Iraque? "Nunca foi seguro em nossa fronteira", disse ele, antes de me dizer que o muro que corria por centenas de quilômetros ao longo da fronteira da Síria com o Iraque havia sido aumentado. "Coloquei arame farpado no topo", ele insistiu. "E até agora pegamos 1.500 árabes não-sírios e não-iraquianos tentando cruzar e impedimos 2.700 sírios de cruzar (...) Nosso exército está lá — mas o exército iraquiano e os norte-americanos não estão do outro lado".

Quanto crédito um repórter deveria dar ao segundo oficial de inteligência do exército de Bashar al-Assad? Nenhum, diriam os norte-americanos. No entanto, Mansour era tão sênior quanto os supostamente confiáveis oficiais de inteligência norte-americanos citados tão obsequiosamente pelos correspondentes norte-americanos. De algumas coisas, minhas "fontes" sírias tinham certeza. O general Mansour estava assistindo às aparições de Saddam Hussein no tribunal com uma obsessão nascida de seus dias de inteligência em Qamishli. O que aconteceria com o ditador iraquiano que era o verdadeiro inimigo mortal do falecido Hafez al-Assad? perguntei. "Ele vai ser morto", respondeu o general com um sorriso.

Ardente por alguma glória desesperada em meio ao caos, Washington agora procurou o "general da última chance", David Petraeus, para pacificar o Iraque e acabar com a humilhação do exército. A "onda de choque" não envolveu apenas a injeção de milhares de tropas norte-americanas adicionais no Iraque. Incluiu uma operação de contrainsurgência de alto risco que selaria áreas inteiras de Bagdá, cercando bairros com muros e barricadas e permitindo apenas que iraquianos com carteiras de identidade recém-emitidas entrassem.

Após "fechar" as ruas com arame e concreto, instituindo o registro de "visitantes" e garantindo que os civis vivessem dentro de uma "população controlada", as forças norte-americanas poderiam se concentrar na reconstrução que as autoridades norte-americanas falharam tanto em proporcionar. Mas o "ambiente seguro" que isso pretendia criar não levou em conta a realidade da ocupação. Os insurgentes não eram todos estrangeiros, apesar da presença da al-Qaeda no Iraque. Eles vinham dos centros populacionais que seriam "fechados" e, se não descobertos, teriam carteiras de identidade emitidas pelos norte-americanos. E as forças de segurança iraquianas estavam tão infiltradas por insurgentes que armas e informações de inteligência chegariam às "comunidades".

Um ex-oficial norte-americano da era do Vietnã, cujo filho deveria retornar ao Iraque em fevereiro de 2007, preparou duas avaliações da região. Ele era altamente cético:

> "Qualquer sunita que esteja no exército iraquiano, sua primeira lealdade é à insurgência. A primeira lealdade de qualquer xiita é ao chefe de seu partido político particular e sua milícia. Qualquer curdo no exército iraquiano, sua primeira lealdade é a Barzani ou Talabani [líderes curdos]. Não há um exército iraquiano independente. Essas pessoas realmente não têm escolha. Estão tentando salvar suas famílias da fome e da retaliação".

Isso era senso comum, totalmente compreendido por oficiais subalternos. "Essas táticas teriam tido chance de funcionar há três anos, quando os EUA governavam o Iraque, mas agora favorecem os insurgentes", disse o ex-soldado a seu filho. E em um eloquente pós-escrito, que poucos agora contestariam, ele expôs a verdade histórica de toda a aventura de Bush no Iraque.

> "Os Estados Unidos tornaram-se parte de um conjunto de antigas disputas e dívidas de sangue. E criou mais das suas próprias. Está muito fora do que conhece. Para se tornar uma potência na área, deve criar uma estratégia totalmente nova. Se os EUA simplesmente querem dominar, o que parece ser o caso, então uma combinação de fornecer proteção e garantias de cidadania norte-americana a todos aqueles que concordam em obedecer aos nossos decretos, com total brutalidade para aqueles que não concordam, é o modelo mais eficaz disponível."

Aqui estava a tragédia simplificada. Tendo embarcado na loucura da vingança pós-11 de setembro no Afeganistão, os Estados Unidos partiram para o Iraque em uma guerra que não tinha nada a ver com a terra antiga que decidiram conquistar.

Quanto às "comunidades fechadas" de Bagdá, elas pegaram melhor nos Estados Unidos do que no Iraque. A imagem dos subúrbios do Cinturão do Sol no Tigre encorajou um congressista entrevistado pela CNN a se referir aos brutamontes sunitas armados da milícia como uma forma de "Vigilância da Vizinhança". Era como se os próprios muros que agora dividiam Bagdá fossem um sinal de progresso, em vez de divisão sectária; razão pela qual Nouri al-Maliki, com rara nuance política, ordenou a paralisação de sua construção.

Grupos sunitas não queriam cooperar com o governo liderado pelos xiitas de Maliki, que consideravam ilegítimo; líderes muçulmanos xiitas temiam que os milicianos tentassem impor novamente o domínio sunita saddamista no Iraque, ou que simplesmente constituíssem a al-Qaeda em uma nova forma. Algumas unidades sunitas haviam recebido armas, munições, dinheiro, combustível e outros suprimentos dos norte-americanos, mas via o exército iraquiano — no qual os EUA já haviam gasto 15 bilhões de libras e cuja mão de obra era principalmente xiita. Não é de admirar que os oficiais norte-americanos temessem que "isso pudesse levar os norte-americanos a armar ambos os lados em uma futura guerra civil".

Todos sabiam que a "onda de choque" era apenas uma tentativa de garantir uma retirada norte-americana com "honra" e que a Casa Branca estava preparada para contemplar uma guerra que não venceu — desde que não perdesse. Se a "onda de choque" era outra palavra para "reforços", a retirada subsequente dos soldados norte-americanos adicionais teria que ser coberta por outro substituto verbal imaginativo. O Pentágono usou "redução", uma palavra adotada alegremente pelos jornais.

Vozes pequenas advertiram sobre o futuro. Em junho de 2007, um médico iraquiano, Abdul Kareem al-Obeidi, chefe da Associação Iraquiana de Saúde Mental Infantil, escreveu ao secretário-geral da ONU, Ban Ki-moon, sobre os "traumas insuportáveis e experiências angustiantes" das crianças iraquianas. Em um mundo cansado do Iraque e que só acompanhava os resultados da "onda de choque", suas palavras receberam pouca cobertura, mas deveriam ser inscritas em qualquer história dos anos seguintes. Crianças e adolescentes iraquianos, escreveu al-Obeidi, formavam mais de 55% de sua população. As crianças iraquianas estavam:

> "sofrendo exposição contínua à violência; muitos são mortos e mutilados todos os dias. Sofrem de negligência e abuso, incluindo privação, opressão, perda de pais por morte ou prisão (...) Essa é uma crise que precisa de atenção urgente. Nossos filhos carregam o futuro do Iraque e esse futuro está sendo corrompido. O risco é grande, não apenas para nosso país, mas para a região e para o mundo."

A guerra de propaganda tornou-se tão engenhosa quanto sangrenta. As fitas de execuções foram substituídas por imagens de resistência de soldados norte-americanos morrendo nas cidades e vilas do Iraque. A fita de vídeo e a câmera do celular tornaram-se tão incendiárias quanto a arma. "Juba, o Sniper de Bagdá" tornou-se um personagem real em uma série de vídeos lançados pelo Exército Islâmico que mostravam ataques em tempo real às forças norte-americanas. O implacável assassino das guerras do passado encontrou seu lugar no macabro estrelato de Bagdá[8].

À medida que a tecnologia chegou ao soldado mais humilde, qualquer crime de guerra poderia ser filmado. Janina Struk, uma fotógrafa documentarista freelance, produziu um trabalho em 2011 que incluía uma seção sobre as fotografias e vídeos produzidos por tropas de combate norte-americanas no Iraque. Se os veteranos do Vietnã podiam voltar para casa com fotos de suas próprias atrocidades, Struk descobriu que os soldados norte-americanos no Iraque haviam ido muito além. Em um site, ela encontrou uma fotografia "que mostrava cinco fuzileiros navais norte-americanos sorrindo e brincando para a câmera ao lado de um cadáver carbonizado", com o comentário "Iraquiano cozido!" Um cadáver em decomposição deitado em uma rua carregava o comentário: "Dia ruim para esse cara". Uma foto de um homem morto com entranhas e cérebro pendurados no corpo carregava o testemunho "Como todo iraquiano deveria ficar".

Outro vídeo, que se pensava ter sido feito por mercenários britânicos, mostrava "alguém com uma arma automática atirando aleatoriamente da traseira de um veículo em movimento rápido em direção a carros civis que se aproximavam". Entre muitas outras produções amadoras, Struk encontrou uma intitulada "O Inimigo", que incluía:

> "imagens de um homem iraquiano sendo baleado na rua, uma visão aérea de mais de duas dúzias de pessoas sendo explodidas, imagens de homens vendados com as mãos amarradas, pessoas com a cabeça explodida, prédios destruídos e cenas horríveis de partes do

---

8 O próprio "atirador mais letal" dos Estados Unidos no Iraque foi Christopher Scott Kyle, que matou oficialmente um total confirmado de 160 combatentes muçulmanos. Ele ganhou uma série de prêmios por valor militar, um "Prêmio Nação Grata" do Instituto Judaico para Assuntos de Segurança Nacional (JINSA) e foi assassinado junto com um companheiro por Eddie Ray Routh, um colega fuzileiro naval que Kyle havia levado a um campo de tiro nos EUA para ajudá-lo com o transtorno de estresse pós-traumático.

corpo. Filmagens inacreditáveis de câmera de capacete de algum soldado no Iraque (...) apresentam um close de uma cabeça decepada deitada em uma rua, depois filmagens tiradas de um veículo em movimento enquanto soldados disparam em uma rua deserta e bombardeada."

Estranhamente, o Comando Central dos EUA observou que, embora fosse proibido fotografar detidos ou vítimas, esses vídeos não pareciam "violar a política". Mas se Struk conseguia encontrar essas obscenidades em imagens, o que ela não havia encontrado? As atrocidades de Abu Ghraib já estavam sendo ignoradas. E então apareceu um oficial júnior nos Estados Unidos acusado de matar um general do exército iraquiano enfiando-o de cabeça para baixo em um saco de dormir e sentando-se em seu peito porque ele estava "não cooperativo".

O general Abed Hamed Mowhoush havia se entregado aos norte-americanos em 2003 para garantir a libertação de seus filhos. Já severamente espancado com punhos, um cassetete e uma mangueira de borracha por interrogadores iraquianos trabalhando para a CIA, ele foi jogado de cabeça para baixo em um saco de dormir pelo oficial-chefe do exército norte-americano Lewis Welshofer Jr., uma ação que causou a morte do general. Uma vez que Welshofer foi levado a tribunal para sentença mais de dois anos depois, uma espécie de racismo institucionalizado assumiu o controle. O júri militar condenou Welshofer por "homicídio por negligência"; ele perdeu US$ 6.000 de seu salário e foi confinado ao quartel por 60 dias. Mas o que chamou minha atenção foi o detalhe simpático. A esposa de Welshofer, Barbara, informou a AP, "testemunhou que estava preocupada em prover para seus três filhos se seu marido fosse enviado para a prisão. 'Eu o amo mais por lutar contra isso', ela disse, com lágrimas nos olhos. 'Ele sempre disse que você precisa fazer a coisa certa, e às vezes a coisa certa é a mais difícil de fazer'."

O verdadeiro escândalo nesses relatos é que não nos contaram nada sobre a família do general. O general Mowhoush apareceu como um objeto, uma criatura desumanizada que não queria deixar os norte-americanos "quebrar as costas" da insurgência. Mas o caso recebeu poucas manchetes. Quem se importava se outro iraquiano tivesse caído?

Porque quem poderia ser responsabilizado quando nos considerávamos as criaturas mais honradas, travando uma batalha interminável contra os assassinos de 11 de setembro por amor ao nosso país ou ao nosso povo?

Dissemos aos países que pretendíamos invadir que iríamos trazer-lhes "democracia". Não pude deixar de me perguntar quantos dos inocentes massacrados em Haditha tiveram a oportunidade de votar nas eleições iraquianas antes que seus "libertadores" os assassinassem.

Estávamos puxando os fios dessa sociedade sem nenhum senso de responsabilidade como ocupantes, assim como não tínhamos planos sérios para a reconstrução do Estado. Washington nunca quis a terra do Iraque, é claro — os recursos do país eram outra questão — mas suas táticas se encaixavam perfeitamente nas pradarias do velho Oeste. As tribos podiam ser divididas e os ocupantes pagariam menos em sangue, desde que escolhessem ficar. Um conjunto de tribos poderia ser comprado com armas e bebida forte, o outro com armas e notas de dólar. A resistência séria, no entanto, invocaria a "fúria imperial flamejante" de todos os exércitos de ocupação.

A guerra do Afeganistão começou como uma guerra de vingança, de punição pelo 11 de setembro, mas o Iraque foi uma guerra ideológica. Suas táticas envolviam ganância política, fé, ignorância, racismo institucional e uma visão mítica do Oriente Médio, em que Israel era apresentado como exemplo de virtude e eficiência e em que os árabes voltavam ao seu papel histórico de bárbaros não instruídos a quem oferecer os frutos da liberdade ocidental. O exército norte-americano sabia que essa guerra não poderia ser vencida. Da "libertação" à construção da democracia, à guerra de guerrilha e depois à guerra civil, as ambições norte-americanas desmoronaram até que a retirada se tornou o único núcleo estratégico da política norte-americana no Iraque.

A última carta de um jovem soldado que serviu no Iraque fornece uma epifania eloquente para a ocupação. Daniel Somers tinha 21 anos quando foi enviado a Bagdá, onde realizou mais de 400 missões de combate da torre de um Humvee. Ele retornou em 2006 para continuar o trabalho de inteligência em Mossul, mas estava sofrendo de lesão cerebral traumática, suportando alucinações causadas pelos horrores que havia experimentado. Em 10 de junho de 2013, Somers tirou a própria vida, deixando uma carta devastadora para seus pais e sua jovem esposa. É um testemunho de perda tão comovente quanto qualquer outro escrito por ou sobre soldados que morreram em combate. "Sinto muito que tenha chegado a isso", escreveu ele, mas "dormir para sempre parece ser a coisa mais misericordiosa".

Somers culpou o sistema de assuntos dos veteranos por sua falta de cuidados após "as doenças físicas que me acometeram repetidamente, para as quais também não oferecem ajuda". É de se admirar, perguntou ele, que "os últimos números mostrem 22 veteranos se matando a cada dia?" Nos meses que se seguiram ao seu suicídio, a mídia norte-americana cobriu em detalhes as questões que ele levantou sobre a falta de tratamento médico adequado para veteranos de combate. Mas havia dois parágrafos terríveis na carta de Daniel Somers aos quais a imprensa deu pouca atenção:

> "Você não deve se culpar. A verdade simples é esta: durante minha primeira missão, fui forçado a participar de coisas cuja enormidade é difícil de descrever. Crimes de guerra, crimes contra a humanidade. Embora eu não tenha participado voluntariamente e tenha feito o que achei ser meu melhor esforço para parar esses eventos, há algumas coisas das quais uma pessoa simplesmente não consegue voltar. Na verdade, tenho algum orgulho disso, pois seguir em frente na vida depois de participar de tal coisa seria a marca de um sociopata em minha mente. Essas coisas vão muito além do que a maioria está ciente.
> Forçarem-me a fazer essas coisas e depois participar do encobrimento é mais do que qualquer governo tem o direito de exigir. Então, o mesmo governo virou as costas e me abandonou."

Ainda não sabemos quais foram esses "crimes de guerra". Jornalistas contentaram-se com a observação de que Somers não havia fornecido detalhes sobre esses "crimes contra a humanidade", embora o soldado morto tenha afirmado claramente que eles ocorreram durante seu primeiro período no Iraque — um período em que dezenas de crimes de guerra foram posteriormente revelados. Presumivelmente, esses "crimes" foram cometidos durante interrogatórios e foram seguidos pelo conjunto usual de mentiras oficiais para obscurecer a verdade. Talvez tenhamos descoberto apenas uma fração das ações perversas cometidas em nosso nome no Iraque. Muitos milhares de militares norte-americanos devem ter sido contaminados dessa maneira.

Devemos concluir esta particular história de loucura e crime com as corajosas palavras que Daniel Somers usou para terminar sua última carta para sua família. O mundo era melhor, escreveu ele, sem ele nele:

> "Foi isso que me levou à minha verdadeira missão final. Não suicídio, mas uma morte por misericórdia. Eu sei matar, sei fazê-lo sem dor alguma. Foi rápido e não sofri. E acima de tudo, agora estou livre".

4

Pintando Otelo de preto

> "Só falta uma coisa a ser feita" — continuou o Tatu, satisfeito — "Sapo, quero que você repita solenemente, diante de seus amigos aqui, o que admitiu abertamente a mim na sala de fumar agora mesmo. Você está arrependido do que fez e vê a tolice que tudo isso representa?"
> Houve uma longa, longa pausa. O Sapo olhou desesperadamente para um lado e para o outro, enquanto os outros animais esperavam em silêncio grave. Finalmente ele falou.
> "Não!", disse ele, um pouco mal-humorado, porém firme; "Não estou arrependido. E não foi tolice nenhuma! Foi simplesmente glorioso!"
>
> Kenneth Grahame, O vento nos salgueiros.

Em 28 de outubro de 2008, Tom Geddes, um bibliotecário aposentado de 64 anos, escreveu para o secretário de defesa do Reino Unido, John Hutton Ele queria saber por que as tropas britânicas estavam no Iraque. Nas etapas iniciais da guerra, Geddes escreveu: "sabíamos que as afirmações de que o Iraque estava nos ameaçando com armas de destruição em massa eram falsas (...) Revelações subsequentes confirmaram que Tony

Blair e seu governo estavam falsificando quaisquer que fossem os verdadeiros motivos para esses ataques e, de fato, parecem culpados de crimes de guerra por assassinatos em larga escala e não provocados." A menos que Hutton ou o governo pudessem justificar as atividades de guerra da Grã-Bretanha, ele continuou, "você não pode esperar ter o país ao seu lado".

A carta era direta, mas polida, no entanto Geddes ficou irritado com a resposta que recebeu. "Reconhecemos", dizia a carta:

> "que a violência ceifou a vida de milhares de civis iraquianos nos últimos cinco anos, seja por terrorismo ou violência sectária. Qualquer perda de vidas inocentes é trágica e o Governo está comprometido em garantir que as baixas civis sejam evitadas. Infelizmente, insurgentes e terroristas não são tão escrupulosos."

A resposta veio de um membro não identificado da "Equipe de Operações do Iraque, Diretoria de Operações" do Ministério da Defesa. Seu anonimato não foi surpresa; o que era surpreendente era que essa carta ultrajante pudesse ter sido escrita quase seis anos após a invasão.

Sua destreza era evidente, pois aconselhava Geddes que "é importante lembrar que nossa decisão de tomar medidas no Iraque foi motivada pela recusa de Saddam Hussein em cooperar com as inspeções de armas patrocinadas pela ONU (...) O ex-Primeiro Ministro [Blair] expressou seu pesar por qualquer informação, dada de boa fé, sobre armas de destruição em massa no Iraque, que posteriormente tenha se provado incorreta". Isso foi incrível. Saddam não "se recusou a cooperar" com os inspetores de armas da ONU. O problema era que ele cooperou com eles, e a equipe de armas da ONU sob Hans Blix estava prestes a provar que essas "armas de destruição em massa" eram inexistentes. Na verdade, o próprio Blix estava relatando uma cooperação cada vez mais rápida do Iraque, quando os norte-americanos forçaram sua equipe a deixar Bagdá para que Bush e Blair pudessem iniciar sua invasão ilegal. Qualquer leitor dessa carta poderia notar as palavras evasivas. Blair não deu sua informação "de boa fé". Ele – e o Ministério da Defesa – sabiam que eram falsas.

Havia mais a se admirar nessa carta extraordinária para Geddes. "Podemos assegurar-lhe", continuou, "que o Governo não teria tomado medidas militares se não estivesse satisfeito de que tal decisão fosse justificada e legal. O ex-procurador-geral, Lord Goldsmith, confirmou em 17 de março de 2003 que a autoridade para usar a força contra o Iraque existia a partir do efeito combinado das Resoluções do Conselho de Segurança da ONU 678, 687 e 1441." Como um Geddes atordoado apontou em sua resposta, "você deve estar ciente de que a decisão de travar guerra contra o Iraque não foi nem justificada nem legal. O conselho do procurador-geral foi amplamente descrito como "falho". Dado que seu conselho anterior era de que um ataque seria ilegal, todos sabemos o que significa "falho". Suspeito que o Ministério da Defesa também saiba".

Sem dúvida, a carta era uma resposta-padrão, enviada a todos os homens e mulheres britânicos descontentes. A afirmação de que "milhões de iraquianos agora vivem livres da opressão de Saddam e têm controle de seu próprio destino" era pura relações públicas – não menos porque não mencionava que cerca de um milhão de iraquianos estavam mortos como resultado da invasão. A carta elogiava as melhorias na economia iraquiana, algo que Geddes não conseguia conciliar "com todos os contratos concedidos de forma tão corrupta a empresas norte-americanas". Havia outro parágrafo imortal no final da carta do correspondente anônimo que notava que "nossos bravos militares (...) estão (...) preparando o aeroporto de Basra para transferência para o controle iraquiano". Isso era perfeitamente verdade – desde sua retirada da cidade, o aeroporto de Basra era a única milha quadrada do Iraque ainda ocupada pelos britânicos. A carta terminava com a esperança de que tivesse "conseguido abordar suas preocupações", uma declaração que fez Tom Geddes responder: "Agradeço o comprimento de sua resposta, mas estou chocado com seu conteúdo".

O choque seria talvez uma reação branda quando o Inquérito Chilcot sobre a guerra do Iraque revelou mais tarde que Lord Goldsmith havia inicialmente expressado graves dúvidas sobre a legalidade da iminente invasão, dizendo a Blair que "na ausência de uma nova resolução do Conselho de Segurança que envolvesse pelo menos uma nova determinação de uma violação flagrante [pelo Iraque], a ação militar seria ilegal". O funcionário público que escreveu para Geddes não sabia disso, ou da alegação de Goldsmith de que "com base no material que me foi mostrado (...) não haveria nenhum motivo para considerar um uso iraquiano de ADM como iminente"?

O Inquérito Chilcot ouviria outras duas cartas de Goldsmith a Blair, ambas aconselhando que a resolução 1441 do Conselho de Segurança da ONU não autorizava expressamente o uso da força. A segunda das duas, em 12 de fevereiro de 2003, declarava explicitamente que "se a ação fosse tomada sem uma nova decisão do Conselho de Segurança (...) eu esperaria que o governo fosse acusado de agir ilegalmente". Mas em 17 de março, Goldsmith cedeu à pressão de Blair e decidiu que uma nova resolução não era necessária, afinal.

As mentiras e omissões na carta a Tom Geddes refletem as falsidades sobre as quais a guerra do Iraque foi lançada. Mas também demonstram que essa desonestidade foi mantida por anos. A própria aparição de Blair diante de Chilcot em janeiro de 2010 enfatizou o grau em que a "história" de toda a tragédia permaneceu inalterada.

Ter testemunhado o derramamento de sangue no Iraque produziu um efeito incomum naqueles que compreenderam a profundidade do engano de Bush-Blair em primeira mão. Acho que os jornalistas foram especialmente provocados por sua recusa em admitir, jamais, que a guerra estava errada. Sua afirmação a Chilcot de que ainda estava "orgulhoso" da guerra criou uma profunda raiva que infectou nossa escrita.

Eu estava em missão em Jerusalém quando Blair deu seu depoimento ao inquérito em janeiro de 2010. O *Independent* me pediu para responder à sua aparição e passei o dia sentado diante da televisão escrevendo furiosamente suas palavras em meu bloco de notas. Naquela noite, meus dedos martelavam o teclado em exasperação enquanto eu tentava explicar o que ele havia chamado de "distinção binária" entre a mudança de regime e as armas de destruição em massa. Essa "distinção binária", escrevi, dividia o sangue que havia fluído sobre meus sapatos na sala de emergência de um hospital de Bagdá em março de 2003 da visão de Blair no centro de conferências de Londres em seu terno social e consciência limpa.

Blair, como ficou claro em seu depoimento, foi à guerra por causa da Al-Qaeda, mas pensou que ela o deixaria vencer no Iraque. Então, toda a culpa era da Al-Qaeda. Nós não matamos "100.000" iraquianos (notei que Blair usou o número mais baixo disponível). Não, foram os terroristas, a Al-Qaeda, os insurgentes, os iranianos. Foi culpa dos "sectários" — um termo do século XVII, embora até então desconhecido no contexto do Oriente Médio.

O depoimento de Blair durou seis horas. De vez em quando, havia um deslize. Tentando explicar que nenhuma decisão foi tomada na infame reunião com George Bush em seu rancho no Texas em 2002, Blair de repente exclamou que pensava que havia tido "conversas com os israelenses". O que isso significava? Havia israelenses na crítica reunião do Texas?

Israel, como vimos, foi a única nação — além dos EUA e da Grã-Bretanha — que apoiou totalmente a guerra. Uma "fonte" do Ministério das Relações Exteriores de Israel disse na época que uma invasão iraquiana "certamente afastaria as pessoas do arquivo Israel-Palestina". O inquérito nunca se aprofundou nessa pista intrigante.

Blair manteve obstinadamente sua história, mesmo sabendo que ninguém acreditava nela. Ao final do dia em Londres, a tragédia do Iraque parecia se infiltrar naquele centro de conferências. Claro que nunca poderíamos ter um pedido de desculpas dele. Blair estava falando sobre julgamento, sobre ser "franco" e "absolutamente e completamente" honesto.

Tínhamos que "ficar firmes e ver isso até o fim", disse Blair. Então, era disso que se tratavam os mortos, os feridos, as bombas, o estupro e Abu Ghraib. Membros da audiência, que incluíam famílias de militares britânicos mortos, foram retirados do salão, alguns gritando "assassino" e "mentiroso" para Blair, que não apenas não se arrependeu, mas também sugeriu que poderíamos ter que invadir o Irã[1].

Basta ouvir a linguagem de Blair em uma entrevista de setembro de 2010 com Andrew Marr para entender como as palavras substituíram a responsabilização. "Definitivamente...", "Eu acreditei absolutamente claramente...", "Deixe-me afirmar clara e inequivocamente", "A imagem da inteligência estava clara", "A justificativa legal estava bastante clara", "Dissemos completamente com precisão...", "Porque eu acreditei fortemente, então e agora...", "Minha visão definitiva no final é..." E assim por diante, Blair continuou. Você pensaria que tínhamos ganhado a guerra no Iraque, que estávamos ganhando a guerra no Afeganistão, que iríamos ganhar a próxima guerra no Irã. "Estou dizendo que é totalmente inaceitável que o Irã tenha capacidade de armas nucleares." Os iranianos tinham que "receber essa mensagem alto e claro".

Sim, Blair concordou, "as pessoas" discordavam sobre a guerra. "As pessoas sempre procuram uma conspiração". E – esta foi a minha favorita – "Este debate continuará". O Iraque foi um desastre. E por quê? "As pessoas levam carros-bomba a subúrbios lotados", disse Blair em um determinado momento, como se fosse um estranho hábito tribal que não

1 Entre os comentaristas políticos mais ácidos e dickensianos dessa época estava Simon Carr do *Independent*, cujos relatórios diários eram tão agradáveis de ler quanto um tormento para suas vítimas. "Ele pode se contradizer com tanta solidez que é difícil ver a malícia envolvida", escreveu Carr quando Blair finalmente, em 2011, expressou arrependimento.

tivesse nada a ver com a invasão de 2003.

Essas primeiras entrevistas com Blair são interessantes não pela desonestidade de suas palavras, mas pela fluidez com que ele as transmitiu. Em setembro de 2003, ele foi capaz de dizer sobre as ADM de Saddam que "sabemos perfeitamente bem que ele tinha essas armas, ele tinha esses programas", mas isso era uma dissimulação. Blair estava se referindo às armas que Saddam possuía mais de uma década antes e que não existiam há anos. Os "programas" eram o que Blair esperava que o Iraq Survey Group descobrisse quando admitiram alguns dias depois que não havia armas de destruição em massa.

A AP publicou uma matéria corrosiva no Dia de Ano Novo de 2004. "Em nove meses", dizia, "nenhum item foi encontrado no Iraque a partir de uma longa e confidencial lista de inteligência de armas de destruição em massa que orientou o trabalho de dezenas de equipes de elite das Forças Especiais, militares, CIA e Pentágono durante a caça às armas mais secreta, cara e infrutífera da história". A verdade finalmente, mas a história se concentrou não nas mentiras do presidente dos EUA, mas nas dificuldades que a não descoberta das ADM iraquianas representavam "para os Estados Unidos em seus esforços para conter o Irã, a Coreia do Norte e outros". Em outras palavras, as razões fraudulentas dadas para a guerra eram menos importantes do que seu efeito sobre os esforços de Washington para ameaçar outros países.

Subindo a escada na Downing Street, número 10, todos os primeiros-ministros britânicos podem observar os retratos de seus antecessores — Churchill entre eles. Blair pode não ter pensado que era Churchill, mas certamente fez discursos que tinham a intenção de serem "históricos". Em 10 de novembro de 2003, ele falou sobre o Iraque no Banquete do Lord Mayor no Guildhall em termos apocalípticos. "Tenhamos clareza sobre o que está acontecendo no Iraque", disse ele. "É a batalha de importância seminal para o início do século XXI. Definirá as relações entre o mundo muçulmano e o Ocidente".

Embora essas palavras tenham sido praticamente esquecidas, elas continham alguma verdade — embora não a que Blair pretendia. As divisões sectárias que os norte-americanos semearam no Iraque, o vulcão da guerra sectária e a indução de potências regionais externas em apoio a seus correligionários, se espalhariam para a Síria e, portanto, para o Líbano. Os apoiadores de Bush gostavam de sugerir que a invasão do Iraque havia provocado as revoluções árabes de 2011, criando liberdade e democracia no Iraque. O que sua agressão realmente alcançou, no entanto, foi a introdução de uma nova frente na guerra da Al-Qaeda contra o Ocidente e os muçulmanos xiitas da região, uma batalha que poderia se espalhar — e de fato se espalhou — muito além do Iraque. Assim como os sírios lutaram ao lado da resistência no Iraque, os sunitas iraquianos mais tarde se agruparam sob as cores islâmicas na Síria. Em vez de vencer a batalha de que falou no Guildhall, Blair e seus aliados norte-americanos a perderam. Em dez anos, ela realmente "definirá as relações entre o mundo muçulmano e o Ocidente", e muitos dos elementos do discurso de Blair poderiam ser encontrados nos discursos de Bashar al-Assad enquanto ele guerreava contra oponentes notavelmente semelhantes.

Assim que a guerra no Iraque começou a contaminar a administração Bush, fomos convidados a esquecer os proselitistas neoconservadores pró-Israel que ajudaram a impulsioná-la, com profecias grotescamente imprecisas de um novo Oriente Médio de estados árabes democráticos e pró-Israel. Os neocons erraram, mas criticá-los era se identificar como racista ou antissemita.

Mas foram os neoconservadores que, juntamente com o próprio Israel, estiveram entre os mais fervorosos defensores da invasão iraquiana. Eles aproveitaram um fato muito verdadeiro da vida na maior parte do Oriente Médio: que os estados árabes eram em sua maioria ditaduras esquálidas, corruptas e brutais. Nada surpreendente. Nós, ocidentais, criamos a maioria de seus ditadores, desenhamos as fronteiras da maioria das nações árabes e sustentamos seus líderes obedientes — bombardeando-os, é claro, se eles nacionalizavam o Canal de Suez, ajudavam o IRA, detonavam bombas em Berlim que matavam pessoal norte-americano ou invadiam o Kuwait. Porém, os países artificiais que criamos não conseguiam produzir democracia. Vivendo em nações nas quais, em muitos casos, não acreditavam, os povos árabes confiavam apenas em suas tribos, enquanto seus líderes implacáveis detinham poder patriarcal por meio de redes de alianças tribais e sectárias.

Embora nunca tenha ocorrido aos ilusionistas — os Bushes e Blairs, os neocons e os jornalistas que alimentaram seus sonhos e pesadelos —, eles poderiam ter encontrado seus homólogos no governo enlouquecido de Saddam Hussein. Assim como Bush e Blair afirmaram que não desejavam invadir o Iraque, quando na verdade pretendiam fazê-lo, Saddam alertou para uma iminente invasão norte-americana, aparentemente acreditando que os EUA e a Grã-Bretanha estavam blefando. E assim como sua ameaça de uma "mãe de todas as batalhas" pelo Kuwait se transformou em uma retirada militar precipitada em 1991, sua promessa de destruir os invasores norte-americanos em 2003 provou-se totalmente nula.

Mesmo que os discípulos de Bush e Blair não tivessem se dado ao trabalho de ler a história britânica da insurreição nativa no Iraque 63 anos antes de sua própria invasão, havia ampla evidência de que sua invasão seguiria um caminho notavelmente semelhante à invasão britânica do Egito no século XIX e sua subsequente ocupação.

Em 1879, William Gladstone criticou o governo conservador por sua "mais insensata invasão do Afeganistão". Acreditava, porém, no Império Britânico e apoiava totalmente a invasão britânica do Egito. O Khedive Ismail, ostensivamente obediente ao Império Otomano, havia apostado na economia do Egito, aceitando empréstimos maciços de banqueiros europeus a taxas de juros exorbitantes. O Egito estava falido, sua administração efetivamente tomada por funcionários civis britânicos e franceses trabalhando para seus próprios credores e dois ministros europeus foram impostos ao governo de Ismail. Quando Ismail resistiu, os britânicos e franceses pressionaram Constantinopla para substituí-lo por seu filho Tewfik. A oposição egípcia ao súbito empobrecimento do país — semelhante ao sofrido pelos iraquianos sob as sanções da ONU apoiadas pelos norte-americanos após 1990 — assumiu uma retórica islâmica.

O erro "clássico" que os britânicos e franceses cometeram em sua tomada de controle econômica do Egito foi alienar o exército nativo de egípcios. O sentimento antieuropeu e os ataques a cônsules em Alexandria persuadiram os britânicos de que o povo nativo dessa magnífica cidade deveria receber uma lição; a oposição política egípcia seria reprimida ao mesmo tempo.

As melhorias egípcias em seus fortes costeiros em Alexandria, observou o historiador John Newsinger, tornaram-se "um pretexto adequado para ação militar", já que "foram apresentadas como uma ameaça aos navios de guerra britânicos", embora a Marinha Real "não tivesse a menor apreensão em relação a eles". Aqui estava um prenúncio assustador das armas de destruição em massa que não existiam em 2003. Quando os egípcios responderam suspendendo o trabalho em seus fortes, foi-lhes ordenado que os entregassem; sua recusa foi recebida com um bombardeio britânico de dez horas. Cinco homens foram mortos do lado britânico, com 28 feridos; do lado egípcio, 2.000 pessoas — muitas delas civis — foram mortas e feridas.

Longe de ficar horrorizado com as baixas, Gladstone sentiu que "ao participar desse trabalho, fui um trabalhador na causa da paz". O poeta do século XIX Wilfrid Scawen Blunt fez a seguinte avaliação de seu caráter:

> "As insinceridades do debate estavam enraizadas nele (...) se ele tinha uma nova política desagradável a seguir, seu primeiro objetivo era se persuadir a acreditar que ela era realmente agradável para ele (...) Assim, ele sempre foi poupado da consciência muito próxima de suas insinceridades, pois, como o ator em Dickens, quando ele tinha que interpretar Otelo ele começava pintando-se todo de preto".

Essa avaliação de Gladstone é uma imitação perfeita de Blair, que disse em suas próprias memórias que, embora não pudesse trazer os mortos de volta à vida, esperava "resgatar algo da tragédia da morte, nas ações de uma vida, minha vida, que ainda continua".

No entanto, os paralelos com o Iraque não param por aí. O Khedive autocrata Tewfik desertou para os britânicos, que então invadiram o Egito para esmagar o governo nacionalista sobrevivente e seu exército. Em 13 de setembro de 1882, os britânicos superaram as defesas egípcias na batalha de Tel el-Kebir. As estimativas dos mortos egípcios variaram de 2.000 a 8.000; os britânicos perderam 57 homens. Consolidariam seu controle sobre o Egito usando métodos familiares para nós: nas palavras de um historiador posterior, "invasões militares, polícia secreta, informantes, prisão em massa (...) e o uso sistemático da tortura".

Pouco mais de 70 anos após a tolice de Gladstone, um governo conservador sob Anthony Eden decidiu invadir o Egito novamente, após a nacionalização do Canal de Suez pelo coronel Nasser. Os historiadores também notarão um tema persistente das narrativas iraquiana e do Suez: em ambas, a maioria dos ministros do governo britânico insistiu em manter sua versão "oficial" das invasões até o fim.

Anthony Eden e a maioria de seus colegas de gabinete fizeram tudo o que puderam para ocultar a vergonhosa história do plano da Grã-Bretanha — elaborado em segredo com França e Israel — de invadir o Egito e derrubar Nasser, mesmo a ponto de destruir os documentos secretos do acordo em Sèvres, onde as três potências tramaram sua sangrenta expedição. Simplificando, concordaram que Israel invadiria o Egito e que a Grã-Bretanha e a França então "interviriam" no território para "salvaguardar" o Canal de Suez. O verdadeiro propósito dessa "intervenção" seria a derrubada de Nasser.

O major-general Tim Cross, enviado a Washington para monitorar os planos norte-americanos para o Iraque, disse a Blair que o planejamento pós-guerra era "lamentavelmente frágil" e implorou ao primeiro-ministro que adiasse sua invasão. Mesmo dois meses após a invasão, disse Cross ao Inquérito Chilcot, nenhuma política ou estratégia clara para os esforços de reconstrução britânica havia surgido. Os norte-americanos, segundo Edward Chaplin, então chefe da seção do Oriente Médio do Ministério das Relações Exteriores e mais tarde embaixador do Reino Unido no Iraque, tinham um "ponto cego" sobre o planejamento pós-guerra.

Quando os primeiros tanques norte-americanos rugiram sobre a ponte do rio Tigre em Bagdá, nenhum oficial havia sido instruído a preservar a cidade. Soldados britânicos não fizeram nada quando testemunharam o saque em massa em Basra, enquanto em Bagdá o exército norte-americano falhou em responder ao saque do Museu do Iraque e à queima da biblioteca islâmica.

Oito anos depois, o agora aposentado Rumsfeld expressou tristeza pelos iraquianos que morreram sob tortura durante o regime de Saddam e pelas famílias dos norte-americanos mortos, embora tenha mostrado irritação quando seu entrevistador, Gideon Rachman do *Financial Times*, perguntou o que os colegas de jantar poderiam pensar sobre "o idoso ex-secretário de defesa comendo um confortável almoço de domingo em um hotel de Washington, enquanto a matança continua no Iraque e no Afeganistão".

Mas como alguém que se prepara para uma guerra ilusória poderia projetar planos para o que viria depois? Especialmente se — no momento em que o Iraque fosse conquistado — seus planos envolvessem a próxima guerra no Oriente Médio. O General Wesley K. Clark, o herói recém-aposentado da guerra de Kosovo de 1998, lembrou de visitar o Pentágono cerca de dez dias após os ataques de 11 de setembro a Nova York e Washington. Depois de se encontrar com Rumsfeld e seu vice, Paul Wolfowitz:

> "Fui ao andar de baixo apenas para cumprimentar algumas pessoas da Equipe Conjunta que costumavam trabalhar para mim e um dos generais me chamou (...) Ele disse: "Tomamos a decisão de ir à guerra com o Iraque". Isso foi em torno de 20 de setembro [de 2001]. Eu disse: "Vamos à guerra com o Iraque? Por quê? (...) eles encontraram alguma informação conectando Saddam à Al-Qaeda?" Ele disse: "Não, não (...) Acho que é tipo, não sabemos o que fazer com os terroristas, mas temos um bom exército e podemos derrubar governos". Voltei para vê-lo algumas semanas depois e, naquela época, estávamos bombardeando o Afeganistão. Eu disse: "Ainda vamos à guerra com o Iraque?" Ele disse: "Oh, é pior do que isso" (...) Ele pegou um pedaço de papel em sua mesa. Ele disse: "Acabei de receber isso... do escritório do Secretário de Defesa hoje. Este é um memorando que descreve como vamos derrubar sete países em cinco anos. Começando com o Iraque, depois a Síria e o Líbano. Depois a Líbia, Somália e Sudão. Terminando com o Irã.'"

Isso vai além do humor negro, mas era imparável. Como as mentiras que acompanharam cada faceta dessa aventura terrível, a guerra no Iraque adquiriu uma vida própria horrível, sua desonestidade infectando cada elemento do conflito: a farsa da "libertação", a corrupção casual e embutida de todo comércio internacional e projeto de reconstrução na nação ocupada, o sadismo e a tortura em suas prisões, o derramamento de sangue em massa desencadeado sobre a terra em que a civilização supostamente começou.

Quase diariamente, ouvíamos evidências de fraude política, econômica e militar. Notícias que em outras circunstâncias teriam colocado todo o conflito em questão eram tão frequentes que se tornaram banais. Enquanto o Departamento de Defesa dos EUA divulgava mais evidências de que não havia contato entre Saddam e Osama bin Laden, o vice-presidente dos EUA, Dick Cheney, ainda afirmava que sim. Foi revelado que Blair teve três conversas telefônicas – dez dias antes da invasão – com o imensamente poderoso e igualmente desonesto magnata da mídia Rupert Murdoch, que passou a apoiar o ato de agressão de Blair.

Quando bombas foram detonadas no metrô de Londres e em um ônibus em julho de 2005, matando 52 pessoas, Blair negou qualquer conexão com o envolvimento britânico na guerra do Iraque, mas um dos assassinos apareceu em um vídeo pré-suicídio dizendo que o Iraque era o motivo de sua ação. A diretora-geral do MI5 na época, Eliza Manningham-Buller, mais tarde testemunhou para Chilcot que houve um aumento tão grande nos alertas de "ameaças terroristas" internas após a invasão do Iraque que o MI5 recebeu um aumento de 100% em seu orçamento.

Meu colega Patrick Cockburn e eu denunciamos as mentiras por anos, mas foi a entrevista de Blair à BBC em 2009 que revelou a verdade — ou mentira — final. Ao lhe perguntarem se, sabendo que não havia armas de destruição em massa no Iraque, ele ainda teria ido à guerra contra Saddam, Blair respondeu friamente:

> "Eu ainda teria achado certo removê-lo. Quer dizer, obviamente, você teria que usar e apresentar argumentos diferentes sobre a natureza da ameaça".

E aí estávamos nós: o momento "Sapo de Toad Hall"[2] de Blair. A linguística mal era necessária para descascar a casca dessa árvore podre. O que significava "certo"? E a palavra "obviamente" traiu como a mente de Blair funcionava; se um conjunto de argumentos não funcionasse, era natural tentar outro. Ele poderia ter dito uma coisa na Câmara dos Comuns, mas não se arrependia, porque ainda queria invadir o Iraque. E assim Blair falou dos "diferentes argumentos" que teria que "usar" ou "empregar" se as ADM não existissem. Ir à guerra não dependia da verdade, mas de palavras como armas.

Com o passar dos anos, esse conjunto de mentiras e variações tornou-se tão normal que até mesmo nossa indignação com suas mentiras se tornou — e permanece hoje — diminuída[3]. A desonestidade ajudou não apenas a contaminar, mas a "normalizar" a guerra. Nossas defesas morais simplesmente desmoronaram diante de sua constante e monstruosa fantasia.

Quase sempre há um elemento visionário na expansão imperial. A fascinação ocidental do século XIX pelas terras da Bíblia cristã forneceu

2 "Toad Hall é o nome da casa do sr. Sapo na novela *O vento nos salgueiros*, de Kenneth Grahame. Como vimos na epígrafe desde capítulo, o Sapo se recusa a admitir seu erro. (N. T.)

3 Meus próprios arquivos de jornal estão repletos de artigos denunciando a guerra, escritos por generais e colunistas. Em 2006, um círculo crescente de ex-generais norte-americanos pediu a renúncia de Donald Rumsfeld, mas fizeram isso da segurança de sua aposentadoria e condenaram o secretário de defesa não por sua dissimulação e distorção intencional dos fatos, mas por suas "falhas absolutas na gestão da guerra contra Saddam".

justificativa adicional às ambições europeias e norte-americanas no Oriente Médio. A chegada das nações ocidentais não foi retratada como uma apropriação colonial de terras, mas sim como uma tentativa quase missionária de devolver aos povos da região a prosperidade que supostamente desfrutavam na antiguidade. Como o tenente-general Sir Stanley Maude disse ao povo de Bagdá pouco mais de uma semana após a captura da cidade em março de 1917, era o desejo dos Aliados Ocidentais "que vocês prosperassem como no passado, quando suas terras eram férteis, quando seus ancestrais deram ao mundo Literatura, Ciência e Arte, e quando a cidade de Bagdá era uma das maravilhas do mundo".

Os novos ocupantes perceberam a necessidade de evitar qualquer suspeita de seus próprios interesses comerciais na Mesopotâmia. Embora a "prosperidade comercial" de seu povo permanecesse "da maior preocupação para o governo britânico", declarou o comandante das forças britânicas no Iraque, ele não desejava "impor a vocês instituições estrangeiras". Maude não mencionou o ainda secreto acordo de 1916 entre Grã-Bretanha e França para dividir as terras árabes do Oriente Médio entre elas. E apesar de uma cláusula apropriada sobre o desejo britânico de que "a raça árabe possa subir mais uma vez à grandeza e ao renome", nenhuma referência foi feita ao apoio britânico às aspirações sionistas.

Aqueles mais interessados no divino também poderiam prever abundância futura. O capelão escocês Dr. William Ewing, que palestrou para as tropas britânicas sobre as terras bíblicas na Grande Guerra, encerra seu dramático relato de Gallipoli e Mesopotâmia com o seguinte elogio ao futuro do Iraque governado pelos britânicos:

> "Pode-se esperar que os cansativos séculos de má administração tenham finalmente acabado. O povo confia na integridade e no alto propósito do Poder agora estabelecido às margens do Tigre, na antiga sede da autoridade religiosa e política da Mesopotâmia. O sopro da liberdade acelerará o espírito de esperança e empreendimento. A beleza e a fertilidade retornarão às vastas planícies onde a riqueza incontável aguarda a mão do agricultor"[4].*

4 Em um hospital de campanha em Amara, Ewing proferiu uma palestra sobre a terra bíblica, apenas para descobrir que, embora os soldados compartilhassem seu interesse pela história antiga, faziam isso com um pouco menos de precisão. "Um deles se referiu ao país com mais reverência do que conhecimento como 'parcialmente a Terra Santa onde Jesus costumava andar'. Um garoto de rosto afiado me questionou detalhadamente se

Mas a Mesopotâmia sobre a qual esses homens se entusiasmaram era fértil em água, não em petróleo. Não houve menção aos depósitos de petróleo conhecidos do Iraque — nem à importância do Iraque em proteger dos inimigos da Grã-Bretanha os suprimentos de petróleo conhecidos já provenientes dos poços da vizinha Pérsia.

Ao lado do livro de Ewing na minha estante está um belo volume de pinturas de Donald Maxwell, um artista de guerra oficial britânico na Mesopotâmia. Ele escreve com entusiasmo sobre os "aventureiros canos de ferro" que transportam petróleo bruto dos campos da Anglo-Persian Oil Company para Abadan. E embora reconheça a "poeira sufocante e o isolamento deprimente" da cidade, suas "fornalhas rugindo e seu cheiro de óleo quente onipresente", o pintor é seduzido pela paisagem.

O petróleo era romântico, um desdobramento da revolução industrial vitoriana, em vez de uma fonte de poder político e militar. Enquanto viaja pelo Tigre, Maxwell fica impressionado com a terra bíblica pela qual passa. Seu último capítulo descreve as "enormes potencialidades produtivas" da Mesopotâmia e, embora fale das águas de seus dois grandes rios, condena aqueles que, em 1922 — quando a insurreição contra o domínio britânico já estava em andamento —, queriam que a Grã-Bretanha deixasse a Mesopotâmia por razões financeiras. "Por outro lado", escreve Maxwell:

> "sábios nos disseram que os campos petrolíferos mesopotâmicos perto de Mossul serão de grande importância, como os poços persas que têm sua saída de oleoduto em Abadan, e que uma mão firme e paternal é necessária para manter o país em um estado de desenvolvimento comercial".

Se a Grã-Bretanha abandonasse o território, prevê Maxwell, ele "reverteria ao caos". Sua conclusão começa a parecer narrativas da história iraquiana posterior:

---

ainda existiam restos da 'coluna de sal' (...) ele explicou: 'a coluna de sal em que a esposa de Lot se transformou'. Ele queria levar um pedaço daquele pilar para casa para sua mãe. Um 'cara forte' com um Novo Testamento na mão queria saber até onde deveria subir o rio para encontrar Sodoma e Gomorra". Mas Ewing foi interrogado por outros soldados sobre o local de nascimento de Abraão, a Torre de Babel, Babilônia, Nínive e, claro, o Jardim do Éden. Os soldados mais conhecedores, Ewing não pôde resistir a contar a seus leitores, eram da Escócia.

"Lemos diariamente em nossos jornais rumores de guerra com tribos agitadas ao redor de Mossul, e de ataques e escaramuças. A terra ... onde Abraão habitou, com seus traços silenciosos das grandes civilizações que ela acolheu, babilônica e assíria, persa, grega e árabe, é mais uma vez, pelas chances da guerra, um livro aberto, e só o tempo dirá o que será escrito nele."

O texto de Maxwell não tem nenhuma das certezas com que o Ocidente embarcou em sua vasta e lamentável ocupação em 2003. No entanto, a "mão firme e paternal" de que ele falava estava pronta para ser imposta sobre a Mesopotâmia ainda antes do fim da Grande Guerra. Em julho de 1918, o especialista em petróleo do Almirantado, contra-almirante Sir Edmond Slade, instou seus mestres a "ajudar as empresas britânicas a obter o controle de tantas terras petrolíferas em países estrangeiros quanto possível", cuja produção seria vendida apenas para ou através de empresas britânicas. Sir Maurice Hankey, secretário do Gabinete de Guerra em Londres, havia sido abordado por "pessoas com conhecimento da produção de petróleo" que o alertaram para uma provável diminuição das importações dos EUA e do México após a guerra. A retenção das regiões petrolíferas da Mesopotâmia e da Pérsia nas mãos britânicas, escreveu Hankey a Arthur Balfour, seria "um objetivo de guerra britânico de primeira classe".

A palavra-chave aqui era "retenção". A diferença entre 1918 e 2003 era que a Grã-Bretanha, a França e, mais tarde, os Estados Unidos estavam ligados ao controle do petróleo iraquiano e seus lucros desde o início. Os franceses originalmente queriam incorporar Mossul em seu próprio território de mandato da Liga das Nações pós-1914-1918, devido à sua conhecida capacidade de produção de petróleo. Naquela época, ninguém sabia que o Iraque teria a quinta maior reserva de petróleo comprovada do mundo. Ao recrutar um muçulmano sunita 'estrangeiro' da Arábia — o rei Faisal — para governar a maioria xiita iraquiana, e com dois tratados anglo-iraquianos que efetivamente deram ao Reino Unido o controle sobre suas fronteiras por décadas, o Iraque tornou-se um estado 'vassalo' do petróleo.

Desde a invasão do Kuwait por Saddam e a libertação do emirado em 1991, contudo, os EUA tinham como alvo o Iraque para desestabilização. Em 1995, por exemplo, a CIA pediu ao Congresso US$ 15 milhões para continuar as operações secretas contra o Iraque — e míseros US$ 4 milhões para perseguir o que o governo Clinton chamou de "contenção dupla" no Irã. Isso não tinha a intenção de destronar Saddam — mas sim de "enfraquecê-lo" — embora a decisão do regime iraquiano em novembro de 2000 de converter suas reservas em dólares para euros possa ter mudado profundamente a tomada de decisões dos EUA. O petróleo sempre foi vendido em dólares, permitindo assim aos EUA ter um controle substancial sobre o mercado. Uma vez que o euro entrou no mercado de petróleo, o poder do dólar poderia ser ameaçado. Quando o Irã ameaçou mudar para o euro, foi adicionado ao "eixo do mal". "Mudança de regime" pode ser a única solução.

Nos anos seguintes à invasão do Iraque em 2003, ministrei muitas palestras sobre o Oriente Médio pelo mundo e fui infinitamente questionado se a ocupação do Iraque era mesmo somente por petróleo. Minha resposta sempre foi a mesma: se a principal exportação do Iraque fosse beterraba, alguém acreditaria que a 82ª Aerotransportada norte-americana realmente teria ido a Fallujah e Mossul?

Os governos dos EUA e do Reino Unido negaram repetidamente que o petróleo fosse um motivo para a invasão. O porta-voz da Casa Branca, Ari Fleischer, recusou-se a considerar tal ideia quando foi questionado por jornalistas em 6 de fevereiro de 2003. "Não é sobre isso", disse ele. "É sobre salvar vidas, proteger o povo norte-americano". Blair fez o mesmo jogo, de forma mais prolixa e usando um de seus insultos favoritos: a teoria da conspiração da história.

> "Deixe-me apenas lidar com a questão do petróleo, porque (...) a teoria da conspiração do petróleo é honestamente uma das mais absurdas quando você a analisa. O fato é que, se o petróleo que o Iraque tem fosse nossa preocupação, quero dizer, provavelmente poderíamos fechar um acordo com Saddam amanhã em relação ao petróleo. Não é o petróleo que é a questão, são as armas."

Uma desonestidade pode ser negada na época, mas, descoberta oito anos depois, é um inconveniente, uma irritação momentânea. Em 2011, no entanto, memorandos secretos revelados pelo *Independent* mostraram que o Ministério das Relações Exteriores estava conversando com grandes empresas petrolíferas britânicas em 2002 sobre os benefícios financeiros que poderiam obter com a iminente invasão do Iraque.

Cinco meses antes do ataque de março de 2003 ao Iraque, a então ministra do comércio do Reino Unido, a baronesa Symons, dizia à BP que o governo acreditava que as empresas de energia britânicas deveriam receber uma parte das reservas de petróleo e gás do Iraque como recompensa pelo compromisso de Blair com os planos dos EUA para a mudança de regime. A BP temia ser "excluída" de acordos que Washington estava fechando com empresas estrangeiras. "A baronesa Symons concordou", segundo um memorando de 31 de outubro de 2002, "que seria difícil justificar que as empresas britânicas perdessem no Iraque (...) se o Reino Unido tivesse sido um apoiador ostensivo do governo dos EUA durante a crise". No mês seguinte, o Ministério das Relações Exteriores convidou a BP a discutir oportunidades no Iraque "pós-mudança de regime", suas minutas registrando que "o Iraque é a grande perspectiva do petróleo. A BP está desesperada para entrar lá e ansiosa para que acordos políticos não lhes neguem a oportunidade."

Milhares de documentos obtidos sob a Lei de Liberdade de Informação da Grã-Bretanha — legislação que Blair introduziu e depois, compreensivelmente, lamentou — mostraram que cinco reuniões foram realizadas entre ministros britânicos, funcionários públicos e executivos da BP e Shell no final de 2002, apenas cinco meses antes da invasão. No entanto, em 12 de março de 2003, lorde Browne, então CEO da BP, disse: "Não é, na minha opinião ou na da BP, uma guerra pelo petróleo". Um comunicado da BP no mesmo dia dizia que não tinha "nenhum interesse estratégico no Iraque". E a Shell — no mesmo dia novamente — afirmou que "não procurou nem participou de reuniões com funcionários do governo do Reino Unido sobre o assunto Iraque". Acrescentou, no entanto, com a mesma desonestidade de Blair: "o assunto só surgiu durante conversas em reuniões normais que frequentamos de tempos em tempos com funcionários". Como Greg Muttitt observou no Independent, "o petróleo foi uma das considerações estratégicas mais importantes do governo e ele conspirou secretamente com as empresas petrolíferas para dar-lhes acesso a esse enorme prêmio".

A divisão da riqueza petrolífera do Iraque tornou-se um escândalo duradouro da ocupação, juntamente com a corrupção massiva em que empresas dos EUA, empreiteiros e funcionários iraquianos se envolveram. Os custos foram inevitavelmente tão desonestos quanto as mentiras que criaram a guerra. Em poucas semanas, estava conversando com um jovem analista de exploração de petróleo que acabara de chegar a Bagdá. "Não acredito nisso", ele me disse. "Todo mundo que conheço pede propina. Disseram-me que tenho que pagar às autoridades iraquianas até para me reunir com elas. E quando reclamei com os norte-americanos na Zona Verde agora mesmo, seus funcionários pediram dinheiro para resolver!" Eu sabia que a corrupção era o câncer do mundo árabe, mas não conseguia imaginar como um poder ocupante que supostamente entregava aos iraquianos a liberdade tão desejada pudesse se transformar em uma máfia, e com uma velocidade tão impressionante.

O petróleo é uma substância escorregadia, mas não tão escorregadia quanto os números que estavam sendo divulgados pelos ocupantes do Iraque. Em torno de Kirkuk, as autoridades até mantinham em segredo os números de sabotagem — não conseguiam evitar que seus oleodutos para a Turquia fossem explodidos. E em Bagdá, as estatísticas estavam sendo falsificadas. Em Kirkuk, por exemplo, os poderes de ocupação relatavam sabotagem apenas quando câmeras de televisão captavam um duto explodido. Infantaria e helicópteros norte-americanos patrulhavam o oleoduto, mas, nas ravinas e áreas tribais por onde passava, longas seções eram indefensáveis.

Assim, as únicas receitas substanciais de petróleo de que os norte-americanos podiam se gabar eram do sul do Iraque. No meio daquele primeiro agosto da ocupação, o procônsul norte-americano Paul Bremer deu a impressão de que a produção estava em torno de 1,5 milhão de barris por dia, mas o número real naquela época era de 780.000 barris. Nas palavras de um homem do petróleo de quem me tornei amigo, isso foi "uma catástrofe inexcusável" — quando os norte-americanos atacaram o Iraque em março anterior, o país estava produzindo 2,7 milhões de barris por dia.

A anarquia sugava dinheiro. Os administradores de Bremer decidiram secretamente que bem mais da metade dos US$ 20 bilhões destinados ao Iraque seriam destinados à segurança de sua infraestrutura de produção de petróleo. Mesmo após o início da guerra, uma análise detalhada de Yahya Sadowski da Universidade Norte-Americana de Beirute sugeriu que reparar poços e canos existentes no Iraque pós-guerra custaria mais de US$ 1 bilhão, que aumentar a produção para 3,5 milhões de barris por dia levaria três anos e custaria US$ 8 bilhões de investimento e outros 20 bilhões de libras para reparos na rede elétrica que alimentava as bombas e refinarias. Alguns disseram que elevar a produção para 6 milhões de barris por dia custaria até US$ 100 bilhões. Em outras palavras, a solicitação de orçamento de US$ 87 bilhões de Bush em setembro de 2003, que havia horrorizado o Congresso, provavelmente aumentaria para US$ 200 bilhões.

Desde a década de 1920, apenas cerca de 2.300 poços foram perfurados no Iraque — e estes estavam nos vales do Tigre e do Eufrates. Seus desertos eram — e ainda são — quase totalmente inexplorados. Oficialmente, o Iraque continha 12% das reservas mundiais de petróleo, mas poderia conter até 25%. Essa foi a ironia do novo poder dos Estados Unidos no Iraque. Os depósitos de petróleo dos EUA estavam cada vez mais esgotados e, até 2025, as importações de petróleo poderiam representar 70% da demanda doméstica. Os EUA poderiam agora ter até 25% das reservas mundiais sob seu controle militar; o custo de fazê-lo fluir poderia produzir uma crise econômica norte-americana e era isso — em vez da morte diária de jovens militares norte-americanos — que estava por trás de um crescente sentimento de pânico no governo Bush. Washington havia colocado as mãos no maior baú de tesouros do mundo, mas não conseguia abri-lo. Não é de se admirar que estivessem falsificando os registros em Bagdá.

Não demorou muito para que grandes doadores da campanha eleitoral de Bush fossem premiados com contratos no valor de US$ 8 bilhões para reconstruir o Iraque e o Afeganistão. De acordo com um grupo de pesquisa de Washington que investigou a ética do governo, mais de 70 empresas e empreiteiros individuais doaram mais de US$ 500.000 para a campanha eleitoral de Bush em 2000. Grandes contratos foram concedidos sem concorrência; o principal beneficiário foi a KBR, uma subsidiária da Halliburton — que Cheney chefiou antes de renunciar para concorrer com Bush em 2000, e que recebeu US$ 2,3 bilhões para apoiar os militares e restaurar a indústria petrolífera do Iraque.

Mais preocupante a longo prazo foi o desaparecimento de bilhões de dólares do próprio tesouro do Iraque. Apenas sete meses após a invasão, a organização de caridade Christian Aid exigiu saber por que US$ 4 bilhões das receitas petrolíferas do Iraque e outros fundos estavam desaparecidos. Menos de um ano depois, o mesmo grupo acusava os ocupantes do Iraque de entregar o poder ao novo governo iraquiano sem explicar o que havia feito com aproximadamente US$ 20 bilhões do próprio dinheiro do Iraque.

Um mês depois, Paul Krugman perguntou no New York Times por que apenas US$ 400 milhões dos fundos aprovados pelo Congresso de US$ 18,4 bilhões haviam sido gastos na reconstrução, concluindo que quase todo o dinheiro gasto pela Autoridade Provisória da Coalizão veio de fontes iraquianas, principalmente daquelas receitas de petróleo. Os auditores não conseguiram descobrir o que a Halliburton fez com US$ 1,4 bilhão. A Christian Aid perguntou perceptivamente que precedente esses buracos negros de bilhões de dólares estabeleceram para o novo governo iraquiano. Helen Collinson, uma das funcionárias da instituição de caridade, observou que "muitos países ricos em petróleo seguem o caminho do governo não responsável, da riqueza para poucos e da pobreza para muitos". O que o poder ocupante tinha a esconder? Mas o precedente que Krugman temia já havia sido aprendido. Auditores norte-americanos estavam cientes de que o novo grupo de iraquianos ricos escolhidos pela administração Bush para o futuro poder político estavam eles próprios envolvidos no desvio dos fundos de seu próprio país. Um iraquiano que investigava o escândalo pré-guerra do "petróleo por alimentos" foi assassinado. Outros funcionários públicos iraquianos falaram em particular dos perigos físicos que enfrentavam quando tinham que auditar seus próprios ministérios.

Em 14 de julho de 2004 — o mesmo dia em que lorde Butler declarou que as decisões de Tony Blair para invadir o Iraque foram tomadas de "boa fé" —, fiquei cara a cara com os resultados. Poucas horas antes do pronunciamento de Butler, Sabr Karim pagou o preço por trabalhar pelo novo Iraque. Pai de sete filhos, era auditor sênior do novo Ministério da Indústria do Iraque, cujo trabalho era examinar os lucrativos contratos concedidos a empresários locais para reconstruir seu país. Ele havia chegado em casa em um subúrbio de Bagdá com o café da manhã de sua família quando dois homens em uma caminhonete dispararam duas balas em seu estômago e duas em sua cabeça. Seus filhos o encontraram deitado na calçada, com uma perna ainda dentro do carro.

No Iraque, a tenda fúnebre é tradicionalmente armada na rua em frente à casa da vítima, mas quando fui prestar meus respeitos, estava bloqueada por carros para impedir que terroristas suicidas dirigissem um veículo para dentro da tenda. Quando o irmão e o cunhado de Sabr Karim foram à mesquita local da família para pegar um caixão, alguém deixou uma bomba dentro dele. Essa era a realidade sangrenta e perversa que nós, repórteres, podíamos testemunhar com nossos próprios olhos no "novo" Iraque. Claro, já era venal o suficiente sob Saddam, mas agora o Ocidente deveria estar no comando, seu incrível poder financeiro protegendo o futuro da terra recém-liberta. No entanto, esse era mais um dia na vida — e na morte — do "novo" Iraque.

Sabr Karim trabalhou no Ministério da Indústria por 30 anos. "Ele era um cara muito honesto", disse seu irmão Yahyia. "Ele cuidava do dinheiro do governo e, nos últimos meses, como você sabe, milhões de dólares em contratos passaram pelo ministério. Seu trabalho era verificar isso. Sim, ele havia recebido ameaças. Ele nunca falou sobre elas".

Os detalhes do assassinato de Sabr Karim eram tão horríveis quanto rotineiros e — no "novo" Iraque — familiares. Ele havia saído para comprar o café da manhã da família por três dias consecutivos — a rotina era um erro fatal para qualquer pessoa em perigo — e quando voltou, não viu o carro estacionado na esquina de sua rua, onde três homens o observavam, um deles falando ao celular. Vizinhos mais tarde lembraram que quando um dos homens desligou o telefone, uma caminhonete Nissan apareceu de repente. "Eles obviamente não conheciam Sabr nem a área, mas disseram que ele havia chegado", disse Yahyia. "Eles chegaram imediatamente e eram assassinos muito profissionais. Duas balas no estômago e duas na cabeça. Então eles voltaram para o veículo (...) e dirigiram em alta velocidade, de modo que ninguém teve chance nem mesmo de atirar neles." O filho mais velho de Sabr Karim, Akram, de 20 anos, veio e sentou-se ao nosso lado. "Por 35 anos, vivemos em uma sociedade fechada", disse ele. "E agora nos dizem que podemos ter democracia – mas isso é liberdade para assassinos."

Havia frango e carne bovina para o almoço de funeral fora da casa de Sabr Karim, iogurte e legumes frescos e chá forte. Alguns dos visitantes sugeriram que havia tanta corrupção no novo Ministério da Indústria que a polícia não investigaria o assassinato. Houve algumas alusões cuidadosas ao trabalho de Sabr Karim — poderia ter sido um trabalho interno, um empreiteiro que não queria que seu roubo de fundos públicos fosse descoberto? Ou foi apenas mais um ataque a um funcionário público que trabalha para o novo governo apoiado pelos norte-americanos?

A família Karim era xiita, vivendo em uma área predominantemente sunita de Bagdá, e insurgentes liderados por sunitas denunciaram como colaboradores todos aqueles que agora estavam empregados por Ayad Allawi, o novo primeiro-ministro iraquiano nomeado pelos EUA. Naquele mesmo dia, Allawi, que já foi agente da CIA, agente do MI6 e baathista, anunciou a criação de uma nova "Diretoria de Segurança Nacional" para fazer cumprir a lei e a ordem. Era um título com o qual todos os iraquianos estavam familiarizados. Saddam Hussein operou uma "Diretoria de Segurança Geral"; e quando Allawi foi questionado se ex-baathistas seriam empregados em sua nova instituição, ele respondeu que seus homens de segurança seriam "profissionais". Todos os iraquianos sabiam o que isso significava.

Para garantir que seu conjunto de contratos de reconstrução para empresas norte-americanas permanecesse seguro após sua saída como chefe da CPA, Bremer instituiu um conjunto de leis que o "novo" e "soberano" governo do Iraque não poderia mudar — garantindo assim que as empresas norte-americanas continuariam a tirar dinheiro do Iraque depois de sua saída. Uma das mais insidiosas foi a reintrodução da lei de 1984 de Saddam proibindo greves. Um forte movimento sindical poderia fornecer uma base vital de poder democrático em uma nova nação, mas Bremer preferiu proteger as grandes empresas.

A dupla saga das tentativas do Ocidente de sequestrar o petróleo iraquiano e da determinação do governo iraquiano de esmagar o movimento sindical de seu próprio país é uma história de imoralidade internacional e torpeza do governo iraquiano. Os heróis da história são Hassan Jumaa, um dos líderes sindicais mais resilientes e corajosos do Oriente Médio, e Greg Muttitt, o pesquisador inglês que, durante dez anos, investigou a vergonhosa "guerra de recursos" que norte-americanos e britânicos travaram no Iraque.

Naomi Klein foi a primeira escritora a reconhecer a coincidência da tortura norte-americana no Iraque e da "terapia de choque" de forçar as "autoridades" iraquianas a leiloar, ilegalmente, as reservas de petróleo do país. Os iraquianos ficariam tão atordoados com o poder de fogo norte-americano que emergiriam da fumaça e dos escombros para se verem vivendo em uma Cingapura árabe, um "Tigre no Tigre". O problema era que os iraquianos não estavam chocados o suficiente. Enquanto Paul Bremer falava sobre a necessidade de democracia, os iraquianos decidiram que não queriam que suas reservas de petróleo fossem vendidas a empresas estrangeiras. Sindicalistas, tribos, líderes religiosos; todos eram contra os acordos frenéticos aos quais deveriam dar seu apoio. Então Bremer de repente perdeu o entusiasmo pela democracia. Renunciar ao poder dos ocupantes para os ocupados significaria, como Klein apontou, "abandonar o sonho de transformar o Iraque em uma economia privatizada modelo". Bremer bloqueou a realização de eleições locais e colocou os sindicatos na lista negra.

Agora chegamos a Hassam Jumaa, que quase sozinho montou um novo sindicato do petróleo no porto sul de Basra, tanto para proteger os direitos dos trabalhadores do petróleo quanto a indústria do controle estrangeiro. Ele havia notado que tropas norte-americanas e britânicas cercaram os campos de petróleo com blindados assim que cruzaram a fronteira iraquiana — e que a KBR, ex-empresa do vice-presidente norte-americano Dick Cheney, seguiu as tropas ocidentais para as instalações petrolíferas. "Era nosso dever como trabalhadores do petróleo proteger as instalações petrolíferas, já que são propriedade do povo iraquiano", disse Jumaa a Muttitt. Jumaa trabalhou na indústria petrolífera iraquiana por mais de 30 anos e, embora fosse um "ativista" contra Saddam, ele não era, pelo menos até 2003, um sindicalista. A partir dessa data, ele exibiu todas as características que o Ocidente afirmava esperar dos iraquianos recém-libertados — patriotismo, altruísmo e exigência de liberdade de expressão — e incorreu na oposição tanto das multinacionais ocidentais quanto das autoridades em Bagdá. Jumaa "mobilizou" os trabalhadores do petróleo contra a determinação do governo iraquiano de vender a maior riqueza do país para as grandes petrolíferas, dez anos de luta que em determinado momento fez as autoridades em Bagdá ameaçarem transferir ativistas do petróleo do sul do Iraque — uma área predominantemente xiita — para os subúrbios de Bagdá, onde quase certamente seriam assassinados na guerra sectária da cidade.

Jumaa e seus colegas tiveram que aprender sobre os complexos acordos de produção compartilhada (PSAs) que as gigantes do petróleo tentavam impor aos iraquianos — com a ajuda dos recém-nomeados ministros e funcionários públicos do ministério do petróleo. Como apontou uma investigação de uma ONG, seu propósito era em grande parte político; os PSAs são imunes ao escrutínio público e prendem os países a acordos econômicos com empresas que não podem ser alterados por décadas, além de geralmente isentar as empresas petrolíferas de novas leis que possam afetar seus lucros.

Havia um problema político, no entanto, como Muttitt cinicamente descobriu:

> Os EUA eram libertadores, não colonizadores, disseram seus políticos, e seu objetivo era trazer a democracia. Forçar os iraquianos a entregar o controle de seu petróleo a multinacionais não se encaixava muito bem nessa narrativa. A solução, como sempre, foi negar que a privatização do petróleo fosse uma decisão política; em vez disso, foi retratada como uma necessidade autoevidente.

Os norte-americanos, como ocupantes, não podiam tomar o controle dos recursos naturais do Iraque, mas tinham "o dever legal e moral" de fornecer segurança. Daí a pressão sobre o governo iraquiano para concordar com contratos em que empresas petrolíferas estrangeiras receberiam taxas fixas por barril produzido e teriam seus custos reembolsados. Essa intimidação de Bagdá começou seriamente ao lado da "onda de choque" militar do General Petraeus em 2007. A "estabilização" do exército da guerra do Iraque ocorreria enquanto a própria economia do Iraque era "estabilizada" — em favor das multinacionais. Muttitt rastreou os planos originais dos EUA até o Grupo de Planejamento de Infraestrutura de Energia do Pentágono do neocon Douglas Feith, que sugeriu que reparar os danos de guerra à infraestrutura de petróleo do país "desestimularia o envolvimento do setor privado". A KBR realizaria os reparos iniciais; contratos de longo prazo com empresas multinacionais se seguiriam.

Quando o primeiro governo permanente do Iraque foi formado sob Nouri al-Maliki em maio de 2006, sua prioridade deveria ser uma lei legalizando o retorno das multinacionais ocidentais para administrar o setor petrolífero. A "onda de choque" garantiria a sobrevivência do novo governo, desde que cumprisse uma série de "benchmarks". O Congresso até aprovou um projeto de lei que cortaria o financiamento de reconstrução dos EUA se a lei do petróleo não fosse aprovada pelo parlamento. A nova constituição do Iraque insistia que tal lei deveria, de fato, ser aprovada pelos parlamentares, mas o parlamento recusou-se a fazê-lo. Como resultado, o governo de al-Maliki começou a conceder contratos a empresas petrolíferas sem ela.

Klein acredita que o Iraq Study Group de James Baker desempenhou um papel dramático na "tentativa mais ousada de exploração da crise" quando, em dezembro de 2006, pediu aos EUA que "auxiliassem os líderes iraquianos a reorganizar a indústria petrolífera nacional como uma empresa comercial" e "incentivar o investimento no setor petrolífero do Iraque pela comunidade internacional e por empresas internacionais de energia". A administração Bush até ajudou a redigir a lei do petróleo pela qual empresas como Shell e BP poderiam assinar contratos de 30 anos em que manteriam uma grande parte dos lucros do petróleo do Iraque. O crescente banho de sangue que inundava o Iraque proporcionou um momento oportuno para aprovar a lei do petróleo, que muitos parlamentares nunca tinham ouvido falar.

Muttitt considerou os novos contratos ilegais e que "só durarão enquanto houver um governo em Bagdá que os apoie". Então, a repressão do governo aos sindicatos aumentou, juntamente com um autoritarismo crescente que parecia suspeitamente com o saddamismo. Muttitt explicava a necessidade de entender "a natureza de uma guerra de recursos no século XXI" para que o povo iraquiano pudesse compreender o grau em que estava sendo roubado de sua riqueza natural. De qualquer modo, ele escreveu, o governo iraquiano "seguiu em frente e leiloou 60% das reservas comprovadas do país, sob contratos de legalidade duvidosa, para empresas como BP, Shell e Exxon". Foi a maior liquidação da história do petróleo.

Enquanto muitos de seus colegas estavam concentrados na "ofensiva" de Petraeus, Muttitt estava presente nos leilões de petróleo da Rutênia e, portanto, pôde nos dar um relato comicamente sombrio da venda ilegal. Hussain al-Shahristani, o ministro do petróleo que havia sido cruelmente torturado sob Saddam, estava agora ansioso por prosseguir com a venda do direito de nascimento do Iraque a consórcios internacionais. O segundo leilão foi realizado no Ministério do Petróleo iraquiano em Bagdá, em dezembro de 2009; o Iraque vendeu o campo petrolífero Majnoon, de 12,6 bilhões de barris, perto de Basra, e o campo Halfaya, em Maysan.

Muttitt escreveu:

> "A rapidez do processo foi bastante chocante. Esses campos, responsáveis pela maior parte da futura economia do Iraque, estavam sendo leiloados a intervalos de 15 minutos. Isso não era desenvolvimento: era uma revolução. O que estava passando pela cabeça de Shahristani? Ele tinha alguma dúvida? Se tinha, não as mostrou."

No segundo dia, foram leiloados os campos de West Qurna Fase II, Gharraf, Badra e Najma; quase 60% das reservas do Iraque haviam sido contabilizadas em duas rodadas de leilão.

Uma deputada, Shatha al-Musawi, tentou entrar com uma ação judicial contra o primeiro contrato — um acordo da BP com a China National Petroleum Company para o campo de Rumaila —, mas isso teria custado a ela US$ 250.000. "A maioria das instituições governamentais está trabalhando sem lei e violando a constituição todos os dias", disse ela a Muttitt, "porque decidiram não ter um parlamento eficaz. Nós na verdade temos uma ditadura." Ela estava certa. Escritórios sindicais foram invadidos, computadores foram roubados, equipamentos foram destruídos e líderes sindicais foram presos. A maioria dos iraquianos, como disse Muttitt, "não queria uma lei do petróleo para colocar as multinacionais no comando de seu petróleo (...) Os iraquianos acreditam e acreditavam muito apaixonadamente que o petróleo pertence às mãos iraquianas."

O que também é óbvio para qualquer um que investigue esse comportamento escandaloso é que a corrupção que minou o "novo" Iraque era endêmica muito antes da invasão anglo-americana de 2003. A corrupção em grande escala havia sido uma parte essencial das relações do Ocidente com o Iraque sob Saddam e agora continuava, da mesma maneira que a brutalidade do saddamismo foi perpetuada sem interrupção muito depois da execução do ditador.

Como Ed Harriman, pesquisador sobre a má conduta dos EUA e do Reino Unido no Oriente Médio, apontou em 2007, o funcionário norte-americano encarregado de supervisionar a reconstrução do Iraque:

> "descobriu que quase todo o dinheiro norte-americano reservado para reconstruir o Iraque — mais de US$ 21 bilhões apropriados pelo Congresso quatro anos antes — já foi gasto. Também foram gastos cerca de US$ 20 bilhões do próprio dinheiro dos iraquianos, distribuídos por Paul Bremer (...) durante o primeiro ano da ocupação. Grande parte do dinheiro foi usado para pagar por bens e serviços norte-americanos e nunca chegou ao Iraque. Grande parte do restante desapareceu e nunca foi devidamente contabilizada."

Harriman concluiu que:

> "por mais de um ano, o Iraque tem a reputação de ser o regime mais corrupto do Oriente Médio. Está piorando. O juiz Radhi al-Radhi, que chefia a Comissão de Integridade Pública do Iraque, diz que sua equipe atualmente investiga US$ 11 bilhões em pagamentos questionáveis. Mas é improvável que funcionários e ministros iraquianos sejam presos ou até mesmo julgados. O primeiro-ministro, Nouri al-Maliki, tem o direito de isentar seus funcionários e o faz (...) Além de saquear os orçamentos de seus ministérios, os funcionários e políticos iraquianos, com

ajuda criminosa, desviam o petróleo de seu país diretamente dos oleodutos[5]."

Em uma investigação anterior, Harriman examinou seis relatórios de comitês, responsabilização e auditoria do governo dos EUA, que revelaram a mentalidade das autoridades de ocupação norte-americanas:

> "distribuindo caminhões de dólares pelos quais nem eles nem os destinatários sentiam necessidade de prestar contas. As auditorias já encaminharam mais de cem contratos, envolvendo bilhões de dólares pagos a pessoal e corporações norte-americanos, para investigação e possível processo criminal. Eles também descobriram que US$ 8,8 bilhões que passaram pelos novos ministérios do governo iraquiano em Bagdá enquanto Bremer estava no comando não foram contabilizados, com pouca perspectiva de se descobrir para onde foram. Outros US$ 3,4 bilhões destinados pelo Congresso para o desenvolvimento iraquiano foram desviados para financiar a 'segurança'."

A palavra "segurança" estava começando a ter um efeito maligno em todas as questões fiscais envolvendo o Iraque. Em 2006, mercenários estrangeiros e locais representavam quase metade das forças de segurança "ocidentais" no Iraque e estavam sugando dinheiro do país[6]. "Os Estados Unidos", escreveu o colunista Frank Rich no ano seguinte, "rotineiramente traiu os próprios valores de governança democrática que espera exportar para o Iraque".

Rich condenou o dono da Blackwater, Erik Prince, por "salivar pelo próximo pagamento" enquanto expandia sua empresa para uma contratada de defesa de "espectro completo", que oferecia de dirigíveis remota-

---

5 O rastro do dinheiro "perdido" alcançou proporções épicas. Em 2010, o Departamento de Defesa dos EUA não conseguiu contabilizar quase US$ 9 bilhões retirados das receitas do petróleo iraquiano para uso na reconstrução; um relatório do investigador especial dos EUA para a reconstrução do Iraque disse que US$ 8,7 bilhões dos US$ 9,1 bilhões retirados entre 2004 e 2007 de uma conta criada pelo Conselho de Segurança da ONU não foram encontrados.

6 Em março de 2010, 207.553 mercenários estariam trabalhando no Iraque e no Afeganistão, uma proporção de 1,18 mercenário por soldado. Entre 2003 e 2007, contratos no valor de US$ 85 bilhões foram firmados com fornecedores privados no Iraque por agências norte-americanas.

mente pilotados a caminhões blindados. O inspetor-geral nomeado por Bush no Pentágono, que entregou um relatório de corrupção ao Congresso em 2005 cheio de edições, insistiu que Rumsfeld e Wolfowitz não sabiam nada sobre esses crimes financeiros; o mesmo inspetor-geral, Joseph Schmitz, logo depois tornou-se diretor de operações da empresa-mãe da Blackwater, o Prince Group. Um estudioso militar de ética, o coronel Ted Westhusing, testemunha da corrupção, morreu de um tiro na cabeça enquanto treinava as forças de segurança iraquianas para o General Petraeus. O coronel deixou uma carta, que Rich citou no *New York Times*. "Não posso apoiar", escreveu Westhusing, "uma missão que leva a corrupção, abuso dos direitos humanos e mentirosos". Embora designado como suicídio, um repórter do Los Angeles Times escreveu que alguns acreditavam que Westhusing foi assassinado por contratados com medo de que ele pudesse se tornar um denunciante.

Um ano depois, o *New York Times* descreveu a Blackwater como "a empresa de guerra lucrativa sem igual" que "continua superando seu próprio recorde de mercenários. Os executivos da Blackwater", continuou, "usaram influência interna como arrecadadores de fundos da administração para multiplicar seus contratos de guerra sem licitação [no Iraque] mil vezes, para mais de US$ 1 bilhão".

Dentro das fronteiras do Iraque, antigas divisões sectárias foram reabertas por empresas petrolíferas ocidentais que escolheram assinar contratos de produção com a administração curda regional no norte — desafiando o governo federal em Bagdá. Em outubro de 2011, a Exxon Mobil assinou um acordo de exploração que incluía três áreas em disputa entre curdos e iraquianos árabes. Uma empresa com laços estreitos com George W. Bush, a Hunt Oil de Dallas, assinou um acordo com o Governo Regional Curdo, recebida com antecedência por um funcionário do Departamento de Estado em um e-mail que dizia: "conseguir que uma empresa norte-americana assine um acordo com o GRC fará grandes notícias em casa. Por favor, mantenha-nos informados."

O estupro do Iraque não teve fim. Dentro do palácio de Xanadu, às margens do Tigre, os jornalistas recebiam folhetos dos norte-americanos, avisando-os de que perguntas persistentes sobre tópicos não úteis não seriam toleradas. Não foi difícil ver por quê. Não houve praticamente nenhuma cobertura na mídia internacional, por exemplo, das medidas extraordinárias tomadas pelos EUA para controlar a produção de alimentos das antigas terras do Iraque em favor de empresas norte-americanas — proibindo os agricultores, cujos antepassados há mais de dez mil anos produziram a semente para quase todas as variedades de trigo do mundo moderno, de reutilizar suas próprias sementes. Apenas alguns ambientalistas e revistas ativistas investigaram a infame Ordem 81 de Paul Bremer, que proibia os agricultores de salvar suas próprias sementes; doravante, eles só poderiam plantar sementes de distribuidores autorizados e licenciados dos EUA. Todos os anos, os iraquianos deveriam destruir qualquer semente e recomprar sementes de um "fornecedor autorizado" ou enfrentar multas ou prisão. As novas sementes seriam geneticamente modificadas. "O Iraque", como apontou uma revista suíça, 'deveria se tornar um gigantesco laboratório vivo para testar o trigo transgênico, e os iraquianos eram as cobaias humanas do experimento."

E assim continuou. Em 2007, os norte-americanos foram forçados a admitir que 190.000 rifles e pistolas fornecidos em dois anos às forças de "segurança" iraquianas haviam desaparecido, 110.000 deles fuzis de assalto AK-47 soviéticos. A Anistia Internacional havia relatado anteriormente que 350.000 AK-47s e outras armas foram removidas da Bósnia e da Sérvia por contratados privados trabalhando para o Pentágono e enviadas para o Iraque. Além disso, 135.000 itens de proteção corporal e 115.000 capacetes também haviam desaparecido. Teriam sido vendidos para insurgentes? A distribuição original de armas — para constrangimento do Pentágono — foi liderada por Petraeus, agora elogiando sua poderosa "onda de choque" militar no Iraque.

A criação de nações, parecia, não levava em conta as pessoas que viviam dentro dessa "criação". Os iraquianos, portanto, passaram a entender que a pressão para entregar a riqueza petrolífera da nação às empresas ocidentais estava intimamente ligada à própria ocupação; protestos contra a ocupação, portanto, fundiram-se com a raiva contra a venda do petróleo. Depois que apoiadores de Muqtada al-Sadr protestaram contra a ocupação norte-americana às centenas de milhares, o governo iraquiano introduziu uma legislação estabelecendo que as manifestações só poderiam ocorrer em campos de futebol. O povo de al-Sadr havia feito campanha desde a invasão contra quaisquer acordos com empresas petrolíferas pertencentes a países envolvidos na ocupação. Essa é certamente uma das razões pelas quais o próprio Bremer falou tão duramente contra al-Sadr já em 2004, emitindo um mandado de prisão contra ele e até fechando seu jornal,

Al-Hawza Nateqa — outra lição sobre o tipo de "liberdade" que os norte-americanos afirmavam ter trazido para o Iraque[7].

Um dos muitos pecados de Al-Hawza Nateqa foi criticar Paul Bremer e "provocar violência contra as Forças da Coalizão". Em 6 de agosto de 2003 — segundo a carta de Bremer — o jornal havia acusado os EUA de invadir o Iraque "não apenas para remover Saddam e roubar o petróleo do Iraque, mas para destruir as estruturas culturais e o caráter e a civilização do povo iraquiano". Em 21 de agosto, havia afirmado que os norte-americanos na favela xiita de Sadr City, em Bagdá, estavam "lutando contra o Islã e seus símbolos". Isso representava, segundo Bremer, "uma séria ameaça de violência contra as Forças da Coalizão e contra o povo iraquiano que está cooperando com a CPA na reconstrução do Iraque". Bremer não mencionou que uma tripulação de helicóptero dos EUA havia removido uma bandeira islâmica de um poste de energia elétrica em Sadr City no incidente.

"Supressão da imprensa", gritaram jornalistas na frente dos escritórios do jornal. A Al-Hawza Nateqa estava simplesmente "deixando nosso povo saber o que está acontecendo em segredo". Da Declaração Balfour de 1917 à nova "constituição criminosa do Iraque", o povo foi enganado, anunciou um folheto impresso no portão. As "vozes honestas" dos jornalistas não podiam ser silenciadas.

Inevitavelmente, uma guerra travada sobre um leito de mentiras e dissimulação, de brutalidade e coerção, sublinhada por uma pseudoética "cristã", infectou o Oriente Médio. Os milhões de soldados norte-americanos e outras tropas ocidentais que passaram pelo Iraque trouxeram consigo uma praga. Do Afeganistão, eles trariam a infecção da Al-Qaeda. Sufocaram o Iraque com injustiça e alimentaram o culto do homem-bomba. Trouxeram a doença da guerra civil. Injetaram no Iraque corrupção em uma escala muito maior do que aquela que existia sob Saddam. Carimbaram o selo da tortura em Abu Ghraib, assim como o haviam refinado no Afeganistão. Tornaram sectário um país que, apesar de toda a crueldade e venalidade saddamista, até então mantinha seus sunitas e xiitas unidos. E como os xiitas inevitavelmente governariam nessa nova "democracia", os

7 Ninguém parecia intocável por escândalos de dinheiro, mesmo que envolvessem abuso de poder em vez de corrupção. Como os iraquianos deveriam reagir, por exemplo, quando souberam que cada membro do parlamento — criado com as finanças não regulamentadas dos Estados Unidos — recebia US$ 30.000 por mês, incluindo US$ 9.000 de salário para si mesmo e trinta guarda-costas, e uma pensão de US$ 7.200 por mês por dez anos após a aposentadoria?

soldados norte-americanos deram ao Irã a vitória que tanto buscaram na guerra de 1980-88 contra Saddam. De fato, homens que haviam atacado a embaixada dos EUA no Kuwait nos velhos tempos da década de 1980 agora ajudariam a governar o Iraque. O partido "Dawa", antes considerado "terrorista", agora era "democrata".

Mas a doença continuou. O desastre norte-americano no Iraque infectou a Jordânia e depois o Líbano com a Al-Qaeda. A chegada de homens armados do Fatah al-Islam ao campo palestino de Nahr al-Bared, no norte do Líbano, em 2007, e as dezenas de civis mortos foram resultado direto da revolta sunita no Iraque. A Al-Qaeda chegou ao Líbano por cortesia do regime sírio de Bashar al-Assad, é verdade; mas em quatro anos, a Al-Qaeda e seus afiliados estavam chegando à Síria para lutar contra o próprio Assad, e depois fazendo intercâmbio ideológico com as milícias islamitas sunitas no Iraque. E o Iraque sob os norte-americanos até reinfectou o Afeganistão com homens-bomba. Quando os grandes exércitos ocidentais levaram suas armas para casa, havia uma qualidade quase primordial em sua decadência após anos assando no solo alienígena do Oriente Médio. Em 2007, o custo financeiro das guerras dos Estados Unidos no Iraque e no Afeganistão havia chegado a US$ 1,6 trilhão, e três anos depois, o presidente Barack Obama pediu ao Congresso mais US$ 33 bilhões para continuar a luta nos dois países. Em 2011, ele queria outros US$ 708 bilhões para o Departamento de Defesa dos EUA.

Muito antes do fim da aventura iraquiana dos Estados Unidos, os "experts" de sempre estavam questionando a própria existência do Iraque. Por que um deserto criado por Winston Churchill a partir de três comunidades separadas deveria continuar sendo chamado de nação? O Iraque, escreveu o colunista David Brooks, tinha a mesma "estrutura de senhor da guerra" que havia causado assassinatos em massa em Ruanda, Bósnia e Serra Leoa – "homens estúpidos que seriam a escória da sociedade em condições normais (...) tornam-se líderes reverenciados". Esse processo ocorreu, anunciou Brooks, por causa de "trauma, caos e estresse". Então vieram os insultos racistas usuais contra o povo iraquiano oprimido, mas ainda corajoso, representado por esses mesmos "homens estúpidos", que "matam por diversão, fé e lucro — porque acham mais gratificante massacrar e saquear do que cultivar e trabalhar".

Esse ataque verbal calunioso contra um povo inteiro certamente foi provocado pelo "trauma, caos e estresse" da invasão e da ocupação. O sectarismo que Saddam praticava foi reacendido e exacerbado, segundo

Brooks, não pela predileção do Ocidente pela política sectária sob o disfarce da "democracia", mas pelo "tumulto" mental. A legitimidade da invasão não foi mais questionada do que pelo Ministério da Defesa Britânico em sua carta a Tom Geddes quase dois anos depois.

A prescrição de Brooks? "Partição suave". Ele favorecia "um país dividido em áreas sectárias separadas para reduzir o contato e o conflito". Sem ousar usar o velho mantra "dividir para conquistar", ele recomendou exatamente isso: um governo central "para administrar as receitas do petróleo e administrar a moeda etc." e estados sectários que reconheceriam que "o Iraque está partido".

Mas certamente a partição só pode ser precedida pelo abandono de tudo o que a terra do Iraque significou para seu povo? O ataque ao Museu de Arqueologia do Iraque em 2003, o roubo em massa de seus artefatos, a queima da biblioteca corânica em Bagdá realizaram em parte essa tarefa. Mas o verdadeiro ataque começou semanas após a invasão ocidental.

Quando vi com meus próprios olhos essa lobotomia histórica, senti um nível paralelo de horror à fúria que senti ao ver os cadáveres no necrotério de Bagdá — e também as valas comuns do regime de Saddam. Três meses após a invasão anglo-americana, viajei para o sul de Bagdá, através dos desertos superaquecidos, para relatar o trabalho daqueles que meu jornal chamaria de "Saqueadores do Iraque Perdido". Foi uma dessas reportagens que exigem o tempo presente:

> "Parece que um B-52 bombardeou a cidade chamada Mãe dos Escorpiões. Eu subo por crateras de seis metros e tento reconhecer uma das maiores cidades da civilização. Mas os ladrões fizeram seu trabalho. Eles quebraram ou roubaram tudo. Por dez milhas quadradas, eles cavaram e esmagaram e perfuraram a terra antiga e destruíram a herança inestimável da Mesopotâmia. Os palácios sumérios, as paredes do templo, os grandes pilares, lamparinas e potes gigantes e pratos delicadamente estampados, todos foram feitos em pedaços".

O ladrão estava procurando antiguidades sumérias primitivas, então tudo acima das camadas mais antigas da civilização teve que ser jogado fora. O ladrão provavelmente levou não mais de 60 segundos para jogar fora esses potes e pratos feitos 2.000 anos antes de Cristo, sua única concessão à história foi o pacote vazio de cigarros baratos iraquianos que estava ao lado dos destroços. Estava impressa uma harpa e o nome do fabricante: Sumer.

A Mãe dos Escorpiões – "Um Alkarab" — fica em uma área chamada Jokhr, o nome da aldeia moderna mais próxima, a cerca de 40 milhas a noroeste de Nasiriyah. As casas de barro são quase idênticas às dos sumérios que aprenderam, talvez há 7.000 anos, a irrigar esta terra com os canais e valas que traziam as águas do Tigre para o deserto. Na cidade vizinha de Umma, os ladrões ainda estavam trabalhando quando cheguei. Caminhei até eles enquanto estavam sentados do lado de fora de suas tendas, espalhados entre pilhas amadoras de escavações. Eles estavam brincando, escrevi no Independent:

> "com os guardas armados que deveriam proteger os locais — e dos quais cada vez mais suspeito de compartilhar o roubo — e riem quando um tribal local, segurando um fuzil Kalashnikov, grita através dos destroços: "Não viemos para lhes causar dano". O dano já foi feito, não a eles ou a nós, mas àquilo que pertence a todos nós sob o solo."

Joanne Farchakh, uma arqueóloga libanesa que estava conduzindo um estudo sobre o roubo em massa pós-guerra da história cultural do Iraque, acredita que nenhuma destruição arqueológica nessa escala ocorreu há pelo menos mil anos. "Essas cidades estão entre as mais importantes da civilização suméria, e Um Alkarab e Umma agora efetivamente desapareceram", ela diz. "Foram destruídas".

A reação da administração Bush foi desprezível. Depois que o porta-voz da Casa Branca, Ari Fleischer, tentou se esquivar da responsabilidade do saque generalizado, alegando que era "uma reação à opressão", e da resposta vergonhosa de Donald Rumsfeld, "Coisas acontecem!", o comentário mais meretrício veio do brigadeiro general Vincent Brooks, porta-voz do Comando Central dos EUA no Catar. "Não acho que alguém tenha previsto que as riquezas do Iraque seriam saqueadas pelo povo iraquiano", disse ele. Isso era absurdo. A ideia de que "o povo iraquiano" era o único responsável pelo roubo dos tesouros de seu país era quase racista. Os compradores estrangeiros não estavam implicados nesse genocídio cultural?

Caminhões, carros, aviões e barcos levaram o saque histórico do Iraque para a Europa, os EUA, os Emirados, a Jordânia e o Japão. Sites começaram a oferecer artefatos mesopotâmicos com até 7.000 anos de idade. Uma invasão cujo propósito já havia sido corrompido antes mesmo de começar levou a uma extinção da história e deixou seu povo sem passado e sem futuro. Quando nos retiramos do que havíamos criado a partir das ruínas do domínio de Saddam, destruímos a verdade tão seguramente quanto tomamos o petróleo do Iraque. E permitimos que sua pré-história fosse tirada do povo iraquiano; nós os "suicidamos", tão certamente quanto eles nos "suicidariam".

5

“Você tem sua missão, eu tenho a minha”

Ora, o templo estava repleto de homens e mulheres, e estavam ali todos os príncipes dos filisteus, havia cerca de três mil pessoas, homens e mulheres (...)
Sansão, porém, invocando o Senhor, disse: Senhor Javé, rogo-vos (...) Dai-me, ó Deus, ainda esta vez, força para vingar-me dos filisteus pela perda de meus olhos.
Abraçando então as duas colunas centrais sobre as quais repousava todo o edifício (...)
Morra eu com os filisteus! Dizendo isso, sacudiu com todas as suas forças o edifício, que ruiu sobre os príncipes e sobre todo o povo reunido. Desse modo, matou pela sua própria morte muito mais homens do que os que matara em toda a sua vida.

Juízes, 16: 27—30

“A última vez que vi Hassan, ele estava parado no portão por onde você acabou de passar”. Sua mãe, Labiba Oweydah, aponta para o portão do jardim atrás de mim, coberto de buganvílias. “Achei que ele iria embora e que talvez eu não o visse novamente, então disse: ‘Volte’. Mas ele me disse: ‘Ir embora não é como voltar. Não é importante para mim voltar’.” Com essas palavras, Hassan Jamal Sulieman Oweydah deixou o campo de refugiados de Mieh Mieh, no Líbano, para se tornar um homem-bomba. Em dezembro de 2004, ele lançou seu carro carregado de explosivos contra um comboio militar norte-americano em Tel Afar, tornando-se o primeiro "mártir" palestino na guerra contra a ocupação dos Estados Unidos no Iraque.

Nunca antes ninguém no Ocidente havia visto o rosto de um homem-bomba no Iraque; fotos o mostravam como um homem magro e barbudo. Levei semanas para convencer amigos palestinos em Beirute a arranjarem um encontro com sua família. Recebi um endereço no campo de refugiados palestino de Ein el-Helweh, o maior e mais descontrolado do Líbano, um amontoado de cabanas de concreto entre uma rede de linhas de energia elétrica e padarias, retratos de "mártires" e Mercedes enferrujadas; de lá, um velho conhecido me direcionou para o campo menor de Mieh Mieh, que havia começado como um campo de prisioneiros aliado para suspeitos nazistas após a libertação do Líbano da França de Vichy em 1941. Lá, guardada por jovens armados, estava a entrada florida sob a qual Hassan Oweydah havia estado 18 meses antes, antes de partir para o 'martírio' no Iraque.

A família Oweydah era originalmente de Acre, no que hoje é o norte de Israel. Eles fugiram para o Líbano em 1948, parte da grande "Nakba" (catástrofe) que expulsou cerca de 750.000 palestinos para o exílio. O pai de Hassan casou-se quatro vezes e o rapaz tinha dois irmãos de Labiba. Dois de seus tios foram mortos na invasão israelense do Líbano em 1982. Outro parente havia sido morto pelos israelenses em 1989.

Hassan tinha apenas 17 anos quando partiu para o Iraque durante a invasão anglo-americana de 2003. "Ele era devoto, solteiro, sempre pensando em sua família — mas falava de 'martírio' para seu pai e irmãs", disse seu tio, Maher Oweydah. "Ele chegou a Bagdá dois dias depois que os norte-americanos chegaram à cidade e nos ligou de lá. Ele queria se 'martirizar' na Palestina, mas não conseguiu cruzar a fronteira [libanesa] — foi por isso que escolheu o Iraque". Sua mãe se lembrou de outra ligação de seu filho, pouco antes de seu ataque suicida. "Ele ligou para dizer que iria se casar no céu. Eu disse a ele: "Volte para o Líbano e você pode encontrar uma esposa aqui e se 'martirizar' na Palestina depois". Ele disse: "Não, vou encontrar uma noiva no 'céu mais alto'."

Labiba me conduz para a sala de estar da casa da família. Há uma televisão e um DVD player e, em poucos segundos, uma plateia de jovens, tias, meninos e meninas acomoda-se nas cadeiras de metal e no chão. Na tela está Hassan Oweydah, despedindo-se de sua mãe e falando de sua morte iminente. A família senta-se em silêncio para assisti-lo. Hassan e seus companheiros rastejando por arame farpado. Hassan nadando no rio Tigre azul pálido. Hassan passando por treinamento de armas em um pomar à beira da água. Em um momento, Hassan está rindo ao volante de um velho carro iraquiano. Ele acena para a câmera. Será que esse era o veículo do ataque suicida?

A fita corta aqui. Labiba me diz que 'eles' recuperaram seu corpo, que foi enterrado na areia perto da cidade, mas que um dia será devolvido a ela. O que restou de Hassan Oweydah provavelmente foi espalhado pelos destroços do comboio norte-americano e não acho que sua mãe acredite na história de que seu corpo será devolvido a ela. Nenhum dos outros 25 palestinos de Ein el-Helweh e Mieh Mieh que se 'suicidaram' no Iraque, nem outros de Sabra e Chatila, foram trazidos de volta aos campos. Já em junho de 2006 — pouco mais de três anos após a invasão dos EUA — 1.000 homens-bomba de todo o mundo árabe haviam se explodido no Iraque.

Embora todos os palestinos que chegaram do Líbano tivessem a intenção de morrer no Iraque, nem todos eram pilotos de carros-bomba. Faraj Mohamed Abdullah Zeidan, amigo de Hassan Oweydah, foi morto em um tiroteio com tropas norte-americanas em abril de 2006. Ahmed Ali Ahwad, membro do movimento religioso al-Ansar, era responsável por um depósito local de munição antiaérea no Iraque e foi morto por um míssil norte-americano. Mas Ahmed al-Faran, de Mieh Mieh, parece ter sido um homem-bomba. Ele foi morto em uma "operação de martírio", dizem seus amigos, em Fallujah. Pode não haver funerais, mas os detalhes de cada morte são cuidadosamente preservados nos campos. Outro homem atacou uma base norte-americana, mas enquanto se retirava — segundo seus colegas — foi morto a tiros por um soldado norte-americano ferido. Mais dois palestinos que morreram em combate no Iraque eram primos.

Conversas com a família Oweydah sugeriram que palestinos que buscavam o "martírio" avisariam outras pessoas no campo de seu desejo antes de serem "chamados" para deixar suas casas em dias específicos — talvez quando o suprimento de terroristas suicidas no Iraque estivesse acabando. "Todos nós esperávamos ser chamados", confidenciou-me um homem de meia-idade. Eles cruzariam a fronteira libanesa-síria ao norte de Masnaa, seriam levados para uma área a leste de Aleppo e depois entrariam no Iraque ao sul da cidade curda de Dohuk.

É claro que tive que perguntar sobre Osama bin Laden. Ele ainda estava vivo, sua fotografia colorida adornando as paredes das áreas muçulmanas sunitas do Líbano, incluindo Ein el-Helweh. Havia até um escritório da al-Qaeda no campo, um único cômodo de concreto, embora quando liguei uma tarde quente, os dois moradores parecessem entediados, alegando ter conhecido o próprio Bin Laden até serem informados de que eu conhecia pessoalmente seu suposto líder. A família de Hassan Oweydah — assim como as de outros "mártires" palestinos no Iraque — disse que não tinha conexão direta com a al-Qaeda de Bin Laden.

"Todo muçulmano deseja ter conhecido Bin Laden", diz Maher Oweydah, "mas para nós ele não era uma organização ou um intelectual (...) Bin Laden representa uma ideologia". Hassan Oweydah estava aparentemente tão indignado quanto Bin Laden com a invasão norte-americana do Iraque. "Ele achava que isso era uma cruzada contra todos os centros árabes e muçulmanos. Ele sentiu que deveríamos resistir".

Maher claramente tem uma influência política e religiosa na família. "Os norte-americanos caíram em uma armadilha no Iraque. Eles não tinham ideia de onde estavam se metendo. Quem teria pensado, dois dias após a queda de Bagdá, quando Hassan chegou lá, que haveria uma resistência tão grande?" Então por que — era uma pergunta que tinha que ser feita — os palestinos defenderam Saddam Hussein?

"Ele apoiou os palestinos e a família de cada 'martir' palestino recebeu US$ 25.000 dele. Mas isso não é uma defesa de Saddam como tal. Para nós, Saddam era um ditador que oprimia seu povo. Mas se vamos falar dessa chamada "democracia dos norte-americanos" — bem, é claro, os iraquianos foram vítimas [de Saddam], mas aquele período foi definitivamente melhor do que a ocupação norte-americana." Quanto à opressão de Saddam contra os muçulmanos xiitas do Iraque, Maher Oweydah — como milhares de sunitas iraquianos — tinha pouca simpatia. "A verdade é que Saddam era sunita e sua luta era com os xiitas. Então, após a invasão do Iraque, os clérigos, intelectuais e políticos xiitas entraram no país nos tanques norte-americanos." A família concorda com essa narrativa.

Então aí está, uma admissão de que Hassan não havia morrido apenas em uma guerra de libertação, mas em meio a um conflito sectário em que ele havia escolhido um lado. Pois quando viajou para Bagdá, Saddam ainda estava no poder. E após a invasão norte-americana de 2003, Tel Afar caiu nas mãos de insurgentes muçulmanos sunitas que despojaram os 150.000

muçulmanos xiitas da cidade de suas casas. Abu Musab al-Zarqawi, chefe da al-Qaeda no Iraque, estava baseado lá, perto da Síria, onde alguns de seus homens haviam treinado. Os combatentes de Tel Afar retornariam a seus antigos campos de treinamento do lado sírio da fronteira uma década depois e — no final da primavera de 2014 — retomariam a cidade iraquiana onde Hassan Oweydah havia morrido e a declarariam parte de um "Califado Islâmico", destruindo em minutos os postos fronteiriços iraquiano-sírios e o acordo Sykes-Picot de 98 anos que secretamente dividiu o Oriente Médio entre as potências coloniais britânica e francesa.

Volto-me para Labiba novamente. "Qual foi sua reação ao saber da morte de seu filho?" "Eu não imaginei, nem em um milhão de anos. Me chocou completamente. Eu sei que ele queria ir para a Palestina, mas (...) não conseguia imaginar que ele fosse martirizado no Iraque. Mas sou uma mãe orgulhosa. Vou encontrá-lo no céu. Estou feliz que ele se case na primavera do céu."

Assisto enquanto eles retiram cadáveres dos escombros da casa da família Zeir, enquanto centenas de homens furiosos gritam para as tropas norte-americanas deixá-los resgatar os feridos. Os corpos das crianças estão mais ou menos intactos; os adultos saem em partes. Os Zeirs — uma família cristã, pois esta rua da cidade é um pequeno enclave cristão — estavam todos assistindo a uma partida de futebol na televisão, mas também estavam recebendo visitas a uma de suas parentes que estava doente. Oficiais da nova força policial iraquiana, bombeiros e até mesmo alguns feridos agarram com as mãos os tijolos e a lama em um esforço para encontrar sobreviventes. O atentado suicida será reivindicado mais tarde pela al-Qaeda. O alvo era o Hotel Jebel al-Lubnan em Bagdá. A equipe da empresa de telefonia Motorola saiu um dia antes. A bomba chegou em um carro e detonou em uma rua estreita no distrito de Karada, a apenas 500 metros do pedestal de onde os norte-americanos derrubaram a estátua de Saddam pouco menos de um ano antes.

As autoridades norte-americanas anunciaram que cidadãos norte-americanos haviam ficado feridos no atentado, uma declaração que só enfureceu ainda mais os homens que tentavam alcançar seus entes queridos. "Estamos sofrendo e eles não se importam", uma mulher em um abaya preto grita para mim. "Por que só vocês são tão preciosos? Somos nós que estamos morrendo." Todos que vemos trazidos dos prédios destruídos estão mortos, sua última jornada para as ambulâncias envolta em fumaça. Na escuridão, helicópteros norte-americanos estão circulando. Ninguém culpa o homem-bomba.

Quando ela proferiu aquelas palavras extraordinárias sobre "a primavera do céu", a mãe de Hassan Oweydah, Labiba, me apresentou o grande oceano de incompreensão que nós, ocidentais, devemos lutar, com seriedade mas sem esperança, para entender. O culto ao homem-bomba tornou-se a arma mais poderosa que o mundo muçulmano produziu em nossos tempos. Estou tão acostumado a esse fenômeno que muitas vezes me acostumo com ele, um hábito preocupante para um jornalista. Quando ouvi pela primeira vez que um muçulmano xiita libanês havia se explodido deliberadamente, atacando a embaixada dos EUA em Beirute em 1983, não acreditei na história. Mas os constantes ataques suicidas contra o exército de ocupação israelense no Líbano e contra as bases militares norte-americanas e francesas em Beirute significaram que uma aberração se tornara rotina.

Esse trauma da mente espalhou-se de forma quase natural para os palestinos sunitas em sua guerra contra Israel, para os afegãos em sua guerra contra os norte-americanos, para os iraquianos sunitas e xiitas em sua guerra contra a ocupação norte-americana, e no que se tornaria um protesto sunita monstruoso contra nós em Nova York e Washington e Londres e Bali e em todo o mundo. E então, talvez mais tragicamente, entre os próprios muçulmanos. De modo que Osama bin Laden acabou por se horrorizar com a natureza sectária da própria organização que havia criado.

Muitas vezes entrevistei famílias daqueles que tiraram suas próprias vidas — Hezbollah libanês, palestinos, iraquianos de ambas as seitas muçulmanas, jordanianos — e aprendi sobre aquela ligação fatal; uma palavra-código proferida por um imã cuidadosamente instruído durante as orações, uma visita à família por um jovem sério, uma fixação com a injustiça, com a impossibilidade absoluta de encontrar dignidade na Terra. Há muito tempo cheguei à conclusão de que os homens e mulheres que se suicidam para matar seus inimigos já mataram suas próprias almas — que estão mortos antes de prenderem o cinturão de explosivos ou virarem a ignição do carro-bomba.

Com medo e fascinação sombria, tentamos racionalizar isso historicamente, buscar precedentes: anarquistas czaristas, pilotos kamikaze, talvez até mesmo nossos próprios mortos na guerra de 1914-18, que supostamente 'deram suas vidas' — mas por 'Rei e Pátria', e não por Deus. No entanto, a guerra suicida sectária de que Hassan Oweydah participava certamente invocava tanto ódio, talvez até mesmo ódio a si mesmo, quanto autossacrifício.

Há muitas teses no Ocidente sobre a "psique" do homem-bomba, a maioria delas tão carente de análise séria quanto o suicida é desprovido de humor. Os serviços de inteligência do Ocidente passaram muito tempo procurando em vão por um "perfil" do assassino suicida. Muitos dos homens e mulheres palestinos que se explodiram entre os israelenses careciam tanto de ensino religioso adulto quanto do tipo de educação que apenas a riqueza moderada poderia lhes ter proporcionado. E os assassinos de 11 de setembro de 2001 incluíam graduados e homens de classe média.

O problema para os "especialistas" ocidentais, é claro, era que, para trabalhar dentro da arquitetura política da "guerra ao terror" de Bush, eles tinham que construir um homem-bomba essencialmente perverso, "sem mente" e cheio de um pervertido senso de supremacia. Explorar as fundações miseráveis do mundo injusto em que árabes muçulmanos viviam e morriam significaria explorar eventos históricos pelos quais o Ocidente poderia muito bem ser culpado. E como a narrativa estabelecida pelos governos dos EUA e da Europa — e, é claro, pela CNN, Fox News e, com muita frequência, pela BBC — era que os assassinos suicidas odiavam nosso "modo de vida", qualquer pesquisa sobre o que os políticos gostam de chamar de "causas profundas" tinha que ser suave o suficiente para que pudéssemos voltar rapidamente à psicologia — em vez de à crueldade política e física do Ocidente — como explicação para eventos violentos.

Hassan Oweydah vivia em meio a grande pobreza. Mas quando, em 2001, conheci Samir Jarrah, o pai do estudante libanês que sequestrou o voo 93 da United Airlines em 11 de setembro de 2001, ele se esforçou muito para me contar sobre a educação de seu filho. Samir era um inspetor da previdência social, a mãe de Ziad era professora de francês, seu tio era banqueiro. Esse não era um morador de favelas desprovido que ansiava por atacar uma sociedade alienígena que o havia empobrecido. Em casa, ele bebia álcool, ia a boates, tinha namoradas. Ainda assim, ele embarcou no voo Newark-São Francisco com estiletes e o derrubou.

Quando fui ver Samir novamente, dois anos depois, na casa de três andares da família no Vale do Bekaa, ele contou uma história um pouco diferente. Em 1982, quando as tropas israelenses cercaram a capital libanesa em uma invasão que custou 17.500 vidas, Ziad tinha sete anos e morava em Beirute, "um menino alerta" que se mudou com suas irmãs para a segurança de uma nova escola na cidade cristã de Zahle.

Ziad Jarrah pedia ao pai que comprasse livros para ele na Librarie

Antoine na rua Hamra, em Beirute Oeste; em um momento perturbador, Samir me contou que "Ziad sempre quis livros sobre aviões — quando criança, sempre quis voar. Nas lojas de brinquedos, ele sempre escolhia aviões de brinquedo. Ele era escoteiro e do grupo 'Juventude Contra as Drogas'. Ele sempre quis ajudar as pessoas. Sempre orava e cumpria o Ramadã. Mas um dia ele me pediu para orar durante o Ramadã. Eu não costumava orar. Sua mãe sim, ocasionalmente. Ela costumava dizer a ele: 'Esqueça a oração — vá ser menino — você não é adolescente duas vezes'." Ziad sorriu então. Ele me disse: "Espero que Deus abra seus olhos... Espero que você ore um dia."

Foi na Alemanha que Ziad Jarrah conheceu e viveu ao lado de Mohamed Atta, o líder egípcio dos assassinos de 11 de setembro e piloto do avião da American Airlines que se chocou com o World Trade Center. Ziad visitou o Afeganistão e membros da família aparentemente viajaram ao Paquistão para pedir seu retorno. Era como se uma tela tivesse sido estendida entre o jovem e sua família libanesa.

Talvez a equação feita pelo suicida seja matemática e não espiritual; que o efeito físico massivo de sua morte assuma uma importância que o indivíduo nunca poderia aspirar na vida. Isso exigiria um forte elemento de autoestima, até mesmo de presunção, uma característica compartilhada por Bin Laden. O homem-bomba tem a liberdade não apenas de contemplar o sofrimento que causará aos outros. Ele vê suas vítimas. Mas se o assassino já está — em espírito, se não em corpo — morto, então ele está simplesmente confrontando uma cena que já, em certo sentido, ocorreu. Ele não é mais responsável por aqueles que mata. Eles também já morreram.

Os israelenses e os norte-americanos tentaram apagar a palavra "suicídio" de *suicide bombers*, seu termo para "homem-bomba". Se o suicídio fosse reconhecido como uma forma de morte escolhida, havia o perigo de que o evento suicida pudesse ser visto como um ato de coragem e não de niilismo. Assim, porta-vozes do governo israelense e norte-americano tentaram em vão usar a expressão *homicide bomber* ao se referir a um homem ou mulher que havia se matado[1]. Contudo, disfarçar o impulso autodestrutivo do culpado não persuadiria um público temeroso de pen-

1 Isso era implausível e ingênuo; por extensão lógica, um assassino sempre era "homicida" — ele estava tentando matar outro ser humano. Mas a Fox News e, infelizmente, a AP seguiram essa denominação deliberadamente incorreta, inventada pela Casa Branca, por vários anos.

sar sobre o ato de violência ao qual se referia. Tendo roubado do assassino suicida seu motivo, não deixou nenhuma explicação para o crime.

Mas no Oriente Médio, não era, talvez surpreendentemente, a religião do homem-bomba que era mais admirada, embora se esperasse que ele fosse muçulmano[2]. Nem era respeitado por ser um assassino em massa, mas porque algo até então invencível agora se provava vulnerável. Foi o mesmo quando os primeiros homens-bomba atacaram no Líbano. Os libaneses mal podiam acreditar que soldados israelenses pudessem morrer em tão grande número; ficaram ainda mais espantados que o exército israelense tivesse sido humilhado por uma técnica tão simples. Criado na miséria ou no privilégio, o homem-bomba havia atingido a maioridade.

Em 2006, sobre as mesquitas de Sidon e Trípoli, eles estavam trombeteando seus 'mártires', palestinos e libaneses que viajaram das favelas e campos de refugiados do Líbano para os desertos da guerra do Iraque. Um dos combatentes mais recentes havia sido morto no ataque aéreo norte-americano ao esconderijo de Abu Musab al-Zarqawi em Baquba. A morte de Saleh Qilawi foi saudada pelos alto-falantes das mesquitas no campo de Ein el-Helweh, em Sidon.

Qilawi foi de Sidon para o Iraque no verão de 2005. Enquanto seus pais 'comemoravam' sua morte, eles receberam cumprimentos de membros do movimento Isbar al-Ansar, que estava por trás de uma revolta "islâmica" nas montanhas do norte do Líbano em 2000. No campo de Sidon, Darwish Hitti "comemorou" a morte de seu filho Mohamed, que havia sido morto com seu amigo Mohamed Yorshali em junho de 2006. Naquele verão no Líbano, ouvimos muitas histórias de jovens que haviam viajado pela Síria para o Iraque; um homem aparentemente voltou para Trípoli, tendo sido gravemente ferido — mas não morto — por sua bomba "suicida" e derrubou os cartazes locais de seu próprio "martírio". Mas havia preocupações maiores no Líbano nessa época, refletidas em meu próprio relatório de Beirute em julho de 2006. Eu pouco percebi o quão assustadoramente relevantes esses parágrafos se tornariam oito anos depois, quando a Síria e depois o Iraque foram engolfados pela guerra intermuçulmana e na criação de um "Califado Islâmico":

"Para o Líbano, estes são tempos tensos. A maior comunidade do

2 Onde os terroristas suicidas anti-israelenses no Líbano se revelaram esquerdistas pró-sírios em vez de islamitas, seu papel na história foi amplamente ignorado tanto por israelenses quanto por muçulmanos — por razões diferentes, é claro.

> país, os xiitas, sentem muitos laços comuns com seus irmãos xiitas no Iraque e estão profundamente angustiados com a destruição de mesquitas e outros lugares sagrados, pela qual os norte-americanos culpam os insurgentes sunitas.
> A segunda maior comunidade muçulmana no Líbano são os sunitas, que expressam cada vez mais seu apoio a seus correligionários iraquianos (...) Como a comunidade alauíta que domina o poder político na Síria é efetivamente xiita e a maioria dos sírios é sunita, não é difícil entender os pesadelos mais sombrios que afligem o povo dessa região. Se o conflito civil no Iraque se movesse para o oeste, poderia abrir fendas religiosas de Bagdá ao Líbano, uma distância de apenas 1000 quilômetros, mas uma perspectiva impressionante para todo o mundo árabe".

O suicídio como arma de guerra continua sendo o mais assustador para nós, não por sua negação impressionante de nosso desejo humano de viver, mas por sua inversão da vida. Podemos aceitar que o paraíso reside através da jihad — como os soldados da guerra de 1914-18 poderiam ter aceitado que seu país exigia seu sacrifício — mas que um mártir possa se casar na primavera do céu parece zombar de nós. Como podemos levar as alegrias da existência humana e da procriação para a vida após a morte?

Quase dois anos depois de encontrar Labiba Oweydah pela primeira vez — e mais de três anos depois que seu filho Hassan se matou em Tel Afar —, voltei para ver a família em sua casa miserável nos arredores da cidade libanesa de Sidon. Viajei para lá com a cineasta e atriz Nelofer Pazira, que mais tarde se tornaria minha esposa. Uma surpresa sinistra nos aguardava: o irmão de Hassan, Khaled, vestido com uma camiseta preta Armani, uma barba de conquistador cuidadosamente esculpida, cabelo com gel; bonito, jovem — apenas 18 anos — e adorado por suas irmãs. Ele era o herói delas, seu professor, seu representante e seu irmão que logo seria martirizado.

No momento em que ele entrou na varanda da casa, Nelofer e eu percebemos que ele seria o próximo a morrer. Khaled foi bastante franco sobre suas intenções. Atrás dele estava a sala de estar onde fotos de seu irmão Hassan ainda adornavam as paredes. Khaled claramente achava que estava destinado ao mesmo paraíso.

Era fácil entender o trauma psicológico dessas famílias. Labiba, por exemplo, expressava constantemente seu orgulho por seu filho Hassan e olhava com quase o mesmo amor para seu irmão ainda vivo. Mas quando Nelofer instou Khaled a permanecer vivo pelo bem de sua mãe, a mulher estava quase em lágrimas. Ela estava dilacerada entre seu amor como mãe e seu dever como a mulher que havia trazido outro possível "martir" ao mundo. Quando lhe disse que deveria abandonar todos os pensamentos de ser um homem-bomba, que poderia influenciar mais pessoas no mundo sendo jornalista, ele recostou a cabeça e me lançou um sorriso cansado do mundo. "Você tem sua missão", disse ele. "E eu tenho a minha". Sim, ele estava pronto para se imolar.

Nem mesmo uma observação depreciativa sobre aqueles que o enviariam em sua missão — que estavam preparados para viver neste mundo enquanto enviavam outros para a morte — conseguiu desanimá-lo. "Não vou me tornar um mártir para as pessoas", respondeu ele. "Estou fazendo isso por Deus." Era o mesmo argumento de sempre. Poderíamos produzir 100 maneiras pacíficas para ele resolver as injustiças deste mundo, mas no momento em que Khaled invocou o nome de Deus, nossas sugestões se tornaram irrelevantes. Se um presidente ocidental podia invocar uma guerra do 'bem contra o mal', seus antagonistas podiam fazer o mesmo.

O tio de Khaled, Maher — que em nosso último encontro se referiu a Osama bin Laden como "uma ideologia" e falou dos xiitas iraquianos com tanto cinismo — sentou-se com a família. Falamos sobre o desejo palestino de lutar no Iraque. "É difícil chegar à Palestina hoje em dia", ele me disse. "O Iraque é mais fácil." Bem verdade. A passagem de homens-bomba da costa mediterrânea para os desertos do Iraque era algo planejado, se não particularmente sofisticado. Mas o que era espantoso era a escala da campanha suicida, o vasto número de homens e ocasionalmente mulheres jovens que deliberadamente se destruíam entre os comboios norte-americanos, fora das delegacias de polícia iraquianas, em mercados e ao redor de mesquitas e em ruas comerciais e em estradas desertas ao lado de postos de controle remotos.

A ferocidade de nossos inimigos tornou-se uma leitura perturbadora para milhões de pessoas que haviam sido incentivadas a acreditar no valor moral da invasão ou ocupação. Os repórteres estão acostumados a compilar as baixas da guerra; dificilmente uma parede da sala de redação no Oriente Médio ficava sem sua lista de reféns ou fatalidades militares norte-americanas ou do exército britânico ou ataques individuais ao pessoal ocidental. No entanto, estranhamente, os editores nunca tentaram contar a frequência dos assassinatos suicidas — certamente uma das listas mais potentes de todas. Nunca foram calculados os números reais dessa campanha de autoliquidação historicamente sem precedentes.

Passei um mês vasculhando estatísticas oficiais, jornais em árabe e reportagens da mídia ocidental; minha pesquisa mostrou que 1.121 terroristas suicidas muçulmanos haviam se explodido no Iraque em cinco anos, entre a invasão anglo-americana e março de 2008. Essa era uma estimativa conservadora e o número real pode ter sido o dobro. Se a vida era barata no Iraque, a morte era mais barata ainda.

Esse foi talvez o legado mais macabro da invasão do Iraque realizada por George W. Bush. Homens-bomba no Iraque mataram pelo menos 13.000 homens, mulheres e crianças e feriram pelo menos 16.112 pessoas. Novamente, essas foram as menores estimativas. Para 529 dos atentados suicidas no Iraque, não consegui encontrar números de feridos, e o número de feridos graves que morreram posteriormente permanece desconhecido. Comparado às centenas de milhares de iraquianos que foram mortos desde a invasão, as vítimas de homens-bomba podem parecer insignificantes, mas a capacidade dos assassinos de aterrorizar era incalculável.

À medida que o culto do atentado suicida se infiltrava pelas fronteiras, eles às vezes chegavam ao alvo em grupos de oito ou até dez. Durante a Segunda Guerra Mundial, o governo japonês encorajou seus pilotos a se considerarem uma unidade suicida coletiva, cujo emblema de morte iminente — faixas brancas com o Sol Nascente e lenços brancos — prenunciava as faixas amarelas estampadas com versos do Alcorão usadas pelos guerrilheiros do Hezbollah quando partiam para atacar soldados israelenses na zona ocupada do sul do Líbano[3]. No Iraque, entretanto, aqueles que dirigiam o exército de suicidas precisavam inventar uma série cada

3 Embora haja evidências de que pilotos suicidas japoneses foram às vezes coagidos e intimidados em seus voos finais contra navios de guerra dos EUA no Pacífico, muitos acreditavam que estavam morrendo por seu imperador. Para eles, a queda das flores de cerejeira e o vento divino — o kamikaze — abençoavam suas almas enquanto eles direcionavam seus bombardeiros kamikaze para os porta-aviões americanos. Mas eles estavam morrendo para evitar a derrota, não para alcançar a vitória. Mesmo uma ditadura industrializada como o Japão, diante do colapso iminente de toda a sua sociedade nas mãos de uma superpotência, só conseguiu mobilizar 4.615 pilotos kamikaze. Desses, 3.860 morreram; apenas os homens-bomba iraquianos podem ter atingido metade desse número em cinco anos.

vez mais ambiciosa de disfarces para seus protegidos. Assim, os suicidas apareciam na cena de sua autodestruição vestidos como mecânicos de automóveis, soldados, policiais, donas de casa de meia-idade, vendedores de doces, fiéis e — em pelo menos uma ocasião — um "inofensivo" pastor. Eles carregavam suas bombas em caminhões-tanque e caminhões de lixo, em burros e bicicletas, motocicletas e ciclomotores. Nessa fase, parecia não haver um 'cérebro' central por trás desses ataques; embora grupos de homens-bomba obviamente existissem, inspiração, imitação e a influência globalizada da internet pareciam suficientes para empoderar os assassinos suicidas do Iraque[4].

Soldados norte-americanos e policiais iraquianos foram os principais alvos nos primeiros meses dos suicidas. Em julho de 2004, um deles dirigiu um carro Renault contra uma massa de jovens desempregados procurando emprego na polícia que estavam em uma fila de recrutamento em uma avenida em Baquba. Quando ele se explodiu, matou pelo menos 100 aspirantes a policiais. Já havia pistas sobre a meticulosidade da rede suicida. No gabinete do prefeito de Karbala, surgiu um oficial de polícia sênior; o suicida, me disse ele, havia seguido um comboio militar para a rua em frente, "perseguindo" o veículo traseiro além de um posto de controle da polícia iraquiana e das tropas aerotransportadas norte-americanas até chegar ao portão onde se imolou.

Os ataques mais politicamente poderosos ocorreram dentro de bases e escritórios ocidentais, incluindo a Zona Verde em Bagdá — dois em um único dia em 2004 — e contra a sede da ONU e a sede do Comitê Internacional da Cruz Vermelha em Bagdá. Em dezembro daquele ano, autoridades britânicas estavam alertando que haveria mais suicídios "espetaculares" por vir; o primeiro ataque suicida a uma mesquita ocorreu no mês seguinte, quando um homem-bomba de bicicleta se explodiu em uma

4 Ao longo dos cinco primeiros anos de guerra, suicidas atacaram 24 bases americanas, causando a morte de 100 americanos e 15 iraquianos, e 43 patrulhas e postos de controle americanos, que tiraram a vida de 116 militares americanos e pelo menos 56 civis, 15 dos quais parecem ter sido mortos a tiros por soldados norte-americanos em resposta aos ataques e outros 26 dos quais eram crianças que estavam perto de uma patrulha americana. Pelo menos 365 ataques foram realizados contra forças policiais ou paramilitares iraquianas. Seus alvos incluíram no mínimo 147 delegacias de polícia (1.577 mortes), 43 centros de recrutamento do exército e da polícia (939 mortes), 91 postos de controle (pelo menos 564 mortes), 92 patrulhas de segurança (465 mortes) e outros alvos policiais (escoltas, comboios que acompanhavam ministros do governo etc.).

mesquita xiita em Baquba, matando quatro homens e ferindo outros 39.

Homens-bomba atacaram os funerais de muçulmanos xiitas que seus próprios camaradas haviam matado, e até mesmo festas de casamento. Escolas, campi universitários e centros comerciais agora eram incluídos nas listas de alvos, sendo a maioria das vítimas novamente xiitas.

Sabíamos por suas famílias que havia palestinos, sauditas, sírios e argelinos entre os homens-bomba. Em alguns casos, tínhamos nomes. Mas na maioria dos casos, as "autoridades" não tinham ideia a quem pertenciam os membros ensanguentados e os torsos decapitados. Embora nem o governo iraquiano nem seus mentores norte-americanos admitissem isso, dificilmente dez dos mais de mil homens-bomba haviam sido identificados até o início de 2008. Um deles, que atacou uma unidade da polícia iraquiana em junho de 2005, acabou sendo um ex-comando da polícia chamado Abu Mohamed al-Dulaimi, mas as autoridades dos EUA e do Iraque tinham pouca informação sobre a origem desses assassinos. Em pelo menos 27 ocasiões, autoridades iraquianas afirmaram ter recuperado passaportes e fotos de identidade que provavam sua origem "estrangeira", mas nunca apresentaram esses documentos para inspeção pública. Havia até mesmo dúvidas de que as duas mulheres-bomba que se explodiram em um mercado de pássaros em 2008 fossem jovens com deficiência intelectual, como o governo iraquiano alegou.

Mas houve mulheres-bomba. Dados militares dos EUA mostraram que os ataques suicidas femininos aumentaram de oito em 2007 para 16 em menos de seis meses de 2008. Uma mulher sunita que matou 15 pessoas na província de Diyala em dezembro de 2007 era uma ex-membro do partido Baath cujos dois filhos se juntaram à Al Qaeda e foram mortos pelos militares iraquianos. Em 17 de maio do mesmo ano, uma unidade de duplo atentado suicida feminino atacou uma milícia pró-americana e uma patrulha policial. Um oficial norte-americano afirmou que duas mulheres-bomba eram esposas de um líder da Al Qaeda que foi morto pelas forças dos EUA. Um dos atentados suicidas femininos mais terríveis ocorreu em 2010, quando uma mulher vestida com uma abaya preta acionou explosivos enquanto se juntava a uma fila de peregrinos xiitas do lado de fora de uma tenda de descanso em Bagdá, matando 54 pessoas, incluindo 18 mulheres e 12 crianças.

O terror do desconhecido tornou-se quase tão crítico quanto o medo da morte. Os militares dos EUA informaram aos repórteres que os assassinos suicidas estavam drogados, haviam sido "profissionalmente" doutrinados, eram ex-pacientes psiquiátricos, criminosos chantageados ou obcecados por sexo no além-vida — qualquer coisa, menos humanos prontamente preparados para jogar fora suas vidas por uma causa. Que as famílias pudessem se orgulhar daqueles que se mataram — como a família Oweydah no Líbano — era indigno de discussão.

No Iraque, a ignorância militar era ainda mais perigosa. Nada poderia ilustrar melhor a falta de conhecimento daqueles que supostamente controlavam o país do que as duas declarações contraditórias feitas por norte-americanos e seus protegidos iraquianos em março de 2007. Pois assim como David Satterfield, assessor da secretária de Estado dos EUA Condoleezza Rice sobre o Iraque, afirmava que 90% dos homens-bomba estavam cruzando a fronteira iraquiana da Síria, o primeiro-ministro do Iraque, Nouri al-Maliki, estava anunciando que "a maioria" dos suicidas vinha da Arábia Saudita[5]. Muitos em Bagdá, incluindo alguns ministros do governo, acreditavam que os homens-bomba vinham de muito mais perto de casa — que eram, de fato, iraquianos.

Levará muitos anos até que tenhamos uma ideia clara da origem e do número de homens e mulheres que se mataram na guerra do Iraque, já que o conflito tornou-se ainda mais aterrorizante após a partida norte-americana[6]. Muito antes de eu chegar ao número de 500 durante minha própria pesquisa, Abu Musab al-Zarqawi, da Al Qaeda, estava se gabando de haver '800 mártires' entre seus apoiadores. Seu assassinato não trouxe a menor redução nos atentados suicidas, nem no número de "manipuladores" no comando dos esquadrões suicidas do Iraque, e o registro de tais mortes aumentou para proporções épicas.

Um dos legados mais insidiosos de George W. Bush no Iraque, portanto, permanece como o mais misterioso: o casamento do nacionalismo com a ferocidade religiosa, o nascimento de um exército sem precedentes de muçulmanos inspirados pela ideia da morte. Aqueles que não tinham armas modernas buscaram consolo na religião e viam o fim da vida com algo que se aproximava da indiferença. Nem toda a ciência do Ocidente

5 Em 2008, os militares dos EUA estimaram que 40% dos jihadistas no Iraque eram sauditas.

6 Os militares dos EUA, otimistas até o fim desolado, caracterizaram sua retirada do Iraque em 2010 como um "reposicionamento" de forças, uma palavra vagamente familiar para aqueles de nós que se lembravam da "redistribuição" dos fuzileiros navais americanos do Líbano em 1984.

poderia nos defender dessa arma única. Poderíamos, como os cruzados nos dias dos Assassinos, construir muros. Poderíamos nos cercar de campos de fogo e trincheiras e fortalezas de concreto repletas de metralhadoras. Mas assim como o primeiro-ministro britânico Stanley Baldwin acreditava em 1932 que "o bombardeiro sempre passará", o suicida, tendo abandonado a vida, não temia mais as máquinas militares de seus oponentes. Aqueles que enviaram os suicidas em seu caminho usaram uma fórmula barata para anunciar sua arma única, imitando cruelmente o mantra do vendedor de armas ocidental que deseja divulgar o ponto de venda único de seu produto. Você ama a vida. Nós amamos a morte. Foi uma falsificação do Islã, mas foi calculada para colocar o ônus do medo sobre os inimigos do Islã. E no Oriente Médio durante aqueles anos terríveis, eu me perguntava repetidamente a mesma coisa, com o interesse de uma testemunha culpada: tecnologia versus Deus — quem vencerá?

Uma noite no Afeganistão, no final de 1996, do lado de fora de uma cabana à luz de uma lâmpada a querosene, perguntei a Osama bin Laden se ele percebia que era um homem caçado. Ele retrucou bruscamente, com bastante raiva: "O perigo faz parte de nossas vidas. Você percebe que passamos dez anos lutando contra os russos e a KGB?" Ele não se importava com a vida. Não queria morrer, mas estava preparado para um "martírio" que, segundo costumava dizer, era uma ambição há muito acalentada. E quando essa consumação finalmente se concretizou, murmurei as primeiras palavras que me vieram à cabeça, a velha máxima cansada, derivada da Bíblia, de que quem vive pela espada, morre pela espada[7]. Bin Laden é coisa do passado, disse cinicamente a um entrevistador de rádio mais tarde naquele dia. Nas revoluções árabes de 2011, nem um entre os milhões de manifestantes havia gritado seu nome. A história o havia ultrapassado.

Eu deveria ter sentido alguma emoção quando um homem de tanto poder e tamanha infâmia pública — um homem com quem eu havia passado horas conversando — foi de repente, inevitavelmente, morto. Como muitos jornalistas, às vezes eu considerava aqueles sobre os quais escrevia como personagens de uma peça, e poucos poderiam desempenhar esse papel de maneira tão colorida quanto Bin Laden. Embora sua coragem fosse óbvia — ele não mostrou nada além disso em sua batalha contra o exército

---

7 "Porque todos os que tomarem a espada perecerão à espada" é atribuído a Jesus em Mateus 26:52.

soviético e com os norte-americanos quando eles o cercaram nas montanhas de Tora Bora —, sua arrogância era impressionante. Eu ficava furioso com sua autoestima, a maneira como sua dishdash branca e sandálias de plástico deram lugar, em seus vídeos pós-11 de setembro, a uma túnica com franjas douradas e uma voz mais sonora, como se viver em uma caverna lhe conferisse o status do próprio Profeta. Se os norte-americanos haviam fornecido a Bin Laden a justificativa para sua guerra contra os "cruzados", eu suspeitava que no final de sua vida ele estava fornecendo a eles a mesma desculpa para sua própria selvageria e senso de propósito moral eterno.

Encontrei Osama bin Laden três vezes, uma vez no Sudão e duas vezes no Afeganistão, e ele se tornou uma espécie de peso para mim. Nenhuma conversa com qualquer árabe, com qualquer jornalista — nenhuma apresentação a qualquer público em qualquer palestra — poderia estar completa sem uma referência ao meu encontro com o homem que planejou os crimes internacionais contra a humanidade de 11 de setembro de 2001, que criou a Al Qaeda, o mais feroz, disciplinado, cruelmente inspirador, perigoso exército de guerrilha da história moderna. Não fui eu o repórter a quem Bin Laden — sentado em seu acampamento na montanha afegã — prometeu em 1997 que "desta montanha em que você está sentado, nós derrotamos o exército russo e destruímos a União Soviética. E oro a Deus para que Ele nos permita transformar os Estados Unidos em uma sombra de si mesmos"? No meu caderno na época, ao lado dessas palavras, rabisquei a palavra "retórica". Eu estava errado.

Mas havia, estranhamente, uma fragilidade nesse homem. Fisicamente, ele era magro como uma cabra montesa. Embora carregasse um bastão quando caminhava pelas montanhas repletas de pedras do Afeganistão, nunca acreditei nos constantes relatos de problemas renais ou operações médicas secretas para salvar sua vida. No entanto, em 1996, ao final de nosso primeiro encontro no Afeganistão, quando perguntei por sua família, ele insistiu que eu deveria ver as tendas em que eles viveriam entre os refugiados de Peshawar. À luz da lâmpada a querosene, tirei sua fotografia, com um sorriso no rosto, e ele chamou dois de seus filhos, Omar, de 15 anos, e Saad, de 17, para se sentarem ao lado dele. De repente, Osama bin Laden era um pai árabe orgulhoso, o guerreiro em casa, um homem de família. Ele sorriu novamente, uma mistura de autoconfiança, vaidade e um leve senso de humildade.

Omar posou muito constrangido ao lado do pai, o filho obediente e honrado. Tive vontade de fazer ao menino uma pergunta que ele claramente não esperava. Minha pergunta era genuína o suficiente, mas eu queria ver se o filho de Bin Laden diria a verdade. Ele era feliz? Perguntei a ele. O menino pensou sobre isso por um momento. "Sim", respondeu timidamente, "eu sou feliz". Seu pai olhou para o filho, a expressão preocupada diluída em um aceno de autoconfiança.

Mas Omar, sei agora, não estava feliz. Ele não queria seguir os sonhos de luta de seu pai no caminho para o céu. Treze anos depois, já adulto e com um filho, Omar contou sua lembrança de nosso encontro:

> "Fiquei atordoado com sua pergunta [de Fisk]. Durante toda a minha vida, poucas pessoas realmente se importaram com meus sentimentos e certamente ninguém jamais havia perguntado se eu era feliz ou não. Por uma fração de segundo, me perguntei se Fisk estava apenas sendo educado, mas ele parecia tão sincero que eu queria agradá-lo com minha resposta. Finalmente respondi: 'Sim, sou feliz'.
> Fisk não me perguntou mais nada, mas minha língua doía para recolher aquelas palavras — para confidenciar a verdade, que eu era o menino mais miserável vivo, e que eu odiava o ódio e a violência que meu pai estava promovendo. Eu queria puxar Fisk para o lado e dizer a ele que um dia eu encontraria coragem para me manifestar contra meu pai e trabalhar pela causa da paz. Eu estava explodindo, mas ainda covarde demais para falar."

Perguntei a Bin Laden se poderia tirar uma foto dele com Omar e Saad. Ele não pôde recusar. "Fiquei animado quando meu pai concordou", Omar lembraria tantos anos depois: "porque ele não era fã de fotografia, e sua aprovação para estar em uma foto comigo significava mais do que a própria foto. Depois que Fisk nos deixou, tive a coragem de perguntar: 'Pai, você está nervoso com o que esse repórter pode dizer?' Meu pai deu de ombros e disse: 'Não. Ele será justo'[8]."

---

8 A fé de seu pai na minha reportagem deve ter sido um tanto prejudicada pela manchete de primeira página que um subeditor do Independent colocou sobre minha entrevista, no sentido de que eu havia "rastreado" Bin Laden até seu "covil" no Afeganistão. Foi Bin Laden que pediu para me ver; eu não o procurei e foram seus próprios homens armados que me levaram a seus acampamentos. Nunca fui vendado e ninguém tentou esconder o caminho que percorremos pelas planícies e montanhas do Afeganistão para encontrar Bin

Bin Laden pediu para me ver pela quarta vez logo após a invasão do Afeganistão pelos EUA após o 11 de setembro, mas recebi sua mensagem tarde demais. E a unidade do Talibã que encontrei dentro do Afeganistão recusou-se a continuar nossa jornada em direção a Kandahar quando a vila à nossa frente explodiu em chamas durante um ataque aéreo norte-americano. Eu nunca mais veria Bin Laden.

Uma vez, meses após sua fuga do Afeganistão, recebi uma mensagem de que ele queria ler meu livro *A grande guerra pela civilização*. Concordamos que levaria uma cópia da edição árabe para Islamabad e que alguém da Al Qaeda viria para a pousada onde sempre ficava na capital paquistanesa. Mal tive tempo de fazer o check-in quando chegou um homem pequeno, magro e curvado, com barba branca. Ele estava assustado, sussurrando que temia que os serviços de segurança paquistaneses o prendessem se ficasse mais de um minuto. Então, com um amigo árabe, levamos esse mensageiro idoso em um passeio noturno por Islamabad, o velho sentado no banco de trás do carro, segurando o livro.

Eu poderia ver Bin Laden? Perguntei. Não. Bin Laden sente muito, disse ele. Isso não seria possível. "Você sabe os problemas que temos agora", ele me disse. "Você sabe que ele o veria, mas é impossível". E pela primeira vez, percebi que o alvo vivo ou morto dos EUA realmente estava se escondendo pela vida. Se ele estava com muito medo para me ver, então demoraria muito para saber dele novamente. Tive certeza de que ele devia estar no Paquistão. Supus que ele provavelmente estava em Karachi, onde tinha amigos entre o clero sunita. O velho no banco de trás do carro de repente falou novamente. "Anote perguntas para ele — eu as levarei para ele. Ele responderá a você." Na manhã seguinte, escrevi 12 perguntas para Osama bin Laden em duas folhas de papel A4, exigindo saber que vitória a Al Qaeda poderia reivindicar quando havia atraído os Estados Unidos e seus aliados para o país muçulmano do Afeganistão — e quando a América provavelmente, em questão de meses, também invadiria o Iraque? Como tal guerra poderia acabar?

Eu estava nos Estados Unidos quando ouvi a fita de áudio de Bin Laden em que, uma por uma, ele respondia às minhas perguntas, até na ordem correta — embora não fizesse referência a mim. Bin Laden deu seu apoio ao povo do Iraque. Ele falou sobre "crianças do Iraque" e "filhos do

---

Laden — mas eu jamais poderia "rastreá-lo até seu covil", não mais do que seus inimigos americanos, que naquela época não tinham a menor ideia de sua localização.

Iraque". Sua mensagem aos países ocidentais foi inequívoca. 'Que negócios seus governos têm em se aliar à gangue de criminosos na Casa Branca contra os muçulmanos?' Ele estava pronto para lutar contra o Ocidente dentro do mundo islâmico. O Oriente Médio, em outras palavras, era uma armadilha. Quando o encontrei em 1997, ele havia perdido o interesse em atacar a Grã-Bretanha ou a França, aliados europeus dos Estados Unidos no Oriente Médio. Agora a Grã-Bretanha estava de volta ao topo de sua lista de alvos, junto com o Canadá, a Itália, a Alemanha e a Austrália.

Entretanto, dentro do Oriente Médio, aqueles que se consideravam seguidores da Al Qaeda passaram a considerar não apenas o Ocidente, mas todos aqueles fora de suas próprias estreitas convicções salafistas como igualmente merecedores do desprezo de Deus. No Iraque, a Al Qaeda tornou-se parte essencial da máquina de matar sectária, seus homens-bomba dilacerando muçulmanos xiitas em oração ou cristãos saindo de suas igrejas. Bin Laden pode ter sido wahabista, mas um conflito intermuçulmano nunca fez parte de sua ideologia. Ele nunca havia sido um "controlador" das operações da Al Qaeda.

Como sabemos agora, argumentos absolutistas surgiram continuamente entre patrocinadores locais da Al Qaeda e aqueles que acreditavam poder interpretar as palavras de seu mestre ausente. A inteligência dos EUA interceptou correspondência entre esses grupos e a pingou para a mídia com a mensagem apropriada: que Abu Musab al-Zarqawi no Iraque se via como um rival de Bin Laden. Essa foi uma interpretação que permitiu aos norte-americanos exagerarem sua vitória quando mataram o líder guerrilheiro jordaniano, em junho de 2006, mas que desviou a atenção da mudança ideológica muito mais importante contida nas cartas de al-Zarqawi para Bin Laden: que não apenas infiéis — cristãos, judeus, estados "cruzados" e o Ocidente em geral — mas também "apóstatas", aqueles que haviam abandonado o "verdadeiro" Islã, também eram inimigos da Al Qaeda. Assim, os muçulmanos xiitas tornaram-se tão traiçoeiros e odiosos quanto os antagonistas mais tradicionais de Bin Laden.

Quando Bin Laden criou a mais intransigente das instituições guerrilheiras, entretanto, seus principais inimigos eram tanto os governantes do Golfo e ditadores árabes — todos eles muçulmanos sunitas — quanto seus mestres em Washington ou Tel Aviv. De fato, quando ele falou comigo em 1996, sua fúria era dirigida à família real saudita, já que eles haviam se tornado uma ferramenta dos norte-americanos. O regime saudita, disse ele, havia 'perdido sua legitimidade' depois de ter encarcerado muitos ulemás religiosos sauditas em 1995. O Reino havia em 1990 convidado os norte-americanos para a terra de Meca e Medina para proteger a família real de Saddam, após sua invasão do Kuwait. O próprio Bin Laden poderia ter liderado seus combatentes leais contra Saddam, sem nenhuma ajuda norte-americana. E ficou claro para mim na época que ele poderia se imaginar como um futuro governante da Arábia.

No entanto, à medida que os anos de solidão o aprisionaram com sua família no complexo de Abbottabad, a liderança de Bin Laden na Al Qaeda — já nominal — foi pervertida por outros. Aqueles que ansiavam por sua aprovação haviam integrado o ódio sectário da Arábia Saudita pelos xiitas em sua própria luta pelo Islã, e a Al Qaeda inevitavelmente se tornou associada não a uma luta pela pureza, mas a uma cruel batalha contra os homens, mulheres e crianças da minoria xiita cuja única maioria nacional no mundo árabe existia no Iraque. Assim, quando os holofotes foram acesos no Iraque, eles revelaram um teatro de horror sectário em uma escala que Bin Laden nunca poderia ter imaginado. É verdade que a invasão anglo-americana de 2003 provocou esse terrível massacre, mas a associação da Al Qaeda com o lado sunita na guerra civil significava que os exércitos de homens-bomba seriam voltados contra outras pessoas da fé muçulmana. Somente em seus últimos dias na Terra Bin Laden entendeu plenamente o tamanho de sua traição e a necessidade de reformular, reformar — até mesmo renomear — a Al Qaeda. Tarde demais.

Na noite de 1º de maio de 2011, Osama bin Laden escolheu sua esposa mais jovem, Amal, para dormir com ele enquanto suas duas esposas mais velhas, Khairiya e Sharifa, dormiam no primeiro andar de sua casa. O casal ficaria junto por apenas algumas horas, até quase exatamente 00h50 do dia 2 de maio, quando foram despertados pelo barulho do que a princípio parecia uma tempestade. Seu filho de três anos, Husain, ainda dormia. Nas palavras secas, mas convincentes, da comissão oficial de investigação do Paquistão, o casal foi à varanda para ver o que estava acontecendo:

> "Era uma noite sem lua e muito escura. Amal estendeu a mão para acender a luz, mas o Sheikh [Osama] disse "Não!". Ele foi até a porta para chamar seu filho Khalid, que morava no primeiro andar com sua mãe Sharifa. Amal foi ver seus filhos. Ela tinha cinco filhos. Quando ela voltou, as duas filhas do Sheikh, Maryam e Sumaiya,

> haviam subido de seus quartos no primeiro andar. Elas recitaram a kalima [a declaração de fé] e versos do Alcorão. O Sheikh disse que helicópteros norte-americanos haviam chegado e que todos deveriam sair imediatamente de seu quarto. Eles não quiseram. Maryam e seus filhos foram para a varanda. O Sheikh alcançou sua arma."

Apenas um relato sobre os seis anos de vida escondida de Bin Laden e de sua morte aproxima-se da verdade. Ele estava contido na prosa concisa de uma comissão de homens honrados naquele mais corrupto dos estados muçulmanos asiáticos, o Paquistão — o país onde Bin Laden foi assassinado —, cujo governo imediatamente e caracteristicamente suprimiu o relatório. Devemos ao canal de televisão Al Jazeera do Catar o fato de podermos ler esse relato secreto paquistanês que certamente fornece a narrativa mais precisa do assassinato de Osama bin Laden.

Parágrafo por parágrafo, a comissão paquistanesa, liderada por um juiz da Suprema Corte e outros três oficiais, apresentou relatos de cada uma das parentes mulheres de Bin Laden, de modo que, no relatório, o drama é reencenado repetidamente pelos olhos de cada testemunha, permitindo ao leitor observar o ataque americano de uma perspectiva constantemente diferente, mas, no final, sempre fatal. Sumaiya, uma das filhas de Bin Laden, por exemplo, lutou com um soldado americano e correu para o quarto do pai:

> "Embora não tenha visto o pai cair, ela o viu no chão. Ele havia sido atingido na testa e ela sabia que estava morto. Seu rosto estava 'claro' e reconhecível. Segundo ela, o sangue fluiu 'para trás sobre sua cabeça' (...) Os soldados norte-americanos pediram que ela identificasse o corpo. Ela disse: 'meu pai'."

A irmã de Sumaiya, Maryam, também identificou seu pai. "Quando foram levadas para fora do quarto, Sumaiya olhou para trás e viu que o corpo de seu pai havia desaparecido. Segundo ela, passaram-se menos de dez minutos desde que foram acordadas com o barulho dos helicópteros e a morte de seu pai". Sharifa, uma das esposas mais velhas, descreveu como seu filho Khalid bin Laden foi duas vezes ver seu pai e "pouco depois, um norte-americano entrou em seu quarto e tirou o disco rígido de um computador do quarto. Então outro norte-americano entrou no quarto e disse a eles que haviam matado Osama bin Laden."

Conforme observado pelos membros da comissão paquistanesa, "as esposas, filhos e netos de OBL, os filhos de Abrar e a esposa e filhos de Ibrahim sobreviveram. OBL, seu filho Khalid, seus mensageiros, ou seja, os irmãos Abrar e Ibrahim, e a esposa de Abrar, Bushra, foram mortos". Maryam foi levada ao hospital. "O restante foi levado para interrogatório detalhado pelo ISI."

Essa é a primeira menção no documento paquistanês à Inteligência Inter-Serviços paquistanesa, uma das organizações mais sinistras do Oriente Médio ou do sudoeste da Ásia. A IIS é a principal agência de segurança do Paquistão e tem sido amiga dos Estados Unidos, da Arábia Saudita, do Talibã, de Bin Laden e da al-Qaeda, bem como de diversos grupos de milícias afegãs, um grupo eclético de "ativos" de segurança. É surpreendente então que, em seu relatório, a comissão revele que, no momento em que se encontraram com as esposas, as mulheres já estavam sob custódia do ISI há cinco meses?

Segundo a família, os norte-americanos invasores levaram uma caixa de joias, dois medalhões de ouro com esmeraldas e uma bolsa que continha o testamento de Bin Laden. Os quatro membros da comissão vasculharam um tesouro de detalhes pessoais sobre Bin Laden, sua família e seus seguidores; as duas esposas mais velhas diziam ter, respectivamente, pós-graduação em literatura árabe e estudos islâmicos; as famílias Bin Laden e as de seus mensageiros não se misturavam e as crianças não brincavam juntas. Algo da natureza cinzenta da vida familiar estava contido em uma frase sombria do relatório. "OBL cuidava pessoalmente da educação religiosa de seus netos", diz, "e supervisionava o tempo de brincadeira deles, que incluía cultivar hortas com pequenos prêmios para os melhores desempenhos".

Maryam disse aos interrogadores da comissão que Bin Laden nunca visitou um médico. Foi Amal quem teve que ir ao hospital, para dar à luz dois de seus filhos quando a família morava perto de Haripur. Alguns itens no relatório já eram conhecidos — a quase captura de Bin Laden, por exemplo, quando foi parado por excesso de velocidade antes de seu refúgio em Abbottabad —, enquanto outros apenas acrescentavam evidências da existência sombria de sua família; no complexo, Khalid bin Laden cuidava de uma vaca para a qual Abrar trazia forragem, enquanto a filha de um dos mensageiros reconheceu na televisão Al Jazeera o homem que conhecia como "tio pobre" que morava no andar de cima. O aparelho de televisão foi rapidamente removido.

O relatório paquistanês registra como os norte-americanos podem ter se beneficiado do reconhecimento aéreo durante suas operações de socorro às enchentes no período entre agosto e outubro de 2010. Durante esse mesmo período, observou a comissão, "os norte-americanos também haviam identificado o complexo de OBL (...) como sua provável residência ao rastrear os movimentos de Ibrahim e Abrar"[9]. Após o ataque, que pode ter sido auxiliado por "operadores terrestres" e no qual as Forças Especiais dos EUA dispararam cerca de 30 balas, o cadáver de OBL foi colocado a bordo de um helicóptero Black Hawk e levado ao Afeganistão, onde havia passado tantos anos como mujahid, lutando contra o exército soviético e depois planejando sua guerra contra o Ocidente.

No entanto, o relato da morte de Bin Laden no relatório é quase ofuscado pela condenação sem precedentes da comissão às autoridades do país, desde a IIS, o exército, a força aérea e a polícia paquistanesas até ministros individuais que haviam negligenciado, permitido, não se importavam ou até mesmo ajudaram essa notável violação da soberania. Compreensivelmente, talvez, o Ocidente tenha prestado pouca ou nenhuma atenção a essa parte altamente detalhada e reveladora do texto. Podemos deixar de lado a reação emocional dos quatro membros da comissão paquistanesa em relação à morte de Bin Laden, mas não há dúvida de seu sentimento de raiva e vergonha pela negligência culposa de suas próprias agências de segurança.

A IIS, segundo a comissão, "aparentemente não sabia de nada" sobre um programa falso de imunização contra hepatite B realizado sob os auspícios da CIA que pode ter ajudado a rastrear Ibrahim como mensageiro de Bin Laden. Sob a falsa cobertura da USAID e usando fraudulentamente a instituição de caridade Save the Children, o dr. Shakeel Afridi, diretor médico da Agência Khyber, tentou encontrar o refúgio secreto de Bin Laden para os norte-americanos. O secretário de defesa dos EUA, Leon Panetta, revelou mais tarde a identidade de Afridi e pediu sua libertação da custódia da IIS. A Save the Children condenou o uso escandaloso de instituições

9 A comissão paquistanesa também observou "atividades suspeitas" de funcionários terrestres da CIA em torno do complexo de Bin Laden antes do ataque, incluindo o corte de árvores — para permitir a aproximação dos helicópteros —, a locação de uma casa nas proximidades por "supostos funcionários da USAID" e o movimento de quatro a cinco veículos Prado/Land Cruisers da embaixada dos EUA em Islamabad em direção a Abbottabad em 1° de maio, que continham pessoas que "podem ter sido agentes da CIA para auxiliar os helicópteros".

de caridade por agentes de inteligência norte-americanos e o perigo em que isso colocava seus médicos e outros funcionários inocentes, enquanto vacinas para dezenas de milhares de crianças ficaram retidas na alfândega e tornaram-se inúteis como resultado das ações da CIA. "A CIA precisa responder por isso", disse David Wright, gerente da Save the Children no Paquistão, mais de um ano depois. Claro, a CIA não fez nada disso.

O ataque dos EUA e a morte de Bin Laden não podiam ser vistos isoladamente do contexto político ou da história do Paquistão. "Todo o episódio (...) parece (...) ser uma história de complacência, ignorância, negligência, incompetência, irresponsabilidade e possivelmente pior em vários níveis dentro e fora do governo". O próprio diretor-geral da IIS disse à comissão que a realidade para o Paquistão não era definida pela força dos EUA. Era definida pelo fato de que "somos um estado muito fraco. Tudo se resume a uma governança corrupta e de baixo nível." Um oficial de inteligência dos EUA teve a ousadia de dizer: "Vocês são tão baratos (...) podemos comprá-los com um visto, com uma visita aos EUA, até mesmo com um jantar".

Poderia haver uma descrição mais precisa não apenas do Paquistão, mas de quase qualquer nação árabe ou do Oriente Médio muçulmana submetida a Washington? Isso não é também uma descrição do Egito, da Jordânia, da Síria, dos estados do Golfo, da Líbia ou da Tunísia sob seus ditadores e reis — mesmo após suas revoluções reais ou potenciais? Não é um reflexo justo de um futuro da Turquia, uma vez que sua utilidade para os Estados Unidos e o Golfo como ponto de transbordo de armas e financiamento para a guerra civil na Síria tiver sido esgotada? Pois a Turquia tem desempenhado exatamente o mesmo papel na Síria e com os islamitas do Iraque que o Paquistão desempenhou após a invasão soviética de 1979. Havia uma estranha simetria na decisão de Bin Laden, um homem que acreditava em um califado sem fronteiras, de buscar refúgio em um país que representava exatamente o tipo de ditadura pró-ocidental corrupta que a al-Qaeda — e o próprio Bin Laden — havia jurado derrubar.

Os Estados Unidos se esforçaram muito para explicar que uma forma de oração muçulmana foi recitada sobre os restos mortais de Bin Laden antes de serem lançados ao mar. Nas palavras da comissão, os norte-americanos "pegaram seu corpo e o jogaram no Oceano Índico com a história de que foi enterrado de acordo com os rituais islâmicos. De acordo com algumas autoridades religiosas, o Islã não permite o enterro no mar de pessoas que morrem em terra." Pouco mais de duas semanas após essa estranha cerimônia, fui ver um dos mais fortes pregadores salafistas sunitas do Líbano, Sheikh Da'i al-Islam al-Shahal, na cidade nortista de Trípoli, um feroz oponente do regime de Bashar al-Assad na Síria.

Um homem grande com uma túnica branca, uma barba branca enorme e representando a "Instituição do Partido Salafista", como ele disse. "A morte de Bin Laden ajudou os Estados Unidos, mas as perdas dos EUA serão maiores. Talvez o novo chefe da al-Qaeda seja muito mais brutal. E jogar seu corpo no mar, isso é algo que o mundo árabe e muçulmano não pode aceitar. Jogá-lo para as baleias e os peixes mostra uma amargura que não condiz com a natureza humana. Temos um ditado que diz que 'uma desculpa é pior que a culpa'. O que há de errado em as pessoas dizerem onde ele está enterrado? Talvez eles pudessem tê-lo enterrado em uma montanha distante onde as pessoas não iriam[10]"

Eu estava muito mais interessado na montanha de discos rígidos, discos e documentos que os norte-americanos haviam apreendido no complexo de Bin Laden. Eu queria saber o que ele estava pensando nas últimas semanas de sua vida, isolado por cinco anos com suas hortas e televisão. Ele percebeu as mudanças monumentais e ferozes que havia desencadeado nos islamitas do Oriente Médio, uma sociedade cada vez mais instável e sectária, sua unidade muçulmana contra o Ocidente abandonada em favor da pureza salafista, leal à seita e não à religião?

Eu sabia que nas últimas semanas ele devia ter assistido às revoluções tunisiana e egípcia em sua televisão, e escrevi que ele deve ter se considerado um fracasso. Mas precisamente uma semana antes de seu assassinato, agora sabemos, Bin Laden estava escrevendo uma longa carta ao Sheikh Mahmoud Atiyya abdul Rahman, um de seus principais conselheiros da al--Qaeda, na qual proclamava que as revoluções eram "um grande e glorioso evento" que provavelmente abrangeria "a maioria do mundo islâmico" e tiraria os muçulmanos do controle dos EUA. Bin Laden parecia encantado que Washington estivesse ansiosa com esses eventos e considerava as revoltas árabes como "o início de uma nova era para toda a nação [muçulmana]

10 Duvido muito que a distância de uma montanha teria impedido os peregrinos de visitar o túmulo de Bin Laden — assim como eles ainda viajam para o cemitério dos combatentes da al-Qaeda em Kandahar —, o que provavelmente é o motivo pelo qual os norte-americanos escolheram jogar seu corpo no Oceano Índico.

(...) os eventos mais importantes que a nação testemunhou há séculos."

Mas será que isso refletia a visão ponderada de Bin Laden, ou ele estava buscando consolo em uma vitória imaginária da al-Qaeda, um mundo de fantasia em que a luta de sua vida pelo Islã se encaixava perfeitamente em um padrão de levantes históricos que na realidade tinham pouco a ver com a campanha violenta que a al-Qaeda vinha travando há 18 anos? Os documentos que os norte-americanos divulgaram retratam um Bin Laden que se tornou um homem solitário, inseguro se suas mensagens aos agentes da al-Qaeda estão chegando a seu destino, temeroso de vazamentos de segurança, desconfiado de novos líderes dentro da organização e ciente de que suas ordens não mais carregam o respeito que tinham quando ele estava livre.

Por vários anos, houve discussões dentro da al-Qaeda sobre o grupo islâmico de Abu Musab al-Zarqawi no Iraque e seus sucessores[11]. Já em 2007, encontramos agentes da al-Qaeda discutindo sobre o ISIS. Uma carta expressava o temor de que "erros políticos" em um discurso de Abdullah al-Rashid al-Baghdadi — sucessor de al-Zarqawi e que em breve compartilharia seu destino como vítima de um ataque aéreo americano — revelassem que o ISIS era "extremista". Em meados de 2010, enquanto grupos afiliados à al-Qaeda como o ISIS conduziam uma feroz e sectária campanha de atentados suicidas contra muçulmanos xiitas no Iraque e matavam muitos sunitas em seus ataques, Bin Laden percebeu que sua causa original havia sido pervertida.

Uma mensagem que Bin Laden escreveu para Atiyya abdul Rahman entre junho e 21 de outubro de 2010, enquanto elogiava os mujahidin que eram "a vanguarda e os porta-estandartes da comunidade islâmica na luta contra a aliança cruzada-sionista", lamentou como "alguns dos irmãos ficaram totalmente absortos em lutar contra nossos inimigos locais" e como "erros de cálculo dos irmãos que planejavam as operações (...) resultaram na morte de muçulmanos". Nenhum muçulmano inocente deveria cair vítima de tais operações "exceto quando for absolutamente essencial",

---

11 Originalmente chamada de "al-Qaeda no Iraque" e depois — no mundo verdadeiramente excêntrico da nomenclatura "terrorista", que deve ter confundido até mesmo os próprios militantes — de "Estado Islâmico no Iraque", depois de "Estado Islâmico no Iraque e no Levante" (ISIS, o "s" final representando Shams, que pode significar tanto Damasco quanto "o Levante"), e finalmente apenas "Estado Islâmico" ou Califado. A Casa Branca, a UE e os jornalistas acabaram se fixando em ISIS, talvez porque este fosse o nome de uma deusa egípcia, além de ser o nome de um cachorro em uma série de televisão popular.

acrescentou Bin Laden com pragmatismo arrepiante.

Bin Laden havia exortado seus seguidores em sua carta de 2010 a não "realizar vários ataques [de uma só vez] sem exercer cautela", porque isso causaria baixas inocentes e reduziria o apoio do povo aos mujahidin. Mas os ataques da al-Qaeda-ISIS no Iraque não foram feitos "sem cautela" para civis — eles foram ataques deliberados contra civis da fé xiita. Quando o Sheikh al-Shahal, o prelado sunita no Líbano, me alertou de que um novo chefe da al-Qaeda poderia ser "muito mais brutal", ele havia compreendido apenas metade do problema. O recém-falecido Bin Laden havia sido incapaz em vida de controlar um grande número de agentes da al-Qaeda que já seguiam um caminho sectário que estava além da imaginação dos combatentes da al-Qaeda que conheci no acampamento de Bin Laden no Afeganistão 15 anos antes. Já em 2008, Khalil-al-Anani, um escritor egípcio, observou que novos grupos marginais estavam exigindo um Califado Islâmico "sobre os corpos mortos de seus correligionários". Esses homens tinham "pouco uso para as tendências doutrinárias da al-Qaeda". Al-Anani previu sinistramente que "uma nova organização fundamentalista ainda mais mórbida que a al-Qaeda pode surgir em uma tentativa de preencher o vazio deixado pela queda dos grupos jihadistas convencionais". O dia pode chegar, ele alertou, "quando pessoas como Bin Laden e al-Zawahri parecerão moderadas em comparação".

Quem teria sonhado que Bin Laden algum dia seria chamado de "moderado"? Mas lá estava ele em 2010, ainda exortando seus seguidores a evitar "mirar os apóstatas nas mesquitas", criticando as "baixas civis desnecessárias" quando "imãs infiéis" eram atacados em locais públicos.

Houve momentos em que Bin Laden lembrou de sua ambição militar original, que ele havia me explicado no Afeganistão em 1996: a derrubada da dinastia saudita. Quatorze anos depois, ele estava escrevendo que, na visão dos governantes sauditas, "somos seus piores inimigos e nossa presença no Iêmen ameaça a existência de sua realeza, além de eles seguirem os desejos norte-americanos de nos combater, então eles vão injetar enormes fundos no recrutamento das tribos iemenitas para nos matar. Eles vencerão sobre as espadas da maioria, o que colocará as forças Mujahidin no Iêmen sob fogo inimigo e em uma situação muito séria[12]."

12 As raízes tribais de Bin Laden estavam no Iêmen e ele via o país como uma fonte de suprimentos e recrutas para a al-Qaeda, mas constantemente — embora em vão — advertiu seus seguidores para não embarcar em uma revolução lá. "O Iêmen representa um

Contudo, nas mensagens e cartas que passaram entre Abbottabad e os homens da al-Qaeda caçados ainda leais a Bin Laden, há uma atitude quase indiferente em relação aos assassinos suicidas que agora se moviam como exércitos pelo Oriente Médio. Várias vezes, Bin Laden menciona ataques da al-Qaeda sem nem sequer reconhecer que se tratavam de operações suicidas. É como se o homem-bomba tivesse se tornado tão normal — uma parte tão natural do arsenal islâmico — que a natureza única de seu autossacrifício tivesse se tornado irrelevante. Será que o próprio homem-bomba também deveria considerar sua morte como rotineira, até mesmo natural? Há, na carta de 2010, uma passagem notável sobre a psicologia do suicida solitário, na qual Bin Laden dá alguns conselhos profundamente perturbadores a Atiyya abdul Rahman:

> "Você deve enviar [uma mensagem] aos irmãos em todas as regiões dizendo que um mínimo de dois irmãos deve ser enviado para operações suicidas... Experimentamos isso em muitas operações onde a porcentagem de sucesso foi muito baixa, devido aos efeitos psicológicos que superam o irmão nesses casos."

Bin Laden estava aconselhando Rahman mais como um cientista tentando prevenir uma falha mecânica do que como um homem simpático à iminente autodestruição de um ser humano. Os "efeitos psicológicos" são um problema técnico comum, parece, superado pela disponibilidade de uma segunda bomba humana cuja presença garantirá a detonação necessária. Tudo isso, é claro, vem de um homem cuja coragem é inquestionável, mas que preferiu seis anos de hibernação ao milissegundo de extinção.

No entanto, quando ele aconselha seus camaradas sobre a necessidade de outra operação de aviação suicida, ele fala em selecionar no máximo dez homens que "terão que ser escolhidos com o máximo cuidado e com especificações muito precisas, uma das quais é que estejam dispostos a conduzir ações suicidas e estejam preparados para realizar missões ousa-

---

importante centro de gravidade no apoio às frentes com homens, e se a guerra estourar lá, então as linhas de suprimento para outras frentes serão interrompidas..." O país, disse Bin Laden, estava sofrendo de uma crise alimentar e de saúde e não estava em condições de entrar em guerra, mas — e esta era claramente uma ideia fundamental em sua mente — o Iêmen constituía "o ponto de lançamento para todas as outras nações petrolíferas". Em outras palavras, os futuros ataques da al-Qaeda à Arábia Saudita, ao Catar e a outros estados do Golfo Árabe viriam do Iêmen.

das, importantes e precisas que possamos pedir a eles no futuro (...) Seria bom se você perguntasse aos irmãos em todas as regiões se eles têm um irmão que se distingue por suas boas maneiras, integridade, coragem e discrição, que possa operar nos EUA."

Em 2010, Bin Laden estava isolado há cinco anos e não estava em posição de organizar uma repetição do 11 de setembro. Suas palavras, porém, eram novamente as de um cientista escolhendo uma arma e não as de um ideólogo em busca do material do martírio. A convicção de Bin Laden de que "boas maneiras" era uma característica que provavelmente ajudaria um suicida a se esconder nos Estados Unidos diz muito sobre sua compreensão dos Estados Unidos. Igualmente reveladora é a maneira como ele lista as qualidades de tal homem antes de querer saber se ele realmente conduzirá uma operação suicida. Essa é a voz de um armeiro e não a de um líder político. Ou será que Bin Laden ainda não conseguia compreender totalmente a mente do homem-bomba cujas operações ele havia encorajado tão entusiasticamente?

Aqui é revelada a dicotomia dentro da própria mente de Bin Laden. Embora nunca questionasse o texto do Alcorão nem sonhasse em reinterpretar suas sagradas palavras, ele aceitou que havia ultrapassado a experiência dos primeiros combatentes islâmicos. A partir de sua história e exemplo, ele havia ajudado a moldar uma nova força islâmica exclusivamente equipada para lutar contra um poder não islâmico que temia baixas mais do que a derrota. O homem-bomba — ou o piloto suicida — não tinha contrapartida no Ocidente. Seu "martírio" tornou-se sua arma; não é de se admirar que Bin Laden tenha passado tanto tempo avaliando seu desempenho. Na guerra, a espada havia sido superada pelo homem-bomba, cuja vida — e morte — refletia os absolutos em que os muçulmanos agora podiam lutar contra seus opressores.

Mas na macabra terra encantada em que vivia em Abbottabad, Bin Laden ainda revivia a vida como o grande conspirador, planejando o assassinato de Barack Obama e do General David Petraeus com o mesmo entusiasmo com que havia endossado os ataques de 11 de setembro nos EUA quase uma década antes. Suas instruções não eram desprovidas de humor involuntário. O vice-presidente não deveria ser alvo, por exemplo, porque quando Obama — "a cabeça da infidelidade" — fosse morto, Joe Biden assumiria a presidência e "está totalmente despreparado para esse cargo, o que levará os EUA a uma crise".

No entanto, Bin Laden ficou consternado com o caminho desviante que sua versão do Islamismo havia tomado, especialmente no Iraque. Ele escreveu que "as espadas conquistam e o conhecimento ilumina, e capturar os corações vem antes de controlar as nações". Embora tenha sido morto mais de três anos antes de Abu Bakr al-Baghdadi declarar seu Estado Islâmico, o líder da al-Qaeda de 53 anos havia claramente compreendido os perigos inerentes ao regime de guerrilha iraquiano. As cruéis campanhas sectárias já realizadas em nome da al-Qaeda eram bem conhecidas por ele.

Diante dessa crescente ameaça do Estado Islâmico iraquiano à reputação da al-Qaeda no mundo muçulmano, Bin Laden — com uma paciência nascida do autoencarceramento — exortou seus seguidores a "empreenderem seus máximos esforços para alcançar a unidade e resolver quaisquer conflitos entre todas as entidades jihadistas no Iraque".

Bin Laden queria que uma carta da al-Qaeda fosse distribuída para seus "irmãos" no Iraque e em outros lugares, "na forma de perguntas e respostas", mas era, é claro, tarde demais para tal correspondência inter-al-Qaeda. O que ele apreciou, no entanto, foi o meio de transmissão de tais mensagens, o poder da internet. Embora tivesse refletido longamente sobre o poder dos jornais tradicionais e da televisão e sobre como "o bombardeio destrutivo da mídia contra a cultura árabe (...) serve aos interesses do Ocidente", a compreensão de Bin Laden sobre a internet foi indubitavelmente promovida por Adam Yahiye Gadahn, um dos conselheiros mais intrigantes da al-Qaeda que teve a atenção de Bin Laden no final de sua vida. Convertido muçulmano de origem parcialmente judia nascido em Oregon, Gadahn — originalmente Adam Pearlman — proferiu longos sermões em vídeo, ocasionalmente violentos e às vezes imensamente entediantes, nos quais elogiava "o degolar dos infiéis" enquanto convidava George W. Bush a abandonar sua "incredulidade" e se tornar "nosso irmão no Islã". Bin Laden claramente apreciou sua compreensão da mídia ocidental e da política norte-americana.

Em uma longa carta a Bin Laden nas últimas semanas de vida deste último[13], Gadahn corrigiu os erros históricos de Bin Laden, analisou a mídia americana e atacou repetidamente o "Estado Islâmico no Iraque" de al-Baghdadi em termos muito mais críticos do que os usados pelo próprio Bin Laden. Na mente de Gadahn, no entanto, estava o décimo aniversário

13 Os norte-americanos que a forneceram a West Point acreditavam que a carta de Gadahn havia sido escrita 'depois de janeiro de 2011'.

dos crimes de 11 de setembro e "como será comercializado na mídia e como explorar a mídia em geral".

De importância muito maior, no entanto, eram os crescentes temores de Gadahn em relação ao agora verdadeiramente feroz "Estado Islâmico no Iraque" de al-Baghdadi. Ciente dos perigos que al-Zarqawi havia representado antes de sua morte no ataque aéreo norte-americano, Gadahn disse a Bin Laden que os fóruns jihadistas na internet eram "repulsivos para a maioria dos muçulmanos (...) Também distorcem o rosto da al-Qaeda, devido ao que você sabe sobre fanatismo". Embora estivesse "à vontade" com a declaração de um Estado Islâmico no Iraque, escreveu Gadahn, "não estava à vontade com as (...) ações de al-Zarqawi, que ele praticou em nome da al-Qaeda".

Gadahn pode ter sido prolixo, mas identificou corretamente o ódio visceral do "Estado Islâmico" pelos cristãos, que atingiria seu ápice quase exatamente três anos depois no sangrento ataque de al-Baghdadi aos cristãos iraquianos em Mossul e outras cidades.

Gadahn, cujo próprio pai havia se tornado cristão como alternativa ao ateísmo, escreveu emocionado sobre a selvageria dos aliados iraquianos da al-Qaeda. Não era a política do "Estado Islâmico", ele perguntou:

> "exatamente [o mesmo que] a política de Bush que rejeitou a Europa e os sábios do mundo? Bush disse "ou está conosco ou está com os terroristas" e não deixou espaço para neutralidade. Aqui, esse grupo no Iraque está dizendo aos cristãos — ou [você está] conosco ou com [o governo xiita de] al-Maliki e não há espaço para neutralidade. Ou você paga a Jizya [imposto sobre não-muçulmanos] ao nosso estado fictício que não pode se defender e não tem chance de defendê-lo, ou destruiremos seus bens. É essa a justiça de que estamos falando, e da qual o Sheikh [Bin Laden] fala em suas declarações e mensagens?"

O ataque à igreja em Bagdá em 2010 chocou milhões de muçulmanos — sunitas e xiitas — em todo o Oriente Médio. Mesmo os libaneses, cuja guerra civil de 1975 a 1990 foi travada em grande parte entre cristãos maronitas e muçulmanos, conseguiram revestir seu conflito com roupas políticas — de forças "socialistas" e "populistas" contra "isolacionistas" — e a maioria dos árabes percebeu imediatamente que a escandalosa prole "Estado Islâmico" de Bin Laden no Iraque havia rasgado a discreta cobertura linguística com a qual normalmente escondiam a tensão religiosa. Eu sabia por amigos no Paquistão que Bin Laden conhecia o conteúdo de minhas reportagens no Independent, mesmo que ele nem sempre recebesse cópias delas. No entanto, quando o jornal publicou um artigo que escrevi cinco dias após o massacre da igreja em Bagdá, Gadahn enviou um texto bem traduzido para Bin Laden. "Li um novo artigo de Robert Fisk expressando sua reação — e a reação de outras pessoas — ao ataque à igreja em Bagdá, e permitam-me traduzir para você as partes mais importantes", disse Gadahn a seu chefe — e então enviou quase todo o texto. A velocidade com que o massacre da igreja pela al-Qaeda havia assustado os povos do Oriente Médio, escrevi, foi:

> "um sinal de quão frágil é a crosta terrestre sob seus pés. Ao contrário de nossas notícias de televisão ocidentais, [as redes de televisão] Al Jazeera e Al-Arabiya mostram todo o horror de tal carnificina. Braços, pernas, torsos decapitados não deixam dúvidas sobre o que significam. Cada cristão na região entendeu o que esse ataque significava. De fato, dada a natureza sectária dos ataques aos iraquianos xiitas, começo a me perguntar se a própria al-Qaeda — longe de ser o centro/núcleo/fonte do "terrorismo mundial" como imaginamos — pode ser uma das organizações mais sectárias já inventadas. Nem, eu suspeito, existe apenas uma al-Qaeda, mas várias, alimentando-se das injustiças da região, uma transfusão de sangue que o Ocidente (e aqui incluo os israelenses) alimenta em seu corpo."

A influência de Gadahn sobre Bin Laden não pode ser totalmente avaliada a menos que vejamos os documentos de Abbottabad que os norte-americanos mantiveram em segredo. Contudo, ele foi o mais franco na al-Qaeda ao condenar os novos movimentos jihadistas assassinos e a ameaça que eles representavam para a própria al-Qaeda. Gadahn lembrou de uma conversa que teve com um árabe que vivia no Paquistão que afirmou que "todas as mesquitas agora são mesquitas de informantes, espiões e funcionários do governo malignos e eles não têm misericórdia deles". Em vez de aparecerem para pôr panos quentes, a al-Qaeda deveria renunciar a esses "atos horríveis" na declaração pública que Bin Laden desejava fazer, propôs Gadahn.

A declaração que Gadahn acreditava que Bin Laden deveria fazer estava repleta de referências a "atos horríveis", "jurisprudência distorcida", "vingança cega" e "intolerância pré-islâmica" e terminou com um veredicto verdadeiramente divino: "Advertimos aos responsáveis por esses crimes com a desgraça nesta vida e tortura dolorosa na outra. As consequências da injustiça são graves e a injustiça é a escuridão do Dia do Juízo Final." Era algo forte para confrontar Bin Laden. Mas o publicista em Gadahn não pôde resistir a duas linhas de propaganda clichê: "Não à detonação de mesquitas e mercados" e "A agressão causa a ira de Deus e atrasa a vitória". Era improvável que isso moderasse as atividades do Talibã, e certamente não do "Estado Islâmico".

Como Bin Laden deveria responder a essa análise franca da aliança desastrosa da al-Qaeda com os açougueiros do Paquistão e do Iraque? Ele entendeu a necessidade de dissociar a al-Qaeda dos sectários iraquianos? Tudo o que temos é a carta que ele escreveu a Attiya abdul Rahman uma semana antes de seu assassinato. Se os norte americanos encontraram uma resposta a Gadahn, eles escolheram manter seu conteúdo em segredo. Naquela última carta conhecida, datada de 25 de abril de 2011, ele havia, como sabemos, expressado sua admiração pelas revoluções árabes no Egito e na Tunísia.

Grande parte de sua "última" carta envolve a segurança de seus tenentes e de sua própria família. Ele dá conselhos sobre "controlar as crianças" em suas famílias — ensiná-las uma língua local, proibindo-as de sair de casa sem um adulto "que controlará o volume de suas vozes". Seu filho Hamza estaria viajando secretamente do Irã e precisaria trocar de carro em um túnel no Paquistão para evitar ser seguido ou rastreado por satélite[14]. Não houve menção aos sangrentos banhos de sangue sectários que haviam manchado o nome da al-Qaeda nem qualquer conversa sobre uma declaração para acabar com tais atrocidades.

Havia um parágrafo intrigante nessa última carta que sugere que Bin Laden estava pensando em negociar com seus inimigos, ou pelo menos com seus adversários britânicos. Isso não deve ser tirado do contexto, e certamente nunca teria encontrado a aprovação das futuras hordas de

14 Gadahn estava preocupado que o movimento de jornalistas procurando entrevistar membros da al-Qaeda pudesse ser "involuntariamente monitorado" por satélite e mencionou Ahmed Zeidan, um dos repórteres mais bem informados da Al Jazeera Arabic em Islamabad. As entrevistas de Zeidan nunca haviam levado a ataques contra líderes talibãs. Seria, advertiu Gadahn, "prudente e uma derrota para o inimigo evitar quaisquer encontros com jornalistas".

Abu Bakr al-Baghdadi. Certamente não significava que Bin Laden temia aqueles que desejavam destruir a al-Qaeda. Mas ele certamente sabia das conversas secretas entre agentes da inteligência britânica e o Talibã no verão de 2007 e agora ouvira que o Reino Unido estava oferecendo uma retirada do Afeganistão em troca do que, na verdade, seria um cessar-fogo da al-Qaeda com os britânicos.

No entanto, ainda temos que lembrar que a correspondência de Bin Laden não é apenas uma coleção parcial, mas também uma coleção fortemente censurada. O "Combating Terrorism Center" de West Point admitiu que recebeu uma carta — sobre uma possível mudança no nome "al-Qaeda" — com o autor, destinatário e até mesmo a data marcados como "desconhecidos" e era "parte de uma carta mais longa não divulgada ao CTC". O que havia na seção editada dessa mensagem que era politicamente perigosa ou sensível demais para ser revelada? E por que algum instituto de West Point aceitaria material tão comprometido?

Mais importante, porém, é a quantidade de evidências do interesse de Bin Laden em um acordo político – ao menos uma trégua militar, ainda que estritamente definida – que nos foi ocultada, e por quê. Será que Bin Laden teria concordado com tal contato com os cruzados infiéis contra os quais ele havia declarado guerra 14 anos antes de sua morte? O ataque dos SEALs norte-americanos ao complexo de Bin Laden em Abbottabad garantiu que nenhum futuro assim pudesse ser imaginado. Al-Zawahiri finalmente excomungou o "Estado Islâmico" da al-Qaeda quando al-Baghdadi estendeu seu "Califado" pela recém-destruída fronteira da Síria em 2013. Mas a al-Qaeda foi tão humilhada pela recusa do "Estado Islâmico" em seguir suas regras quanto perdeu influência ao romper sua afiliação com o feroz "miniestado" de al-Baghdadi. E quando os EUA enfrentaram essa nova ameaça, Washington a descreveu com clichês que nunca havia empregado contra a al-Qaeda. Assim, o "Estado Islâmico" tornou-se "apocalíptico", com uma ideologia "de fim dos tempos" que deveria ser perseguida — como o secretário de Estado de Obama, John Kerry, foi levado a dizer em setembro de 2014 — "até os portões do inferno".

É uma manhã fresca e clara no oeste de Beirute, 19 de novembro de 2013. Estou caminhando até o armazém quando um longo e grave estrondo de explosão toca a pressão do ar. Bomba suicida. Deve ser. Todos os terroristas são suicidas no Líbano agora, assim como na Síria, no Iraque... Meu celular vibra. Samira, sobrinha de meu senhorio, está ouvindo a televisão da família e, antes mesmo de falar, ouço um apresentador falando sobre a safara Iraniya — a embaixada iraniana. Abed, meu motorista, está aposentado e procuro desesperadamente um táxi; vejo um homem idoso dirigindo um Mercedes caindo aos pedaços e corro atrás dele. Antes que eu fale, ele me pergunta se sou sahafa, jornalista, e presume que estou indo para a embaixada.

O rádio de seu carro fala de muitos mortos e saímos com o velho motor do táxi rugindo. Quando estávamos a cerca de um quilômetro do complexo iraniano, as ruas estão entupidas de soldados gritando e, depois que corro um quilômetro colina acima em direção à embaixada, dezenas de combatentes do Hizbollah, com pistolas prateadas e brilhantes em mãos, estão berrando com as multidões, alguns olham fixamente para a fumaça e o fogo, outros seguram o rosto, com sangue escorrendo entre os dedos. Na entrada, há uma enorme poça de sangue através da qual os bombeiros passam suas mangueiras, enquanto homens da defesa civil, chafurdando na carne dilacerada, gritam em rádios bidirecionais. Meus colegas da televisão libanesa estão vociferando em seus microfones. Um duplo atentado suicida, o adido cultural iraniano morto, pelo menos 26 mortos, 150 feridos. Todos os detritos repulsivos do evento estão ao meu redor; a perna sob a varanda quebrada, os pedaços de dentes, a mandíbula ainda com barba presa, o sangue inundando as calçadas e a rua.

Não poderíamos esquecer, em meio aos carros em chamas, sapatos e restos de carne, que 66 libaneses foram mortos no bombardeio de alvos xiitas e sunitas aqui nas últimas semanas. Agora esse número chega a 92. Não havia governo no Líbano e o exército libanês permanecia a única instituição estatal funcionando no país — além do banco central — e após os bombardeios aqui, as tropas libanesas foram superadas em número pelas centenas de homens do Hezbollah. O Hezbollah era agora o exército do Líbano nesse subúrbio de Jnah? Pois Jnah é uma área xiita de Beirute e os homens-bomba estavam quase certamente trabalhando para alguma gangue sunita, sem dúvida leal de alguma maneira ao "Estado Islâmico" de al-Baghdadi.

Não era difícil encontrar o sectarismo de que a al-Qaeda agora era herdeira. Na cidade norte-libanesa de Trípoli, os sunitas culparam o Hezbollah xiita e os alauítas (xiitas) sírios por bombas que mataram 47 fiéis em duas mesquitas. Agora era a vez dos xiitas.

Como sempre, o filme da carnificina é reproduzido ao contrário à medida que descobrimos o que aconteceu nos minutos e depois nas horas antes de as bombas explodirem. Câmeras de CFTV mostram dois homens chegando do lado de fora da embaixada segundos antes da explosão em uma Chevrolet TrailBlazer 4×4 roubada. Um deles, usando um cinturão explosivo, vai em direção ao enorme portão de ferro da embaixada e se detona. O portão é derrubado, mas o segundo homem-bomba esperando no carro — com, segundo se descobriu, outros 50 quilos de explosivos — não consegue dirigir pelo portão em direção ao complexo da embaixada; ele de repente se vê bloqueado por um caminhão carregado de água engarrafada.

O homem encarregado da segurança da embaixada, Radwan Fares, corre para a rua com seus colegas, a maioria deles guardas do Hezbollah, e vê o caminhão de água e, imediatamente atrás dele, a Chevrolet preta, que começa a se mover. Fares abre fogo contra o homem na Chevrolet. Ao mesmo tempo, como soubemos mais tarde das Forças de Segurança Interna, o jovem cabo do ISF chamado Haitham Ayoub persegue o veículo a pé e até tenta abrir a porta do motorista. Um ato corajoso e fatal. O homem-bomba explode sua Chevrolet, matando instantaneamente Fares, quatro de seus colegas e o corajoso cabo Ayoub.

Na noite anterior aos atentados, os dois homens se hospedaram no luxuoso Sheraton Four Points Hotel no centro de Beirute, assim como os sequestradores nos Estados Unidos passaram uma noite tranquila em bons hotéis antes de partirem para massacrar os inocentes em 11 de setembro de 2001. E assim como os assassinos de 11 de setembro foram para alvos simbólicos, os bombardeiros de Beirute foram para o fulcro do poder iraniano-sírio-hezbollah-xiita no Líbano, a Embaixada da República Islâmica.

Houve uma reivindicação, quase imediatamente. As "Brigadas Abdullah Azzam", um grupo que afirmava proteger os sunitas e aliado à al-Qaeda, era liderado por um saudita chamado Saleh al-Qarawi. Ele supostamente lutou contra as forças norte-americanas na segunda Batalha de Fallujah no Iraque e estava intimamente associado a al-Zarqawi, cuja "al-Qaeda no Iraque" havia, é claro, quase sozinha transformado o exército de combatentes de Bin Laden na organização mais sectária do mundo. As "Brigadas Abdullah Azzam" já haviam assumido a responsabilidade por ataques com mísseis contra dois navios no Oriente Médio, um petroleiro e uma embarcação naval norte-americana atracada em Aqaba, na Jordânia[15].

15 O comandante das "Brigadas Abdullah Azzam" revelou-se um cidadão saudita chamado Majid bin Mohamed al-Majid, que foi preso em dezembro de 2013 após aparentemente entrar no Líbano para receber tratamento médico para um problema renal. Uma

E, finalmente, os próprios suicidas; o "mínimo de dois irmãos", como Bin Laden havia estabelecido, o homem-bomba a pé e o "companheiro" na Chevrolet que "o apoiaria e o fortaleceria". Tecnicamente, porém, esse atentado exigia dois suicidas: um para derrubar o portão de ferro protetor, o outro para passar por ele e incinerar a embaixada. Apenas um caminhão de água derrotou o plano. Explosivos geralmente pulverizam os restos mortais dos homens-bomba, mas o ISF descobriu pedaços suficientes para usar seu DNA e, dentro de cinco dias, identificou os assassinos sectários da al-Qaeda.

Mouin Abu Dahr nasceu em uma família mista sunita-xiita, mas ficara abalado com os sermões de um eloquente pregador salafista sunita de barba branca chamado Sheikh Ahmad Assir, um imã anti-Assad e anti-Hezbollah de Sidon, onde Abu Dahr morava. Eu havia entrevistado Assir naquele ano. Sua mensagem anti-Assad nunca me pareceu muito eloquente, mas seus "fiéis" posteriormente travaram sangrentas batalhas de rua com o exército libanês, e ele agora estava foragido. O próprio Abu Dahr havia viajado para a Síria para lutar ao lado das milícias sunitas tentando derrubar Assad. Em sua página no Facebook, o futuro suicida usava uma barba preta e expressava sua admiração por Assir. Um vizinho contou como Abu Dahr também viajou para a Suécia, onde "foi acolhido por um imã". Ele voltou correndo para o Líbano para participar do funeral dos homens de Assir mortos pelo exército. Desde então, disse um amigo, "ele me falou sobre o martírio e achava que sua família não era religiosa o suficiente". Quando Assir acusou o exército de não se importar com a presença do Hezbollah xiita na Síria para ajudar o regime de Assad, a fúria de Abu Dahr aumentou, "concluindo que os sunitas do Líbano eram tratados injustamente".

Como Abu Dahr, Adnan Moussa Mohamed havia lutado com os combatentes sunitas na Síria — mas, ao contrário de seu camarada libanês, ele era palestino. Sua mãe lembrou que Mohamed, um mecânico de automóveis de 21 anos da vila de Bassouriyeh, "era piedoso e ia regularmente à mesquita. Não consigo acreditar que meu filho tenha cometido esse crime horrível". A família de Mohamed também denunciou o "crime hediondo" do qual seu filho havia participado. Segundo um tio, vizinhos haviam avisado o pai de Mohamed de que seu filho estava frequentando os comícios de Assir em Sidon. "Ele tentou várias vezes mudar suas visões [de seu filho],

semana depois, o governo anunciou que ele havia morrido em um hospital militar — de insuficiência renal.

mas ele recusou e deixou a casa da família", disse o homem. Mohamed havia desaparecido seis meses antes de se matar no ataque à embaixada iraniana. Um conhecido da família de Mohamed disse a jornalistas que ele "deveria ter explodido a si mesmo em Israel, não entre muçulmanos". Bin Laden poderia ter concordado.

Cerca de 100 metros da embaixada iraniana naquele dia, caminhando para longe do fogo e da fumaça, eu estava conversando com uma repórter da televisão libanesa quando ela de repente agarrou meu braço e me puxou da calçada. "Olhe para onde está pisando", ela disse. E perto do meu pé havia uma pequena faixa de pele sangrenta e transparente. Havia respingos escuros na parede atrás, mas minha atenção foi atraída por esse frágil pedaço de humanidade ao meu lado. A mulher deu de ombros e eu sabia o que ela queria dizer. É isso, ela estava dizendo. É isso que vale.

Para onde mesmo a mãe de Hassan Oweydah disse que seu filho iria? Para o "céu mais alto"? Para se casar na "primavera do céu"? Então, essa coisa indescritível na calçada fazia parte da rotina banal pela qual esses dois jovens homens deveriam passar, uma separação tão facilmente consumada quanto as últimas palavras de Hassan Oweydah enquanto ele falava com sua mãe sob o portão coberto de buganvílias. "Não é importante para mim voltar".

6

"Agora a coisa ficou séria, cavalheiros"

> "Por mim se vai das dores à morada,
> Por mim se vai ao sofrimento eterno,
> Por mim se vai à terra condenada.
> (...)
> Deixai, ó vós que entrais, toda a esperança!"
>
> Dante Alighieri. *Divina Comédia*. Inferno, Canto III, 1–7

Primeiro, nossos inimigos criaram o homem-bomba. Então inventamos nosso próprio suicida digital: a câmera. Basta observar o modo como a reservista do exército norte-americano Lynndie England segurava a coleira do iraquiano nu e barbudo na prisão de Abu Ghraib. Nenhum filme sádico poderia superar o dano causado por essa imagem.

O homem-bomba muçulmano grita que "Deus é Maior", enquanto o jardim da casa do namorado e parceiro de crime de Lynndie England é decorado com a lenda do Livro de Oséias sobre pecado sexual e a retidão[1].

1 Na lenda judaica, Deus ordenou ao profeta Oséias que se casasse com uma mulher promíscua: "Vai, toma uma mulher de prostituições e terás filhos de prostituição; porque a terra se prostituiu, desviando-se do Senhor" (Os 1.2). Passados alguns anos, a mulher abandona Oséias, com seus três filhos. Deus então ordena ao profeta: "Vai outra vez, ama uma mulher, amada de seu amigo e adúltera, como o Senhor ama os filhos de Israel,

O neo-conservadorismo cristão poderia ter colidido tão violentamente, tão repugnantemente, tão obscenamente com o Islã? E quem deveriam ser os inocentes nessas fotografias vis? Os torturadores e abusadores norte-americanos? Ou as vítimas iraquianas?[2]

Por um ano, os iraquianos tentaram contar aos jornalistas sobre o tratamento brutal que sofriam nas mãos de seus ocupantes. Agora, o General Richard Myers, presidente do Estado-Maior Conjunto dos EUA, estava alertando que a divulgação dessas fotos e gravações permitiria à Al-Qaeda "se apoderar dessas imagens e vídeos como material para sua fábrica de propaganda". No entanto, quando descobrimos que não apenas um, mas vários iraquianos se identificaram como o homem sujo de excremento, o prisioneiro com fios presos às mãos, soubemos imediatamente que não havia nada de incomum no tratamento dos prisioneiros em Abu Ghraib. Os norte-americanos insistiram — por mais terríveis que admitissem que fossem essas fotos — que esses eram apenas fios simbólicos, que o homem na foto nunca havia sido eletrocutado. Como então explicar o testemunho de Haj Ali, ex-prefeito de distrito, que disse que também havia sido encapuzado, obrigado a ficar em pé em uma caixa com fios elétricos presos a partes de seu corpo? Ele disse que, em seu caso, os fios estavam ligados, que "parecia que meus olhos estavam saindo das órbitas".

O que vimos nessas fotografias, é claro, não foi uma atitude isolada, de uma "maçã podre" na tentativa dos EUA de dominar seus inimigos no Iraque, mas um procedimento recorrente aplicado a dezenas de milhares de inocentes no Iraque e no Afeganistão — na verdade, em todo o mundo.

Naomi Klein, a incansável cronista das ilegalidades norte-americanas no Iraque, concluiu que a tortura fazia parte da política de "choque e temor" da administração Bush, que o bombardeio maciço e a invasão do país foram seguidos de táticas de choque econômico de privatização dos recursos do Iraque, que foram seguidas pelo "choque da câmara de tortura". Raramente o caminho para a perdição foi tão bem catalogado. A violência da invasão foi fotografada avidamente. A pulverização econômica poderia ser reconhecida em uma série de leis ad-hoc, conferências de imprensa e complexos acordos energéticos. Entretanto, o choque da "tortura" não de-

---

embora eles olhem para outros deuses." (Os 3.1) A metáfora simboliza a misericórdia do Deus semita em relação aos "infiéis". (N.T.)

2 England recebeu uma sentença de três anos e meio por sua participação no abuso, e seu namorado na época, Charles Graner, de dez anos. Milhares de outros que cometeram crimes muito piores nos anos seguintes ficaram, é claro, impunes.

veria ser revelado tão abertamente, certamente não com câmeras digitais de propriedade privada. A câmera era, de fato, um homem-bomba, que destruiu nosso poder e prestígio, demonstrando que nós mesmos éramos nossos piores inimigos, enquanto retratava nossos antagonistas militantes como vítimas com uma causa infinitamente digna de luta.

Lembrei-me daquela terrível fita de vídeo que assisti em 2003, sobre a tortura de prisioneiros iraquianos feita pela polícia de segurança de Saddam, da dor, do excremento e do sangue. Enquanto continuava a mostrar trechos dessa fita em palestras, eu tentava ilustrar não apenas a ferocidade do regime que os EUA haviam derrubado, mas também a maneira como o abuso e a atrocidade foram adotados, refinados e entusiasticamente cometidos por aqueles que queriam trazer a "democracia" para o Iraque.

Fiquei convencido de que as fotos norte-americanas dos iraquianos tão cruelmente tratados foram tiradas exatamente pelo mesmo motivo que foram feitos os vídeos de Saddam. Lembremo-nos das fotos de Abu Ghraib que não vimos, mas sobre as quais o jornalista que contou a história de Abu Ghraib, Seymour Hersh, falou em 2004. Não sabíamos, disse Hersh à plateia em uma palestra, das piores coisas que aconteceram em Abu Ghraib:

> "Vídeos. Ok? Tem mulheres lá... elas estavam passando cartas, comunicações para seus homens... aquelas mulheres que foram presas com meninos jovens, crianças, em casos que foram gravados, os meninos foram sodomizados, com as câmeras ligadas, e o pior de tudo é a trilha sonora dos gritos dos meninos".

Então, em Abu Ghraib, os norte-americanos decidiram que as fotos seriam o ponto de ruptura, o momento de capitulação para esses jovens. Quem ensinou a esses jovens norte-americanos que era uma boa ideia encorajar uma soldada a apontar uma arma para um árabe que estava sendo forçado a se masturbar, a humilhar um iraquiano vestindo-o com uma lingerie? Não estamos falando apenas de "pessoas doentes" aqui; estávamos falando de militares profissionais.

A Al Jazeera tentou descobrir se o abuso era, de fato, política dos EUA. Estudaram uma entrevista coletiva do Pentágono em novembro de 2005, na qual o general Peter Pace, presidente do Estado-Maior Conjunto, diz aos jornalistas como os soldados devem reagir ao tratamento cruel de prisioneiros. Ele aponta orgulhosamente que é dever de um soldado norte-americano intervir se vir evidências de tortura. Então a câmera se move para o secretário de defesa Donald Rumsfeld, que de repente o interrompe — para consternação de Pace — "Não acho que você queira dizer que eles têm a obrigação de impedir isso fisicamente, mas para relatar".

Mas, é claro, no caso de Abu Ghraib, foram soldados norte-americanos que, eles próprios, cometeram os atos de tortura. Anos depois, descobriríamos que esse abuso já havia sido "testado em campo" em Guantánamo. Uma investigação do Pentágono revelou que, em Guantánamo, Mohamed al-Qahtani, acusado de ser o "vigésimo sequestrador" de 11 de setembro, foi forçado a ficar nu na frente de mulheres, a usar um sutiã, foi sexualmente humilhado e ameaçado com cães em coleiras. A insistência norte-americana de que Abu Ghraib foi um caso isolado, escreveria mais tarde um ex-oficial de inteligência dos EUA, "contrasta fortemente com minhas próprias experiências como interrogador no Iraque".

No Oriente Médio, hoje, as fotos de Abu Ghraib adquiriram o status daquelas infames fotos da Guerra do Vietnã: o chefe de polícia de Saigon executando seu prisioneiro vietcong, a menina nua queimada pelo napalm. No entanto, elas representavam algo mais: elas representavam todas as torturas, humilhações e estupros que foram mantidos em segredo com sucesso, que nunca entrariam nos livros de história. Em todas as guerras, o mesmo fenômeno ocorreu. Emergem evidências de uma atrocidade e as autoridades esperam que acreditemos que aquele foi o único abuso do gênero a ter ocorrido; em outras palavras, que acabamos de descobrir o único ato de indisciplina a ter ocorrido em todo o conflito.

Foi a mesma história com Haditha em novembro de 2005, quando fuzileiros navais norte-americanos massacraram 24 homens, mulheres e crianças em retaliação pela morte de um colega fuzileiro naval. Os fuzileiros atiraram nos civis, incluindo idosos e crianças, muitas vezes à queima-roupa. Nem um único fuzileiro naval norte-americano foi preso, o resultado do julgamento descrito por um dos advogados das vítimas como "um atentado à humanidade". Quando o massacre norte-americano foi revelado, perguntei no Independent se Haditha poderia ser apenas "a ponta do iceberg". Os cadáveres que vislumbramos, as imagens granuladas dos corpos e das crianças mortas; poderiam ser apenas alguns de muitos? "A obra das mãos armadas dos EUA teria ido mais longe?"

Claro que sim. Em 2011, novas evidências emergiram de que, em março de 2006 — seis meses após a atrocidade de Haditha — tropas norte-americanas mataram a sangue frio pelo menos dez civis iraquianos, incluindo cinco crianças, uma de apenas cinco meses de idade, e um homem cego de 76 anos em uma cadeira de rodas, em uma casa na cidade de Ishaqi — antes de ordenarem um ataque aéreo que destruiu o prédio. Os assassinatos só vieram à tona em 2011, quando o WikiLeaks publicou uma carta de Philip Alston, o relator da ONU sobre execuções extrajudiciais. Embora os norte-americanos tenham afirmado que um suspeito da Al-Qaeda havia sido apreendido em um quarto da casa após intensos combates, Alston relatou que uma autópsia em Tikrit mostrou que as vítimas foram algemadas e baleadas na cabeça. Um relatório original do exército iraquiano, que foi pago e armado pelos EUA, afirmou que "os norte-americanos reuniram os membros da família em um quarto e executaram 11 pessoas, incluindo cinco crianças, quatro mulheres e dois homens. Em seguida, bombardearam a casa, queimaram três veículos e mataram os animais." O exército norte-americano, que se recusou a responder à carta de Alston, anunciou uma investigação que não foi seguida de nenhuma ação[3]. O fuzileiro naval norte-americano Jason Washburn, que completou três períodos de serviço no Iraque e era membro da mesma unidade que matou os 24 civis em Haditha, concordou que Haditha em si não foi um incidente isolado. "É aquele que aconteceu de ser descoberto", disse ele[4].

No início do conflito no Iraque, descobrimos que uma linha tênue separava a indisciplina e o medo da brutalidade e do assassinato. Encontrei evidências disso quando, em julho de 2003, soldados norte-americanos em veículos blindados, acompanhados por policiais militares e agentes

---

3 Dez anos após a invasão, o mundo estava tão acostumado com os crimes de guerra dos EUA no Iraque que eles raramente mereciam atenção proeminente da mídia. Soldados do 101° Aerotransportado invadiram a casa de Abeer Qassim al-Janabi, de 14 anos, em Mahmoudiyah, ao sul de Bagdá, em março de 2006 — o mesmo mês do atentado de Ishaki —, atiraram em seu pai, mãe e irmã de seis anos e depois estupraram a menina antes de cobrir seu rosto com um travesseiro e atirar nela também. Em seguida, queimaram seu corpo. O assassinato em massa foi transformado em um filme premiado, *Guerra sem cortes* — que foi então previsivelmente atacado por colunistas de direita por colocar vidas norte-americanas em perigo no Iraque.

4 Entre muitos incidentes que Washburn relembrou em 2008, estava o de uma mulher que se aproximava de seus homens — e que pagou um preço terrível por suas suspeitas. "Ela estava carregando uma bolsa enorme e parecia que estava vindo em nossa direção", testemunhou Washburn mais tarde, "então a acendemos com a Mark 19, que é um lançador de granadas automático, e quando a poeira baixou, percebemos que a bolsa estava cheia de mantimentos. Ela estava tentando nos trazer comida e nós a explodimos em pedaços."

norte-americanos à paisana, chegaram ao distrito de Mansour, em Bagdá, após uma denúncia de que Saddam estava se escondendo lá. Eles transformaram a invasão da casa em um banho de sangue, abrindo fogo contra dezenas de civis iraquianos e matando 11 deles. Um carro pegou fogo, incinerando seus ocupantes.

Esses incidentes, que se tornaram rotineiros, mostraram como o pânico e os soldados desleixados e mal treinados — somados, infelizmente, ao que deve ter sido indiferença em relação à população nativa — poderiam levar em segundos a uma matança indiscriminada de inocentes. Não houve investigação oficial. Ninguém foi acusado por esses assassinatos ilegais, nem as autoridades iraquianas puderam intervir; os EUA recusaram-se a aderir ao Tribunal Penal Internacional por medo de que seus soldados servindo no exterior pudessem ser forçados a comparecer perante ele. Mas éramos nós. Esses jovens soldados eram nossos representantes no Iraque. E eles tinham sangue inocente em suas mãos.

Nossa falha em nos importar com os iraquianos não foi apenas simbolizada por nossa recusa em contar seus mortos, enquanto enumerávamos o sofrimento de cada homem e mulher feridos entre nossos exércitos ocidentais. Não tínhamos simpatia ou apego por essas pessoas — apesar de nosso desejo de conceder-lhes "democracia" — e nenhuma compreensão de que elas eram nossos iguais. Foi isso que esteve por trás da tortura e dos assassinatos, no Afeganistão e no Iraque.

Enquanto eles eram obedientes a nossos desejos e a nossos planos para suas nações, toleramos suas deficiências: sua língua estranha, sua religião alienígena e seus costumes tribais antiquados. Uma vez que os iraquianos se voltaram contra nosso exército de ocupação com seus explosivos à beira da estrada e seus homens-bomba, eles se tornaram "hajis" árabes ou "cabeças de pano". Lembre-se de que essas pessoas são muçulmanas e todas elas se tornarão pequenos Mohamed Attas, descendentes do piloto sênior do 11 de setembro. Matar uma sala cheia de civis em Haditha é apenas um passo a mais no caminho de todos aqueles ataques aéreos indiscriminados que dizem matar "terroristas", mas que às vezes, no Afeganistão, acabaram sendo festas de casamento.

De certo modo, os repórteres — "escondidos em hotéis, cercados por motoristas, tradutores e escoltas oficiais de segurança e militares", como diria o jornalista Chris Hedges — também eram culpados, enquanto catalogávamos humildemente o número de "terroristas" mortos em cantos remotos da Mesopotâmia. Por medo da faca dos insurgentes, não podíamos mais investigar. Os norte-americanos gostaram disso. Quem sabe quais horrores estavam sendo cometidos longe, nas areias?

Nos anos após 2003, nossa maldade escorreu como água contaminada. Mas nossa desumanidade começou muito antes, semanas após nossa "libertação" do Afeganistão em 2001. E quando conhecemos nossas vítimas, só pudemos admirar sua coragem e concordar que o que havia sido feito com elas era um crime contra os direitos humanos e a própria humanidade. Eles não pediram esse reconhecimento. Nem, felizmente, pediram nosso remorso. Tínhamos tentado tirar sua esperança e eles tinham mantido sua fé sem nossa ajuda.

No *Independent*, eu mantinha um registro da perseguição que muitas vezes se movia através de uma rede malévola de serviços de inteligência concorrentes, desde a matriz de segurança paquistanesa, tão eloquentemente condenada no relatório oficial do governo paquistanês sobre o assassinato de Bin Laden, até a colaboração britânica e norte-americana na tortura. Nossos relatórios, devo dizer, raramente suscitaram uma resposta — muito menos um pedido de desculpas — dos homens claramente instáveis e lamentáveis que abusaram dessas pessoas em nosso nome. Como jornalista, naturalmente procurei minha própria espécie entre os ex-prisioneiros.

Sami al-Haj sente dor ao andar com sua muleta de aço; quase seis anos no pesadelo de Guantánamo cobraram seu preço do jornalista da Al Jazeera e agora, na segurança de um hotel na pequena cidade norueguesa de Lillehammer, ele é uma figura de dignidade e vergonha. Os norte-americanos disseram que sentiam muito quando finalmente o libertaram — depois dos espancamentos que sofreu, da alimentação forçada, das humilhações e dos interrogatórios pelos oficiais de inteligência britânicos, norte-americanos e canadenses — e ele espera que um dia possa andar sem o apoio.

A grotesca saga começou para al-Haj em 15 de dezembro de 2001, quando ele estava viajando de Islamabad para Kandahar, no sudoeste do Afeganistão, com Sadah al-Haq, um colega correspondente do canal de satélite árabe, para cobrir o novo governo regional. Pelo menos 70 outros jornalistas estavam cruzando a fronteira paquistanesa em Chaman, mas um oficial parou al-Haj. "Ele me disse que havia um papel do serviço de inteligência paquistanês para minha prisão. Meu nome estava escrito errado, meu número de passaporte estava incorreto, dizia que eu nasci em 1964 — a data correta é 1969. Eu disse que havia renovado meu visto em Islamabad e perguntei por que, se eu fosse procurado, eles não me prenderam lá?" O Inter-Services Intelligence paquistanês levou al-Haj para o antigo quartel militar britânico em Quetta, onde foi jogado em uma cela com um grupo de prisioneiros sauditas. "Às 11 da noite, fomos levados ao aeroporto de Quetta e entregues aos norte-americanos." Um soldado norte-americano revistou-o e confiscou seus pertences, antes de colocá-los em um avião de hélice sem assentos, amarrando-os ao chão com cordas. "Um homem disse que estava com dor e queria ir ao banheiro. Disseram-lhe para calar a boca, mas ele continuou falando, então bateram nele e, quando ele se recusou a parar de falar, amarraram uma corda em sua boca."

Sami al-Haj fala com cuidado, cada detalhe de seu sofrimento e de outros é igualmente importante para ele. Ele ainda não acredita que está livre, capaz de viver mais uma vez com sua esposa azeri Asma e seu filho de oito anos, Mohamed; o menino tinha apenas 14 meses quando ele desapareceu no buraco negro das prisões secretas norte-americanas.

A história de al-Haj soava familiar para qualquer pessoa que investigasse a entrega de prisioneiros do Paquistão para bases norte-americanas no Afeganistão e em Guantánamo. Seu avião voou por uma hora e meia antes de pousar para pegar mais cativos e voar para a gigantesca base norte-americana em Bagram:

> "Chegamos nas primeiras horas da manhã e eles tiraram as algemas de nossos pés e nos empurraram para fora do avião. Eles me bateram e me empurraram para o asfalto. Ouvimos gritos e latidos de cães. Caí com a perna direita embaixo de mim e senti os ligamentos se rompendo. Quando caí, os soldados começaram a pisar em mim. Primeiro, eles pisaram nas minhas costas, depois — quando me viram olhando para minha perna — começaram a chutar minha perna. Eu tinha dobrado a perna para protegê-la, mas eles a chutavam para esticá-la. Os sacos foram tirados. Um soldado gritou para mim: "Por que você veio lutar contra os norte-americanos?" (...) Eles nos amarraram todos juntos, um soldado puxando cada extremidade. Havia seis a oito de nós em cada corda."

Al-Haj lembra de ter sido arrastado com seus companheiros de cativeiro para um hangar, onde outro soldado ameaçou atirar nele. "Havia 20 ou 30 soldados com emblemas da bandeira norte-americana nas mangas, cinco ou seis deles mulheres, e me ordenaram que tirasse a roupa. Eu me recusei e eles começaram a me espetar nas costas com paus e ameaçaram colocar os cães em mim se eu não tirasse minha roupa íntima". Obrigado a vestir um uniforme, ele foi levado a uma sala onde dois norte-americanos estavam esperando por ele.

> "Eu tinha um número — eu era o número 35 e é assim que eles me chamavam, por um número — e o primeiro norte-americano gritou para mim: "Você filmou Bin Laden". Eu disse que não filmei Bin Laden, mas que era jornalista. Eu novamente dei meu nome, minha idade, minha nacionalidade."

Dez dias depois, ele foi novamente acusado de filmar Bin Laden; dessa vez, al Haj apontou que sua entrada e saída de passaporte mostravam que quando Bin Laden apareceu na Al Jazeera, ele estava na capital do Qatar, Doha. Após 16 dias em Bagram, outro avião levou al-Haj para a base norte-americana em Kandahar, onde, na chegada, os prisioneiros foram novamente obrigados a deitar no chão. A mesma rotina monótona de interrogatórios recomeçou — al-Haj agora era o "Prisioneiro n° 448" — e disseram-lhe que estava sendo detido por engano.

> "Um soldado norte-americano disse: 'Coopere conosco e você será libertado'. Eles queriam dizer que eu tinha que trabalhar para eles. Havia outro homem que falava inglês perfeito. Achei que ele era britânico (...) Ele me trouxe chocolate — era Kit Kat — e eu estava tão faminto que poderia ter comido o papel de embrulho. "

Houve poucos outros atos de bondade durante os cinco meses de al-Haj em Kandahar. Ele diz que os prisioneiros não tinham permissão para se lavar e tinham piolhos "rastejando por todos nós". A Cruz Vermelha trouxe aos cativos cópias do Alcorão — dez para cada tenda e duas Bíblias — "mas os norte-americanos arrancaram páginas dos exemplares do Alcorão e as jogaram nos banheiros. Eles queriam que víssemos isso e ficavam dizendo que estavam em uma cruzada."

Em 13 de junho, al-Haj foi retirado de sua tenda, mais uma vez sua cabeça foi coberta com um saco preto e ele foi colocado a bordo de um jato. Ele foi forçado a tomar dois comprimidos antes de ser amordaçado e o saco foi substituído por óculos com as lentes pintadas de preto. Os comprimidos o deixaram cansado, mas ele ainda estava acordado quando foi forçado a trocar de avião em uma base aérea que, mais tarde, soube ser na Turquia. O voo para Guantánamo durou 12 a 14 horas, após o que uma viagem de barco de uma hora os levou para a prisão. Al-Haj foi escoltado para uma clínica médica e depois para outro interrogatório com três oficiais de inteligência, onde foi forçado a explicar novamente seus movimentos no Afeganistão.

> "No dia seguinte, houve outro interrogatório e era a mesma velha história. Eles disseram: "Você está aqui por engano. Você será liberado. Eles me deram uma foto do meu filho, que havia sido tirada da minha carteira (...) Então, depois de dois meses, mais dois homens britânicos vieram me ver. Eles disseram que eram da inteligência do Reino Unido. Queriam saber quem eu conhecia, quem eu havia conhecido. Eu disse que não podia ajudá-los."

O principal interrogador de al-Haj em Guantánamo, Stephen Rodriguez, quis novamente buscar a ajuda de al-Haj:

> "Ele me disse: 'Nosso trabalho é impedir que 'coisas' aconteçam. Vou lhe dar uma chance de pensar nisso. Você pode ter cidadania norte-americana, sua família será cuidada, você terá uma villa nos EUA, cuidaremos da educação do seu filho, você terá uma conta bancária'. Ele trouxe algumas revistas em árabe e me disse que podia lê-las. Naqueles dez minutos, senti que havia voltado a ser um ser humano novamente. Então soldados vieram me levar de volta para minha cela — e as revistas foram levadas embora."

No verão de 2003, al-Haj estava recebendo outros visitantes estranhos. "Dois oficiais de inteligência canadenses vieram e me mostraram muitas fotos de pessoas e perguntaram se eu as reconhecia. Eu não conhecia nenhuma delas. Eles me perguntaram: 'Você viu algum canadense com Bin Laden?'" Em mais de 200 interrogatórios, perguntaram a al-Haj sobre seus empregadores, a Al Jazeera. Em uma sessão, ele diz que outro norte-americano disse a ele: "Depois que você sair daqui, a Al-Qaeda vai recrutá-lo e queremos saber quem você conhece. Queremos saber como é por dentro. Depois de seu treinamento e trabalho conosco, você poderia se tornar um analista, para analisar o discurso deles, podemos treiná-lo para armazenar informações, para desenhar pessoas. Existe uma ligação entre a Al Jazeera e a Al-Qaeda."

"Eu disse: 'Não vou fazer isso — primeiro porque sou jornalista e isso não é meu trabalho. Também porque temo por minha vida e pela minha família'. Então eles tentaram ameaças. Eles disseram: 'Você ficará aqui a vida toda — nunca mais verá seu filho', insinuando que tinham provas de que eu era um 'terrorista'. Eles disseram: 'Você entrevistou Abul-Hafez al-Mauretania, o terceiro homem da Al-Qaeda'. E eu disse: 'Sim, fizemos uma entrevista com ele em Kandahar para a Al Jazeera'. Muitos espancamentos se seguiram dos guardas".

Em janeiro de 2007, Sami al-Haj começou uma greve de fome e completou 480 dias de greve de fome, quando sua condição médica havia se deteriorado e ele estava sangrando pelo ânus. Foi nesse momento que seus interrogadores decidiram libertá-lo. Nem as autoridades britânicas nem as canadenses admitiram ter conversado com Sami al-Haj, e ele nunca recebeu um pedido de desculpas oficial dos norte-americanos.

O tratamento de homens inocentes como al-Haj nos disse muito sobre o mundo ilegal em que George Bush acreditava que deveríamos viver. 11 de setembro de 2001 havia se tornado uma legislação que nos permitia prender quem quiséssemos, interrogar quem quiséssemos, abusar de quem quiséssemos, prender quem quiséssemos, invadir qualquer país que quiséssemos. Este foi o memorial da administração Bush aos mortos do World Trade Center, do Pentágono e da Pensilvânia.

A invenção era uma parte essencial da tortura. Após um infame e-mail do agente de inteligência norte-americano, Capitão Ponce, para colegas oficiais em agosto de 2003, transmitindo um pedido para que "as luvas fossem tiradas, cavalheiros, no que diz respeito a esses detidos (...) queremos que esses indivíduos sejam quebrados", o general Ricardo Sanchez, o comandante norte-americano que encontramos pela última vez tentando explicar por que os filhos de Saddam foram mortos em vez de serem feitos prisioneiros, autorizou novos métodos de interrogatório. Eles incluíam "orgulho e ego rebaixados", "explorar o medo que os árabes têm de cães", "controle de luz" e "posições de estresse".

A maioria dos torturadores norte americanos e britânicos e seus assistentes mercenários iriam se safar das atrocidades que cometeram no Iraque, no Afeganistão e em Guantánamo. Qualquer sugestão de que eles deveriam pagar por seus crimes era invariavelmente sufocada em uma espuma de patriotismo; que sem a vigilância da CIA e outras autoridades de inteligência, os EUA, a Grã-Bretanha e o resto do que outrora chamamos de "mundo livre" ficariam desprotegidos contra o mal do "terrorismo".

Esse véu cobria um vasto quadro de violações de direitos humanos, maus-tratos, execuções extrajudiciais, tortura e massacres, barbárie muitas vezes disfarçada na linguagem do heroísmo. A linha infinitamente tênue entre indisciplina, maus-tratos e matança poderia simplesmente desaparecer. E esse sistema de crueldade foi cimentado no lugar tanto pela impunidade oferecida aos torturadores quanto pelo senso de normalidade com que suas ações foram agraciadas. Em última análise, não foram apenas os perpetradores, mas nós mesmos que nos "socializamos com a atrocidade".

As profanidades detalhadas da tortura não precisam ocupar muito deste capítulo. Estou mais interessado no espírito da tortura; não apenas nas desculpas daqueles que infligem dor, mas na maneira prescritiva como o poder nos apresenta uma representação desculpável, até mesmo admirável, da barbárie.

Quando o Cristianismo embarcou em um Renascimento do humanismo, seus valores liberais atingindo seu apogeu na Europa do século XIX, o mundo ocidental começou a adorar deuses mais tangíveis. Após a ferocidade da opressão pela igreja e pelo estado, cada humano deveria ser considerado um indivíduo, o que pode explicar por que os mortos da guerra de 1914-18 foram os primeiros a receber túmulos identificados. A filosofia moderna não poderia impedir a guerra, mas encorajaria o preceito moral, inscrito na Convenção de Haia de 1907 e na Convenção de Genebra de 1949, de que deve haver leis de guerra, proibindo depravações além das quais nenhum soldado ou burocrata de uma nação deveria marchar.

O fato de essas novas regras terem sido amplamente ignoradas não as priva de seu valor ou de sua mensagem: que cada homem, mulher ou criança individual tem o que agora reconhecemos como direitos humanos. O genocídio armênio da Primeira Guerra Mundial e o genocídio judeu da Segunda Guerra Mundial levaram o mundo pós-1945 a refletir mais seriamente sobre esses direitos, que foram, na Declaração Universal dos Direitos Humanos da ONU de 1948, chamados de "inalienáveis". Nos anos seguintes, alguns seres humanos consideraram esses direitos mais "inalienáveis" do que outros, mas a ideia persistiu. Mesmo os ditadores mais odiosos seguiam o slogan — mesmo quando não em suas ações.

O Império Romano não tinha nenhuma noção de "direitos humanos", sua lei e justiça não levavam em conta a dor. Samuel Dill, um dos mais eloquentes estudiosos clássicos, escreveu sobre uma veia de "insensibilidade grosseira ao sofrimento no caráter romano", que se tornou "cada vez mais endurecida sob a influência da crueldade licenciada".

É a palavra "licenciado" que contém a chave para nossa dureza de coração moderna, nossa falta de misericórdia para com aqueles que nos dizem para reprimir ou destruir. O poder dá licença e impunidade. E como a impunidade implica confiança — de que os "cavalheiros" obedecerão às ordens sem questionar, por mais terríveis que possam achar tais instruções —, eles podem mais tarde receber permissão para abraçar a glória da vitória. Isso é bem ilustrado pelo comportamento das tropas norte-americanas nas Filipinas em 1906, um ano antes da segunda Convenção de Haia, quando os EUA esmagaram brutalmente uma revolta do povo muçulmano étnico moro, uma batalha final e desesperada na guerra de independência das Filipinas. É uma história não sem significado em nosso estudo da ocupação norte-americana do Afeganistão e do Iraque.

Mark Twain escreveu um ensaio profundamente sarcástico sobre a "batalha" alguns dias depois:

> "Perdemos 15 homens mortos na hora e tivemos 32 feridos (...) O inimigo era contado em 600 — incluindo mulheres e crianças — e nós os abolimos completamente, não deixando nem mesmo um bebê vivo para chorar por sua mãe morta. Esta é, incomparavelmente, a maior vitória já alcançada pelos soldados cristãos dos Estados Unidos."

Twain registrou as manchetes nos dias seguintes — "Mulheres mortas no massacre moro", "Com crianças, elas se misturaram na multidão na cratera e todos morreram juntos", "A lista de mortos agora é 900", "Impossível distinguir os sexos em uma batalha feroz no topo do Monte Dajo" — e comentou que "os selvagens nus estavam tão longe, no fundo daquela armadilha, que nossos soldados não conseguiam distinguir os seios de uma mulher dos mamilos rudimentares de um homem... tão longe que não conseguiam distinguir uma criança de colo de um negro de um metro e oitenta".

O massacre moro foi inicialmente — como Twain previu — um desastre de relações públicas. Não podia ser considerado um "feito brilhante de armas", mesmo "se os Estados Unidos cristãos, representados por seus soldados pagos, tivesse abatido os moros com Bíblias (...) em vez de balas". Relatos posteriores dos assassinatos em massa, no entanto, afirmavam que as mulheres moro haviam sido usadas como escudos humanos por seus homens e, portanto, eram o que hoje chamaríamos de "danos colaterais". Soldados norte-americanos escreveram para casa sobre outras atrocidades nas Filipinas, incluindo a queima de aldeias e o assassinato de seus habitantes. Uma forma de tortura por afogamento também foi usada para obter informações durante a campanha anti-independência de oito anos[5]. Portanto, não havia nada de novo na crueldade norte-americana no Iraque. As Filipinas foram a primeira guerra imperial travada pelos Estados Unidos, e o padrão de "choque e terror" infligido ao povo moro seria repetido no Oriente Médio.

Contudo, há dois elementos na instituição da tortura que ignoramos em grande parte. A tortura como forma de coerção — como o estupro — é muitas vezes separada da própria guerra. A inflição deliberada da morte em grande escala pode ser moderada na escrita e na reportagem histórica pela garantia de que existem "regras de guerra"; tortura e violência contra mulheres supostamente ficam fora delas. Tortura e estupro, no entanto, são tanto "métodos comuns de guerra" quanto tanques, armas, drones e o massacre em massa de soldados ou civis. Todas essas instituições de sofrimento e morte também eram intercambiáveis entre as nações, um precedente recomendando-se a outros. O exército que mata inocentes por indisciplina, medo ou ódio racial não terá escrúpulos em submeter homens e mulheres à obscenidade da câmara de tortura. Da mesma maneira, as forças guerrilheiras também aplicarão esses métodos de guerra à sua própria luta. Relatou-se que combatentes pela independência das Filipinas mataram prisioneiros norte-americanos — cortando seus órgãos genitais antes de sufocá-los ou queimá-los vivos — com tanto entusiasmo quanto os assassinos do ISIS cortaram as gargantas de seus inimigos em 2014.

A tortura também é considerada mais aceitável, ou menos repreensível, quando é perpetrada por nações não ocidentais, mesmo que seus

---

5 Os EUA não concederam a independência às Filipinas por outros 40 anos, mas uma política de verdadeiro autogoverno e desenvolvimento econômico — ao contrário da venda dos ativos do Iraque para compradores estrangeiros sob a administração de Paul Bremer — em grande parte privou a resistência de seu apoio nativo. Insurgentes também assassinaram civis filipinos que colaboraram com os norte-americanos. Os muçulmanos moro eram uma minoria entre a população predominantemente cristã católica do país, que ultrapassava 80%.

torturadores estejam trabalhando para governos que nós, na Europa e nos EUA, apoiamos, financiamos e armamos. Quando cheguei ao Oriente Médio em 1976, por exemplo, descobri que os editores, embora preparados para condenar os regimes árabes que torturavam seus cidadãos, consideravam essa maldade de algum modo "normal", presumivelmente porque esses métodos de opressão eram uma prática constante.

No final da década de 1970, a tortura do regime árabe era algo muito familiar no Oriente Médio e não era algo que terminaria "da noite para o dia". Isso porque os ditadores, generais, reis e príncipes árabes que dominavam a região estavam eles próprios em guerra com seu povo.

Os israelenses, é claro, eram sempre um caso único — nunca praticando tortura contra seu próprio povo, mas rotineiramente submetendo seu povo cativo e ocupado, os palestinos, a tortura e abusos dos direitos humanos em uma escala que nunca seria tolerada por qualquer outra nação ocidental. Em teoria, a questão aqui era se considerávamos Israel uma nação ocidental ou de alguma forma "especial", nem "nós" nem do Oriente Médio, caso em que os jornalistas imporiam regras especiais de reportagem. Na realidade, a culpa europeia pelo Holocausto judeu, o apoio incondicional e total dos EUA a Israel e o medo de serem acusados de antissemitismo suprimiram efetivamente a maior parte da condenação editorial das atrocidades de Israel, fossem cometidas em "paz" ou em guerra.

De todos os estados árabes, o Egito nos forneceu os relatos mais detalhados da tortura estatal, porque a ditadura de Mubarak concedeu vistos a correspondentes visitantes de maneira tão rotineira com que abusava e executava seus prisioneiros. A reportagem era mais difícil para jornalistas e funcionários de agências de notícias ocidentais que mantinham sedes regionais na capital egípcia, já que qualquer investigação séria sobre a tortura do regime inevitavelmente traria uma ameaça do governo de fechar seus escritórios.

Aqueles de nós baseados em Beirute, em vez de no Cairo, não estávamos sob essa pressão, e meus próprios arquivos contêm dezenas de reportagens sobre repressão e tortura do governo egípcio. Em apenas um período de cinco anos, de 1993 a 1997, por exemplo, eu estava regularmente enviando relatórios de cidades distantes do Cairo, enquanto o aparato de segurança de Mubarak travava uma guerra implacável com os insurgentes da Gama'a Islamiya, usando tanto a tortura policial quanto os tribunais militares para liquidar a insurgência islâmica. Meus relatórios provariam ser dolorosamente semelhantes aos que eu havia escrito para o *The Times* sobre os abusos do exército britânico na Irlanda do Norte na década de 1970 — e quase idênticos aos que enviaria ao *Independent* durante a "guerra ao terror" norte-americana no Iraque pós-2003 e o subsequente conflito sectário.

Como de costume, houve muitas vítimas e poucos heróis. O trabalho corajoso e excepcional dos advogados e grupos de direitos humanos egípcios que compilaram milhares de testemunhos detalhados de tortura e os enviaram aos governos egípcio e ocidental nunca recebeu uma única resposta. Suas evidências foram apoiadas por anos de relatórios da Anistia Internacional e dezenas de arquivos de tortura publicados pela Human Rights Watch. "Os norte-americanos leem nossos relatórios, eles sabem o que está acontecendo", disse-me Mohamed Moneib em 1996, acrescentando que, mesmo como secretário-geral de seu grupo de direitos humanos, ele não conseguia persuadir nenhuma embaixada ocidental a fazer uma declaração sobre violações de direitos humanos.

Advogados que não permitiriam mais que eu publicasse seus nomes por medo de prisão disseram-me que havia uma campanha na prisão de Wadi al-Jadid para eliminar suspeitos antes que fossem levados a julgamento. Outro advogado afirmou que os prisioneiros eram "despidos e chutados" e cada um recebia "um nome de mulher" para envergonhá-los e desumanizá-los. "Eles podem usar apenas suas roupas íntimas por uma semana e depois recebem um uniforme prisional amarelo". O estupro masculino nas prisões egípcias, é claro, era semelhante à vergonha e à degradação sexual sofridas por detentos homens e mulheres nas mãos norte-americanas em Abu Ghraib menos de uma década depois. Na verdade, as falsas certidões de óbito eram idênticas às emitidas pelos torturadores da polícia da Argélia na mesma época — durante o conflito selvagem entre o pouvoir e os islamistas na antiga colônia francesa.

Magdi Hussein, um dos editores de jornal mais corajosos do Egito, destacou a extraordinária cooperação entre os governos árabes que praticavam a tortura; ou seja, todos eles. "Isso se move lateralmente pelo mundo árabe", disse ele em 1997, quando a Gama'a estava prestes a quebrar sob o regime de segurança de Mubarak. "Argélia e Tunísia estão usando as mesmas técnicas. A experiência de investigação e interrogatório de suspeitos está sendo compartilhada pelos egípcios. Eles estão trocando experiências — trocando informações sobre pessoas, sobre aqueles que lutaram no Afeganistão. Estão preenchendo lacunas nas informações uns dos outros." Os "árabes afegãos" foram amplamente definidos pelo Egito,

Argélia e outros países do Magrebe como a "fonte" da revolução islâmica. Diante de sua própria insurreição do GIA, os argelinos enviaram uma delegação militar à Síria para aprender como o regime de Assad esmagou a revolta da Irmandade Muçulmana em Hama em 1982. Quando Hafez al-Assad, filho de Bashar, enfrentou a insurreição após 2011, os sírios, por sua vez, perguntaram aos argelinos como eles haviam suprimido o GIA.

E os agentes de inteligência norte-americanos foram mantidos atualizados. Hassan Alfi, o ministro do Interior egípcio, recebeu o diretor do FBI, Louis Freeh, no Cairo em fevereiro de 1997 "para trocar informações e cooperar com as autoridades egípcias em todos os aspectos da segurança". Segundo Alfi, "alguns crimes exigem mais ação, cooperação e troca de informações entre os serviços de segurança internacionais". Freeh abriu um escritório de "investigação" do FBI no centro do Cairo, idêntico a um escritório em Tel Aviv, como parte de uma expansão, segundo a embaixada dos EUA, "nas responsabilidades antiterroristas dos EUA".

A televisão estatal egípcia divulgou julgamentos militares, mostrando os prisioneiros exigindo um estado islâmico, mas censurando suas alegações de tortura. Essas aparições ritualizadas nos tribunais eram hipnóticas e eu me vi atraído pelos salões militares espartanos em que o conflito entre o nacionalismo secular e o absolutismo islâmico era encenado de forma teatral. Olhando para trás, agora posso ver como essas apresentações teatrais foram ensaios gerais para um conflito muito mais assustador no Oriente Médio duas décadas depois — quando foram os próprios islamistas que condenariam à morte oficiais do exército nacionalistas seculares — e cortando suas gargantas em vídeo para que pudéssemos testemunhar sua "justiça".

A dor e a morte eram um pano de fundo permanente para a ditadura que, quando cheguei à região em 1976, há muito era considerada quase "tradicional"; a dor física imposta pelo Estado à população fazia parte da vida cotidiana, um elemento essencial desse doloroso teatro do absurdo que os homens e mulheres árabes deveriam suportar, juntamente com eleições falsas, corrupção e governo de partido único — até mesmo de uma única família.

O Iraque de Saddam Hussein cometeu crimes quase genocidas contra sua comunidade majoritária xiita, a minoria curda e outros opositores do regime; o clã Assad da Síria impôs um manto de tortura refinada, prisão em massa e massacre — tudo para manter seu governo canceroso. Os governos ocidentais que mantiveram relações políticas, comerciais e militares calorosas com esses estados policiais possuíam detalhes íntimos dos instrumentos de repressão que usavam. Como poderia o Reino Unido, por exemplo, ignorar o sistema de tortura estatal do Bahrein quando o quartel-general de inteligência do país era controlado pelo coronel Ian Henderson, um ex-oficial da Polícia Especial Britânica que havia se iniciado na insurreição mau mau no Quênia?[6]

Não uso a palavra "câncer" à toa. Pois o manto de opressão que se estendeu por tantos anos pelo Oriente Médio criou uma doença social exclusiva e quase fatal da qual seus povos acabariam por se recuperar em um despertar corajoso, alegre, muitas vezes horrivelmente violento e quase universalmente trágico. Mas aqueles líderes mundiais, jornalistas e "experts" que reagiram a esse evento chamado lastimavelmente de "Primavera Árabe" com banalidades televisivas em tempo real esqueceram deliberadamente o que veio antes. As masmorras do quartel-general de segurança construído pelos alemães orientais em Damasco e os porões da Mukhabarat em Bagdá — e depois nossa própria adoção da tortura em massa no mundo islâmico — produziram as instituições assustadoras e semelhantes a cultos que se voltariam tão selvagemente contra nós e seu próprio povo antes do final da primeira década do século XXI.

Ao aceitar esse panteão vil de tormento físico, buscamos consolo em sua eficácia. Na Síria, por exemplo, a esmagadora repressão de Hafez al-Assad à revolta da Irmandade Muçulmana em Hama, em 1982, foi considerada no Ocidente mais um evento doloroso — necessário para manter a "estabilidade" em um dos vizinhos hostis de Israel — do que um ato de barbárie. No Egito, o esmagamento do islamismo violento em 1997 forneceu uma justificativa sinistra para o sofrimento terrível que os oponentes do regime foram forçados a suportar. As luvas nunca seriam "tiradas" no Egito, na Síria ou no Iraque — porque os sádicos que dirigiam as câmaras de tortura nunca usaram luvas em primeiro lugar. E quando as potências militares ocidentais retornaram ao Oriente Médio em 2001, a própria ideia de que contempla-

6 O torturador sênior do Bahrein era um coronel do exército jordaniano que também era intérprete oficial de Henderson. Henderson — encarregado do que era oficialmente chamado de "Direção Geral de Investigações de Segurança do Estado" — morreu em 2013, orgulhoso detentor da Ordem de Sheik Isa bin Salman bin al-Khalifa do Bahrein, da Ordem do Bahrein e da Medalha de Mérito Militar do emirado (1ª Classe). O Reino Unido também deve ter admirado a contribuição de Henderson para a "segurança" do Bahrein, já que a Rainha concedeu-lhe um CBE em 1984. Quando escrevi sobre Henderson, fui recompensado com uma charge no jornal de Bahrein Akhbar Al Khaleej, na qual fui retratado como um cão raivoso.

ríamos tratar o povo do Oriente Médio com as restrições legais incômodas que aplicávamos a nós mesmos logo se tornou ridícula.

Quando os jornalistas entenderam a extensão desses crimes no mundo muçulmano, a tortura já havia adquirido aquela "normalidade" fatídica que acompanha esse tipo de perversidade. Depois de anos na Irlanda do Norte, eu estava acostumado a ouvir as desculpas, o desprezo e as mentiras do exército britânico, do "mau tratamento" deliberado que começou com as "Cinco Técnicas" (fome, privação de sono, capuz, "ruído branco" e o wall standing[7]) e depois da inevitável brutalidade contra civis e execuções extrajudiciais que mancharam o exército britânico na província entre 1971 e 1990.

Eu nunca poderia imaginar, contudo, que mais de três décadas depois seria confrontado no sul do Iraque com a mesma indiferença e arrogância do exército britânico que me era tão familiar na Irlanda do Norte. Cheguei ao gabinete de imprensa militar do Reino Unido no aeroporto de Basra em uma triste tarde de sexta-feira em janeiro de 2004. Mostrei aos oficiais documentos em minha posse — um deles assinado por um sargento britânico — de que um recepcionista de hotel iraquiano chamado Baha Mousa havia morrido sob custódia britânica, e uma declaração do pai de Baha Mousa de que o exército britânico esperou três dias antes de admitir à família que ele estava morto. Mas o porta-voz militar britânico não pôde ajudar — Tony Blair estava prestes a chegar. Um dos oficiais riu. "Ligue para o Ministério da Defesa", disse ele despreocupadamente. Nem uma palavra de compaixão pelo homem morto, cuja própria esposa acabara de morrer de câncer, nem por seus filhos pequenos e agora órfãos.

Ao longo dos anos seguintes, fotos do rosto morto de Baha Mousa apareceriam em jornais e televisões ao redor do mundo. Nas fotos, seus olhos estão fechados, suas pálpebras inchadas, sangue em seu nariz quebrado, uma marca roxa escura correndo da testa esquerda até a mandíbula, fitas cirúrgicas e uma seringa branca saindo de sua boca torta. Homens mortos, como diz o clichê, não contam histórias. Mas corpos mortos sim.

* * *

7 Técnica de tortura que consistia em forçar a pessoa a permanecer em uma posição extremamente desconfortável e extenuante por longos períodos: ela era colocada contra uma parede com as pernas afastadas, os braços estendidos acima da cabeça ou na altura dos ombros e as pontas dos dedos tocando a parede. Essa posição era mantida por horas, causando grande sofrimento físico e psicológico, sem deixar marcas evidentes de agressão física, o que dificultava sua denúncia. (N.T.)

A casa da família Mousa era uma construção de blocos de concreto em um beco triste, com lagos de esgoto nas junções das ruas. Estava excepcionalmente quente para um dia de janeiro e havia poucas pessoas nas ruas de Basra, mas todos sabiam para onde queríamos ir. Há muito tempo desenvolvemos um instinto para caçar histórias nas cidades do Iraque; metade de nossa atenção estava em encontrar o endereço, a outra metade nos caras que poderiam estar nos caçando.

O tenente-coronel Daoud Mousa, da polícia iraquiana, era um homem de 58 anos, gordinho, com um uniforme azul elegante. Meio pai de luto, meio policial desconfiado, ele sabia que o crime que mais queria resolver também era sua própria tragédia. A última vez que viu seu filho Baha Mousa vivo foi em 14 de setembro de 2003, quando soldados britânicos invadiram o hotel de Basra onde o jovem de 26 anos trabalhava como recepcionista. "Ele estava deitado com os outros sete funcionários no chão de mármore com as mãos sobre a cabeça. Eu disse a ele: 'O oficial britânico diz que você será libertado em algumas horas'." O oficial, um segundo-tenente, até deu ao coronel iraquiano um pedaço de papel e escreveu "2Lt. Mike" nele, junto com uma assinatura indecifrável e um número de telefone de Basra. A promessa não foi cumprida. O 1º Batalhão do Regimento da Rainha cuidou disso.

"Três dias depois, eu estava olhando para o corpo do meu filho", disse o coronel. "Os britânicos vieram dizer que ele havia 'morrido sob custódia'. Seu nariz estava quebrado e havia sangue acima da boca e pude ver as contusões em suas costelas e coxas. A pele foi arrancada de seus pulsos onde as algemas estavam". O corpo de Baha Mousa era a prova do que ele havia suportado.

Rabisquei as palavras do pai em meu caderno; Nelofer tirou fotos. Ele falou devagar, sentado no chão de cimento de sua cabana de favela. Ninguém escondeu o fato de que os homens pegos no Hotel Haitham — onde tropas britânicas haviam encontrado quatro armas em um cofre — foram brutalmente tratados enquanto estavam sob custódia da Polícia Militar Real. Um dos colegas de Baha, Kifah Taha, deu um relato arrepiante do tratamento que os oito homens receberam ao chegar a um centro de interrogatório britânico em Basra. Por uma terrível coincidência, o prédio havia sido anteriormente a sede do serviço secreto de Ali al-Majid, conhecido como "Ali Químico" por seu gás contra os curdos no norte do Iraque. Nossa testemunha contou uma história de brutalidade britânica que não poderia ter sido muito diferente dos eventos que ocorreram naquele mesmo prédio sombrio sob o governo de Ali al-Majid:

> "Fomos colocados em uma grande sala com as mãos amarradas e com sacos na cabeça. Mas eu conseguia ver através de alguns buracos no meu capuz. Soldados entravam e nos chutavam, escolhendo um após o outro. Eles atacaram especialmente o Baha, e ele ficou gritando que não conseguia respirar com o capuz (...) Mas eles riram dele e (...) Então eles aumentaram os chutes nele e ele desmaiou no chão. Nenhum de nós conseguia ficar em pé ou sentado porque era muito doloroso".

Nenhum dos prisioneiros disse que foi interrogado sobre a descoberta das armas no hotel. Na verdade, o homem que havia escondido dois rifles e duas pistolas no cofre do hotel — um dos sócios do hotel — fugiu após a chegada dos britânicos e ainda estava foragido.

Como tantas vezes no Oriente Médio, foi um investigador da Anistia Internacional que nos alertou sobre a morte de Baha Mousa. Enquanto nós, jornalistas, seguíamos a "história" diária do Iraque, a Anistia acumulou pastas de informações, exigindo persistentemente falar com autoridades que estavam mais do que felizes em exibir evidências dos crimes de Saddam, mas não estavam dispostas a serem confrontadas com suas próprias. Sem publicidade, a Anistia já havia exigido uma investigação independente sobre a morte de Baha Mousa e o abuso dos outros prisioneiros, mas o Ministério da Defesa do Reino Unido estava tentando manter sua investigação dentro do exército. Dois soldados presos em conexão com a morte do jovem já haviam sido libertados. A família de Baha Mousa ficou indignada. O que deveriam fazer? perguntaram-nos, buscando ajuda de um jornalista britânico cujos concidadãos haviam cometido esse crime. Peça à Anistia para encontrar um advogado para representar Baha Mousa, eu disse. Ligue para a Human Rights Watch. Vá atrás dos britânicos nos tribunais de Londres. Deixe-me escrever sobre isso.

O irmão de Baha Mousa, Alaa, disse: "Eles nos deram US$ 3.000 de indenização, depois disseram que poderíamos receber mais US$ 5.000 — mas eles não aceitariam a responsabilidade por seu assassinato[8]. Rejeita-

8 Em dezembro de 2003, a família Mousa recebeu uma carta de um funcionário de reclamações britânico chamado Perkins, que oferecia mais US$ 5.000 como "acordo final" do "incidente", o que seria feito "sem admissão de responsabilidade em nome do Contin-

mos esse dinheiro. Queremos justiça". A família Mousa havia recebido um atestado de óbito internacional do exército britânico no centro médico militar de Shaiba, fora de Basra. Era datado de 21 de setembro de 2003, mas novamente carregava uma assinatura indecifrável. Declarava que a morte de Baha Mousa havia sido causada por "parada cardiorrespiratória: asfixia". No entanto, o oficial britânico anônimo que havia assinado o documento misteriosamente esqueceu de preencher as colunas marcadas como "devido a/como consequência de" e "intervalo aproximado entre o início (da asfixia) e a morte". Ainda mais grave, o exército britânico não preencheu o formulário solicitando "Regt. Corps/RAF Command" e "Ship/Unit/RAF Station".

Kifah Taha ainda estava em seu quarto de hospital em Basra quando fui vê-lo. Ele disse que todos os prisioneiros receberam um apelido dos soldados britânicos que os espancaram. "Eles nos chamavam pelos nomes de jogadores de futebol", disse Taha. "Lembro-me de um — era "Van Boston". Eles ficavam nos dando esses nomes e nos pedindo para repeti-los para que lembrássemos quem éramos. Beckham era outro nome". Marco van Basten, a quem Taha se referia, era o jogador de futebol holandês famoso por destruir as esperanças do futebol inglês alguns anos antes. Socar os prisioneiros para fazê-los gritar de dor, um tribunal militar britânico ouviria anos depois, era um ataque que os soldados apelidaram de "o coro".

A alegação do pai de Baha Mousa era de que seu filho foi deliberadamente chutado até a morte pelos soldados porque eles descobriram que seu pai havia persuadido o oficial britânico — "Segundo Tenente Mike" — a prender vários soldados britânicos que haviam roubado dinheiro do hotel durante o ataque. "O oficial fez um dos homens abrir a camisa e encontrou o dinheiro e o soldado foi desarmado. Mas a investigação militar não queria ouvir sobre isso — eles não estavam interessados no roubo ou no motivo pelo qual os soldados que estavam roubando o dinheiro queriam maltratar meu filho como resultado do que eu fiz."

Sentado na casa da família em Basra, ouvindo essa história de falsida-

---

gente Britânico das Forças da Coalizão no Iraque". Levou cinco anos para o Ministério da Defesa britânico concordar em pagar quase 3 milhões de libras à família de Baha Mousa e aos outros iraquianos agredidos com ele. Até o final de 2012, o Reino Unido havia pago 14 milhões de libras a 205 iraquianos detidos e abusados ilegalmente durante a ocupação britânica e estava negociando mais 196 pagamentos.

de, não senti nada além de vergonha[9].

Após uma campanha de oito anos por justiça liderada pelo *Independent*, um inquérito do exército britânico afirmou que Baha Mousa sofreu 93 ferimentos e descreveu sua morte como "um episódio terrível de grave violência gratuita". O relatório de 1.400 páginas também afirmou que um "grande número" de soldados agrediu Baha Mousa. Dos sete soldados britânicos acusados, porém, seis foram considerados inocentes; o sétimo, o cabo Donald Payne, foi preso por apenas um ano e expulso do exército após se declarar culpado de "tratamento desumano" de um prisioneiro. Um tribunal militar de 2007 mostrou soldados acusados "não se lembrando" de detalhes mais de 600 vezes.

Na época em que o inquérito público descreveu os ferimentos de Baha Mousa, a velha bobagem sobre "corações e mentes" estava tão seca quanto a areia do deserto. Dois anos depois de encenarem sua retirada humilhante de Basra em 2009, os britânicos retiraram seu último contingente do Iraque. Sofreram 179 baixas, o suficiente para parentes do exército acusarem Blair de assassinar seus filhos, mas infinitesimal em comparação com a contagem de corpos iraquianos. Abandonamos o país e ficou a cargo dos próprios iraquianos — homens como Daoud Mousa, carregando a dor da morte de seu filho para sempre — suportar a dor e a tristeza que viriam.

No entanto, por ter relatado a tragédia de Baha Mousa em primeira mão, voltei repetidamente à questão de nossa capacidade, deliberada e cruel, de causar imenso sofrimento aos inocentes. Os seres humanos em guerra estão, por definição, obrigados a cometer atrocidades? O Comitê Internacional da Cruz Vermelha e o Movimento do Crescente Vermelho tentaram responder a essa pergunta em 2004. Os combatentes desconheciam o direito internacional humanitário? Improvável, acho. Eles não se importavam. Para seu relatório, o CICV e o MCV entrevistaram centenas de combatentes na Colômbia, na Bósnia, na Geórgia e na Congo e sugeriram que aqueles que cometem atos reprováveis se veem como vítimas, o que então lhes dá o "direito" de agir selvagemente contra seus oponentes.

9 Advogados britânicos sentiram o mesmo. Eles lutaram pela família Mousa nos tribunais britânicos, e a Public Interest Lawyers apoiou os casos de muitas outras vítimas da crueldade britânica no Iraque. Phil Shiner, o advogado de direitos humanos que levou o caso Mousa à Câmara dos Lordes em 2007, escreveu-me dois anos depois para dizer — "como sei que você é o jornalista que expôs primeiro o caso Baha Mousa" — que estava ansioso para que o mundo soubesse "o que está acontecendo em relação ao uso de tortura e técnicas de interrogatório proibidas pelo Reino Unido no Iraque".

O cabo Donald Payne, preso por um ano por "tratamento desumano", diria ao tribunal militar que os assassinos de Baha Mousa haviam agido por vingança pela morte de quatro soldados em meados de 2003.

O documento da Cruz Vermelha—Crescente Vermelho, no entanto, também sugeriu que "o desligamento moral de um combatente é produto de sua filiação a um grupo e dentro de uma hierarquia, onde a submissão à autoridade e o conformismo desempenham um papel essencial". Aqui é possível compreender a utilidade desse "papel"; os combatentes são "cavalheiros" que, quando "as luvas são tiradas", sabem que estão obedecendo à sua hierarquia. Tal crueldade foi então favorecida por um guarda-costas de clichês — "operações policiais", "limpeza", "ataques cirúrgicos" —, enquanto "métodos modernos de guerra, pelos quais se pode matar por controle remoto, facilitam tais justificativas, especialmente quando a mídia não está presente para mostrar as realidades de um conflito". À distância física, concluiu o relatório, somava-se a distância psicológica. Durante o inquérito militar do Reino Unido sobre a morte de Baha Mousa, um vídeo foi exibido no qual um soldado britânico claramente identificado podia ser visto no mesmo quarto que Mousa, gritando com um detento: "Levante-se, macaco maldito".

Um olhar para os epítetos infantis, mas venenosos, usados pelos senhores Bush e Blair em sua coletiva de imprensa em Londres, em novembro de 2003, em que os dois homens confundiram 11 de setembro, a violência na Turquia, o caos no Iraque pós-invasão, a Caxemira, a Palestina e a Chechênia, demonstra quão potente essa demonização pode ser. A linguagem de Blair estava cheia de banalidades — "o mal que esses terroristas representam para pessoas inocentes", "nenhuma contenção, nenhum compromisso, nenhuma hesitação em enfrentar essa ameaça", "fanáticos do terror", "assassinos brutais e insensíveis", "fanatismo e extremismo", "eles estão preparados para matar qualquer um, eles estão preparados para derramar qualquer quantidade de sangue" —, enquanto Bush entoava as mesmas mediocridades. A "missão" do Ocidente, porém, era "nobre" e "necessária" na "defesa da liberdade e no avanço da democracia" — esse era novamente Blair, que concluiu que "em praticamente todos os lugares onde há problemas e dificuldades, esses terroristas e fanáticos estão piorando tudo".

Naturalmente, Blair não podia se referir à divisão da Caxemira, à ocupação da Palestina nem aos crimes de guerra russos na Chechênia; pois isso teria exigido uma discussão sobre injustiça ou a tomada de terras estrangeiras ou a lei marcial, as razões pelas quais essas terras eram afligidas por tal derramamento de sangue. Privados desse contexto, os "terroristas" poderiam ser desprezados ou — como afirmou o relatório da Cruz Vermelha-Crescente Vermelho — terem negada sua "humanidade". Assim, "terroristas" — e qualquer pessoa associada a eles, que fala como eles ou que parece com eles se torna "terrorista" — são portanto condenados a sofrer espancamentos, tortura ou assassinato.

E assim, quando Dick Cheney falou em trabalhar no "lado sombrio", sua expressão trazia um argumento que acolheria assassinatos extrajudiciais, "técnicas de interrogatório aprimoradas" ou mera crueldade racista. Nesse sentido, Baha Mousa foi tanto vítima de nossos crimes quanto aqueles suspeitos da al-Qaeda submetidos à tortura por afogamento em Guantánamo. É pertinente notar, no entanto, que enquanto Blair e Bush podiam produzir todo tipo de expressões infantis para expressar seu ódio ao "terror", Cheney produziu uma única frase que capturava muito mais perturbadoramente suas próprias intenções. O "lado sombrio" é sinônimo de terror, e isso foi feito para intimidar nossos inimigos; os centros de tortura globais da CIA eram compreensivelmente chamados de "locais negros". Oficiais norte-americanos em Bagdá dirigiram uma célula de interrogatório que chamavam de "Sala Negra"[10].

"Uma das razões pelas quais os norte-americanos introduziram a 'entrega extraordinária'", disse meu colega Justin Huggler, é que "os militares e a CIA têm regras — mesmo que não as obedeçam — mas ao entregar pessoas a outros países onde sabem que serão torturadas, não há lei nem processo militar. O objetivo da entrega é torturar."

A única lei que se aplicava à entrega — o transporte de jovens para países árabes e outros para as mais cruéis torturas — acabou sendo a aceitação pelos tribunais ocidentais daquela mesma informação obtida pelos torturadores de suas vítimas, por mais contaminada que pudesse estar. Em agosto de 2004, o uso da tortura para obter provas contra suspeitos de "terrorismo" foi endossado pelo Tribunal de Apelação Britânico, quando dois juízes permitiram que o secretário do interior do país detivesse suspeitos de "terror" com base em informações de prisioneiros que haviam sido tortura-

10 Foi com esse mesmo propósito que a Gestapo esperava aterrorizar aqueles que resistiam ao domínio nazista, adotando uma política que chamavam de *nacht und nebel*, "noite e neblina", o que invariavelmente significava liquidação. Os EUA, é claro, não buscaram emular o *Sicherheitsdienst* alemão, embora o sofrimento individual suportado em algumas das prisões de "terror" norte-americanas pudesse ter sido digno da depravação da SS.

dos em Guantánamo e outros campos norte-americanos. O juiz de apelação da época foi "completamente incapaz" de ver por que o ministro britânico não poderia confiar em evidências "que chegam às suas mãos e que foram ou podem ter sido obtidas por meio de tortura por agências de outros estados sobre os quais ele não tem poder de direção". Por quê, ele perguntou, a lei deveria impor "um dever de investigação solene quanto aos métodos de interrogatório usados por agências de outros estados soberanos"?

Também não havia nenhuma solenidade em relação aos métodos de entrega de prisioneiros. Dana Priest, do *Washington Post*, ganhou uma série de prêmios de imprensa por sua exposição dessa prática vil. Membros do "Grupo de Entrega" dos EUA, pertencentes ao "Centro de Contraterrorismo" (CTC) da CIA, ela escreveu:

> "Seguem um procedimento simples, mas padrão: vestidos da cabeça aos pés de preto, incluindo máscaras, eles vendam e cortam as roupas de seus novos cativos, depois administram um enema e drogas para dormir. Eles equipam os detidos com uma fralda e um macacão para uma viagem que pode durar um dia inteiro. Seus destinos: uma instalação de detenção operada por países cooperativos no Oriente Médio e na Ásia Central, incluindo o Afeganistão, ou uma das próprias prisões secretas da CIA — referidas em documentos classificados como "locais negros", que em vários momentos foram operados em oito países, incluindo vários na Europa Oriental".

A frase-chave na reportagem de Priest foi a referência a "países cooperativos" no Oriente Médio. Isso não significava "aliados moderados", pois incluía a Síria, um regime supostamente apoiador de "terroristas", ao lado da ditadura egípcia obediente e outras autocracias árabes. E todos sabíamos sobre o tratamento abominável de prisioneiros nas prisões desses países. Nossa investigação jornalística detalhada sobre tortura, abusos dos direitos humanos e execuções no Egito, nossos relatórios de jornal sobre essas iniquidades — juntamente com nosso exame detalhado da tortura estatal síria e execuções — não deixaram dúvidas sobre o destino de qualquer pessoa enviada para essas nações do Oriente Médio, amarrada, vendada, drogada e rotulada de "terrorista".

Nos anos seguintes, homens muçulmanos seriam transportados pelo ar pelo mundo, muitas vezes via Europa, para câmaras de tortura em Damasco, Cairo, Rabat e Trípoli — até mesmo de volta ao Afeganistão, em Bagram — para um sofrimento quase inimaginável. Os norte-americanos estavam, na verdade, pedindo aos regimes muçulmanos que fizessem a tortura por eles. E se o CTC soubesse mais tarde que seu suspeito havia morrido, como poderiam ser culpados? Se oficiais norte-americanos podiam torturar suas vítimas com afogamento simulado, espancamentos com coronhas de rifle durante interrogatórios nus ou jogando homens contra paredes, sádicos árabes estavam à mão para aumentar o sofrimento com seus plugues e eletrodos nos genitais dos homens que os norte-americanos entregaram. As histórias de pesadelo de facas, tacos e fios não fizeram diferença para os pilotos e tripulações que levaram esses prisioneiros à perdição, nem para as nações europeias que permitiram que esses voos fossem reabastecidos em seu território soberano. Eles aceitaram de bom grado as garantias de Washington de que aeronaves norte-americanas em trânsito não transportavam prisioneiros para interrogatório, encolhendo os ombros quando mais tarde foi revelado que os norte-americanos haviam mentido.

Uma casuística semelhante foi usada pelo Reino Unido para deportar estrangeiros árabes para seus países de origem, mesmo quando seus governos eram conhecidos por aprovar a tortura. Descobrindo que várias ditaduras não estavam dispostas a assinar declarações de que os deportados não seriam torturados, Tony Blair permitiu as deportações do Reino Unido com base no fato de que os britânicos estavam satisfeitos, sem nenhuma promessa, de que eles não seriam prejudicados.

A história de enviar árabes de volta à "justiça" em suas próprias terras remonta a quase meio século. Em 1972, o coronel Mohamed Amekrane da força aérea marroquina fugiu para Gibraltar depois de participar de uma tentativa de assassinato do rei Hassan. Ele e um colega oficial pousaram no território ultramarino britânico em um helicóptero da força aérea e buscaram asilo político do governo britânico. O rei, um aliado próximo da Grã-Bretanha, mas ele mesmo responsável pelo desaparecimento de milhares de prisioneiros, exigiu a devolução de Amekrane. O secretário de Relações Exteriores britânico, Alec Douglas-Home, estava de férias na Escócia, mas ele deve ter conhecido o destino que aguardava Amekrane se ele fosse enviado de volta ao Marrocos.

Uma pequena manobra judicial foi, portanto, realizada. Embora a Convenção Europeia de Direitos Humanos desse a qualquer pessoa o direito de deixar seu país, nenhum tratado obrigava um país a conceder asilo a essa pessoa. Amekrane não poderia ser oficialmente extraditado, então os britânicos decidiram que ele e um colega deveriam ser deportados de Gibraltar como estrangeiros indesejáveis para o Marrocos — "porque esse era o lugar de onde eles vieram". Havia 3.000 marroquinos leais em Gibraltar que ficariam com raiva se eles ficassem, explicou um ministro do Foreign Office, e a presença dos dois homens, segundo uma declaração do governo, "não teria sido benéfica para o bem público". Mais tarde, foi dito que Douglas-Home recebeu garantias de que Amekrane não seria morto. Então os britânicos o enviaram de volta ao Marrocos, onde ele foi executado por um pelotão de fuzilamento.

Houve um momento instrutivo alguns meses depois, quando a viúva de Amekrane exigiu indenização do governo britânico por não dar a seu marido o direito de apelação após negar-lhe asilo. Ela recebeu 37.500 libras — ex gratia, é claro, sem culpa. Foi uma variação do dinheiro de sangue que seria oferecido a iraquianos como Daoud Mousa mais de 30 anos depois.

A palavra "entrega" tornou-se parte daquele vocabulário sutil que os funcionários usavam para esconder suas intenções brutais, mas a expressão tinha um pedigree centenário. Pesquisando a vida de seu avô Henry Cockburn — um diplomata britânico sênior na Coréia durante a ocupação japonesa da península no início do século XX —, meu colega Patrick Cockburn descobriu que seu antepassado havia tentado impedir que um jornalista coreano fosse entregue a oficiais militares japoneses. Yang ki-Tak havia sido torturado em uma prisão japonesa por seus artigos críticos sobre a ocupação e buscou refúgio em seu escritório no jornal de Seul, uma propriedade britânica onde os japoneses não podiam entrar sob os termos do tratado — a menos que o cônsul britânico concordasse. Henry Cockburn escreveu um memorando em agosto de 1908 ao embaixador britânico em Tóquio intitulado "Entrega de um Coreano", o primeiro uso registrado conhecido da palavra na política moderna. Cockburn lutou tão ferozmente pela proteção de Yang que, quando finalmente foi forçado a entregá-lo, os japoneses haviam concordado em mantê-lo no hospital e dar-lhe um julgamento justo, após o qual foram forçados a liberá-lo.

Em 2007, George W. Bush disse abertamente ao mundo que, além dos prisioneiros em Guantánamo, "um pequeno número de suspeitos de líderes e operacionais terroristas capturados durante a guerra foram detidos e interrogados fora dos Estados Unidos, em um programa separado operado pela Agência Central de Inteligência (...) que usou um conjunto alternativo de procedimentos. Esses procedimentos foram projetados para serem seguros, para cumprir nossas leis, nossa constituição e nossas obrigações de tratado". Novamente, a linguagem revelou a crueldade. O uso orwelliano da palavra "programa", juntamente com a referência de Cheney ao "lado sombrio" seis anos antes, era claro o suficiente e foi apenas enfatizado pelo sinistro "conjunto alternativo de procedimentos". Era como se os "suspeitos de líderes terroristas" fossem submetidos a algum tipo de terapia agressiva "segura" cujas regras eram, é claro, sancionadas pelo estado por meio da lei, até mesmo "compatíveis" com a Constituição dos EUA.

No entanto, Bush, sem querer, entregou esses atos de barbárie ao domínio público quando também anunciou que 14 "detentos de alto valor" seriam transferidos para Guantánamo, onde seriam entrevistados pela Cruz Vermelha. Seu relatório confidencial dessas reuniões foi revelado no início de 2009, e assim recebemos o primeiro relato oficialmente registrado da tortura de Abu Zubaydah, grande parte dela aparentemente perpetrada no "local negro" da CIA na Polônia, usado pelos nazistas na Segunda Guerra Mundial. Zein Abu Zubaydah era um alto funcionário da Al-Qaeda originalmente capturado no Paquistão.

Ele sobreviveu a "afogamento simulado" 83 vezes. O iemenita-saudita Walid bin Attash e o paquistanês Khalid Sheikh Mohamed, ambos altos funcionários da Al-Qaeda supostamente envolvidos nos ataques de 11 de setembro, estavam entre dezenas de prisioneiros que descobriram o significado do "conjunto alternativo de procedimentos" de Bush, com Mohamed sendo "simuladamente afogado" 183 vezes. Suas entrevistas, gravadas em isolamento, eram em muitos aspectos idênticas — adicionando assim à autenticidade de seus relatos; a pura repetição apenas enfatizava a banalidade de seu tratamento.

Se isso era o que os detidos sofriam sob os norte-americanos, no entanto, eles podiam esperar muito pior quando eram terceirizados para os aliados árabes dos EUA. Tomemos o caso de Mohamed al-Zery e Ahmed Agiza, que foram entregues em um avião da CIA da Suécia para o Egito em 2001. O governo sueco havia obtido garantias de que os dois não seriam torturados, uma promessa que foi quebrada. De acordo com o advogado de asilo sueco de al-Zery, Kjell Jonsson, "ele foi mantido em uma cela muito fria e muito pequena e foi espancado; a tortura mais dolorosa foi (...) em que eletrodos foram colocados em todas as partes sensíveis de seu corpo muitas vezes, sob vigilância de um médico". A mãe de Agiza descreveria como seu filho foi interrogado em uma prisão subterrânea. "Assim que ele era questionado e respondia 'Não sei', eles aplicavam choques elétricos em seu corpo e o espancavam (...) Durante o primeiro mês de interrogatório, ele estava nu e não recebeu nenhuma roupa. Ele quase morreu de frio[11]."

Em sua investigação sobre esses casos, o jornalista Stephen Grey falou com Michael Scheuer, que no final da década de 1990 chefiou a unidade da CIA ordenada a encontrar Bin Laden. Embora admitindo que "erros" ocorriam às vezes, Scheuer acreditava que era uma atividade "valiosa" tirar "da rua" qualquer pessoa que pudesse estar tentando matar norte-americanos, mesmo que a tortura pudesse ser usada nos países para onde os prisioneiros eram enviados.

No entanto, à medida que advogados e jornalistas continuaram a investigar a "entrega", suas conexões árabes ficaram mais claras. Em 2002, por exemplo, descobriu-se que 13 egípcios haviam sido sequestrados pela CIA nos Balcãs em 1998, dos quais cinco eram acusados de planejar explodir a embaixada dos EUA em Tirana. Os cinco foram capturados com a ajuda da polícia albanesa e levados para o Cairo em um jato fretado pela CIA, dois deles executados após sua chegada. Os egípcios podem ter pensado que lhes deviam um favor — desde 1993, o Cairo havia ajudado a transferir detentos da Nigéria, das Filipinas, do Quênia e da África do Sul para os Estados Unidos.

A política de ameaçar e chantagear nações clientes que ousavam expor a tortura dos EUA continuou sob a presidência de Obama. Em 2009, surgiu em um tribunal britânico que Washington havia ameaçado retirar a cooperação em casos "terroristas" se um tribunal do Reino Unido ordenasse a divulgação de provas secretas de tortura. Documentos secretos da

---

11 A contaminação legal de provas obtidas por meio de tortura só piorou. Três anos depois de o Tribunal de Apelação do Reino Unido ter decidido que tais testemunhos eram admissíveis se obtidos por meio de tortura perpetrada por governos estrangeiros, o Parlamento Europeu condenou a opinião jurídica do conselheiro do Ministério das Relações Exteriores do Reino Unido, Michael Wood, "segundo a qual 'receber ou possuir' informações extraídas sob tortura não é (...) proibido" pela Convenção da ONU contra a Tortura. O Parlamento da UE também observou que 170 escalas foram feitas por aeronaves operadas pela CIA em aeroportos do Reino Unido e 147 em aeroportos irlandeses, e que 1.245 voos operados pela CIA entraram no espaço aéreo europeu ou pousaram em aeroportos europeus nos quatro anos que terminaram em dezembro de 2005, embora nem todos esses aviões estivessem transportando prisioneiros "entregues".

CIA mantidos pelo Ministério das Relações Exteriores britânico, segundo informações, incluíam detalhes do interrogatório de Binyam Mohamed, o residente britânico que foi levado ao Marrocos por agentes da CIA antes de ser enviado ao Afeganistão e detido por quatro anos em Guantánamo. Mohamed alegou que agentes britânicos sabiam que ele estava sendo maltratado sob custódia dos EUA. Juízes britânicos ficaram chocados com a ameaça norte-americana, acrescentando:

> "Não consideramos que uma democracia governada pelo estado de direito esperaria que um tribunal em outra democracia suprimisse um resumo das provas contidas em relatórios de seus próprios funcionários (...) relevantes para alegações de tortura e tratamento cruel, desumano ou degradante, por mais politicamente embaraçoso que possa ser (...) Não tínhamos razão (...) para antecipar que seria feita uma ameaça da gravidade do tipo feita pelo governo dos Estados Unidos de que reconsideraria seu relacionamento de compartilhamento de inteligência, quando todas as considerações em relação à justiça aberta apontavam para nós fornecermos um resumo limitado, mas importante, dos resultados".

Entretanto, o Tribunal de Apelação do Reino Unido, apenas cinco anos antes, não havia decidido que provas adquiridas sob tortura em outros países poderiam ser usadas nos tribunais britânicos — desde que a Grã-Bretanha não estivesse em posição de impedir tal crueldade? Por que Washington deveria esperar que seu aliado britânico exigisse detalhes da tortura norte-americana quando a Grã-Bretanha estava feliz em compartilhar os benefícios das informações fornecidas por essas mesmas sessões de tortura? O secretário de Relações Exteriores britânico, David Miliband, havia insistido anteriormente que os detalhes do interrogatório fossem mantidos em segredo — até que o Tribunal Superior do Reino Unido decidiu que ele não havia considerado adequadamente as torturas "medievais" alegadas por Binyam Mohamed. Miliband sofreria mais tarde uma humilhante rejeição quando documentos judiciais revelaram a extensão do sofrimento de Mohamed — e quando se soube que os serviços de segurança britânicos sabiam desde o início que ele havia sido acorrentado, ameaçado e privado de sono por longos períodos pela CIA.

À medida que mais detentos puderam contar suas histórias, as evidências só pioraram. A Scotland Yard logo estava investigando alegações de que um oficial de inteligência do MI5 estivera presente quando interrogadores da CIA haviam brutalizado o residente britânico Shaker Aamer na prisão de Bagram, no Afeganistão, sua cabeça repetidamente "batida tão forte contra uma parede que ricocheteava"[12].

Por décadas, os serviços de inteligência da Síria competiram em terrorizar uma população majoritariamente muçulmana sunita. Seus instrumentos de tortura favoritos incluíam uma cadeira, originalmente projetada pelo regime da Alemanha Oriental, para quebrar lentamente as costas dos suspeitos detidos na sede da mukhabarat no centro de Damasco. Grupos de direitos humanos enviaram apelos por muitos anos para prisioneiros que enfrentavam execução ou prisão perpétua, sem efeito. A Anistia Internacional relatou em 1995 que, mesmo depois de ter apresentado os nomes de 1.000 vítimas de violações de direitos humanos às autoridades sírias, nenhuma resposta havia sido recebida.

Após o massacre de 500 prisioneiros islâmicos na prisão militar de Tadmor em 1980, grupos de direitos humanos passaram a se interessar pelo complexo de concreto cinzento e sombrio próximo às ruínas romanas de Palmyra. Em 1996, a Human Rights Watch registrou o relato de um ex-prisioneiro que testemunhou execuções:

> "Eles usavam métodos incríveis para matar pessoas. O Pátio Quatro tinha uma bacia elevada (...) Eles eram atingidos com a borda afiada de um machado e depois cortados em pedaços. Os prisioneiros também eram amarrados e arrastados até morrerem. Isso era feito aleatoriamente, tanto para aqueles que eram considerados inocentes pelo tribunal quanto para aqueles que foram condenados à morte".

Na atmosfera surreal de um hotel em Boston, Massachusetts, ouvi

---

12 Aamer testemunharia que dois oficiais do MI5 ou MI6, um homem e uma mulher, o interrogaram pessoalmente em uma prisão em Kandahar em 2002, depois que ele havia sido submetido a espancamentos e privação de sono pelos norte-americanos. A mulher britânica era chamada de "Sally". Durante sua surra em Bagram, Aamer disse que o agente do Reino Unido se apresentou como "John". O mesmo — ou outro — "John" aconselhou Binyam Mohamed antes de sua transferência para o Marrocos e a obscena tortura que ele suportou lá, que "ele tinha a oportunidade de nos ajudar e ajudar a si mesmo. As autoridades dos EUA decidiriam o que fazer com ele e isso dependeria em grande parte de seu grau de cooperação". As indenizações pelo envolvimento da Grã-Bretanha na tortura — embora a certa distância — foi estimado em 2010 em mais de 30 milhões de libras.

um ex-prisioneiro de Tadmor, agora cidadão americano, relembrando como os detentos sabiam que um pelotão de fuzilamento estava prestes a executar um prisioneiro ao sentirem o cheiro de um determinado aftershave vindo do pátio. Pertencia ao brigadeiro general Ghazi Kanaan, o ex-comandante da inteligência síria no Líbano, que só visitava Tadmor para testemunhar execuções.

Ninguém podia alegar ignorância da natureza bárbara das prisões do regime sírio. O Departamento de Estado dos EUA apagava regularmente o histórico de direitos humanos da Síria. Depois que George W. Bush declarou sua "guerra ao terror", contudo, Washington adotou uma atitude de quase complacência em relação à aniquilação da Síria de seus inimigos islâmicos e sua tortura e execução. E ansioso por demonstrar suas credenciais "antiterroristas", o presidente Bashar al-Assad permitiu que seus serviços de inteligência cooperassem com a CIA e até permitiu que os EUA enviassem "suspeitos de terrorismo" para Damasco para interrogatório local. Os Estados Unidos sabiam exatamente o que aconteceria com qualquer um que "entregasse" a Bashar[13].

Em novembro de 2003, a Anistia Internacional produziu dois relatórios urgentes sobre prisioneiros na Síria que temiam estar destinados à "tortura e maus-tratos". Um deles era para Hasan Mustafa, um ourives curdo de 32 anos de Ain al-Arab [Kobani] no norte da Síria, preso dois meses depois que seu irmão Khalil foi supostamente torturado até a morte em detenção em 10 de agosto. Sua família encontrou "ferimentos graves e hematomas visíveis em seu cadáver, incluindo uma perna quebrada em dois lugares, um olho perdido e uma ferida na cabeça", segundo a Anistia. Dezenas de curdos sírios foram detidos ao longo dos anos pela expressão pacífica de queixas — incluindo pela recusa do regime em conceder-lhes plena cidadania. 12 anos depois, Ain al-Arab adquiriria uma nova e sangrenta reputação quando foi disputada entre milícias curdas apoiadas por ataques aéreos dos EUA e centenas de homens armados do "Califado Islâmico".

A outra vida síria pela qual a Anistia apelou em novembro de 2003 foi a de Abdullah Almalki, cidadão canadense. Ele foi preso quando chegou ao aeroporto de Damasco em maio de 2002, detido na prisão de Sednaya e

13 Para adicionar o toque irônico necessário para qualquer drama de brutalidade do Oriente Médio, essa mesma repressão estatal, da qual Washington agora desejava tirar vantagem, seria um dos motivos apresentados pelos norte-americanos — apenas oito anos depois e meses após o início das revoluções árabes — para a derrubada do regime de Assad.

inicialmente negou acesso a diplomatas do consulado canadense. Almalki, disse a Anistia, havia sido "submetido a uma forma de tortura conhecida como dullab, que envolve pendurar a vítima em um pneu suspenso e espancá-la (...) com paus e cabos. Aparentemente, ele também recebeu choques elétricos e foi espancado pelo corpo com cabos, além de receber chutes na cabeça".

Almalki, de 31 anos, nasceu na Síria mas tornou-se cidadão canadense em 1991, trabalhando em campos de refugiados afegãos e para uma agência de reconstrução da ONU antes de retornar para iniciar uma empresa de eletrônicos em Ottawa. O Serviço Canadense de Inteligência de Segurança (CSIS) interessou-se por ele em parte por causa de sua amizade com Maher Arar, outro engenheiro de software. Ele havia viajado para Damasco para ver sua avó doente, mas uma vez que foi torturado, ficou rapidamente claro que sua prisão baseava-se em informações enviadas aos sírios pelo Canadá. As autoridades canadenses compartilharam informações de inteligência com a mukhabarat síria, fornecendo a seus torturadores perguntas sobre sua suposta — embora inexistente — associação com a Al-Qaeda.

Almalki foi libertado após 22 meses de maus-tratos, e quando o encontrei no Canadá, cinco anos depois, ele ainda era um homem nervoso e assustado. Ele me contou sobre os quatro interrogatórios do CSIS que precederam sua partida do Canadá em 2002. O CSIS queria saber se ele estava enviando fundos ou componentes eletrônicos para "terroristas". Por meses, disse ele, ele foi mantido na prisão "palestina" de Damasco, em um "buraco minúsculo" e chicoteado com aço, enquanto os sírios agiam com base em uma carta que afirmava que a Polícia Montada Real do Canadá acreditava que ele estava ligado à Al-Qaeda e envolvido em atividades que representavam uma "ameaça iminente" ao Canadá. A PMRC enviou cartas igualmente escandalosas a oficiais de ligação do governo canadense em Islamabad, Roma, Delhi, Washington, Londres, Berlim e Paris.

Quem achar essa história incrível pode consultar o inquérito oficial canadense do juiz da Suprema Corte Frank Iacobucci sobre o encarceramento e tortura de Almalki e outros cidadãos canadenses na Síria e no Egito. Almalki também se beneficiou das investigações do jornalista canadense Kerry Pither. Os sírios reclamaram amargamente quando souberam que Washington havia retomado sua campanha contra os abusos dos direitos humanos na Síria. Primeiro, o Ocidente permitiu que seus cidadãos fossem torturados em Damasco, disseram os sírios — e então condenou o regime por fazer com seus prisioneiros exatamente o que havia feito com os ocidentais quando seus governos enviaram perguntas aos seus torturadores do Estado.

No entanto, por que aqueles cúmplices da tortura de Almalki não poderiam ser responsabilizados por seu envolvimento? Eles eram pelo menos cúmplices, mesmo que o relatório Iacobucci afirmasse que não haviam pretendido o encarceramento ou a tortura dos homens. A PMRC não era a mukhabarat síria, mas agiram juntos. Almalki levou-me ao aeroporto de Ottawa na neve depois de nosso café da manhã em 2009, admitindo que ainda estava muito mentalmente abalado por seus meses de tortura síria para encontrar emprego. O CSIS não o seguia mais, mas ninguém diria que ele era inocente. E como poderiam, quando o oficial de ligação da PMRC escreveu uma carta condenatória e altamente incriminatória em janeiro de 2003 ao General Hassan Khalil da inteligência militar síria nos seguintes termos:

> "Dependendo de sua [de Almalki] disposição em responder a verdade e dependendo das respostas que ele fornecer a você, uma segunda série de perguntas foi preparada para ele (...) Gostaria de propor que durante minha próxima visita a Damasco (...) eu me encontre com o pessoal de sua agência para discutir mais sobre este assunto (...) Esteja ciente de que estamos em posse de grandes volumes de documentos e informações altamente sensíveis, apreendidos durante esforços investigativos ou obtidos de informantes confidenciais associados a células terroristas operando no Canadá. Nosso Serviço está prontamente disposto a compartilhar essas informações com seu Serviço."[14]

Mesmo quando foi finalmente libertado de sua prisão síria, os fun

14 A "qualidade" e "precisão" das respostas de Almalki – sua "disposição em responder a verdade" – dependiam, é claro, da habilidade dos torturadores da vítima em arrancar dele as respostas que a PMRC desejava examinar. O relatório Iacobucci deixa claro que a PMRC estava bem ciente da possibilidade de que seu cidadão estivesse sendo brutalmente interrogado. Que um oficial de polícia sênior canadense chegasse a delinear para o regime de inteligência da Síria a composição interna de seus próprios serviços de segurança, quanto mais oferecer "grandes volumes de documentos altamente sensíveis", parece quase inacreditável. Foi assim que os sírios devem ter encarado a oferta, embora sem dúvida ficassem felizes em aceitá-la.

cionários canadenses em Damasco não permitiram que Almalki ficasse no consulado. Um deles, disse ele, mais tarde lhe disse que o Canadá regularmente dava passaportes às famílias de altos funcionários sírios.

O amigo de Almalki, Maher Arar, teve uma experiência ainda mais desonrosa; agentes americanos o prenderam no Aeroporto Kennedy a caminho de casa para o Canadá de férias na Tunísia e, em seguida, o "entregaram" diretamente para a Síria, mesmo viajando com seu passaporte canadense. Apesar dos dez meses de tormento de Maher — ele sofreu as habituais surras sírias e chicoteamentos com cabo elétrico e foi encarcerado em uma cela minúscula e infestada de ratos —, os EUA nunca pediram desculpas por seu crime nem fizeram qualquer reparação a um homem contra o qual nunca foram apresentadas acusações. Mesmo os sírios, que rotineiramente torturavam falsas confissões de Arar, foram forçados a admitir, algo até então inédito, que sua vítima era "totalmente inocente".

Desta vez, revelou-se que a PMRC teria dito às autoridades norte-americanas que Arar era um suspeito da al-Qaeda, levando assim os norte-americanos a enviá-lo para a Síria. Seu avião viajou via Portland, Maine e Roma antes de pousar em Amã, onde os jordanianos gentilmente levaram o amarrado Arar para Damasco. Não apenas a PMRC foi novamente cúmplice de um crime grave cometido contra um cidadão canadense; tão temerosos estavam de que seus arranjos de inteligência com os capangas da inteligência síria fossem revelados que eles invadiram a casa e o escritório de Juliet O'Neill, a repórter do *Ottawa Star* que havia obtido documentos secretos sobre essa conivência[15].

A horrível história de Arar criou um escândalo no Canadá quando a investigação oficial de Iacobucci, criada para examinar a conduta de funcionários canadenses, o isentou de qualquer ligação com o terrorismo. O governo canadense fez um acordo extrajudicial com ele por US$ 10,5 milhões e o primeiro-ministro do país, Stephen Harper, pediu-lhe desculpas pessoalmente por seu "horrível calvário". Seria reconfortante registrar que Washington também admitiu sua culpa. Longe disso. Enquanto

---

15 O'Neill foi presa sob uma daquelas leis aprovadas em pânico por tantos parlamentos após 11 de setembro de 2001, dessa vez a Seção 4 da Lei de Segurança de Informações do Canadá. "Não me lembro de um dia mais soturno para a liberdade de imprensa neste país", disse o editor de O'Neill, Scott Anderson. "Esse tipo de atitude de câmara secreta e estado policial que se infiltrou no governo e na aplicação da lei após o 11 de setembro está colocando em risco alguns dos direitos básicos que consideramos garantidos". O *Toronto Star* comentou que estava começando a parecer "que a PMRC estava fora de controle".

alguns congressistas expressaram seu sentimento pessoal de vergonha, Arar permaneceu na "lista de vigilância terrorista" dos EUA, uma decisão que o Secretário de Segurança Interna dos EUA, Michael Chertoff, disse ser "apoiada por informações desenvolvidas por agências de aplicação da lei dos EUA".

Infelizmente, as evidências do comportamento ultrajante dos serviços de inteligência do Canadá continuaram a se acumular. No entanto, parecia que o serviço de inteligência canadense ainda não havia entendido as implicações morais das ações de seus agentes. Anos depois de Arar e Almalki terem sido libertados, Geoffrey O'Brian, o conselheiro de operações e legislação do CSIS, disse friamente a um atônito comitê de segurança pública do parlamento canadense que o CSIS ainda usava informações que poderiam ter sido obtidas por meio de tortura. Havia situações — "incomuns" e "únicas na vida" — em que informações adquiridas por meio de tortura "podem ser valiosas para a segurança nacional do país". A "verdade simples", disse O'Brian, "é que, se obtivermos informações que possam prevenir algo como o bombardeio do Air India, as Torres Gêmeas — seja o que for, francamente —, é nesse momento que as usaremos, apesar da origem dessas informações".

A verdade, porém, é que nunca ocorreram tais situações "incomuns" ou "únicas na vida". Na verdade, um ano antes do bombardeio do Air India em 1985 por militantes sikhs que matou 329 passageiros na costa irlandesa, agentes do CSIS receberam dois avisos do bombardeio — não por meio de tortura, mas de informantes dispostos — mas descartaram ambos como "não confiáveis". A inteligência norte-americana recebeu múltiplos avisos de ataques a aeronaves em 2001 e ignorou todos eles[16].

A imprensa conservadora do Canadá alegou que as autoridades estariam certas em utilizar qualquer informação obtida por meio de tortura se ela parecesse crível e envolvesse um ato terrorista contra o Canadá, mas isso não fazia sentido. As evidências de vítimas de tortura eram inerentemente

16 As investigações e as evidências parlamentares que se acumulam em Ottawa continham muitas revelações que foram em grande parte esquecidas no drama das histórias de tortura. O'Brian disse ao comitê parlamentar, por exemplo, que o CSIS compartilhou informações com agências em 147 países e que a "grande maioria desses países tem registros de direitos humanos que não são tão brilhantes quanto os nossos". Iacobucci descobriu o nome de um dos principais torturadores sírios com quem os homens de O'Brian se relacionaram: George Salloum. A mukhabarat síria, parece, usou um agente cristão para torturar sua clientela majoritariamente muçulmana.

não confiáveis, porque a maioria das vítimas, como Arar, concordava com qualquer confissão fabricada para acabar com seu sofrimento. O verdadeiro problema era que, ao aceitar evidências adquiridas por meio de tal ação criminosa, o CSIS se contaminou moralmente. Ao aceitar informações derivadas de tortura em ditaduras árabes, o Ocidente havia, de fato, dado credibilidade à crença racista de que árabes ou muçulmanos eram de algum modo imunes ao sofrimento — mesmo quando as vítimas, inconvenientemente, se revelavam cidadãos de nações ocidentais. No momento em que comemos do cocho dos torturadores, "nós" nos tornamos "eles".

Bob Herbert, um velho defensor de colunas de opinião do *New York Times*, capturou a maior hipocrisia em tudo isso em um artigo de jornalismo que deveria ter lhe rendido um Pulitzer. Os Estados Unidos há muito se diziam indignados com o mau comportamento da Síria, escreveu ele:

> "Da perspectiva dos EUA, a Síria é liderada por um regime de gângsteres que, entre outras coisas, patrocinou o terrorismo, ajudou a insurgência no Iraque e se envolveu em tortura. Então, aqui está a pergunta: se a Síria é tão má — e é —, por que a administração Bush sequestraria um cidadão canadense no aeroporto Kennedy, em Nova York, o colocaria em um jatinho executivo, o levaria algemado para o Oriente Médio e depois o entregaria aos sírios, que prontamente o torturaram?"

A administração Bush, escreveu Herbert, estava tentando "jogar dos dois lados" em sua "guerra ao terror":

> "Afirma estar lutando pela liberdade, democracia e o estado de direito e condena o comportamento bárbaro sempre que ele é cometido por outra pessoa. Ao mesmo tempo, está envolvido em seu próprio comportamento bárbaro, ao mesmo tempo em que se esforça para manter esse comportamento oculto do público americano e do mundo em geral."

O colunista do *New York Times* Nicholas Kristof, como Herbert, entendeu a natureza da desgraça nacional norte-americana — mais de 100 detentos morreram em prisões norte-americanas, escreveu ele. No entanto, havia heróis, insistiu Kristof, e:

> "Entre aqueles que mais admiro estão os advogados militares que arriscaram suas carreiras, desafiaram o Pentágono e antagonizaram seus amigos de bebida — tudo pelo bem de suspeitos de terrorismo muçulmano, sobre quem as evidências eram muitas vezes ambíguas. Em um momento em que nós, como nação, tomamos o caminho conveniente, esses oficiais militares tomaram o caminho honroso e merecem medalhas por sua coragem".

Claro, eles não receberam nenhuma. E, apesar de todas as evidências de crueldade, sadismo e assassinato nas prisões de tortura norte-americanas, o debate continuou muito depois que o mundo soube de seu uso generalizado. Cinco anos depois que o "afogamento simulado" se tornou rotina, Michael Mukasey, indicado por George W. Bush para procurador-geral, disse que, embora achasse "repugnante", não podia descrevê-lo como "ilegal". Ele não queria que suas palavras, disse ele, ameaçassem "interrogadores profissionais em campo, que devem cumprir seu dever nas condições mais estressantes".

É verdade que alguns daqueles que abusaram de seus prisioneiros foram assombrados pela experiência. Eric Fair, um interrogador "contratado" no início de 2004, ligado à 82ª Divisão Aerotransportada, escreveu sobre como os prisioneiros eram socados e chutados e de seus pesadelos três anos depois de ter despido um prisioneiro e o forçado a ficar em pé sem dormir em sua cela. Apesar de seus melhores esforços, Fair escreveu:

> "Não posso ignorar os erros que cometi na instalação de interrogatório em Fallujah. Falhei em desobedecer a uma ordem sem mérito, falhei em proteger um prisioneiro sob minha custódia e falhei em defender os padrões de decência humana. Em vez disso, intimidei, degradei e humilhei um homem que não podia se defender. Comprometi meus valores. Nunca me perdoarei."

A preocupação de Mukasey com os próprios torturadores dos EUA era uma coisa, no entanto, ajudar ativamente os criminosos de outros regimes era outra. A bênção de Blair sobre o instável Muammar Gaddafi em março de 2004 permitiu que os serviços de inteligência da Líbia, até então considerados uma ameaça à segurança de todas as nações ocidentais, se movessem entre os agentes da Europa e dos Estados Unidos. Oficiais da inteligência líbia, por exemplo, tiveram permissão para visitar Guantánamo para interrogar Omar Deghayes, um cidadão líbio que também era residente britânico. Deghayes foi preso em Lahore por agentes de segurança paquistaneses em 2002 e entregue aos americanos, que o classificaram como "combatente inimigo", embora seus advogados mais tarde dissessem que poderiam provar que se tratava de um caso de identidade equivocada[17]. Deghayes foi libertado da detenção em 2007, um homem inocente.

A profundidade do escandaloso relacionamento de Blair com Gaddafi só foi revelada após a morte do líder líbio na revolução de 2011. Como muitas vezes acontece, foi um grupo de direitos humanos, e não um jornalista, que desempenhou o papel-chave na exposição do papel imoral que a inteligência britânica desempenhou na "entrega" dos oponentes de Gaddafi à Líbia para serem torturados. Um investigador da Human Rights Watch identificou o escritório da Mukhabarat em Trípoli, onde encontrou um acervo de correspondência que provava que o MI6 havia enganado um membro líder do "Grupo de Combate Islâmico Líbio", Abu Munthir al-Saadi, para que viajasse a Hong Kong para encontrar-se com diplomatas a fim de organizar uma visita ao Reino Unido. Ele foi preso na chegada. Blair estava então a caminho da Líbia para encontrar-se com um líder cuja arrogância, fantasias e ambições tinham muito em comum com as de Benito Mussolini.

Assim que Blair e Gaddafi declararam sua determinação de fazer "causa comum" no "combate ao terrorismo" — seguido pelo anúncio de um projeto de exploração de gás de 110 milhões de libras entre a Líbia e a Anglo-Dutch Shell — al-Saadi e sua família foram colocados a bordo de um avião em Hong Kong e levados para Trípoli, onde foram jogados na prisão. Al-Saadi passaria seis anos na prisão, sendo espancado, torturado com eletrodos e ameaçado de execução.

Em meio a tal abuso da legalidade, bem como à tortura das vítimas da "lei", é importante lembrar que Guantánamo continha de fato alguns dos principais membros da al-Qaeda; foi a ilegalidade de sua detenção — e depois de sua tortura — que transformou os prisioneiros norte-americanos em inocentes. Alguns detentos libertados de Guantánamo voltaram para a Al-Qaeda no Oriente Médio. Abu al-Hareth Mohamed al-Oufi, libertado em 2007, passou por um programa de "reabilitação" do governo

17 As provas do comportamento militante de Deghayes foi baseada em um vídeo de um guerreiro armado que parecia com ele, na Chechênia. Seu advogado disse que o homem no vídeo provavelmente não era Deghayes — e de qualquer modo já havia sido morto. Thomas White, ex-secretário do Exército dos Estados Unidos, admitiria em 2008 que um terço dos internos em Guantánamo não deveria estar ali.

saudita, apenas para emergir como comandante de campo da Al-Qaeda no Iêmen e denunciar o programa. Em seguida, rendeu-se e pediu para frequentar o curso saudita novamente.

A tortura e a "entrega" foram um jogo de azar do governo Bush — a ser jogado às escuras, é claro — que deixaria seus praticantes expostos a acusações legais de crimes de guerra, enquanto seus criadores permaneceriam intocáveis. Daí os torturadores e seus assistentes terem tentado desesperadamente esconder as provas. Isso ficou evidente quando, em novembro de 2005, a CIA destruiu 92 fitas de vídeo que retratavam o interrogatório brutal e a tortura — na maioria dos casos, "afogamento simulado" — de prisioneiros, especialmente Abu Zubaydah e Abd al-Rahim al-Nashiri. Uma mulher que mais tarde se tornaria chefe de estação da CIA em Londres recebeu a ordem de destruir as fitas de Jose A. Rodriguez Jr, então chefe do ramo clandestino da CIA. Quatro anos depois, uma investigação de 18 meses revelou que as fitas haviam sido mantidas na Tailândia, onde a tortura ocorrera, adicionando assim outra nação do sudeste asiático à lista de "locais negros" da CIA.

Nada poderia ter simbolizado mais dolorosamente as profundezas morais a que a nação norte-americana havia sido levada do que as revelações de 2011 de que médicos norte-americanos em Guantánamo haviam deliberadamente ocultado ou ignorado evidências de que seus pacientes estavam sendo torturados. O dr. Vincent Iacopino e Stephen Xenakis examinaram os registros médicos e os interrogatórios de nove prisioneiros em um relatório para a PLoS Medicine e concluíram que "médicos e profissionais de saúde mental designados pelo Departamento de Defesa dos EUA negligenciaram e/ou ocultaram evidências médicas de danos intencionais". Os médicos "tinham o dever ético de não causar nenhum dano", disse Iacopino a jornalistas. "Eles poderiam e deveriam ter tido a coragem de documentar o abuso, mas infelizmente isso não foi feito."

Em vez disso, o pessoal médico anotava enquanto os detentos eram arremessados contra portas — intervindo apenas quando essa brutalidade pudesse impedir a próxima rodada de interrogatórios. "O tempo mais longo com o pano sobre o rosto até agora foi de 17 segundos", observou clinicamente um profissional médico. "Isso certamente aumentará em breve. Nenhuma informação útil até agora."

Quando aqueles que se comprometeram a aliviar o sofrimento ajudam a perpetuá-lo, entramos em um planeta especialmente sombrio. A equipe médica de Guantánamo não estava buscando conhecimento científico ou médico por sua cumplicidade. Presumivelmente — e não há outra conclusão — eles haviam abandonado ideologicamente o Juramento Hipócrates aos pacientes, no qual um médico promete que "cuidará para que não sejam feridos nem sofram dano".

Ainda assim, havia aqueles — políticos, comentaristas, jornalistas — que davam seu apoio à tortura. Sempre foi o "cenário da bomba-relógio" que eles usaram como justificativa. O mais obtuso desses escritores, Bruce Anderson, escreveu um artigo de opinião no *Independent* em 2010 que era uma exortação terrível à atrocidade humana, entregue sob a premissa de que uma bomba nuclear poderia estar prestes a explodir no centro de Londres.

No entanto, pouco mais de dois anos depois, um relatório do Comitê de Inteligência do Senado Democrata sobre a tortura da CIA dissipou todas as dúvidas sobre a "bomba-relógio". Nunca existiu. O documento de 528 páginas era tão direto quanto horrível, demonstrando que as "técnicas avançadas de interrogatório" da CIA eram em grande parte ineficazes e podem ter fornecido pistas falsas e inteligência falsa[18]. Abu Zubaydah, descobriu-se, foi agredido quase sem parar por 17 dias em agosto de 2002, arremessado contra paredes, enfiado em uma caixa em forma de caixão e submetido a afogamento simulado até tossir e vomitar.

Pelo menos cinco detentos da CIA tiveram comida forçada em seus retos em um procedimento que não tinha valor médico. O horror, como observou um jornal, estava nos detalhes. Majid Khan, residente dos EUA, por exemplo, que passou um tempo no infame "local negro" da CIA no Afeganistão, Salt Pit, foi amarrado de bruços com a cabeça mais alta que os pés e então, para citar o cabo da agência, uma "bandeja de almoço, consistindo de homus, massa com molho, nozes e passas, foi processada e infundida retalmente"[19]. Médicos realizaram essa tarefa obscena. Os

18 Em determinado momento, parecia que a CIA não tinha um número preciso de prisioneiros interrogados em "locais negros"; um diretor da CIA disse ao comitê do Senado em 2007 que 97 detentos estavam sendo mantidos quando na verdade o número era 119, 39 dos quais haviam sido torturados. A rotatividade de prisioneiros norte-americanos em todo o mundo em quatro anos — detidos ou, em alguns casos, torturados — havia, no final de 2005, atingido mais de 83.000, dos quais 14.500 permaneciam sob custódia, principalmente no Iraque.

19 Em 2002, em uma prisão conhecida como COBALT (outro código para o Salt Pit — "Poço de Sal" — onde Majid Khan foi torturado), o suspeito militante e pai de quatro filhos Gul Rahman foi submetido a privação de sono, "sobrecarga auditiva", total

chefes da CIA não queriam ouvir perguntas sobre "legalidade" de seus torturadores na Tailândia. "Tal linguagem não é útil", Jose Rodriguez — o chefe de contraterrorismo da CIA que ordenou a destruição das fitas de vídeo da tortura por medo de vazamentos — advertiu seus subordinados. Outro conjunto de 21 horas de gravações do "afogamento simulado" de Abu Zubaydah havia desaparecido anos antes.

O relatório original tinha cerca de 6.000 páginas, mas a CIA e seus apoiadores republicanos, com a honrosa exceção do veterano do Vietnã John McCain, desprezaram as revelações. Os interrogatórios haviam produzido informações vitais, insistiram, mesmo que o relatório provasse especificamente que tais afirmações haviam sido inventadas. Dick Cheney chamou o documento de "cheio de besteira". "O que aconteceu aqui", disse Cheney à Fox News, "foi que pedimos à agência que tomasse medidas e implementasse programas para capturar os bastardos que mataram 3.000 de nós em 11 de setembro e garantir que isso nunca mais acontecesse, e isso é exatamente o que eles fizeram".

A resposta de Barack Obama foi conciliatória, mas estranhamente desapaixonada. Tal tortura e "atividade brutal" violavam "quem somos como povo", disse ele. "Erros terríveis" foram cometidos. Qualquer um que os repetisse sob sua vigilância estaria agindo ilegalmente. Mas por que o presidente usou a palavra "erros" quando a tortura era uma política permanente da CIA e daqueles que a comandavam? Pelo menos sete anos antes, o exército americano havia adotado descrições igualmente anódinas de seu mau comportamento e de seus resultados. Quando os prisioneiros tentavam cometer suicídio, eram culpados de "comportamento autolesivo manipulativo"; se eles tivessem sucesso, eles teriam cometido um "ato de guerra assimétrico". A alimentação forçada em Guantánamo era "alimentação assistida intensificada". Um médico da prisão escreveu sobre um "processo de alimentação". Quando deixou Guantánamo, o mesmo médico foi condecorado com a Medalha da Legião do Mérito por sua "liderança inspiradora e desempenho exemplar", que "melhorou significativamente a qualidade dos cuidados de saúde para os residentes da Baía de Guantánamo".

---

escuridão, banho frio e "tratamento rude". Nu da cintura para baixo, ele foi acorrentado ao chão de concreto e, aparentemente, morreu de frio. Pouco depois desse incidente, o gerente do COBALT foi recomendado para um bônus de US$ 2.500 por "trabalho consistentemente superior". Uma empresa que enviou psiquiatras para ajudar a administrar o sistema de tortura recebeu US$ 81 milhões do governo dos EUA quando seu contrato terminou, em 2009.

Houve momentos, de fato, em que a tortura parecia ser mais sobre linguística do que sobre dor. Como, por exemplo, a tortura se tornou "técnicas de interrogatório aprimoradas"? "Aprimorado" sugere algo melhor, mais sofisticado, até mesmo menos dispendioso. "Interrogadores" têm habilidades especiais, o que implica treinamento, aplicação, talvez trabalho aprendido. E isso é, de certo modo, do que se trata a tortura. Não é assim que eu descreveria o processo de jogar pessoas contra as paredes, quase afogá-las e enfiar homus em seus retos. Para evitar tais descrições gráficas, contudo, a mídia norte-americana alegremente recorreu ao uso dessas palavras "técnicas de interrogatório aprimoradas" por sua sigla. O sofrimento foi transfigurado em "TIA".

E tudo isso, lembremos, faz parte de um "programa", algo cuidadosamente planejado, uma performance. Amarre a vítima, coloque um pano sobre o rosto, despeje água e depois outra sessão de pancadas na parede. E só conhecemos metade disso; 5.000 ou mais páginas foram censuradas do relatório do Senado.

O diretor da CIA, John Brennan, talvez sentindo o calor dos advogados de direitos humanos respirando em seu pescoço, admitiu que algumas das "técnicas" eram não autorizadas e eram "abomináveis". Como disse Cheney, a tortura "era algo que evitamos muito cuidadosamente", as palavras "muito cuidadosamente" produzindo um arrepio. Brennan anunciou que "ficamos aquém em responsabilizar alguns oficiais", mas ficou perfeitamente claro que os oficiais não seriam responsabilizados. Nem John Brennan. Nem Dick Cheney. Nem os regimes árabes para os quais a CIA "entregou" aquelas vítimas consideradas dignas de um tratamento ainda mais vil do que poderia ser aplicado nas próprias prisões secretas dos EUA. Dos 54 países envolvidos no "programa" de "entrega" da CIA, 12 podem ser identificados como Argélia, Egito, Irã, Iraque, Jordânia, Marrocos, Arábia Saudita, Síria, Turquia, Emirados Árabes Unidos, Iêmen e Líbia.

Não haveria responsabilização para os torturadores árabes, assim como não haveria para os "entregadores" americanos. Haveria, ao contrário, uma nova e mais estreita aliança de inteligência entre os dois lados, que continuou muito depois de os EUA terem expressado seus mea culpas pela tortura. Os serviços de segurança americanos e egípcios voltaram a se engajar após o golpe do marechal Al-Sisi contra o presidente eleito dos Irmãos Muçulmanos em 2013. Três anos depois de os EUA e a UE terem expressado sua determinação de derrubar Bashar al-Assad na Síria em 2011, por sua brutalidade contra seu povo, os agentes de segurança locais do Ocidente estavam voltando para Damasco para renovar seus antigos relacionamentos com os praticantes do regime sírio de "técnicas de interrogatório aprimoradas". Os homens que encontraram, há muito endurecidos por sua crueldade na defesa do estado baathista, agora estavam lutando contra os mesmos inimigos ISIS dos EUA.

Sem implicar simpatia por nenhum dos sádicos que infligiram tanta dor a seus semelhantes, é necessário perguntar que efeito suas próprias experiências tiveram sobre eles. Se mais tarde pudéssemos afirmar que muçulmanos nascidos na Europa foram "radicalizados" para se juntar a grupos islâmicos violentos por pregadores, a internet ou as injustiças infligidas aos muçulmanos por seus países de adoção, o que dizer daqueles que foram "radicalizados" pelo dever ou desejo de infligir sofrimento nas câmaras de tortura do Estado? Alguns deles, como seus aliados árabes na tortura, eram obviamente psicopatas que se deleitavam com o conhecimento de que realizavam seus atos perversos com permissão oficial. Se a divulgação do relatório do Senado sobre a tortura da CIA foi "motivada ideologicamente" — a resposta republicana ao trabalho do comitê totalmente democrata —, qual foi a motivação daqueles que torturaram suas vítimas? Eles também estavam "motivados ideologicamente"? Ou algum espírito mais sombrio havia sido libertado?

Essa questão não é nova, e sua resposta envolve nossa própria resposta moral ao sujo negócio da guerra. O crime é uma parte natural da "arte da guerra" — e, portanto, tortura e guerra são uma coisa só? Henry Cockburn, seu neto nos conta, "pensava que a câmara de tortura poderia ser uma fundação essencial da ocupação militar e não um de seus excessos". Poderíamos dizer que o próprio conflito é uma forma de tortura.

Nesse sentido, o jornalista da Al Jazeera Sami al-Haj, o recepcionista de hotel Baha Mousa e o engenheiro de software canadense Maher Arar são todos vítimas da guerra. Assim como os prisioneiros do regime de Mubarak e dos Estados Unidos no Iraque e no Afeganistão. Se a ditadura egípcia não estava em guerra com outra nação, ela se considerava em guerra com os inimigos do Estado — ou os inimigos de Mubarak —, assim como Hafez al-Assad fez na década de 1980 e seu filho após 2011. Podemos escolher qual guerra é "justa" ou "injusta", mas uma vez que a guerra deixa de ser "o mal" em si mesma, os crimes de guerra passam a fazer parte do fenômeno da guerra. Os fuzileiros navais americanos não são as SS, mas uma vez que as legiões de Hitler se tornam a bússola moral de nossas ações, perdemos a "justiça" por trás de nossa guerra, quaisquer que sejam seus motivos.

E quando as próprias nações e suas instituições são cúmplices de crimes de guerra, todos somos culpados de tortura. Por mais que neguemos, isso significa que desejamos infligir sofrimento a nossos semelhantes, mesmo que nossas vítimas se revelem inocentes. Somente a responsabilidade pessoal pode nos aliviar desse fardo. Em uma época em que crimes militares são cometidos menos "sob ordens" e mais por meio de incentivo, entendimentos secretos, palavras codificadas e semântica perversamente distorcida, não há chance de dizermos "inocente" — a menos, é claro, que essa responsabilidade pessoal se estenda a nossos líderes. É um clichê perguntar por que um soldado britânico ou um fuzileiro naval norte-americano ou um torturador da CIA deveriam ser indiciados por crimes de guerra, se seus comandantes-em-chefe ou seus ditadores não sofrem o mesmo destino. Há muito me cansei das exigências de que Bush e Blair compareçam a um tribunal internacional por suas guerras ilegais — não há sentido em exigir algo que nunca acontecerá. Para nosso próprio bem, porém, ainda devemos exigir que nossos líderes compareçam a um tribunal.

O Tribunal de Nuremberg ainda nos desafia hoje. As palavras do principal promotor norte-americano do tribunal, Robert H. Jackson, são tão relevantes hoje quanto quando foram escritas pela primeira vez, entre as ruínas da Europa:

> "A guerra é essencialmente uma coisa má; suas consequências não se limitam apenas aos estados beligerantes, mas afetam o mundo inteiro. Iniciar uma guerra de agressão (...) é o crime internacional supremo, diferindo apenas de outros crimes de guerra por conter em si mesmo o mal acumulado do todo (...) Crimes contra o direito internacional são cometidos por homens, não por entidades abstratas, e somente punindo indivíduos que cometem tais crimes as disposições do direito internacional podem ser aplicadas."

7

O cão na manjedoura

> A planície da Galileia era um verdadeiro jardim. Aqui floresciam, em abundância, a videira e a figueira, enquanto os morros baixos estavam cobertos por oliveiras, e o milho ondulava espesso na terra rica e fértil (...) Ninguém poderia então ter sonhado com os perigos que estavam por vir, ou acreditado que essa rica cultura e populações abundantes desapareceriam.

Palestina Judaica em 70 d.C., de acordo com G.A. Henty em *For the Temple: A tale of the fall of Jerusalem* (*Pelo Templo: Uma história da queda de Jerusalém*)

Dois anos antes da morte do jovem e feroz sionista Mark Sykes, ele deu seu total apoio a um dos documentos de refugiados supremos da história. É, claro, a mentirosa, enganosa e hipócrita Declaração de Arthur Balfour, o secretário de Relações Exteriores britânico. A data é 2 de novembro de 1917. O Governo de Sua Majestade, diz a declaração:

> "Vê com favor o estabelecimento na Palestina de um lar nacional para o povo judeu e usará seus melhores esforços para facilitar a realização desse objetivo, ficando bem entendido que nada será feito que possa prejudicar os direitos civis e religiosos das comunidades não-judias existentes na Palestina."

Esse parágrafo crítico foi dissecado, citado erroneamente, amaldiçoado e adorado por mais de um século, mas está perfeitamente claro até mesmo para o leitor mais descuidado o mal que ele pressagia. Note como o plano britânico é facilitar para o povo judeu a "conquista de um lar nacional"; enquanto o governo apenas gentilmente insiste que nada deve ser feito para "prejudicar os direitos civis e religiosos" dos não-judeus "existentes". Esses não-judeus não estão definidos e, portanto, não podem receber um "lar nacional". E se seus "direitos civis e religiosos" não devem ser "prejudicados", não há menção a seus direitos políticos. Além disso, eles são apenas "comunidades", tribos. E tribos emigram, não é?

Essas "comunidades não-judias" são os árabes muçulmanos e cristãos da Palestina. E eles constituem — embora você nunca adivinharia isso a partir da declaração — a vasta maioria da população da Palestina. No entanto, essas "comunidades não-judias" aparentemente não têm direito a um "lar" cujo "estabelecimento" pode ser "visto com favor" pelos britânicos. Pois esse documento é um manual de uma frase para desapossar, para a fuga, o terror e os refugiados.[1]

Não deixou a menor dúvida de quem o governo britânico favorecia. Balfour havia endereçado sua nota a Lord Rothschild, um dos mais proeminentes sionistas e cidadãos judeus da Grã-Bretanha, e a introdução de quatro linhas do secretário de Relações Exteriores à nota entregue em mãos afirmava que era "uma declaração de simpatia com as aspirações sionistas judias".[2] Se alguém questionar isso, devemos observar que, apenas dois anos depois, o próprio Balfour escreveria em um memorando frequentemente citado para seu sucessor que "o sionismo (...) é (...) de importância muito mais profunda do que os desejos e preconceitos dos 700.000 árabes que agora habitam aquela terra antiga". Observe o cinismo. As "comunidades

1 As últimas palavras da Declaração Balfour expressaram o "entendimento" do governo britânico de que não deveria prejudicar "o status civil e político desfrutado pelos judeus em qualquer outro país". Esse quase adendo refletiu a preocupação de Edwin Montagu, o ministro liberal judeu, mas antissionista, que temia que os judeus pudessem deixar de ser considerados cidadãos de seus países de origem se agora tivessem recebido um "lar nacional" em um gueto palestino. A própria declaração tinha exatamente 68 palavras, a promessa mais profundamente breve e perigosa da história imperial britânica.

2 Leitores ansiosos por descobrir o contexto completo desse tormento devem estudar as memórias e documentos do próprio Balfour e de David Lloyd George, Lord Curzon, Chaim Weizmann, Theodor Herzl e os escritos de historiadores judeus e árabes. A terrível história do antissemitismo da Europa e seus pogroms contra os judeus são uma parte essencial dessa narrativa.

não-judias" são finalmente identificadas como "árabes", embora seu status majoritário não possa ser mencionado. Seus "desejos" são inexplicados, embora certamente de "importância" menos profunda do que o sionismo — que agora substituiu o "povo judeu" da declaração original. Os árabes ainda não têm "lar nacional". Eles simplesmente "habitam" a "terra antiga". E aqueles que simplesmente "habitam" a terra podem sempre ser persuadidos ou expulsos a "existir" em outro lugar. E assim foi.

Um britânico no Oriente Médio ouviria a palavra "Balfour" quase todos os dias, cuspida com fúria e raiva, rosnada por velhos e mulheres que, ao saber que o visitante de sua casa era da Inglaterra, acenavam conspiratoriamente, murmurando a palavra "Balfour" repetidamente, como um mantra ou um sinal de pontuação. Quando cheguei a Beirute pela primeira vez, em meados da década de 1970, a maioria dos palestinos de meia-idade que conheci eram os refugiados árabes originais da Palestina de 1948, ainda guardando as chaves de casas às quais haviam sido proibidos de retornar um quarto de século antes.

Com o passar dos anos, entrevistaria seus filhos e depois seus netos, a esperança da família de retornar gradualmente mudando para o desespero e depois para a raiva. Era um crédito à coragem dessas pessoas abandonadas por Deus que elas seguissem a recitação do nome de Balfour com um sorriso quase malicioso, um sorriso de perdão, um reconhecimento de que o repórter britânico que as ouvia não podia ser responsabilizado pessoalmente por uma frase digitada em Londres durante a Primeira Guerra Mundial. Eu costumava sorrir de volta, levantar as mãos descaradamente e, de maneira arrogante e suave, dizia: "Desculpe". E isso seria tudo: Balfour reconhecido. Como não poderíamos baixar a cabeça de vergonha?

As palavras da Declaração Balfour foram uma traição óbvia e inegável a um povo. Rapidamente aprendi a recitá-las com grande precisão, mas enfatizava cada vez mais as palavras "comunidades não-judias". E percebi, cada vez que entrava na casa de um palestino exilado, que essas pessoas compartilhavam uma espécie de conspiração comigo. Sabíamos que a Declaração Balfour, o destino dos árabes palestinos, os massacres, a desapropriação e depois a ocupação de suas terras, era uma grave injustiça. Em uma era posterior, poderíamos ir à guerra para devolver uma população muçulmana a suas casas no Kosovo. Mas os refugiados árabes da Palestina nunca voltariam a suas casas de 1948. Então, como se poderia corrigir as coisas? Era impossível.

Historiadores há muito debatem as verdadeiras razões por trás da decisão sem precedentes da Grã-Bretanha de apoiar um "lar" judeu na Palestina[3]. É verdade que o governo em Londres estava ansioso por ganhar o apoio dos judeus russos e norte-americanos para a causa aliada contra a Alemanha do Kaiser na Primeira Guerra Mundial, mas por que arriscar enfurecer as populações árabes do Oriente Médio? Para detalhes disso, devemos recorrer à correspondência desonrosa entre Hussein bin Ali, o xerife de Meca, e o alto comissário britânico no Egito, Sir Henry McMahon. Nesses documentos de 1915 — mais de dois anos antes da carta de Balfour a Rothschild — a Grã-Bretanha concordou em reconhecer a independência árabe após a guerra dentro das fronteiras propostas pelo xerife — com exceção de "partes da Síria" a oeste de Damasco, Homs, Hama e Aleppo. Se os nomes dessas cidades hoje têm uma sombra contemporânea muito mais sombria e violenta, o xerife deu pouca atenção a elas há mais de um século, pelo menos até a declaração pública de Balfour. Isso então criou protestos em massa em todo o Oriente Médio pela negação da independência árabe e da liberdade política na Palestina.

Os britânicos enviaram o diretor de seu Escritório Árabe no Cairo para dizer a Hussein que "o estabelecimento judeu na Palestina só seria permitido na medida em que fosse compatível com a liberdade política e econômica da população árabe". Isso era certamente mais do que Balfour havia concedido aos árabes. Hussein aceitou essa duplicidade ao pé da letra e disse a seus seguidores que o estabelecimento de judeus não conflitaria com a independência árabe na Palestina. No entanto, os habitantes árabes daquela velha e triste possessão otomana, embora fossem uma orgulhosa maioria, perceberam que perderiam suas casas e muito de suas terras .

Historiadores que escrevem logo após os eventos estudados muitas vezes se aproximam mais da verdade do que seus sucessores. Assim, Geor-

3 Nem mesmo era original. Os estudiosos reagiram com vários graus de credulidade à noção de que Napoleão procurou restaurar os judeus à terra de seus antepassados. Foi durante sua batalha finalmente perdida por Acre que Napoleão aparentemente emitiu uma proclamação aos judeus "da Ásia e da África" para "restabelecer a antiga Jerusalém", acrescentando que já havia dado armas a "batalhões" judeus perto de Aleppo. O sádico governante de Acre, Ahmad Pasha al-Jazzar (jazzar significa "açougueiro" em árabe), foi principalmente assistido em conselhos militares e bancários por Haim Farhi, cuja proeminente família judia veio de Damasco. A generosa proclamação de Napoleão tinha a intenção de persuadir Farhi a mudar de lado e apoiar o exército francês? Farhi não o fez, embora, já que mais tarde foi cegado por seu governante, poderia ter sido uma boa ideia.

ge Antonius, em seu devastador livro de 1938, *The Arab awakening* (*O despertar árabe*), rejeitou as afirmações de que o gabinete britânico desejava recompensar a comunidade judaica mundial por usar sua influência para trazer os Estados Unidos para a guerra ou recompensar Chaim Weizmann pela invenção de um novo explosivo[4]. O motivo dominante para a declaração, na visão de Antonius, era "assegurar a Palestina (...) como um baluarte da posição britânica no Egito e uma ligação terrestre com o Ocidente"[5]. O que é bastante notável em todo o escândalo é a maneira como a Grã-Bretanha continuou a fingir que o sionismo poderia criar uma pátria em um país cuja população majoritária era esmagadoramente contra tal projeto, temia seus efeitos e opunha-se violentamente a sua implementação. Após graves distúrbios entre os próprios judeus e depois de ataques árabes em Jaffa no verão de 1921, por exemplo, encontramos Churchill, então secretário colonial, dizendo à Câmara dos Comuns que havia na Palestina "500.000 muçulmanos, 65.000 cristãos e cerca de 63.000 judeus" e que cerca de 7.000 judeus haviam sido trazidos para a Palestina "sob o esquema sionista de imigração". Os árabes, disse ele:

> "acreditam que nos próximos anos serão inundados por dezenas de milhares de imigrantes da Europa Central, que os expulsarão da terra, comerão a escassa substância do país e, no final, ganharão controle absoluto de suas instituições e destinos. Na verdade, esses temores são ilusórios".

Os sionistas, continuou Churchill, fizeram "declarações ardentes" de sua esperança de fazer da Palestina "um país predominantemente judeu", mas fizeram isso apenas para obter apoio externo. Herbert Samuel, o alto comissário britânico na Palestina, declarou que os novos imigrantes judeus poderiam "desenvolver o país para o benefício de todos os seus habitantes". E Churchill repetiu que "não há realmente nada para os árabes temerem".

4 Weizmann, o primeiro presidente de Israel, foi um bioquímico conhecido por seu trabalho científico sobre acetona, um produto químico essencial na fabricação de cordite, que contribuiu para o esforço de guerra britânico.

5 Essas explicações, no entanto, não levam em conta o antissemitismo britânico — mesmo dentro do gabinete britânico — e novas evidências de que o governo de Lloyd George pode ter tentado separar a Turquia de sua aliança com as Potências Centrais e, em troca, permitir que a Palestina permanecesse "na área sobre a qual os Aliados poderiam estar dispostos a permitir que a bandeira turca tremulasse".

Ainda assim, poucos momentos depois, o secretário colonial descrevia liricamente como havia visitado "uma propriedade fértil e próspera [em Rishon le Zion], onde o solo escasso dava lugar a boas colheitas e boa cultura, e depois a vinhedos e, por fim, aos mais belos e luxuosos laranjais (...) Desafio qualquer um, depois de ver um trabalho desse tipo, alcançado com tanto trabalho, esforço e habilidade, a dizer que o governo britânico (...) poderia descartá-lo e deixá-lo ser brutalmente derrubado por um ataque fanático da população árabe de fora".

As "comunidades não-judias" tornaram-se capazes de "um ataque fanático", sua brutalidade em contraste com a população judaica trabalhadora e habilidosa. As repetidas promessas de Churchill de que a imigração judaica seria medida pelo "crescimento da riqueza e do desenvolvimento" da Palestina — que estava "muito pouco povoada" — adquiririam um significado muito diferente 16 anos depois, quando ele compareceu perante a Comissão Peel após a eclosão da Revolta Árabe. Ele expressou a opinião de que se a "capacidade de absorção" e a "reprodução ao longo de vários anos" do "Lar Nacional Judeu" produzissem "uma população judaica crescente", então "essa população não deveria de modo algum ser restringida de atingir uma posição majoritária (...) Acho que isso seria o espírito da Declaração Balfour".

Isso não era de modo algum como o documento foi interpretado por aqueles que o produziram. Churchill, defendendo a pátria judaica desde o início, afirmou então, em 1937, que "certamente nos comprometemos com a ideia de que um dia, de alguma maneira, no futuro distante, sujeito à justiça e à conveniência econômica, poderia muito bem haver um grande Estado judeu lá, contado em milhões, superando em muito os habitantes atuais do país, e impedi-los disso seria um erro". Nessas circunstâncias, disse ele, teria que haver "justiça" e "consideração justa aos deslocados". E então veio o último viés racista — para os judeus e contra os árabes — sobre o qual ele expandiria em seu testemunho posterior. Se mais judeus viessem para a Palestina, ele disse, então a "pátria" judaica

> "acabará por se tornar toda a Palestina, desde que em cada estágio não haja uma injustiça severa feita aos outros residentes. Por que seria injustiça severa as pessoas entrarem e criarem um modo de vida para mais pessoas e transformarem o deserto em bosques de palmeiras e oliveiras? (...) A injustiça é quando aqueles que vivem no país deixam que seja um deserto por milhares de anos."

Churchill pensou que o estado judeu seria criado "algum dia (...) muito distante" — "um século ou mais", como ele comentou mais tarde. Na verdade, ele entraria em existência pouco mais de 11 anos depois, mas Churchill havia estabelecido as regras básicas para uma nova versão da Declaração Balfour. Não deveria haver, anunciou ele, nenhuma "injustiça severa" aos "outros residentes" se "pessoas" chegassem para fazer o deserto florescer. Em outras palavras, os possuidores legítimos de uma terra não eram aqueles que a possuíam, mas aqueles que poderiam fazer o melhor uso de seus recursos. E Churchill continuou a despejar seu desprezo pelos árabes, que eram

> "um povo pobre, conquistado, vivendo sob os turcos bastante bem (...) vivendo com bastante facilidade em uma constante miséria típica das províncias do império turco do pré-guerra e então, quando a guerra chegou, tornaram-se nossos inimigos e encheram os exércitos contra nós e dispararam seus rifles e atiraram em nossos homens (...) Eles foram derrotados então e à nossa disposição. A misericórdia pode impor muitas restrições. A pergunta é como devolver a eles, de acordo com os novos fatos (...), algumas das posições que eles ocupavam".

Isso foi assombroso. Os árabes palestinos, muçulmanos e cristãos não eram mais apenas "comunidades não-judias existentes" cujos direitos civis e religiosos não podiam ser prejudicados. Eram um povo conquistado vivendo em meio à "constante miséria" que havia tomado armas contra a Grã-Bretanha e atirado "em nossos homens" e que deveria se submeter aos "novos fatos".

Os sentimentos anti-árabes de Churchill agora estavam claros. "Tenho grande consideração pelos árabes", disse ele, "mas ao mesmo tempo você descobre que onde o árabe vai, muitas vezes é deserto". Quando perguntado se os árabes não haviam criado uma civilização na Espanha, Churchill retrucou: "Fico feliz que eles tenham sido expulsos (...) É uma manifestação inferior, o árabe". Era "para o bem do mundo" que a Palesti na fosse cultivada "e nunca será cultivada pelos árabes".

Isso não foi o pior. Pois, em seu testemunho final à Comissão Peel de 1937, Churchill deu uma razão altamente imoderada, racialmente carregada e profundamente ofensiva para a desapropriação dos árabes da Palestina, um glossário dos verdadeiros fundamentos psicológicos da Declaração Balfour que poderia ser apreciada pelos ditadores europeus da época:

> "Não admito que o cão na manjedoura tenha o direito final à

manjedoura, embora possa ter ficado lá por muito tempo. Não admito esse direito. Não admito, por exemplo, que um grande erro tenha sido cometido contra os indígenas americanos ou os negros da Austrália. Não admito que tenha sido feito um grande mala essas pessoas pelo fato de uma raça mais forte, uma raça de grau mais alto ou, pelo menos, uma raça mais conhecedora e sábia, digamos assim, ter vindo e tomado o lugar delas".

E aí está. Os árabes da Palestina não eram mais "comunidades não-judias", mas sim o "cão na manjedoura", o animal ocioso cujos direitos não eram mais sustentados por sua presença. Esse foi o fundamento lógico do colonialismo, a apreensão da terra de outras pessoas com o argumento de que aqueles que "vieram e tomaram seu lugar" fariam melhor uso dela. Os fortes devem governar sobre os fracos que acreditavam que a terra "pertencia" a eles, não importa por quantos anos eles tivessem vivido lá.

A Comissão Peel recomendou a partilha da Palestina, um cruel prenúncio de tantas "soluções" do final do século XX e início do século XXI para a luta árabe-israelense. Os árabes recusaram. O testemunho de Churchill não apareceu no relatório final, mas ele escreveu diretamente para Peel, pedindo-lhe para manter pelo menos algumas de suas evidências em segredo. "Você me garantiu que nossa conversa era confidencial e privada", ele implorou. "Há algumas referências a nacionalidades que não seria adequado aparecer em um registro permanente."

Embora Deus fosse adorado, reverenciado e defendido pelas armas, sua presença — corânica, bíblica, judaica — se uniria em agonia espiritual, política e colonial na terra chamada, com diferentes fronteiras geográficas e datas de término, Palestina. A maioria muçulmana reivindicou seu direito ao território porque vivia nele, possuía a maior parte dele e porque o Profeta Maomé havia, segundo eles acreditavam, viajado ao céu do centro de Jerusalém. As reivindicações cristãs baseavam-se na Bíblia, o local de nascimento de Jesus, que ficava a pouco mais de 20 qilômetros da cidade, eem uma crença semi-oculta de que as Cruzadas deveriam ter sido bem-sucedidas. A adesão judaica à Palestina quase sempre foi religiosa; a herança do império judeu, a expulsão de Jerusalém, a Bíblia, as orações de todos os judeus por séculos e a pequena população de judeus que ainda vivia naquela mais sagrada das cidades.

Mas a origem no final do século XIX da demanda judaica por um estado na Palestina era principalmente política, com o objetivo de resolver as gerações de antissemitismo que afligiram os judeus da Europa. *Der Judenstaat* (*O Estado Judeu*) de Theodor Herzl foi uma proposta previdente e eloquente para acabar com gerações de perseguição. Em 1896, Herzl imaginava "a restauração do estado judeu" e, em essência, a declaração fundadora de um futuro Israel: "Que nos seja concedida a soberania sobre uma porção do globo grande o suficiente para satisfazer os requisitos legítimos de uma nação; o resto nós mesmos administraremos".

O problema, como Herzl viu por si mesmo, era que outro povo, os árabes principalmente muçulmanos da Palestina Otomana, já vivia nessa "porção do globo". "Uma infiltração [de judeus] está destinada a terminar mal", escreveu ele. "Continuará até o momento inevitável em que a população nativa se sentir ameaçada e forçar o governo a parar um novo afluxo de judeus. A imigração é consequentemente inútil, a menos que tenhamos o direito soberano de continuar essa imigração." Herzl pensou que tanto uma parte da Argentina como a Palestina poderia se tornar a pátria judaica, mas dentro de um ano, o Primeiro Congresso Sionista, presidido pelo próprio Herzl, declarou que "o objetivo do sionismo é criar para o povo judeu um lar na Palestina assegurado pelo direito público". Mas quem "concederia" a "soberania" e o "direito público" que Herzl escreveu? Certamente não seria a população árabe palestina — que nessa etapa não tinha identidade nacional soberana e, nas palavras de Herzl, se "sentiria ameaçada". O sultão permitiria apenas uma imigração judaica limitada para outras partes de seu império. Ruhi Khalidi, outro membro do grande clã Khalidi, sobrinho do então prefeito de Jerusalém e membro recém-eleito do parlamento otomano, procurou em vão em Constantinopla interromper a imigração judaica, dizendo aos membros que os sionistas estavam formando uma milícia na Palestina. Mas Herzl, um historiador israelense escreveria mais tarde, "via os nativos [árabes] como primitivos e atrasados, e (...) não os considerava uma sociedade com direitos políticos coletivos sobre a terra em que formavam a maioria esmagadora". Ele "esperava que os benefícios econômicos reconciliassem a população árabe com a iniciativa sionista na Palestina".

A maneira casual com que essa civilização jogaria de lado os medos e aspirações dos árabes na Primeira Guerra Mundial provaria apenas que as superpotências da época preocupavam-se exclusivamente com seus interesses nacionais. Em retrospectiva, a infame correspondência Hussein-McMahon pode ser vista como a promessa enganosa e desonesta que representou. Longe de oferecer a Hussein um califado em todo o Oriente Médio em troca de uma revolta árabe contra os turcos, ela confinou o estado de Hussein, reservando terras que "não podem ser ditas puramente árabes" ou que exigiam "arranjos administrativos especiais". O igualmente mentiroso acordo Sykes-Picot, que dividiu o Oriente Médio em zonas britânicas e francesas, simplesmente formalizou as ambições europeias. Desde os primeiros dias do mandato britânico, portanto, os árabes e judeus da Palestina eram detentores de duas promessas conflitantes, uma das quais poderia ser honrada, a outra deveria ser provada falsa.

Hoje, os palestinos comemoram sua terra perdida com poesia e arte, mas é um lugar de laranjais, olivais e aconchegantes casas de aldeia perdidos. Pinturas, fotografias e cartões postais daqueles anos entre 1914 e 1948 revelam fantasmas do futuro e do passado. Em uma galeria na Rua Clemenceau, em Beirute, há uma série majestosa de paisagens e retratos tirados entre essas duas datas críticas. Uma fotografia mostra um carregador árabe palestino carregando um piano de cauda, outra em Jerusalém carregando um guarda-roupa nas costas. Jerusalém está lá em 1933, as encostas abaixo de al-Aqsa vazias de estradas, a vista através do Monte das Oliveiras contendo apenas quatro casas; tropas britânicas revistam um árabe na Cidade Velha.

Khalil Raad, o primeiro fotógrafo palestino proeminente, tirou todas essas fotos. Nascido no Líbano em 1854, sua família mudou-se para Jerusalém após a morte de seu pai, e na Primeira Guerra Mundial ele se tornou fotógrafo do exército turco. Lá está o próprio Raad a cavalo — com uniforme otomano.

A violência nunca está longe dessas fotos. Uma fotografia surpreendente mostra nove jovens usando o chapéu tarbush, reunidos em uma estreita rua do antigo Jerusalém com o que parece ser um clérigo muçulmano barbudo. "Dia de greve, 2 de novembro de 1929, em protesto contra a declaração de Balfour", diz a legenda. Os homens estão segurando caixas de doação para o "Comitê de Socorro de Emergência", criado para ajudar as vítimas dos distúrbios árabes pelo acesso judeu ao Muro das Lamentações. Durante a "Revolta de Buraq" — nomeada em honra ao cavalo que supostamente carregou o Profeta de Meca a Jerusalém e de volta —, os árabes atacaram casas judias, assassinando 133 judeus. Mais de 100 árabes foram posteriormente mortos, principalmente por tiros da polícia britânica.

Quando começou o moderno conflito judeu-árabe? A Declaração Balfour contradisse o acordo Sykes-Picot anterior, que por si só deixou a questão da Palestina sem solução. "Os acordos Sykes-Picot representam o início da história!", proclamou um historiador britânico um século depois. Ou talvez a Bíblia, a Torá, o Alcorão, as Cruzadas, as expulsões muçulmanas da Espanha (em que os muçulmanos e judeus foram vítimas) ou o Império Otomano? Ou as paixões evangélicas dos clérigos e romancistas vitorianos, e as ambições dos impérios europeus? Em retrospecto, porém, podemos ver que a declaração de Balfour de 1917 garantiu a criação de um futuro Israel em terras palestinas e um poder e ocupação israelenses expandidos sobre o território da Palestina mandatária[6] após a guerra árabe-israelense de 1967.

O contexto desses eventos contou contra os árabes palestinos. Quando Balfour escreveu sua declaração, refugiados estavam saindo da Rússia após a Revolução Bolchevique. Centenas de milhares de refugiados cristãos também estavam espalhados pelo Oriente Médio, sobreviventes do primeiro holocausto industrial do século XX: o genocídio armênio de 1915.

O American Middle East Relief criou postos de alimentação e abrigo, hospitais e orfanatos para esses refugiados destituídos que, segundo os aliados vitoriosos, voltariam para suas casas na Ásia Menor. Só que não voltaram. Eles foram traídos tanto quanto os árabes palestinos em 1948. A Liga das Nações falhou com os armênios, assim como as Nações Unidas falhariam mais tarde em cumprir suas promessas aos palestinos.

Podemos, dessa maneira, traçar o "refúgio" pelo Oriente Médio em duas etapas. O primeiro ocorreu durante e imediatamente após a Primeira Guerra Mundial, quando centenas de milhares de pessoas famintas e aterrorizadas buscaram refúgio do massacre e do genocídio na Europa e no Levante, e a segunda etapa após a Segunda Guerra Mundial, quando milhões de deslocados cruzaram uma Europa quebrada em busca de lares que não existiam mais.

Mas essa segunda etapa de "refúgio" deve incluir os vergonhosos anos anteriores à Segunda Guerra Mundial, quando o Ocidente fechou as portas para seus irmãos judeus e enviou dezenas de milhares deles de volta à Alemanha nazista, à Áustria nazista e ao que logo seria a Europa ocupada pelos nazistas. Navios cheios de judeus em busca de santuário da barbárie de Hitler foram devolvidos pelos EUA e pelo Canadá a seus algozes. Essa recusa influenciaria

6 Um mandato da Liga das Nações para a administração britânica dos territórios da Palestina e Transjordânia no final da Primeira Guerra Mundial.

profundamente o apoio ao futuro Israel pela Europa e pelos EUA, que foi tanto uma demonstração de sua própria culpa moral quanto uma declaração de amor pelo judaísmo mundial e sua história de perseguição.

Assim, o significado imediato da Declaração Balfour para os árabes e o "refúgio" que prenunciou foi ignorado. Então, o crescente medo palestino da migração judaica organizada em massa na década de 1930, que levou a uma rebelião armada dos árabes, foi em grande parte superado pelo medo mundial de Hitler e da guerra[7]. E a desapropriação real dos 750.000 árabes da Palestina foi realizada imediatamente após a Segunda Guerra Mundial, quando a Europa estava novamente experimentando "refúgio" em massa e quando uma proporção desses mesmos refugiados europeus procurou seguir a promessa de Balfour e viajar para a própria Palestina. Em tal crise, a situação de algumas centenas de milhares de árabes não contava. Eles eram, é claro, a mesma geração de árabes que Churchill apenas 11 anos antes havia tachado de "inimigos" da Grã-Bretanha da Primeira Guerra Mundial.

É instrutivo observar como a imprensa britânica seguiu fielmente o desprezo de Churchill pela suposta indolência secular dos árabes palestinos, assim como a mídia norte-americana e, em certa medida, a britânica, em grande parte seguiram a versão americano-israelense da tragédia do Oriente Médio. Quando a Rebelião Árabe de 1936-39 contra a imigração judaica estava chegando ao fim, o Picture Post disse a seus leitores que "cínicos" sugeriram que os britânicos estavam na Palestina para proteger o terminal do oleoduto de Mossul do Iraque no Mediterrâneo, para comandar o Canal de Suez ou para proteger a rota aérea para a Índia. Descreveu a "desesperada tentativa britânica de manter promessas incompatíveis", mas depois entrou em território familiar. "O fato é que um estado moderno (...) e cooperativo como o que os sionistas estão criando é incompatível com a tradição feudal e nômade dos árabes. Eles veem fazendas (...) crescendo e florescendo ao lado de seus próprios campos medievais atrasados". Uma legenda até identificou rebeldes como "terroristas árabes".

Para esses "campos medievais", lembre-se da "miséria constante" da Palestina árabe descrita por Churchill[8]. O Picture Post também "equili-

7 A necessidade de manter boas relações com os árabes na véspera da Segunda Guerra Mundial — e após a Revolta Árabe — levou Neville Chamberlain em 1939 a impor mais restrições a judeus que viajassem ou comprassem terras na Palestina, e a rejeitar a partição. Churchill ficou enfurecido com a pusilanimidade de Chamberlain e essas regulamentações caducaram depois que ele se tornou primeiro-ministro em 1940.

8 Em 1937, Churchill também estava imaginando um exército judeu "todo-" "equipado

brou" uma única imagem de um palestino muçulmano não identificado acima da legenda "Um árabe fala" com nove fotografias de judeus, que falavam da perseguição nazista em suas pátrias originais e do "paraíso terrestre" de viver na Palestina.

A guerra civil na Palestina após a Segunda Guerra Mundial e o colapso do mandato britânico foram tão imorais quanto sangrentos. A história do próprio plano de partição da ONU, sua aceitação pelos judeus e rejeição pelos árabes, a declaração de independência de Israel em 1948, a subsequente e primeira guerra árabe-israelense e a desapropriação dos árabes foi contada em bibliotecas de livros. Muitas vezes escrevi sobre esses dias de triunfo (para os judeus) e desastre (para os árabes), registrando as memórias daqueles de ambos os lados que lutaram e sofreram. Doravante, apenas os árabes seriam chamados de palestinos. Os judeus palestinos tornaram-se israelenses.

Qualquer um que tente contar o que acredita ser a "verdade" no Oriente Médio será alvo de mentiras e campanhas de calúnia, mas você deve continuar a "contar a história". Ninguém vai admitir mais tarde que errou, que talvez seus relatórios estivessem mais próximos da realidade do que eles queriam acreditar. A única recompensa de que um jornalista pode desfrutar é continuar. Se você parar, você perde. Então, hoje, quando tento aprender mais sobre a história da Palestina, procuro novas maneiras de entender o que aconteceu; não recitando uma cronologia, mas "mergulhando" nos eventos, concentrando-me em uma carta, um livro, uma memória individual, visitando as casas daqueles que fizeram história e daqueles que sofreram por ela.

* * *

Não há guardas armados no portão do número 17 da Ben Gurion Boulevard em Tel Aviv, apenas uma villa cansada de dois andares recuada da rua nesse frio dia de fevereiro e uma porta aberta que leva a uma cozinha escura e um pequeno quarto com uma cama no chão. No andar de cima está o centro enfeitado dessa pequena casa, a biblioteca de 20.000 livros de David Ben Gurion. Eu caminho por essa toca, rabiscando em meu

com as mais mortais armas de guerra" que no futuro "mergulharia nas novas terras não desenvolvidas que ficam ao redor deles". Embora Jerusalém Oriental, Cisjordânia e Gaza fossem dificilmente "não desenvolvidas", esse foi um relato notavelmente profético da captura de territórios palestinos na guerra árabe-israelense de seis dias de 1967.

caderno quaisquer pistas para a mente do primeiro e mais sentimental dos primeiros-ministros de Israel.

Foi o conjunto de citações de Ben Gurion que chamou minha atenção, declarações sobre a moralidade eterna do Estado de Israel, mensagens do grande homem em tempos de guerra. Aqui está ele, por exemplo, durante a Guerra de Independência de Israel — a Nakba árabe palestina — quando ele temia que as forças judias destruíssem lugares sagrados muçulmanos em Jerusalém: "Além de minha ordem anterior relacionada à Cidade Velha — garanta que a força especial designada para guardar a Cidade Velha use metralhadoras impiedosamente contra qualquer judeu, e especialmente qualquer soldado judeu, que tente pilhar ou profanar qualquer lugar sagrado cristão ou muçulmano". Em 1967, ele se gabou de como, durante o estabelecimento do Estado de Israel, "não danificamos uma única mesquita".

No entanto, ele já estava criando mitos. As mesquitas não danificadas, escreveu ele na mesma declaração, foram encontradas em aldeias "sem um único muçulmano, pois todos já haviam fugido durante o domínio [britânico] e antes da declaração do Estado". Em meio aos detritos da vida de Ben Gurion, há reflexões sobre a moralidade e a suposta pureza do exército nascente de Israel. A verdade é que Israel destruiu muitas mesquitas, que as vítimas árabes palestinas originais da guerra de 1947-1948 não fugiram todas, como Ben Gurion sugeriu; muitos foram assassinados em suas aldeias. Historiadores israelenses e árabes catalogaram muitos outros massacres pelas forças de Israel nesse período. O trabalho inovador do acadêmico israelense Ilan Pappe sobre a desapropriação palestina deixa claro que o Plano Dalet da milícia Haganah, teoricamente uma operação defensiva para proteger o novo estado israelense, era de fato "um projeto para a limpeza étnica". Avi Shlaim, um distinto estudioso israelense, chamou David Ben Gurion de "o grande responsável pela expulsão dos palestinos em 1948". Tanto Pappe quanto o historiador palestino Walid Khalidi concordaram que "o Plano D" não era apenas um plano para lidar com a invasão antecipada das nações árabes, "mas, de muitas maneiras, um plano mestre para a expulsão de tantos palestinos quanto possível".

A própria partida da Grã-Bretanha da Palestina em 1948 foi tão vergonhosa quanto lamentável. Os ataques judeus às tropas britânicas adquiriram então o mesmo epíteto de "terrorismo" que os árabes haviam ganhado uma década antes por ousar resistir à ocupação. Essa palavra cancerígena migraria pelo mundo ao longo dos próximos 70 anos, seu uso genérico permitindo que superpotências vingativas e estados do Oriente Médio desencadeassem atrocidades em massa.

O jovem Major Derek Cooper, oficial do 17/21 Lancers, foi um dos poucos oficiais britânicos que tentaram proteger os árabes de Jaffa em 1948, ganhando uma Cruz Militar sob fogo de morteiro israelense. Ele ficou furioso com o tratamento dos palestinos expulsos de suas casas pelos israelenses depois que os árabes rejeitaram o plano de partição da ONU para a Palestina. Sua lembrança dos refugiados palestinos aglomerando-se em torno de seu veículo blindado em retirada marcaria o resto de sua vida. Encontrei-o, aos 70 anos, em um prédio abandonado perto da linha de frente de Beirute durante o cruel cerco do exército israelense à cidade em 1982, enquanto ele trabalhava para a Oxfam, entregando comida aos refugiados nos campos sob bombardeio.

Os restos mortais de algumas dessas vítimas árabes palestinas só foram redescobertos 65 anos depois, quando trabalhadores começaram a renovar o antigo cemitério muçulmano em Jaffa. A Agence France-Presse (AFP) encontrou um pescador de 80 anos chamado Atar Zeinab, um adolescente em 1948, que descreveu como "carregou 60 corpos para o cemitério durante um período de três ou quatro meses". Devido às balas e aos fragmentos de granadas voadoras, disse Zeinab, os corpos foram despejados uns sobre os outros em criptas familiares existentes, contrariamente ao costume muçulmano. "Carregamos eles de manhã cedo ou à noite", disse ele. "Colocamos mulheres, crianças e homens no mesmo lugar (...) ninguém orou por essas pessoas."

Teria funcionado, o mundo da Palestina que existia antes do fim do império, antes da declaração do Estado de Israel, antes da Nakba, antes de os exércitos árabes invadirem a terra em uma tentativa vã de destruir o que se tornaria Israel? Não acho que havia a intenção de que existisse o pseudo-estado binacional que os britânicos pensavam governar, mas que haviam legado aos judeus, oferecendo apenas "direitos" às "comunidades não-judaicas", mas há alguns que ainda se lembram da Palestina da década de 1930 com nostalgia.

Isso me levou à beira-mar de Tel Aviv em um dia ameno de novembro de 2012 e a um bloco de apartamentos modernos anônimos, lar de uma senhora notável. Na parede de seu apartamento há uma grande fotografia de uma jovem deslumbrante, de cabelos longos e escuros, sentada em um gramado com um jovem bonito de uniforme do exército britânico. Estou sentado em frente a esta senhora de 95 anos, suas memórias da velha Palestina e do novo Israel tão nítidas quanto as de um adolescente.

O homem é Moshe Dayan, o ex-chefe do estado-maior israelense que conquistou Jerusalém Oriental, a Cisjordânia, Gaza e Golan em 1967, o garoto de ouro de Israel cujos valores — como Ruth Dayan acreditava — foram distorcidos pela liderança atual do país. Benjamin Netanyahu é primeiro-ministro, Avigdor Lieberman é seu ministro das Relações Exteriores. Muitas vezes, Ruth Dayan falou, eloquente e dolorosamente, para dizer ao mundo que os governos de direita e extremistas do país estão arruinando Israel, que o sionismo "já se esgotou".

Agora ela está sentada com sua saia xadrez, os olhos agudos quanto os de uma águia, examinando seu visitante jornalista. "A ciência moderna é incrível", ela diz. "Eu poderia procurar você na internet em dois minutos. Li que você é pró-árabe. Não deveria. Você deveria ser pró-mundo". Eu disse a Ruth Dayan que ela não deveria acreditar em tudo o que lê na internet, que um site recente enviado a mim em cópia impressa me denunciou como um agente do Mossad porque eu havia "revelado" no *Independent* que o nome de solteira de minha mãe era Rose. Ruth Dayan cai na gargalhada.

"Quando os israelenses me dizem que 'não há ninguém com quem falar' [entre os palestinos], isso me irrita", ela diz. "A maioria das pessoas que lida com política não vê árabes. Eu vou aos territórios — mas tenho que ter uma permissão [israelense] para entrar em Ramallah." Percebo que ela usa a palavra "territórios" para as terras árabes ocupadas por Israel. O sotaque de Ruth Dayan em inglês é equilibrado, ligeiramente da alta sociedade e ela obviamente admira o país que governou a Palestina mandatária até 1948. "Sou anglófila", diz ela orgulhosa, uma mulher nascida na Palestina Otomana em 1917, que se mudou para Londres com seus pais, onde a London School of Economics era "o berçário do socialismo".

Ruth Dayan tem uma memória aguçada, alguns cantos da qual escolho não perturbar. Moshe Dayan foi um herói de guerra com ideais socialistas — publicamente, pelo menos — mas era um mulherengo notório e ele e Ruth se divorciaram em 1971, após 36 anos de casamento. Então, pergunto sobre o Dayan dos primeiros tempos, o homem na fotografia de uniforme britânico. Eles estavam profundamente apaixonados, ela diz, e ela estava grávida de oito meses quando ele foi preso pelos britânicos, um dos 34 militantes judeus, em 1939. Ele foi posteriormente libertado para servir na invasão aliada do Líbano em 1941, onde um franco-atirador francês de Vichy o acertou no rosto.

Ruth Dayan é nostálgica pelos valores que acredita terem existido na Palestina original, onde árabes e judeus viviam juntos. Sua casa ficava perto do American Colony Hotel em Jerusalém, um prédio de quatro andares em que havia famílias árabes e judias polonesas. "Meu filho mais velho nasceu em uma casa árabe em 1942."

Quando Ruth voltou para a Palestina aos 12 anos, em 1929, "eu não sabia que era judia —não sabia o que era a Palestina. Minha mãe dava aulas em um jardim de infância árabe, dentro da cidade velha de Jerusalém. Fomos a um playground no Monte Sião, mantido por um judeu, desde que fosse para árabes e judeus. Aprendi árabe em casa (...) O que fizemos até 1948 não machucou ninguém. Se apenas os árabes tivessem aceitado a resolução da ONU... Não sou a favor de um estado judeu. Mas sou israelense. Achava que este deveria ser um país só e todos deveriam viver felizes para sempre. Nasci aqui e tenho o direito de viver aqui — o mesmo vale para a população árabe (...) Agora, quando vejo o que está acontecendo ao nosso redor, isso me assusta mais."

Ruth é uma senhora aristocrática. Sua irmã Reuma casou-se com Ezer Weizman, ministro da Defesa israelense e depois presidente. Feminista, patriota, suspirando pelo velho Israel, temendo o aquecimento global. "Não acredito em religião", ela me diz. Mas no que seu marido, Moshe Dayan, acreditava?

Shlomo Sand é uma arma entre o povo israelense, filho de sobreviventes do Holocausto polonês — esquerdista, antissionista, acadêmico — que não considera que a religião dê a um povo o direito a uma terra. Ele condena o que chama de "mitologia bíblica" de Moshe Dayan (e Ben Gurion), na qual o Êxodo e a marcha do povo judeu pelo Sinai entrelaçam-se com a guerra do Sinai de 1956, a conquista de Canaã com a criação de Israel em 1948 e a ocupação da Cisjordânia em 1967. *Living with the Bible* (*Vivendo com a Bíblia*), de Dayan, descreve como a geografia e a história de Israel "ajudaram nossa imaginação a pular o passado e voltar à antiguidade". Será que esse foi, pergunto-me mais tarde, a verdadeira separação de caminhos para Moshe e Ruth, em vez do que ela chamaria de "mau gosto de Moshe por mulheres"?

Dayan, de todos os israelenses, é a figura mais importante na subsequente ocupação de toda a Palestina, pois foi ele quem liderou o ataque e a captura de Jerusalém Oriental em 1967. Uri Avnery, o mais firme, relutante e corajoso dos velhos liberais de Israel, escreveria mais de três décadas e meia após a captura de Jerusalém que "Israel inventou algo sem precedentes: a ocupação eterna. Em 1967, como não houve nenhuma pressão sobre Israel para devolver os territórios ocupados, Moshe Dayan teve uma ideia brilhante: continuar a ocupação para sempre."

A crença ou conjectura de Dayan de que a "história" bíblica justifica a existência de Israel está no coração da ocupação de mais de meio século de Jerusalém Oriental, da Cisjordânia e de Golan e, hoje, da cada vez maior e internacionalmente ilegal apreensão de terras árabes. Para aqueles que querem expandir as fronteiras de Israel, a contínua existência de uma comunidade judaica nesses territórios conta muito menos do que a integridade da história bíblica.

No entanto, se suas raízes teológicas e bíblicas são seus documentos de propriedade de Deus, esses são documentos notavelmente duvidosos, não menos por causa do coro de vozes judias que contestam as lendas bíblicas nas quais tanta fé repousa. Sand sustenta que na década de 1970, quando Israel estava envolvido no ímpeto da expansão territorial, "sem o Antigo Testamento em mãos e o 'exílio' do povo judeu em sua memória, não haveria justificativa para anexar Jerusalém Oriental e estabelecer assentamentos na Cisjordânia". No entanto, a veracidade da "história" bíblica levanta dúvidas muito mais sérias. Avnery escreveu que "não pode mais haver a menor dúvida de que o Êxodo nunca aconteceu (...) em 100 anos de frenética busca arqueológica por zelotes cristãos e sionistas devotos, nenhum fragmento de evidência concreta para uma conquista de Canaã foi encontrado". Registros egípcios contemporâneos não faziam menção a esses eventos. Avnery disse que a Haggadah, que conta a história do Êxodo do Egito, influencia "nosso comportamento coletivo e política nacional israelense", mas permanece "um grito do coração de um povo indefeso e perseguido que não tinha meios de se vingar de seus torturadores". Fora de contexto, acreditava Avnery, esse texto pode colocar os israelenses "em um caminho maligno (...) Eles estão tentando nos matar, então devemos — de acordo com outra injunção judaica — matá-los primeiro".

Miko Peled, cujo pai Mattityahu foi um general israelense na guerra de 1967 — mas mais tarde condenou a apreensão de seu país da Cisjordânia, Gaza, Golan e Sinai como uma "campanha cínica de expansão territorial" —, condenou a intenção de Israel de expulsar 50.000 residentes palestinos do subúrbio de Silwan em Jerusalém para que pudesse construir um parque arqueológico glorificando seu passado judeu. Sua mãe lembrava-se dos palestinos forçados a deixar Jerusalém Ocidental em 1948. A ela foi oferecida uma de suas "belas e espaçosas casas", lembra seu filho, mas ela recusou. "Ela não conseguia suportar a ideia de viver na casa de uma família que foi expulsa e agora vive em um campo de refugiados. Ela disse que o café ainda estava quente nas mesas quando os soldados [israelenses] entraram e começaram o saque."

O destino de centenas de milhares de árabes palestinos, quanto mais as décadas de miséria que sofreriam após a criação de Israel, mal ocorreu aos norte-americanos que, com crescente horror, observavam não apenas as leis antijudaicas e a violência da Alemanha nazista pré-guerra, mas também a grotesca recusa do Ocidente em ajudar os milhões de judeus que já imploravam por santuário.

Dorothy Thompson, a influente repórter e colunista norte-americana, foi uma das primeiras a apreciar o destino terrível que aguardava os judeus da Europa; ela foi deportada da Alemanha nazista por ordem de Hitler anos depois de escrever um relato feroz de uma entrevista com o Führer. Em 1932, ela descreveu Hitler como "um homem cujo rosto é uma caricatura, um homem cuja estrutura parece... sem ossos. Ele é inconsequente e volúvel, mal equilibrado, inseguro."

Thompson iria se tornar talvez o sino de alerta mais alto nos EUA para o judaísmo europeu e dirigiu-se a grupos judeus norte-americanos com discursos inflamados sobre a situação de seus correligionários, denunciando o acordo de Munique de 1938 e defendendo os motivos de Herschel Grynszpan, o judeu alemão que assassinou um diplomata nazista em Paris — uma ação que permitiu a Hitler lançar o terror da Noite dos Cristais contra os judeus.

Thompson sofreu abusos antissemitas por seus artigos. Ela repreendeu Churchill em 1941 por não armar os judeus palestinos para defender sua terra dos exércitos de Hitler, pois "eles não devem ser deixados perecer como ratos". Na conferência internacional realizada em Nova York em 1942 para agitar pela imigração judaica ilimitada para a Palestina, ela era, nas palavras de seu biógrafo, "totalmente simpática ao movimento sionista".

Contudo, em sua primeira visita à Palestina, em 1945, Thompson percebeu que o sionismo não era a "cruzada liberal" que ela pensava ser.

No ano seguinte, ela descobriu que a situação na Palestina "não era como havia sido apresentada por muitos sionistas". Os árabes não deveriam ser desapossados. Thompson ficou horrorizada com a violência do Irgun de Menachem Begin e seu bombardeio do King David Hotel[9]. Ela condenou o "terrorismo" judeu. Foi vilificada daí em diante por aqueles que ela havia defendido por tanto tempo.

Agora ela mesma era "antissemita" e o "apóstolo da técnica hitleriana". Em 1947, o *New York Post* cancelou sua coluna regular, silenciando efetivamente sua voz na cidade onde ela tantas vezes havia defendido a causa judaica. Ela não estava sozinha. Na véspera da visita de arrecadação de fundos de Begin aos Estados Unidos em 1948, uma carta assinada por algumas das mais proeminentes celebridades judaicas apareceu no *New York Times*, chamando o futuro primeiro-ministro israelense de fascista e condenando-o pela matança em massa de civis em Deir Yassin. O "Partido da Liberdade" de Begin "pregava uma mistura de ultranacionalismo, misticismo religioso e superioridade racial"[10]. Essa carta sem precedentes foi assinada, entre outras 26 pessoas, por Albert Einstein e Hannah Arendt.

---

9 O ataque da milícia sionista ao hotel — a sede britânica em Jerusalém na época — ocorreu em julho de 1946, matando 91 e ferindo 46, principalmente funcionários britânicos, civis e militares. Begin fundou o partido de direita Likud em 1973 e tornou-se primeiro-ministro de Israel (1977-83), período durante o qual autorizou o bombardeio da usina nuclear de Osirak no Iraque e a invasão do Líbano em 1982.

10 Não havia nada de novo na ideia de que a imigração para a Palestina tinha implicações políticas perigosas para o povo judeu. Em seu diário de 9 de julho de 1933, o acadêmico judeu Victor Klemperer, cujo relato de sobrevivência em Dresden antes e durante a Segunda Guerra Mundial é uma história pessoal clássica de coragem e resiliência sob a perseguição nazista, escreveu que "Ouvimos muito falar da Palestina agora; não nos atrai. Quem vai lá troca nacionalismo e estreiteza por nacionalismo e estreiteza. Também é um país para capitalistas. Tem o tamanho da província da Prússia Oriental; habitantes: 200.000 judeus e 800.000 árabes". Se ele entendeu a demografia, Klemperer escreveria muito mais amargamente um ano depois que "para mim, os sionistas, que querem voltar ao estado judeu de 70 dC (destruição de Jerusalém por Tito), são tão ofensivos quanto os nazistas. Com sua sede de sangue, suas antigas "raízes culturais", seu retrocesso parcialmente fingido, parcialmente obtuso do mundo, eles são completamente parecidos com os nacional-socialistas..." Apenas o bombardeio aliado de Dresden em fevereiro de 1945 — e a queima dos papéis dele e de sua esposa na sede da Gestapo — salvaram os Klemperers da deportação; embora tenha sobrevivido, Klemperer poderia ter feito melhor em buscar salvação na Palestina antes da guerra. Um liberal alemão no melhor sentido da palavra, ele citou em 1942 um amigo da família que disse que se tivesse que escolher um nacionalismo, "então eu escolheria o nacionalismo judeu, que não me persegue".

Thompson foi tratado pelos supostos "amigos" de Israel nos EUA como um sinal do que estava por vir para qualquer jornalista norte-americano que ousasse questionar o comportamento de Israel em relação aos árabes, condenar sua brutalidade ou questionar a integridade do país ou daqueles que o apoiavam tão servilmente. Ela foi, como escreveu seu biógrafo, "a primeira e mais proeminente jornalista a ser tachada de 'antissemita'", apesar do que ele chamou de sua "ardente e absolutamente sincera esperança de que Israel floresça e dê expressão aos mais profundos instintos morais da religião judaica".

Para Thompson, a criação do Estado de Israel era "uma receita para uma guerra perpétua". Deveria ser uma entidade "secular, política" "sem nenhuma reivindicação prévia de virtude" e deveria esperar "viver na mesma atmosfera de livre crítica que todo outro estado do mundo deve suportar". Como isso poderia ser possível, contudo, quando seus fundadores não apenas criaram seu estado na terra de outros, mas o fizeram de forma violenta, impiedosa e com desapropriação premeditada? Não eram tanto os próprios princípios do sionismo — a 'reconstrução' de uma pátria judaica após séculos de perseguição —, mas a negação deliberada do sofrimento de centenas de milhares de inocentes, que não tinham nada a ver com os crimes de Hitler, mas foram deliberadamente privados de suas casas em meio ao desejo do Ocidente por expiação. É importante nesse ponto voltar ao trabalho de Ilan Pappe e seu predecessor entre os 'novos historiadores' de Israel, Benny Morris.

Foi em 2006 que Pappe se sentiu capaz de escrever sobre a "limpeza étnica" da Palestina, do "impulso ideológico sionista de ter uma presença exclusivamente judaica na Palestina" e de como "a política sionista foi baseada inicialmente em retaliação contra ataques palestinos em fevereiro de 1947, e se transformou em uma iniciativa para limpar etnicamente todo o país em março de 1948". Na noite de 10 de março daquele ano, ordens militares foram enviadas às unidades militares judias "para se prepararem para a expulsão sistemática dos palestinos de vastas áreas do país".

Levou seis meses para completar o projeto, escreveu Pappe, e quando terminou,

> "Mais da metade da população nativa da Palestina, cerca de 800.000 pessoas, havia sido desarraigada, 531 aldeias haviam sido destruídas e 11 bairros urbanos esvaziados de seus habitantes. O plano (...) e acima de tudo sua implementação sistemática nos meses seguintes, foi um claro caso de operação de limpeza étnica, considerada hoje

pelo direito internacional como crime contra a humanidade."

Usando principalmente arquivos militares israelenses, os historiadores revisionistas israelenses "foram capazes de confirmar muitos casos de expulsões em massa de aldeias e cidades e revelaram que as forças judias haviam cometido um número considerável de atrocidades, incluindo massacres". Pappe viu-se condenado com o mesmo abuso que Thompson e tantos outros sofreram. Ele odiava Israel, suas traduções do hebraico eram distorcidas e pervertidas. Ele era, segundo o próprio Morris, "um dos historiadores mais desleixados do mundo".

No entanto, Morris, que havia revelado pela primeira vez muitas das atrocidades que acompanharam o nascimento de Israel, iria formular o argumento extraordinário de que ele não teria "nenhum remorso" se tivesse estado entre os comandantes judeus e visto os 50.000 árabes expulsos de Lod. Como disse ao jornalista israelense Ari Shavit em 2004:

> "Em certas condições, a expulsão não é um crime de guerra. Não acho que as expulsões de 1948 foram crimes de guerra. Não se pode fazer uma omelete sem quebrar ovos. É preciso sujar as mãos (...) Uma sociedade que visa matá-lo o força a destruí-la. Quando a escolha é entre destruir ou ser destruído, é melhor destruir (...) quando a escolha é entre limpeza étnica e genocídio — a aniquilação do seu povo —, prefiro a limpeza étnica (...) Isso é o que o sionismo enfrentou. Um estado judeu não teria surgido sem o desarraigamento de 700.000 palestinos. Portanto, foi necessário desarraigá-los. Não havia outra escolha a não ser expulsar essa população."

As palavras de Morris chocaram profundamente seus colegas. Comparado à "limpeza étnica" da Bósnia e à Segunda Guerra Mundial, ele disse, os atos de Israel foram "pequenos" crimes de guerra:

> "Mas minha sensação é de que este lugar seria mais tranquilo e conheceria menos sofrimento se a questão tivesse sido resolvida de uma vez por todas. Se Ben Gurion tivesse realizado uma grande expulsão e limpado todo o país — toda a Terra de Israel, até o Rio Jordão (...) Se ele tivesse realizado uma expulsão total — em vez de parcial —, ele teria estabilizado o Estado de Israel por gerações".

A "não conclusão da transferência foi um erro", concluiu Morris. Em outras palavras, Ben Gurion, que não planejou a remoção de um povo inteiro de suas casas e posses no que viria a ser Israel, não havia ido longe o suficiente. Ele deveria ter despejado e expulso os palestinos da Cisjordânia também — uma façanha que governos israelenses de direita posteriores iriam parcialmente alcançar com seus próprios roubos de terras em massa nos territórios ocupados.

Para compreender a enormidade do que Morris descreve, o leitor deve saber que ele encontrou evidências de 24 casos de massacre nos arquivos israelenses:

> "Em alguns casos, quatro ou cinco pessoas foram executadas, em outros os números eram 60, 80, 100. Houve também muitos assassinatos arbitrários. Dois homens idosos são vistos caminhando em um campo — são baleados. Uma mulher é encontrada em uma vila abandonada — é baleada. Há casos como a vila de Dawayima, em que uma coluna entrou na vila com todas as armas disparando e matou tudo o que se movia. Os piores casos foram Saliha (70 e 80 mortos), DayrYassin (100-110), Lod (250), Dawayima (centenas) (...) Em Jaffa houve um massacre sobre o qual nada se sabia até agora (...) Na Operação Hiram [no norte, em outubro de 1948] houve uma concentração incomumente alta de execuções de pessoas contra uma parede ou ao lado de um poço de forma ordenada. Isso não pode ser coincidência. É um padrão. Aparentemente, vários oficiais que participaram da operação entenderam que a ordem de expulsão que receberam lhes permitia cometer esses atos para encorajar a população a fugir (...) Ben Gurion silenciou o assunto. Ele encobriu os oficiais que cometeram os massacres."

Como diz Morris, esses podem ser "pequenos crimes de guerra" em comparação com os cometidos na Segunda Guerra Mundial ou na Bósnia na década de 1990, mas eles expõem a realidade da 'pureza das armas' sobre a qual a moralidade do exército israelense deveria ser baseada nas décadas seguintes. Crimes de guerra posteriores cometidos pelas forças israelenses nao podem ser explicados sem uma compreensão transparente do comportamento impiedoso dos soldados israelenses durante a fundação de seu estado.

Nas duas décadas seguintes, a história da luta de Israel de 1947-1948 seria recontada em ficção e no cinema, a maioria refletindo a agora familiar história de Davi e Golias da batalha da pequena Israel pela sobrevivência contra árabes que não foram despejados nem expulsos de suas casas, mas simplesmente fugiram a mando de invasores árabes. Ben Gurion chamou *Exodus*, de Leon Uris, uma epopeia sionista publicada em 1958, na qual os beduínos árabes são descritos como "a escória da humanidade", "a melhor coisa já escrita sobre Israel". Uris, denunciado por críticos e estudiosos, admitiu que era "definitivamente tendencioso", mas seu livro foi um best-seller entre os judeus norte-americanos.

Grandes bibliotecas palestinas foram saqueadas de casas árabes pelos israelenses em 1948 — durante a Nakba — quando 100.000 fugiram da Galiléia para o Líbano. Em 1982, contudo, assisti enquanto tropas israelenses carregavam toneladas de documentos de arquivo do Instituto de Estudos da Palestina no distrito de Hamra, na capital libanesa, em caminhões militares. A história palestina, parecia, era muito perigosa para que provas físicas do sofrimento palestino sobrevivessem. Mesmo hoje, o Arquivo de História Oral Palestina da Universidade Norte-Americana de Beirute ainda está completando seu registro de testemunhos orais de sobreviventes da Nakba de 1948, embora muitos daqueles que foram originalmente registrados na década de 1990 já estivessem mortos.

Os palestinos não foram os únicos a começar suas vidas em outro país. Muitos dos judeus que imigraram para o que se tornou Israel chegaram de uma Europa que havia destruído suas vidas. Amos Oz, um dos romancistas mais proeminentes de Israel, falou do "amor não correspondido" que os judeus europeus sentiam pela cultura que deixaram para trás. "É irônico e doloroso para mim hoje", escreveu ele em 2005, "refletir sobre o fato de que há 70 ou 80 anos os únicos europeus em toda a Europa eram meu pai e minha mãe, e meus avós e outros judeus seculares como eles":

> "Todos eram patriotas búlgaros, patriotas suecos, patriotas irlandeses. Eles eram europeus. Nunca se consideraram russos, poloneses, lituanos ou qualquer outra coisa. Eram europeus."

Oz estava certo em se referir ao amor por Iraque, Iêmen, Marrocos e Tunísia que os judeus desses países sentiam antes de serem, nas palavras de Oz, "expulsos". Mas ele cometeu um erro crítico quando acrescentou que:

"Israel é um campo de refugiados. A Palestina é um campo de refugiados. É um conflito trágico e doloroso entre dois campos de refugiados, duas ex-vítimas da Europa de duas maneiras diferentes: os árabes por colonialismo, imperialismo, exploração, humilhação; os judeus por perseguição, rejeição e, finalmente, um assassinato em massa sem precedentes."

Os judeus objetariam, com razão, a qualquer paralelo entre o próprio sofrimento há mais de meio século — o extermínio — e a ocupação atual sofrida pelos palestinos. No entanto, o equilíbrio entre o "campo de refugiados" de Israel — agora uma potência nuclear com uma economia ilimitada e apoio financeiro e militar norte-americano permanente — e os 22% da "Palestina" ocupada, oprimida e truncada por Israel é totalmente fraudulento. A maior parte do mundo aceita o direito de Israel existir dentro de fronteiras definidas internacionalmente aceitas, mas não sua exploração permanente e dominação armada de um território que não lhe pertence. Como explicar que um "campo de refugiados" rico, seguro e militarmente todo-poderoso (Israel) possui ou ocupa um "campo de refugiados" palestino menor, pobre e temeroso?

O nascimento do Estado de Israel e sua existência subsequente em terras que apenas meio século antes haviam sido habitadas e cultivadas por uma população árabe majoritária foram apoiadas por filmes e romances de Hollywood que exaltavam a imagem de uma nação corajosa de vítimas judias do nazismo, subindo, como uma fênix, das cinzas da Segunda Guerra Mundial. No entanto, os inimigos árabes que essas vítimas deveriam combater em sua nova terra não eram nem alemães nem nazistas. Houve uma estranha discordância, com o passar dos anos, entre o desejo de associar a história palestina aos assassinos alemães dos judeus europeus e o moderno e indestrutível Estado de Israel que supostamente fazia parte do novo mundo pós-guerra.

Deixando de lado as divisões entre os imigrantes judeus originais do pré-guerra e os refugiados judeus do pós-guerra, continua a haver uma dicotomia entre a memória de um povo judeu europeu bem-educado, engenhoso, honrado e culto que se permitiu eliminar tão mansamente nas câmaras de gás, e um Israel no Oriente Médio que, como última defesa do povo judeu, pode destruir todos os seus inimigos. O fato de as vitórias de Israel terem ficado cada vez menos convincentes com o tempo não muda sua reivindicação de ser o último bastião contra a destruição do povo judeu.

Isso levou a uma combinação antinatural de medo e confiança, na qual um primeiro-ministro bombástico como Benjamin Netanyahu poderia afirmar no século XXI que o presidente maluco do Irã, Ahmadinejad, era mais perigoso que Hitler. Para Netanyahu e seus apoiadores, como o Haaretz explicou em 2013, Israel deveria ser a Tchecoslováquia antes da conquista de Hitler; o acordo nuclear de Genebra com o Irã no mesmo ano foi o acordo de Munique de 1938; os cinco membros permanentes do Conselho de Segurança da ONU eram herdeiros de Chamberlain, e os judeus norte-americanos deveriam agora expiar seu silêncio durante o Holocausto.

O caminho para a guerra de Hitler deve, portanto, ser invocado para sempre para proteger um Estado de Israel que provou que Hitler falhou em sua missão de eliminar o povo judeu. Quem quer que expressasse dúvidas sobre a realidade desses paralelos era, obviamente, também antissemita. Os norte-americanos devem sempre apoiar um Israel cujo povo sofredor eles haviam ignorado antes da existência de seu estado, e a Europa deve sempre apoiar um Israel cujas seis milhões de almas desaparecidas foram destruídas pela própria Europa. Certamente, esse é o dilema sobre o qual Dorothy Thompson escreveu quando disse que Israel deve esperar "viver na mesma atmosfera de livre crítica que qualquer outro estado do mundo deve suportar". Não o fez.

Contudo, quando as vítimas de Hitler chegaram às costas da Palestina antes, durante e depois da guerra, elas puderam imaginar um novo mundo em que suas próprias identidades pudessem ser unidas em um futuro dissociado de sua existência passada. Os fundadores do Estado de Israel, os novos cidadãos judeus dessa nação, mudaram seus nomes. Eles adotaram nomes hebraicos em vez das identidades iídiche, alemã ou russa que haviam herdado do passado. O judeu da diáspora tornou-se o judeu israelense. Assim, David Gryn tornou-se David Ben Gurion, Moisey Kitaigorodsky tornou-se Moshe Dayan e Isaak Rabitchiov foi Yitzhak Rabin. Golda Meir emergiu de Golda Mabovitch, Shimon Peres de Szymon Perski e o violento nacionalista Menachem Begin de Mieczyslaw Biegun. Ariel Sheineman seria Ariel Sharon, Benjamin Mileikowsky seria conhecido como Benjamin Netanyahu.

No entanto, Israel seria a 'luz para as nações' do Profeta Isaías, um farol de orientação espiritual e moral, bem como um lar soberano para o povo judeu? Ou seria mais prosaicamente um projeto colonial com boas relações públicas, uma empresa com um mercado imobiliário em expansão e agressivo, cujos acionistas judeus aceitariam de má vontade os árabes que permanecessem dentro de suas fronteiras originais de 1948, mas que estreitaria constantemente o título de sua corporação para o "Estado-Nação do Povo Judeu". Essas "comunidades não-judias existentes" de palestinos fora de suas fronteiras nominais viveriam nos "territórios" ocupados do que Israel chamava de "Judéia e Samaria" ou, se fossem bem-comportados, em Jerusalém Oriental, ou na miséria da Gaza não ocupada. Se "existissem" em Jerusalém, suas casas e propriedades poderiam ser tomadas deles; se os árabes vivessem na Cisjordânia, eles poderiam perder as terras de seus antepassados sempre que o governo israelense decidisse expandir suas colônias.

A ideia de que a colonização da Palestina começou apenas com a esmagadora vitória militar de Israel sobre o resto do antigo mandato em 1967, no entanto, é historicamente falsa. Para Shlomo Sand, começou no século XIX e nunca parou. "Mesmo entre 1949 e 1967", ele diria. "Foi um colonialismo interno. Tanto os direitistas quanto os esquerdistas, exceto os comunistas, aceitaram o slogan de 'Judaizar a Galiléia'". É por isso que nenhum político israelense fará jamais um esforço sério para chegar a um acordo com os palestinos.

A destruição de aldeias árabes continuou por anos após o fim da guerra, algumas delas demolidas em 1953. Típicas dessas eram Kafr Birim e Iqrit, no norte de Israel, aldeias cristãs cujos residentes foram 'temporariamente' expulsos pelo exército israelense em novembro de 1948, supostamente porque as operações militares continuavam na área. Alguns cruzaram para o Líbano, outros permaneceram em cavernas acima de suas casas e depois se estabeleceram perto de sua antiga propriedade. Mas nunca mais voltaram. Iqrit foi arrasada em 1951, Kafr Birim dois anos depois, apenas a igreja e o campanário sobreviveram.

Quando conversava com os refugiados palestinos no Líbano, ao longo de muitos anos, eles frequentemente descreviam suas casas em detalhes. Eram, na maioria das vezes, camponeses ou agricultores de aldeias que foram, nas palavras de Walid Khalidi, "literalmente (...) apagadas da face da terra". Às vezes, eu viajava para o atual Israel para encontrar suas casas; muitas vezes, só encontrava um cemitério há muito abandonado ou uma mesquita murada, casas judias israelenses construídas há muito tempo no local e agora com um novo nome, em hebraico. Ocasionalmente, eu levava as chaves da porta da frente dos refugiados palestinos e experimentava essas coisas miseráveis nas portas de suas antigas casas — pois nas cidades da Palestina Ocidental, muitas propriedades haviam sobrevivido. Por mais verdadeiro que seja, é um clichê relatar que as fechaduras foram trocadas.

O "renascimento" do antigo Israel em sua paisagem bíblica e a aquisição de terras e propriedades dentro do Estado — e depois nos territórios recém-capturados da Cisjordânia e Golan, Gaza e Sinai após a guerra de 1967 — fazia parte do projeto sionista. Se o conflito de 1947-1948 pelo Estado proporcionou a Israel terras, os resultados da Guerra dos Seis Dias de 1967 permitiriam aos partidos políticos israelenses buscar favores eleitorais nas décadas seguintes, prometendo uma expansão cada vez maior para o território árabe ocupado e sobre todo o antigo mandato britânico da Palestina — o mesmo cenário que Churchill havia tão astutamente previsto 30 anos antes.

É importante lembrar que, embora as terras conquistadas por Israel em 1967 incluíssem o resto da Palestina mandatária, a autoridade estatal na Cisjordânia e Gaza era anteriormente administrada, respectivamente, pela Jordânia e pelo Egito. Os soldados do Rei Hussein estavam posicionados ao longo das muralhas da Cidade Velha de Jerusalém porque a parte não israelense da Palestina havia sido anexada pela monarquia haxemita em 1950. A divisão entre a Jerusalém Oriental árabe e a Jerusalém Ocidental israelense corria ao longo do que era chamado de "Linha Verde" — porque essa era supostamente a cor do lápis de cera com que a ONU desenhou a fronteira do armistício em 1949[11]. Em Jerusalém, a "Linha Verde" desapareceu após a Guerra dos Seis Dias, sendo substituída pela "Linha da Costura", que poderia, suponho, persuadir os visitantes de que Jerusalém está para sempre unida, como os israelenses gostariam que o mundo acreditasse.

Eles exibem suas feridas, os edifícios da antiga "Linha Verde". Esqueça os novos hotéis do outro lado da rua, o bonde de última geração que brilha na rodovia; apenas dê uma olhada nos buracos de bala nas paredes

11 Repórteres e historiadores deveriam estar cientes dessas histórias. A origem da "Linha Verde" que separa os cipriotas gregos e turcos após o golpe grego e a invasão turca da ilha de Chipre em 1974 foi supostamente obra de um oficial britânico que também usou um lápis verde para marcar a zona tampão. Não demorou muito para que outra fronteira surgisse entre o leste e o oeste de Beirute no início da guerra civil libanesa de 1975-90, e esta também se tornou uma 'Linha Verde' — nomeada, segundo nos disseram os jornalistas da época, por causa da versão cipriota. Por que o verde, a cor da vida e da fertilidade, deveria ter sido usada para marcar esses lugares infernais — em vez do vermelho mais apropriado, de sangue e fogo — continua um mistério.

à esquerda, nas marcas de projétil na fachada preservada do que já foi um bunker do exército israelense e agora é, 34 anos depois, a pequena galeria de arte de Raphie Etgar. A 100 metros dali estava a Legião Árabe. Mais 100 metros e você estaria na fronteira jordaniana.

Sim, essa é realmente a "fronteira" de 1967 para a qual o "presidente" palestino Mahmoud Abbas insiste que os israelenses devem recuar, a "fronteira" que Benjamin Netanyahu considera muito 'vulnerável' para a qual retornar em qualquer futuro tratado de paz palestino-israelense. Permita que um exército árabe volte para a terra do outro lado da rua e Jerusalém será novamente dividida, deixando de ser a 'eterna e indivisível' capital judaica de Jerusalém. Permita que os israelenses mantenham sua anexação ilegal dessa mesma terra, e Jerusalém Oriental nunca poderá ser a "capital" da Palestina Árabe — seja lá o que "Palestina" possa vir a ser. As aspas são essenciais em território existencial.

A arte dentro do Museu da Costura de Raphie Etgar é sobre guerra e paz, sobre Bagdá e 11 de setembro, sobre homens-bomba e uma fábrica de engrenagens de caligrafia islâmica de Charlie Chaplin. Raphie Etgar foi um ex-comandante de tanques, lutou em duas guerras — em 1967 no Sinai, um ano depois na sangrenta batalha de Karameh, da qual, talvez, quanto menos se diga, melhor, e em Golan em 1973 — e "vi a morte muito perto de meus olhos e perdi muitos de meus amigos"[12].

Mas ouça seus pensamentos sobre guerra e paz:

> "O fato de nosso museu estar localizado na 'costura da linha verde' é significativo, sem dúvida, mas é mais uma 'costura' conceitual (...) Na exposição, lidamos com o 'choque de civilizações' — eu esperaria que os visitantes vissem isso no contexto de Oriente e Ocidente."

O ex-comandante de tanques está falando comigo no outono de 2011. Certamente ele não ama seu primeiro-ministro, Benjamin Netanyahu, nem o presidente palestino, Mahmoud Abbas.

---

12 Planejando se vingar do movimento Fatah de Yasser Arafat após mais de 30 ataques da OLP na recém-ocupada Cisjordânia, o exército israelense atacou o campo palestino de Karameh, dentro da Jordânia, em 1968. Mas eles se viram lutando contra uma resistência determinada, não apenas dos guerrilheiros, mas também do exército jordaniano, perdendo 33 soldados israelenses. A OLP perdeu 150 homens e os jordanianos pelo menos 40, mas a batalha de 15 horas foi uma vitória moral e de propaganda para os palestinos.

"Eu estava sentado em frente à televisão (...) Netanyahu foi o melhor ator", continuou Etgar. "Ele sabe como fazer o seu show e, a menos que você saiba que ele está sempre jogando esse jogo, seria tentado a acreditar no que ele diz. Ele é o melhor acrobata do Oriente Médio. Chegou então o presidente palestino, que não me deixou um pingo de esperança de que abriria a porta e não repetiria suas acusações. Estávamos ali com uma chance, em que as pessoas poderiam sentar juntas e tentar encontrar algo novo. Mas foi apenas uma repetição do mesmo velho jogo, Netanyahu com seus truques e sua voz brincalhona. Eu poderia acreditar mais em uma peça de Shakespeare do que nessas palestras."

Do lado de fora da sala, o trânsito zumbia pela velha "Linha Verde". Raphie Etgar permitiria que os palestinos tivessem uma capital em Jerusalém Oriental, do outro lado da rua? Não há hesitação:

> "Se eu estivesse no comando, não compartilharia Jerusalém. Acho que os palestinos estão tocando em um ponto muito, muito sensível aqui. Eles deveriam ter 'Palestina' como um país, como um lugar para viver. Dê a eles a Cisjordânia... Não acho que se dariam mal se dirigissem todo o negócio de Ramallah."

Paris e Londres eram cidades internacionais para o Ocidente, diz Etgar. "Jerusalém deveria ser tão internacional quanto todas essas cidades do mundo." Mas não deveria ser a capital da Palestina. E de repente percebo que escorregamos por um precipício, Etgar e eu. Afinal, os palestinos estão apenas pedindo pelo leste árabe de Jerusalém. Etgar fala em compartilhar "um senso de direitos humanos', mas Jerusalém tem muitas 'pedras sangrentas'. Os palestinos e árabes podem ter que aceitar um "bairro" muçulmano-árabe em Jerusalém Oriental.

Subo para a torre de vigia no telhado, de onde posso ver o Monte Scopus e o Monte das Oliveiras. Pode ter sido uma boa ideia voltar à "Linha Verde", disse Raphie Etgar antes de eu sair. "Mas o tempo mudou as coisas." Lá estava: a história, sempre deitada como um tapete sobre Jerusalém. Tentei fechar as velhas persianas de ferro na escada. Mas elas também estavam enferrujadas e coaguladas na parede desde 1967.

Assim como as resoluções do Conselho de Segurança da ONU. Entre 1970 e o verão de 2018, os EUA protegeram seu aliado israelense vetando

44 resoluções do Conselho de Segurança da ONU críticas a Israel.[13] Contudo, o mais controverso de todos os acordos da ONU sobre o Oriente Médio foi a Resolução 242 do Conselho de Segurança, aprovada em 22 de novembro de 1967, pouco mais de cinco meses após o fim da Guerra dos Seis Dias, de 5 a 10 de junho, na qual Israel capturou Jerusalém Oriental, a Cisjordânia, Gaza, Golan e o Sinai e deveria fornecer o caminho para uma paz permanente no Oriente Médio.

Baseava-se em dois objetivos fundamentais: a "retirada das forças armadas de Israel de territórios ocupados no recente conflito" e o respeito pela "soberania, integridade territorial e independência política de todos os estados da região e o direito de viver em paz dentro de fronteiras seguras e reconhecidas". "Palestina", é claro, não era um estado em 1967 — nem é agora — e a retirada israelense da Cisjordânia significava na época uma retirada do território soberano da Jordânia. Esses objetivos deveriam ser baseados no princípio da "inadmissibilidade da aquisição de território por meio da guerra e da necessidade de trabalhar por uma paz justa e duradoura, em que todos os estados da região possam viver em segurança". Tudo bem, você poderia dizer. Os israelenses não guardariam a terra que conquistaram porque não lhes pertencia, mas todos poderiam estar seguros, soberanos e independentes atrás de suas fronteiras "reconhecidas".

Mas, como a desonesta Declaração Balfour meio século antes, a Resolução 242 do Conselho de Segurança da ONU continha um grave e perigoso problema gramatical. Em Balfour, era a ausência da palavra "político" em referência aos "direitos civis e religiosos" das "comunidades não-judaicas" (árabes) na Palestina — e ao seu status de "existentes" em vez de habitar a terra. Na Resolução 242 do Conselho de Segurança, era a ausência do artigo definido 'os' antes de "territórios ocupados" na guerra, que forneceu a detonação para essa bomba-relógio posterior. Essa omissão flagrante permitiu que a ferrugem apodrecesse as fechaduras dessa iniciativa de "paz".

Israel teve que se retirar de toda a terra árabe que havia tomado no conflito de 1967 ou apenas daquelas partes que, talvez, desejasse deixar por razões estratégicas ou políticas? Não houve discussão no Conselho de Segurança sobre a colonização judaica nessas terras; que não poderia, devemos lembrar, ser "adquirida" pela guerra. Não houve uma palavra sobre a expan-

13 A Rússia usou seu veto do Conselho de Segurança da ONU 11 vezes nos primeiros sete anos da guerra síria para proteger seu aliado Bashar al-Assad, especialmente contra resoluções propostas sobre o suposto uso de armas químicas pelo regime em Damasco.

são sionista, sobre uma Grande Israel. Certamente, diriam os defensores da resolução, o princípio da "inadmissibilidade da aquisição de território por meio da guerra" impedia qualquer leitura equivocada. Mas a ausência da palavra 'os' — bem como a inclusão da palavra "estados" e, talvez mais gravemente, da frase "fronteiras reconhecidas" — transformaria a resolução da ONU em outro manual para o refúgio; nesse caso, não apenas para o quarto de milhão de palestinos que fugiram da Cisjordânia durante a guerra de 1967, mas para toda a população dos 22% da Palestina que sobraram para os árabes, onde sofreriam décadas de ocupação israelense.

Na realidade, Israel desistiria do Sinai em 1982, de acordo com a 242, mas manteria Jerusalém Oriental, que anexaria, e a Cisjordânia indefinidamente. Evacuaram suas colônias de Gaza em 2005, embora a Resolução 242 não dissesse nada sobre prender quase dois milhões de civis palestinos, o que os israelenses fizeram um ano depois, depois que os palestinos votaram em favor do Hamas em eleições justas. Em 1967, ninguém sonhava que o conflito israelo-árabe ainda estaria em feroz progresso 50 anos depois. E como um leitor do independent me escreveu em 2006, o Conselho de Segurança claramente nunca teve a intenção de que a ausência de um artigo definido desse a Israel uma desculpa para colonizar a Cisjordânia e Jerusalém Oriental.

Infelizmente, nosso leitor estava errado. Meu próprio arquivo sobre os resultados vergonhosos da 242 contém um artigo elucidativo do advogado internacional John McHugo. Ele pesquisou as discussões originais da ONU e expõe o que os advogados pró-israelenses reivindicariam nos anos seguintes: que a resolução pedia unanimemente a retirada dos territórios árabes, mas que isso não significava 'todos' os territórios árabes[14]. A história da Resolução 242 é ainda mais confusa pela tradução francesa, que se refere a uma retirada israelense "des territoires occupés" ("dos territórios ocupados"). O texto espanhol também usou o artigo definido.

Contudo, os britânicos, aparentemente seguindo algumas táticas de pressão dos norte-americanos, não usaram 'os'. Lord Caradon, embaixador do Reino Unido na ONU, insistiu em colocar a frase sobre a "inadmissibilidade da aquisição de território por meio da guerra" para impedir que os israelen-

14 McHugo foi um pesquisador visitante no Scottish Centre for International Law na Universidade de Edimburgo em 2002, quando escreveu "Resolução 242: Uma reavaliação legal da interpretação da direita israelense da frase da retirada com referência ao conflito entre Israel e os palestinos", publicado posteriormente no *International and Comparative Law Quarterly*, Vol. 51, outubro de 2002, pp. 851–881.

ses afirmassem que poderiam escolher quais terras devolver. A Grã-Bretanha aceitou o domínio da Jordânia sobre a Cisjordânia — já que a OLP ainda era rejeitada como superterrorista — mas isso não adiantou. Abba Eban, homem de Israel em Manhattan, fez o possível para persuadir Caradon a excluir tanto 'os' quanto o trecho sobre a "inadmissibilidade da aquisição de território por meio da guerra". Ele venceu a primeira batalha, mas não a segunda. McHugo afirma corretamente que a 242 "deveria ser interpretada como um todo único e integral, que nenhuma parte da Resolução deve ser considerada isolada das outras" e que "uma retirada parcial seria certamente apenas um cumprimento parcial do princípio". Esse foi um bom argumento para advogados, mas muito menos tranquilizador para os palestinos.

O diplomata norte-americano George Ball relatou como, quando os árabes negociaram sobre a 242 no início de novembro de 1967, o embaixador norte-americano na ONU, Arthur Goldberg, disse ao rei Hussein da Jordânia que os EUA "poderiam garantir que tudo seria devolvido por Israel". Os árabes desconfiaram de Goldberg porque ele era conhecido por ser pró-sionista, mas o rei ficou muito aliviado quando o secretário de Estado norte-americano Dean Rusk lhe garantiu que os EUA "não aprovavam a retenção israelense da Cisjordânia". O rei Hussein ficou ainda mais encorajado quando se encontrou com o presidente Johnson, que lhe disse que a retirada israelense poderia ocorrer em "seis meses". Goldberg aumentou ainda mais sua confiança. "Não se preocupe. Eles estão a bordo", disse ele sobre os israelenses.

É intrigante notar que várias outras nações da ONU estavam profundamente preocupadas com a ausência do 'os'. O delegado indiano, por exemplo, apontou que a resolução se referia a "todos os territórios — repito, todos os territórios — ocupados por Israel", enquanto a União Soviética afirmou que "entendemos que a decisão significa a retirada das forças israelenses de todos, e repetimos, todos os territórios pertencentes aos estados árabes e apreendidos por Israel". O Brasil expressou reservas quanto à "clareza da redação". Os argentinos "prefeririam um texto mais claro".

Em outras palavras, a futura tragédia foi detectada na época, mas não fizemos nada. Os norte-americanos e os israelenses haviam costurado bem. Afinal, eles nao haviam feito nenhuma objeção à referência à segurança de "todos os estados da área" — eles não sugeriram que a redação deveria ter sido apenas "estados da área", o que poderia não ter incluído Israel. Os árabes não estavam felizes, mas tolamente confiaram na garantia de Caradon de que "todos os" territórios eram o que a 242 realmente significava, mesmo que não dissesse isso. Israel ainda lutou muito para evitar a seção de "inadmissibilidade", mesmo depois de se livrar de "os".

A referência a "todos os estados da área" no parágrafo 1 da resolução continha sua própria armadilha para o futuro. Uma vez que a Jordânia renunciou a todas as reivindicações sobre a Cisjordânia em 1988 e reconheceu a OLP como representante do "Estado da Palestina", a Resolução 242 não mais garantia "soberania, integridade territorial e independência política" para "Palestina". Como poderia um estado não existente ter "segurança"? Após os Acordos de Oslo, as demandas ocidentais pela segurança de Israel seriam correspondidas apenas pela exigência de que os palestinos tivessem um estado "viável", nunca um estado seguro. Portanto, era talvez inevitável que Israel mais tarde se referisse às terras árabes que seu exército governava não como "ocupadas", mas como "disputadas".

Então surge o problema das "fronteiras reconhecidas" atrás das quais, de acordo com o parágrafo 1 da Resolução 242, "todos os estados da área" têm o direito de viver. As fronteiras de Israel, porém, não representavam as fronteiras marcadas no plano original de partição da Palestina da ONU de novembro de 1947, que de qualquer modo foi rejeitado na época pelos árabes. Essa era a Resolução 181 da Assembleia Geral (e, portanto, não vinculativa), que Yasser Arafat mais tarde reivindicaria como fornecendo aos palestinos soberania e independência nacional. E se os árabes não reconhecessem essa "fronteira" não-ONU, e se exigissem que a retirada de Israel continuasse não apenas nos termos da retirada dos "territórios ocupados" na guerra de 1967, mas até as fronteiras originais de Israel propostas pela ONU? Claro, os árabes não fariam isso. No entanto, a questão das "fronteiras reconhecidas" abriu a porta para uma sala escura em que nenhuma nação ocidental desejava entrar, pois Israel não possui realmente uma fronteira oriental.

Portanto, a fronteira de Israel está entre Jerusalém Oriental e Ocidental? Certamente não para os israelenses depois que eles anexaram ilegalmente toda Jerusalém; ainda menos depois que o Presidente Donald Trump reconheceu-a como capital de Israel em 2018. Então, a fronteira oriental de Israel está ao longo da antiga "Linha Verde" ou da linha de "costura" ou qualquer nome hipotético que seja dado à antiga "fronteira" entre Israel e a Cisjordânia controlada pela Jordânia? Ela está ao longo da linha da "barreira de segurança" de Israel, que segue a antiga "Linha Verde" ou avança muito além dela e para o leste, para a terra palestina ocupada? Ou está ao longo de todo o comprimento do rio Jordão ainda mais para o leste, entre a "Palestina" e a Jordânia atual?

Em meio a tanta obscuridade, nasceu a oportunidade para Israel consolidar seu avanço militar em território árabe com uma apropriação de terras para os cumes mais proeminentes e as propriedades mais férteis da Cisjordânia para judeus, construídas em terras legalmente pertencentes por gerações a árabes, destruindo qualquer chance de os árabes palestinos terem um estado "viável", quanto mais um estado seguro. Esses "assentamentos" se tornariam o foco da última guerra colonial do mundo, e seu destino determinará o futuro de Israel. Os judeus do que era a Palestina anexarão a Cisjordânia e transformarão seus habitantes em "trabalhadores convidados" sem voto e toda a Palestina mandatária em um Israel de Apartheid?

Há um mantra que todos os lados repetirão: que a única outra maneira de "resolver" o domínio israelense sobre a Cisjordânia seria uma "transferência" dos palestinos para além do Jordão, para o reino hachemita do outro lado do rio. Em outras palavras, expulsão. Limpeza étnica. Mas isso não poderia acontecer, dizem-nos. O mundo nunca permitiria que tal crime contra a humanidade fosse repetido hoje. Sério?

As chaves devem sempre ser o símbolo da Nakba palestina, aquela terrível última volta da fechadura daquelas portas da frente. Adeus — apenas por alguns dias. Então os refugiados retornariam — depois de no máximo um mês — e voltariam para as casas que muitos possuíam há gerações. Quase 70 anos depois de sua última utilização, eu segurava uma em minha mão. Desde meados de maio de 1948 até meados de junho de 2018, ela havia sido escondida nas favelas de Sabra e Chatila, em Beirute. O fazendeiro que era dono daquela chave morava na aldeia fronteiriça palestina de Al-Khalisa, na Galiléia, e trancou sua casa pela última vez em 11 de maio de 1948, quando a milícia judia Haganah recusou o pedido dos aldeões para permanecer em suas terras.

Em 2018, a aldeia é a cidade fronteiriça israelense de Kiryat Shmona, na Galiléia, e os poucos refugiados de Al-Khalisa nos campos miseráveis do Líbano ainda podem ver suas terras se viajarem para o extremo sul de seu país e olhar através da cerca da fronteira. Poucos campos poderiam ser mais vis do que Chatila, onde o Dr. Mohamed Issa Khatib dirige seu humilde "Museu da Memória" em uma cabana de concreto adornada com antigas foices agrícolas palestinas, fotocópias de títulos de propriedade britânicos e otomanos, velhos rádios da década de 1940 e bules de café de latão — e chaves.

Khatib nasceu no Líbano logo após seus pais fugirem de Al-Khalisa. O "direito de retorno" lhes foi proibido, e a Lei de Propriedade de Ausentes de Israel de 1950 significou que eles não tinham terras para onde retornar.

Mohamed Khatib trabalhou até sua aposentadoria em 2008 como médico para a Agência de Assistência e Obras das Nações Unidas, criada em 1949 para cuidar dos refugiados palestinos da Nakba. Atualmente, ela cuida de cerca de cinco milhões de palestinos, muitos deles netos dos refugiados de 1947-1948.

No museu da miséria de Khatib, há um leve odor de ferrugem e papel velho. Os documentos e passaportes marrons são familiares para mim. Ao longo dos anos, li muitos títulos de propriedade e cartões de identidade semelhantes. Khatib culpa os britânicos pelo desastre palestino e aponta para as chaves. "Vocês fizeram isso", ele diz. Então, pergunto, o que os palestinos fizeram de errado em todos esses anos?

> "Seu erro foi partir, sair da Palestina. Eles deveriam ter ficado [em 1947 e 1948]. Nossos pais e avós deveriam ter ficado, mesmo que se sentissem em perigo, deveriam ter permanecido em suas terras, mesmo que morressem."

Que conclusão amarga, pensei. Muitos palestinos morreram porque não partiram; pense em Deir Yassin.

Deixo-o com a sensação de que a história se estende tanto para o futuro quanto para o passado, e com a crença de que ele nunca voltará e que seu pequeno museu é um símbolo de arrependimento, não de esperança. Coloco a chave inútil de volta em sua caixa de madeira e fecho a tampa. Balfour deu nisso.

8

O império israelense

> Os católicos gaélicos irlandeses, muito embora ocupassem, na verdade, muito mais terras do que originalmente lhes havia sido concedido, não perderam seu ressentimento, pois consideravam tudo aquilo como sendo deles desde o início. E os protestantes, menos numerosos (...), sentiam-se inseguros e mais como uma guarnição sitiada cercada por inimigos do que como mestres em suas próprias casas. Vivendo diariamente entre os irlandeses cujos direitos à terra eles haviam usurpado, fortificaram suas fazendas e fizeram da segurança sua palavra de ordem; segurança contra quaisquer problemas que pudessem estar se formando para eles nas florestas e pântanos fora de suas janelas.

O historiador Robert Kee descreve o assentamento inglês da Irlanda no século XVII.

Quando os israelenses comemoravam o Segundo Holocausto do século XX, em janeiro de 2010, eu estava na Biblioteca Gulbenkian em Jerusalém, segurando os registros das vítimas do Primeiro Holocausto do século. Foi uma sensação estranha. Os armênios não estavam participando das cerimônias oficiais para lembrar os seis milhões de judeus assassinados pelos nazistas, talvez porque Israel se recusa a reconhecer que os um milhão e meio de mortos da Armênia de 1915-23 foram vítimas de um holocausto turco.

George Hintlian, historiador e membro proeminente da comunidade armênia de 2.000 pessoas em Jerusalém, apontou para os pôsteres anunciando as comemorações de 24 de abril da Armênia. Todos, menos um, haviam sido desfigurados, arrancados das paredes antigas ou pichados com grafite em hebraico. "Talvez eles não gostem que tenha havido outro genocídio", diz Hintlian. "Essas são coisas que não podemos explicar". Mais de 70 membros da família de Hintlian foram assassinados em 1915, quando diplomatas e oficiais do exército alemão também testemunharam o sistema de execuções, deportações em vagões de trem para campos de cólera e asfixia por fumaça em cavernas — as primeiras "câmaras de gás" do mundo. Uma testemunha, o vice-cônsul alemão em Erzerum, Max von Scheubner-Richter, tornou-se um dos amigos e conselheiros mais próximos de Hitler.

Hintlian e eu caminhamos juntos na tarde fria pelo interior escuro do mosteiro de São Tiago, em Jerusalém. Ele abriu um armário para revelar uma escada escondida pela qual os padres se esgueiravam quando invasores locais passavam por Jerusalém. Nesse lugar úmido e piedoso, Ronald Henry Amherst Storrs, "o primeiro governador militar de Jerusalém desde Pôncio Pilatos", em sua própria descrição imprecisa, costumava se sentar para ponderar o que chamava de "a glória e a miséria de um povo".

Perto de 15.000 armênios viviam na Palestina até 1948, muitos deles sobreviventes do Primeiro Holocausto. No entanto, 10.000 deles compartilharam o destino dos árabes palestinos, fugindo ou sendo expulsos de suas casas pelos soldados do novo Estado de Israel. A maioria dos armênios perdeu seus negócios em Haifa e Jaffa, muitos deles buscando refúgio em Jerusalém. Alguns partiram para o Chipre, onde foram desapossados pela terceira vez pela invasão turca de 1974. Aos 17 anos, Garbis Hintlian, pai de George, sobreviveu à marcha da morte de sua casa em Talas, na Capadócia. "Perdemos meu tio — meu avô foi morto a machadadas na frente dele". Após o Armistício de 1918, Garbis trabalhou para os britânicos, carregando arquivos de evidências para os primeiros julgamentos de criminosos de guerra turcos em Constantinopla. "Hoje", como Hintlian observou sem esperança, "6.000 armênios são residentes de Jerusalém e da Cisjordânia — eles não podem viajar e são contados como armênios palestinos. Para a burocracia israelense, eles são palestinos."

Quando o primeiro pogrom turco contra os armênios ocorreu entre 1894 e 1896, os cristãos europeus reagiram com indignação; Theodor Herzl, o pai do sionismo moderno, no entanto, ofereceu ajuda ao sultão otomano em troca da Palestina e do estabelecimento ali de um estado judeu[1]. Herzl encontrou-se com o sultão em 1901 e tentou persuadir os armênios a acabar com sua rebelião. Eles não confiavam nele; nem outros judeus europeus. A historiadora Rachel Elboim-Dror descreveu Herzl como "um líder que subordinou considerações humanitárias e serviu às autoridades turcas em nome do ideal do estado judeu". Esse drama, ela disse, "é apenas uma ilustração do frequente choque entre objetivos políticos e princípios morais" em Israel, incluindo a "posição de longa data do país de não reconhecer o genocídio armênio". Ela chama esses episódios de "dilemas trágicos". Mas eles certamente não são "dilemas". Fatos históricos e comprovados devem ter precedência sobre "objetivos políticos". Os negacionistas árabes do Holocausto Judeu podem ter razões políticas para sua desonestidade, mas suas falsidades dificilmente são "trágicas". Elas são profundamente imorais.

Hintlian e seus compatriotas foram esquecidos até depois da guerra de Gaza de 2008. "Por três décadas, nenhum documentário sobre o genocídio armênio pôde ser exibido na televisão israelense porque ofenderia os turcos", disse Hintlian. Quando o primeiro-ministro turco, Recep Tayyip Erdogan, denunciou a guerra em Gaza, contudo, "de repente (...) importantes israelenses exigiram que um documentário fosse exibido". Assim, os jornais Maariv e Yedioth Ahronoth começaram a mencionar o genocídio armênio e George Hintlian apareceu pessoalmente na televisão israelense ao lado do vice-ministro das Relações Exteriores de Netanyahu, Danny Ayalon, e o então porta-voz da Knesset, Reuven Rivlin, que disse que Israel deveria comemorar o genocídio armênio "todo ano". A imprensa israelense começou a chamar o genocídio armênio de Shoah, a mesma palavra que os israelenses usam para o Holocausto judeu. Como Hintlian disse com precisão mordaz: "Fomos atualizados!" Com a melhoria das relações entre Turquia e Israel em 2014, os armênios foram esquecidos novamente. O presidente israelense — o mesmo Reuven Rivlin que quatro anos antes exigiu que o aniversário do genocídio armênio fosse observado todos os anos — recusou-se a usar o termo "genocídio" em qualquer declaração oficial.

1 Os massacres hamidianos, perpetrados sob o Sultão Abdul Hamid II, tiraram a vida de até 200.000 armênios, 25.000 assírios e talvez 100.000 albaneses em uma orgia de assassinatos em massa, estupros e incêndios de igrejas. Esses crimes contra a humanidade, como os descreveríamos hoje, tinham como objetivo esmagar toda a resistência política — e mais tarde militar — armênia ao Império Otomano em colapso. Em retrospecto, eles também foram um ensaio para o genocídio armênio de 1915.

Se uma nação não pode reconhecer, por razões de Estado, a história de um povo do Oriente Médio cuja terrível experiência histórica foi tão próxima da sua própria, como pode Israel admitir a verdade completa do sofrimento, desapossamento e desespero de outro povo do Oriente Médio, provocados pela criação e contínua existência do próprio Israel? Censura, propaganda, calúnia e mentiras não apenas permitiram a Israel enterrar a história árabe palestina de 1948-49, mas retrataram suas centenas de milhares de vítimas como terroristas, assassinos, neonazistas, antissemitas e ameaças à existência do próprio Estado de Israel.

E aqui chegamos ao centro nuclear do projeto sionista para Israel. Um povo judeu que aspira a ser "uma luz entre as nações" construiu sua nação em grande parte sobre a terra de outro povo. E fizeram isso como socialistas liberais, como um povo ressurgido cuja história de perseguição pelo menos lhes deu uma visão única dos resultados do sofrimento humano. E mesmo que a guerra de independência que Israel travou tenha sido cruel, mas necessária, o país, à medida que amadurecesse, certamente floresceria no "farol da democracia" em meio do que seus apoiadores ainda afirmam ser um deserto de ditaduras árabes.

Os próprios israelenses podem resumir a degradante falha de seu país em viver de acordo com esses elevados princípios em apenas alguns parágrafos. Aqui está a resposta da escritora e acadêmica Israelo-irlandesa Ronit Lentin ao chocante Projeto de Lei da Nacionalidade Israelense de 2018, que causou alvoroço em todo o mundo árabe e na Europa. A legislação, escreveu ela, foi uma vitória para a coalizão de direita e religiosa de Benjamin Netanyahu, que agora consagrou em lei "o que o colonialismo sionista sempre foi":

> "Foi o sionismo liberal socialista que colonizou a Palestina, discriminou os proprietários palestinos da terra, ocupou terras palestinas em 1948 e 1967, roubou suas terras e propriedades e os declarou "presentes ausentes", promulgou leis que concedem cidadania automática baseada em raça para pessoas com mãe judia, mas não para os proprietários nascidos na Palestina, conduziu uma guerra permanente contra os palestinos, impôs um regime militar aos palestinos [em Israel][2] entre 1948 e 1966, iniciou o projeto de colonização na Cisjordânia e anexou ilegalmente Jerusalém e o Golã [sírio].

---

2 "Presentes ausentes", outro desses jogos de palavras que o Oriente Médio regularmente dá à luz, é a expressão espectral adotada por autoridades israelenses para aqueles palestinos que permaneceram em Israel durante e depois de 1948.

Desde o advento do regime israelense de extrema-direita, a Faixa de Gaza está sob bombardeio e cerco, seu povo está faminto e privado de meios de subsistência, eletricidade e água potável; aldeias de cidadãos beduínos foram repetidamente demolidas, e execuções extrajudiciais de palestinos por soldados israelenses ficam em sua maioria impunes. E a lista continua: ataques noturnos, detenção administrativa, detenção e tortura de crianças etc. Enquanto isso, judeus israelenses rememoram um passado imaginário de "democracia", vivem em uma bolha de consumo e se dizem as verdadeiras vítimas, e que Israel tem o direito de defender suas 'fronteiras' nunca declaradas."

O governo de Netanyahu, acrescentou Lentin, deve ser agradecido "por abandonar a pretensão democrática e finalmente admitir que Israel é uma colônia racial e um estado de apartheid".[3]

Não é preciso concordar com todas as palavras da furiosa carta de Lentin para entender sua impaciência[4]. Tal fúria é frequentemente gerada quando uma injustiça aparentemente interminável e comprovada é perpetrada ao longo de muitos anos contra um povo inocente, mas continua a ser justificada com cada vez mais sucesso político para um público ocidental ingênuo. A "Palestina", como escreveu Edward Said:

> "é uma causa ingrata, na qual, se você realmente serve, não recebe nada além de opróbrio, abuso e ostracismo (...) A Palestina é a causa mais cruel e difícil de defender, não porque seja injusta, mas porque é justa e, no entanto, perigosa de falar (...) Quantos amigos evitam o assunto? Quantos colegas não querem saber da controvérsia da Palestina? Quantos liberais bem-pensantes têm tempo para a Bósnia, a Chechênia, a Somália e Ruanda, a África do Sul, a Nicarágua e o Vietnã e os direitos humanos em todo o mundo, mas não para a Palestina?"

3 Os defensores de Israel podem apontar que os países da América, o Canadá e a Austrália foram fundados por colonos europeus racistas que desapropriaram e confiscaram terras dos nativos ou os reduziram à penúria e à violência. O problema é que a colonização israelense de terras árabes nativas continua a todo vapor ainda hoje na Cisjordânia ocupada.

4 Apesar dos preconceitos internos em relação a seus próprios imigrantes, Israel não pode ser descrito como uma colônia racial ou um estado de apartheid para seus cidadãos judeus – apenas para os árabes.

Escritores, acadêmicos e jornalistas que constantemente argumentaram a necessidade de apoiar um povo oprimido e ocupado pagaram por sua insolência com suas carreiras ou reputações. Norman Finkelstein, filho de sobreviventes do Holocausto, teve sua entrada em Israel famosamente negada — e infamemente lhe foi negada cátedra na Universidade DePaul em Chicago — por sua condenação ao ataque de Israel aos palestinos e sua dissecação clínica do trabalho de um dos persistentes lobistas de Israel. Mas as ameaças e sujeiras proferidas contra Amira Hass e Gideon Levy, dois dos melhores jornalistas de Israel, ambos trabalhando para o *Haaretz* — para não esquecer Ilan Pappe e o cineasta israelense Ram Loevy — provam que a nacionalidade israelense não protege mais aqueles que ousam confrontar a ocupação do Estado de terras árabes, assim como não protegeriam quem ameaça sua religião ou integridade.

Condenar Israel por seu abuso sistemático, constante e deliberado dos direitos humanos era ser antissemita, racista, pró-terrorista, nazista, mau e além da consciência. O ódio pelo jornalista judeu australiano Antony Loewenstein após sua investigação inovadora de 2006 sobre os apoiadores de Israel no exterior, *My Israel question* (*Minha questão israelense*), foi uma cópia carbono dos comentários caluniosos e difamatórios digitados pelos detratores de Dorothy Thompson 60 anos antes.

Talvez o elemento mais sinistro da crescente extensão do roubo de terras e colonização israelenses pós-1967 seja o estado de "normalidade" com que passou a ser considerado no Ocidente por aqueles que poderiam ter identificado esse grande roubo como um crime internacional. Talvez isso se deva ao uso generalizado da palavra "assentamento", que conferiu uma legitimidade espúria à colonização. Houve também uma confusão natural após a guerra de 1967 entre o fato da "ocupação" israelense e o ato concomitante de colonização. E se a criação de Israel pôde ser considerada um evento civilizacional, por que a contínua expansão de seu povo para o leste não deveria ser saudada com o mesmo entusiasmo? A palavra "assentamento" — em vez de "colônia" — tornou-se parte do léxico jornalístico, deformando assim a realidade política do que estava acontecendo.

Em cinco anos, Israel estava reivindicando firmemente a Cisjordânia, o principal conselheiro da primeira-ministra Golda Meir insistindo que o rio Jordão deveria se tornar "a fronteira acordada de Israel"; sete meses depois, Moshe Dayan estava pedindo a anexação da terra árabe ocupada e falando dos "novos horizontes" que se abriram para Israel desde a guerra.

Quatro dias após proclamar seu respeito por todos os lugares sagrados em Jerusalém em 1967, tratores israelenses demoliram 700 anos de história muçulmana, casas antigas e santuários islâmicos e a mesquita Sheikh Eid, que datava da época de Saladino. Muito de acordo com a afirmação de Ben Gurion em 1967, que encontrei na parede de sua casa em Tel Aviv, de que "não danificamos uma única mesquita".

E então havia o vasto cemitério Mamilla do século XI, onde estavam enterrados companheiros do Profeta Maomé a apenas algumas centenas de metros a oeste das muralhas da cidade de Jerusalém, mas nas mãos israelenses desde 1948. Tanto antes quanto depois da guerra de 1967, o cemitério foi varrido por tratores israelenses, deixando apenas um oitavo do local intacto. Tornou-se um jardim, um banheiro público e um estacionamento. Nos anos seguintes, seria um terreno privilegiado em Jerusalém e foi dado ao Centro Simon Wiesenthal para um "Museu da Tolerância".

Conheci Wiesenthal, um dos sobreviventes judeus do Holocausto mais renomados do mundo, em Viena, no final da década de 1980, quando ele estava fazendo campanha por um memorial ao povo Roma que foi assassinado nas mesmas liquidações em massa nazistas. Ele morreu em 2005; o centro de Jerusalém fundado em seu nome decidiu construir seu museu de "tolerância" de US$ 150 milhões no topo do histórico cemitério Mamilla. Seria difícil encontrar um local mais inadequado para uma instituição supostamente promovendo "respeito entre judeus e pessoas de todas as crenças". Mas o Centro anunciou o projeto no "centro da cidade rejuvenescida de Jerusalém" e acrescentou que o cemitério havia sido considerado dessacralizado pelas autoridades religiosas muçulmanas, uma visão não compartilhada pela associação Al Aqsa, pelo tribunal da Sharia e por vários parentes dos mortos. E assim, mais um pouco da presença árabe palestina na cidade foi, literalmente, apagada — em nome da "tolerância". Outro "fato criado".

O apagamento da história palestina andou de mãos dadas com a demolição de casas palestinas, a anexação e a construção de colônias judaicas e continuou, quase incrivelmente, com pouca resistência fora do Oriente Médio. A ideia de Davi e Golias em que a guerra de 1967 foi lançada tornou difícil para qualquer nação ocidental apontar o dedo para um Israel agressivo e expansionista. É instrutivo notar que, quando Dayan objetava à própria existência de um estado palestino em junho de 1973, a ideia de tal entidade era referida no Guardian como apenas um "estado sanduíche", pois ficaria entre a antiga linha verde de demarcação israelense e o rio Jordão. Duas décadas depois, sob os termos dos Acordos de Oslo, que previam o próprio estado palestino a que Dayan se opunha, toda discussão sobre "assentamentos" judeus deveria ser adiada até as negociações de "status final", até que um cronograma de retiradas militares israelenses dos territórios palestinos ocupados fosse concluído. Mas Oslo, que se baseava na Resolução 242 do Conselho de Segurança da ONU, foi contaminado desde o início quando as próprias retiradas foram previsivelmente adiadas. E, o mais crucial de tudo, não houve menção no acordo provisório ao fim da expansão da colonização judaica, apenas uma proibição de "medidas unilaterais".

Mapear a vasta expansão dos telhados vermelhos dos colonos pelas colinas da Cisjordânia, todos cercados por hectares de arame farpado e muros, não se tornou tanto uma "manchete" para as centenas de jornalistas baseados na região, mas uma rotina cansativa, uma matéria a ser atualizada com cada novo anúncio de "assentamento" e protesto subsequente — dos palestinos cujas terras foram tomadas deles e da Autoridade Palestina. E dos pequenos grupos ativistas e esquerdistas israelenses que, muito depois do assassinato de Yitzhak Rabin[5] e da morte de Oslo, lutaram bravamente para contar a verdade dessa forma única de agressão.

Contudo, as colônias cresceram exponencialmente e as fracas reclamações internacionais não tiveram efeito sobre o governo israelense; quanto maior o número de novos colonos, menor a história nas páginas da imprensa internacional. O número de colonos judeus vivendo em terras palestinas subiu de 80.000 na época do acordo de Oslo para 220.000 dez anos depois. O artigo 49 das Convenções de Genebra de 1949 do Comitê Internacional da Cruz Vermelha é bastante específico: "A Potência Ocupante não deportará nem transferirá partes de sua própria população civil para o território que ocupa". Tanto o Conselho de Segurança quanto a Assembleia Geral da ONU, o CICV e o Tribunal Internacional de Justiça concordaram que o artigo 49 se aplicava aos territórios ocupados por Israel. Isso também não importava. De qualquer modo, a própria palavra "ocupado" logo viria com um ponto de interrogação. Afinal, como algum território poderia ser considerado "ocupado" se não pertencesse anteriormente a um estado soberano? Moshe Dayan fez essa pergunta na Assem-

5 Rabin foi assassinado em novembro de 1995 por Yigal Amir, um extremista de direita que se opunha à assinatura do acordo de paz em 1993.

bleia Geral da ONU em 1977. E assim, a épica história da colonização da Cisjordânia continuaria pelas próximas quatro décadas, sua legalidade dependente de definição.

Os clichês foram adotados quase tão rapidamente quanto os israelenses decidiram construir um imenso muro de fortaleza, primeiro em torno de Jerusalém, mas depois ao norte e ao sul da cidade e até 20 quilômetros para dentro do território palestino, cortando e escarificando a paisagem para abraçar a maioria das colônias judaicas. A razão declarada para esse ato sem precedentes, iniciado em 2002, era a necessidade de prevenir novos atentados suicidas palestinos durante a segunda intifada; e por anos, jornalistas referiram-se a essa construção monstruosa como uma "barreira de separação".

Essa era a expressão favorita da BBC, embora os correspondentes preferissem "barreira de segurança", "cerca de separação", "muro de separação" e "cerca de segurança". Ele deteve os homens bomba, mas também devorou mais terras árabes. Em alguns lugares, subia até 8 metros, mais do que o dobro da altura do Muro de Berlim. Valas, arame farpado, estradas de patrulha e torres de vigia de concreto armado completaram essa triste paródia de "paz". Mas à medida que o muro crescia para 800 quilômetros de comprimento, os jornalistas apegaram-se à linguagem da "normalidade". Afinal, uma "barreira" é certamente apenas um poste em uma estrada, no máximo um posto de controle policial, enquanto uma "cerca" é algo que podemos encontrar entre jardins ou campos vizinhos. Então, por que deveríamos nos surpreender quando o primeiro-ministro italiano Silvio Berlusconi, viajando pela enorme obstrução perto de Belém em fevereiro de 2010, disse que não a "percebeu". Contudo, visitantes de Jerusalém ficaram impressionados com a ultrajante feiura cinza do muro. Sua imensidão anulava a paisagem de colinas baixas e aldeias palestinas e humilhava grosseiramente a beleza das paredes, igrejas, mesquitas e sinagogas otomanas originais.

Em última análise, descobriu-se que o muro havia colocado quase 15% da terra da Cisjordânia do lado israelense e perturbado a vida de um terço da população palestina. A ONU descobriu que o muro prendeu 274.000 palestinos em pequenos enclaves e isolou outros 400.000 de seus campos, empregos, escolas e hospitais. Apenas 11% da estrutura seguiu a antiga "Linha Verde". A resposta israelense foi produzir apenas um número: "os 6,5 milhões de israelenses que estarão mais protegidos quando a cerca estiver concluída". A ONU acreditava que os palestinos capturados pelo muro "escolheriam se mudar". Então, essa era a verdadeira razão para o muro? Ou tinha vários propósitos?

Em 2004, quando os palestinos tentaram impedir a construção do muro, recorrendo ao Tribunal Internacional de Justiça de Haia, os israelenses simplesmente rejeitaram a decisão do tribunal: de que deveriam parar toda a construção e desmantelar as seções já construídas. Os palestinos, inicialmente eufóricos com os resultados, pensaram que a "opinião internacional" lhes traria a vitória, mas não foi o caso. O porta-voz do primeiro-ministro Ariel Sharon disse que a decisão do tribunal pertencia à "lixeira da história".

Os israelenses há muito falavam em criar "fatos consumados", e George W. Bush parece ter imitado essa expressão em uma carta a Sharon, referindo-se a "novas realidades consumadas", como se tivessem ocorrido por acidente ou por algum evento geológico estranho. A liberdade política e geográfica que isso deu aos israelenses poderia e iria se aplicar a todas as futuras expropriações de terras e à constante judaização de Jerusalém. A decisão de Donald Trump, 14 anos depois, de reconhecer Jerusalém como capital de Israel, pode, portanto, ser vista como um resultado lógico da bênção que Bush deu à colonização da Cisjordânia.

O fechamento de nove "assentamentos" ilegais de Israel em Gaza por Sharon, em 2005, foi a primeira retirada colonial desde que abandonou o Sinai em 1982. Seu próprio amigo e conselheiro, Dov Weisglass, descreveu isso, notoriamente, como "formol", um plano perturbador para retirar-se de Gaza a fim de consolidar seu controle sobre os territórios ocupados da Cisjordânia. Sharon havia retirado os colonos israelenses sem qualquer negociação prévia com a Autoridade Palestina — e, portanto, sentiu-se livre para continuar a construção de "assentamentos" em outros lugares, novamente sem qualquer contato com a liderança palestina.

O anúncio de "desengajamento" de Sharon veio em um momento significativo, apenas duas semanas após o Acordo de Gaza não oficial, que havia sido calorosamente recebido pelo secretário de Estado dos EUA, Colin Powell. Muito mais dramaticamente, 27 pilotos israelenses haviam publicado anteriormente uma carta ao seu comandante, recusando-se a bombardear mais alvos civis nos territórios ocupados. O correspondente do *The Independent* em Jerusalém, Donald Macintyre, chamou a atenção para um possível escândalo sobre financiamento eleitoral que ameaçava atingir o filho de Sharon, Omri: o primeiro-ministro de Israel queria manter isso em segredo com um gesto dramático? Mais provavelmente, como escreveu o colunista Jonathan Freedland, Sharon sabia que Israel "teria que desarraigar assentamentos e desistir de Gaza, mas em troca poderia manter recortes escolhidos da Cisjordânia e fazê-lo com a bênção dos Estados Unidos (...) Sharon viu o que os rebeldes do [partido] Likud não conseguiam ver: que, ao desistir do Grande Israel, eles poderiam ganhar o Grande Israel para sempre".

"Área C" não parece algo muito ameaçador. Uma terra de colinas cinzentas salpicadas de pedras e vales verdes suaves, era, em 2010, parte dos destroços dos igualmente destruídos Acordos de Oslo, representando 60% da Cisjordânia ocupada pelos israelenses, que deveriam em algum momento ser entregues a seus habitantes palestinos. Mas dê uma olhada nas estatísticas e folheie a pilha de ordens de demolição sobre a mesa na frente de Abed Kasab, chefe do conselho local na miserável aldeia de Jiftlik, e parecia limpeza étnica via burocracia.

Perverso pode ser a palavra para a papelada envolvida. Casas palestinas que não podem permanecer em pé, telhados que devem ser derrubados, poços fechados, sistemas de esgoto demolidos; em uma vila, até vi um sistema de eletricidade primitivo em que os palestinos devem afundar seus postes elétricos cimentados em blocos de concreto sobre a superfície da estrada de terra. Há momentos, percebi, em que a loucura deve ser considerada deliberada.

Eu estava dirigindo pela "Área C" da Cisjordânia com a jornalista israelense Amira Hass, cuja crônica da vergonha colonial de Israel deve um dia se tornar um livro didático do jornalismo moderno. Imagine sua indignação constante e reprimida ao ler as palavras a seguir, pois houve momentos em que as evidências colocadas diante de nós nos fizeram balançar a cabeça, incrédulos.

Vamos começar pela burocracia. "Ro'i" assinou um lote de papéis de demolição para Jiftlik em dezembro de 2009, todos devidamente entregues, em árabe e hebraico, a Abed Kasab. Eram 21 deles, todos do "Comitê de Monitoramento do Alto Conselho de Planejamento da Administração Civil da Área da Judéia e Samaria", a Cisjordânia ocupada. E, como Abed Kasab nos disse, esse era o menor dos seus problemas. Os pedidos palestinos para construir casas eram ou atrasados por anos ou recusados, enquanto as casas construídas sem permissão eram impiedosamente demolidas.

O sol de inverno brilhava pela porta do escritório de Kasab, e a fumaça do cigarro pairava pela sala enquanto os homens furiosos de Jiftlik gritavam suas queixas. "Edifícios, novas estradas, reservatórios, estamos esperando três anos para obter permissões. Não conseguimos obter uma licença para uma nova clínica de saúde. Estamos com falta de água para uso humano e agrícola. Obter permissão para reabilitar o sistema de água custa 70.000 shekels israelenses [cerca de US$ 20.000] — custa mais do que o próprio sistema de reabilitação."

Uma viagem pelas estradas selvagens da "Área C", dos arredores de Jerusalém à bacia semiúmida do vale do Jordão, atravessa colinas escuras e vales pedregosos repletos de cavernas antigas, até que, mais a leste, ficam os campos dos palestinos e as palmeiras dos colonos judeus e as cabanas dos pastores de ovelhas palestinos. Esse paraíso é uma dupla ilusão. Um grupo de habitantes, os israelenses, pode lembrar sua história e viver no paraíso. O grupo menor, os árabes palestinos, pode olhar para essas terras maravilhosas e lembrar seu passado — mas estão no limbo.

Hass e eu encontramos um exemplo ainda mais absurdo desse apartheid-por-permissão na aldeia de Zbeidat, onde a divisão de ajuda humanitária da União Europeia instalou 18 sistemas de esgoto para evitar que o esgoto malcheiroso da aldeia corresse pelos jardins e pela estrada principal até os campos. O sistema foi instalado porque a localidade ficava dentro da "Área B" — administrada conjuntamente pela Autoridade Palestina e pelos israelenses —, onde não era necessária licença de planejamento. No entanto, agora os trabalhadores humanitários foram informados pelos israelenses que o trabalho "deve parar" em seis dos 18 poços — um prelúdio de sua demolição — porque parte da aldeia fica na "Área C"; embora ninguém, nem israelenses nem palestinos, soubesse a fronteira exata entre "B" e "C".

De certo modo, essa tempestade de papelada visa obscurecer a terrível realidade da "Área C". Muitos ativistas israelenses, bem como ONGs ocidentais, suspeitam que Israel pretende forçar os palestinos a deixar suas casas. "A Área C" é a mais rica das terras palestinas ocupadas, com produção de queijo e fazendas de animais.

Acadêmicos judeus, tanto em Israel quanto nos Estados Unidos, continuaram a dizer a verdade sobre a história e o propósito da ocupação da terra árabe. O acadêmico Henry Siegman acredita que as colônias judias pós-1967 foram projetadas para tornar impossível um retorno à antiga fronteira. Ele conclui que "a questão que divide os governos israelenses não tem sido a presença de assentamentos na Cisjordânia. Shimon Peres, do Partido Trabalhista, desempenhou um papel fundamental no lançamento da empreitada de assentamentos. Suas diferenças têm sido sobre o que fazer com os palestinos cujas terras estavam sendo confiscadas."

Estudos acadêmicos subsequentes, escreveu Siegman, "revelam a escala maciça do roubo de terras palestinas por Israel e o envolvimento de todas as partes da sociedade israelense no avanço da empresa de colonização, em clara e deliberada violação não apenas do direito internacional, mas também das próprias leis de Israel"[6]. Ao analisar um livro sobre a "arquitetura da ocupação"[7], Yonatan Mendel escreve que "a liderança política israelense, colonos, juízes, oficiais do exército, homens de segurança — até mesmo arquitetos — têm participação na formação de casas, estradas, janelas, revestimentos e ângulos para facilitar a complexa missão de ocupar os territórios palestinos". A explicação de Mendel é de tirar o fôlego tanto por sua simplicidade quanto por sua honestidade:

> "Um único assentamento apenas marcava o início de um projeto de "segurança": não era suficiente por si só. A lógica exigia que mais assentamentos fossem construídos a seu redor. Em seguida, para proteger os blocos de assentamentos recém-estabelecidos, era necessária uma rede segura de estradas para ligá-los, mas, para proteger as estradas, mais assentamentos precisavam ser construídos ao longo delas... Esse plano mestre em evolução, que começa colocando civis na linha de frente e termina com camadas sobre camadas de segurança para garantir a segurança, ignora o fato crucial de que os colonos e os assentamentos foram a causa central das ameaças à segurança e um fator importante para incitar os palestinos. Em outras palavras, o imperativo de segurança é uma das maiores ameaças à segurança de Israel."

Assim, cada tentativa palestina de acabar com a colonização da terra árabe foi recebida com desprezo israelense. Quando o "primeiro-minis-

6 Segurança, de acordo com Siegman, foi a razão oferecida por Israel para justificar a fundaçao dos assentamentos. "No entanto, a esmagadora maioria deles realmente criou novos problemas de segurança, mesmo porque vastos recursos militares e de inteligência tiveram que ser desviados para sua defesa. Os assentamentos também enfureceram os palestinos, cujas terras foram roubadas para abrir espaço para eles — isso também não contribuiu para aumentar a segurança de Israel."

7 Eyal Weizman, *Hollow Land: Israel's architecture of occupation* (Londres: Verso, 2007).

tro" palestino Salam Fayyad apelou à UE para não atualizar sua ligação com Israel até que este encerrasse a construção de assentamentos, Israel o acusou de tentar minar as relações do país com a UE — e reteve parte da receita tributária mensal de US$ 75 milhões da Autoridade Palestina. Quando veteranos da luta antiapartheid na África do Sul visitaram a Cisjordânia em 2008 e declararam que a segregação sofrida pelos palestinos era de certo modo pior do que a experiência da maioria negra sob o domínio branco, foram acusados de tentar "deslegitimar" Israel.

Em Jerusalém Oriental, havia por mais de 70 anos um edifício arquiteturalmente pouco inspirador conhecido como Shepherd Hotel. Construído na década de 1930 pelo ex-grão-mufti de Jerusalém, Haj Amin al-Husseini, mais tarde passou para as mãos do governo jordaniano após a retirada britânica. Contudo, após a guerra de 1967 e a anexação de Jerusalém Oriental por Israel, o hotel caiu sob a definição de "propriedade de ausentes" e, na década de 1980, foi comprado pelo bilionário do cassino e sionista Irving Moskowitz, um devoto do assentamento colonial judeu. Ele decidiu demolir o local para construir 20 apartamentos judeus nesse distrito mais muçulmano de Jerusalém Oriental, e a aprovação de seus planos em 2009 provocou muita ira do governo Obama.

Para os norte-americanos, o entusiasmo de Benjamin Netanyahu pelo projeto mostrou seu desprezo pelas demandas de Obama de que ele "congelasse" os assentamentos. Para os sionistas, porém, o dono original do hotel evocava emoções muito mais poderosas. Haj Amin al-Husseini foi inicialmente promovido pelas autoridades do mandato britânico na Palestina, mas mais tarde buscou refúgio na Berlim nazista e transmitiu diatribes antissemitas pela rádio estatal alemã. Ele era um nacionalista ambicioso cujas tentativas perversas de persuadir Hitler a enviar judeus para o "leste" mancharam seu povo por uma geração. Contudo, ele não instigou o Holocausto judeu nem mesmo o provocou, e suas tentativas de levantar uma "legião" árabe para lutar por Hitler haviam reunido apenas 130 voluntários em maio de 1942[8].

8 No total — e Haj Amin não estava envolvido no recrutamento deles —, estima-se que 6.300 árabes juntaram-se a organizações militares alemãs durante a guerra, 1.300 deles da Palestina, Síria e Iraque. No entanto, 9.000 árabes palestinos lutaram pelo exército britânico e centenas de milhares de seus companheiros árabes do norte da África serviram no exército francês, tanto em 1939–40 quanto depois de 1942; em 1944, quase um quarto de

Não importa. No momento em que a recém-empossada secretária de Estado de Obama, Hillary Clinton, objetou a essa última decisão de colocar mais colonos judeus no subúrbio do Sheikh Jarrar, em Jerusalém Oriental, o controverso ministro das Relações Exteriores de Netanyahu, Avigdor Lieberman, ordenou às embaixadas israelenses que circulassem uma infame fotografia da reunião de 1941 entre Haj Amin e Hitler. A foto mostrava Haj Amin sentado em uma poltrona na chancelaria alemã, olhando para um Hitler animado, que gesticula com as mãos e está no meio de um discurso. Existem várias versões da cena, mas não há dúvida sobre a reunião. Haj Amin estava buscando assistência alemã para "a supressão da pátria judia" na Palestina.

Para Israel, a imagem tem mais do que importância histórica. Usou o autoexílio de Haj Amin na Alemanha em tempo de guerra para contaminar os árabes palestinos de hoje como um povo antissemita e pró-nazista, uma acusação totalmente injustificada que seria repetida novamente por Lieberman, Netanyahu e outros extremistas imaginativos da direita israelense. O Ministério das Relações Exteriores de Israel afirmou que Lieberman queria que a fotografia fosse disseminada "para que os fatos sejam conhecidos" — como se o flerte do grão-mufti com os líderes nazistas até então tivesse sido mantido em segredo. O relacionamento do grão-mufti com os nazistas há mais de 70 anos havia se tornado uma peça de marketing para a expansão colonial judia em terras árabes. Quando o Shepherd Hotel foi finalmente demolido em 2011, colonos judeus o compararam à destruição das casas de Hitler e Himmler.

Que os palestinos eram eles próprios nazistas era um tema que ocorria regularmente na narrativa israelense do conflito do Oriente Médio. Quando o exército israelense se aproximava de Beirute em 1982, o primeiro ministro Menachem Begin escreveu uma carta ao presidente Ronald Reagan na qual fantasiava que estava marchando sobre "Berlim" para liquidar "Hitler". E se todos os palestinos fossem nazistas — e se Arafat fosse Hitler — quanto valiam suas vidas? Foi Lieberman quem disse, depois que 30 manifestantes palestinos foram mortos a tiros em abril de 2018, que "não há inocentes na Faixa de Gaza".

E se todos os palestinos eram culpados, se tinham sido liderados por "Hitler", então quanto valiam seus bens, suas terras, seu patrimônio, seu

---

milhão de muçulmanos do Magreb estavam nas forças da França Livre e até 110.000 foram mortos, feridos ou listados como desaparecidos na Segunda Guerra Mundial.

direito legal como povo? O legado da Alemanha de Hitler e o apoio do grão-mufti à perseguição dos judeus da Europa havia se tornado não apenas uma razão para deserdar os palestinos, mas também para torná-los coletivamente "culpados" da torpeza de Haj Amin — da mesma maneira que Israel considerou que os dois milhões de habitantes da Faixa de Gaza compartilham da mesma culpa do Hamas.

Nessa interpretação do sofrimento judeu, historiadores à margem da pesquisa do Holocausto bordaram um novo conto em que Haj Amin e os palestinos se tornaram mais culpados do maior crime de guerra do século XX do que o próprio Hitler. Um livro de Barry Rubin e Wolfgang Schwanitz, publicado em 2014, afirmava que, sem o grão-mufti odiador de judeus, o maior crime contra a humanidade em gerações não teria ocorrido. Como, portanto, os palestinos poderiam ser confiáveis com um estado quando eles e seus colegas árabes, para usar as palavras de Rubin e Schwanitz, "demonstraram como a mesma visão radical que já havia considerado os nazistas aliados simpáticos e corretos tinha um efeito tão poderoso e duradouro na formação do Oriente Médio contemporâneo"? Isso, afirmavam os autores, era "o terrível segredo da história moderna do Oriente Médio".

Não é difícil resgatar baboseiras racistas aos baldes de líderes palestinos e outros árabes, que qualquer pessoa que viva no mundo árabe deve sempre combater. E os árabes apontam, corretamente, que políticos israelenses já chamaram os palestinos de "baratas em um pote de vidro", "formigas", "serpentes" e "crocodilos". Contudo, a tese de Rubin-Schwanitz foi muito mais longe. Grande parte do material para apoiar sua teoria veio de Fritz Grobba, um oficial de assuntos muçulmano-árabes no Ministério das Relações Exteriores nazista, que era um ex-embaixador alemão em Cabul, Bagdá e Riad, e da observação de que Haj Amin e seus colegas eram os únicos aliados nazistas (excluindo movimentos fascistas) que deram seu apoio ao "plano de genocídio"[9].

---

9 Os autores registraram algumas conversas frívolas entre o líder palestino e oficiais nazistas, o primeiro comparando favoravelmente o Islã ao nazismo e os segundos explicando sua admiração pela religião, embora todos soubessem que isso era ridículo. Tendo estabelecido que essas duas visões tinham pouco em comum, os autores então deram um salto de fé surpreendente ao registrar o suicídio de Hitler — e acrescentar que "os aliados árabes e islamistas do Terceiro Reich estavam apenas começando a conduzir o que se tornaria a mais longa de todas as guerras". Essa ideia está no centro de toda a narrativa "islamofascista" — veja o trabalho posterior de Christopher Hitchens, Norman

O grão-mufti era amoral e racista, mas atribuir o Holocausto a essa figura miserável é um insulto à história, bem como às seis milhões de vítimas de um regime diabólico. Contudo, isso forneceu os meios para difamar todo o povo palestino, quando os verdadeiros criminosos não eram nem muçulmanos nem árabes, mas europeus.

Fora do desprezo de Israel pelos palestinos, essa história sórdida poderia ter consumido pouco mais do que pesquisa acadêmica. Netanyahu, porém, deu o próprio aval de Israel à afirmação de que Haj Amin havia plantado a ideia do extermínio judeu na mente de Hitler. Em um discurso ao Congresso Sionista Mundial em Jerusalém em 2015, ele descreveu a reunião entre o grão-mufti e Hitler da seguinte maneira:

> Hitler não queria exterminar os judeus na época, ele queria expulsar os judeus. E Haj-Amin al-Husseini foi até Hitler e disse: "Se você expulsá-los, todos eles virão aqui [para a Palestina]". "Então o que devo fazer com eles?" ele [Hitler] perguntou. Ele [Haj Amin] disse: "Queime-os".

No entanto, a conexão entre a "responsabilidade" palestina pelo Holocausto e a colonização da terra árabe havia sido estabelecida. Após o comportamento do grão-mufti na Segunda Guerra Mundial, o ato de "assentamento" judeu poderia ser considerado um castigo apropriado para aqueles que tentaram destruir sua raça. E os palestinos, cuja própria terra havia sido perdida, apagada ou ocupada pelos israelenses em 1948 e 1967, deveriam ser considerados os potenciais destruidores do povo judeu. Seja o viés de colunistas sindicalizados para jornais de pequenas cidades norte-americanas ou as expressões odiosas de jornalistas ocidentais que vilipendiaram os palestinos e sua liderança, meus próprios arquivos contêm centenas de artigos que — se as vítimas de seus ataques fossem judeus em

Podhoretz e os discursos de George W. Bush — em que o nazismo ainda existe no anti-semitismo árabe e em que o mufti foi, nas palavras do historiador norte-americano Sean McMeekin, "um pioneiro no assassinato racial" por incitar multidões árabes a linchar judeus em Jerusalém na década de 1920. McMeekin citou Hitler dizendo a Haj Amin que ele aniquilaria "os judeus vivendo sob proteção britânica em terras árabes", um sentimento que o palestino ouviu "com ar de gratificação". A fonte, novamente, é Grobba. E o problema é óbvio. Se acreditarmos nesse relato, em quanto mais da versão nazista da história devemos confiar? E se eles mentiram tanto — o que os nazistas fizeram —, como podemos assumir sua honestidade ao registrar as ações e palavras de Haj Amin?

vez de árabes principalmente muçulmanos — teriam rapidamente provocado acusações de antissemitismo.[10]

É tão deprimente quanto cansativo folhear as notícias de jornal sobre a expansão deliberada e imparável e a permanência da colonização israelense da Cisjordânia palestina. Cada novo projeto habitacional construído em terras árabes "disputadas" e depois aclamado pelos colonos e líderes políticos de Israel como parte "indiscutível" de Israel. A terra "disputada" torna-se indiscutível assim que os israelenses a tomam.

A ira palestina foi ridicularizada pelo fato, evidente para qualquer um de nós que tenha visitado os assentamentos, de que as escavadeiras que limparam a terra, os caminhões que trouxeram o cimento e as brocas que escavaram os alicerces dessas colônias eram geralmente todos palestinos. Mais de 25.000 palestinos estavam em 2010 envolvidos na construção de casas para israelenses nas terras de seu próprio povo árabe. Por salários de até US$ 1.300 por mês, esse exército de construtores palestinos estava ajudando a criar as mesmas colônias judias que impediriam a criação de seu próprio estado "viável". Foi um sinal de desespero quando a advogada palestina Diana Buttu, confrontada com o fim de um "congelamento" de assentamentos que nunca existiu de verdade, sugeriu que os EUA deveriam financiar os colonos israelenses para que deixassem suas colônias. O apoio total dos EUA a Israel poderia ser "usado para fins mais produtivos", aconselhou Buttu, cunhando mais uma palavra na trágica história da "Palestina": "desocupação". Mas há uma diferença vital entre "desocupação" e um mero atraso na expansão colonial em troca de negociações diretas entre Mahmoud Abbas e Benjamin Netanyahu. Na verdade, em outubro de 2010, este último propôs mais um "congelamento" de assentamentos em troca do reconhecimento palestino de Israel como "o estado-nação do povo judeu".

No entanto, os palestinos já haviam reconhecido "o Estado de Israel" quando originalmente embarcaram nas negociações para uma "solução de dois Estados", e Arafat já havia falado de Israel como "um estado judeu".

---

10 Um artigo do colunista e comentarista da Fox News Cal Thomas no *Des Moines Register* afirmou em 2002 que os militares israelenses descobriram documentos do complexo de Arafat em Ramallah que provavam "o envolvimento direto do líder palestino no assassinato de civis israelenses". Thomas diz que isso incluía o custo de cartazes de 'mártires' e uma ordem de requisição de balas. "A 'contabilidade' de Arafat", ele escreveu, "é uma reminiscência da maneira como os nazistas mantinham registros meticulosos enquanto sistematicamente assassinavam judeus (...) É o ninho de cobras dele que os militares israelenses estão tentando destruir."

Essa demanda israelense foi temporariamente esquecida quando Obama concordou com o que só poderia ser descrito como um suborno. Em troca de mais um "congelamento", ele aprovou a transferência de 20 caças F-35 Lightning para Israel a um custo de US$ 3 bilhões para o contribuinte norte-americano. Não era a "descolonização" financiada pelos EUA que Buttu havia imaginado, mas uma contribuição financeira muito maior dos EUA para o poder militar de Israel como garantia para um mero gesto — uma pausa temporária no roubo de terras árabes — que poderia induzir Abbas e seus funcionários da Autoridade Palestina a retomar as negociações com os israelenses. Entretanto, para essas negociações, insistiu Abbas, deve haver uma paralisação total da colonização judaica da Cisjordânia. Agora era a vez dele de buscar a independência da "Palestina" na Assembleia Geral da ONU.

Em setembro de 2011, Abbas apresentou um pedido de admissão da Palestina como membro pleno da ONU. Porém, Obama, como esperado, já havia recusado. Sua própria resposta melancólica foi dizer que "a paz não virá por meio de declarações e resoluções na ONU (...). São os israelenses e os palestinos — não nós — que devem chegar a um acordo (...) sobre fronteiras, segurança, refugiados e Jerusalém." Obama só falou do sofrimento israelense. E tratando israelenses e palestinos como iguais, você pensaria, como Hanan Ashrawi observou de forma mordaz em Haaretz, "que foram os palestinos que ocuparam Israel".

O despertar árabe na Tunísia, no Egito e na Líbia foi adicionado à lista de razões pelas quais a terra não poderia ser devolvida a seus proprietários palestinos. "Não podemos saber quem acabará com qualquer pedaço de território de que desistirmos", disse Netanyahu. "Este é um momento muito delicado", pregou Tom Friedman no *New York Times*, concordando com a análise de Netanyahu.

No entanto, não era "delicado" o suficiente para parar o imparável: outras 300 casas para o assentamento judeu de Shilo na Cisjordânia em fevereiro de 2012, juntamente com permissão retroativa para 200 já construídas "ilegalmente"; e em junho, mais 851 em terras palestinas, um plano que, como disse o Departamento de Estado dos EUA, "contradiz os compromissos e obrigações israelenses".

Os colonos judeus agora atacavam regularmente palestinos, suas casas, propriedades e mesquitas. Os ataques palestinos, incluindo o assassinato de colonos judeus, agora seriam "equilibrados" com linchamentos por homens armados das colônias da Cisjordânia. Propriedades árabes foram atacadas por colonos irritados com a demanda de Abbas por um estado e muitas vezes deixaram a palavra "preço a pagar" em hebraico nas paredes de casas e mesquitas danificadas; era outra frase eufemística a ser adicionada ao vocabulário da ocupação. Esses ataques foram realizados contra palestinos tanto dentro de Israel como na Cisjordânia, contra árabes cristãos e muçulmanos. "Jesus é filho de uma prostituta", "Morte ao Cristianismo" e "Maomé é um porco" eram dificilmente originais, mas certamente constituíam crime de ódio. Oliveiras foram destruídas às centenas. Grupos de direitos humanos israelenses e da ONU calcularam que houve 167 ataques violentos em 2009, 312 em 2010 e 411 em 2011.

Netanyahu, que havia feito tanto para encorajar o movimento de colonos, percebeu que a criatura que ele havia criado poderia morder de volta. A queima de uma mesquita na vila israelense da Galiléia de Touba Zangaria, em outubro de 2011, foi, segundo o primeiro-ministro, "indigna do Estado de Israel". Quando colonos judeus, ao saber que vários "postos avançados" seriam demolidos, invadiram uma base do exército israelense perto da cidade da Cisjordânia de Qalqilya, Netanyahu considerou seu comportamento "intolerável", mas descreveu os responsáveis não como "terroristas", mas como "anarquistas". A destruição de outro "posto avançado" pelas tropas israelenses em dezembro foi seguida pela queima de outra mesquita perto de Ramallah. Os "anarquistas" não precisavam se preocupar. Em outubro de 2012, a Fundação para a Paz no Oriente Médio, com sede em Washington, relatou que mais assentamentos judeus foram construídos nos 19 anos desde os Acordos de Oslo de 1993 do que foram construídos desde 1967. Um ano depois, Netanyahu autorizaria outras 1.700 casas judias na Cisjordânia e Jerusalém Oriental. Obama já estava usando outra frase: "atividade de assentamento israelense".

O registro de roubo de propriedade israelense e desonra nacional continuaria sem trégua, e a colonização das terras de outro povo foi tratada com o mesmo medo, obscurantismo e subterfúgio por presidentes, primeiros-ministros, embaixadores e, mais criticamente, por jornalistas. Se motivos de Estado podiam dominar a linguagem da diplomacia, se grupos de pressão e eleições podiam emascular a linguagem dos presidentes norte-americanos, era necessário que jornalistas e "comentaristas" concordassem com essa empreitada ilegal subvertendo sua linguagem e usando os clichês mais infantis para obscurecer a verdade do crime?

Este capítulo sobre a subjugação dos palestinos está repleto da linguagem da circunlocução. Muitas das palavras ou expressões reais foram positivas em vez de negativas, até mesmo edificantes. Assentamentos, novos horizontes, fatos consumados, novas realidades, empreendimentos, bairros, residentes, palavras destinadas a se encaixar confortavelmente em um mundo que, de outra forma, seria perturbador para nossa sensibilidade moral. Então temos a neutralidade da linguagem não violenta, que deve nos proteger da realidade da desapropriação. Segurança, barreira, cerca, postos avançados, desengajamento, congelamento, moratória, intrerrupção. No entanto, tudo isso pode ser retratado como parte de um continuum de esperança, em vez de angústia. Nossa jornada por essa linguagem é protegida pelos termos mais familiares do conflito israelo-palestino. Processo de paz. Roteiro. Mapa.

No momento em que desviamos dessa rodovia linguística, temos que negociar um caminho mais problemático. Território disputado, postos avançados não autorizados, ação unilateral, sinais problemáticos, negativos, preços, anarquistas, deslocamento, expulsão. E aqui enfrentamos problemas ainda mais sérios. Ocupação, demolição, rarefação, terroristas. Ou a palavra que devemos repetir com mais frequência do que qualquer outra para justificar sua derrota, por qualquer meio: terror.

O eufemismo tem um efeito mais sinistro quando se destina a obscurecer a indisposição de um grupo de pessoas em ter suas terras tomadas por outro grupo de pessoas. Emocionalmente, somos distanciados dos eventos por esse dicionário de subestimação e menosprezo e esquiva. Isso não é *fake news*. É uma resposta falsa às notícias, um método de ignorar a subjugação de um povo, o que, em qualquer outro lugar do mundo, provocaria um clamor internacional. Pode ser encapsulado em uma única pergunta. Por que usar todos esses circunlóquios, a menos que haja algo a esconder?

Houve momentos, nos anos pós-Oslo, em que eu buscava esperança entre os destroços dos liberais israelenses. Como Yeshayahu Leibowitz e Israel Shahak, Uri Avnery sempre foi um dos meus heróis do Oriente Médio. De algum modo, foi adequado que a primeira notícia de sua situação — um ataque cardíaco massivo no final de agosto de 2018 — chegasse a mim por meio de um dos inimigos mais ferrenhos de Israel, o líder druso libanês Walid Jumblatt, expressando sua simpatia. Avnery, de 94 anos, era um filósofo político israelense e, nas palavras de Jumblatt, "uma mente indispensável para entender a história do fascismo, um elemento destrutivo importante do século XX". Avnery, acrescentou ele, também entendeu "a história do sionismo, outra teoria do apartheid desprezível que é um desdobramento do fascismo".

Na verdade, Avnery era ele mesmo um sionista, ou pelo menos um crente em um Israel de esquerda, corajoso, mas humilde, "luz entre as nações", do tipo em que muitos de nós gostariam de acreditar. "A desgraça de ser um otimista incorrigível", foi como ele descreveu sua situação para mim. Depois que jogou xadrez com Arafat em Beirute em 1982, ministros israelenses disseram que ele deveria ser julgado por traição.

Acho que Avnery estava orgulhoso disso. Sua personalidade mal-humorada e corajosa podia abraçar o ocasional martírio político, algo que os socialistas modernos agora estão quase todos muito assustados para fazer. Ele havia apostado sua reputação na integridade e na persistência das demandas palestinas. "Quando conheci Arafat em 1982, todos os termos já estavam lá", ele me disse em 2012. "Os termos mínimos e máximos palestinos são os mesmos: um estado palestino ao lado de Israel, compreendendo a Cisjordânia, Gaza e Jerusalém Oriental como capital, pequenas trocas de terras e uma solução simbólica para o problema dos refugiados. Mas isso está sobre a mesa como uma flor murcha."

Avnery vivia em um quarto lotado de livros, perto do mar, em uma rua modesta e tranquila. Ele costumava ponderar sobre a queda da "esquerda" israelense – eles estavam "hibernando", disse ele depois que Ehud Barak, o primeiro-ministro trabalhista, voltou das negociações de Camp David em 2000 como o autoproclamado líder do "campo da paz" "e nos disse que não temos parceiro para a paz. Isso foi um golpe mortal. Não foi Netanyahu quem disse isso, mas o líder do Partido Trabalhista".

Gravemente ferido como soldado na guerra de 1948, Avnery temia o nacionalismo. Onde está seu poder? ele perguntou menos de cinco anos antes de sua morte. "Parece que o ser humano precisa de um senso de pertencimento, pertencimento a uma certa cultura, tradição, memórias históricas (reais ou inventadas), pátria, língua." Mas ele previu um futuro em que "Israel, o estado-nação do povo israelense, estreitamente alinhado com o estado-nação do povo palestino, será membro de uma união regional que incluirá os estados árabes e, quem sabe, a Turquia e o Irã, como membro orgulhoso dos Estados Unidos do Mundo."

"Contudo, menos de seis meses antes de sua morte, Avnery perguntou como Israel iria 'sobreviver nas próximas décadas como uma potência colonial, cercada por estados árabes e muçulmanos que podem um dia se unir contra ele? Como Israel pode permanecer senhor da Cisjordânia e da Faixa de Gaza, povoadas pelo povo palestino, sem mencionar Jerusalém Oriental e os santuários sagrados para um bilhão e meio de muçulmanos em todo o mundo?'" Em uma nota a meu editor logo depois que soube de Jumblatt sobre o ataque cardíaco de Avnery, escrevi que "sua luz está prestes a se apagar em um momento perigoso da história de Israel". Ele morreu em 20 de agosto de 2018.

E não sem razão. Pois nos últimos anos de Avnery, o projeto de colonização judaica na Cisjordânia palestina não representava mais apenas uma empresa econômica ou o cumprimento de uma promessa messiânica. Agora iria se tornar uma forma de punição coletiva. Quando a "Palestina" finalmente recebeu o status de observador não membro pela Assembleia Geral das Nações Unidas em dezembro de 2012, o governo israelense disse que 3.000 casas judias a mais seriam construídas na Cisjordânia — e afirmou especificamente que isso era em resposta à votação da ONU.

John Kerry havia advertido Israel para não destruir a perspectiva de um estado palestino, uma perspectiva que até mesmo os diplomatas mais mansos já haviam abandonado. "Se a escolha for um estado, Israel pode ser judeu ou democrático", pontificou Kerry. "Não pode ser ambos, e nunca estará realmente em paz." Mas por que Netanyahu deveria se importar, quando Donald Trump estava tuitando ameaçadoramente que "não podemos deixar Israel ser tratado com tanto desdém e desrespeito. Fique forte, Israel, 20 de janeiro está se aproximando rapidamente!" O primeiro-ministro israelense agradeceu com bajulação ao presidente eleito dos EUA por seu "apoio claro ao Israel".

Após prevaricar por anos sobre esses atos de colonização, Obama coroou seus últimos dias no cargo recusando-se finalmente a usar um veto da ONU que teria poupado Israel da condenação internacional após mais uma construção de assentamentos. O último ato de colonização de Israel foi descrito na resolução da ONU como uma "violação flagrante do direito internacional". No entanto, a recusa de Obama em apoiar Israel após o triunfo eleitoral de Donald Trump parecia mais um ato de petulância presidencial.

Se apenas Obama e seu secretário de Estado tivessem enfrentado Israel mais cedo em seu mandato e em linguagem mais dura, eles poderiam ter tido algum efeito. Jornalistas como Alexandra Schwartzbrod, do diário francês *Libération*, identificaram o motivo pelo qual Obama postergou. "A colonização da Cisjordânia é um veneno que está matando lenta, mas seguramente, toda esperança de paz entre israelenses e palestinos", escreveu ela no outono de 2016. Mas se Obama fosse retirar seu veto da ONU, ele iria atrasar até depois das eleições de novembro para evitar prejudicar as chances presidenciais de Hillary Clinton. Que é exatamente o que ele fez.

Havia algumas evidências de que os próprios israelenses estavam prontos para enfrentar os perigos. Quando o diretor israelense Shimon Dotan exibiu seu novo filme sobre colonos judeus, *Les Colons*, no festival internacional de cinema de Tel Aviv em maio de 2016, ele foi entrevistado educadamente pela imprensa de direita; seu objetivo, disse ele, "era contar a história da maneira mais clara possível de como chegamos à situação desesperadora em que estamos hoje". O filme provou que a colonização não era o ato de uma minoria de judeus preparando-se para o retorno do Messias; foi criado pelo próprio Estado de Israel. Segundo estudos recentes, Israel investiu um "orçamento faraônico" de pelo menos 44 bilhões de euros em desenvolvimento colonial no meio século que se seguiu à Guerra dos Seis Dias de 1967. A chegada de Trump à Casa Branca apagou essa memória histórica.

O que caracterizou esse debate extraordinário e em grande parte sem sentido entre os governos israelense e norte-americano foi a singular falta de compaixão pelas principais vítimas da colonização judaica. Enquanto Israel, exceto por uma ordem muito ocasional do tribunal superior para desistir, podia ignorar os palestinos cujas terras estavam sendo roubadas, os norte-americanos nunca expressaram sua própria tristeza pela dor desses árabes cuja propriedade estava sendo "confiscada". A continuação da construção de colônias israelenses foi repetidamente criticada ou condenada por Washington como "desfavorável" ao "processo de paz" ou às vezes "ilegal", mas mesmo Kerry só pôde expressar seu horror a esses atos internacionais de roubo enfatizando o perigo que representavam para a "democracia" de Israel. Aos olhos da administração dos EUA, o autoferimento moral de Israel tinha precedência sobre as verdadeiras feridas causadas aos árabes pelo suposto aliado "democrático" da América.

Ao adotar essa atitude, os EUA estavam seguindo o ponto de vista dos próprios governos de direita de Israel: que os palestinos eram indignos da igualdade que as leis de direitos humanos deveriam conceder a eles e deveriam se curvar rapidamente se não quisessem que seus ocupantes israelenses tomassem ainda mais de sua terra. Somente os palestinos eram responsáveis pelo "terror". Qualquer sugestão de que a dor palestina pudesse ser tão devastadora quanto o sofrimento de Israel provocaria uma condenação total do povo ocupado.

A angústia pessoal individual dos palestinos não poderia, portanto, ser comparada ao purgatório que o povo judeu havia suportado. E se apenas os números pudessem cancelar o direito dos armênios de se considerarem vítimas de genocídio — já que um milhão e meio de mortos em 1915 não chega nem perto de seis milhões entre 1939 e 1945 —, que chance os palestinos tinham de reivindicar a simpatia do mundo?

É como uma boda de prata. Vamos desenterrar aquela velha história de um quarto de século atrás, quando vi Israel tomar a terra da família palestina Khatib. Filmamos as escavadeiras aproximando-se da parede do jardim da casa de Mohamed e Saida Khatib e de seu filho Sulieman, no meio de seu pequeno pomar de oliveiras, uvas, figos, ameixas e amêndoas, ao lado do antigo galinheiro de Saida. "É meu — era do meu pai e do pai do meu pai", disse o velho Mohamed na época. Seu filho professor de 35 anos iria ao tribunal israelense para impedir esse ato de roubo, disse ele. A família havia recusado a compensação. A terra pertencia a eles.

Com o passar dos anos e a expansão da colônia judaica de Psgat Zeev descendo o vale abaixo da aldeia árabe de Hizme, preferi não voltar ao canteiro de obras que cercava a casa e o jardim da família palestina.

Tínhamos feito o nosso melhor. O jornalismo é uma profissão transitória. Eu tinha guerras para cobrir, e os Khatibs não foram os únicos palestinos a perderem suas propriedades para a colonização israelense. Uma boa desculpa, essa; quanto mais normal um crime, menos você precisa relatá-lo. Além disso, outras guerras desviaram os holofotes da tragédia palestina.

No vigésimo quinto aniversário de Oslo, contudo, e naquele velho filme que fizemos, eu estava de volta a Jerusalém e não pude mais ignorar o caminho até a casa. Então, em setembro de 2018, voltei à velha estrada para a vila de Hizme, agora uma rodovia mais larga, um grande posto de controle israelense no canto e afastado do assentamento judeu de Psgat Zeev por aquele velho e horrível colosso, o Muro. Hizme era a vila da família Khatib, para onde eu suspeitava que a família devia ter ido depois que sua casa lhes foi tomada. E lá encontrei o irmão de Sulieman, Ahmed, e ele ligou para Sulieman, que não havia, como temia, emigrado para a Europa ou os EUA, mas agora vivia em um apartamento lotado com sua esposa e cinco filhos a apenas dois quilômetros de distância. Agora com

60 anos, um pouco mais largo, mas com o mesmo sotaque ponderado em inglês, Sulieman estava mais triste hoje. Embora não sem uma esperança vã de que o caso legal da família contra os israelenses pudesse ser reaberto. Sua família não havia expressado sua disposição de permanecer dentro do assentamento judeu? Não lhes disseram que a terra era necessária para estradas, e não para casas de colonos? Os advogados da família haviam falhado com eles, disse Sulieman. Mas os Khatibs nunca aceitaram a compensação. "A compensação significa que você vendeu sua terra para eles — e (então) você lhes dá o direito de tê-la."

Mohamed e Saida agora estavam mortos, enterrados na vila de Hizme. Mohamed morreu há dois anos, Saida em 2002. "Eles não esqueceram a terra", diz Sulieman.

Em uma manhã brilhante, quente e cintilante, Sulieman e eu voltamos ao local de sua casa. Paramos na velha trilha que levava à casa, onde agora algumas grandes pedras estavam colocadas sobre a terra. Sulieman caminhou delicadamente entre elas e desceu uma estrada bonita e pavimentada entre villas com gramados, árvores, telhados vermelhos e vagas de estacionamento para moradores. Ninguém percebeu Sulieman e ele caminhou com crescente confiança entre as casas dos colonos. "Esta é a primeira vez que venho aqui desde que isso foi construído", diz Sulieman, olhando por cima de um muro baixo em direção ao que era a propriedade de sua família. "É uma sensação estranha. Não consigo imaginar o que estava aqui e o que está aqui agora."

Eu costumava pensar que o despejo e coragem são gêmeas na mente de um refugiado. Não são. O despejo é o fim; a coragem pode ser tão patética quanto irrelevante. "Agora os colonos estão vivendo luxuosamente sobre as ruínas de outras pessoas", diz Sulieman. "Eles não sabem [nossa história] e não sabem (...) como era antes. É uma história ruim. E quando os israelenses demoliram nossa casa (...) eles deveriam ter levado em conta nossos sentimentos, nossa humanidade".

Pergunto a Sulieman para identificar o país que ele vê agora quando olha para o local de sua casa de família. "É a Palestina, mas com edifícios israelenses", ele responde. "É a terra da vila de Hizme e Beit Hanina, todas essas casas que você vê. Eu me considero vivendo no exterior, mas no mesmo distrito (...) Às vezes, acho que não posso fazer nada, porque (...) Israel foi estabelecido na terra dos outros, não apenas em nossa terra individual. E não é fácil recuperá-la de um estado ou governo como este. Eles ainda estão se expandindo para outras terras".

Oslo paira sobre nós como uma sombra. Enquanto houver ocupação, não haverá paz. Não, Sulieman não deixará a "Palestina" porque é sua "pátria". Mas Sulieman poderia ter acreditado, quando eu o conheci e seus pais 25 anos atrás, no que aconteceria? "Eu não imaginei. E depois de tanto tempo, depois do muro e dos assentamentos, você nem percebe que isso já foi sua terra."

Mas é a terra de Chaim Silberstein. Ele insiste em me mostrar a pedra de Jacó. Fica em Beit El — a "Casa de Deus" —, que é o nome da colônia de quase 7.000 judeus nos arredores de Ramallah. Foi aqui que o antigo patriarca judeu deitou-se em sua pedra, como está escrito, e sonhou com a escada para o céu sobre a qual anjos subiam e desciam. O 25º aniversário de Oslo foi um aniversário estranho para lembrar todas aquelas criaturas aladas subindo e descendo. Mas tenho que admitir que a mensagem de Deus a Jacó há milhares de anos era um pouco menos prosaica e certamente mais a longo prazo.

Então, muito obrigado a Oslo, e a todos aqueles acordos de retirada e o estado palestino que não existe, embora, não muito longe de uma árvore de absinto de 1000 anos, Chaim torne-se lírico sobre os descendentes modernos de Jacó e os norte-americanos que estão tentando realizar o sonho de Deus. É estranho ouvir o nome de Trump aqui, dentro dos muros de Beit El e guardado pelas armas dos colonos israelenses.

Faz exatamente quatro meses que o presidente norte-americano honrou sua promessa de mudar a embaixada dos EUA de Tel Aviv para Jerusalém, uma inauguração diplomática salpicada de sangue de 58 manifestantes palestinos desarmados mortos por soldados israelenses na fronteira de Gaza em 14 de maio[11].

Silberstein é um conselheiro de Beit El de 58 anos, tendo se mudado para cá da África do Sul em 1985 "para viver na terra de Israel" e "de acordo com os preceitos da Torá". Ele também é um orador público astuto que fala em frases completas, quase sem pausas ou erros gramaticais.

"Acho que a composição da equipe de Trump hoje é fantástica — estou falando de Greenblatt, Kushner, Friedman, [conselheiro de segurança nacional de Trump], John Bolton, [embaixadora dos EUA na ONU Nikki]

11 Oslo havia previsto que tanto Israel quanto a Palestina se absteriam de tomar "quaisquer medidas unilaterais que prejudicassem o resultado das negociações". Ninguém sonhou em 1993 que seriam os próprios Estados Unidos que perpetrariam o "ato unilateral" – que não apenas 'prejudicaria' o acordo, mas efetivamente o destruiria um quarto de século depois.

Haley, Trump. Quero dizer, meu Deus, é um sonho para Israel. Não achei que poderíamos desejar algo melhor. Não consigo imaginar encontrar maiores apoiadores de Israel."

E havia muito menos simpatia na exegese de Chaim Silberstein sobre os palestinos da Cisjordânia.

> "Nunca houve um povo palestino. Nunca houve uma história palestina. Esta terra nunca lhes pertenceu, nunca (...) Eles nunca tiveram um estado, nunca tiveram nenhum direito sobre seu país."

Beit El é um lugar à parte para Silberstein. "Mudei-me para cá por razões ideológicas. Sou sionista e acredito em Sião (...) Beit El remonta a 3.000 anos e essa é uma forma de expressar o retorno dos judeus nativos à pátria. Então, para mim, isso é uma verdadeira expressão de minha identidade e de minha nacionalidade". Se ele fala de fé, também fala de guerra e diz que se Beit El cair ante seus inimigos, Tel Aviv cairá. "Somos o colete à prova de balas da planície costeira [israelense]."

> "Rezo pela paz todos os dias (...) E acredito que encontraremos uma solução, no final das contas, em que Israel terá um estado do Jordão ao mar [Mediterrâneo], onde os árabes que vivem no [novo] Estado de Israel tenham cidadania israelense ou jordaniana — ou a Jordânia seja na verdade o estado palestino (...) Acho que os palestinos estão ultrapassados — são tão do século XX! Os países árabes não estão mais interessados nos palestinos. Eu leio frequentemente que eles os desprezam."

A ideia de que a Jordânia possa emergir, mais uma vez, como um "estado-mãe" para os palestinos, é um conceito verdadeiramente colonial. O colunista e pesquisador israelense Shmuel Rosner foi ainda mais impressionantemente explícito quando disse aos leitores do *New York Times* que:

> "Israel não acredita realmente que um pequeno enclave palestino preso entre Israel e a Jordânia possa ser economicamente viável. E assim, sempre esperou que a possível separação de Israel dos palestinos incluísse uma garantia de — para dizer de forma direta — supervisão adulta."

Aqui estava o colonialismo esclarecido. Rosner não nos dá nenhuma dica de que essa falta de "viabilidade" é causada pela recusa de Israel em se retirar dos próprios territórios que tornariam o "enclave" viável. E assim ele nos informa, com certa vergonha, que os palestinos precisam de "supervisão adulta". Essa foi a razão racista que todas as nações imperiais empregaram quando explicaram por que a independência não poderia ser dada aos povos das terras que controlavam.

Não estou mais chocado. Os Estados Unidos aceitam isso. O mundo já não se choca sobre o destino dos palestinos mais do que os próprios palestinos. O que foi que Sulieman Khatib me disse quando voltamos ao lugar de sua expropriação? "Depois de tanto tempo, depois do muro e dos assentamentos, você nem percebe que isso já foi sua terra."

Então faço um pedido a Amira Hass — a única jornalista israelense a viver na Cisjordânia palestina, uma torre de força e desespero —, peço-lhe que me mostre algo que me choque. E ela me leva por uma estrada fora de Ramallah que me lembro, anos atrás, de ser uma rodovia que levava a Jerusalém. No entanto, agora, logo depois de uma colina, ela se deteriora em uma estrada semiasfaltada, um conjunto de portas de lojas fechadas e enferrujadas e lixo. O mesmo velho cheiro de esgoto cru sobe a estrada. Ele se acumula, verde e suave, em uma piscina no fundo do muro.

O Muro. Elevando-se oito metros acima de nós, severo, monstruoso em sua determinação, enrolando-se e serpenteando entre blocos de apartamentos, esgueirando-se em vales e voltando-se para si mesmo até que você tenha duas paredes, uma após a outra. Você balança a cabeça por um momento quando — de repente, por algum erro de cálculo, com certeza — não há parede nenhuma, mas uma rua comercial ou uma encosta nua de arbustos e rochas. E então o respingo de telhados vermelhos, piscinas e árvores das colônias e, sim, mais muros, cercas de arame farpado e muros ainda maiores. E então, mais uma vez, a própria besta, guardiã das colônias de Israel: O Muro.

A seção do Muro para a qual Amira me leva é, contudo, um lugar verdadeiramente miserável. É a velha estrada de Ramallah a Jerusalém, ladeada por riquezas perdidas e casas outrora amadas, que agora termina no Muro. "Agora, se isso não é chocante, não sei o que é 'chocante'", diz Amira. "É uma destruição da vida das pessoas — é o fim do mundo. Vê aqui? Vamos direto para Jerusalém. Não agora. Esta era uma estrada movimentada e você pode ver aqui como as pessoas investiram em casas com um pouco de graça, a força das casas, a pedra. Olhe para os cartazes em hebraico — porque esses palestinos costumavam ter muitos clientes israelenses. Até o nome "carpinteiro" está em hebraico".

Mas quase todas as lojas estão fechadas, as casas fechadas, ervas daninhas e galhos secos ao longo da calçada quebrada. Os grafites são lamentáveis, o sol impiedoso, o céu tão coberto de calor que o cinza do Muro às vezes se funde com a pedra cinza do céu. "É patético", diz Amira Hass, sem emoção. "Este lugar — sempre mostrei para as pessoas; sempre, sabe, provavelmente centenas de vezes — e nunca deixa de me chocar."

O esgoto, uma vez que você se acostuma a ele, é de certa forma apropriado. É como um lugar onde a imaginação secou, deixando apenas uma pequena piscina sombria para trás. O silêncio não é opressivo, mas exige uma resposta. O que o Muro nos diz? Pergunto a Amira. "Acho que o que ele me diz", ela começa. "Como não pode expulsar os palestinos, tem que escondê-los. Tem que ocultá-los de nossos olhos. Alguns podem sair para trabalhar lá para os judeus. E isso é visto como "fazer um favor [aos palestinos]." Os israelenses não entram, porque para os israelenses, "não precisamos dessas áreas — não precisamos disso — é lixo — isso é esgoto". O muro é sobre quão forte é a necessidade de ser puro. E quantas pessoas participaram desse ato de violência? Dizem que é por causa dos ataques suicidas, mas a infraestrutura legal e burocrática para essa separação existia antes do muro. Então, o muro é uma espécie de expressão gráfica ou plástica ou tangível de leis de separação que existiam antes".

E essa é uma israelense que está falando comigo, cujo socialismo, acho, lhe deu uma coragem dura e marxista. Ela estima que só tem entre 100 e 500 leitores — graças a Deus, dizem muitos de nós, que seu jornal *Haaretz* ainda existe. Ela se acostumou ao ódio e aos insultos de seu próprio povo.

Mas ela é realista. "Olha, não podemos ignorar que por um certo período, [o muro] serviu ao papel imediato de segurança", ela diz. E ela está certa. A campanha palestina de atentados suicidas foi interrompida. Mas o Muro também era uma máquina de expansão: avançava sobre terras árabes que não faziam mais parte do Estado de Israel do que as vastas colônias que agora abrigam cerca de 450.000 judeus na Cisjordânia. Não ainda, de qualquer maneira.[12]

12 Acadêmicos judeus estavam entre os primeiros a apontar o significado obscuro do muro e seu propósito igualmente sinistro. O falecido Tony Judt enfureceu-se contra a existência do muro já em 2003 — "Ele destruirá vilas, meios de subsistência e o que resta da comunidade árabe-judaica. Custa aproximadamente US$ 1 milhão por milha e não trará nada além de humilhação e desconforto para ambos os lados."

Amira dirige, passando por uma base militar onde ela aponta as palavras — em inglês — pintadas a spray em uma parede. "Os judeus fizeram o 11 de setembro". Com tais palavras, os palestinos poderiam incriminar sua sociedade de forma mais completa aos olhos do Ocidente? Mas há outras pichações. Em uma pequena aldeia palestina, talvez a 200 metros do assentamento judeu mais próximo, ela aponta para as palavras pintadas a spray na parede de uma casa palestina depois que judeus do assentamento invadiram a vila. "Judéia e Samaria", diz em hebraico. "Sangue vai ser derramado."

Aisha Farah nos mostra o telhado de sua casa, onde seus painéis solares foram quebrados por pequenas pedras — disparadas por uma funda por estudantes religiosos, ela diz — e, apesar de seus 74 anos, ela não mede as palavras. Calculo silenciosamente que ela nasceu na Palestina mandatária original em 1944, o mesmo ano em que a mãe de Amira Hass foi enviada para Bergen-Belsen. A colônia judaica acima da casa de Aisha Fara é Beit El, o assentamento onde Chaim Silberstein vive, seu lugar de história bíblica de 3.000 anos, sua "comunidade moral e ideológica". Como Beit El, a casa de Aisha Farah está na "Área C", os 60% da Cisjordânia que Silberstein deseja ver anexados por Israel.

"Os ladrões vieram antes do pôr do sol", diz Farah sobre os atiradores de pedras. "Eles queimaram nossas árvores três vezes. Mas os ladrões não permanecem para sempre. E as pessoas espalhadas por toda parte voltarão para suas casas, se Deus quiser (...) Você me pergunta quem são eles? Você os enviou. Você tem tudo em suas câmeras". Amira ouve atentamente. "Para ela", diz ela, "a história é como uma longa, longa cadeia de expulsão. Essas são coisas sobre as quais você para de escrever. A normalidade novamente."

Isso, penso, afetou Amira Hass, a maneira como uma reportagem cai no esquecimento depois de se tornar um evento diário. Ninguém mais reserva a primeira página para isso. E os privilégios de ser cidadão israelense em Ramallah estão sempre presentes:

> "De certo modo, quando fomos bombardeados [pelos israelenses], foi mais fácil porque eu estava com todos. Isso é algo que posso sentir — o medo das bombas, claro, eu compartilho. Mas o encerramento, por exemplo, isso é algo que não consigo entender. Realmente não consigo entender. Para mim, um muro é apenas algo feio no caminho [para Jerusalém]. Mas para os palestinos, é o fim do mundo".

9

Selvagem

Vocês que vivem seguros
Em suas casas aquecidas
Vocês que encontram comida
E rostos amigáveis em casa:

Considerem se podemos chamar de homem:
Quem trabalha na lama
Quem não conheceu a paz
Quem lutou por um naco de pão
Quem morreu por um sim ou por um não.
Considerem se é uma mulher,
Sem cabelos, sem nome
Sem forças para recordar
De olhos vazios e ventre frio
Como uma rã no inverno.

"Shema" ("Ouça"), Primo Levi, 10 de janeiro de 1946

Em uma tarde de sábado de 2012, encontrei a localização de uma vila chamada Huj. A placa da estrada dizia "Sderot", a cidade israelense onde os mísseis do Hamas caem. No entanto, pelos meus cálculos, Huj, há muito destruída, ficava do outro lado dos campos de um centro de recreação desleixado perto da entrada de Sderot, uma série de vilas decadentes em uma pequena estrada circular onde brincavam crianças israelenses.

O dia do destino de Huj chegou em 31 de maio de 1948, quando o 7º Batalhão da Brigada Negev israelense, enfrentando um avanço do exército egípcio, chegou à vila. Nas palavras do historiador israelense Benny Morris, "a brigada expulsou os aldeões de Huj (...) para a Faixa de Gaza. Huj havia sido tradicionalmente amigável; em 1946, seus habitantes esconderam homens da Haganah de uma batida britânica. Em meados de dezembro de 1947, durante uma visita a Gaza, o *mukhtar* [prefeito] e seu irmão foram mortos a tiros por uma multidão que os acusou de 'colaboração'. No final de maio, porém, dada a proximidade da coluna egípcia que avançava, a Brigada Negev decidiu expulsar os habitantes — e depois saqueou e explodiu suas casas."

No mês seguinte, eles imploraram para voltar. O "Departamento de Assuntos de Minorias" israelense observou que eles mereciam tratamento especial, pois haviam sido "leais", mas o exército israelense decidiu que eles não deveriam voltar. Assim, os palestinos de Huj continuaram a definhar na Faixa de Gaza, onde seus descendentes viveram como refugiados. Em 1948, Huj ficava dentro do distrito de Dorot, onde vivia, segundo o censo britânico de 1931, uma maioria árabe. A atual Sderot, porém, escreve o historiador palestino Walid Khalidi, foi construída em terras agrícolas pertencentes a outra vila árabe palestina chamada Najd; seus habitantes tiveram o mesmo destino que o povo de Huj. Em 12 e 13 de maio de 1948, a Brigada Negev do exército israelense — novamente, segundo Morris — os expulsou. Eles também foram enviados para o exílio em Gaza.

Você pode ver Huj e Najd no mapa muito reproduzido de Munther Khaled Abu Khader da Palestina mandatária e suas cidades israelenses modernas, situadas a sudeste e norte no que hoje é Sderot. Sderot foi fundada em 1951, mas Asraf Simi, que chegou lá em 1962 e mais tarde trabalhou na biblioteca local, não sabia nada disso. Ela deu de ombros quando perguntei sobre eles. "Nunca ouvimos falar de árabes por aqui", disse ela. "Meu tio chegou perto do início, por volta de 1955, e estava morando em uma tenda aqui — e todos nós pensamos que esta seria uma das cidades mais modernas de Israel! Não tenho medo, mas não estou feliz com o cessar-fogo. Acho que deveríamos ter entrado lá para acabar com tudo para sempre."

Outra ironia. Asraf Simi nasceu no Marrocos e aprendeu árabe com sotaque marroquino antes de partir para Israel aos 17 anos. E ela não sabe que hoje, na miséria de Gaza, vivem mais de 6.000 descendentes do povo de Huj. Assim, a tragédia da Nakba palestina conecta-se diretamente aos israelenses de Sderot. Os milhares de foguetes que caíram ao redor deles ao longo dos anos vêm do lugar onde agora vivem as famílias que viviam nessa terra.

Gaza é a faixa no mapa, o hiato desagradável entre o Israel atual e o deserto árabe egípcio. Não mais, graças a Ariel Sharon, embelezada com a dignidade necessária da ocupação, este canto da Palestina mandatária é agora o lixão do conflito palestino, o lugar onde os civis que ninguém quer e o grupo armado que todos gostariam de destruir existem em desarmonia mútua. As colônias judaicas na costa de Gaza são agora uma memória histórica tanto quanto o papel de Gaza na igualmente temporária "paz" de Oslo. É tanto um lugar de sofrimento e vergonha quanto um lugar de sujeira, doença e matança. Afastamo-nos da criminalização de todo um povo — neste caso, dois milhões de palestinos, a maioria refugiados ou filhos ou netos de refugiados do que hoje é o Israel e de cidades atuais como Beersheba, Ashdod, Ashkelon e Sderot.

Ao contrário da Cisjordânia, no entanto, a Gaza palestina suporta algo pior que a ocupação: um estado permanente de cerco. Às vezes é da variedade medieval: bombardeio maciço por Israel. Às vezes assume uma crueldade mais diplomática: sanções impostas a um povo que não votou da maneira que Israel, o Ocidente e a maioria das nações árabes desejavam que votassem, no que todos reconheceram na época como uma eleição democrática. E como todos os cercos, gerou um tipo especial de corrupção e arrogância entre as vítimas.

Há um precedente único aqui, no entanto. Se os 5.653 quilômetros quadrados da Cisjordânia estão sendo consumidos com sucesso por outra nação, os 378 quilômetros quadrados de Gaza estão sendo esmagados pela mesma nação, mas são indestrutíveis. Pois seus habitantes não podem fugir para o Egito vizinho, que participa do cerco; e não podem fugir para as casas originais de suas famílias na Palestina porque hoje elas estão em Israel. Não podem ser transportados por terra para a Cisjordânia porque Israel está roubando essa terra para seu próprio povo.

Portanto, o que eu chamei de "hiato desagradável" é ainda mais condenado que seu pseudoestado palestino menos atingido a nordeste. Gaza é uma anã, com pouco mais de 2% da Palestina mandatária, mas com uma herança muito mais fatal que seu vizinho palestino. A Cisjordânia é onde os palestinos perdem suas terras; Gaza é onde eles perdem suas vidas.

Embora os criadores de Oslo fantasiassem que ela se tornaria parte do estado da "Palestina", o destino de Gaza era o isolamento. Foi um ferro-velho da história, governado por cristãos e muçulmanos, arruinado e reconstruído sob os otomanos e disputado pelos britânicos e turcos na Primeira Guerra Mundial. Um dos locais mais verdes e pacíficos entre as favelas de Gaza continua sendo o cemitério da Commonwealth War Graves Commission, com seus 3.217 túmulos de 1917. Seu guardião, Ibrahim Jaradeh MBE, também se tornou refugiado em 1948 quando as tropas israelenses capturaram sua cidade natal de Beersheba.

Os israelenses capturaram Gaza dos egípcios na Guerra dos Seis Dias de 1967 e, a partir de então, ela permaneceu sob ocupação israelense. Aglomerados de colônias judaicas foram instalados na costa de Gaza sob os usuais pretextos bíblicos, até que Sharon as fechou em 2005 para concentrar sua expansão colonial na Cisjordânia.

O acordo de Oslo de 1993 floresceu e morreu em Gaza em meio a falsas esperanças, corrupção palestina e a vitória legítima, crível, mas — para Israel, Estados Unidos e UE — irritante do Hamas nas eleições parlamentares palestinas de 2006.

A história ideológica desse movimento teimoso, mas por outro lado pouco inspirador e politicamente remoto, foi contada muitas vezes; desde sua criação como a Sociedade Islâmica de Caridade em Gaza, com origens na antiga Irmandade Muçulmana Egípcia de 1935, ela se transformaria por meio do conflito israelo-palestino, primeiro como um movimento social sem ambições militantes, depois como um suposto aliado israelense e posteriormente com um propósito virulentamente antissemita que pedia a destruição de Israel. Após sua vitória nas eleições de 2006, ela se tornaria para o Ocidente a autoridade de "resistência/terrorismo" oficialmente odiada e ostracizada de Gaza. Na realidade, os palestinos de Gaza, em sua maioria conservadores, votaram no Hamas mais por desgosto com a corrupção da Autoridade Palestina do que por qualquer novo amor por uma luta santa contra Israel e o Ocidente.

Tão certos estavam eles de uma vitória de Abbas, no entanto, que as potências ocidentais declararam a eleição livre e justa, o que tornou sua reação ao resultado real ainda mais indesculpável. Assim como os norte-americanos não haviam construído um plano para o "dia seguinte" após a invasão do Iraque, os EUA também não tinham nenhuma política em vigor para enfrentar um sucesso do Hamas nas urnas.

O apelo imediato do Hamas por um governo conjunto Fatah-Hamas foi ignorado; como Israel poderia negociar a paz com uma Autoridade Palestina dominada por "terroristas" que tantas vezes haviam pedido sua destruição e que haviam "feito chover" foguetes Qassam sobre Sderot?

Então os norte-americanos efetivamente exigiram o abandono pelo Hamas de seu próprio estatuto e cortaram a ajuda para a AP agora dominada pelo Hamas. Seu novo primeiro-ministro, Ismail Haniyeh, elogiou Abbas e prometeu usar "todos os meios" "para pôr fim ao estado de conflito e trazer a paz para a região". Estava perdendo seu tempo. O Hamas seria boicotado e os resultados ignorados pelas democracias ocidentais que haviam elogiado a legitimidade da eleição. Os palestinos haviam votado nas pessoas erradas.

Israel queria que Abbas esmagasse o Hamas. Se havia falhado em fazê-lo eleitoralmente, então ele deveria fazê-lo militarmente. Disputas violentas eclodiram entre o aparato de segurança do Hamas e da Fatah. Na Cisjordânia, a Fatah podia prender e torturar apoiadores do Hamas. O Hamas, com a arrogância de todos os grupos de "resistência" recentemente bem-sucedidos, agora governava Gaza.

Persistem fortes suspeitas de que as potências ocidentais conspiraram para derrubar os resultados da vitória do Hamas em 2007, apoiando um golpe mal organizado — a ser encenado por Abbas e seu movimento Fatah eleitoralmente derrotado. Se um golpe estava sendo planejado, o Hamas o impediu. O massacre em massa e a desapropriação de apoiadores de Abbas — e civis inocentes — que começou em 10 de junho de 2007 foi um momento terrível na história palestina; homens que haviam lutado juntos em Beirute contra o cerco de Israel em 1982 agora se matavam com igual veneno. Lutadores de Abbas foram fuzilados na frente de suas casas, jogados de telhados ou executados nas ruas. Pelo menos 350 palestinos foram mortos.

Doravante, haveria duas "Palestinas"; uma "Palestina" do Hamas, reunindo constantemente apoio financeiro e militar da Irmandade Muçulmana Egípcia, Catar e, mais tarde, Irã, e uma "Palestina" da Fatah, governada por Mahmoud Abbas, cooperando com Israel e financiada por nações ocidentais. Nos anos seguintes, as forças de Abbas muitas vezes gastaram mais tempo prendendo, torturando ou matando seus oponentes do Hamas na Cisjordânia do que protestando contra o contínuo roubo de terras por Israel em torno da própria "capital" de Abbas, Ramallah, ou seus ataques assassinos contra o povo palestino de Gaza. O que mais Israel poderia ter desejado?

Líderes dos EUA e europeus visitariam Israel e a Cisjordânia, valsando pela Muralha para visitar o "presidente democrático" da Palestina enquanto o Hamas era contido dentro de Gaza, supostamente contaminando seu próprio povo palestino com "terror" e o islamismo fundamentalista. Levou quase dois anos para Tony Blair visitar essa parte de seu feudo político palestino de dois estados, e mesmo assim preferiu não se encontrar com nenhum oficial do Hamas. Pois o Hamas desde 2003 havia conquistado para si aquele mais cobiçado de todos os prêmios militares muçulmanos; foi listado pelos EUA e muitos outros países como uma "organização terrorista".

Havia políticos europeus que argumentavam que o mundo deveria sentar-se com o Hamas e tentar atraí-los para uma paz, ou mesmo um cessar-fogo prolongado, por meio de alguma forma de reconhecimento e persuasão silenciosos para abandonar seu estatuto racista. O Hamas não poderia reconsiderar sua recusa em aceitar as promessas agora em grande parte desacreditadas do acordo de Oslo? Israel, contudo, cujos oficiais militares superiores haviam encorajado o Hamas a construir suas mesquitas e redes islâmicas em Gaza quando desejavam destruir a Fatah, decidiu que nunca poderia se submeter ao "terror" do Hamas. A menos, é claro, que precisassem negociar com o Hamas para a libertação de soldados capturados, caso em que ignoraria todas essas proibições e falaria com os líderes do "terror mundial", antes de libertar dezenas de prisioneiros islâmicos que há muito eram mantidos como reféns apenas para tal ocasião.[1]

A democracia não importava mais nem para o Hamas nem para a Fatah. Manifestações de qualquer facção na versão do outro da "Palestina" foram suprimidas. E a "democracia" palestina agora era tão cuidadosamente desconsiderada pelo mundo ocidental quanto pelas duas lideranças palestinas. O tempo todo, líderes norte-americanos e europeus alegaram que a única "democracia" real no Oriente Médio era praticada pela nação que havia ocupado terras palestinas, roubado terras palestinas, sitiado dois milhões de palestinos em Gaza e que destruiria suas vidas aos milhares. Em seu discurso sobre o Estado da União em 2007, George W. Bush havia elogiado o suposto advento da democracia no Afeganistão, no Iraque e no Líbano, observando apenas que o Quarteto — EUA, ONU, UE e Rús-

1 Em 2011, por exemplo, Israel libertou 1.027 prisioneiros palestinos, incluindo dois envolvidos no assassinato de dois soldados israelenses, em troca do cabo Gilad Shalit, que havia sido capturado em um ataque transfronteiriço mais de cinco anos antes.

sia — estava "perseguindo a diplomacia para ajudar a trazer a paz à Terra Santa" e "perseguindo o estabelecimento de um estado palestino democrático". Mas "perseguir" não era o mesmo que cumprir.

Era difícil identificar qualquer tipo de "luta" militar séria contra os israelenses, exceto pelo bombardeio crescente, mas quase totalmente ineficaz, de Sderot pelo Hamas. Seus foguetes Qassam, caseiros, imprecisos, impulsionados por uma combinação de fertilizantes e lamentavelmente inferiores a qualquer coisa que seus inimigos possuíssem, apenas permitiram aos israelenses reivindicar o direito à autodefesa, um argumento plausível em termos de baixas israelenses, mas que se tornou mais crível depois que Sharon retirou os 8.000 colonos israelenses de Gaza em 2005. Por que o Hamas deveria atacar Israel agora? Gaza não estava finalmente "livre" e "independente", terminada sua ocupação? Mas sua ocupação não havia terminado.

O "desengajamento", como os israelenses chamaram a retirada unilateral de seus colonos de 25% de Gaza, permitiu a Israel manter sua ocupação por controle remoto. Permaneceu no comando do espaço aéreo, das águas territoriais, das fronteiras e dos pontos de passagem do enclave palestino. Poderia cortar água e energia e bombardear sua população à vontade. Um bloqueio de importações de ferro e aço, concreto, equipamentos de reparação de automóveis, tornos e qualquer outra coisa que pudesse permitir aos habitantes de Gaza fabricar armas ou foguetes era severo, mas explicável. No entanto, outros itens na lista de proibições de Israel provaram ser ainda mais draconianos do que aqueles impedidos de entrar no Iraque de Saddam após 1990.

Muito mais eloquentes foram os números de vítimas de cada lado, mesmo grotescamente manipulados como se tornariam. A primeira grande "guerra" durou três semanas no inverno de 2008-9, custando a vida de mais de 1.300 palestinos e 13 israelenses; na segunda, em novembro de 2014, mais de 2.000 palestinos e 72 israelenses foram mortos. Os números para os palestinos são menos precisos porque foram compilados sob os bombardeios e mísseis do esmagador poder terrestre e aéreo de Israel. Uma missão de investigação montada pelo ramo israelense de Médicos pelos Direitos Humanos afirmou que os números de vítimas israelenses "são insignificantes em comparação com as consequências da destruição maciça causada em Gaza".

As forças israelenses e os políticos que as incentivam em sua crueldade são responsáveis pela maioria dos assassinatos e crimes contra a humanidade em Gaza. Aqueles que corretamente culpam Israel por esses ultrajes, no entanto, devem registrar que o bombardeio deliberado de Sderot por parte do Hamas e, posteriormente, de outras cidades e vilas israelenses, também mancha a força de guerrilha palestina e seus aliados com crimes contra a humanidade, por mais lamentáveis que sejam suas armas e apesar da grotesca desproporção da resposta de Israel. A própria imprecisão dessas armas caseiras ou fabricadas de maneira barata significa que o Hamas não pode nem mesmo fazer a grotesca afirmação, tão frequentemente apresentada por Israel, de "alvo cirúrgico".

A covarde genuflexão da elite política norte-americana diante de Israel é tão vergonhosa quanto indigna de uma grande nação. Força e covardia não precisam andar de mãos dadas, mas essa é a natureza do relacionamento americano-israelense. A política externa dos EUA no Oriente Médio pertence a Israel a tal ponto que a política norte-americana agora é a política israelense. A decisão de Trump de reconhecer Jerusalém como a capital de Israel em 2018 foi apenas um espelho ampliado de tudo o que havia acontecido antes.

A prova disso pode ser encontrada em quase todas as decisões de política externa dos EUA desde 1956, quando Eisenhower ordenou com sucesso a retirada das forças israelenses do Sinai. A partir de então, qualquer indício de crítica séria a Israel na América seria recebida com impropérios, ameaças e coerção, seja pelo próprio Israel ou por seus supostos "amigos" nos EUA. A discussão sobre a colonização da terra árabe ou o cerco imoral de Gaza geraria acusações de racismo, nazismo ou "terror" islâmico. Senadores norte-americanos que ignoraram esse poder perderam suas carreiras políticas. Nem judeus norte-americanos nem gentios norte-americanos seriam poupados. Toda vez que visitei os Estados Unidos para falar sobre o Oriente Médio, o imenso e implacável poder dos supostos "amigos" de Israel ficou claro para mim.

Dentro da Primeira Igreja Congregacional de Berkeley, a plateia californiana estava muda. Dennis Bernstein, o apresentador judeu do programa de atualidades Flashpoints da rádio KPFA estava lendo alguns e-mails que havia recebido de apoiadores de Israel nos EUA. Cada um deixou as pessoas na igreja em estado de choque. "Seu filho da puta-judaico-autodestrutivo-idiota. Hitler matou os judeus errados. Ele deveria ter matado seus pais, para que um pedaço de merda judia como você não tivesse nascido. Se Deus quiser, terroristas árabes vão cortá-lo em pedaços no estilo Daniel Pearl. AMÉM!!!"

O pecado de Bernstein foi ter coberto a história da invasão israelense da cidade de Jenin, na Cisjordânia, em abril de 2002, para seu programa. O pai de Bernstein era um reverenciado rabino ortodoxo de proeminência internacional, mas nem sua história familiar nem suas origens o pouparam. "Leia isso e chore, seu filho da puta-judaico-autodestrutivo-idiota!!!" Outro e-mail dizia a Bernstein. "Se Deus quiser, um palestino vai assassiná-lo, estuprar sua esposa e cortar a garganta de seus filhos". Ainda outro, dessa vez para Barbara Lubin, também judia, diretora executiva da Aliança para Crianças do Oriente Médio, uma vez sionista comprometida, mas agora uma das mais ferrenhas críticas de Israel: "Espero que você, Barbara Lubin e todos os outros judeus marxistas comunistas traidores antiamericanos odiadores de policiais morram uma morte violenta e cruel, assim como as vítimas homens-bomba em Israel".

Bernstein é o primeiro a reconhecer que uma combinação de lobistas israelenses e fundamentalistas cristãos conservadores, na verdade, censurou toda discussão livre sobre Israel e o Oriente Médio do domínio público nos EUA. "Todos os outros estão aterrorizados", disse Bernstein, e ele estava falando 14 anos antes da eleição de Trump. "Os únicos que começam a abrir a boca são os judeus neste país. Sabe, quando criança, mandei dinheiro para plantar árvores em Israel. Mas agora estamos horrorizados com um governo que representa um país que crescemos amando e apreciando."

Adam Shapiro foi um dos que pagaram alto preço por suas crenças. Judeu casado com uma palestina norte-americana, ele é um voluntário do Movimento Internacional de Solidariedade que ficou preso na primavera de 2002 na sede de Yasser Arafat enquanto prestava ajuda médica. Depois de dizer à CNN que o governo Sharon estava agindo como "terroristas" enquanto recebia US$ 3 bilhões por ano em ajuda militar dos EUA, Shapiro foi atacado no *New York Post* como o "talibã judeu", enquanto sua família foi descrita como "traidora". Os apoiadores israelenses divulgaram o endereço de sua família e seus pais foram forçados a fugir de sua casa no Brooklyn e buscar proteção policial. Shapiro e sua esposa falaram juntos em palestras públicas nos EUA, mas foram constantemente hostilizados por "apoiadores" israelenses e falsamente acusados de querer destruir Israel.

Esses "apoiadores" não têm escrúpulos quanto a sua aliança com a direita cristã na América. Os fundamentalistas também fazem campanha sozinhos em favor de Israel, como descobri por mim mesmo quando estava prestes a dar uma palestra sobre mídia e o conflito israelo-palestino, parte de uma série de palestras organizadas em parte por judeus norte-americanos. Um grupo cristão de direita, "Free Republic", publicou meu nome em seu site em 2002 e me chamou de "lambedor de traseiro da OLP". Algumas dezenas de manifestantes apareceram do lado de fora da Primeira Igreja Metodista Unida em Sacramento, onde eu deveria falar, acenando com bandeiras dos EUA e de Israel. "Odiadores de judeus!" gritaram para os organizadores, uma ironia sombria, já que muitos deles eram não-judeus gritando insultos contra judeus. A verdade não importava para essas pessoas, nem o conteúdo de minha palestra. Seu objetivo era me calar.

Dennis Bernstein resumiu: "Qualquer jornalista, colunista, editor, professor universitário, estudante-ativista, funcionário público ou membro do clero dos EUA que ousar falar criticamente sobre Israel ou relatar com precisão as brutalidades de sua ocupação ilegal será difamado como antissemita"[2]. O entusiasmo sionista cristão iria se tornar uma pedra fundamental para Israel nos EUA, onde se podia contar com 20 milhões de crentes norte-americanos para acreditar que Jesus Cristo retornará à Terra Santa em uma Segunda Vinda. Os evangélicos evitaram anunciar sua convicção de que os judeus devem se converter ao cristianismo antes que Jesus reapareça; todos aqueles judeus que não o fizerem aparentemente perecerão na Batalha do Armagedom. A decisão de Trump em 2018 de mudar a embaixada dos EUA de Tel Aviv para Jerusalém provavelmente teve tanto a ver com essa fé norte-americana amplamente difundida no além apocalíptico quanto qualquer amor presidencial por Israel.

Esse ensino basicamente antissemita não impediu um projeto cínico do Likud em 1978 para incentivar igrejas fundamentalistas a dar seu apoio

2 Mal Bernstein fez essa observação em 2002, grupos pró-israelenses iniciaram uma campanha extraordinária contra jornais norte-americanos, todos alegando que o *New York Times*, o *Los Angeles Times* e o *San Francisco Chronicle* eram tendenciosos em sua cobertura do conflito no Oriente Médio. É difícil entender como o *New York Times* — que na época contava entre seus colunistas fanaticamente pró-israelenses William Safire e Charles Krauthammer — poderia ser 'antiisraelense', embora fosse possível que alguns comentários levemente críticos pudessem chegar a ser impressos. Quando o *San Francisco Chronicle* publicou um guia de quatro páginas sobre o conflito, seus editores tiveram que se reunir com uma delegação de 14 membros de grupos judaicos locais para discutir suas queixas, embora o suplemento fosse de fácil aceitação.

a Israel, e em dois anos havia uma "Embaixada Cristã Internacional" em Jerusalém. Em 1985, um lobby sionista cristão surgiu em um "Café da Manhã de Oração Nacional por Israel" cujo principal orador foi Benjamin Netanyahu. "Um senso de história, poesia e moralidade", declarou o futuro primeiro-ministro israelense, "imbuiu os sionistas cristãos que, há mais de um século, começaram a escrever, planejar e organizar a restauração de Israel." Em maio de 2002, a embaixada de Israel em Washington organizou um "café da manhã de oração" para sionistas cristãos; entre os convidados estava Michael Little, presidente da Christian Broadcasting Corporation.

No entanto, esses fundamentalistas cristãos pareciam pouco interessados no sofrimento de seus companheiros cristãos na Palestina na época da criação de Israel, quando mais de 50% dos cristãos de Jerusalém foram expulsos de suas casas pelos israelenses. Na própria Jerusalém, uma proporção maior de cristãos palestinos do que de muçulmanos palestinos se tornou refugiada após 1949, uma proporção de 37% dos cristãos para 17% dos muçulmanos. No entanto, a maioria dos que sofreram eram cristãos árabes e, portanto, ficavam fora da zona de simpatia dos fundamentalistas.

Todos os congressistas conhecem os nomes daqueles críticos de Israel que foram desfeitos pelo "lobby", dos quais o senador J. William Fulbright é apenas — aos olhos israelenses — o mais desprezível. Seu testemunho de 1963 ao Comitê de Relações Exteriores do Senado detalhou como cinco milhões de dólares dedutíveis de impostos de filantropos norte-americanos foram enviados a Israel e depois reciclados de volta aos EUA para distribuição a organizações que buscavam influenciar a opinião pública em favor de Israel; isso custou a ele a chance de ser secretário de Estado. Ele foi derrotado na primária democrata de 1974 depois que o dinheiro pró-israelense inundou os fundos de campanha de seu rival, o governador Dale Bumpers, após uma declaração do Comitê de Assuntos Públicos de Israel-Estados Unidos (AIPAC) de que Fulbright era "consistentemente insensível com Israel e nossos apoiadores neste país". Paul Findley, que passou 22 anos como congressista republicano de Illinois, viu sua carreira política destruída depois que ele fez campanha contra o lobby.

"Não me lembro", disse James Abu Rizk, um árabe-americano de origem libanesa, ao Comitê Árabe-Americano Anti-Discriminação em 2002, "de nenhum membro do Congresso me perguntando se eu era a favor de bater nas costas de Israel... Os votos e as reverências não têm nada a ver com o amor dos legisladores por Israel. Eles têm tudo a ver com o dinheiro que é injetado em suas campanhas por membros do lobby israelense. Minha estimativa é que US$ 6 bilhões fluem do tesouro norte-americano para Israel a cada ano". Em poucos dias, 42 governadores dos EUA apareceram em Sacramento para assinar declarações de apoio a Israel.

Não foi necessário Uri Avnery afirmar que resistir às diretivas do "lobby judeu" era suicídio político. "Se o AIPAC apresentasse uma resolução abolindo os Dez Mandamentos", escreveu ele, "80 senadores e 300 congressistas a assinariam imediatamente"[3]. Agora, o "lobby", o eficaz abafamento de quase toda a condenação política da corrente principal de Israel, tornou-se normal. Se as injustiças cometidas contra os palestinos por Israel — o derramamento de sangue, a ocupação, o próprio projeto colonial — agora eram rotineiras, também o era o medo cansado da guerra de enfrentá-las. Quando, por alguma indiscrição de publicação bizarra, os autores tentaram expor o relacionamento militar e político letal entre os EUA e Israel, isso só poderia ser discutido quando os protetores de Israel condenassem o trabalho dos escritores falhos — criando assim uma "polêmica". Como paredes, tabus são fáceis de criar, mas muito mais difíceis de derrubar.

Esse fenômeno assumiu muitas formas. Até mesmo eventos históricos dentro dos Estados Unidos podiam perder sua perspectiva. Os norte-americanos sabem que Robert Kennedy foi assassinado durante sua campanha presidencial de 1968 por Sirhan Beshara Sirhan, que foi repetidamente retratado em seu julgamento como mentalmente deficiente. No entanto, seus motivos eram perfeitamente claros. Cristão palestino, ele ficou indignado com a promoção de Israel por Kennedy durante sua campanha presidencial, especialmente com sua promessa de vender 50 caças-bombardeiros Phantom para Israel se eleito. No entanto, o contexto

3 Avnery não poderia ter olhado além das primárias democratas de 2002 no Alabama para provar sua afirmação. Earl Hilliard, o cinco vezes titular, cometeu o único pecado mortal de qualquer político norte-americano: expressou simpatia pela causa dos palestinos. Ele também visitou a Líbia alguns anos antes, o que não foi sensato. O oponente de Hilliard, Artur Davis, tornou-se um defensor declarado de Israel e levantou grandes quantias de dinheiro da comunidade judaica, tanto no Alabama quanto em todo o país. A revista judaica *Forward*, leitura essencial para qualquer compreensão séria da comunidade judaica norte-americana, citou um ativista judeu após a campanha: "Hilliard tem sido um problema em seus votos e com caras assim, quando há qualquer desafio primário concebível, você aproveita a chance". Hilliard perdeu para Davis, cujos fundos de campanha chegaram a US$ 781.000.

do assassinato de Kennedy desapareceu em grande parte da imaginação do público. A falha das grandes organizações de mídia em indicar o viés político dos "comentaristas" pró-israelenses — seu uso de 'analistas' e 'especialistas' do Instituto de Washington para Política do Oriente Próximo, como Dennis Ross, por exemplo — manteve o mesmo brilho de imparcialidade no Oriente Médio que Ross adotaria com seus colegas entre os "enviados da paz" que Washington regularmente enviava para supervisionar as negociações israelo-palestinas. O colunista Roger Cohen sugeriria maliciosamente durante a guerra de Gaza de 2008-9 que o recém-eleito presidente Obama poderia escolher um grupo de figuras árabes muçulmanas ou cristãs para representar os esforços dos EUA pela paz no Oriente Médio. "Não tenho nada contra homens judeus (ou meio judeus) inteligentes, determinados e liberais", escreveu Cohen. "Olhei no espelho... esses caras [são] conhecedores, de mente aberta e determinados. Ainda assim, na frente da diversidade, eles ficam aquém". Avnery foi mais severo. "Os palestinos podem muito bem perguntar se entre os 300 milhões de cidadãos norte-americanos não há um único não-judeu que possa administrar esse trabalho". Avnery poderia ter feito uma pergunta diferente: qual teria sido a reação de Israel — e de seus apoiadores na América — se os muçulmanos norte-americanos compusessem toda a equipe de "paz" dos EUA no Oriente Médio?

Essa extraordinária reticência significava que um manto era lançado sobre os processos de tomada de decisão mais cruciais dentro do relacionamento israelo-americano, o que afetava o futuro de longo prazo dos militares norte-americanos. Pouco antes da invasão anglo-americana do Iraque em 2003, vozes solitárias alertaram que Bush havia sido mal aconselhado ao ouvir os apoiadores pró-israelenses que pressionavam pela mudança de regime em Bagdá, que estavam mais interessados em destruir os inimigos regionais de Israel do que no suposto destino patriótico da América no Oriente Médio. Apenas três anos após a invasão, o New York Times ousou lançar luz sob o manto da aliança israelo-americana ao revelar os conselhos falsos dados à administração Bush por agentes da inteligência israelense. Seria agradável registrar que a influência dos "apoiadores" de Israel nos EUA diminui quanto mais longe se viaja do continente norte-americano, mas isso não é verdade. O canal Qatari Al Jazeera, que regularmente recebeu elogios ocidentais por sua liberdade, provou isso em 2018, quando se recusou a transmitir sua própria investigação exclusiva e profundamente preocupante sobre o lobby israelense nos Estados Unidos. Uma investigação anterior de quatro partes realizada por repórteres da Al Jazeera sobre a influência israelense no Reino Unido havia sido transmitida em 2017 com aprovação jornalística. Clayton Swisher, chefe da unidade de investigação da emissora, descreveria como:

> "capturamos em câmera escondida um oficial israelense, Shai Masot, manipulando ONGs britânicas domésticas e ameaçando atacar parlamentares pró-palestinos. Masot, cujo cartão de visitas dizia 'Oficial Político Sênior' da Embaixada de Israel em Londres, ameaçou 'derrubar' o número dois do Ministério das Relações Exteriores, Sir Alan Duncan, um crítico dos assentamentos israelenses. Um funcionário público britânico que participou da trama, que gravamos secretamente, foi sumariamente demitido".

O embaixador israelense foi forçado a emitir um pedido público de desculpas. As acusações habituais de "antissemitismo" seguiram a transmissão da série, mas quando autoproclamados amigos de Israel reclamaram ao órgão regulador de radiodifusão britânico, Ofcom, a Al Jazeera foi absolvida de qualquer irregularidade e racismo. Mas quando a série sobre o lobby israelense nos EUA foi concluída, líderes de organizações judaico-americanas reuniram-se com o agente registrado do estado do Catar em Washington, que mais tarde disse ao Haaretz que "estava discutindo o assunto com os cataris e não achava que o filme seria transmitido em um futuro próximo". O Haaretz também foi informado de que "o próprio emir do Catar [Sheikh Hamad bin Khalifa Al Thani] ajudou a tomar a decisão'. Esses mesmos 'zelotes', registraria Swisher, então fizeram lobby no Congresso 'para pressionar o Departamento de Justiça a exigir que nossa rede se registrasse como 'agentes estrangeiros' de acordo com a Lei de Registro de Agentes Estrangeiros dos EUA". Após atrasos inexplicáveis, Swisher recebeu a promessa da administração da Al Jazeera de que a série seria transmitida. Não foi.

A Organização Sionista da América mais tarde se gabaria de estar "orgulhosa e feliz em anunciar que, graças aos seus esforços, incluindo longas, numerosas e detalhadas discussões do Sr. Klein [seu presidente] em Doha, no Catar, com o Emir e outros altos funcionários catarianos... [que] o Catar havia concordado em não transmitir esse documentário ferozmente antissemita na Al Jazeera".

Um Swisher irritado e desanimado tirou uma licença sabática de seis meses. Ele tinha todos os motivos para se sentir ofendido. Estivera por trás da divulgação em 2011 de 1.600 documentos de negociação israelo-palestinos que a Al Jazeera compartilhou com o *Guardian*. Eles forneceram não apenas um relato das imensas pressões exercidas sobre a Autoridade Palestina por funcionários norte-americanos pró-Israel, mas também da efetiva traição da AP a muito do que os palestinos haviam defendido nas décadas anteriores.

Particularmente relevante foi a evidência documental nos Documentos da Palestina de que Mahmoud Abbas havia sido alertado por Israel antes do ataque de 2008-9 a Gaza. O arquivo mostrou que Amos Gilad, diretor da inteligência militar israelense, realizou várias reuniões com assessores de Abbas sobre Gaza antes do ataque, informação que não foi usada para alertar os dois milhões de cidadãos palestinos lá sobre seu destino[4]. Ficou claro, portanto, que os palestinos de Gaza não podiam confiar nem nos Estados Unidos nem na Autoridade Palestina.

Em 2009, o Haaretz estava revelando que todos os indicados para o governo norte-americano "tinham que passar por uma rigorosa verificação de antecedentes pela comunidade judaica americana antes da nomeação". Isso seguiu a retirada do diplomata Charles Freeman de seu novo cargo como presidente do Conselho Nacional de Inteligência dos EUA; ele havia criticado publicamente o relacionamento especial dos EUA com Israel e a ocupação israelense da terra palestina[5]. Barack Obama permaneceu em silêncio.

Olhando para a paisagem de propaganda, ansiedade e intimidação,

4 Swisher já representava uma luz vermelha piscante para os apoiadores de Israel. Sua análise anterior dos acordos de Camp David em 2000 desmascarou a alegação de Dennis Ross de que Arafat foi a causa do fracasso das negociações. Enquanto Swisher instou os alunos a lerem o próprio relato de Ross, ele citou Ross zombando de Arafat quando este último buscou uma cúpula de acompanhamento. Swisher culpa o "fracasso abismal dos palestinos em articular clara e rapidamente ao mundo suas posições..." pelo sucesso dos EUA e Israel em culpar Arafat. Ex-reservista da marinha e investigador criminal federal dos EUA, Swisher tornou-se um dos principais detetives políticos na história desonrosa das negociações israelo-palestinas.

5 Típico dos crimes de Freeman foi sua afirmação quatro anos antes de que "desde que os Estados Unidos continuem incondicionalmente a fornecer os subsídios e a proteção política que tornam a ocupação israelense e as políticas autoritárias e autodestrutivas que ela gera possíveis, há pouca, se houver, razão para esperar que algo parecido com o antigo processo de paz possa ser ressuscitado".

foi notável encontrar alguém que emergiu ileso. Quando o general David Petraeus, do Comando Central dos EUA, disse ao Comitê de Serviços Armados do Senado em 2010 que "o conflito fomenta o sentimento anti-americano, devido à percepção de favoritismo dos EUA por Israel", ele foi atacado pelo lobista Abe Foxman, chefe da Liga Anti-Difamação, por seu vínculo "perigoso e contraproducente"[6]. Somente Bernie Sanders, o candidato judeu-americano à indicação democrata dos EUA em 2016, que foi tolamente persuadido a ceder a Hillary Clinton, sobreviveu sem esforço a sua própria visão crítica de Israel, condenando os assassinatos israelenses, sua colonização da Cisjordânia e a destruição de casas palestinas. Quando Netanyahu discursou no Congresso em 2015, Sanders ficou longe[7].

* * *

Quase três meses antes do início do bombardeio israelense de 2008, o general de brigada Gadi Eizenkot, chefe do Comando Norte do exército israelense, explicou com clareza a brutalidade das intenções militares de seu país em relação aos civis. Falando sobre a destruição do sul de Beirute em 2006, ele delineou para o jornal israelense Yedioth Ahronoth que a "desproporcionalidade" era agora uma doutrina militar. "O que aconteceu no bairro de Dahiyah em Beirute (...) acontecerá em todas as aldeias de onde Israel for atacada (...) Aplicaremos força desproporcional sobre elas e causaremos grande dano e destruição. De nosso ponto de vista, essas não são aldeias civis, são bases militares. Isso não é uma recomendação. É um plano. E foi aprovado."

Não havia nada de novo na disposição de Israel em massacrar civis. A maioria das 17.500 vítimas de sua invasão do Líbano em 1982 eram civis. Após a guerra de 2006 no Líbano, a Human Rights Watch acusou Israel de crimes de guerra. Israel produziu suas desculpas habituais. Seus inimigos

6 Petraeus tentou esquivar-se de seus comentários perfeitamente verdadeiros sugerindo, em um e-mail para um colunista de direita, que "poderia ser bom saber" que ele havia recebido Elie Wiesel para jantar e seria um palestrante em um aniversário do Holocausto em Washington.

7 Quando críticos não americanos se recusaram a ceder a Israel, eles às vezes se safaram com isso. Apoiado pelo governo Bush na nomeação de uma administração iraquiana interina em 2004, o enviado da ONU Lakhdar Brahimi — um ex-ministro das Relações Exteriores argelino e um dos diplomatas mais talentosos de seu país — desabafou sua opinião indizível de que "o grande veneno no Oriente Médio é essa política israelense de dominação e o sofrimento imposto aos palestinos", junto com o "apoio igualmente injusto" dos EUA. Quando Israel se opôs à sua opinião crítica, Brahimi retrucou que o que ele disse "não era uma opinião — é um fato".

viviam entre civis e os usavam como "escudos humanos". Seus generais há muito se indignavam com os padrões duplos do Ocidente — que condenavam Israel por seus "erros" de bombardeio enquanto matavam muito mais civis em suas próprias guerras.

A fertilização cruzada das operações israelenses e das operações dos EUA e da OTAN iria se tornar uma característica das guerras do Oriente Médio, com os precedentes criminais de um conflito justificando o uso indiscriminado de poder aéreo em outro. Mas a assistência militar pródiga dos EUA a Israel, no valor de US$ 2,3 bilhões por ano em 2005, garantiu que nunca sofreria com a escassez de munições que restringiu os ataques da OTAN à Sérvia. Sob um de seus muitos acordos de armas, o programa WSI-1 (War Reserve Stocks for Allies) de Israel incluía "munições de propriedade dos EUA, mas destinadas ao uso israelense, supervisionadas pelo exército e pelo Corpo de Fuzileiros Navais dos EUA" e localizadas no Aeroporto Internacional Ben Gurion em Tel Aviv, em Herzliya-Pituach, no aeroporto de Nevatim (base aérea 28) e na base aérea de Ovda. Esses vastos locais de armazenamento permitiram a Israel manter seu bombardeio de 2006 no Líbano por 34 dias — e seu subsequente ataque de 2008-9 a Gaza por 23 dias.

No crucial mês de junho de 2008, dois eventos ocorreram com apenas cinco dias de diferença, eventos que contêm pistas do banho de sangue que iria inundar Gaza seis meses depois. Em 14 de junho, um cessar-fogo em Gaza foi acordado sob os auspícios do Egito entre o Hamas e Israel, o que deveria ter dado alguma confiança aos palestinos. Desde o início do ano, agências da ONU haviam relatado o efeito devastador do bloqueio de alimentos, medicamentos e combustível imposto a Gaza desde que o Hamas assumiu o poder no verão anterior.

No entanto, exatamente cinco dias após o anúncio do cessar-fogo, 77 senadores norte-americanos, incluindo a futura secretária de Estado Hillary Clinton, enviaram uma carta ao presidente George W. Bush, instando-o a bloquear qualquer resolução da ONU crítica a Israel porque a oposição da ONU aos ataques a Gaza constituía uma recusa em "reconhecer o direito de Israel à autodefesa". Um grupo sionista liberal nos EUA, Americanos pela Paz Agora, alertou que a carta foi projetada para construir "uma defesa, antecipadamente, para uma grande ofensiva militar israelense em Gaza". Uma resolução da Câmara dos Deputados de março falava do Hamas usando civis como "escudos humanos". Grupos de direitos humanos concordaram que o Hamas falhou em proteger civis em Gaza, mas não encontraram nenhum caso de "escudos humanos". Em setembro, o Congresso votaria para enviar 1.000 mísseis ar-superfície GBU-39 para Israel, um estoque importante para a guerra de Gaza.

No entanto, muito mais preocupante foi um artigo no Haaretz em 28 de dezembro de 2008, no dia seguinte ao início dos primeiros ataques aéreos a Gaza, no qual seu correspondente diplomático Barak Ravid revelou que o que viria a ser a "Operação Chumbo Fundido" de Israel havia sido preparado nos seis meses anteriores. O ministro da Defesa, Ehud Barak, havia iniciado "planejamento de longo prazo, coleta meticulosa de inteligência, discussões secretas, táticas de engano visual e desinformação" exatamente quando "Israel estava começando a negociar um acordo de cessar-fogo com o Hamas". E assim fica evidente que, em junho, os israelenses começaram a planejar sua guerra em Gaza e os senadores norte-americanos estabeleceram a resposta de seu país a tal conflito — exatamente no momento em que a trégua Israel-Hamas foi acordada.

Em novembro, enquanto o Comitê Internacional da Cruz Vermelha (CICV) relatava que os palestinos eram forçados pelo bloqueio israelense a reduzir sua ingestão de alimentos a "níveis de sobrevivência", o cessar-fogo em Gaza foi rompido. Por Israel. Em 4 de novembro, uma força militar israelense invadiu Gaza, matando seis membros do Hamas. Os israelenses alegaram que estavam tentando destruir um túnel que o Hamas planejava usar para capturar soldados na cerca da fronteira de Gaza. O ataque militar naturalmente provocou uma enxurrada de foguetes do Hamas contra Israel e, seis semanas depois, uma declaração dos islamistas de que não renovariam a trégua. O ataque maciço aos palestinos de Gaza foi, portanto, baseado em uma mentira. A "explosão" de violência, diria Bush aos norte-americanos, foi "instigada pelo Hamas". Ele havia promovido um "golpe" em Gaza em 2007 e então, após a trégua de junho de 2008, mediada pelo Egito, o Hamas "rotineiramente violou esse cessar-fogo lançando foguetes contra Israel". Em vão, jornalistas e ONGs tentaram lembrar o mundo da verdade.[8] Entre os mais eloquentes estava o historiador israelense Avi

8 "Até mesmo o site do Ministério das Relações Exteriores de Israel reconheceu que o Hamas havia cumprido sua parte do acordo de cessar-fogo", disse a seus leitores Dominique Vidal, editor-chefe adjunto do Le Monde diplomatique, sob a manchete "Quanto maior a mentira...". Rachad Antonius, professor de sociologia da Universidade de Quebec em Montreal, rejeitou com raiva os editoriais e reportagens de televisão que culparam o Hamas. "Contrariamente ao que tem sido repetido até a exaustão na mídia, não foi o Hamas que quebrou a trégua...", escreveu ele em um jornal canadense acima

Shlaim, ele próprio veterano do exército israelense, que escreveu que:

> "A brutalidade dos soldados israelenses é totalmente correspondida pela mendacidade de seus porta-vozes (...) sua propaganda é um pacote de mentiras (...) Não foi o Hamas, mas as IDF que romperam o cessar-fogo. Fizeram isso por meio de uma incursão em Gaza em 4 de novembro que matou seis homens do Hamas. O objetivo de Israel não é apenas a defesa de sua população, mas a derrubada do governo do Hamas em Gaza, virando o povo contra seus governantes."

A expressão "guerra" dignifica Gaza. Como a maior parte da violência lá, sempre foi um confronto entre a milícia islâmica menos popular e menos eficiente do Oriente Médio e o exército mais caro e mais bem armado, embora menos disciplinado, do Oriente Médio. Embora contestada pelas forças armadas israelenses, a "guerra" de 2008-9 produziu um número de mortos palestinos de 1.387 — esse número de acordo com o grupo israelense de direitos humanos B'Tselem —, dos quais 773 eram civis. No mesmo período, quatro israelenses foram mortos em Israel por foguetes do Hamas e nove soldados em Gaza, quatro dos quais foram mortos acidentalmente por seu próprio exército.

O crime de guerra israelense mais grave em Gaza ocorreu em 5 de janeiro, quando 21 membros da família palestina al-Samouni foram mortos por soldados da Brigada Givati israelense no distrito de Zeitoun, no leste de Gaza. Donald Macintyre passou dias investigando e escreveu sobre a família al-Samouni um ano depois — e novamente em seu livro best-seller sobre Gaza em 2018.

É importante lembrar como Israel falou sobre a situação dos palestinos — e como o mundo respondeu a ela. O primeiro-ministro israelense, Ehud Olmert, prometeu no Ano Novo de 2009 "punho de ferro" para o

---

de um artigo coassinado por 16 acadêmicos, jornalistas e grupos de amizade com Israel que afirmavam que o Hamas "nunca parou" de lançar foguetes durante o cessar-fogo, uma variação da própria sofisma de Israel. A incursão israelense em Gaza em novembro, escreveu Sara Roy, uma acadêmica judia norte-americana que perdeu 100 de seus parentes no Holocausto, "sem dúvida foi projetada para finalmente minar a trégua...". Semanas depois, embaixadores israelenses ainda estavam repetindo a história falsa — nas palavras de Zion Evrony, embaixador em Dublin — de que "foi o Hamas quem decidiu pôr fim ao período de calma".

Hamas, mas "luvas de seda" para os civis palestinos. Mesmo nas primeiras horas do bombardeio de Gaza, os apelos internacionais pela paz tiveram uma qualidade degradante e covarde.

Da mesma forma, as centenas de jornalistas que assumiram posições de câmera na colina baixa ao norte de Gaza apenas reforçaram essa imagem fantasiosa da "guerra". As equipes podiam transmitir explosões distantes, causadas pelos caças-bombardeiros israelenses fabricados nos EUA sobre Gaza, mas seu único contato direto com a violência era com as poucas vítimas dos foguetes caseiros do Hamas que caíam em Sderot, ou na terra de Huj. Na maior parte das vezes, nem a próxima eleição israelense em fevereiro de 2009, na qual Tzipi Livni e Benjamin Netanyahu estavam competindo em suas promessas de derrotar o Hamas, merecia muita atenção internacional. Os jornalistas acreditavam que a guerra e as ambições políticas dos políticos israelenses não tinham conexão?

O repórter canadense Patrick Lagacé escreveu uma série de artigos de fúria reprimida de Israel durante a guerra de Gaza de 2008-9, visitou a famosa "colina" e enviou um relatório furioso de Sderot. "Gaza, lá, tão perto", escreveu ele:

> "Ao nosso lado, na colina, os jornalistas de televisão. Um deles carregava seu colete à prova de balas. Era tão ridículo, dada a distância entre nós e Gaza, era como ir assistir a um jogo de hóquei com capacete e viseira. Mas tudo bem, sua mãe vai ficar animada, tenho certeza, quando ela vir as fotos de seu filho vestido com um colete à prova de balas. Ela, sem dúvida, mostrará para seus amigos no clube de bingo com muito orgulho."

O *Le Monde* encontrou um correspondente especial da BBC que descreveu como Israel havia transformado Gaza em um "aquário gigante" para a mídia. Benjamin Barthe acrescentou cruelmente que "para dar alguns arrepios aos telespectadores, os repórteres da 'Beeb' vestem coletes à prova de balas quando passam a câmera", citando um deles dizendo que isso era "considerado muito mais sexy".

Os israelenses admitiriam que haviam usado granadas de fósforo branco em Gaza, mas somente depois que a Human Rights Watch os acusou de disparar as munições fabricadas nos EUA. Os projéteis podem causar ferimentos graves no fígado, nos rins e nos pulmões, e seu uso em áreas civis é contra o direito internacional. Já haviam aparecido fotografias na imprensa europeia de soldados israelenses ao lado dos projéteis, marcados com o código norte-americano M825A1. As munições haviam sido disparadas contra a sede da ONU na Cidade de Gaza em 15 de janeiro e no hospital Al Quds no mesmo dia.[9]

O "sigilo" que sempre deveria "envolver" o planejamento militar israelense na mente da mídia não era nenhum segredo. Mas o "véu" foi rasgado muito mais seriamente cerca de duas semanas após o início da guerra de Gaza, quando a ministra das Relações Exteriores, Tzipi Livni, se gabou em uma entrevista de rádio de que "Israel (...) é um país que, quando você atira em seus cidadãos, reage ficando selvagem, e isso é uma coisa boa". "Ficar selvagem" foi uma frase retomada pela mídia, não tanto porque evocava algum lado mais sombrio, mais perigoso da "personalidade" militar de Israel, mas porque parecia tão em desacordo com a insistência de Israel de que era o exército mais moral do mundo.

Filmes e fotografias sugeriram que o exército israelense realmente havia "se tornado selvagem", e os apoiadores de Israel, portanto, decidiram propagar uma história muito mais simples, na qual o "mundo" seria transformado em um gigantesco "Sderot", seus habitantes todos presos em suas próprias cidades à mercê de uma gigantesca organização "terrorista". Este se tornaria o texto repetido de tantos anúncios e artigos de jornal que seria tolo sugerir que surgiram por acaso.

Tornei-me tanto um leitor de jornal quanto um escritor, estudando a cada dia como Israel retratava seu conflito contra todo um povo árabe aprisionado. A resposta de Israel foi perfeitamente encapsulada em um anúncio da Liga Antidifamação norte-americana no *International Herald Tribune* em meados de janeiro. "E SE O HAMAS ESTIVESSE EM SEU BAIRRO?", perguntava. Nenhum país, concluiu, permitiria tal perigo em sua fronteira, "e Israel também não". Uma manchete duas semanas antes, acima de uma coluna no National Post, com sede em Toronto, de Lorne Gunter, perguntou aos canadenses: "O que você faria?" Aqui está o primeiro parágrafo:

> "Suponha que você more no subúrbio de Don Mills em Toronto e pessoas do subúrbio de Scarborough — a cerca de dez quilômetros de distância — estivessem disparando até dez foguetes por dia em seu quintal, na escola de seu filho, no shopping da rua e no consultório do seu dentista (...) Ou talvez você tivesse uma casa no

9 De acordo com o Protocolo III da convenção sobre armas convencionais de 1980.

sul de Vancouver e militantes que vivem em Richmond estivessem lançando foguetes todos os dias através do Rio Fraser."

Esses parágrafos de falsa equivalência continuaram por muito tempo. A experiência de Sderot poderia ser comparada com "extremistas vivendo em St. Boniface atacando constantemente Winnipeg, ou Hullois aterrorizando Ottawa diariamente ou nativos de Dartmouth ameaçando Halifax ano após ano".

Mas, como de costume com tais explicações, era a pergunta "por quê" que estava faltando. Por que diabos as pessoas em Vancouver temeriam as pessoas de Richmond? Por que os habitantes de Dartmouth desejariam atacar os de Halifax? Ou por que os bons habitantes de Calgary suportariam "fuziladas" do subúrbio de Springbank? E se essas explosões continentais de carnificina civil canadense fossem realmente concebíveis, que injustiça, roubo de terras e crueldade poderiam tê-las provocado? Uma pergunta impossível de responder, naturalmente, porque poderia explicar com muita clareza o que estava acontecendo entre Israel e Gaza. Os leitores devem estar cientes, no entanto, de que a contribuição de Gunter para o debate sobre o Oriente Médio não foi um exemplo isolado.

Os canadenses franceses não seriam poupados dos terrores anglo-canadenses de Sderot. "Imagine por um momento", escreveram 16 contribuintes da "carta aberta" para La Presse em Montreal, "que as crianças de Longueuil vivam aterrorizadas dia e noite, que empresas, lojas, hospitais e escolas sejam alvo de terroristas localizados em Brossard. O que os quebequenses esperariam de seus governos? Nenhum governo pode tolerar que seu território e seu povo sejam colocados em perigo."

Essas ficções extraordinárias espalharam-se pelos cantos da Europa. No *Irish Times*, por exemplo, o embaixador israelense em Dublin, Zion Evrony, afirmou que havia feito uma série de perguntas aos irlandeses "fundamentais para qualquer discussão sobre a ação de Israel". Sua primeira pergunta era mais do que previsível: "O que você faria se Dublin fosse submetida a um bombardeio de 8.000 foguetes e morteiros semelhante ao sofrido por cidades e vilas israelenses por oito anos?"[10]

Se tudo isso parece histeria, havia nele uma mensagem mais angus-

10 O último ataque de artilharia "estrangeira" em Dublin foi da artilharia britânica e de um canhão de 12 libras a bordo da canhoneira britânica Helga em 1916. Canhões britânicos em mãos irlandesas foram usados contra forças anti-tratado nas Quatro Cortes de Dublin no início da guerra civil em 1922.

tiante; que Israel estava justificado em seu assassinato selvagem de civis pelo mesmo "medo", "perigo", "raiva" e "terror dia e noite" que os ocidentais certamente sentiriam se fossem atacados por seus "vizinhos". "Nós" também teríamos direito de "ficar selvagens". Nós e os israelenses vingativos agiríamos exatamente da mesma maneira. E todos esses exemplos devem provar que alguns elementos dentro do aparelho de informação israelense devem ter circulado a história "o que você faria?" em grande escala para que ela fosse replicada tantas vezes.

Havia alguns israelenses que se preocupavam profundamente com os palestinos, embora as pesquisas de opinião sugerissem que não eram muitos. Uri Dan, coordenador de segurança de um kibutz a apenas três milhas de Gaza, veterano das guerras árabe-israelenses de 1967 e 1973, que culpou o Hamas pela eclosão da violência, exigiu veementemente que a guerra terminasse. "Em Sderot e na área ao redor de Gaza, o sofrimento com os foguetes é grande, mas não tem proporção alguma com o que está acontecendo com os palestinos", disse ele. "Vivemos ao lado dos palestinos e teremos que continuar vivendo com eles". A líder de Sderot de um agora extinto "grupo de diálogo" entre residentes israelenses e de Gaza, Naomika Zion, recebeu um e-mail de uma menina palestina de nove anos dizendo: "Ajude-nos, você não entende que somos seres humanos também?" Zion reconheceu que Israel havia rompido o cessar-fogo em novembro de 2008 e se opôs ao bombardeio subsequente. Ela escreveu um artigo no site Y-net de Israel intitulado "Não em meu nome", alegando que a linguagem militarista "monolítica" de seu país era mais perigosa do que os foguetes Qassam do Hamas. "Foi difícil escrever isso", disse ela a um repórter do Independent, "mas disse a mim mesma que estou pronta para pagar o preço do isolamento social, mas não do medo. Presumo que a maioria das pessoas pense que sou uma traidora."

Havia, no entanto, um palestino em Gaza cuja catástrofe pessoal era tão avassaladora que abraçou Israel, "Palestina" e a simpatia do mundo. Ele era um médico palestino muito querido que tratava israelenses e palestinos, falava hebraico fluente e cujo trabalho pelos direitos humanos era respeitado por israelenses e palestinos. E apenas dois dias antes da destruição de Gaza terminar, tanques israelenses dispararam granadas contra sua casa, matando três de suas filhas e uma sobrinha e arrancando o olho de outra filha. E porque o Dr. Izzeldin Abuelaish era uma figura conhecida em

Israel e porque ele estava relatando para uma estação israelense naquela mesma noite, todos no país e em toda a Cisjordânia testemunharam a angústia e a fúria de um homem verdadeiramente bom.

Bessan tinha 21 anos, Mayar 15, Aya 13. A sobrinha morta era Nour, que tinha 14 anos. A filha terrivelmente ferida era Shatha, que tinha 16 anos. Uma prima, Ghaida, tinha 14 anos e ficou permanentemente incapacitada. A esposa de Izzeldin morreu de leucemia quatro meses antes da morte de suas filhas.

Devemos parar um momento aqui para contar "o outro lado" dessa história. Os israelenses alegaram primeiro que havia atiradores no lar da família Abuelaish, que ficava no campo de refugiados de Jabalya. Isso era falso. Então alegaram que combatentes do Hamas estavam escondidos lá com armas. Falso, anunciou o médico angustiado. Então que estilhaços retirados das jovens esquartejadas eram de projéteis do Hamas. Mas isso era grotesco; e o público israelense mal conseguia acreditar na fala de que esse desastre era mais um "dano colateral". Abuelaish era ginecologista no hospital israelense Shiba, perto de Tel Aviv, uma figura conhecida entre seus colegas profissionais e entre o público da televisão israelense. Ele entrou no ar minutos após a morte de suas filhas pelos projéteis israelenses. O correspondente do Canal 10 de Israel, Shlomi Eldar, com a voz embargada, lembrou repetidamente aos telespectadores israelenses que Abuelaish trabalhava no hospital Shiba em Israel e estendeu o celular para que eles pudessem ouvir o médico gemer ao telefone: "Minhas filhas, eles as mataram, Oh senhor, Deus, Deus, Deus".

Abuelaish implorou por ajuda, ainda chorando, com as palavras "Eu quero salvá-las, mas elas estão mortas", e Eldar apelou para qualquer pessoa no exército que pudesse estar assistindo para permitir que ambulâncias chegassem à casa de Abuelaish em Gaza. Shatha, com o olho pendurado na bochecha, foi levada a um hospital israelense, assim como um dos irmãos de Abuelaish. O médico mais tarde levaria repórteres em um triste passeio por sua casa destruída, seus comentários repletos de cinismo pelas desculpas lamentáveis do exército israelense:

> "Estas são as 'armas' — os livros e as roupas delas. Estes eram os materiais de aula de ciências. Veja, estes são os materiais de aula para os cursos que ela estuda, manchados de sangue (...) Estes são os livros — 'armas' com que equipei minhas filhas: com educação, com conhecimento, com sonhos, com esperanças, com amor."

Foi a primeira vez que os israelenses vislumbraram, em tempo real, o sofrimento e a morte de civis palestinos. Abuelaish falou em hebraico, sua voz cheia de tristeza, mas também de indignação:

> "Eu havia saído do quarto segundos antes. Como os atiradores teriam alcançado o telhado? De onde teriam entrado (...) Nunca fiz nada de errado na minha vida. Se você não acredita nos palestinos, pergunte aos israelenses quem é o dr. Abuelaish. Eles deveriam apenas admitir que cometeram um erro. Não há vergonha em cometer um erro, mas não engane a nação."

Mas a nação de Israel, e grande parte do resto do mundo, continuaria sendo enganada, não apenas nos próximos dias, nem nos meses de investigações e relatórios da ONU e de direitos humanos que se seguiriam à "guerra" de 2008-9, mas pelos anos vindouros. É verdade que havia, como vimos, uma aceitação contínua e casual do sofrimento árabe na mídia internacional, especialmente nas colunas de Thomas Friedman no *New York Times*. Em meados de janeiro, ele havia comparado o bombardeio de Israel ao Líbano em 2006 com o bombardeio de Gaza. Israel, escreveu ele, acreditava que, uma vez que o Hezbollah "estava aninhado entre civis, a única fonte de dissuasão a longo prazo era infligir dor suficiente aos civis — às famílias e empregadores dos militantes — para restringir o Hezbollah no futuro". Em Gaza, ele perguntou, Israel estava tentando "educar" o Hamas "infligindo um alto número de mortes a militantes do Hamas e muita dor à população de Gaza?"

Com uma resposta muito mais humanitária, o colunista irlandês Fintan O'Toole perguntou em que estágio "o mandato da vitimação" expira. "Em que ponto o genocídio nazista dos judeus da Europa deixa de desculpar o Estado de Israel das demandas do direito internacional e da humanidade comum? No ponto, certamente, em que essa súplica especial desonra a própria memória do Holocausto". A campanha indiscriminada de lançamento de foguetes do Hamas em cidades israelenses era "um crime terrorista", escreveu O'Toole. "Mas a resposta de Israel a esse terrorismo não é apenas criminosa exatamente no mesmo sentido. Ela acrescenta uma dimensão adicional de depravação ao jogar um jogo de vingança em que uma vida israelense vale pelo menos 20 vidas palestinas". Na verdade, no segundo dia, a taxa de câmbio era de um israelense para 285 palestinos. "Nossa intenção é mudar totalmente as regras do jogo", disse à Fox News o ministro da Defesa israelense, Ehud Barak.

Oponentes ocidentais da guerra expressaram sua frustração recontando a história recente de Gaza ou incentivando ainda mais a campanha de boicote e desinvestimento contra Israel. Protestos em todo o mundo, na Europa e no mundo muçulmano, mostraram como era amplamente sentida a repulsa pelas ações de Israel.

E quem apoiou o Hamas? Se o grupo islâmico pudesse reivindicar a vitória, o que inevitavelmente fez, dificilmente poderia fazê-lo com muito crédito moral ou se gabar de sua proeza militar. O Hamas de fato sobreviveu à destruição de Gaza por Israel e continuou a lutar lançando seus foguetes idiotas até o cessar-fogo de janeiro. Duas das nove mortes do lado israelense eram árabes israelenses — membros do mesmo povo palestino que vive em Gaza, mas cujas famílias não fugiram da "Palestina" em 1948 — que estavam trabalhando nos campos ao redor de Sderot (Huj).[11] Na verdade, o Hamas foi responsável por mais de 30 mortes de palestinos durante a guerra: a maioria deles alegados colaboradores palestinos com Israel que foram assassinados em suas casas ou arrastados de leitos de hospital ou prisões para execuções sumárias por homens encapuzados[12].

Ainda assim, o Hamas foi infiltrado por espiões — alguns trabalhando para a Autoridade Palestina, outros para os israelenses —, razão pela qual Israel assassinou com sucesso um líder do Hamas após o outro. Quando Friedman voltou a expandir sua teoria de que os foguetes do Hamas estavam "aninhados entre civis locais" e "aninhados entre casas e escolas", ele afirmou que a decisão de Israel de ir atrás deles "sem se deixar deter pela perspectiva de baixas civis" provocou uma investigação da ONU sobre possíveis crimes de guerra. Embora repleta da semântica usual de Friedman, sua coluna pelo menos havia compreendido que as forças israelenses haviam abandonado o antigo mito da "pureza das armas".

No entanto, a pureza nunca foi uma qualidade reivindicada pelo Ha-

11 Nenhum dos lados quis enfatizar esse fato, os israelenses preferindo manter os dois árabes mortos entre as vítimas de identidade israelense, enquanto o Hamas relutava em admitir que duas de suas vítimas "israelenses" eram palestinas.

12 Saleh Hajoj, por exemplo, estava na prisão central de Gaza aguardando "julgamento" pelos juízes do Hamas por colaboração quando foi bombardeada por Israel em 28 de dezembro de 2008; ele foi levado para o hospital Shifa, mas quando sua jovem esposa apareceu para vê-lo em seu quarto no quarto andar, ela foi mandada embora pelo Hamas. 20 minutos depois, enquanto ele estava deitado em uma maca, foi baleado no lado esquerdo da cabeça.

mas, cujos estimados 1.500 túneis para o Egito trouxeram milhões de dólares para o movimento islâmico. O dono de um túnel recém-reformado em Rafah disse a Donald Macintyre que havia pago mais de US$ 2.000 à municipalidade local administrada pelo Hamas antes da ofensiva israelense. ONGs falaram sobre como o Hamas bloqueava a entrada de alimentos pelo posto de controle israelense de Erez para aumentar seus próprios lucros. Mesmo antes do bombardeio de Gaza, o Egito havia construído um muro de aço subterrâneo para impedir o contrabando, projetado por engenheiros do exército norte-americano e modelado em estruturas usadas para reforçar diques contra furacões. Em 2008, os EUA haviam gasto US$ 23 milhões para ensinar policiais de segurança do governo egípcio a impedir o contrabando de armas pelos túneis.

Por vários meses, diplomatas norte-americanos, britânicos e franceses haviam informado seus respectivos governos sobre o comportamento das forças israelenses em Gaza, tanto antes quanto durante a invasão. Um desses funcionários da embaixada relatou que soldados israelenses haviam escrito sobre as operações em Gaza em uma revista da faculdade do exército, descrevendo o assassinato deliberado de civis palestinos. Em 24 de março de 2008, um repórter da France Inter, um dos principais canais públicos do país, afirmou ter encontrado uma ordem escrita autorizando as forças israelenses a atirar em ambulâncias palestinas.

Nos dias e semanas seguintes, tais histórias se tornariam comuns. Inicialmente, as reportagens da mídia concentraram-se nas 'novas táticas' do Hamas — sua rede de túneis e armadilhas — e nos avisos telefônicos de Israel aos moradores palestinos para que saíssem de suas casas antes de serem destruídas. Mas havia pistas dentro das reportagens de uma estratégia mais significativa e perturbadora. Em um despacho de Jerusalém em 11 de janeiro de 2008, o repórter do *New York Times*, Steven Erlanger, passou de uma descrição dos avisos de panfletos, alto-falantes e telefônicos pré-ataque de Israel para a seguinte observação de uma frase: "Mas as tropas têm instruções para se proteger primeiro e civis em segundo lugar". Ele citou o comandante de uma unidade de engenharia israelense dizendo: "A mentalidade de cima para baixo é lutar e lutar cruelmente; esta é uma guerra, não uma operação de precisão".

Isso pode explicar o uso repentino de bombas de fósforo branco por Israel. Percorrendo as ruínas da "zona do terremoto" de Gaza, Donald

Macintyre entrevistou Mohamed Abu Kalima, que viu sua mãe descendo as escadas com as roupas em chamas e encontrou o corpo de seu pai no corredor "grudado" aos corpos dos três irmãos de Mohamed, de oito, dez e 14 anos. Sua irmã de 15 meses, Shahed, deitada separadamente, havia "derretido". Amira Hass, fazendo suas próprias rondas pelos destroços de Gaza, ouviu histórias sinistras de um exército israelense "diferente" que forçava os palestinos a fugir de suas casas aos milhares, "sob fogo de helicópteros, tanques, drones, atrás de uma cortina pesada de fumaça produzida por bombas de fósforo branco". Israel, concluiu perceptivamente Hass, "finalmente quebrou os poucos limites que anteriormente havia estabelecido para si mesmo como estado ocupante e desafiou todas as restrições do direito internacional que exigiriam que garantisse a segurança e o bem-estar da população ocupada".

Haaretz e Breaking the Silence[13] desempenharam um papel crucial na revelação dos testemunhos, incluindo mais evidências de que muitas tropas israelenses tinham a sensação de lutar uma "guerra religiosa" contra os gentios em Gaza. Rabinos militares haviam distribuído uma mensagem clara aos soldados, disse outro veterano: "Somos o povo judeu. Viemos para esta terra por um milagre, Deus nos trouxe de volta para esta terra e agora precisamos lutar para expulsar os gentios que estão interferindo em nossa conquista desta terra santa." Nesse contexto, a fala de Tzipi Livni sobre Israel "ficar selvagem" em Gaza fica mais clara. Um despacho posterior de Macintyre referiu-se a panfletos em sinagogas militares afirmando que "os palestinos são como os filisteus da antiguidade, recém-chegados que não pertencem à terra". Um rabino teria dito às tropas israelenses que estavam conduzindo a guerra como "filhos da luz" contra "os filhos das trevas".

Houve mais revelações; de israelenses usando palestinos como "escudos humanos", incluindo um menino de 11 anos, de mais vandalismo e a destruição deliberada de infraestrutura em larga escala. Um comandante de batalhão foi citado dizendo a seus homens que "se virmos algo suspeito e atirarmos, é melhor atingir um inocente do que hesitar em alvejar um inimigo". O que esses soldados revelaram, disse um editorial do Independent, estava longe de uma "moralidade escrupulosa", "mas uma quase completa ausência dela" e "uma indiferença arrepiante às baixas ci-

13 Veteranos das Forças de Defesa de Israel que se opõem à brutalidade das forças armadas nos Territórios Palestinos Ocupados. Foi estabelecido em 2004 para permitir que membros em serviço e dispensados das IDF relatassem suas experiências.

vis" tornadas possíveis pelas "regras de engajamento permissivas seguidas por seus superiores". Esses relatórios continuaram até o verão de 2009 e houve mais confirmações da crueldade do exército israelense nos arquivos crescentes do Breaking the Silence. A Anistia Internacional lançou dois relatórios de direitos humanos sobre as mortes em Gaza, a Human Rights Watch outros quatro.

Então, quem poderia salvar os palestinos? Que intercessão humana poderia lhes dar a dignidade e a justiça? Que poder poderia sobreviver à intimidação de todos que ousavam se opor à ocupação e à repressão da nacionalidade palestina por Israel?

Talvez porque não houvesse mais ninguém, os civis palestinos de Gaza foram forçados a confiar suas esperanças de justiça no homenzinho que havia procurado trazer justiça igual aos Bálcãs assassinos. Poderia a nomeação do juiz Richard Goldstone, um dos juristas mais eminentes do mundo, como líder da "Missão Internacional de Inquérito da ONU sobre o Conflito de Gaza", fornecer àqueles que haviam sofrido algum reconhecimento de sua dor?

Poderia Goldstone — em suas próprias palavras para mim em Haia mais de uma década antes — demonstrar "o principal objetivo da justiça"? "É reconhecer oficialmente às vítimas o que aconteceu com elas", ele me disse naquela época. Naturalmente, quando ele foi nomeado líder da missão da ONU em abril de 2009, retirei dos meus arquivos as 16 páginas de anotações de minha longa entrevista com ele em 13 de setembro de 1996.

Conheci Goldstone no Tribunal Internacional de Crimes de Guerra em Haia. Embora nossa discussão na época tenha sido sobre a guerra nos Bálcãs, algumas de suas observações podem se aplicar dolorosamente às consequências da guerra de Gaza. Seus comentários sobre a lassitude quase culpável do batalhão holandês da ONU, falhando na proteção dos muçulmanos de Srebrenica, e sua raiva dos norte-americanos por se recusarem a arriscar a vida de seu pessoal militar na caça a criminosos de guerra sérvios apenas tangenciaram sua nova tarefa como "coletor de fatos" entre as ruínas de Gaza. Mas algumas das respostas mais emocionais de Goldstone carregavam um aviso preocupante do que ele encontraria em Gaza. Perguntei-lhe sobre uma atrocidade anterior no Oriente Médio, o massacre de até 1.700 refugiados palestinos nos campos de Sabra e Chatila em Beirute em setembro de 1982, assassinados por aliados cristãos-libaneses de Israel — enquanto tropas israelenses observavam dos edifícios ao redor. Isso era claramente um crime de guerra, disse eu a Goldstone, mas — examinando as cartas de nossos leitores na época — eles não reagiram a ele como um crime de guerra da mesma forma que reagiriam mais tarde à Bósnia porque, eu disse, "eram pessoas diferentes, coloridas, com a infeliz reputação de serem refugiados (...) e não refugiados europeus pobres". Goldstone interrompeu:

> "Se as coisas acontecem com pessoas que você não considera seus iguais, é mais fácil engolir. E é por isso que o processo de desumanização, certamente pelo que aprendi, é um requisito absoluto para qualquer genocídio. Você tem que reduzir a vítima a um nível abaixo de você. Caso contrário, não vai funcionar."

Ele disse que, se os líderes criminosos internacionais 'souberem que podem ser responsabilizados, isso deve (...) em um número substancial de casos funcionar como uma espécie de impedimento".

Mas ao ler minhas anotações novamente, perguntei-me se Goldstone poderia ser um homem insensível em seus julgamentos históricos. Sua referência às vítimas do genocídio armênio como "tendo direito à justiça", mas cujo "barco não chegou ao seu porto" pareceu desnecessariamente cruel.

E ele era judeu, e expressou sua admiração e afeição por Israel. E assim, ele carregava, talvez, como muitos no mundo, uma esperança sagrada de que sua origem judaica lhe desse uma capacidade única de responsabilizar Israel. Nenhum romance poderia sonhar com uma história mais dramática de coragem; a de um indivíduo que, pressionado entre o poder colossal de Israel e seus aliados, mas relutante em desculpar a desonestidade dos protetores islâmicos de Gaza, deve produzir um relato verdadeiro que pode salvar milhares de vidas inocentes.

Os israelenses decidiram desde o início que não dariam nenhum tipo de ajuda a Goldstone. No final de seu relatório, ele incluiu sua reveladora correspondência com Aharon Leshno Yaar, o embaixador israelense no escritório das Nações Unidas em Genebra. Yaar, embora enfatizando que a decisão de Israel não refletia "em seu sincero respeito por você pessoalmente", objetou à "linguagem inflamatória e tendenciosa" com que a resolução original do Conselho de Direitos Humanos da ONU para a missão foi redigida. Os israelenses estavam certos. A Resolução S-9/1 do CDH havia especificamente limitado a equipe a inquéritos sobre 'violações' do direito internacional cometidas por Israel 'contra o povo palestino'. Antes de aceitar liderar a missão, Goldstone havia insistido na mudança de seu mandato. Em vez disso, agora investigaria violações do direito internacional por israelenses e palestinos.

Mas se Goldstone pensou que a mudança na definição de sua missão persuadiria Israel a ajudá-lo, estava errado. Embora inicialmente se colocando no banco dos réus por recusar-se a ajudar um inquérito agora "imparcial", a recusa de Israel permitiu que ele estabelecesse suas próprias investigações e, subsequentemente, alegasse que as conclusões de Goldstone não levaram em conta as deles — para a eventual ruína de Goldstone.

Recomenda-se aos leitores que estudem o exaustivo relatório de Goldstone de 452 páginas. Ele investigou as mortes de mais de 220 pessoas — pelo menos 47 delas crianças e 19 mulheres adultas —, realizou 188 entrevistas individuais e examinou mais de 10.000 páginas de documentação, 30 vídeos e 1.200 fotografias. Apesar da obstinada não participação de Israel, Goldstone e seus três colegas investigaram os ataques do Hamas a Sderot e outras cidades israelenses, ouviram testemunhas israelenses em Genebra — quando a equipe não pôde entrar em Israel — e não demonstraram nenhuma paciência com as desculpas desoladoras do Hamas por crimes de guerra. Mas também não demonstraram o menor viés em relação a Israel, cuja brutalidade e assassinatos ilegais de civis palestinos foram catalogados em detalhes minuciosos. Foi o mais próximo que o conflito israelo-palestino já havia chegado de uma investigação internacional imparcial.

Observou o ataque israelense a Gaza em 4 de novembro de 2008, quando "o cessar-fogo começou a naufragar", acrescentando que o "controle efetivo" de Israel sobre o território estabeleceu "que a Faixa de Gaza permanece ocupada por Israel". Procedimentos criminais, acrescentou o relatório, "têm uma função de dissuasão e oferecem uma medida de justiça para as vítimas de violações".

O empreendimento de Goldstone não continha emoções ou retórica jornalísticas, apenas o trabalho clínico de investigadores criminais. Foram de particular preocupação os assassinatos da família al-Samouni, a destruição em massa da área e o ataque aéreo que matou 22 membros da família al-Daya no distrito de Zeitoun. O relatório refutou o argumento israelense de que deveria "pressionar" o Hamas "alvejando infraestrutura para atingir seus objetivos de guerra" afirmando que "ataques que não são direcionados contra objetivos militares ou de uso duplo são violações das leis da guerra"[14]. Goldstone analisou os ataques iniciais aos quartéis da polícia, concluindo que até 89 oficiais e cadetes haviam sido mortos, mas concentrou-se nas vítimas civis.

Como os israelenses, grupos armados do Hamas e seus aliados militantes não estavam de acordo com reuniões com seu pessoal, embora Goldstone tenha listado numerosas ocasiões em que colocaram civis em risco ao disparar foguetes perto de residências. No entanto, seu relatório "não encontrou evidências de que combatentes palestinos se misturaram com a população civil com a intenção de se protegerem do ataque". Acabaram os "escudos humanos" da propaganda israelense. Igualmente importante foi sua nota de que o serviço de emergência e ambulância de Israel, em contradição com o exército israelense, afirmou que o Crescente Vermelho Palestino não usava ambulâncias para transportar armas ou munições.

Goldstone rejeitou muitos dos pretextos de Israel para disparar bombas de fósforo branco contra a sede da Agência de Assistência e Obras das Nações Unidas, perguntando "como especialistas [israelenses] altamente treinados na complexa questão do emprego de artilharia e cientes da presença de um local extremamente sensível podem atingir esse local dez vezes enquanto aparentemente tentam evitá-lo".

As evidências de mortes de civis foram meticulosamente catalogadas; o massacre de al-Samouni foi recontado. Quando Wael al-Samouni levou Goldstone pelo pátio da casa de seu primo em Gaza, o chefe da missão da ONU encontrou as paredes forradas com 23 fotografias emolduradas em preto. O palestino parou diante de cada foto dos mortos para falar sobre eles. "A dor da perda afetou profundamente Goldstone", escreveria seu biógrafo. "Quando Wael concluiu o tour, nenhum dos dois conseguiu conter a emoção, e os dois se abraçaram aos prantos."

14 Houve um lembrete revelador no relatório final da tendência das forças militares de ampliar a área de alvos civis, citando um estudo acadêmico sobre "novas guerras" exigirem "novas leis". O artigo original, do professor de direito da Universidade de Genebra Marco Sassoli — referenciado no relatório — argumentava que se ataques contra alvos políticos, financeiros ou 'psicológicos' se mostrassem decisivos na guerra, então "seriam maternidades, jardins de infância, santuários religiosos ou lares para idosos cuja destruição mais afetaria a disposição dos militares ou do governo de continuar a guerra". Isso encapsulou precisamente a maneira como conflitos sucessivos nos Bálcãs e no Oriente Médio se basearam nos precedentes estabelecidos por exércitos sucessivos para buscar desculpas cada vez mais extraordinárias para a matança de civis.

Se os relatos das mortes parecem chocantes agora, imagine o efeito que tiveram na equipe da ONU. Quase dez anos depois, um veterano irlandês da ONU e da UE, Desmond Travers, recordaria como eles reagiram à entrevista com Khalid Abd Rabbo. Foi, disse ele, "absolutamente terrível", uma reunião que Travers ainda mal conseguia descrever, especialmente quando chegou ao ponto em que o terceiro soldado israelense emergiu do tanque com sua Uzi e atirou nas três crianças e na avó. A família, carregando bandeiras brancas, havia saído de casa e estava esperando ordens dos soldados israelenses.

Repetidamente, o Relatório Goldstone descreveria testemunhas oculares como "credíveis e confiáveis". Surgiram evidências incriminatórias sobre como exatamente soldados israelenses usaram homens palestinos como escudos humanos, forçando-os a andar na frente das tropas para inspecionar prédios. O relatório descreveu um incidente em que um civil foi instruído a entrar em casas, ameaçado de execução caso não avisasse os israelenses sobre homens que poderiam estar escondidos lá, e constantemente "espancado, agredido e insultado".

Embora menos dramática em termos humanos, a missão da ONU ficou evidentemente chocada com a extensão massiva da destruição deliberada de infraestrutura palestina em Gaza pela Israel, suas fábricas, pomares, fazendas, estações de tratamento de esgoto e edifícios civis. A Quarta Convenção de Genebra havia sido violada novamente, decidiu a equipe de Goldstone, e "destruição ilegal e injustificada que não é justificada por necessidade militar equivaleria a crime de guerra".

A publicação do Relatório Goldstone em 15 de setembro de 2009 foi um terremoto. Falou de crimes de guerra cometidos pelos israelenses e possíveis crimes contra a humanidade. Concentrou-se na morte e no sofrimento de civis palestinos, mas não tentou eximir o Hamas, que também foi acusado de crimes de guerra e crimes contra a humanidade, embora em escala muito menor. O relatório não aceitou a patética alegação do Hamas de que não desejava atingir civis israelenses. O Hamas, que se recusou a responder à exigência de investigações contida no relatório, não ganhou crédito com suas conclusões.

Um livro curto e bastante otimista que Goldstone havia publicado sobre crimes de guerra e justiça internacional nove anos antes deu uma pequena pista do que ele e sua equipe produziriam em 2009. Ele falou da necessidade de tribunais que dessem "um golpe significativo contra a impunidade", que o mundo não permitiria mais que "graves crimes de guerra fossem cometidos sem a ameaça de retaliação", lamentando ao mesmo tempo a recusa dos EUA em participar de um tribunal penal internacional. Essa seriedade de propósito fazia parte de seu caráter — mesmo que também desse a perigosa impressão de que ele era um homem resoluto.

Ele não entendeu o pecado original que estaria cometendo se ousasse até mesmo sugerir que o país pelo qual sentia tanto afeto, tanta confiança e amor, tivesse seus mitos fundamentais despedaçados diante dos olhos de seus inimigos? Se Israel fosse obrigado a se prostrar diante de um tribunal de crimes de guerra, nenhuma quantidade de tanques ou F-16s ou mísseis ou, de fato, armas nucleares poderiam protegê-lo. A integridade de Goldstone, sua honestidade, sua reputação de homem decente e justo e de jurista eminente — e suas próprias origens judaicas — não o salvariam. Pois esses eram os próprios motivos pelos quais ele tinha que ser política e moralmente liquidado.

Se Goldstone fosse um funcionário de médio escalão da ONU tentando fazer seu nome atirando pedras no Golias do Oriente Médio em um esforço desesperado para corrigir os erros dos palestinos, ele teria sido ignorado.

Mas Goldstone simplesmente não percebeu que seu relatório da ONU, nas palavras de seu futuro biógrafo, "tornaria Richard Goldstone o homem mais odiado do mundo judeu". Menos de um mês após sua publicação, ele concedeu uma entrevista penetrante, altamente reveladora, mas amplamente ignorada, à revista judaica americana de esquerda e progressista Tikkun. Quando chegou pela primeira vez a Gaza, disse Goldstone ao rabino Michael Lerner, ficou chocado com a escala de destruição, em particular o número de casas particulares que haviam sido arrasadas:

> "E eu não estava preparado para as histórias que foram contadas por testemunhas que consideramos credíveis. Quanto à maneira como o exército israelense os tratou, senti muita vergonha e embaraço, particularmente como judeu, mas também como ser humano".

Quando investigou as mortes na mesquita de Gaza, Goldstone disse: "Coloquei-me na posição [de] como os judeus se sentiriam se fossem atacados em uma sinagoga quando estivesse cheia de fiéis". Ele era "um firme defensor do direito absoluto do povo judeu de ter seu lar ali em Israel", disse ele, antes de acrescentar que "é realmente crucial que os judeus, em particular, defendam os valores judaicos".

Novamente, testemunhamos o senso de moralidade e retidão de Goldstone, sua crença nos valores judaicos — em um momento em que ele evidentemente não compreendeu que essas características só aumentariam o abuso que sofreria. A escala da animosidade dirigida a Goldstone foi visceral. Aquele velho cavalo de batalha pró-israelense, o advogado de Harvard Alan Dershowitz, esperou até que Israel fizesse sua resposta inepta ao relatório para denunciar Goldstone como "um traidor ao povo judeu", acrescentando que seu relatório era "uma difamação escrita por um homem mau, muito mau". Muitos israelenses liberais e judeus não israelenses há muito consideram Dershowitz um fanfarrão que não deve ser levado a sério, em vez de um sábio moral, mas Tzipi Livni, então líder da oposição israelense, também disse que "o Relatório Goldstone nasceu no pecado". Sem dúvida temendo — corretamente, como se revelou — que acusações de crimes de guerra pudessem ser apresentadas contra ela fora de Israel, ela rejeitou uma comissão de inquérito israelense sobre Gaza "sem garantir que a mera criação de tal comissão protegeria oficiais das IDF de futuros processos".

Mark Regev, porta-voz do primeiro-ministro israelense, adotou o tom messiânico de Livni. "Esse relatório foi concebido no pecado e é produto de uma união entre propaganda e preconceito", disse ele. Outros representantes israelenses aplicaram bandagens até então confiáveis às feridas infligidas por Goldstone, mas era difícil manter o mito da "pureza das armas" quando o exército israelense era acusado de punir, humilhar e aterrorizar civis. Como Norman Finkelstein apontou com franqueza, Israel havia refinado suas armas ideológicas ao longo de 30 anos, de modo que qualquer crítico de Israel era antissemita, um judeu autodestrutivo ou um negador do Holocausto:

> "No entanto, agora surge Richard Goldstone. Ele é judeu, é sionista, diz que ama Israel, diz que sua mãe era ativista na organização de mulheres sionistas, sua filha foi morar em Israel, faz parte do conselho de governadores da Universidade Hebraica de Jerusalém, tem um título honorário da Universidade Hebraica e também é um jurista internacional distinto (...) Ele escreveu o que escreveu porque é verdade. E isso para Israel é o cenário de pesadelo."

Israel começou a produzir suas próprias "investigações"[15] militares, mas os Estados Unidos tiveram que assumir a tarefa de destruir o Relatório Goldstone e resgatar o exército israelense. Nos meses seguintes, o governo Obama fez tudo o que pôde para desacreditar, subverter e destruir o trabalho da missão da ONU em Gaza. O secretário assistente de Estado dos EUA e advogado de direitos humanos Michael Posner declarou o relatório "profundamente falho", criticando sua "metodologia e muitas de suas recomendações". Posner não se deu ao trabalho de explicar essas "falhas" a Goldstone. "Eu ficaria feliz em responder a elas, se e quando eu souber o que são", respondeu Goldstone. A nova embaixadora dos EUA na ONU, Susan Rice, falou sobre a visão "desequilibrada" do Relatório Goldstone sobre Israel, que, segundo ela, era perfeitamente capaz de investigar possíveis crimes de guerra, acrescentando que "nossa visão é que precisamos estar focados no futuro". Mais tarde, ela diria ao Congresso que gostaria que o relatório "desaparecesse".

O Congresso, que havia preparado obedientemente o terreno para o ataque de Israel no verão de 2008, agora condenou o "relatório tendencioso". Trinta e dois senadores assinaram uma carta para Hillary Clinton, elogiando os esforços de seu Departamento de Estado para suprimir as recomendações de Goldstone e afirmando que "legitimar o relatório envia uma mensagem perigosa para países que se defendem contra o terrorismo". O sistema de justiça israelense deveria lidar com questões de direitos humanos internamente, aconselhou a carta.

A própria Clinton ligou para o secretário de Relações Exteriores britânico, David Miliband, instando-o a se opor a uma resolução do Conselho de Segurança da ONU. O verdadeiro medo em Israel e nos EUA, é claro, era a recomendação de Goldstone de que o Conselho de Segurança da

15 Os israelenses encerraram sua primeira "investigação" sobre as mortes em Gaza, incluindo o assassinato de uma mãe palestina e duas crianças, apenas seis semanas após o fim das hostilidades, alegando que as evidências contra soldados se baseavam em "ouvir dizer". Em abril de 2009, o exército israelense encerrou mais cinco investigações — o público teve que aceitar a palavra do exército de que esses exames realmente ocorreram — sobre ataques a civis, funcionários da ONU e seus edifícios. Citou "falta de provas". Admitiu que erros militares podem ter causado "casos isolados" de vítimas civis, mas que o exército havia agido "dentro do direito internacional". Como havia feito ou pelo menos alegava ter feito — quando disparou bombas de fósforo em Gaza. Outra evidência da suposta capacidade das IDF de se julgar por "crimes de guerra" veio em 2012, quando um atirador israelense que matou duas mulheres palestinas em Gaza carregando uma bandeira branca foi condenado a 45 dias de prisão por "uso ilegal de arma".

ONU deveria encaminhar seu relatório ao Tribunal Penal Internacional.

Nem os autores do relatório poderiam ter imaginado a desonestidade da Autoridade Palestina de Mahmoud Abbas. Depois de inicialmente acolher o trabalho da missão, Abbas foi intimidado pelos norte-americanos a retirar seu apoio e adiar qualquer ação na ONU por seis meses. Abbas afirmou que precisava de tempo para consultar aliados árabes; os Papéis da Palestina de Clayton Swisher revelam como o novo "enviado especial" de Obama para a paz no Oriente Médio, George Mitchell, pediu aos negociadores palestinos para "se absterem de buscar ou apoiar qualquer iniciativa direta ou indiretamente em fóruns legais internacionais".

Palestinos feridos na ofensiva de Gaza realizaram uma coletiva de imprensa para expressar sua indignação com a subserviência de Abbas. Um ministro palestino renunciou. Abbas havia se unido a Israel, ao governo Obama-Clinton e ao Congresso dos EUA para esmagar o corajoso trabalho de Goldstone. O relatório agora ficaria dormente por pelo menos seis meses. Na realidade, para sempre.

Mas as repercussões políticas do terremoto de Goldstone continuaram a atormentar Israel[16]. Norman Finkelstein acreditava que a decisão subsequente de Israel de abandonar o uso de bombas de fósforo se devia ao relatório de Goldstone, mas o dano à integridade de Israel não foi tão facilmente mitigado. Benjamin Netanyahu reconheceu que "a esfera mais importante em que precisamos trabalhar é a esfera da opinião pública no mundo democrático". Na conferência anual de Herzliya em Israel, em 2010, ouvi palestrante após palestrante condenando Goldstone cinco meses após a publicação de seu relatório. Uzi Arad, "conselheiro de segurança" de Netanyahu, disse aos grandes e bons na reunião regular de hasbara de Israel que o relatório havia se tornado parte de uma campanha política insidiosa para "deslegitimar" o Estado de Israel.

Se, para dizer a verdade, Goldstone tinha sido forçado a escalar o vasto baluarte do poder político por trás do apoio norte-americano a Israel, agora

16 ONGs e jornalistas não deixariam o exército israelense descansar em paz. Em setembro de 2009, a B'Tselem produziu números — respaldados por certidões de óbito, fotografias e testemunhos — mostrando que 252 crianças menores de 16 anos haviam sido mortas na ofensiva a Gaza. Cinco meses depois, a afirmação do Relatório Goldstone de que um ataque aéreo israelense havia atingido o único moinho de farinha em funcionamento em Gaza — negado pelos israelenses — foi comprovada quando surgiu que uma equipe de desminagem havia desarmado parte de uma bomba aérea israelense Mark 82 de 500 libras, fabricada pela fabricante norte-americana Raytheon, nas ruínas.

parecia que suas muralhas desabariam sobre ele pessoalmente. Seu relatório poderia ser deturpado e destruído por políticos e diplomatas, mas o próprio jurista até então havia sobrevivido com sua vida pessoal e reputação ilesa. Por mais lama que fosse lançada em seu trabalho, Goldstone permaneceu uma torre sentinela. Portanto, ele também teria que ser quebrado.

Havia rumores persistentes, especialmente em Israel, de que Goldstone estava agora sob pressão pessoal de sua família judaica. Ele havia reclamado em abril de 2010 que protestos locais o impediriam de comparecer ao *bar mitzvah* de seu neto em Joanesburgo, ameaça que só foi retirada quando ele concordou em se encontrar com líderes da Federação Sionista Sul-Africana e outras organizações judaicas. O rabino-chefe sul-africano Warren Goldstein afirmou em um jornal local que o trabalho de Goldstone havia "causado injustamente um enorme dano à reputação e segurança do Estado de Israel e de seus cidadãos", ao que o juiz respondeu com veemência. Ele estava "desolado", escreveu ele, "que o rabino-chefe politizasse tão descaradamente a ocasião do *bar mitzvah* de meu neto de 13 anos para lançar mais ataques contra mim". A "retórica" do rabino sobre tolerância "simplesmente não coincide com como minha família e eu fomos tratados".

Judeus sul-africanos alegaram que o relatório havia colocado seus próprios filhos e filhas em perigo caso escolhessem servir no exército israelense e depois retornassem à África do Sul, embora nunca tenham questionado a crueldade do exército israelense ao qual suas famílias poderiam estar se juntando. Em poucas semanas, Goldstone seria alvo de ataques muito mais violentos por parte de jornalistas e políticos israelenses por seu suposto papel imaculado nos tribunais do apartheid na África do Sul. Sob a manchete "O passado sombrio do juiz Goldstone", o Yediot Ahronoth publicou um longo artigo no início de maio afirmando que Goldstone havia condenado 28 réus negros à morte na forca e outros ao "birching" (castigo corporal).

Seus inimigos agora explodiram em fúria mais uma vez. Como um homem que era "parte do sistema" de crueldade do apartheid poderia exigir julgamentos por crimes de guerra contra soldados israelenses inocentes? Políticos e funcionários do governo israelenses ficaram encantados com essa revelação, esquecendo o próprio relacionamento próximo de seu país com o antigo regime racista na África do Sul.

O biógrafo de Goldstone, Daniel Terris, fez o seu melhor para justificar o injustificável. Na África do Sul, Goldstone "acreditava que a lei —

embora pervertida — poderia, no entanto, servir à causa da justiça", escreveu ele. Terris não esclarece completamente esses eventos, exceto por uma sugestão reconfortante de que as sentenças não foram executadas. Embora fosse um homem contido em público, Goldstone falava frequentemente de suas experiências sob o apartheid, mas nunca mencionou as execuções nem se referiu a essas condenações à morte em entrevistas à imprensa ou em material publicitário antes de sua nomeação em Haia ou de seu cargo de líder do relatório de Gaza. Era necessário arrependimento agora?

A espada caiu, apropriadamente, no Dia da Mentira. Foi um artigo indigno e constrangedor que Richard Goldstone publicou no Washington Post em 1º de abril de 2011. As linhas-chave dessa mea culpa são as seguintes:

> "Se eu soubesse então o que sei agora, o Relatório Goldstone seria um documento diferente (...) Nosso Relatório encontrou evidências de potenciais crimes de guerra e "possivelmente crimes contra a humanidade" por parte de Israel e do Hamas (...) As alegações de intencionalidade por parte de Israel foram baseadas nas mortes e ferimentos de civis em situações em que nossa missão de investigação não encontrou evidências para tirar qualquer outra conclusão razoável (...) As investigações publicadas pelo exército israelense (...) indicam que civis não foram intencionalmente alvejados em razão de política".

Essa surpreendente reviravolta atordoou todos que acreditavam na coragem e perseverança de Goldstone. De repente, ele estava sugerindo, devemos levar a sério o próprio processo de autoexame israelense que ninguém considerava credível. Pouco mais de seis meses antes, o próprio Goldstone havia observado no *New York Times* que tanto Israel quanto o Hamas tinham "registros lamentáveis" de investigação de suas próprias forças. Embora Israel tenha iniciado investigações sobre supostas violações cometidas por suas forças no conflito de Gaza, escreveu ele, "é improvável que sejam sérias e objetivas".

Mas não mais, parecia. Graças aos ruídos exculpatórios de Israel, Goldstone concluiu que "sabemos muito mais hoje" do que quando suas descobertas foram publicadas pela primeira vez. E ele passou a retornar às mortes bárbaras da família al-Samouni, aproveitando o relatório de que as mortes foram causadas por uma imagem de drone mal interpretada.

As investigações israelenses que Goldstone agora passou a abraçar foram realizadas em grande parte em segredo, seus testemunhos nunca foram tornados públicos. Aceitar que Israel, de longe o maior assassino em Gaza em comparação com o Hamas, iria dizer a verdade exigia mais do que um salto de fé. Ou era disso, de alguma forma estranha, que se tratava? O poder da fé sobre o poder da razão?

Daniel Terris lembra como Richard Falk, professor de direito de Princeton e ex-relator especial da ONU sobre direitos humanos em Gaza e na Cisjordânia, descreveu a retratação de Goldstone como "uma tragédia pessoal para um funcionário público internacional tão distinto". O livro de Terris foi eminentemente justo, embora ele não conceda a Goldstone a absolvição que ele talvez preferisse. O Relatório Goldstone "trouxe à tona as questões desafiadoras sobre como melhor proteger vidas civis nas circunstâncias complexas da guerra assimétrica". Goldstone, escreveu Terris, recusou-se a comentar durante a próxima indignação em Gaza porque "as feridas ainda estavam profundas". Mas e as feridas dos palestinos?

A família de Goldstone foi dilacerada pelo relatório de Gaza. A angústia de sua filha Nicole "transbordou em raiva" e ela disse ao pai que estava furiosa por ele ter se permitido "ser usado por aqueles que tentam destruir Israel". Goldstone foi posteriormente excluído do conselho da Universidade Hebraica.

Desmond Travers, um dos outros três autores do relatório, falou sobre "a flagrante inverdade" na renúncia de Goldstone. "Nossa primeira reação hostil (...) foi que Richard não tinha o direito de começar seu preâmbulo dizendo 'se eu soubesse então o que sei agora, nossas descobertas teriam sido diferentes'". Travers pensou que Goldstone havia sido "muito, muito ferido emocionalmente" e concluiu que "privadamente, no mundo dos direitos humanos, Richard é uma força muito gasta e está acabado".

Os detratores de Goldstone não perderam tempo lucrando com sua retratação. Quase imediatamente, o Senado dos EUA pediu à ONU que revogasse o Relatório Goldstone. Netanyahu anunciou que "o fato de Goldstone ter recuado deve levar ao arquivamento desse relatório de uma vez por todas". A mídia israelense o castigou novamente. A afirmação de Finkelstein de que a retratação de Goldstone "renovou a licença de Israel para matar" foi ecoada por Gideon Levy, que exclamou que "Goldstone pavimentou o caminho para uma segunda guerra de Gaza". Ela começaria pouco mais de quatro anos depois, em 8 de julho de 2014 — e desta vez mataria mais de 2.000 palestinos.

É tentador tratar essa história como uma tragédia clássica, mas isso seria uma distorção romântica. Foi uma traição histórica e legalística aos palestinos. O mais preciso dos relatórios humanitários sobre o conflito de Gaza havia sido escandalosamente negado por seu principal autor, um bom homem derrubado por uma falha fatal. E assim, Goldstone falhou com todos aqueles palestinos que depositaram sua confiança nele como alguém que buscaria e contaria a verdade. Ele disse a verdade. E então a negou. E esse será seu legado.

Nos anos seguintes, o drama de Gaza pareceu repetir-se em círculos cada vez mais estreitos; sangue palestino, indignação mundial com o abate desproporcional, ataques a instalações da ONU, investigações pífias da ONU e indignação israelense tornaram-se um padrão, grosseiro e vulgar em sua repetição. Não haveria uma investigação no estilo Goldstone sobre as diminutas mortes em Gaza de 2012 — nas quais apenas 100 civis palestinos e quatro civis israelenses foram mortos —, embora a ONU tenha apresentado uma versão diminuta imitadora de Goldstone depois que as sepulturas de Gaza foram preenchidas em 2014. Dessa vez, a ONU contaria 1.462 civis palestinos e sete civis israelenses entre os 2.251 mortos, superando em muito a hecatombe de 2008-9.

Em 2014, o coronel Ofer Winter da Brigada Givati — um veterano de 2008-9 em Gaza — disse a seus soldados que:

> "A história nos escolheu para sermos a ponta da baioneta na batalha contra o inimigo terrorista gazense que amaldiçoa, difama e abusa das campanhas militares do Deus de Israel. Deus, o Senhor de Israel, faça nosso caminho bem-sucedido, pois estamos prestes a lutar pelo Seu Povo, Israel, contra um inimigo que difama o Seu nome."[17]

Se a Guerra Santa do Inverno teve uma resposta, a reação palestina foi quase como a de Goldstone em sua demanda por justiça internacional.

17 Como de costume, as estatísticas palestinas, da ONU, de Israel e das ONGs diferiam. 67 soldados israelenses foram mortos em 2014 e mais de 750 membros de grupos armados palestinos. No geral, a taxa de troca para mortes de civis foi de um israelense para mais de 200 palestinos. Tanto em 2012 quanto em 2014, o Hamas se destacou ao executar "espiões" palestinos, um total de 31 supostos "informantes", incluindo duas mulheres, para acrescentar à sua mítica vitória contra o "sionismo".

A Palestina solicitou a adesão ao Tribunal Penal Internacional. Naturalmente, Mahmoud Abbas foi condenado por desejar processar Israel por crimes de guerra em Gaza. Mas, no mundo real, esse deveria ter sido o evento mais significativo em mais de 40 anos do conflito palestino-israelense. Os descendentes da OLP queriam obedecer ao direito internacional. Depois de todas as suas convocações anteriores pela extinção de Israel, os atentados suicidas e duas intifadas, os palestinos estavam pedindo para se juntar a um dos mais prestigiosos órgãos judiciais do mundo.

Nem é preciso dizer que o Departamento de Estado dos EUA, procurando proteger qualquer soldado israelense que pudesse ser indiciado como criminoso de guerra, "opôs-se fortemente" e esteve "profundamente preocupado" com a solicitação palestina. De acordo com o porta-voz de John Kerry, isso era "totalmente contraproducente" porque não fazia "nada para promover as aspirações do povo palestino por um estado soberano e independente". Israel ficou indignado[18].

Obama não proferiu uma palavra de condenação após as mortes de 2012 em Gaza, observou Ari Shavit do Haaretz, "após todos os afegãos e paquistaneses inocentes que ele matou". Como disse um grupo de lobby sobre esta "guerra" em Gaza, "nossa [israelense] imprensa não expôs adequadamente a enorme disparidade entre o número de vítimas civis na Líbia e no Kosovo e a total falta de baixas da OTAN". A polinização cruzada das guerras era um negócio frutífero.

Nos anos seguintes, até mesmo os audaciosos soldados israelenses que contribuíram com tantas evidências para o Breaking the Silence seriam derrotados. Veteranos que tentavam falar publicamente eram maltratados e, em alguns casos, completamente impedidos de falar. "O Breaking the Silence foi deslegitimado pela elite, com a típica colaboração da mídia

18 Só podemos imaginar o que poderia ter acontecido se Israel e os Estados Unidos tivessem exigido que a Palestina se juntasse ao Tribunal Penal Internacional como uma qualificação para a independência. Haveria acusações de crimes de guerra contra o Hamas e a Fatah por incentivarem atentados suicidas, lançarem mísseis em cidades israelenses ou executarem seus próprios prisioneiros — e assim, o Hamas e a Fatah poderiam ser indiciados por crimes de guerra. A recusa de Abbas em fazê-lo seria então uma prova adicional de suas intenções "terroristas". No entanto, os Estados Unidos — e isso não apareceu na enxurrada de reportagens sobre a aplicação palestina — também se recusaram a aderir ao TPI. E com razão; porque Washington, como os israelenses, também estava preocupado que seus soldados e funcionários do governo fossem indiciados por crimes de guerra (Abu Ghraib, afogamento simulado pela CIA, etc). Grandes mentes matam igualmente.

israelense", disse Gideon Levy. "Sinto dizer que o Breaking the Silence hoje está esmagado". Quem poderia suportar esse peso de tristeza e — apesar de todas as falsidades, as mentiras e a intimidação — lutar, não importa o custo?

Era uma tarde úmida e fria de início de inverno quando dirigi pelo centro médico da universidade em Toronto. Eu estava a quase 6.000 quilômetros de Gaza, mas quando liguei para o médico palestino no quinto andar, seu sotaque ainda era um árabe carregado, não canadense, concordando alegremente em reservar seu tempo para falar sobre os piores momentos de sua vida. Eu sabia as perguntas que queria fazerEle pode ser médico, mas a história poderia realmente ter ditado que o sangue de três filhas decapitadas seria injetado em uma veia de esperança?

Uma grande fotografia colorida na parede mostrava as três filhas do Dr. Abuelaish, Mayar, Aya e Bessan, sentadas em uma praia ventosa de Gaza no início do ano novo de 2009. Duas semanas depois que esta fotografia foi tirada, elas estavam com o pai em em Gaza quando os projéteis de tanques israelenses destruíram a casa. Ele contou a história eloquentemente, terrivelmente, inquestionavelmente nos minutos, horas e meses seguintes.

Izzeldin é professor associado de saúde global e conhece muito bem as terríveis ironias de sua vida. Ele já era o primeiro palestino a receber um cargo no quadro de funcionários de um hospital israelense. Poderia ter havido um símbolo mais apropriado de confiança humana entre as duas partes? Sua agonia, a aflição dos explosivos que dilaceraram suas filhas e sua sobrinha, transmitida pela televisão em Israel dos destroços de Gaza, deveria ter mudado tudo. Mas então veio o sangue de 2012 e o sangue de 2014. Mas apesar de ter levado os israelenses ao tribunal em vão pelo massacre de sua família, ele fundou a Daughters for Life Foundation para fornecer bolsas de estudo para mulheres jovens estudarem em universidades na Cisjordânia, Gaza, Israel, Líbano, Jordânia, Egito e Síria. Izzeldin escreveu um livro intitulado *I shall not hate* (*Não devo odiar*) e agora é cidadão canadense e muito honrado.

Ele se apega ao que talvez seja uma esperança vã: que a história sempre nos surpreenderá. "Você já sonhou que um homem negro seria presidente dos Estados Unidos?" Ele pergunta: "Se eu tivesse lhe dito isso há 15 anos, você teria me dito que estou louco. Ou você imaginaria que Trump seria presidente? Você pode me dizer o que vai acontecer amanhã? Você achou que Arafat apertaria a mão de Rabin?" Entendo o ponto do médico: algumas coisas são inimagináveis, outras pré-determinadas.

"A Palestina nunca me deixará", ele diz. "Está dentro de mim. Eu vou lá. Estou enraizado lá. Entendo todos os desafios e os mitos. A terra é o determinante de nossa vida. Os judeus imaginaram há 2.000 anos que voltariam a Jerusalém e estavam espalhados pelo mundo — e eles conseguiram estabelecer seu estado. [Mas] estamos próximos [de um estado palestino]. Estamos lá. Nós vemos isso. Há uma diferença entre o que você quer e o que é a realidade (...) Não é um conflito religioso. É um conflito político, colonial".

A última observação é verdade, mas a determinação de Izzeldin é permeada por um pragmatismo inocente. Ele acredita que palestinos e israelenses devem se amar, mas deposita sua confiança no bom senso. Isso me parece uma base perigosa para a paz no Oriente Médio. Não pode haver "transferência" de palestinos da Cisjordânia, ele diz. Não tenho tanta certeza. Ele tem dúvidas sobre Abbas, o "presidente" palestino, e depois diz que à medida que "Palestina" fica cada vez menor para os palestinos, as facções palestinas querem ser cada vez maiores. E então ele fala de como os palestinos não querem "apagar" os israelenses. "Queremos ser iguais a eles. Eu quero perguntar a Netanyahu: o que os israelenses querem para si e para seus filhos?"

"O antídoto do ódio e da revolução é o sucesso e a educação", diz Izzeldin. "Devemos entender a interconexão entre saúde e paz. Se você está em Gaza, quer ser feliz, ser livre, se divertir. Isso é saúde. Se está desempregado, quer ter um emprego. Paz, liberdade, justiça, educação depende de quem você é e onde você está."

Deve ser uma decisão difícil, essa busca e crença na paz. Ele me diz que está processando os israelenses em um tribunal israelense. Qualquer compensação que ele ganhar irá para a Daughters for Life. Ele deveria ganhar, eu digo a ele, enquanto nos sentamos em seu consultório médico seguro e bem iluminado naquele dia de novembro em Toronto.

Mas, é claro, ele não ganhou. Quase um mês depois, o juiz Shlomo Friedlander decidiu contra ele. O Hamas foi responsável pela morte de Bessan, Mayar, Aya e sua prima Noor. Figuras no telhado da casa de Izzeldin eram suspeitas de serem "olheiros" de "grupos terroristas", diz o tribunal. Explosões secundárias podem ter sido causadas por armas armazenadas no prédio. As conclusões do juiz Friedlander podem parecer vagamente familiares no final deste capítulo doloroso. Elas foram, talvez, preordenadas, moldadas pela história de Gaza que paira como cortinas sobre as terras dos palestinos — tanto árabes quanto judeus — que viveram sob o mandato britânico e sobre as terras em que vivem hoje. Em muitos casos, as cortinas estão pesadas de sangue.

Ninguém mais do que o de Izzeldin Abuelaish. "É lamentável que as quatro crianças que não estavam envolvidas nos combates tenham perdido a vida", disse Friedlander ao tribunal. "No entanto, esse é um efeito colateral muito infeliz da prática criminosa das organizações terroristas de combater Israel a partir de uma população civil." Era a mesma velha história. Os israelenses mataram os inocentes, mas não eram culpados.

Uma de suas filhas sobreviventes havia telefonado para Izzeldin Abuelaish na manhã de nossa entrevista. Ela havia lido meu artigo sobre a vila de Huj, e o rosto do médico se iluminou — seu avô era o prefeito de Huj em 1948 e sua família veio da vila de Huj. E eles haviam sido forçados a deixar sua aldeia pelo novo exército israelense e abandonados nos campos de Gaza. Izzeldin tirou um telefone celular no qual ele tem fotos de uma parede de pedra que era tudo o que restava da vila original de Huj. Ele havia ido encontrar os israelenses que viviam em Sderot e eles o levaram para ver essa pequena parede velha que dividia as terras agrícolas de seu lar ancestral.

Ele é um homem duro, esse médico palestino-canadense que, apenas uma semana antes de nos encontrarmos, havia expressado suas condolências por 11 judeus norte-americanos assassinados em sua sinagoga em Pittsburgh. "Nunca desistirei", ele me diz. "Nunca esquecerei minhas filhas. Acredito que um dia vou encontrá-las e sou responsável diante de Deus e delas, e elas me perguntarão: 'O que você fez por nós?'"

10

Como pareciam valentes nossos navios de guerra naquele amanhecer

"me vingarei de tal modo
que o universo inteiro verá —
eu o farei, não sei como,
mas o terror se instaurará"

William Shakespeare, *Rei Lear*, Ato II, cena 4

O sol queima através das cortinas e ouço o telefone tocando na sala ao lado. Sessenta anos hoje, a chance de dormir até mais tarde, e agora esse tom de toque baixo, longo e borbulhante. Saudações de aniversário? Um pouco cedo, pensei, mesmo para amigos libaneses. O telefone não parava. Eu podia ouvir os carros na Corniche mediterrânea — menos que o normal para esse dia escaldante de verão em Beirute, uma manhã pacífica em um ano pacífico, 2006, em uma cidade principalmente pacífica.

É verdade, Rafiq Hariri, ex-primeiro-ministro do Líbano, havia sido morto por uma enorme bomba mais de um ano antes, junto com outras 21 pessoas inocentes. Mas a última guerra Israel-Líbano havia sido há dez anos.

Atendi o telefone. "Sinto muito por você, Robert. Que coisa horrível de acontecer no seu aniversário! O Hezbollah capturou alguns israelenses na fronteira — um tanque israelense explodiu. Eles mataram cinco ou seis soldados israelenses." Caminhei até a varanda. Não é de admirar que o trânsito tivesse diminuído. Os libaneses tinham um sexto sentido sobre essas coisas. Ligavam para suas famílias, corriam para casa, de volta para seus apartamentos ou favelas, fechavam suas lojas, faziam fila com medo em bancos e postos de gasolina. Dinheiro, combustível; a memória do cerco dos libaneses remontava à guerra do Líbano de 1982, quando Beirute foi cercada pelo exército israelense.

Sentei-me por um minuto no sofá da varanda. Alguns turistas estrangeiros caminhavam pela Corniche — o Líbano havia há muito retomado seu papel como destino turístico para ocidentais e sauditas. O presidente do Hezbollah, Sayed Hassan Nasrallah, não havia prometido aos libaneses um verão tranquilo? Redes móveis congestionadas, continuei pressionando o botão de repetição no número de Abed. O fiel Abed, camarada de guerra civil e invasão, de bombardeio e postos de controle da milícia. Ele deveria vir na hora do almoço com os jornais da manhã. Ele tem que vir agora. Os israelenses iriam atacar o Líbano. E tudo isso, os leitores devem lembrar, foi dois anos antes do grande ataque a Gaza em 2008. Foi o replay de ataques anteriores ao Líbano, mas foi o ensaio geral para Gaza.

Abed e eu corremos para o sul, passando por Sidon, o estrondo das armas antiaéreas do campo palestino de Ein el-Helweh, os educados soldados libaneses ainda em seus postos de controle acima de Tiro, cheios de avisos para os jornalistas loucos indo para uma guerra quando todas as almas sãs estavam se dirigindo para o norte, para Beirute. Havia colunas de fumaça preta para o leste, o som ensurdecedor de bombas lançadas do ar, o cheiro de laranjas dos pomares de ambos os lados da estrada; um caminhão da ONU correndo pelos buracos perto da costa.

Sim, era uma reprise de um filme que já havia visto muitas vezes antes. Eu seguira essa mesma rota na invasão israelense de 1978, durante a invasão israelense de 1982, após o bombardeio israelense de 1993, em 1996 e agora novamente em 2006. Só os mortos eram novos. Havia três cadáveres no necrotério de Tiro, um sem cabeça. A guerra tinha apenas começado.

Procuramos navios de guerra israelenses. Seu bombardeio da estrada costeira era rotina, toda ponte um campo de morte, todo civil em fuga marcado como "terrorista". Mais uma vez, Israel pretendia "erradicar a erva daninha do terrorismo", mas também causar "dor" ao Líbano, porque o governo libanês era responsável pelo Hezbollah. Claro, o gabinete de Beirute não tinha nenhum poder sobre o Hezbollah. Os combatentes do Hezbollah eram xiitas até o último homem, assim como pelo menos um terço dos soldados do exército libanês. Eles não iriam invadir suas próprias casas e matar seus irmãos, pais ou tios em nome da política israelense e norte-americana no Líbano. Além disso, as armas do Hezbollah vinham através da "irmã" Síria, cujo abraço amoroso ao Líbano ainda era garantido pela milícia xiita. Os homens do Hezbollah eram mais eficientes que os soldados israelenses, sua confiança só era igualada por sua arrogância e sua crença em Deus.

Não voltaríamos a Beirute antes do final da tarde e eu anotava pensamentos em meu caderno enquanto Abed dirigia veloz para o norte pela rodovia. Nas guerras dos anos 1980 e 1990, rabisquei no carro, sabia que precisava de tempo para bater fita para a máquina de telex, esperar que os cortes de energia acabassem, tentar fazer ligações em linhas telefônicas fixas quebradas. Mas agora tínhamos laptops e telefones celulares que ronronavam em nossas mãos, colegas e amigos oferecendo conselhos, repetindo o que haviam ouvido no rádio, alertando para ataques aéreos, inocentemente perguntando se eu estava livre para jantar na quinta-feira enquanto eu me encolhia em uma vala para evitar fragmentos de bombas incandescentes.

Minhas palavras espalharam-se por página após página, impulsionadas pela velocidade da direção de Abed. É sobre a Síria, escrevo em 12 de julho. A Síria não havia permitido que seus amigos do Hezbollah cruzassem a Linha Azul da ONU para atacar as forças israelenses? O primeiro-ministro libanês, Fouad Siniora, pode ter pensado que estava governando seu país, mas era o presidente Bashar al-Assad da Síria que poderia trazer vida ou morte a uma terra que perdeu 150.000 vidas em sua guerra civil de 1975-1990. A Síria contaria com uma fórmula antiga; apesar de todas as ameaças de Israel de destruir a infraestrutura do Líbano, essa guerra sairia do controle até que Israel implorasse por um cessar-fogo, pedisse ajuda aos norte-americanos. Os grandes pesos-pesados internacionais então apareceriam na verdadeira capital libanesa — Damasco, não Beirute — e pediriam ajuda. Enquanto isso, para atingir o Hezbollah, Israel deve enviar seus soldados para o Líbano mais uma vez.

Meu celular tocou. Lena Saidi, da televisão libanesa, dizendo que poderia haver nove israelenses mortos; um coronel do exército libanês tentando esclarecer a versão dos fatos da BBC, a rádio irlandesa RTE querendo uma entrevista. Era uma guerra? eles queriam saber. Sim, eu disse. E lentamente juntei o que nós, jornalistas, ainda chamamos, em inglês, de "história". Prefiro "despacho", mesmo que tenha conotações diplomáticas. Uma "história" é um conto, talvez enfeitado, mas um despacho é um relatório da frente, cada detalhe, cada reação e uma descrição sem rodeios do que realmente estava acontecendo.

Bem, sob a cobertura de um ataque de foguetes a cidades israelenses, homens do Hezbollah haviam cruzado a cerca da fronteira naquela manhã e haviam capturado dois soldados israelenses em território israelense, matando outros três enquanto isso; um tanque israelense que perseguiu os captores em território libanês atingiu uma mina, que matou outros quatro soldados israelenses; então um fuzileiro naval ao lado do tanque foi morto. À noite, o alto funcionário da ONU no Líbano, Geir Pedersen, chamou o ataque do Hezbollah de "violenta violação" da Linha Azul da ONU — a versão apressada da fronteira internacional, criada em junho de 2000 por um ambicioso funcionário civil da ONU. Mas em Beirute, muitos libaneses ficaram indignados quando esquadrões de homens do Hezbollah percorreram as ruas da capital para "celebrar" a travessia da fronteira.

Durante toda a noite, ouvi os jatos sussurrando alto acima do Mediterrâneo, esperando o amanhecer, pois foi então que eles desceram. Eles vieram primeiro à pequena aldeia de Dweir, perto de Nabatiya, no sul do Líbano, onde um avião israelense lançou uma bomba na casa de um clérigo muçulmano xiita. Ele foi morto, junto com sua esposa e oito de seus filhos. Então os aviões visitaram outra casa em Dweir e eliminaram uma família de sete pessoas. Foi um início vigoroso para o segundo dia da mais recente "guerra ao terror"de Israel, um conflito que usou algumas das mesmas palavras da "guerra ao terror" mais ampla de George W. Bush.

Isso significava não apenas feridas físicas, mas também feridas econômicas e chegou ao novo e reluzente aeroporto internacional de Beirute, de US$ 450 milhões, pouco antes das 6h da manhã de 13 de julho, enquanto os passageiros se preparavam para embarcar em voos para Londres e Paris. De casa, ouvi o F-16 que apareceu de repente sobre a nova pista e disparou uma série de foguetes contra ela, rasgando 20 metros de asfalto e lançando toneladas de concreto no ar antes que um navio israelense da classe Hetz disparasse contra as outras pistas. Dois dos novos Airbus da Middle East Airlines ficaram intocados, mas, em poucos minutos, o aeroporto ficou deserto enquanto os passageiros fugiam de volta para suas casas e hotéis. Além de mim, apenas algumas equipes de televisão caminhavam pelos terminais. Os indicadores de voo contavam toda a história: Paris sem voo, Londres sem voo, Cairo sem voo, Dubai sem voo, Bagdá sem voo.

Quando cheguei em casa, as ameaças de Israel haviam piorado. Israel não ficaria "parado" após o ataque do Hezbollah. Todo o Líbano agora seria um alvo, anunciaram os israelenses. Se Israel bombardeasse os subúrbios de Beirute, o Hezbollah rugiria, dispararia seus Katyushas de longo alcance contra a cidade israelense de Haifa. Isso certamente assustou os turistas do Golfo do Líbano, que lotaram as estradas da cidade montanhosa de Bhamdoun em seus 4x4s, fugindo para a segurança da Síria e voos para casa de Damasco.

Os israelenses atacaram a rodovia internacional que liga Beirute a Damasco no amanhecer de 14 de julho e lançaram uma bomba diretamente no vão central da ponte construída pelos italianos, fazendo com que concreto despencasse centenas de metros no vale abaixo. Havia sido o orgulho do ex-primeiro-ministro assassinado Hariri, o rosto de um novo Líbano emergente, e agora havia se tornado um alvo 'terrorista'. Então Abed e eu dirigimos cautelosamente pela antiga estrada da montanha em direção ao Vale do Bekaa — os jatos israelenses ainda assobiavam pelo céu acima de nós —, viramos a esquina assim que voltamos à rodovia e encontramos uma cratera de 15 metros, uma velha senhora descendo de quatro pelo lado, tentando chegar à sua casa no vale. Que também havia se tornado um alvo 'terrorista'. Em menos de 24 horas, mais de duas dúzias de outras pontes rodoviárias se juntariam a essa lista.

Apenas dois dias após o início da guerra, os israelenses conseguiram atingir a sede do Hezbollah no distrito de Haret Hreik, em Beirute, um verdadeiro alvo "terrorista". Então, os libaneses não poderiam ser perdoados por acreditar que os israelenses tinham mais interesse em destruir o Líbano do que em recuperar seus dois soldados?

Já os políticos europeus estavam falando sobre a resposta "desproporcional" de Israel ao ataque militar de 12 de julho ao exército israelense. Eles haviam usado a mesma palavra durante o massacre israelense na invasão israelense de 1982. Eles usariam a mesma palavra dois anos depois, quando Israel iniciou seu ataque a Gaza em 2008 — e aqui no Líbano, a palavra "guerra" também era um encobrimento. Como poderia haver alguma desculpa para os 73 civis libaneses mortos agora, em 2006? O mesmo se aplicava, é claro, aos quatro civis israelenses já mortos pelos foguetes do Hezbollah. No entanto, a taxa de câmbio estava subindo. Agora estava em um israelense para 15 libaneses.

Não, escrevi na noite de 14 de julho, não devemos esquecer que o Hezbollah violou o direito internacional quando cruzou a fronteira israelense. Foi um ato de crueldade calculada que nunca deveria ter permitido que Nasrallah sorrisse tão amplamente em sua subsequente coletiva de imprensa; suas ações trouxeram uma tragédia sem precedentes aos inocentes do Líbano. E levou o Hezbollah a disparar 170 Katyushas contra Israel. Mas, perguntei em meu relatório:

> "O que aconteceria se o governo libanês, desprovido de poder, tivesse lançado ataques aéreos em todo o território israelense na última vez que tropas israelenses cruzaram o Líbano? E se a Força Aérea Libanesa tivesse então matado 73 civis israelenses em bombardeios em Ashkelon, Tel Aviv e Jerusalém Oeste? E se um caça libanês tivesse bombardeado o aeroporto Ben Gurion? E se um avião libanês tivesse destruído 26 pontes rodoviárias em todo o território israelense? Isso não seria chamado de 'terrorismo'? Acho que sim".

No dia seguinte, os israelenses encontraram mais alvos 'terroristas' — postos de gasolina no Vale do Bekaa até a cidade fronteiriça de Hermel, no norte do Líbano, e outra série de pontes em uma das poucas rotas de fuga para Damasco. Mas um alvo 'terrorista' muito mais espetacular foi atingido naquele dia; os libaneses se refeririam a ele como o massacre de Marwahin.

A reportagem diária pode transmitir a imediaticidade do derramamento de sangue ou da batalha, mas para compreender a imoralidade e a tristeza, temos que voltar no tempo. É por isso que volto aos massacres do ano passado ou do mês passado. Ainda tento descobrir o que realmente aconteceu nos desertos da guerra Irã-Iraque, durante o massacre de Sabra e Chatila de 1982, nos campos de morte da Bósnia e de Kosovo. Após cada guerra no Líbano, percorro as aldeias destruídas do sul e converso com as famílias angustiadas para buscar uma cronologia, um significado talvez, por trás dos terríveis acontecimentos. Então, um mês após o fim da guerra do Líbano em 2006, dirigi com Abed para Marwahin para visitar os sobreviventes — e os túmulos daqueles que não sobreviveram.

Na antiguidade, Plínio escreveu sobre os penhascos de Bayada. O giz desce até o Mediterrâneo em uma cascata de rocha branca, e a vista do topo — logo abaixo da pequena aldeia libanesa de Chama'a — é de tirar o fôlego. Ao sul fica a sede das Nações Unidas e a fronteira israelense, ao norte a cidade de Tiro. Uma estrada malfeita serpenteia descendo até a costa abaixo de Chama'a e, por algum motivo, Ali Kemal Abdullah, de 58 anos, virou à direita acima do Mediterrâneo na manhã de 15 de julho de 2006. Na caminhonete aberta atrás dele, Ali carregava 27 refugiados libaneses, a maioria crianças. 23 deles morreriam nos próximos 15 minutos.

Mohamed al-Abdullah entende a realidade daquela terrível manhã porque sua esposa Zahra, de 52 anos, seus filhos Hadi, de seis anos, e Wissam, de 15, e suas filhas, Marwa, de dez anos, e Myrna, de 13, estavam na caminhonete. Zahra morreria, assim como Hadi e Myrna. Wissam, com uma veia da perna cortada por um míssil israelense enquanto tentava em vão salvar a vida de Myrna, senta-se ao lado de seu pai enquanto ele fala comigo fora de sua casa em Beirute, cujas paredes estão encharcadas de pano preto.

"Desde o dia do ataque até agora, muitas delegações vieram nos visitar", diz Mohamed. "Todos falam e tudo é em vão. Meu problema é com uma nação enorme. A comunidade internacional pode me garantir meus direitos?"

Marwahin é uma das várias aldeias em frente à fronteira israelense e, ao contrário de muitas outras mais ao norte, é habitada por muçulmanos sunitas libaneses; eles eram seguidores do falecido Rafiq Hariri, e não da milícia Hezbollah. Embora não fossem amigos de Israel, os sunitas do Líbano não representavam uma ameaça. Se seus pais tivessem nascido algumas centenas de metros mais ao sul, eles — como os palestinos muçulmanos sunitas que lá viveram até 1948 — teriam fugido para os campos libaneses quando Israel foi criado; eles teriam sido palestinos e não libaneses.

Mohamed lembra como sua esposa levou seus filhos de Beirute para a casa de sua família em Marwahin, em 9 de julho de 2006, apenas três dias antes do início da guerra. Os sobreviventes descrevem como visitaram dois postos da ONU próximos para pedir proteção, um gerido por quatro membros da Organização das Nações Unidas para a Fiscalização de Trégua e o outro por soldados ganeses da Força Interina das Nações

Unidas no Líbano. Tanto os homens da ONUST como os ganeses leram o regulamento aos moradores de Marwahin. Desde que os israelenses atacaram os quartéis da UNIFIL em Qana em 1996, matando 106 refugiados libaneses, a ONU recebeu ordens para não permitir que civis entrassem em suas bases.

"Quando os soldados israelenses foram capturados em 12 de julho, o aeroporto fechou e todas as estradas ficaram perigosas", diz Mohamed. "Mas os telefones celulares ainda funcionavam e eu conversava constantemente com minha esposa. Perguntei a ela o que estava acontecendo na vila. Ela disse que os israelenses estavam bombardeando os campos ao redor da vila, mas não a própria vila. Em 13 e 14 de julho, conversamos seis ou sete vezes. Ela havia ouvido que Beirute havia sido bombardeada, então estávamos preocupados um com o outro".

Mohamed estava assistindo ao canal de televisão Arabia na manhã do dia 15. "Ouvi dizer que os moradores de Marwahin haviam recebido ordens dos israelenses para deixar suas casas em duas horas. Tentei ligar para minha esposa e filhos, mas não consegui. Depois de meia hora, Zahra me ligou para dizer que estava na aldeia vizinha de Um Mtut e que as pessoas haviam ido à ONU em busca de ajuda e foram recusadas." Mohamed insiste que, enquanto a ONU estava recusando os civis, uma van entrou em Marwahin contendo mísseis. O motorista era membro do Hezbollah, diz ele. Se isso for verdade, isso claramente criou uma "crise" — para usar as palavras de Mohamed al-Abdullah — na aldeia. Certamente, uma vez que o cessar-fogo entrou em vigor 32 dias depois, havia uma van danificada ao lado da igualmente danificada mesquita da aldeia, com um míssil ao lado dela. Investigadores de direitos humanos não têm certeza da data da chegada da van, mas parecem certos de que ela foi atacada depois que Marwahin foi evacuada.

Em sua última conversa com o marido, Zahra disse a Mohamed que as quatro crianças estavam tomando café da manhã na casa de um vizinho em Um Mtut. "Eu disse a ela para ficar com essas pessoas", lembra Mohamed. "Disse que se todos os civis estivessem juntos, eles estariam protegidos. Meu cunhado, Ali Kemal al-Abdullah, tinha uma pequena caminhonete e eles poderiam viajar nela". O primeiro a sair de Marwahin foi um carro dirigido por Ahmed Kassem, que levou seus filhos com ele. Ele ligou algumas horas depois para dizer que a estrada estava segura e que havia chegado a Tiro. "Foi então que Ali colocou seus filhos, meus filhos e seus próprios netos na caminhonete. Eram 27 pessoas, quase 20 delas crianças".

Ali Kemal dirigiu para o norte de Marwahin, para longe da fronteira israelense, depois para oeste em direção ao mar. Ele deve ter visto o navio de guerra israelense e a tripulação naval israelense certamente viu a caminhonete de Ali. Os israelenses haviam disparado contra todos os veículos nas estradas do sul do Líbano por três dias — eles haviam atingido dezenas de carros civis, bem como ambulâncias. Onde a estrada desce para o mar, Ali Kemal percebeu que seu veículo estava superaquecendo e parou. Por sete minutos, ele tentou religar a caminhonete.

Segundo o filho de Mohamed, Wissam, Ali — cuja mãe idosa, Sabaha, estava sentada ao seu lado na frente —virou-se para as crianças com as palavras: "Saiam, todas vocês, saiam, e os israelenses perceberão que somos civis". As duas ou três primeiras crianças conseguiram sair pela traseira quando o navio de guerra israelense disparou um projétil que explodiu na cabine da caminhonete, matando Ali e Sabaha instantaneamente. "Eu quase conse gui pular do veículo", diz Wissam. "Mas a pressão da explosão me jogou para fora quando eu tinha apenas uma perna sobre a grade e fiquei ferido. Havia sangue por toda parte". Em poucos segundos, diz Wissam, um helicóptero Apache israelense chegou sobre o veículo, pairando logo acima das crianças. "Vi Myrna ainda na caminhonete e ela estava chorando e implorando por ajuda. Fui buscá-la e foi aí que o helicóptero nos atingiu. Seu míssil atingiu a traseira do veículo onde estavam todas as crianças e eu não conseguia ouvir nada porque a explosão havia danificado meus ouvidos. Então o helicóptero disparou um foguete no carro atrás da caminhonete".

"Perdi de vista Myrna... Então o helicóptero voltou e começou a disparar suas armas... Corri para trás de uma colina e me deitei lá e fingi estar morto porque sabia que o piloto me mataria se eu me movesse. Algumas das crianças estavam em pedaços".

Hadi morreu queimado nos braços de Zahra. Duas meninas pequenas — Fatmi e Zainab Ghanem — foram explodidas em pedaços tão pequenos que foram enterradas juntas na mesma cova após o fim da guerra. Outras crianças ficaram feridas pela explosão inicial de projéteis e foguetes enquanto o helicóptero as atacava novamente. Apenas quatro sobreviveram, Wissam e sua irmã Marwa entre eles.

O pai de Wissam, Mohamed, ouviu no rádio que uma caminhonete havia sido atacada pelos israelenses em Bayada, talvez a dez quilômetros de Marwahin. "Eu tinha outro irmão em Tiro e liguei para ele. Ele havia ouvido a mesma notícia e estava esperando no hospital. Ele disse que era muito perigoso viajar de Beirute para Tiro. Disse que minha família estava apenas ferida. Conversei com Marwa. Ela disse que Wissam estava no centro cirúrgico".

Qualquer pessoa que tenha viajado pelas estradas do sul do Líbano sob ataque aéreo israelense não pode subestimar os perigos. Mas Mohamed e seu sobrinho Khalil decidiram fazer a corrida até Tiro à tarde. "Apenas dirigimos rápido, o tempo todo", lembra Mohamed. "Cheguei ao hospital de Hiram e encontrei meu irmão me esperando. Vi Marwa e perguntei sobre sua mãe, Hadi e Myrna, e ela disse: "Eu os vi na caminhonete. Quando o navio nos atingiu, fui arremessada para fora do veículo. Depois, vi a mamãe e meu irmão dormindo".

"Cada dia é pior do que o anterior para mim", diz Mohamed. E ele culpa o mundo. À ONU por não ter dado proteção a sua família, à "vaidade" do Hezbollah por iniciar uma guerra com um inimigo mais poderoso e os israelenses por destruir a vida de sua família. "Israel está em guerra com crianças? Precisamos de uma resposta. Pedimos um julgamento para esse piloto israelense que matou as crianças."

Na estrada de terra que leva ao cemitério no pequeno morro acima da vila, ainda há uma máscara facial usada pelos jovens que carregavam os corpos em decomposição para seu túmulo final. E logo à esquerda dos mortos, claramente visível para os colonos israelenses em suas casas do outro lado da fronteira, os aldeões deixaram os restos da caminhonete Daihatsu de Ali Kemal al-Abdullah. Está perfurada por 100 buracos de estilhaços, queimada e distorcida. As crianças nesse veículo não tiveram chance.

Mohamed al-Abdullah chora ao lado de seu filho ferido em Beirute. "Considero que essa foi uma guerra inútil... Os que morreram estão descansando, mas nós que estamos vivos pagamos um preço todos os dias."

Uma investigação da ONU estava em andamento sobre o assassinato de Rafiq Hariri — mas, cinco anos depois, não havia produzido resultados. Quando visitei Marwahin, uma investigação israelense estava prestes a começar sobre o desempenho desastroso de seu exército durante a guerra. A Human Rights Watch investigou as mortes de civis em Marwahin e outros locais. "As forças armadas israelenses", disse em seu relatório inicial, "não cumpriram suas ordens de evacuação com a criação de rotas de passagem seguras e, diariamente, aviões e helicópteros israelenses atacaram civis em carros que tentavam fugir, muitos com bandeiras brancas nas janelas, um sinal amplamente aceito de status civil (...) Em alguns dias, aviões de guerra israelenses atingiram dezenas de carros civis, mostrando um claro padrão de falha em distinguir entre objetos civis e militares". O direito internacional estabelece que é proibido em quaisquer circunstâncias realizar ataques diretos contra civis e que fazê-lo é um crime de guerra.

Lama al-Abdullah, de dois anos, estava entre as vítimas mais jovens dos 23 de Marwahin. Sabaha tinha 80 anos. Pelo menos seis das crianças tinham menos de dez anos. O nome do piloto do helicóptero israelense permanece, é claro, um segredo. E tudo isso foi dois anos antes da guerra de Gaza.

Tentei manter um diário durante essa guerra no Líbano. Às vezes, se não estivesse muito cansado, o escrevia depois de enviar minha reportagem para o *Independent* de um internet-café no subsolo. Outras vezes, escrevia no verso de papéis usados em minha biblioteca-cum-escritório em casa. Em 16 de julho, obviamente assustado, escrevi:

> "É a primeira vez que realmente vejo um míssil nesta guerra. Eles voam rápido demais — ou você está muito ocupado tentando fugir para procurá-los —, mas esta manhã, Abed e eu realmente vimos um perfurar a fumaça acima de nós. "Habibi!", ele grita, e eu começo a gritar "Dê a volta com o carro, dê a volta!" e fugimos desesperadamente dos subúrbios do sul. Quando viramos a esquina, houve uma explosão esmagadora e uma montanha de fumaça cinza floresceu da estrada que acabávamos de deixar. O que aconteceu com os homens e mulheres que vimos correndo para salvar suas vidas daquele foguete israelense? Não sabemos. Em ataques aéreos, você só vê os poucos metros quadrados ao seu redor. Você sai e sobrevive e isso é o suficiente".

Em retrospecto, essa deve ter sido a jornada que convenceu Abed de que sua vida valia mais do que o *Independent*. Pela primeira vez nas duas décadas em que trabalhou para mim, Abed recusou-se a ir a uma missão ao sul do Líbano e só me levaria de carro por Beirute. Como poderia culpá-lo? Ele tinha quase 70 anos. Por que um avô deveria desperdiçar sua vida por um repórter que achava que ainda podia interpretar James Bond aos 60 anos? Eu teria que encontrar outro viajante enlouquecido para compartilhar minhas jornadas de medo e exaustão.

Ele riscou o céu como um meteoro incandescente, atingindo um caminhão e um carro, espalhando combustível na estrada. Um helicóptero israelense abatido por um míssil do Hezbollah? Ou — como os israelenses afirmaram — um contêiner que caiu de uma aeronave militar sem nada mais letal dentro do que papéis de propaganda? Quando cheguei lá, os arbustos e a própria estrada estavam em chamas e o carro sobre o qual essa coisa havia caído ainda continha seu motorista parcialmente decapitado. Grandes pedaços de metal estavam na estrada, parte do que poderia ter sido uma bomba de fragmentação na beira da estrada, e o que parecia uma lâmina de rotor. Então veio o som de jatos israelenses e uma enorme explosão. Abed ficou ao lado do carro, olhando ostensivamente para o relógio. "Dê a si mesmo dez minutos e depois vamos — essa é a regra que você inventou." Mesmo em Beirute, Abed estava assustado. Fugimos.

Estávamos sempre fugindo. Dirigimos rápido pelos subúrbios sul de Beirute, agora um lugar assombrado de escombros e medo, passamos por crateras de bombas, aterrorizados com o retorno dos aviões. Corríamos de Raouche quando o chão tremia sob nossos pés. Então ofegamos como cães enquanto corríamos para o vasto palácio onde o primeiro-ministro libanês fazia sua corte e onde os homens das Nações Unidas haviam chegado para nos trazer a paz.

O conselheiro especial de Kofi Annan era Vijay Nambiar, irmão do ex-comandante indiano da força de "proteção" UNPROFOR condenada na Bósnia. Vijay havia conversado com o primeiro-ministro Fouad Siniora e seu ineficaz presidente do parlamento, Nabih Berri. Não haveria perguntas — um mau sinal — e analisar sua declaração tediosa não oferecia muita esperança de um fim imediato dos ataques aéreos, mísseis assassinos, pilhas de mortos inocentes e o vasto pacote de mentiras que caracterizou essa guerra suja desde que o Hezbollah cruzou para Israel.

Tantas mentiras estavam caindo sobre o Líbano quanto bombas. As explosões eram fáceis de contar; as mentiras eram menos óbvias, mas igualmente poderosas. A primeira veio do primeiro-ministro israelense Ehud Olmert. Apenas horas depois de o secretário-geral da ONU, Kofi Annan, ter pedido um cessar-fogo e apelado por "corredores" para permitir a movimentação de ajuda humanitária aos civis, Olmert disse que permitiria tal "corredor humanitário" entre o Chipre e o Líbano. Isso havia feito manchetes em 17 de julho, mas já havia livre passagem marítima entre o Chipre e Beirute. O que Annan pedia eram "corredores" terrestres entre Beirute e as aldeias do sul do Líbano fortemente bombardeadas. A resposta do exército israelense foi quase imediata; exigiu a remoção de todos os civis dentro de 32 quilômetros da fronteira israelense, um ato considerado pelos libaneses como "limpeza étnica". Olmert não mencionou isso.

Foi relatado então que os israelenses estavam planejando o envio de uma grande força terrestre até o rio Litani, no sul do Líbano, uma ofensiva que lhes custaria muitas baixas e, de qualquer forma, não impediria que o Hezbollah lançasse mais ataques de mísseis de longo alcance em território israelense. Então tivemos John Bolton, embaixador de Washington nas Nações Unidas, contando outra mentira. Para atrasar um cessar-fogo e evitar uma votação no Conselho de Segurança, ele perguntou como um "Estado democraticamente eleito" poderia ter um cessar-fogo com uma "gangue de terroristas". Era impossível, disse ele. Ou Bolton estava louco, ou era completamente ignorante da história do Oriente Médio. Doze anos depois, Trump o tornaria seu "conselheiro de segurança nacional".

Em 1980, depois que Katyushas palestinas foram disparados através da fronteira, Israel — presumivelmente o "Estado democraticamente eleito" do Sr. Bolton — entrou em um cessar-fogo com os guerrilheiros da OLP de Yasser Arafat, que Israel certamente considerava uma "gangue de terroristas". A trégua foi negociada pelo tenente-general Bill Callaghan, comandante irlandês da ONU no sul do Líbano, e garantida pela ONU. Foi quebrada dois anos depois por Israel quando bombardeou a OLP porque alegou que Arafat havia ordenado um ataque ao embaixador de Israel em Londres, Shlomo Argov[1].

No entanto, as mentiras continuaram. Os repórteres das redes de televisão diziam que Israel estava pronto para levantar seu "bloqueio naval" sobre o Líbano para esses suprimentos "humanitários", mas isso era bobagem. Navios que evacuavam estrangeiros do Líbano haviam covardemente pedido permissão a Israel para fazê-lo, mas os israelenses retiraram todos os seus navios de guerra das águas libanesas depois que o Hezbollah atingiu um barco-patrulha com um míssil de fabricação iraniana. Embora os israelenses não tenham revelado isso, agora ficou claro que o navio de guerra israelense quase afundou no Mediterrâneo depois que o míssil iniciou incêndios na sala das máquinas e matou quatro marinheiros israelenses.

Novamente, ainda nos diziam que Olmert não trocaria prisioneiros pelos dois soldados israelenses capturados. Mas se isso fosse verdade, por que os israelenses haviam contatado os serviços de segurança alemães —

1 Os israelenses estavam errados; foi o cínico adversário de Arafat, Saddam Hussein, quem deu a ordem na esperança de que Israel acusasse falsamente Arafat do crime e invadisse o Líbano. Os israelenses obedeceram.

que haviam negociado todas as trocas de prisioneiros entre o Hezbollah e os israelenses nos últimos 20 anos? Curiosamente, embora os nomes dos dois israelenses mantidos em cativeiro no Líbano fossem agora conhecidos, nenhum interesse foi mostrado nos nomes dos três principais prisioneiros libaneses cuja libertação já havia sido exigida por Hassan Nasrallah. A mentira do Hezbollah era que esses homens estavam sendo detidos por suas simpatias pró-Hezbollah.[2]

Como pareciam corajosos nossos navios de guerra naquele amanhecer. Espalhados pelo Mediterrâneo azul-pálido em frente à minha casa, repletos de mísseis, metralhadoras e canhões, era uma armada liderada pelo destróier *HMS Gloucester*, pelos *USS Nashville* e *York* e pela elegante fragata anti-submarina francesa *Jean de Vienne*. Eles representavam o poder ocidental, a força militar de nossas economias bilionárias. Quem ousaria desafiar essa força naval?

Foi, disseram nossos colegas, a maior evacuação desde Dunquerque — outra mentira cruel, que os libaneses perceberam imediatamente. Pois essas poderosas embarcações não haviam chegado para salvar os libaneses; não, estavam se arrastando pelo amanhecer depois de pedir permissão a Israel para ajudar seus próprios cidadãos a fugir. Esses grandes navios de guerra foram enviados para cá por líderes ocidentais, covardes demais para proferir uma única palavra de compaixão pelo sofrimento do Líbano.

Mesmo o primeiro-ministro britânico Tony Blair só pôde condenar o Hezbollah por atacar os israelenses. Margaret Beckett, uma das secretárias de Estado britânicas mais mal informadas dos últimos anos, repetidamente disse no rádio e na televisão que "eles [o Hezbollah] começaram isso", sem mencionar o último número de mortos civis libaneses por Israel, que ultrapassou 300. Não, aqueles navios que vi navegando para o porto de Beirute não representavam Dunquerque. Eles representavam apaziguamento, apoio total e acrítico aos poderosos sobre os fracos.

Claro, há vários tipos de fuga, e um dos mais habilidosos Houdinis políticos era Sua Excelência o Sr. Jeffrey Feltman, embaixador dos EUA no Líbano. Pelas últimas horas, ele teve que ouvir enquanto o primeiro-mi-

2 Da mesma forma, o Hezbollah também havia inventado números de baixas israelenses — alegaram que sete soldados israelenses foram mortos na fronteira nos três dias anteriores, quando o número real era quatro, e que haviam destruído quatro tanques israelenses. Na verdade, eles destruíram apenas um naquele período.

nistro libanês Fouad Siniora apelava desesperadamente por um cessar-fogo para acabar com a destruição do Líbano pela força aérea israelense. Esse era o mesmo Feltman que, apenas um ano antes, havia enaltecido Siniora e seu governo democraticamente eleito por expulsar o exército sírio do Líbano. Mas se fosse elogiar as palavras de Siniora condenando Israel, Feltman sem dúvida seria convocado de volta ao Departamento de Estado em Washington. Então o que ele tinha a dizer quando foi solicitado um comentário sobre o discurso de Siniora? Foi, disse ele, "articulado e comovente".

Agora você podia ver claramente os mísseis israelenses arremessados como relâmpagos nos edifícios de apartamentos de Ghobeiri. E sim, acho que podemos chamar isso de um alvo "terrorista", pois nessas ruas perigosas ficavam os escritórios do Hezbollah. Até mesmo a estação de televisão de propaganda do movimento, Al-Manar, agora estava em ruínas, mas ainda transmitindo de um bunker sob os escombros. Os poucos civis que ainda estavam acima do solo corriam gritando pelas ruas, desesperados para deixar os montes de edifícios destruídos, as estradas cobertas de varandas esmagadas e fios elétricos. "Você não precisa ajudar a resistência", disse Nasrallah aos libaneses em sua estação de televisão subterrânea. "O Hezbollah está na linha de frente e os libaneses estão atrás deles".

Isso era falso, é claro. Aqueles que não haviam fugido para Trípoli ou para a Síria, ou que tiveram a sorte de possuir um passaporte estrangeiro, viviam em sua cidade fantasma, sentados em seus porões em meio a cortes de energia e a desesperança de todos que acreditavam que o Líbano estava emergindo das sombras de sua guerra civil de 15 anos. Foi Nasrallah quem disse que havia "mais surpresas por vir", e os libaneses temiam que os israelenses também tivessem mais surpresas reservadas para eles.

Da minha varanda, observei um helicóptero Apache fabricado nos Estados Unidos girando três vezes sobre o Mediterrâneo antes de disparar um único míssil que atingiu o novo farol de Beirute na Corniche. Outro alvo "terrorista".

No ano de 551 dC, a magnífica e rica cidade de Berytus, sede da frota romana imperial do Mediterrâneo Oriental, foi atingida por um terremoto massivo. Em sua sequência, o mar recuou vários quilômetros e os sobreviventes — ancestrais dos libaneses atuais — caminharam sobre as areias para saquear os navios mercantes há muito afundados revelados à sua frente. Então um tsunami chegou para inundar a cidade e matá-los todos. Tão selvagemente foi danificada a antiga Beirute que o imperador Justiniano enviou ouro de Constantinopla como compensação para cada família que sobreviveu.

Algumas cidades parecem eternamente condenadas. Quando os Cruzados chegaram a Beirute em seu caminho para Jerusalém no século XI, massacraram seu caminho pela cidade. Na Primeira Guerra Mundial, a Beirute Otomana sofreu uma fome em massa. Uma norte-americana que vivia em Beirute em 1916 descreveu como "passou por mulheres e crianças deitadas à beira da estrada com os olhos fechados e rostos pálidos e descarnados".

Por que isso acontece com Beirute? Por quatro décadas, vi este lugar morrer, ressuscitar do túmulo e depois morrer novamente, seus edifícios de apartamentos marcados por balas. Vivi aqui durante 15 anos de guerra civil que tirou 150.000 vidas, duas invasões israelenses anteriores e anos de bombardeios israelenses que custaram a vida de mais 20.000 de seu povo. No entanto, eles são um povo bom, educado, moral, cuja generosidade surpreende todos os estrangeiros, cuja gentileza envergonha qualquer ocidental e cujo sofrimento quase sempre ignoramos.

Caminhando pelo centro da cidade deserta de Beirute, ela me lembrou mais do que nunca um set de filmagem, uma fênix que havia ressurgido das cinzas da guerra civil. Essa parte da cidade — outrora uma Dresden de ruínas — foi reconstruída por Rafiq Hariri.

O "Aeroporto Internacional Mártir Rafiq Hariri" havia sido atacado três vezes pelos israelenses; o viaduto da rodovia transnacional de Hariri havia sido aberto por bombardeiros israelenses e a maioria de suas pontes rodoviárias havia sido destruída. Apenas essa pequena joia do centro da cidade havia sido poupada. As favelas de Haret Hreik, Ghobeiri e Shiyah agora haviam sido arrasadas e reduzidas a pó, enviando um quarto de milhão de muçulmanos xiitas em busca de segurança nesse santuário dos ricos, com suas lojas Gucci e joalherias fechadas. No entanto, as dezenas de milhares de pobres mereciam esse ato de punição em massa? E para um país que se orgulhava de sua precisão cirúrgica, o que esse ato de destruição nos diz sobre Israel?

Vindo do passado, Ed Cody chega a Beirute. Como correspondente da Associated Press durante a guerra civil libanesa, ele me ensinou a sobreviver. Um arabista fluente, um norte-americano cínico que nunca acreditava no que lhe diziam, Cody não gostava de discursos políticos e de falas sobre sacrifício. Ele achava que o Hezbollah mentiu. Ele achava que os israelenses mentiram. Eu também. Cody agora trabalhava para o *Washington Post*.

Abed está fora da guerra agora, após sua recusa gentil e firme de dirigir para o sul. Cody encontra um motorista xiita chamado Hussein — inevitavelmente isso nos custa US$ 1.000 por dia, mas ele tem um humor sombrio, não entra em pânico e tem uma Mercedes bonita e rápida. Apesar das pontes bombardeadas, ele nos leva a Sidon em menos de 20 minutos.

A cidade muçulmana sunita que nos confronta está sitiada pelos pobres xiitas da nação. Eles estão nas escolas, em hospitais vazios, em salões, mesquitas e nas ruas. Estão chegando a Sidon aos milhares, cuidados pelos muçulmanos sunitas e depois enviados para o norte para se juntar aos 600.000 libaneses deslocados em Beirute. Mais de 34.000 passaram por aqui só nos últimos quatro dias, uma maré de miséria e raiva. Levará anos para curar suas feridas e bilhões de dólares para reconstruir e reparar seus bens danificados. E quem pode culpá-los por sua fuga?

Esses sentimentos provocam algumas perguntas sombrias. Por que, por exemplo, essas pessoas pobres não podem receber a mesma compaixão de Tony Blair que ele supostamente sentiu pelos muçulmanos do Kosovo quando estavam sendo expulsos de suas casas pelos sérvios? Esses milhares estão tão aterrorizados e desabrigados quanto os albaneses do Kosovo que fugiram para a Macedônia em 1998 e pelos quais o Sr. Blair afirmou estar travando uma guerra moral. Mas para os muçulmanos xiitas que dormiam sem teto em Sidon, não haveria tal postura moral — e nenhuma sugestão de cessar-fogo do Sr. Blair, que agora se alinhara com os israelenses e os norte-americanos.

Viajei para o sul no próximo comboio do CICR. A fumaça poderia ter sido nosso guia; vastas colunas erguiam-se até os céus, não das aldeias, mas do próprio interior de Israel. Seus F-16s giravam no sol brilhante e suas bombas explodiam sobre a antiga prisão onde o Hezbollah ainda resistia; mas além da fronteira, pude ver fogos ardendo pela encosta israelense e o assentamento judaico de Metullah.

Em Marjayoun, ao lado de Qlaya — sede da desleixada milícia do Exército do Líbano do Sul, pró-Israel, antes de 2000 — tropas libanesas estavam tentando impedir que o Hezbollah usasse as ruas da cidade greco-católica para disparar ainda mais mísseis contra Israel. Era a mesma velha história. O exército libanês, cujo dever principal era proteger seus cidadãos, estava tentando impedir a única força de combate do Líbano, o Hezbollah, de revidar contra o inimigo israelense que estava matando civis libaneses.

Sentado nas aldeias e ouvindo como a secretária de Estado dos EUA, Condoleezza Rice, planejava remodelar o Líbano foi uma lição de autoengano humano. Rice estava propondo uma força de intervenção liderada pela OTAN ao longo da fronteira libanesa-israelense por entre 60 e 90 dias após a declaração de um cessar-fogo, o subsequente destacamento de uma força ampliada liderada pela OTAN em todo o Líbano para garantir o desarmamento do Hezbollah e o retreinamento do exército libanês antes de ele também ser destacado na fronteira.

Condoleezza Rice achava que o Hezbollah queria ser desarmado? E pela OTAN? O problema, como sempre, era que os Estados Unidos viam esse banho de sangue como uma "oportunidade" e não como uma tragédia, uma chance de humilhar os apoiadores do Hezbollah em Teerã e moldar o "novo Oriente Médio" do qual Rice falava tão suavemente. Na violência subsequente, a mesma regra empírica se aplicaria: morte e sofrimento forneciam "oportunidades" para o cumprimento dos planos americano-israelenses na região, chances de costurar cessar-fogos e objetivos políticos.

No entanto, da fronteira do Paquistão ao Mediterrâneo — com a única exceção dos muito odiados Síria e Irã, que poderiam ser sufocadas em sangue mais tarde —, havíamos transformado uma faixa de 4.000 quilômetros do mundo muçulmano em um inferno-desastre de sofrimento e ódio sem paralelo. Nossos "pacificadores" britânicos no Afeganistão estavam lutando pela vida contra um inimigo islâmico que crescia a cada semana. No Iraque, nossos soldados — e os dos Estados Unidos —escondiam-se em suas fortalezas cruzadas de concreto enquanto as pessoas que tão generosamente libertaram e apresentaram aos benefícios da democracia ocidental se cortavam até a morte. E agora Blair e seus amigos norte-americanos estavam permitindo que Israel destruísse o Líbano e chamasse isso de paz. Era perfeitamente aceitável, parecia, depois que o Hezbollah realizou seu ataque imprudente e letal em 12 de julho, que os israelenses destruíssem a infraestrutura do Líbano e as vidas de seus inocentes. No entanto, quando o IRA cruzava a fronteira irlandesa para matar soldados britânicos, Blair e seus comparsas não culpavam o governo da República da Irlanda. Eles não ordenaram que a RAF bombardeasse Dublin.

Mas Israel tinha privilégios especiais concedidos a nenhuma outra nação civilizada. Poderia fazer exatamente o que Blair nunca teria feito

— e ainda receber a aprovação do governo britânico. Poderia destruir as Convenções de Genebra e cometer crimes de guerra e assassinar soldados da ONU, como os quatro observadores desarmados que se recusaram a deixar seu posto sob fogo fora de Khiam.

Eles escreveram os nomes das crianças mortas em suas mortalhas de plástico. Uma poeira espessa varria o necrotério ao ar livre em Tiro e eu estava na ponta dos pés para ler os nomes, rabiscados em árabe, a tinta às vezes escorrendo na superfície brilhante do saco mortuário. "Mehdi Hashem, sete anos, Qana", estava escrito a caneta na folha de plástico em que o corpinho do menino jazia. "Hussein al-Mohamed, 12 anos, Qana", "Abbas al-Shalhoub, um ano, Qana". E quando um soldado libanês pegou o pequeno corpo de Abbas, ele quicou em seu ombro como a criança poderia ter feito no ombro de seu pai antes de sua morte. A vibração das bombas podia ser sentida sob nossos pés.

Ao todo, 56 corpos foram levados para o hospital do governo de Tiro e outras clínicas em 30 de julho de 2006, 34 deles crianças. Quando o hospital ficou sem sacos plásticos, os pequenos corpos foram enrolados em tapetes. Seus cabelos estavam embaraçados de poeira, a maioria tinha sangue escorrendo do nariz. "Você teria que ter um coração de pedra", escrevi no *Independent* naquela noite, "para não sentir a indignação que aqueles de nós que assistiam a isso experimentamos... Esse massacre foi uma obscenidade, uma atrocidade e, sim, se a Força Aérea Israelense realmente bombardeia com a "precisão cirúrgica" que afirma, isso também foi um crime de guerra". E não havia dúvida do míssil que matou todas aquelas crianças. Veio dos Estados Unidos e em um fragmento dele estava escrito: "Para uso em bomba guiada MK-84 BSU-37-B". Sem dúvida, os fabricantes a chamariam de *combat-proven*, porque havia destruído toda a casa de três andares em que as famílias Shalhoub e Hashem moravam. Eles haviam se refugiado no porão do enorme bombardeio israelense, e foi lá que a maioria deles morreu.

Israel afirmou, inevitavelmente, que mísseis haviam sido disparados por homens armados do Hezbollah de Qana — a justificativa para um massacre que ouviríamos tantas vezes em Gaza. E o primeiro-ministro israelense, Ehud Olmert, falou sobre o "terrorismo muçulmano" ameaçando a "civilização ocidental". Inocentes morrem na guerra. Os norte-americanos e os britânicos não mataram acidentalmente inocentes no

Afeganistão? Não os explodimos no Iraque? Então como alguém poderia criticar Israel quando perseguia táticas idênticas na mesma "guerra ao terror"? Que hipocrisia, que antissemitismo, destacar Israel.

Milhares de manifestantes atacaram o maior edifício das Nações Unidas em Beirute, gritando "destruam Tel Aviv", e o primeiro-ministro Siniora, normalmente tão imperturbável, telefonou para Condoleezza Rice, ordenando-lhe que cancelasse sua iminente viagem de "pacificação" a Beirute. Ninguém poderia esquecer como Bush, Rice e Blair repetidamente se recusaram a exigir um cessar-fogo imediato — uma trégua que teria salvado todas aquelas vidas em Qana.

Siniora disse a diplomatas estrangeiros em Beirute que seu governo agora exigia apenas um cessar-fogo imediato e não estava mais interessado em um pacote político para acompanhá-lo. O primeiro-ministro israelense Olmert estava defendendo sua guerra com um argumento familiar. "Não poderíamos deixar a organização terrorista em nossa fronteira ficar mais forte (...) Se tivéssemos esperado, chegaria o dia em que eles causariam danos sem precedentes."

Aqui, novamente, estava a normalização da guerra. Em 1982, Begin havia afirmado que sua invasão do Líbano era uma guerra "preventiva", projetada para destruir a OLP antes que eles ficassem tão fortes que representassem uma ameaça ainda maior a Israel. George W. Bush e Tony Blair afirmaram o mesmo sobre o Afeganistão em 2001; se não lutássemos contra a Al Qaeda agora, eles apareceriam na América e na Grã-Bretanha. Mas a Al Qaeda havia chegado a Nova York, Washington e Pensilvânia antes de Bush e Blair partirem para sua aventura afegã. Então, ambos os homens justificaram a invasão do Iraque com base quase idêntica; Saddam possuía armas de destruição em massa e as usaria se não invadíssemos. Depois de descobrir que não havia tais armas, Bush e Blair embarcaram em uma repetição. Não, Saddam não possuía tais armas — mas ele as reconstituiria se não invadíssemos.

Mais de cinco anos depois, a grande lixeira de informações do WikiLeaks foi virada para fornecer uma visão única da guerra através dos olhos e ouvidos da embaixada dos EUA em Beirute. Essa coleção de documentos diplomáticos é um tanto opaca; afinal, vemos os eventos apenas através da visão embaçada dos diplomatas norte-americanos, incluindo o abismal Feltman, cujas fontes de informação iniciais pareciam estar confinadas à ONU, à mídia libanesa, a um grupo de políticos inevitavelmente cristãos e a "um jornalista xiita confiável".

Conforme o massacre do conflito de 34 dias aumenta, vemos o primeiro-ministro libanês Fouad Siniora, desesperado para proteger seu próprio governo, "inclinando-se para perto do embaixador" e implorando por assistência. Ele precisa mostrar a independência de sua administração da Síria. "Precisamos de ajuda", ele diz a Feltman após as primeiras 24 horas de bombardeio. Este último diz friamente a Siniora que "seria importante para o GOL [Governo do Líbano] se distanciar de forma credível dos ataques do Hezbollah se eles esperassem moderar a severidade da retaliação israelense". Siniora liga mais tarde para dizer que Israel deveria aliviar seu bloqueio sobre o Líbano porque "a Síria está se tornando nossos pulmões (...) só podemos respirar através dos sírios".

Há momentos em que os relatórios de Feltman parecem um documento diplomático israelense, referindo-se à "provocação ultrajante" do Hezbollah na fronteira que poderia ter "alguns efeitos colaterais úteis", uma vez que poderia levar o líder cristão Michel Aoun a reconsiderar seu próprio relacionamento com a milícia xiita. Em 17 de julho, a embaixada estava registrando o líder druso libanês Walid Jumblatt dizendo que "publicamente ele deve pedir um cessar-fogo, mas ele viu a luta como uma oportunidade para derrotar o Hezbollah". Incrivelmente, o enviado especial da ONU, Terje Rod-Larsen — ele que tão apressadamente traçou a Linha Azul ao longo da fronteira libanesa-israelense — é citado dizendo que "concordou que uma invasão israelense poderia ser positiva".

Em 17 de julho, cinco dias após o início da guerra de quase cinco semanas, relata-se que Nabih Berri, o líder xiita do parlamento libanês, sugeriu a Feltman que "o potencial do ataque de Israel para enfraquecer militarmente o Hezbollah e minar a organização politicamente é uma evolução positiva". Novamente, devemos lembrar que o que lemos acima é uma versão norte-americana de um diálogo em Beirute que pode refletir o que a embaixada dos EUA desejava que Washington ouvisse. No entanto, não se pode escapar da hipocrisia da opinião política libanesa nem da maneira ultrajante como os "pacificadores" da ONU colocam a oportunidade política à frente de mais sofrimento humano. Há momentos em que isso lembra a atitude de Tony Blair não apenas em relação à invasão do Iraque em 2003, mas também sua própria relutância em buscar um cessar-fogo antecipado no Líbano. Isso, e não a guerra do Iraque, finalmente destruiria seu primeiro-ministério, já que os parlamentares trabalhistas da Grã-Bretanha ficaram revoltados com sua recusa em exigir uma trégua no Líbano.

Relatos chegaram à embaixada dos EUA sobre o ataque israelense ao posto da ONU em Khiam em 25 de julho, no qual quatro observadores da ONU foram mortos. Aqueles de nós a apenas um quilômetro de distância da cena já haviam concluído que os israelenses haviam deliberadamente alvejado esses observadores militares. O arquivo do WikiLeaks revela como. Em linhas que poderiam ter sido escritas em um relatório do tipo de Goldstone, o conselheiro sênior da UNIFIL, Milos Strugar, relatou que:

> "o ataque letal israelense foi deliberado por três razões. Primeiro, Israel sabia que o posto da ONU estava lá há muito tempo. Segundo, os quatro observadores da ONU foram mortos por dois ataques diretos de bombas aéreas de precisão israelenses. Não foi um erro. Terceiro, o posto da ONU havia recebido ataques de artilharia diretos e próximos por três dias e o comandante da UNIFIL, maj. gen. Alain Pellegrini, havia alertado as IDF [Forças de Defesa de Israel] de que estavam atingindo um posto da ONU".

Em 4 de agosto, os funcionários de Feltman foram reduzidos a reclamar dos ataques aéreos israelenses em áreas próximas ao complexo diplomático "que nos impede de qualquer esforço diplomático de ponta oportuno". Foram as armas fornecidas pelos EUA a Israel, é claro, que eram "de ponta", e a observação casual da embaixada de que "os israelenses provavelmente podem dar razões" para seus ataques em áreas cristãs falava por si.

Isso era bastante sombrio, se Cody e eu tivéssemos sido capazes de entender enquanto dirigíamos para o sul mais uma vez em 15 de agosto, o dia após o cessar-fogo, uma trégua que deveria produzir uma missão da ONU "robusta" — palavras de Blair — para desarmar o Hezbollah. No entanto, nenhum exército miliciano luta por quase um quarto de século apenas para entregar suas armas após uma batalha bem-sucedida.

Foi meu velho amigo Patrick Cockburn quem primeiro compreendeu a extensão em que Israel — nos últimos três dias do conflito — semeou essa paisagem desolada com bombas de fragmentação, munições fabricadas nos EUA que matariam outras 83 almas dentro de um mês do cessar-fogo de agosto a uma taxa de pelo menos quatro por dia.

Foi aquele velho e grandioso jornal *Haaretz* que originalmente divulgou a história, citando um comandante de uma unidade de foguetes israelense que afirmou que seu exército disparou cerca de 1.800 bombas de fragmentação contra o Líbano nos últimos três dias da guerra. "O que fizemos foi insano e monstruoso", disse ele ao repórter do jornal. "Cobrimos cidades [libanesas] inteiras com bombas de fragmentação".

Quatro milhões de submunições haviam sido lançadas sobre a terra em 76 horas e pelo menos 30% não explodiriam. Mais de quatro anos depois, pelo menos 45 civis haviam sido mortos por munições de fragmentação desde o outono de 2006, o mais recente um desminador de 20 anos que morreu em uma dupla explosão de mina de fragmentação enquanto limpava submunições de um campo de tabaco perto de Tiro. Em 2015, ainda havia 704 "locais perigosos" restantes em mais de 15 milhas quadradas do Líbano.

Diante não apenas de seu próprio fiasco militar, mas da condenação do mundo por seu bombardeio de civis, Israel se viu inundado por relatórios humanitários que, mesmo não tendo a profundidade do trabalho de Goldstone em Gaza três anos depois, ainda assim continham uma quantidade perturbadora de detalhes. Um dos relatórios da Anistia Internacional sobre a guerra perguntou se a destruição da infraestrutura civil era deliberada ou "danos colaterais", mas a Human Rights Watch foi além, referindo-se a "ataques indiscriminados de Israel contra civis no Líbano" e incluindo um relato preciso do massacre de Marwahin. O relatório provocou de amigos usuais de Israel na América uma campanha de difamação semelhante à de Goldstone, não apenas contra uma organização de direitos humanos amplamente respeitada, mas também contra seu diretor executivo, Kenneth Roth, que, os leitores não ficarão surpresos em saber, foi condenado como antissemita.

Talvez o próprio Goldstone devesse ter estudado esse ataque a Roth antes de empreender seu relatório sobre Gaza três anos depois. Quando a Human Rights Watch se recusou a aceitar que as mortes de civis por Israel eram "acidentes", Abraham Foxman, diretor nacional da Liga Antidifamação, descreveu seu tratamento de "crimes de guerra" por Israel como "imoralidade no mais alto nível". Martin Peretz, da New Republic, afirmou que a Human Rights Watch "destruiu completamente sua credibilidade, pelo menos para mim". E nosso velho amigo, o professor Dershowitz, apareceu no Jerusalem Post para dizer que, quando se tratava de Israel, "a Human Rights Watch manipula os fatos, mente em entrevistas e divulga conclusões predeterminadas que são mais impulsionadas pela ideologia do que por evidências".

Roth, que como Goldstone é judeu e estudioso do direito, sobreviveu a esse ataque infantil. Curiosamente, o diretor da Human Rights Watch foi convidado a fazer sua própria mea culpa após a retratação de Goldstone, um pedido que ele achou fácil de recusar. O padrão, no entanto, havia sido definido. Se Israel é acusado de crimes de guerra, são os acusadores que devem ser punidos, não os criminosos.

O que também ficou claro, no entanto, foi que aqueles governos, presidentes e ministros que inicialmente apoiaram Israel enquanto esses crimes eram cometidos eram, moralmente, tão culpados quanto os oficiais que ordenaram o bombardeio ou o ataque aéreo a alvos civis — e tão culpados quanto aqueles que procuraram estender o conflito por "oportunidade" política.

Dirigindo pelo sul do Líbano, as aldeias podiam parecer intactas sob o sol alto e brilhante. No entanto, quanto mais perto Cody e eu chegávamos, mais notávamos os vastos montes cinzentos de escombros que outrora eram lares. Algumas aldeias estavam semidestruídas. O cheiro era insuportável. Eles ainda retirariam corpos por mais um mês.

Muitos aldeões falaram de como o Hezbollah "saiu do chão" entre as batalhas, e ficou óbvio que muitos haviam passado a guerra em túneis subterrâneos, emergindo apenas para emboscar seus antagonistas. Eu me familiarizaria com seus túneis menos de uma década depois, quando os combatentes da Al-Nusra e do ISIS abriram caminho sob a superfície de Homs e Aleppo e Mossul e Raqqa.

Em poucos meses, ouviríamos como os israelenses, armados com mapas aéreos fotográficos de locais do Hezbollah no sul do Líbano, haviam entrado entusiasticamente nos túneis — apenas para encontrar fotocópias de seus próprios mapas esperando por eles. Tendo comprado os originais de um espião da inteligência israelense, o Hezbollah havia identificado imediatamente os túneis dos quais os israelenses estavam cientes — e percebeu imediatamente quais de seus túneis permaneciam seguros.

No final, o Hezbollah, com centenas de milhares de dólares fisicamente transportados em malas para o aeroporto de Beirute em voos iranianos, pagou pela reconstrução de quase todas as aldeias e cidades do sul do Líbano, juntamente com o sul de Beirute. E em 16 de julho de 2008, quase exatamente dois anos após o início da guerra do Hezbollah, Nasrallah foi agraciado com suas duvidosas honras de vitória, um dia horrível de troca de cadáveres enquanto restos mortais humanos refrigerados eram trazidos através da fronteira israelense. Uma série de caixões logo foi banhada pela bandeira libanesa e bandeiras douradas do Hezbollah, puxadas por um caminhão enfeitado com flores em direção a Beirute.

Havia um homem que a multidão estava esperando. Foi por ele que o Hezbollah havia lutado. Samir Kuntar — 28 anos em uma prisão israelense pelo brutal assassinato de um israelense, sua filha de oito anos e um policial — apareceu vestindo um uniforme camuflado recém-fornecido. Um homem acostumado ao confinamento solitário que de repente se viu idolatrado por um povo que não via há quase três décadas, seus olhos se moviam pela multidão. Nasrallah havia prometido sua libertação e cumpriu sua palavra.

Mas também foi um dia de humilhação, principalmente para os israelenses. Depois de lançar sua guerra de 2006 para recuperar seus dois soldados capturados, os israelenses mataram mais de 1.000 civis libaneses, devastaram o Líbano, perderam 165 de seu próprio povo, a maioria soldados — e acabaram entregando 200 cadáveres árabes e cinco prisioneiros, em troca de uma caixa de partes do corpo e os restos mortais dos dois soldados desaparecidos.

Para os norte-americanos que haviam apoiado o governo eleito de Fouad Siniora, foi um dia de desesperança. Pois o próprio Siniora, juntamente com o presidente e todos os primeiros-ministros e presidentes sobreviventes do Líbano e o líder da comunidade drusa, e os parlamentares do país, líderes religiosos muçulmanos, altos funcionários públicos e os chefes de todos os serviços de segurança estavam no aeroporto de Beirute para se humilhar diante dos cinco prisioneiros vivos que o Hezbollah havia libertado de Israel. À maneira de tantas sagas de vingança do Oriente Médio, os israelenses teriam a satisfação de saber em 20 de dezembro de 2015 que Samir Kuntar havia sido explodido em pedaços no centro de Damasco, junto com vários colegas do Hezbollah. O governo sírio culpou "terroristas" pela explosão; o "Exército Livre Sírio" anti-Assad afirmou ser responsável, mas o Hezbollah acreditava que aeronaves israelenses haviam lançado um míssil no prédio. Meses depois, perguntou-se a um ex-ministro e oficial de inteligência israelense, Omer Bar Lev, se Israel matou Kuntar. "Com certeza", respondeu ele.

Depois de cada guerra que cobri como jornalista, olhei para trás e pensei nos mortos. Normalmente, me lembro dos jovens que foram tão descuidadamente arrancados da vida; as crianças, por exemplo, que foram instruídas tão inocentemente a descer da caminhonete na estrada de Marwahin para que pudessem ser vistas pelos israelenses. Ou a garotinha no hospital do sul do Líbano com o rosto marcado pelo aço das bombas de fragmentação.

Entretanto, às vezes penso nos adultos inocentes da guerra, nos "pacificadores" e nos soldados que tentam proteger seres humanos em vez de matá-los, mas que são explodidos para longe de nós para sempre. Esse é o tipo mais difícil de vida de soldado, e não tenho certeza de suas recompensas. Não há nenhuma se eles morrerem, como muitas vezes acontece. E assim, no final de outro capítulo embebido nos "multitudinários mares tingidos de sangue", volto-me para cinco soldados.

Os quatro primeiros foram mortos a apenas um quilômetro de mim no sul do Líbano, seus superiores oficiais da ONU implorando aos israelenses que cessassem o fogo. Vi as tropas indianas da ONU chorando de tristeza depois de terem recolhido seus camaradas, que estavam em pedaços. Lembraremos como Milos Strugar contou ao embaixador dos EUA sobre seu destino no dia seguinte, insistindo que eles haviam sido mortos deliberadamente. Eram soldados internacionais, observadores militares desarmados do Grupo de Observadores do Líbano, que monitorava as antigas linhas de trégua Palestina-Líbano após 1948. Em meio ao estrondo do bombardeio israelense, o major canadense Paeta Hess-von Kruedener, conhecido por sua família como "Wolf", talvez tenha percebido que não sobreviveria. Ele fez uma ligação para sua esposa Cynthia no Canadá. Eram 19h10 no Líbano, mas dez minutos depois do meio-dia em Ontário. Quando o telefone de Cynthia tocou, ela respondeu:

> "Paeta, não consigo te ouvir, há estática, mas eu te amo, se você puder me ouvir eu te amo. Você está bem? Vou ter que desligar porque quero que você me ligue de volta porque tudo o que consigo ouvir é estática, mas não quero desligar. Eu te amo. Tenho que desligar".

Alguns minutos depois, pouco antes das 19h30, um piloto israelense de F-16 lançou uma bomba de precisão guiada por GPS Joint Direct Attack Munition de meia tonelada dentro do complexo da ONU. Nas palavras de um repórter canadense que passou semanas investigando esse crime, "Cynthia estava andando com o telefone na mão esperando que Wolf ligasse de volta. Ela ligou a TV pouco antes do jantar e a primeira coisa que viu foi uma foto de Wolf nas notícias com a legenda: "Desaparecido, presume-se morto"[3].

Ele morreu muito dolorosamente, junto com seus três camaradas internacionais: o major Hans-Peter Lang da Áustria, o tenente-comandante Jarno Makinen da Finlândia e o major Du Zhaoyu da República Popular da China. A expressão de choque do Secretário-Geral da ONU, Kofi Annan, na qual ele se referiu ao ataque "aparentemente deliberado" das Forças de Defesa de Israel a um posto de observação da ONU, evocou mais debates sobre suas acusações verdadeiras do que horror pela morte de seus soldados. Foi Annan quem seria repreendido, não os israelenses.

Não que os próprios soldados não sentissem sua própria repulsa pelo que estavam testemunhando nos últimos dias de suas vidas. "É repugnante o que [os israelenses] estão fazendo aqui", escreveu Paeta para Cynthia por e-mail:

> "Ontem testemunhei um helicóptero de ataque disparando mísseis contra uma escola local e destruindo um hospital novinho em folha. [Eles] estão tentando paralisar e destruir a infraestrutura do Líbano. O que isso tem a ver com terroristas do Hezbollah não tenho ideia e não consigo fazer a conexão. Concordo que [os israelenses] têm o direito de se proteger, mas estão bombardeando e atacando indiscriminadamente a população civil e a infraestrutura, o que é um maldito CRIME DE GUERRA segundo as Convenções de Genebra."

O comandante do exército irlandês, Kevin McDonald, que era oficial da ONU na época, descreveria como "o maior lugar para manobrar blindados é o vale de Hula abaixo de Khiam e é bem possível que [os israelenses] não quisessem que a ONU relatasse seus movimentos naquele vale". No entanto, nada disso era do interesse daqueles cujo dever era buscar justiça pela vida dos quatro observadores da ONU.

O então primeiro-ministro conservador canadense, Stephen Harper — talvez o amigo mais próximo de Israel fora dos Estados Unidos — es-

3 É correto citar o relatório tão escrupulosamente elaborado anos depois pelo premiado jornalista e repórter de guerra canadense Adam Day, que morreu aos 42 anos em 2017 após cobrir o conflito militar canadense no Afeganistão. Colegas disseram que Day estava "lutando contra seus próprios demônios pessoais" após sete missões no Afeganistão, durante a última das quais ele foi ferido quando uma bomba explodiu sob o veículo blindado em que viajava.

colheu criticar as vítimas, perguntando por que a ONU permitiu que sua posição em Khiam permanecesse "ativa durante o que é agora, mais ou menos, uma guerra". Os israelenses disseram que o posto da ONU havia sido colocado em sua lista de alvos por engano, mas impediram que a ONU e o governo canadense verificassem isso. Uma comissão de inquérito canadense relatou posteriormente que tanto a ONU quanto os israelenses haviam se recusado a permitir que seu pessoal fosse entrevistado pelas autoridades. Como organização, o relatório concluiu que o exército israelense era "responsável pela morte do major Hess-von Kruedener". Mas então — e o que mais o governo pró-israelense de Harper poderia fazer para ajudar seus amigos no Oriente Médio? — o inquérito oficial foi misteriosamente removido dos próprios sites de seu governo por "motivos de segurança" inexplicados.

A viúva de Paeta, Cynthia, que visitou o Líbano duas vezes para homenagear seu marido no local de sua morte, não parou de fazer perguntas sobre o bombardeio israelense. Menos de dois anos após a morte de Paeta, ela perguntou por que os israelenses não haviam oferecido nenhuma explicação para seu "erro operacional". Aqui estava uma esposa falando por seu marido morto. Quais eram as chances, ela perguntou, de dois erros operacionais, terrestre e aéreo, ocorrerem dentro de uma hora um do outro e no mesmo lugar? Ela exigiu que as IDF revelassem "os resultados completos de sua própria investigação interna". As IDF, insistiu ela, haviam perdido o "privilégio do sigilo" quando bombardearam o posto da ONU.

Os israelenses nunca revelaram seu segredo. Nem o novo governo canadense, sob Justin Trudeau, restaurou o relatório da investigação militar ao seu site. O oficial da OGL irlandesa Kevin McDonald havia ajudado a carregar os ossos e a carne pulverizados de seus camaradas através da cerca técnica da ONU para Israel para repatriação. "Então foi um alvo deliberado?", ele me perguntaria retoricamente uma década depois. "Na minha opinião, com certeza foi".

Outra mulher que teve que falar por um soldado morto — a irmã do Coronel Nagib Wakim, um oficial do exército libanês, desarmado e dedicado a restaurar as linhas de eletricidade quebradas da capital de seu país — me escreveu dos EUA. Seu irmão foi um dos bravos soldados que tentaram me proteger após o primeiro ataque israelense em Kfar Chima? ela queria saber. Quando cheguei ao local da explosão, três militares libaneses caminharam ao meu lado pela estrada em chamas. Naquela noite, os israelenses bombardearam a unidade logística libanesa encarregada de reparar o sistema elétrico. Os três soldados que haviam ficado ao meu lado estavam entre os dez mortos.

O Coronel Nagib Wakim estava entre esses soldados? sua irmã Jamile queria saber. Eu gostaria de pensar que sim, mas respondi a Jamile Wakim que nunca poderia responder à sua pergunta. Um ano após a guerra, Jamile escreveu-me novamente dos Estados Unidos, onde é médica. Sua carta não tinha rancor nem autopiedade, mas sim muito autoquestionamento e dúvidas suficientes para provar sua coragem. Ela estava procurando, disse ela, uma boa razão para a "transcendência" de Nagib. Mas:

> "Fiquei com raiva da coragem do meu irmão e cansada de sua crença inabalável na soberania do Líbano e na vida humana. Chorei e chorei e chorei. Então fiquei com raiva de mim mesma por ter deixado o Líbano e deixado ele para trás na [guerra civil] dos anos 1980. Eu não conseguia tolerar as injustiças daquela guerra. Mas Nagib ficou. Ele acreditava no Líbano, ele tinha esperança. Nada me fazia sentir bem. Nada, exceto o pensamento de que ele deve ter morrido para salvar o país que tanto amava. Eu gostaria de acreditar que o sangue de meu irmão Nagib está selando as rachaduras no Líbano. Eu gostaria de acreditar que o povo libanês entende que sua unidade é seu poder."

11

O despertar

Todos de repente irromperam em canto;
E eu me enchi desse deleite
Como o pássaro preso qu e encontra a liberdade...

As vozes de todos de repente se ergueram;
E a beleza veio como o sol poente:
Meu coração foi sacudido por lágrimas; e o horror
Se afastou... Oh, mas Todos
Eram pássaros; canção sem palavras,
nosso canto nunca acabará.

Siegfried Sassoon, "Todos cantaram", 1919

A cidade egípcia de Mahalla el-Kubra esconde bem sua história política. É um lugar de fábricas-fortaleza que pulsam 24 horas por dia, casas de cidade do século XIX semirruídas enterradas entre apartamentos de concreto e uma estação ferroviária quase em ruínas. Apenas o aparecimento de uma grande barata correndo pelo chão do escritório da municipalidade faz com que os funcionários da prefeitura se aprumem. Isso e a chegada da mais estranha criatura de todas: o correspondente suado do Independent, perguntando sobre uma greve industrial que começou e terminou cinco anos antes da revolução que derrubou Hosni Mubarak.

Toda vez que eu perguntava sobre a greve, os funcionários me perguntavam se eu havia visto Mubarak em sua jaula no tribunal do Cairo;

eles achavam que eu estava me informando sobre as batalhas na Praça Tahrir oito meses antes, 200 quilômetros ao sul. Não, eu disse. Eu estava aqui para descobrir o que aconteceu em sua própria Praça Tahrir — nesta cidade suja em 2006, muito antes de Mubarak ter cedido ao povo do Egito e sido retirado do poder pelo exército em fevereiro de 2011. Somente quando uma das heroínas da Batalha de Mahalla, Widdad Dimirdach, uma mulher com véu, voz alta e grande senso de orgulho, entrou na sala, eles entenderam. A sra. Dimirdach ajudou a liderar uma das primeiras grandes greves contra a Misr Cotton Company, de propriedade do governo, em 2006. "Não era realmente politico", disse ela. "Mas não tínhamos escolha. Nossos salários haviam se tornado tão baixos e o custo da comida tão alto que não podíamos mais comer e viver.".

Dos 30.000 trabalhadores do algodão em Mahalla, 6.000 são mulheres. Homens e mulheres trabalham em fábricas separadas, e Widdad Dimirdach passava seus dias e noites costurando camisas. Em 2006, ela e suas camaradas pararam de trabalhar, recusando-se a sair até receberem um aumento salarial de US$ 100 para US$ 175 por mês, o que as colocaria — ainda em 2011 — entre as trabalhadoras industriais mais mal pagas do Egito.

Em 2006, o governo Mubarak concordou com os novos salários em três dias. Não tinha opção — Mahalla, o centro do comércio de exportação do Egito, era grande demais para lutar. Era "A Primeira Cidade do Algodão no Delta", um sinal enferrujado me informou enquanto eu passava por calçadas quebradas, lixo e filas de charretes. A cidade pode tratar com descaso sua história industrial, mas flutuava ao redor dessas ruínas decrépitas.

O povo de Mahalla acrescentou mais uma nota de rodapé à história moderna do Egito em 6 de abril de 2008, dois anos após sua greve original, quando voltaram às ruas. Eles negociaram com um ministro do governo Mubarak por melhores condições de trabalho e salários — Widdad Dimirdach foi uma das duas mulheres entre os sete trabalhadores negociadores — enquanto resistiam à violência da polícia estadual. Adel Dora, um jornalista local, descreveu-me como ele assistiu aos baltagi — os brutamontes pró-governo armados com barras de ferro — alinhando-se para espancar os manifestantes. "Eles nos atacaram terrivelmente e a polícia usou gás lacrimogêneo, mas conseguimos que pessoas do campo viessem nos apoiar usando o Facebook." Apenas dois canais de satélite árabes transmitiram matérias sobre a batalha. "Nossa imprensa simplesmente mentiu sobre nós — eles imprimiram tudo o que o governo Mubarak queria." Os manifestantes resistiram por uma semana, acampando no pequeno midan que, como a grande planície de concreto no centro do Cairo, também se chama Praça Tahrir. Em 2009, eles tentaram novamente, mas dessa vez as pessoas estavam assustadas. "Eles tinham medo da polícia, de serem mortos, de mais violência, do que o governo poderia fazer com eles."

Dora contou sua história com considerável raiva, mas pouca noção do precedente que sua cidade havia estabelecido[1]. Aqui na sórdida Mahalla em 2006 e em 2008, houve uma versão em miniatura da revolução que iria esmagar o governo egípcio em fevereiro de 2011. A unidade de homens e mulheres comuns, o uso do Facebook, o acampamento no centro da cidade, os baltagi e os policiais que atiravam gás lacrimogêneo iriam reaparecer mais tarde. E naquela Praça Tahrir, meus colegas e eu descobrimos, apenas dias antes da partida de Mubarak, trabalhadores e trabalhadoras de Mahalla. Sim, eles sabiam como derrubar um ditador.

Alguns dias depois, em Beirute, voltei aos meus arquivos e ao meu diário sobre os distúrbios de Mahalla. Eu tinha alguns recortes da imprensa egípcia sobre a influência "estrangeira" nas greves e o suposto envolvimento da Irmandade Muçulmana, mas eu havia ignorado em grande parte esses relatórios. Israel estava destruindo o Líbano. O Iraque estava queimando. Em 2009, Obama discursou para o mundo islâmico do Cairo, mas eu não tinha interesse em greves rurais. Milhões de iranianos estavam protestando contra a reeleição de seu presidente levemente insano, Mahmoud Ahmadinejad. Não nos importavam os sindicatos egípcios.

O jornalista egípcio-francês Alain Gresh foi um dos primeiros a perceber que os trabalhadores podem ter sido os "atores esquecidos" da revolução egípcia. Ele registrou como um repórter industrial egípcio respondeu a suas perguntas no Cairo perguntando: "Por que, até agora, as rebeliões na Líbia, no Iêmen e no Bahrein fracassaram?" Ele mais tarde poderia ter acrescentado a Síria à lista. Mas foi na Tunísia que o Sindicato

---

1 O algodão foi introduzido no Egito pela industrialização napoleônica, mas a importância econômica posterior de Mahalla e da cidade têxtil muito maior de Kafr el-Dawar era evidente demais para os britânicos. Allenby, como alto comissário para o Egito e Sudão, esmagou as ocupações das fábricas têxteis no Delta, parcialmente instigadas pelo Partido Comunista Egípcio, em 1924. Sob o comando do general Naguib, o vaidoso antecessor de Nasser, 10.000 trabalhadores têxteis voltaram à greve em Kafr el-Dawar em 1952. O exército egípcio matou a tiros vários sindicalistas. Quando Mubarak tentou aumentar os preços dos alimentos em 1984, os trabalhadores de Kafr el-Dawar atiraram pedras na polícia e ocuparam partes de sua cidade. A violência espalhou-se para Mahalla.

Geral dos Trabalhadores Tunísios finalmente derrubou sua ditadura. Nos últimos dias do presidente Zine al-Abidine Ben Ali, seu apelo por uma greve geral foi o golpe final no regime. Nem os homens e mulheres de Mahalla foram os únicos trabalhadores a esmagar o poder de Mubarak. Os trabalhadores do complexo da fábrica de cimento de Suez iniciaram outra greve política contra Mubarak em fevereiro de 2011.

Na sequência das revoluções árabes, "ativistas" locais e a mídia ocidental apaixonaram-se pelo conceito de que a tecnologia moderna de comunicações havia desempenhado um papel central nas revoltas árabes. Uma vez que a internet se tornou uma religião, era difícil convencer alguém de que havia outros fatores desempenhando um papel nos eventos. O socialismo e os sindicatos seculares já não eram suficientemente românticos para atrair a atenção. A história deveria ser o islamismo versus a estabilidade ditatorial, perturbada pela mosca-varejeira das mídias sociais.

Quanto aos trabalhadores da Síria, Líbia, Iêmen, eles há muito haviam sido cooptados, ba'athizados, convertidos pelo Livro Verde ou tribalizados, sendo o socialismo uma inspiração infeliz para ditadores. Então, foi por acaso que nos países árabes onde os sindicatos mantinham algum apoio entre o povo — Tunísia e Egito, por exemplo — a violência que acompanhava a mudança social era menos sangrenta? Essas perguntas podem agora parecer acadêmicas. Qual revolução, exceto a minúscula Tunísia, terminou em algo além de tragédia? Eu nunca chamei o movimento de "primavera" em 2011 — isso foi uma fixação da mídia. Se as revoltas começaram principalmente na primavera de 2011, as antigas fronteiras coloniais garantiram que as estações seguissem seu próprio curso de frutificação e destruição.

Somente quando se tornaram violentas as revoltas se internacionalizaram. Milhares de combatentes estrangeiros, não apenas do mundo árabe, mas da China, de Mianmar, das Filipinas e da Europa, cruzariam as antigas fronteiras Sykes-Picot do Oriente Médio para atacar os regimes sobreviventes ou seus sucessores, muitas vezes pagos, apoiados e armados por nações ocidentais e seus representantes árabes no Golfo. Se a Al Qaeda soava ultrapassada em 2011, os grupos islâmicos recém-emergentes no Oriente Médio adornaram-se com títulos corânicos, supermercados cada vez maiores e mais vistosamente divulgados do martírio.

Então, o que aconteceu com a dignidade, a honra e a justiça que os árabes exigiram nas ruas do Cairo, Túnis, Damasco, Bahrein e Líbia?

Como os jovens corajosos dessas cidades permitiram que sua causa fosse traída? Como os heroicos egípcios de 2011 poderiam estar nas mesmas ruas pouco mais de dois anos depois e exigir um golpe militar por um marechal e futuro presidente que se voltaria contra seu próprio povo com uma repressão tão hedionda que a ditadura de Mubarak poderia ser lembrada como uma autocracia branda?

Havia algo ausente na formação moral, religiosa, cultural e educacional dessas pessoas? Como um povo ressurgido no Egito poderia de repente reinfantilizar a si mesmo e sua sociedade e aceitar o mesmo mundo de fantasia patriarcal de tirania pseudodemocrática que eles pensavam ter destruído? Certamente a figura triste, acovardada e tola do único presidente eleito do Egito, Mohamed Morsi, não poderia ter provocado essa transição? Certamente a Irmandade Muçulmana do Egito não poderia aterrorizar tanto o povo, ou o exército que acabou por decidir seu destino?

Lembro-me de ter escrito nos dias após a queda de Mubarak que essa era "a história mais feliz que já cobri no Oriente Médio". Eu estava sendo ingênuo, é claro, mas isso era verdade. Em uma parte do mundo que há muito era sinônimo de reis e emires geriátricos, generais sem educação e presidentes assassinos sectários, poderíamos ser perdoados por acreditar que algum bem agora deveria abençoar milhões de árabes que haviam sofrido décadas de crueldade. Eles não haviam merecido essa recompensa?

Olhando para trás, tudo isso parece levemente absurdo. Faz quase dez anos que os sábios da mídia norte-americana nos disseram que a "primavera árabe" de 2011 havia se transformado em um inverno sangrento. Vi essa verdade sendo construída no verão do mesmo ano. Mas a história que se seguiu se moveu em uma velocidade incrível.

O que vimos foi de muitas maneiras mais importante que o que ouvimos. Como os vídeos hediondos de execução que o ISIS nos imporia, o mundo árabe desde 2011 tem sido um no qual devemos engasgar de espanto, nossa incompreensão dirigida a imagens. Em 2011, passamos do conceitual para o físico, da vaga esperança para a êxtase — e depois para o desespero e o medo.

Desde a Segunda Guerra Mundial, no Ocidente, onde nossa vida tem sido de melhoria constante em saúde, educação e segurança, isso parecia uma aberração. Para os muçulmanos, suspeito que tenha sido como um caminho para o paraíso que, no último momento, revela não as flores da liberdade humana, mas um carrasco encapuzado parado à beira da estrada, impaciente por sua próxima decapitação.

Como descrever um dia que pode se provar uma página tão gigantesca na história do Egito, perguntei no Independent após 24 horas nas ruas do Cairo. "Pode ser o fim", escrevi. "Certamente é o começo do fim." Talvez, sugeri naquele despacho de 28 de janeiro de 2011, "os repórteres deveriam abandonar suas análises e simplesmente contar a história do que aconteceu da manhã à noite em uma das cidades mais antigas do mundo".

Acho que todos nós, jornalistas, estávamos profundamente conscientes da linguagem que nós mesmos estávamos usando. Realmente se tornaria uma "página gigante na história do Egito", e há momentos em que até mesmo o humilde jornalista deve aspirar a carregar esses eventos em nossos ombros. Se isso parece um pouco pomposo, então esse é o resultado de nossa obediência àquela máxima antiga e obsoleta: que somos as primeiras testemunhas da história.

Pois quando os canhões de água foram desligados e os policiais banharam as multidões na Praça Gaza com gás lacrimogêneo, algo notável aconteceu. Dos conjuntos habitacionais magros e becos sujos, das ruas vizinhas, centenas e depois milhares de egípcios invadiram a rodovia que leva à Praça Tahrir. Essa foi a única tática que a polícia decidiu evitar. Ter os detratores de Mubarak no próprio centro do Cairo sugeria que seu governo já havia acabado. O governo havia cortado a internet, isolado o Egito do mundo e fechado todas as linhas de celular. Isso não fez diferença.

"Queremos que o regime caia", as multidões gritavam repetidamente, até que essas palavras afogassem o estalo das granadas de gás lacrimogêneo. Foi então que chegaram os primeiros baltagi, empurrados para a frente das fileiras da polícia para atacar os manifestantes. Eles tinham varas de metal, cassetetes e paus afiados. Um homem chicoteou um jovem nas costas com um longo cabo amarelo. Por toda a cidade, encontramos os policiais em filas, o sol refletindo em suas viseiras. Eles pareciam estranhamente com pássaros encapuzados. Então as dezenas de milhares de egípcios chegaram à margem oeste do Nilo. Alguns turistas se viram envolvidos nesse espetáculo, mas a polícia decidiu que deveria ocupar o extremo leste do viaduto. Então o gás lacrimogêneo começou a sério, centenas e centenas de latas chovendo sobre as multidões. Fazia arder nossos olhos e nos fazia tossir até ficarmos ofegantes. Homens ajoelhavam-se na calçada para vomitar.

Com Cecilia Udden, correspondente veterana do Oriente Médio da Rádio Sueca, refugiei-me no antigo Café Riche, perto da Praça Talaat Harb, um pequeno restaurante e bar de garçons de roupas azuis; e ali, bebendo seu café, estava o romancista egípcio Ibrahim Abdel Meguid, bem na nossa frente. Foi como encontrar Gorki no auge da revolução russa de 1917. "Não houve reação de Mubarak!", exaltou Meguid. "É como se nada tivesse acontecido. Mas eles vão fazer isso — o povo vai fazer isso!"

Não conseguimos voltar para o oeste do Cairo pelas pontes. As granadas de gás ainda estavam subindo dos parapeitos para o Nilo. Mas um policial finalmente teve pena de nós e nos levou à margem do Nilo. E havia um velho barco egípcio, do tipo turístico, com flores de plástico e um dono alegre. Então Cecilia e eu navegamos de volta para o hotel dos jornalistas à beira do Nilo, observando as granadas girando sobre as pontes acima de nós enquanto as multidões lutavam com os baltagi.

Isso foi, pelo menos por enquanto, uma declaração de repulsa em massa ao que havia acontecido antes. Observando essa reviravolta titânica, era necessário lembrarmos das prisões em massa, da tortura, das décadas de prisão e condenações à morte da era Mubarak, desde a década de 1990. Os horrores suportados pelos egípcios que se opuseram ao regime não eram memórias distantes. A maldade do Estado era conhecida por todos que saíram às ruas em 2011. Para entender sua coragem, você deve lembrar que nós, no Ocidente, os admiramos por sua determinação em enfrentar a polícia de segurança nas ruas das cidades egípcias, um evento que pudemos testemunhar pessoalmente ou em nossas telas. Contudo, sua bravura era muito mais matizada; entre esses milhares de pessoas, muitas sabiam por experiência própria o que sofreriam se falhassem.

Para o Ocidente, Mubarak era um tirano leve, um autocrata idoso e entediante cujo povo vivia na pobreza e não no medo. Mas para aqueles que realmente se opunham ao regime — política ou violentamente —, a fúria de Mubarak era semelhante à de Saddam em sua dor e sadismo, seus torturadores tão profissionalmente cruéis quanto os que trabalhavam para o déspota iraquiano. É um erro acreditar que podemos dividir ditadores em moderados e loucos.

No início, o exército apareceu em torno da praça em antigos tanques M60 Patton da era do Vietnã tripulados por reservistas. Seus soldados eram amigáveis, aceitavam comida do povo na Tahrir, compartilhavam suas rações militares e até permitiam que os manifestantes escrevessem slogans em seus tanques — embora referências a Mubarak não fossem permitidas. Então, uma nova unidade militar mais mecanizada chegou à praça. Foi então que vi uma senhora idosa com um lenço vermelho parada a centímetros da frente de um moderno tanque M1A1 Abrams fabricado nos Estados Unidos do Terceiro Exército Egípcio. Seu canhão de 102 mm apontava para o midan, uma metralhadora pesada montada na torre. "Se eles atirarem no povo egípcio, Mubarak acabou", disse a senhora. "E se eles não atirarem no povo egípcio, Mubarak acabou".

Pouco antes do anoitecer de 31 de janeiro de 2011, quatro caças F-16 gritaram sobre a praça. "Eles estão do nosso lado", gritou a multidão. Mas aqueles novos tanques, 11 deles, seus soldados taciturnos e apreensivos, não tinham vindo, como os manifestantes acreditavam tristemente, para protegê-los.

Quando conversei com o oficial no primeiro tanque, porém, ele sorriu. "Nunca atiraremos em nosso povo — mesmo que nos ordenem a fazê-lo", gritou ele. Eu não tinha tanta certeza. Havia um relato de que Mubarak estava no quartel-general militar, que o velho lobo ainda mordia. Outros disseram que não importava. "Ele pode matar 80 milhões de egípcios?"

Mas o exército não disparou nenhum tiro. Houve cenas extraordinárias entre manifestantes e a tripulação de um tanque M60 que parecia estar guardando um grupo de caminhões de canhão de água.

Encontrei o homem do momento — Mohamed ElBaradei, não Mubarak — sentado em sua cadeira de jardim perto de uma pequena piscina. Era o último dia de janeiro, quente, ventoso, poeirento. O ganhador do Prêmio Nobel egípcio favorito às vezes parecia um rato amigável, astuto e de óculos, e foi um prazer ouvi-lo dissecar os ratos maiores da Casa Branca e do Departamento de Estado. "Você se lembra de como no segundo dia tudo o que ouvimos foi que eles estavam 'monitorando a situação'?", perguntou ele. "No segundo dia, a Secretária [Hillary] Clinton disse: 'Avalia-se que a situação é estável'." Foi engraçado ontem também, ouvir Clinton dizer que "há 30 anos temos pedido (...) a Mubarak para ter uma reforma democrática"; mas se você está pedindo a um ditador há 30 anos para seguir em frente e ele retrocedeu, como na terra você ainda pode pedir a ele para introduzir uma reforma democrática?"

Ele havia ouvido histórias de policiais que "tiraram seus uniformes e saquearam, e todos dizem que receberam ordens de fazer isso pelo regime ou pelo ministério do Interior (...) Quando um regime retira totalmente a polícia das ruas do Cairo, quando assassinos fazem parte da polícia secreta, tentando dar a impressão de que sem Mubarak o país cairá no caos, isso é um ato criminoso. Alguém tem que ser responsabilizado. E agora, como você pode ouvir nas ruas, as pessoas não estão dizendo que Mubarak deve ir embora, elas estão dizendo agora que ele deve ser julgado. Se ele quiser salvar sua pele, é melhor ele ir embora." Menos de dois anos depois, observaríamos a nomeação temporária de ElBaradei como vice-presidente egípcio após apoiar o golpe militar do general Abdel Fattah al-Sisi contra o governo de Mohamed Morsi, o único presidente eleito na história do Egito.

Mesmo enquanto ElBaradei falava em seu jardim, no entanto, os policiais seniores de Mubarak estavam preparando uma contrarrevolução a poucos quilômetros de distância, em Giza. Ela esmagou os oponentes de Mubarak na Praça Tahrir na manhã seguinte, em uma barragem de pedras, cassetetes, barras de ferro e bastões. Foi uma vindicação selvagem, implacável e sangrenta — e bem planejada — dos críticos de Mubarak e uma acusação contra Obama e Clinton por sua falha em denunciar esse fiel aliado dos EUA e de Israel. A luta ao nosso redor na Tahrir foi tão feroz que pudemos sentir o cheiro de sangue.

Os homens e mulheres que exigiam o fim do governo de 30 anos de Mubarak lutaram com imensa coragem, que mais tarde se transformou em uma espécie de crueldade terrível. Alguns arrastaram homens da segurança de Mubarak pela praça, espancando-os até que o sangue escorresse de suas cabeças e respingasse em suas roupas. O Terceiro Exército Egípcio não podia — ou não queria — cruzar a Praça Tahrir para ajudar os feridos.

E onde, em meio a todo esse ódio e sangue, estava o Ocidente? Relatar sua resposta vergonhosa a cada dia poderia induzir insônia. Por volta das 3h daquela mesma manhã, eu havia assistido ao ex-primeiro-ministro britânico Tony Blair enquanto ele lutava para explicar, em seu papel de enviado da "paz" no Oriente Médio, nossa necessidade de "partilhar o processo de mudança" no Egito. Por anos, ele bajularia ditadores enquanto incentivava a guerra contra o Irã; ele se tornaria amigo de Sisi após seu golpe militar. Mas em 2011, ele estava dando seus conselhos aos antagonistas da revolução egípcia. Havia três elementos em jogo, informou ele a seu público: "um governo que não é eleito de acordo com o sistema de democracia que defendemos" e "grupos islâmicos que levariam a situação em uma direção completamente diferente", uma clara referência à Irmandade Muçulmana.

E, sendo Blair, havia "pessoas bem-intencionadas" que precisavam de "tempo para se organizar". Eram claramente os milhões de jovens corajosos que desejavam se livrar de um governo que não era eleito de acordo com o sistema que Blair e seus compatriotas "defendiam" e estavam arriscando suas vidas para isso. Blair falou de um "plano de ação" para esta "parceria". Em outras palavras, ele desejava que os jovens do Egito aceitassem conselhos dos adultos, dos destroços do próprio regime de Mubarak, do Ocidente, dele.

Que houvesse salafistas entre os grupos de protesto era compreensível. Uma vez que a revolução parecia ter potencial de sucesso, aqueles que mais haviam sofrido sob sua tirania tinham todo o direito de se juntar aos manifestantes. A Irmandade Muçulmana, cuja ganância e desejo de poder político desempenharam seu papel usual, evitou a Praça Tahrir até que sentiram a fraqueza do regime — e então juntou-se privadamente às conversas com as mesmas autoridades para se prepararem para seu próprio possível papel em um futuro governo. Foi Mohamed Morsi, em breve o presidente eleito, quem prometeu em 4 de fevereiro que "O povo derrubou o regime e não vemos sentido em qualquer diálogo com um regime ilegítimo."[2]

No entanto, no dia seguinte, a Irmandade anunciou que participaria justamente desse diálogo com o sinistro e recém-nomeado vice-presidente de 75 anos de Mubarak, Omar Suleiman, o principal agente de inteligência do país e principal interlocutor do Egito com Israel. E Morsi foi um dos delegados da Irmandade que foi conversar com ele. Em 6 de fevereiro, enquanto os manifestantes na Tahrir denunciavam com raiva a aliança desprezível da Irmandade com o regime, Suleiman apareceu na CNN com uma mensagem que poderia ter sido de Mubarak — e não muito diferente da linha vendida por Blair. Suleiman estava empreendendo "um processo começando com o diálogo nacional (...) queremos que os jovens saibam que a todos os seus pedidos responderemos positivamente (...) Não que-

2 Em certo sentido, a Irmandade, o Ikhwan, ajudou as ditaduras a sobreviver porque era suficientemente islamista para representar uma ameaça aos tiranos "ocidentalizados", mas corrupta o suficiente para oferecer apoio aos mesmos regimes em troca de poder eleitoral. Assim, Mubarak poderia aceitar sua presença no parlamento como candidatos "independentes". Sisi tentaria persuadir o mundo, os egípcios e talvez até a si mesmo de que a Irmandade e o ISIS eram intercambiáveis, senão a mesma coisa. Em um Oriente Médio onde todos os cidadãos haviam se tornado "terroristas" reais ou potenciais — a menos que fossem presidentes —, você poderia colar qualquer rótulo em um inimigo político, acusá-lo de crimes contra o Estado e condená-lo à morte.

remos caos em nosso país". "Sou um velho", admitiu Suleiman. "Fiz muito pelo país e não tenho interesse em ser presidente deste país. Quando o Presidente [Mubarak] me pediu para ser vice-presidente, aceitei imediatamente, apenas para ajudá-lo neste momento crítico."

Longe de convencer "jovens", as promessas de Suleiman estavam destinadas a enfurecê-los. O povo egípcio ferido, mas impenitente, na Praça Tahrir estava exausto do velho chavão de agitação inspirada no Islã, conspirações estrangeiras e caos iminente — esses eram contos para assustar crianças ou presidentes norte-americanos.

Durante toda a vida, os egípcios foram forçados a viver em um mundo infantilizado de eleições falsas, parlamentos falsos, jornais falsos e opinião pública falsa. Qualquer quebra das regras exigiria uma visita à delegacia de polícia, com tudo o que isso implicava. Mas todos sabiam que a obediência e a lealdade seriam recompensadas com pão, dinheiro, status, emprego seguro e a manutenção da disciplina familiar conservadora e patriarcal que sempre conquistaria o apoio total de metade da população: os homens.

Mas, de repente, essas crianças cresceram. Novamente, não acredito que devamos dar crédito demasiado a Facebook, Twitter e YouTube. Isso pode ter aumentado a velocidade dos eventos, mas não forneceu a inspiração. Uma revolução social havia ocorrido dentro da sociedade egípcia e incluía todas as classes. Quando visitei pela primeira vez a Universidade do Cairo em 1977, poucos de seus alunos falavam inglês, e até mesmo a biblioteca do departamento de engenharia estava contida em uma pequena sala. Quando dei uma palestra na mesma universidade em 2010, a maioria dos alunos falava línguas estrangeiras e seu campus incluía uma ambiciosa biblioteca multidisciplinar. A televisão via satélite havia mostrado aos pobres que fora do Egito existiam nações mais ricas e mais pluralistas.

Esse foi um processo social lento e incremental que não surgiu por meio das mídias sociais[3]. Mas fez sua aparição em um curto espaço de

---

3 Estudiosos também sugeriram que a ênfase nas mídias sociais dentro de levantes populares tem sido equivocada, em parte devido ao viés do Ocidente em relação a sua própria tecnologia. Em um ensaio sobre a revolução egípcia, a cientista política canadense Genevieve Barrons argumentou que as comunicações "não constituíam a revolução em si, nem a instigaram". Concentrar-se apenas nas mídias sociais "diminui os riscos pessoais que os egípcios correram ao sair às ruas para enfrentar balas de borracha e gás lacrimogêneo, bem como armas mais letais. As mídias sociais não foram nem a causa nem o catalisador da revolução..."

tempo, e suspeito que tenha algo a ver com o comportamento do autocrata árabe em relação à própria família. A maioria dos tiranos árabes retratava-se como pais de sua nação; foi quando ficou evidente que o pai da nação pretendia passar a nação não para seu povo, mas para seus filhos biológicos, que todo o sistema começou a se desintegrar.

Visitando o Egito pouco antes da revolução, fui informado de que a polícia de segurança de Mubarak estava arrancando dos muros do subúrbio Mohandesin do Cairo fotos de seu filho empresário, Gamal. Grafites haviam sido escritos em muitos dos cartazes. Reis e emires árabes não escondiam seu sistema medieval de sucessão, mas ele não tinha muita influência na imaginação popular. Se havia uma barganha entre a servilidade de um povo e a "figura monárquica" que o governava, isso não incluía a restauração de um califado.

No entanto, no espaço de apenas alguns anos, isso era o que as principais famílias autocráticas do Oriente Médio estavam planejando. Gaddafi pretendia que seu filho Saif se tornasse o dono da Líbia. Ben Ali já estava espalhando a riqueza de sua nação por sua família. Hafez al-Assad legou postumamente a Síria a seu filho Bashar, e uma reunião extraordinária do partido Baath Árabe Sírio foi convocada para baixar a idade do presidente constitucional da Síria após a morte do pai, para que o jovem Bashar pudesse ascender ao seu califado. Gamal Mubarak já ocupava cargos de alto nível no Partido Democrático Nacional de Hosni quando seu pai foi deposto. Foi essa traição familiar da autocracia que ajudou a provocar o despertar árabe. Eles se levantaram de suas camas opressivas para descobrir que não precisavam ter medo ou acreditar em pesadelos infantis.

Trapos imundos agora pendiam no canto da praça, as últimas roupas usadas pelos mártires de Tahrir, suas fotos espalhadas acima das multidões. No décimo sexto dia da revolução, 8 de fevereiro, o povo homenageou seus mortos em dezenas de milhares em sua maior marcha já realizada contra a ditadura, um povo suado que empurrava, gritava, chorava, alegre, temeroso de que o mundo pudesse esquecer sua coragem. Bem acima de nós, uma fotomontagem fantasmagórica batia ao vento: a cabeça de Mubarak sobreposta à terrível imagem de Saddam Hussein com a corda no pescoço.

O pai do povo egípcio havia trazido um novo governo de volta ao trabalho na esperança de que a nação pudesse deslizar de volta para seu antigo torpor autocrático; postos de gasolina abertos, bancos distribuindo dinheiro, ministros sentados eretos na televisão estatal enquanto o homem que prometeu permanecer rei os aconselhava sobre a necessidade de trazer ordem ao caos. Mas Issam Etman provou que ele estava errado.

Empurrado e espancado pelas milhares de pessoas ao seu redor, ele carregava sua filha de cinco anos, Khadiga, nos ombros. "Estou aqui pela minha filha", gritou acima do protesto. "É pela liberdade dela que quero que Mubarak vá embora." E o tempo todo, a menina ficou sentada nos ombros de Issam Etman e olhou para a multidão com espanto.

Milhares de novos manifestantes haviam vindo aqui pela primeira vez. Os soldados do Terceiro Exército devem ter sido superados em número de 40.000 para um e sentaram-se mansamente em seus tanques, sorrindo nervosamente; uma força militar transformada em impotência por um exército de dissidência. Muitos disseram que tinham vindo porque temiam que o mundo estivesse perdendo o interesse em sua luta, porque as multidões haviam diminuído nos últimos dias, porque as equipes de filmagem haviam partido para outras tragédias, porque o cheiro de traição estava no ar. Se a República da Tahrir secasse, o despertar nacional teria acabado. Era fácil esquecer como o regime poderia persuadir os "moderados" entre o povo a rebaixar sua única demanda.

Os regimes criam raízes de ferro, e assim foi no Egito. Os assassinos do Ministério do Interior, os policiais da segurança do Estado, o ditador que lhes dava ordens, ainda estavam em operação. Era fácil acusar as centenas de milhares de ingenuidade, de superconfiança na internet. Às vezes, eu sentia que os jovens do Egito começaram a acreditar na tela em vez de na rua — de modo que, quando saíram às ruas, ficaram profundamente chocados com a violência do Estado e a força brutal contínua do regime. Mas como um povo que viveu sob ditadura por tanto tempo pode planejar sua revolução? O Egito era uma tempestade sem direção, uma inundação de expressão popular que não se encaixava perfeitamente em nossos livros de história revolucionária ou em nossa meteorologia política. Há menos de 20 anos, havíamos nos regozijado com a queda das ditaduras comunistas, mas agora observávamos com tristeza os extraordinários acontecimentos no Cairo com o mesmo entusiasmo que muitos ditadores da Europa Oriental observavam a queda de seus regimes aliados do Pacto de Varsóvia.

Se nós, os de fora, realmente acreditássemos na teoria do regime-ou-caos que ainda dominava Washington, Londres e Paris, a natureza secular e democratizada desse grande protesto também seria prejudicada. As unhas de ferro desse regime, escrevi naquela noite:

> "há muito tempo cresceram na areia, mais profundas que as pirâmides, mais poderosas que a ideologia. Não vimos o fim dessa criatura em particular. Nem de sua vingança."

* * *

Todos de repente explodiram em cantos, risos e choro, gritos e orações, ajoelhando-se na estrada e beijando o asfalto, louvando a Deus por livrá-los de Hosni Mubarak. Era como se a alegria pudesse sufocar décadas de ditadura, dor e humilhação, desesperança e sangue. Para sempre seria conhecida como a Revolução Egípcia de 25 de Janeiro — o dia em que a rebelião começou.

Já estava escuro naquela noite de 11 de fevereiro quando Nelofer e eu chegamos à beira da praça. Estávamos exaustos depois de passar cinco dias na praça, a cada hora esperando o anúncio da partida de Mubarak. Um dia antes, ele havia aparecido na enorme tela de televisão acima da Tahrir, chamando os manifestantes de "filhos", alertando para o "terror" e falando de seu heroísmo passado como oficial da força aérea egípcia na guerra de 1973. As multidões haviam rugido seu desafio por todo o Egito, e homens e mulheres tiraram os sapatos e apontaram os calcanhares para as grandes telas em desdém.

Mas agora o impossível tornou-se possível — e em menos de cinco segundos. No exato momento em que os milhares ao nosso redor ouviram a notícia, eles se transfiguraram, possuídos, transformados. Era como se, apesar da escuridão, o amanhecer tivesse brilhado em seus rostos. Aqueles que oraram viram a prova de sua crença, uma descoberta de que o bem pode conquistar o mal, que a coragem deve ser reconhecida como uma faculdade humana que não pode ser diminuída ou destruída na câmara de tortura.

Os árabes foram retratados como fracos, mentirosos, obedientes ao poder, temerosos da violência, amedrontados por suas vidas quando confrontados com a invasão ocidental. O povo ficou chocado com sua própria capacidade de empurrar a grande roda da história e descobrir que ela se movia.

A câmera de Nelofer girava e capturou o homem barbudo de meia-idade ao meu lado que de repente se ajoelhou e beijou a estrada. Os egípcios foram humildes em sua vitória. Quando Mubarak se recusou a sair na noite anterior, eles rugiram sua raiva. Em muitos países, eles teriam incendiado edifícios do governo após um discurso de tamanha arrogância; na Praça Tahrir, eles realizaram leituras de poesia. E agora ouviram que seu antagonista miserável havia ido embora.

Se as conexões entre as insurreições na Tunísia e no Egito foram de inspiração — poderíamos mais tarde adicionar o Bahrein e subsequentemente a Síria —, a resposta das autoridades estaduais foi quase idêntica. Os policiais no Cairo obviamente haviam visto fitas dos policiais em Túnis espancando os oponentes do governo e responderam da mesma maneira. Policiais uniformizados enfrentaram os manifestantes, suas fileiras abrindo-se para que os baltagi corressem para a frente e atingissem os manifestantes com paus, pedras, cassetetes e barras de ferro. Eles recuavam para as linhas policiais enquanto as multidões eram atingidas por gás lacrimogêneo; após o que os manifestantes superavam as forças de segurança do Estado e seus mafiosos.

Mas o que aconteceu quando liguei a Al Jazeera nos dias seguintes para ver para onde deveria viajar a seguir? Lá nas ruas do Iêmen, policiais da segurança do Estado atacavam com cassetetes multidões de manifestantes pró-democracia de Sanaá e depois abriam fileiras para permitir que homens à paisana atacassem o povo com paus, barras de ferro e pistolas. Quando os policiais-criminosos recuavam, as autoridades iemenitas despejavam latas de gás lacrimogêneo sobre seus oponentes. Alguns minutos depois, assisti a policiais argelinos espancando a multidão com cassetetes na cidade de Argel, permitindo que as gangues criminosas do Estado assumissem o controle antes de pulverizar as ruas com gás lacrimogêneo. Então assisti às cenas no Bahrein onde precisamente a mesma rotina era realizada.

Essa sequência de eventos adquiriu seu próprio tédio, como se os lados opostos avançassem e recuassem na hora certa, cada um ciente de seu papel no drama da rebelião. Isso não deveria ter sido surpreendente. Durante décadas, os serviços secretos desses países árabes haviam visitado as capitais uns dos outros e trocado dicas de suas experiências práticas de repressão estatal. No Cairo, dizia-se que os egípcios no centro de interrogatório da Rua Lazoughli aprenderam a usar eletricidade com mais eficácia nas línguas e genitais dos prisioneiros após uma visita de seus homólogos da delegacia de polícia de Chateauneuf no centro de Argel. Quando eu estava relatando em Argel em dezembro de 2010, o chefe da segurança estatal tunisiana fez uma visita oficial ao país. Quase esmagados por seus inimigos islâmicos em 1994, os homens da segurança argelina viajaram para Damasco para aprender como Hafez al-Assad lidou com a revolta muçulmana de 1982 em Hama: massacrar o povo, explodir a cidade, deixar os cadáveres de inocentes e culpados para os sobreviventes verem.

Nessa universidade infernal e aberta da tortura, havia uma rodada constante de conferências e relatos de "interrogatórios" em primeira mão pelos sádicos do mundo árabe, com o apoio do Pentágono e seus escandalosos "manuais de cooperação estratégica". O aparato de segurança da Autoridade Palestina aprenderia com os israelenses e com seus colegas de assistência de segurança norte-americanos. O mundo árabe em revolta ainda poderia estar dividido por suas antigas fronteiras, mas o universo da tortura não conhecia tais fronteiras pós-coloniais.[4]

Portanto, era crucial entender não apenas o poder do exército que havia apoiado os autocratas egípcios desde 1952, mas também seu relacionamento com o que uma egípcia, filha de um oficial militar de alto escalão, já estava chamando de "estado profundo". Omar Suleiman era admirado pelos norte-americanos e israelenses; e com razão, já que ele havia concordado, mais de uma década antes, com o programa de "rendição" dos EUA, no qual prisioneiros eram enviados ao Cairo para interrogatórios por meio de tortura. O marechal de campo Mohamed Tantawi e sua equipe, portanto, mantiveram uma distância sutil do velho, mas todos os oficiais militares de alto escalão haviam alcançado seus cargos sob Mubarak e não poderiam tê-lo feito sem seu consentimento. Entre os milhões de manifestantes, ninguém objetou quando o comando do exército dissolveu o parlamento, já que as eleições para a assembleia de Mubarak eram tão transparentemente fraudulentas. A suspensão da constituição deixou a maioria dos egípcios indiferentes. E o exército anunciou que ficaria no poder por apenas seis meses.

Contudo, uma divergência clara surgiu quase imediatamente entre os jovens que derrubaram o regime de Mubarak e as concessões que o exército parecia disposto a conceder a eles. Em 13 de fevereiro, um pequeno comício ao lado da Praça Tahrir distribuiu uma série de demandas impressas que incluíam a suspensão da antiga lei de emergência de Mubarak e a liberdade para presos políticos. Sobre esta última exigência,

4 Portanto, em novembro de 2016, o General Jamil Hassan, chefe do terrível serviço de inteligência da Segurança Aérea da Síria, confirmou pessoalmente a mim, em Hama, que seu governo acabara de receber uma delegação de oficiais da mukhabarat egípcia que havia sido enviada a Damasco por instruções pessoais do marechal-presidente Abdel Fattah al-Sisi para compartilhar suas experiências com os sírios.

o exército permaneceu suspeitosamente silencioso. Seria isso porque há prisioneiros que sabem demais sobre o envolvimento do exército com o regime anterior? Ou porque prisioneiros fugitivos e recém-libertados estavam agora retornando ao Cairo e Alexandria de campos no deserto com histórias terríveis de tortura e execuções por militares?

Cinco dias depois, com seu habitual trabalho detetivesco inesgotável, Donald Macintyre revelou que guardas das torres de vigia da prisão egípcia de al-Qatta abriram fogo contra alguns dos 3.500 detentos que haviam organizado uma "revolução" dentro dos muros. Quando um inspetor sênior de prisões, o general Mohamed el-Batran, chegou mais cedo para dizer aos prisioneiros que eles seriam libertados e que os guardas seriam julgados por torturá-los, ele próprio foi morto a tiros por um dos funcionários da prisão — funcionários que então viraram suas armas contra os detentos.

E mesmo que eles não apoiassem mais o rais — o líder —, o alto comando militar egípcio era composto por homens da velha ordem. A maioria dos oficiais de mais alta patente do exército havia sido há muito tempo sugada pelo nexo de poder do regime e se beneficiado de enormes contratos comerciais — por que o alto comando deveria abrir mão desses lucrativos privilégios?

Pouco antes de retornar a Beirute, visitei uma loja de presentes surrada na ilha do Cairo de Zamalek e perguntei ao dono se ele poderia me vender uma fotografia de Saad Zaghloul. De um saco de papel no fundo da loja saiu um retrato do pai da verdadeira luta pela independência do Egito, o herói wafdista de 1919, quando o povo egípcio marchou em manifestações de rua e realizou greves industriais para exigir o fim do domínio britânico.

A disseminação das greves pelo Egito, o corte das linhas ferroviárias, a brutalidade da repressão — por soldados britânicos em 1919, usando munição real como as balas e o gás lacrimogêneo dos capangas de Mubarak — era uma impressão digital do que aconteceria no Cairo um século depois. Mas em 1919, o presidente Wilson também fez um Obama. Em vez de apoiar os democratas egípcios e aderir ao seu evangelho de autodeterminação para todas as raças, Wilson imediatamente reconheceu o protetorado britânico sobre o Egito.

A imponente figura de bronze de Zaghloul na extremidade oeste da Ponte Leão Qasr El Nil sobre o Nilo estava envolta na fumaça persistente de granadas de gás lacrimogêneo quando as multidões pró-democracia repeliram os policiais e sua máfia à paisana em 28 de janeiro. Na fotografia que comprei no Cairo, ele está sentado em uma cadeira ornamentada pseudo-Louis XV. De volta a Beirute, o meu emoldurador queria englobá-lo em uma grossa moldura marrom de avô, o que o fazia parecer um parente falecido.

Ao longo dos 35 anos anteriores, geralmente odiava minhas designações para o Cairo, mas de repente comecei a gostar da cidade. Seu povo havia despertado da hibernação da ditadura com uma coragem, maturidade e humor que provaram como os ocidentais estavam errados ao acreditar que um excesso de ditaduras tornava os egípcios politicamente comatosos, obedientes, desesperadamente condenados a existir nas sombras da história de seu país. Zaghloul era a prova de que, mesmo na era do imperialismo, isso não era verdade.

Ser romântico sobre o presente é perdoável, mas ser nostálgico sobre o passado não é. Zaghloul era um líder astuto do partido nacionalista Wafd ("Delegação"), mas seu desejo de poder permitiu que ele cedesse aos britânicos e aceitasse seu status de protetorado no Egito — para a fúria de Huda Shaarawi, uma das mais proeminentes e ricas feministas do Egito. Ela e a esposa de Zaghloul, Safiya, haviam feito campanha pelo sufrágio feminino e pela igualdade de direitos, mas Shaarawi ficou indignada quando Zaghloul se recusou categoricamente a convidar seu grupo de mulheres para a abertura do parlamento egípcio. A maioria das líderes femininas era educada e de classe média, visitava a Europa e ficava feliz em alistar mulheres mais pobres na luta nacionalista. Mas fizeram menos esforço para mobilizar socialmente os milhões de mulheres egípcias que viviam na miséria e sob a dominação masculina nas favelas da cidade.

Shaarawi, a uma certa distância da miséria do Cairo, criou um exército de "cadetes" femininas, incluindo duas de suas primas — "uma espécie de ágil exército de voluntárias para levar o bem-estar às portas dos pobres", como a biógrafa de Shaarawi delicadamente colocou — e relatar "sobre a falta de água potável, ruas enlameadas e outros problemas". Talvez a mais proeminente "mulher de letras" entre as primeiras feministas árabes tenha sido a poeta e ensaísta libanesa-palestina May Ziadeh, que manteve longa correspondência com o poeta libanês Kahlil Gibran. Em uma palestra no Cairo em 1914, ela proclamou que "a civilização do futuro não pertence apenas ao homem. É a civilização da humanidade, pois as mulheres estão lentamente [sic] ascendendo a sua verdadeira posição ao lado dos homens (...) aqui no Egito, as correntes que por séculos haviam aprisionado as mulheres estão começando a se despedaçar". No início dos anos 1920, era moda para as defensoras dos direitos das mulheres egípcias tirarem seus véus tradicionais em público — o que Huda Shaarawi e Safiya Zaghloul fizeram de forma muito ostensiva. Essas pioneiras iniciariam leis para proteger as trabalhadoras nas fábricas e incentivar as alunas a ingressar na universidade. Mas levaria quase um século para que as mulheres egípcias participassem ativamente do sindicalismo ou do protesto revolucionário popular.

Seria possível retornar àqueles dias anteriores e descobrir o que deu errado? No próprio dia em que 50 milhões de egípcios estavam esperando para saber se haviam eleito Mohamed Morsi como presidente, o melhor que pude fazer foi ir à casa do grande homem 85 anos após sua morte. "A Casa do Povo", era chamada, e mesmo agora abafava o rugido de carros e ônibus da Rua Qasr el-Aini e da estação de metrô próxima que leva o nome de Zaghloul. Diferentemente de Morsi, Zaghloul queria viver em um Egito moderno, progressista e secular. Pode-se ver por que em 2013 se poderia sentir sua falta, após uma campanha eleitoral em que as palavras "Islã" e "segurança" pareciam ser lugares-comuns intercambiáveis. Mas Zaghloul não era perfeito. Ele não conseguiu causar nenhuma impressão nos delegados da conferência de paz de Versalhes e não conseguiu impedir que os britânicos separassem o Sudão do Egito. A partir daquele momento, os líderes árabes — na Síria, na Palestina e na Jordânia, no Líbano — teriam que aceitar a mesma partição imperial de suas terras. Após uma tentativa de assassinato na estação ferroviária do Cairo, Zaghloul guardou o casaco cinza que estava usando quando foi baleado. Ele está pendurado do lado de fora de seu quarto, seu sangue ainda manchando o tecido.

Morsi era um lacaio da Irmandade Muçulmana que venceria por pouco a eleição em junho de 2013 sobre Ahmed Shafiq, um lacaio de Mubarak que os militares talvez preferissem. O primeiro não era revolucionário, nem feminista, nem muito nacionalista, mas o "estado profundo" representado por seu oponente recuou, por um curto período, e Zaghloul teria aprovado.

Como o exército parecia se mover rapidamente para o centro do quadro. Em vez dos jovens, temerosos e corajosos manifestantes da Tahrir, os telespectadores egípcios foram subitamente confrontados com os generais superpatriotas e sisudos do Conselho Supremo das Forças Armadas (SCAF). A realidade prosaica era que o exército egípcio, desde o golpe de Naguib-Nasser de 1952, havia sido o alicerce institucional do poder político no Egito. De uma ralé derrotada após a guerra de 1967 para as legiões vitoriosas que cruzaram o Canal de Suez em 1973, o exército havia sido amolecido pelo privilégio e pela riqueza, seus generais homens de negócios consumados que protegiam bilhões de dólares em imóveis e investimentos estrangeiros. Mas depois de 2011, esses mesmos generais tiveram que aprender a cuidar de sua propriedade e de sua posição, a "gerenciar" eventos para que ninguém pudesse contestar a necessidade de sua mão guia.

Dentro de dias da partida de Mubarak para Sharm el-Sheikh, ficou evidente para os egípcios que algo havia dado terrivelmente errado com sua revolução. O SCAF começou a bajular os Irmãos Muçulmanos de meia-idade e os salafistas, os generais conversando com os pseudo-islamistas enquanto os jovens, os liberais, os pobres e os ricos que derrubaram o ditador foram ignorados. A economia estava entrando em colapso. A anarquia infiltrava-se nas ruas das cidades egípcias todas as noites. O sectarismo floresceu na escuridão. A polícia estava voltando ao seu trabalho sujo.

Bastava caminhar pelas ruas do Cairo no verão de 2011 para entender o que havia acontecido, para vagar novamente pelos hectares da Praça Tahrir e ouvir os cansados Kerensky insistindo em democracia e liberdade enquanto os velhos do regime de Mubarak mantinham-se aferrados. A velha cabeça de Tantawi agora estava enquadrada em pôsteres ao redor de Tahrir, e o velho grito de janeiro-fevereiro estava de volta: "Queremos o fim do regime".

Na ilha de trânsito, os grupúsculos da revolução agora tinham suas tendas com pequenos tapetes e cadeiras de plástico no chão de poeira, debatendo nasserismo, secularismo e o movimento pelos direitos civis cristãos, "O Movimento Juvenil do Bureau de Massa"; a Irmandade e os salafistas não estavam lá. Esses eram os debates que os democratas deveriam ter realizado antes da revolução. "Estamos cansados do Conselho Militar que está usando as mesmas ferramentas de Mubarak", disse-me Fahdi Philip, um estudante de veterinária da Universidade do Cairo de 26 anos, enquanto estávamos sentados no calor do verão. "O julgamento dos culpados está demorando. O estado de insegurança ainda está conosco".

De acordo com uma comissão oficial do governo, 846 civis foram mortos pela polícia de segurança e franco-atiradores do Egito na revolução e apenas um policial foi julgado, *in absentia*, por matar manifestantes. Quando um protesto em massa pelas famílias dos "mártires" invadiu as ruas em junho, a polícia voltou à forma. Diante das câmeras de televisão, eles atiraram pedras nos manifestantes, bateram neles com paus e — em um incidente extraordinário — dançaram em direção a eles acenando espadas. Mais de 1.100 civis ficaram feridos. Temendo mais violência, o SCAF anunciou um novo fundo de US$ 15 milhões para compensar as famílias dos mortos e feridos na revolução. Mas assim que abri meus jornais matutinos do Cairo, vi uma fotografia colorida do marechal de campo Tantawi nomeando um novo "ministro da Informação". Apenas alguns meses antes, ele havia anunciado o total descarte do ministério da Informação. Assim como o jovem veterinário disse, Tantawi estava usando as velhas ferramentas de Mubarak.

Mas a melhor descrição do desespero veio do ensaísta e poeta Youssef Rakha, que escreveu um artigo profundamente eloquente no jornal Al-Ahram antes de uma manifestação de protesto "corretiva":

> "Amanhã é a "segunda revolução". As demandas da primeira revolução, que foram mais ou menos voluntariamente deixadas para o exército responder e, portanto, não foram atendidas, serão feitas de forma mais contundente, mais uma vez. É como se os revolucionários estivessem descobrindo de repente que o exército fazia parte do regime o tempo todo (...) A queda de Mubarak é, como se fosse pela primeira vez desde 17 de fevereiro, vista pelo que realmente foi: uma concessão significativa o suficiente à transformação social-política (...) mas que por si só não poderia levar à democracia".

Falando em uma "segunda revolução", Rakha foi um pouco prematuro. Aquele evento particular, por mais distorcido que fosse, seria organizado dois anos depois pelo próprio Sisi. O autor parecia entender, no entanto, por que a "transformação" não produziu "democracia". A vantagem da revolução de janeiro-fevereiro de 2011 foi que ela não tinha líderes, e assim ninguém para prender. Mas sua desvantagem era que não tinha líderes, e assim ninguém para assumir a responsabilidade pela revolução depois que ela acabou. Somente o exército egípcio poderia ser a potência "responsável".

Ao mesmo tempo, havia um humor perverso em tudo isso. Mubarak não construiu estátuas para si mesmo, mas seu nome havia enfeitado um grande número de projetos educacionais e urbanos no Egito. Havia 381 escolas Hosni Mubarak, outras 160 em homenagem à sua esposa meio-inglesa Suzanne e uma em homenagem ao presidente que poderia ter sido, Gamal Mubarak. A Academia de Polícia Mubarak e o Hospital Especializado Suzanne Mubarak perderam seus nomes. Multidões mudaram a placa do metrô Mubarak para Estação dos Mártires da Revolução de 25 de Janeiro. Jornais que antes publicavam fotos do líder em suas primeiras páginas agora publicavam fotos dos 20 generais do SCAF, muitas vezes sentados em frente à figura cuidadosamente preparada de Mohamed Morsi.

Quando as primeiras eleições parlamentares livres do Egito foram realizadas, entre novembro de 2011 e janeiro de 2012, o Partido da Liberdade e da Justiça da Irmandade Muçulmana e outros grupos islâmicos ganharam uma grande maioria dos assentos parlamentares, quase garantindo que um membro da Irmandade se tornaria o próximo presidente. Embora a legitimidade dessa nova assembleia fosse negada e depois confirmada nos dois anos seguintes, a votação foi livre e justa. Nas últimas eleições parlamentares de 2010, boicotadas pela Irmandade, o Partido Nacional Democrático de Mubarak havia reivindicado uma vitória cansativamente previsível de 83%. Nas eleições parlamentares pós-revolução de 2011-12, os partidos islamistas venceram mais honestamente 71% dos votos. Na eleição presidencial de junho de 2012, Morsi receberia apenas 51,7%, um resultado credível. A vitória presidencial pós-golpe de Sisi em 2018, no entanto, voltou naturalmente ao conforto autocrático de 97,08%.

No entanto, muito antes de Morsi ser eleito presidente, as operações do exército egípcio tornaram-se cada vez mais opressivas em uma série de incidentes violentos que incluíram assassinatos nas ruas, prisões em massa e espancamento de mulheres jovens. O comportamento do exército egípcio nesse período muitas vezes foi ignorado por interesse da "democracia" que o SCAF havia prometido apadrinhar. Como esse foi um período de grande incerteza política, devemos evitar a tentação de considerar o exército uma criatura corrupta e monolítica, voltada apenas para sua própria sobrevivência econômica e executando um "estado profundo" que poderia controlar a nação.

Dezenas de milhares de soldados egípcios haviam respondido à revolução com grande contenção e até mesmo apoio tácito; outros exércitos árabes iriam se mostrar muito menos compassivos nos próximos meses. Se o comando militar egípcio às vezes parecia desastrado e dividido, isso pode ter refletido a verdade. Não havia nenhum "cérebro" militar por trás das ordens do ministério da Defesa. Mas havia uma classe entre os oficiais do exército que buscava eliminar, um por um, aqueles grupos que se oporiam a um regime militar, em vez de destruí-los em um único ataque violento? E se esses oficiais superiores desejassem podar os ramos da revolução, a participação das mulheres era algo que não podia ser tolerado.

Será que foi por isso que de repente, sem motivo aparente, ocorreu uma série de ataques sexuais por soldados que claramente tinham a intenção de assustar as jovens mulheres das ruas? Estes últimos revelaram um lado do exército egípcio que nenhum de nós havia reconhecido até então: uma exibição misógina e chocante de brutalidade contra as mulheres que não poderia ter sido obra de algumas unidades indisciplinadas. Milhares de mulheres protestaram em dezembro de 2011 depois que policiais militares chutaram, bateram, despiram parcialmente e pisotearam os seios de uma jovem manifestante muçulmana. O ataque foi claramente um assalto sexual cometido por militares, um ato vergonhoso que foi apenas o último de uma série de ataques de soldados a mulheres desprotegidas na Tahrir. Os heróis da guerra de 1973 haviam se tornado molestadores.

Muito mais sinistros foram os testes de virgindade a que as jovens mulheres presas na Tahrir foram submetidas pelo exército em março de 2011, muitas vezes na frente de pessoal masculino. Assim, segundo acreditávamos, elas não poderiam mais fazer acusações futuras de estupro contra soldados. A CNN citou um "general sênior" anônimo explicando que "as garotas que foram detidas não eram como sua filha ou a minha. Não queríamos que elas dissessem que havíamos abusado sexualmente delas ou estuprado, então queríamos provar que elas não eram virgens em primeiro lugar. Essas eram meninas que haviam acampado em tendas com manifestantes homens na Praça Tahrir e encontramos coquetéis Molotov nas tendas". Os primeiros "testes" foram realizados depois que a polícia à paisana atacou os manifestantes enquanto o exército limpava a praça. A Anistia Internacional descobriu que 18 detentas haviam sido ameaçadas com acusações de prostituição; ex-detentas falaram de tortura elétrica e de serem forçadas a se despir na frente das câmeras. O general Abdel Fattah al-Sisi, chefe da inteligência do exército egípcio, que Morsi nomearia ministro da Defesa em agosto de 2012, defendeu os testes de virgindade. "O procedimento", disse ele, "foi feito para proteger as meninas do estupro, bem como para proteger os soldados e oficiais de acusações de estupro".

Esses eventos causaram brevemente uma comoção internacional, embora a indignação expressa pelos líderes ocidentais não tenha abordado o propósito político por trás desses atos, que era, certamente, afastar as mulheres egípcias do protesto político físico. Elas eram toleradas quando quebravam as pedras do calçamento para ajudar os manifestantes a se defenderem dos capangas de Mubarak, mas não quando se opunham aos militares pós-revolucionários.

Uma declaração de 12 grupos egípcios de direitos humanos publicada em novembro de 2011, incluindo pelo menos dois grupos de mulheres, acusou o SCAF de empregar "execuções extrajudiciais, tortura, prisão arbitrária, testes de virgindade forçada e julgamentos militares" contra "profissionais da mídia, blogueiros, liberais, esquerdistas ou ativistas de direitos humanos" enquanto deixava intocados "aqueles grupos religiosos que cometeram crimes que ameaçam a paz social entre muçulmanos e coptas". O exército, disseram os grupos, estava agora "adotando os mesmos métodos do regime de Mubarak, reprimindo protestos e manifestações, usando força excessiva contra manifestantes pacíficos, matando dezenas de civis desarmados e realizando prisões arbitrárias".

A declaração também observou que "após várias promessas de emitir uma lei garantindo as liberdades sindicais e trabalhistas, a lei proposta nunca foi emitida e implementada. Em vez disso, após emitir um decreto para dissolver a Federação Geral de Sindicatos do Egito, outra decisão foi emitida para devolvê-la ao trabalho mais uma vez". Em outras palavras, as dezenas de milhares de trabalhadores industriais que haviam se reunido na Tahrir deveriam retornar às suas fábricas e obedecer ao antigo sindicato fantoche do governo instituído por Mubarak. Se o exército de mulheres havia sido castrado meses após a revolta contra a ditadura, o exército de sindicatos e trabalhadores independentes seria brutalmente emasculado nos próximos meses e anos.

Quanto à juventude da revolução, eles rapidamente perceberam que o exército não estava mais nas ruas para protegê-los. Em 9 de março de 2011, soldados lutaram contra manifestantes ao lado de homens à paisana armados com cassetetes, derrubando tendas e espancando jovens. No final de maio, manifestantes pacíficos, muitos agora argumentando que o exército havia se tornado uma nova ditadura, estavam sendo julgados diante de tribunais militares — até 5.600 em dois meses.

No entanto, os islamistas continuaram a se refestelar no abraço do exército. O major general Mohamed al-Assar, um general do SCAF, disse a uma audiência em Washington em julho que "dia após dia, a Irmandade está mudando e seguindo um caminho mais moderado. Eles têm a vontade de compartilhar a vida política". Até mesmo a Irmandade protestou quando seus aliados eleitorais salafistas tomaram conta de um comício na Tahrir que forçou 30 partidos políticos e grupos seculares a abandonar a praça no final do mês. Descobrir o slogan "erga a cabeça — você é um egípcio" substituído por "erga a cabeça — você é um muçulmano" foi demais até mesmo para Mohamed Beltagy, um proeminente político da Irmandade.

Mas o Partido da Liberdade e da Justiça da Irmandade também ficou com ciúmes quando o primeiro-ministro turco Erdogan chegou para apoiar a revolução egípcia em setembro. As nações ocidentais já haviam começado a exortar ingenuamente os árabes a considerar a Turquia como um modelo para a futura "democracia" no Oriente Médio, aparentemente esquecendo o tratamento dos turcos à sua minoria curda e a contínua recusa do país em reconhecer o genocídio armênio de 1915. Menos de cinco anos depois e após um golpe fracassado contra ele, Erdogan prenderia mais detentos políticos do que Sisi após seu golpe bem-sucedido em 2013.

Mas o exército tinha uma performance espectral para distrair as massas egípcias: o muito prometido julgamento de Mubarak em agosto, junto com seus filhos, na escola de polícia fora do Cairo. Olhe com cuidado e você pode até ver que parte da placa dizendo "Academia de Polícia" havia sido gentilmente retirada da parede. Até que seu homônimo aparecesse para seu dia no tribunal, era, é claro, a "Academia de Polícia Mubarak".

Então, justo quando os ditadores árabes restantes precisavam desesperadamente beber das águas frescas de um verão árabe, surgiu o exército egípcio para envenenar o poço. Diante de suas telas de televisão via satélite, os tiranos podiam ver um rosto trêmulo e emaranhado, dedos frágeis brincando com o nariz e a boca, mas, por apenas alguns breves momentos, podiam ver os mesmos velhos olhos arrogantes. Então o pesado microfone preto apareceu na mão esquerda do homem. "Estou aqui, meritíssimo", disse uma voz assustadoramente forte. "Eu não cometi nenhum desses crimes".

E assim o Egito colocou seu miserável e antigo autocrata em julgamento, junto com seus filhos fúteis e mal-humorados. Os advogados gritavam a dor de seus clientes; de tortura, de franco-atiradores, do assassinato do próprio povo do Egito na revolta de janeiro-fevereiro, da brutalidade das forças de segurança. E para quem essas terríveis acusações também se aplicavam? Damasco veio à mente. E a capital líbia de Trípoli. E a capital do Bahrein, Manama. E Rabat, Argel e Riad.

Mas, através das vastas e áridas terras baldias dos déspotas árabes, suas próprias estações de televisão governamentais continuavam a mostrar multidões amigáveis, todas as quais amavam seus presidentes, reis e potentados que nunca poderiam ser acusados desses crimes terríveis. Fora do Egito, a única cobertura nacional ao vivo do julgamento foi transmitida pela Tunísia pós-revolucionária e pela televisão Al-Manar do Hezbollah no Líbano.

Os egípcios — e o Ocidente — deveriam levar isso a sério. Acreditávamos que a história colocaria essas cenas na academia de polícia em capítulos inteiros; foi o momento em que um país provou não apenas que sua revolução era real, mas que suas vítimas eram reais, o sofrimento de seu povo descrito forensicamente. Poderíamos parar a infecção árabe, perguntamos a nós mesmos, limpar as águas envenenadas? Se isso fosse um caso de confeitaria, um ou dois bombons para agradar as massas, prometia ser um assunto muito mais sério até o final do dia. "Você é Mohamed Hosni Sayed Mubarak?", perguntou o juiz Ahmed Refaat. Advogados de defesa e acusação gritavam suas demandas, os homens de Mubarak tentando prolongar o julgamento por semanas, meses, anos, por milhares de páginas de provas e intimações de todos os homens ao redor do presidente despedaçado.

E então os advogados dos "reclamantes de direitos civis" gritaram os nomes das vítimas. Eles haviam caminhado e foram abatidos nas ruas do Cairo, de Alexandria e de Giza, morrendo espantados enquanto os capangas de Mubarak atiravam neles.

O ex-ministro do Interior, Habib al-Adly, de terno azul e ignorado por Gamal e Alaa Mubarak, pairou de seu lado da jaula para receber ainda mais acusações de corrupção e violência. Ele já havia recebido uma sentença de 12 anos e parecia uma figura patética atrás das barras de ferro e da malha de arame da jaula da prisão do tribunal. Há muito tempo, pedi-lhe uma entrevista para discutir seus negócios — e disseram-me que seria preso se pedisse novamente.

"Nego todas as acusações", anunciou Gamal. "Nego tudo", declarou Alaa. Houve até mesmo um pedido para citar o general Tantawi, o que certamente estava levando as coisas longe demais. De Damasco, Amã, Rabat, Manama e Riad, veio apenas silêncio. E então as câmeras também foram cobertas quando o juiz Refaat, de 69 anos, ordenou que a cobertura televisiva ao vivo do julgamento fosse interrompida "no interesse público". É verdade que os advogados posavam para as câmeras, agitando-se como se quisessem fazer um nome para si mesmos, mas os militares decidiram que as massas haviam consumido o suficiente dessa papa.

O julgamento continuou por cinco meses de atrasos, relatos de testemunhas confusos e adiamentos legais. Mubarak, o procurador-chefe Mustafa Suleiman afirmou em janeiro de 2012, "merece terminar em humilhação e indignidade: do palácio presidencial à jaula dos réus e depois à pena mais severa". Os dois filhos já haviam circulado um apelo por clemência em uma carta trazida de sua prisão pelo empresário mais proeminente de Omã, na qual lamentavam que "passamos por várias rodadas de investigações politicamente motivadas que se assemelham mais a uma caça às bruxas dirigida à nossa família em geral". A mídia foi manipulada, reclamaram os dois homens, as investigações "corrompidas", as acusações "fabricadas" e seus advogados caluniados. Não havia dúvida de que havia um elemento de verdade em tudo isso; mas como o regime de seu pai havia rotineiramente praticado tais ilegalidades, era improvável que sua carta contrabandeada comprasse muita simpatia.[5]

No Egito, a injustiça agora poderia ser reconhecida. Enquanto o julgamento de Mubarak se arrastava, novos vídeos foram coletados, juntamente com testemunhos oculares do tiroteio contra manifestantes pelos serviços de segurança de Mubarak. Em 2012, ele foi condenado à prisão perpétua pela morte de manifestantes, mas em novembro de 2014, mais de um ano depois de Sisi ter dado um golpe contra o governo eleito de Morsi, o Tribunal Criminal do Cairo rejeitou as acusações de conspiração para matar contra Mubarak. As acusações de desvio de dinheiro contra ele também foram retiradas. Houve um novo julgamento, mas em 2017 os tribunais o absolveram novamente dos assassinatos de 2011 e ele foi libertado da prisão[6].

---

5 Nem sua defesa escandalosa da morte de manifestantes anti-Mubarak: "Quem em sã consciência poderia acreditar que Hosni Mubarak, com sua história de luta pela dignidade de seu povo (...) sequer pensaria em cometer tal crime? Na verdade, ele decidiu renunciar [sic] para evitar que a violência aumentasse." Em nenhum momento os filhos de Mubarak mostraram a menor simpatia pelas centenas de manifestantes mortos na revolta contra seu pai. Eles culparam a Irmandade Muçulmana por sua situação difícil.

6 Os filhos de Mubarak, Gamal e Alaa, foram libertados da prisão em outubro de 2015 porque já haviam cumprido pena por seus próprios crimes de desvio de dinheiro.

Quando jovens manifestantes pedindo a renúncia de Tantawi confrontaram a polícia fora da Universidade Americana do Cairo, 33 civis foram mortos. Muita raiva já havia sido gerada pela tentativa do exército de manter o orçamento de defesa em segredo e separado do orçamento nacional, já que estava envolvido em até 40% da economia do país.

Grupos de oficiais de médio escalão começaram a pedir a demissão de Tantawi. Três jovens oficiais apareceram em uma varanda sobre a Tahrir, sacudindo os punhos em apoio aos manifestantes. Um major do exército que se identificou ao Guardian como Tamer Samir Badr proclamou que "queria que as pessoas soubessem que há oficiais que estão com eles". Muitos outros oficiais haviam estado presentes nos protestos em roupas civis, disse ele. E quando pessoas foram mortas na praça uma semana antes, o exército havia emitido ordens para seus soldados não intervirem.

Dentro de dois meses, o Major Badr estava em uma prisão militar, aguardando julgamento, junto com mais de 20 outros oficiais que haviam se juntado à revolução em janeiro. Sua afirmação de que oficiais do exército em roupas civis haviam estado entre os manifestantes na Tahrir estava correta. Vários meses depois, no verão de 2012, eu conheceria um deles, um jovem que se aproximou de mim na praça e disse que queria falar comigo urgentemente. Morsi havia sido eleito presidente apenas alguns dias antes e eu suspeitava muito desse homem, mas ele me mostrou seu cartão de inteligência militar do exército, deu-me seu número de telefone e pediu para que eu o encontrasse em sua cidade natal, Alexandria, em um estacionamento atrás de um supermercado não muito longe do porto.

Peguei a estrada do deserto para Alexandria e lá estava meu contato, vestido agora de jeans e tênis. Apertamos as mãos. Sentaríamos em um banco perto do mar, disse ele. Sim, eu poderia tomar notas, mas ele tinha pouco tempo. E de forma alguma eu poderia revelar que havia conhecido algum membro do serviço de inteligência do exército. E então ele me contou uma história de eleições fraudadas, de uma minirrevolução no serviço de inteligência do exército, do assassinato secreto de soldados egípcios por forças do governo. Não havia como verificar essa informação. Pior ainda, como poderia explicar aos leitores do Independent que meu contato militar havia me dado informações que — se não podiam ser comprovadas independentemente — deveriam ser levadas a sério?

Voltando para o Cairo naquela tarde, fiquei pensando nesse problema. Mesmo que eu pudesse dar uma dica sobre a fonte da minha matéria, o exército rapidamente iria atrás dele. Cerca de duas horas ao sul de Alexandria, estava olhando para o oeste em direção ao sol poente quando vi uma raposa correndo entre as dunas. Ele correu pela areia, visível por apenas alguns segundos. Na poesia árabe e persa, a raposa surge como sábia e astuta, uma criatura um pouco suspeita, mas digna de respeito[7]. E me ocorreu que poderia usar uma "raposa" como minha fonte, que qualquer um que lesse meu relatório entenderia imediatamente que o animal representava uma criatura que sabia muitas coisas, mesmo que sua vida dependesse do ato de dissimular. E assim, sentado no Marriott Hotel ao lado do Nilo, escrevi um dos relatos mais curiosos da minha vida, uma fábula de Esopo sobre a revolução egípcia:

> "Há uma raposa na Praça Tahrir. De cauda espessa e pelagem grossa, ele afirma ouvir tudo. E isso é o que ele diz: que 51,7% dos eleitores egípcios votaram no ex-primeiro-ministro de Mubarak, Ahmed Shafiq, nas eleições do mês passado; que apenas 48,3% votaram em Mohamed Morsi (...) mas que os militares temiam tanto os centenas de milhares de apoiadores da Irmandade que se reuniriam na Praça Tahrir que deram a vitória a Morsi.
>
> Agora, as raposas podem ser enganosas. Mas essa é uma raposa bem conectada e ele afirma que Morsi realmente encontrou quatro membros importantes do Conselho Supremo das Forças Armadas do Egito quatro dias antes da proclamação dos resultados das eleições e que concordou em aceitar sua presidência perante o tribunal constitucional em vez do parlamento recém-dissolvido — que é exatamente o que ele fez [no último] sábado...
>
> Agora, por trás dessa peça de fofoca do tipo Reynard, há outra informação — chocante se for verdade —, de que o serviço de inteligência do exército egípcio está indignado com alguns membros do SCAF (em particular os quatro que supostamente encontraram Morsi) e quer uma minirrevolução para se livrar de oficiais que acredita serem corruptos. Esses jovens soldados se chamam de Novo Movimento Liberal — uma versão diferente do Movimento dos Oficiais Livres que derrubou o corrupto Rei Farouk lá em 1952.

---

7 Kahlil Gibran escreveu um pequeno poema sobre uma raposa faminta que começa seu dia procurando um camelo para o almoço, mas que ao meio-dia se contentaria com um rato. Alguns estudiosos acreditam que o deus egípcio Anúbis, senhor do submundo, era uma raposa em vez de um lobo ou um homem com uma cabeça canina.

> Muitos dos jovens oficiais de inteligência atuais simpatizavam com a revolução egípcia no ano passado — e vários deles foram mortos por atiradores do governo muito depois da partida de Mubarak durante uma manifestação na Praça Tahrir. Eles admiram o atual chefe da inteligência militar, que em breve se aposentará...[8]
> Tenho que dizer que todo o Cairo está fervilhando com "o acordo", e quase todos os jornais têm uma versão de como Morsi chegou à presidência — embora eu também deva acrescentar que nenhum deles foi tão longe quanto a raposa. Ele diz, por exemplo, que os serviços de inteligência militar — como alguns dos oficiais do SCAF — querem uma limpeza completa de generais que controlam um terço da economia egípcia em golpes lucrativos que incluem shoppings, bancos e vastas quantidades de propriedade...
> Há também muita conversa sobre grandes tensões entre a inteligência militar e a equipe do Ministério do Interior, alguns dos quais temem que outra minirrevolução os leve ao tribunal por cometer crimes contra civis egípcios durante a revolução anti-Mubarak.
> Persistem rumores de que os capangas baltagi à paisana que foram usados para espancar os manifestantes no ano passado também foram empregados para impedir que os cristãos votassem [em Morsi] em algumas aldeias egípcias. Curiosamente, quando [o presidente da comissão eleitoral] Farouk Sultan percorreu as irregularidades eleitorais egípcias antes de anunciar o vencedor presidencial (...) ele disse que não sabia quem impediu os eleitores da aldeia de chegar à seção eleitoral.
> Tudo isso é uma história e tanto. Não do tipo que pode ser confirmado (...) Mas um fato não pode ser negado. Quando quis mostrar que era um animal revolucionário, a raposa estendeu a pata traseira. E havia um ferimento de bala muito grave de um ano nele."

Muitos dos veteranos da Tahrir nutriam as mesmas feridas de batalha do homem da inteligência do exército, de quem uma das pernas estava profundamente marcada por uma bala. Era um símbolo da doença que havia infectado as forças de segurança que muitos manifestantes foram baleados

8 O então chefe da inteligência militar era o general al-Sisi, que renunciaria para se tornar ministro da Defesa de Morsi um mês após meu encontro com a 'raposa'. E se tornaria mais tarde o novo ditador do Egito.

no rosto, mais notavelmente por um atirador identificado como o tenente da polícia Mahmoud al-Shinnawi, que se concentrava nos olhos das vítumas. Havia até mesmo, como mais tarde se descobriu, uma unidade de atiradores entre os policiais cuja missão era cegar os manifestantes de rua.

Longe de serem intimidados por sua derrota nos primeiros meses de 2011, as autoridades de segurança pareciam ter ficado mais ousadas. Assim como os civis perderam o medo da polícia armada na revolução de 2011, agora parecia que os serviços de inteligência haviam perdido qualquer inibição anterior que pudessem ter sentido nas ruas do Cairo e de outras cidades. Se eu caracterizei o oficial de inteligência que conheci em Alexandria como uma raposa, os policiais agora eram tigres feridos, de costas para a parede e prontos para lutar cada vez mais ferozmente para proteger seu papel e privilégios.

Agora que estamos acostumados com o retorno da autocracia militar do Egito, vale a pena reexaminar os eventos que ocorreram quando Mohamed Morsi foi eleito presidente do país como o primeiro presidente democraticamente eleito. Mesmo quando o segundo turno da eleição estava ocorrendo, em junho de 2012, uma decisão do Supremo Tribunal Constitucional Egípcio, ainda lotado de indicados de Mubarak, dissolveu o parlamento de cinco meses agora controlado por islamistas, a maioria deles membros do Partido da Liberdade e da Justiça. Outra decisão em meados de junho concedeu ao exército novos poderes de prisão e investigação, uma extensão indireta das antigas leis de emergência de Mubarak. Haveria uma nova constituição elaborada por um painel de homens selecionados pelo SCAF, que insistiria que ela deveria estar de acordo com os "princípios que salvaguardam os altos interesses do país". Como colocou a primeira página do jornal do Cairo Al-Masry Al-Youm, "os militares transferem o poder para os militares".

O exército estava, portanto, preparado para receber o novo imperador do Egito. Poderia vetar qualquer declaração de guerra presidencial — essencial, claro, para a segurança de Israel — e poderia excluir qualquer artigo futuro da constituição que não estivesse no "interesse nacional". Esperava-se que Morsi não tivesse influência sobre a política externa nem sobre as relações com Washington, que continuava a dar um presente anual de 1,3 bilhão de libras para o exército egípcio. Em seu desejo de poder, a Irmandade havia se ajoelhado diante do exército, assim como havia feito antes da partida de Mubarak, quando negociou com Omar Suleiman.

Grotescamente, Hillary Clinton agora anuncioava que "não pode haver retrocesso na transição democrática exigida pelo povo egípcio".

Dezenas de milhares de seguidores da Irmandade Muçulmana invadiram a Tahrir em 22 de junho para aguardar os resultados presidenciais e exigir que o exército voltasse aos quartéis. Eu havia passado tanto tempo naquela praça nos meses anteriores que foi um choque ver tantas barbas. Havia até cartões postais de Guevara à venda, junto com Nasser, Sadat, Saddam e Osama bin Laden. Havia gloriosas montagens fotográficas de Tantawi segurando nos braços um Hosni Mubarak bebê e uma fila de ex-ditadores, Mubarak, Ben Ali e Gaddafi, implorando por dólares em uma estrada egípcia, mas era muito tarde para tudo isso. Os islamistas deveriam ter usado seu tempo para estudar a imprensa egípcia, que agora demonizava a Irmandade e Morsi como os inimigos mais assustadores do Estado, alegando que o grupo mergulharia o país no caos se seu candidato não ganhasse a eleição.

A capa da revista semanal Al-Mussawar mostrava uma foto de Morsi plantando um beijo na cabeça do líder espiritual da Irmandade, Mohamed Badie, um gesto de reverência e submissão. "Não seremos governados pelo murshid", declarou o jornal em letras vermelhas.

Naquele dia na Tahrir, encontrei um parente distante do advogado-rebelde Saad Zaghloul. Ahmed Reda Saad Mohamed Zaghloul, membro do pequeno grupo Coalizão da Juventude, tinha o mesmo rosto magro de seu ancestral. "Somos um povo sentimental", disse ele. "Adoramos nossa religião, mas não o terrorismo religioso. Existem dois cenários para essa situação de crise. Morsi é como um chapéu que você não pode usar. O outro — bem, se Shafiq for presidente, haverá sangue, embora apenas por um tempo limitado (...) os grandes generais do exército nunca serão capazes de governar o Egito. Toda casa aqui no Egito tem um soldado no exército, e eles nunca permitirão que esses velhos governem. O exército está do lado do povo."

Mas Shafiq perdeu a eleição e fugiu para Abu Dhabi, e o Egito usaria o chapéu de Morsi; e os grandes generais — um deles em particular — viriam a governar o Egito pouco mais de 12 meses depois, de forma ainda mais dura e com mais derramamento de sangue do que Ahmed Zaghloul poderia imaginar. Morsi seguiu o caminho da democracia egípcia sem constituição, sem parlamento e sem direito de comandar o exército de seu próprio país, mas tinha os palestinos atrás dele. Se o Hamas era filho da Irmandade Muçulmana, alguns de seus principais membros haviam obtido a cidadania egípcia por meio da nacionalidade de seus pais. Mahmoud al-Zahar, um dos fundadores do Hamas cujo filho, membro da ala militar do movimento, foi morto pelos israelenses em 2008, era cidadão egípcio, porque sua mãe nasceu no Egito. Assim como a mãe do presidente do parlamento palestino, o membro do Hamas Aziz Dwiek. Muitos ativistas do Hamas foram educados no Cairo. Aos olhos palestinos, Morsi era o primeiro presidente islamita a se tornar presidente árabe, e suas simpatias, como as do Partido da Liberdade e da Justiça, sempre estiveram com o Hamas, Gaza e a causa palestina. Muitos egípcios ainda acreditavam que a recusa de Mubarak em 2009 de abrir a fronteira entre Gaza e Egito para ajuda e remédios durante o bombardeio assassino de Israel contra os palestinos foi outra razão para o ódio manifestado contra ele em 2011.

Morsi era um homem inteligente, honrado, obtuso, arrogante e ingênuo, cujo governo de 12 meses começou com o tipo de lugares-comuns que poderiam satisfazer revolucionários seculares e governos ocidentais, mas que estavam destinados a enfurecer o exército. Prometendo respeitar "a constituição e o estado de direito", ele disse às multidões na Tahrir que "cuidaria dos interesses do povo e protegeria a independência da nação e a segurança de seu território". Mas sua declaração de que "não há poder senão o poder do povo" dificilmente era sutil. E embora tenha dito que cristãos e muçulmanos desfrutariam de um "Estado civil, nacionalista e constitucional", suas referências posteriores a um clérigo preso nos EUA e a manifestantes presos pelo exército egípcio certamente foram calculadas para enfurecer os militares. "Vejo a família de Omar Abdel-Rahman [na Tahrir]", disse ele. "E vejo as bandeiras das famílias daqueles que foram presos pelos militares [egípcios]."[9]

Ele poderia ter a intenção de aplacar uma população desesperada por liberdade, um exército suspeito de suas credenciais da Irmandade e milhões de partidários ansiosos por ver alguma indicação de que o novo Egito seria islâmico em vez de nacionalista. No entanto, sua mensagem

9 Omar Abdel-Rahman, um dos mais ferozes oponentes islâmicos de Mubarak que entrevistei em Nova York, foi condenado à prisão perpétua em 1996 por conspirar para a explosão da Ponte George Washington, dos túneis Lincoln e Holland e da sede da ONU no Rio Leste. Morsi prometeu libertar os prisioneiros sob custódia egípcia e Abdel-Rahman — que morreu em uma prisão da Carolina do Norte em 2017, quatro anos depois que o próprio Morsi foi posto atrás das grades pelos militares e se juntou aos presos que ele havia prometido libertar.

confusa não fez nada disso. Os homens e mulheres que lutaram na Tahrir e em outras cidades egípcias não iam se deixar enganar com falas sobre o "estado de direito". Os generais do exército foram insultados por seu aparente apoio ao "terrorismo", e o Partido da Liberdade e da Justiça procurava mais do que apoio moral para seus membros presos. Em um discurso mais nuançado na cúpula não-alinhada em Teerã, Morsi disse que a "solidariedade do Egito com a luta do povo sírio contra um regime opressor que perdeu sua legitimidade é um dever ético e uma necessidade política e estratégica (...) Todos temos que anunciar nossa plena solidariedade com a luta daqueles que buscam liberdade e justiça na Síria." Isso dificilmente agradaria o grande aliado da Síria, o Irã, mas — se envolvesse o envio de combatentes islamistas egípcios para a Síria — causaria ainda mais ondas de choque nas forças armadas egípcias. Ficou claro também que "Palestina", especialmente Gaza, agora receberia ajuda política e pelo menos humanitária do Egito através da fronteira com o Sinai, uma área que o exército até então considerava sua própria reserva. Não era a generosidade de Washington para com o exército egípcio sua recompensa por salvaguardar as fronteiras sul de Israel?

O novo presidente abriu seu palácio para o povo, e sua esposa Naglaa rejeitou o título de "primeira-dama" em favor de "primeira serva". Mas Morsi era mesmo o verdadeiro presidente do Egito? Havia rumores crescentes de que ele interrompia as reuniões de gabinete para buscar conselhos sobre decisões governamentais da liderança da Irmandade; e grupos de oposição, incluindo alguns que haviam lutado na Tahrir, perguntaram se não era a Irmandade Muçulmana que realmente controlava a presidência. Em poucos meses, Morsi adotaria poderes amplos para controlar as ruas, dando ao exército o direito de deter civis, abusando de ativistas como ferramentas de "terceiros" e alertando, após a prisão de 80 pessoas, algumas das quais ele alegava estarem armadas, que uma investigação descobriria quem estava "puxando os cordões".

E tudo isso depois que Morsi tomou medidas que ele pensou que neutralizariam o poder do exército sobre sua presidência. Pois às dez da manhã de domingo, 12 de agosto de 2012, o ministro da Defesa Tantawi e o chefe do Estado-Maior Sami Anan foram convocados ao palácio presidencial. Nem Anan, o chefe nominal do SCAF, nem Tantawi suspeitaram de nada fora do comum quando foram levados a uma sala de alta segurança na qual não podiam usar seus telefones celulares. Ao mesmo tempo, em outro lugar do palácio, Morsi estava recebendo o comandante da inteligência do exército, Abdel Fattah al-Sisi, declarando-o seu novo ministro da Defesa. Apenas algumas horas antes, a gazeta oficial do Egito havia anunciado que o programa constitucional adotado pelo SCAF após as eleições parlamentares não era mais válido. Morsi então caminhou até a sala selada onde Tantawi e Anan estavam esperando, para dizer-lhes que haviam sido demitidos.

Foi um grave erro estratégico. Morsi não entendeu as disputas internas do exército. Embora Sisi já devesse ter indicado sua aceitação do Ministério da Defesa, Morsi não conseguiu entender que Tantawi era tanto uma proteção para ele quanto o ambicioso Sisi era um perigo. Ao expulsar dois velhos leões do exército do palácio, Morsi havia introduzido um lobo em seu gabinete que, quando chegasse a hora, devoraria sua presidência, o Partido da Liberdade e da Justiça e toda a liderança da Irmandade Muçulmana no Egito, para não falar da democracia mutilada da própria nação.

Morsi descansou mais em seu prestígio como primeiro presidente livremente eleito de seu país do que em seus feitos. Assim, no momento em que ele parecia expandir seu controle, menos democrático ele parecia ser. Após um referendo em dezembro produzir uma constituição que o colocava em grande parte acima da lei, ele permitiu que o Conselho Shura, a câmara alta do parlamento, agora dominada pelo islamismo, cujo presidente era um de seus próprios parentes, preparasse novas eleições para a assembleia, "regulasse" a imprensa e combatesse a "corrupção". Entre os nomeados de Morsi para o conselho estavam 42 fundamentalistas e 19 "independentes" islamistas, o que na prática dava à Irmandade 75% das cadeiras. Isso foi uma repetição da velha tática de Mubarak de encher o conselho com legalistas do regime.

A chegada de Morsi ao palácio presidencial coincidiu com a morte em massa de 16 soldados no deserto do Sinai, emboscados enquanto compartilhavam sua refeição noturna do Ramadã em um posto de fronteira próximo à fronteira entre Gaza e Israel, em Rafah. Homens armados, descritos como jihadistas ou "terroristas", tentaram fugir em direção à fronteira israelense, onde um de seus jipes roubados explodiu enquanto o outro foi bombardeado pela força aérea israelense. O exército egípcio afirmou mais tarde que havia "encontrado" os corpos de vários dos atacantes. Os israelenses sugeriram que eles poderiam ser membros do Hamas, o que o Hamas negou, mas também houve sugestões de que eles poderiam ter sido parte de um grupo militante da Irmandade Muçulmana.

Também pode ter marcado a primeira etapa de um ataque às terras orientais do Egito pela Al-Qaeda e pelo que viria a ser o ISIS, um padrão de derramamento de sangue que se repetiria nos próximos anos no Sinai até chegar ao próprio Cairo. O exército egípcio sob a presidência pós-golpe de Sisi então se encontraria em guerra com o culto que já havia capturado grandes áreas do Iraque e da Síria. Na época dos ataques de agosto de 2012, no entanto, a morte dos oficiais de segurança parecia fazer parte do caos pós-revolucionário que acompanhou os primeiros dias de Morsi no cargo, ocorrendo exatamente uma semana antes de Morsi demitir Tantawi e Anan, nomeando Sisi no lugar de Tantawi como seu ministro da Defesa.

Nos funerais dos soldados e policiais mortos no Cairo, a multidão gritou "Vocês os mataram, vocês, cães!" para os poucos funcionários da Irmandade Muçulmana que compareceram, incluindo o primeiro-ministro de Morsi, Hisham Qandil. Morsi estava notavelmente ausente[10]. E após sua derrubada um ano depois, Sisi confundiria lentamente a identidade de Morsi e seus colegas islamistas com o próprio ISIS.

Ainda mais prejudicial para Morsi foi a crescente convicção entre os jovens egípcios seculares de que ele estava permitindo que o aparato de segurança adotasse as mesmas táticas assassinas do regime de Mubarak contra seus próprios inimigos políticos internos. O exemplo mais notório foi o de Mohamed el-Gindy, um jovem de 28 anos de uma família de classe média em Tanta que dirigia um negócio de turismo no Cairo e apoiava um grupo de esquerda que protestava contra o governo islamista de Morsi. Na televisão, Gindy prometeu em janeiro de 2013 apoiar uma revolta contra o presidente se ele tentasse recriar o antigo estado policial egípcio. Em uma semana, ele foi encontrado morto em uma rampa de rua perto do Museu Egípcio no

10 A aparente indiferença de Morsi ao sofrimento foi demonstrada em novembro de 2012, quando 51 crianças morreram em uma colisão de ônibus escolar com um trem perto de Assiut. Seus pais receberam uma compensação governamental de cerca de US$ 500 por cada perda — "menos do que o preço de um iPhone", como reclamou um crítico — e Morsi não se deu ao trabalho de oferecer suas condolências, embora tivesse condenado Mubarak dez anos antes, quando um incêndio em um trem matou 383 passageiros. A raiva das famílias das crianças, no entanto, aumentou quando a imprensa local afirmou que mais de US$ 1,3 milhão haviam sido gastos com a segurança de Morsi nas orações de sexta-feira no Cairo — e US$ 28,5 milhões na reforma extravagante da Estação Ramses Street na cidade, em vez de se investir em um sistema de sinalização ferroviária atualizado.

Cairo, sangrando de um ferimento na cabeça. As autoridades disseram que ele foi vítima de um atropelamento, mas tanto o laudo da autópsia quanto o testemunho de uma equipe de ambulância foram inventados pelo governo. Um relatório de três médicos concluiu que o homem não poderia ter sido morto em um acidente de carro. Correram rumores de que ele havia sido sequestrado e torturado. A mãe de Gindy lamentou que "eu votei neles [os islamistas]. Essa é a recompensa? Matar meu filho?"

O Ocidente perdeu lentamente sua simpatia pela "democracia" de Morsi. O presidente, inexplicavelmente, permitiu que as autoridades perseguissem grupos norte-americanos de "promoção da democracia". Algumas das atividades desses grupos sem dúvida irritaram os sentimentos nacionalistas dos egípcios que desprezavam todos os estrangeiros que supostamente interferiam na política de seu país. Mas quando, no início de junho de 2013, um tribunal egípcio condenou a penas de dois a cinco anos 43 norte-americanos, europeus, egípcios e outros árabes, o secretário de Estado de Obama, John Kerry, denunciou o julgamento como "politicamente motivado" e "incompatível com a transição para a democracia". Alguns dos norte-americanos haviam se refugiado na embaixada dos EUA.[11]

Embora cada vez mais preocupados, segundo afirmou, com a falha de Morsi em criar "inclusão política", os EUA também ficaram frustrados com sua gestão da economia. O FMI havia oferecido um acordo de empréstimo de US$ 4,8 bilhões no valor de US$ 15 bilhões se o Egito introduzisse um plano para eliminar os subsídios e uma lei de imposto sobre vendas. Morsi, não disposto a impor medidas de austeridade aos egípcios quando sua popularidade já estava tão abalada, recusou-se a aumentar os preços dos alimentos, mas, em uma tentativa de aumentar a influência da Irmandade em seu gabinete, substituiu os ministros do Planejamento e das Finanças que estavam envolvidos nas negociações com o FMI por economistas islamistas.

É importante lembrar o desdém e a falta de responsabilidade de Morsi no governo, já que o golpe subsequente conferiu a seu breve reinado uma aura quase romântica. Sua queda foi acompanhada por uma violência tão terrível por parte das autoridades de segurança do Estado

11 Morsi chegou a alienar os amantes da arte egípcios ao nomear um ministro da Cultura que imediatamente demitiu o chefe da Ópera do Cairo. A equipe da instituição entrou em greve, cancelando a *Aida* de Verdi, enquanto um membro parlamentar islamista pediu a abolição das apresentações de balé por serem "imorais" e "nudistas". Uma bailarina russa na ópera expressou sua surpresa com as exigências de que cortassem a cena de amor de Romeu e Julieta.

que sua derrubada passou a ser vista de forma isolada, como se a grande maioria dos egípcios que buscavam sua renúncia tivesse mentalmente regredido para as velhas armadilhas da letargia e do patriarcado estatal.

Na época em que Morsi foi forçado a deixar o cargo, ele era muito impopular. A Irmandade não havia conseguido se transformar em um partido político capaz de formar alianças; o Partido da Liberdade e da Justiça permaneceu uma fachada para os ikhwan e, assim, permitiu que o exército, a polícia e o judiciário permanecessem fiéis à sociedade que apoiou o regime de Mubarak. Chocantemente, Morsi também planejava acorrentar os sindicatos livres recém-liberados que haviam apoiado a revolução de janeiro de 2011; no parlamento, membros da Irmandade rejeitaram uma proposta de lei que garantia o direito dos trabalhadores de realizar eleições livres para sindicatos independentes e agora queriam "controlar" as greves.

Sisi havia aceitado a oferta de Morsi para o ministério da Defesa sem a menor hesitação; agora, ele não permitiria que Morsi prejudicasse sua liderança no exército egípcio. Mas Sisi devia saber, ao se tornar o principal militar de Morsi, que seu relacionamento com o presidente não poderia se sustentar.

Assim, já em janeiro de 2013, apenas cinco meses depois de Morsi lhe confiar a pasta da defesa, Sisi começou a fazer referências diretas à impotência do presidente, alertando que a contínua violência no Egito poderia "ameaçar o futuro das próximas gerações". Em 29 de janeiro, ele chegou a postar seus comentários em uma academia militar na página do exército egípcio no Facebook, afirmando que "a continuação do conflito e as diferenças entre os vários grupos políticos na gestão dos assuntos do país podem levar ao colapso do Estado". Apesar de Sisi afirmar estar temeroso pela ruína iminente de seu país, em alguns casos ele ficou de lado e permitiu que seus soldados observassem, em vez de intervir para prevenir mais desordem civil.

Assim como muitos dos novos generais ambiciosos do exército egípcio, Sisi havia sido premiado com uma bolsa militar norte-americana, escrevendo um artigo de 13 páginas sobre "Democracia no Oriente Médio" para a Academia Militar dos EUA em Carlisle, Pensilvânia, cinco anos antes da revolução de 2011. Embora teoricamente apoiasse a "transição para formas democráticas de governo", continha os estereótipos usuais da liderança árabe de populações não educadas que precisavam de "tempo" para aprender os princípios da democracia. Nunca saberemos se Morsi leu mais tarde o artigo do brigadeiro general Sisi, mas deveria.

O exército faria o mundo acreditar mais tarde que foi a participação de Morsi em um comício islâmico lotado em 15 de junho, convocando a guerra santa na Síria, que o condenou. Clérigos sunitas na reunião usaram a palavra "infiéis" para condenar tanto os xiitas que lutavam por Bashar al-Assad quanto os não-islamistas opositores de Morsi no Egito — uma combinação fatal. O próprio Morsi pediu intervenção estrangeira na Síria contra Assad. Como presidente, ele era constitucionalmente o comandante supremo do exército egípcio, mas Sisi insistiu que os militares deveriam permanecer senhores de seu próprio destino. Aqui estava o momento crítico, certamente, quando a nação deveria ter vindo antes do "partido no poder". Quando o líder do Egito encorajou seu próprio povo a lutar no exterior, ele "cruzou uma linha vermelha de segurança nacional".

Sisi deu a Morsi quatro dias para resolver suas diferenças com a oposição — ou o exército teria que proteger "a vontade do povo". Se a aparição mal-avaliada de Morsi no comício anti-Síria forneceu ao exército a desculpa para dar um golpe de Estado, Sisi apenas estivera esperando que o presidente egípcio fizesse algo assim. Não apenas o próprio Morsi havia cruzado uma "linha vermelha", mas o crescente coro de desprezo contra ele agora poderia ser mobilizado para apoiar sua derrubada pelos militares. E só precisavam desses milhões de egípcios para sancionar o que o exército poderia apresentar como a segunda etapa da revolução do país.

À medida que a Praça Tahrir se enchia de centenas de milhares de manifestantes anti-Morsi, os eventos de janeiro de 2011 podiam agora ser reprisados a favor de Sisi. A revolta popular original contra Mubarak seria seguida, no verão de 2013, pela Revolução Egípcia Parte 2, uma epopeia cujos valores de produção incluíam um elenco de milhões e um exército leal salvaguardando seu futuro antes que a guerra civil engolfasse a nação. Como não haveria eleições presidenciais para seguir esse drama por dez meses, o mero número daqueles que se manifestaram contra Morsi e a Irmandade Muçulmana tornou-se o mandato do exército.

Essas estatísticas, que na verdade não existiam, tornaram-se o fator crítico na legitimidade do exército para governar, um apoio de massa grande o suficiente para anular qualquer expressão anterior do sentimento popular egípcio, o maior, mais poderoso, mais esmagador, multiplicador mais prodigioso da história, por mais ridículo que possa parecer. As dezenas de milhões que se reuniram para apoiar o exército contra Morsi tornaram-se um "fato" simplesmente porque tantas pessoas ouviram esses números exagerados e absurdamente aceitos que deveriam ter alguma base na verdade.

As fotos vieram primeiro. A cobertura internacional ao vivo da Praça Tahrir, as multidões anti-Morsi dançando ao som de bandas e torcendo freneticamente pelos helicópteros militares que sobrevoavam, fogos de artifício iluminando o céu noturno, as imagens apoiando a afirmação de que multidões muito maiores estavam pedindo a saída de Morsi do que as que exigiram o fim do regime de Mubarak. O amorfo Tamarod ("Rebelião"), cujas raízes posteriormente se revelaram ligadas ao serviço de inteligência do exército, anunciou que havia reunido mais de 22 milhões de assinaturas exigindo a renúncia de Morsi. Mas de onde veio esse placar extraordinário?

O exército havia anunciado inicialmente 14 milhões de manifestantes nas ruas das cidades egípcias, "o maior protesto da história do Egito", afirmou, apenas para ser seguido por apoiadores do golpe anunciando essa epopeia como "as maiores manifestações da história da humanidade" com "entre 14 milhões e 33 milhões". Quando questionada mais tarde se o golpe faria com que o governo Obama cancelasse um envio planejado de F-16s para o Egito, a porta-voz do Departamento de Estado, Jen Psaki, declarou que os EUA não poderiam reverter a vontade dos "22 milhões de pessoas que se manifestaram e fizeram suas vozes serem ouvidas".

Em 30 de junho, o magnata bilionário e apoiador do Tamarod, Naguib Sawiris, informou a seus quase um milhão de seguidores no Twitter que a BBC havia relatado que "o número de pessoas protestando hoje é o maior número em um evento político na história da humanidade". O serviço árabe da BBC disse mais tarde que não conseguia encontrar tal estatística. Um verdadeiro relatório da BBC falou apenas de "dezenas de milhares de pessoas" reunindo-se na Tahrir. A Dream TV do Egito então "citou" um relatório da CNN de que "33 milhões de pessoas estavam nas ruas hoje". Nenhum número desse tipo foi transmitido pela CNN. Mas quando um ex-general egípcio apareceu na CNN para repetir a afirmação, ele não foi contestado.

Adequadamente, Tony Blair se interpôs nessa fantasia de exagero.

"Dezesseis milhões de pessoas na rua não é a mesma coisa que uma eleição", escreveu Blair no Observer e no Guardian. "Mas é uma manifestação impressionante do poder do povo." A fonte de Blair acabou sendo um porta-voz militar anônimo citado pelo jornal egípcio Shorouk. A Irmandade Muçulmana, ele nos diria seis meses depois, "tentou tirar o país de seus valores básicos de esperança e progresso. O exército interveio pela vontade do povo."

A BBC declarou em 15 de julho que não conseguia encontrar nenhuma fonte legítima para as alegações de 14, 17 ou 33 milhões de manifestantes. De forma mais convincente, o blogueiro egípcio Shereef Ismail calculou que o número máximo de manifestantes que poderiam caber nas ruas e praças das cidades egípcias era no máximo 2,8 milhões.

Tarde demais. Os mitos foram criados para evitar uma palavra crucial. Os números fraudulentos, o falso contexto da história civilizacional tinham a intenção de sufocar, abafar e efetivamente asfixiar o uso da palavra "golpe". Sisi havia obedecido à vontade do povo, à nação e não ao partido, para continuar, renovar e remodelar a revolução.

Essencial para essa história desonesta foi a afirmação de Sisi em 24 de julho de que havia avisado dois líderes da Irmandade Muçulmana que a situação havia se tornado "perigosa" e que era necessária uma reconciliação entre governo e oposição. Os dois homens, disse ele, responderam que "grupos armados" seriam capazes de resolver qualquer problema — uma proposta que Sisi disse ter denunciado.

Segundo Sisi, o presidente inicialmente concordou com um "diálogo nacional", mas no dia seguinte lhe disse para cancelar o convite. Confrontado na segunda-feira, 1° de julho, Morsi teria exclamado "Sobre o meu cadáver!", um comentário que ganha credibilidade no contexto de suas palavras reais em seu discurso televisivo pouco antes da meia-noite de 2 de julho, quando o exército estava se preparando para levar o impotente presidente do Egito para seu encarceramento em um quartel da Guarda Republicana:

> "Se o preço por salvaguardar a legitimidade é o meu sangue, então estou preparado para sacrificar meu sangue pela causa da segurança e legitimidade desta pátria (...) Adiro à legitimidade e somente à legitimidade. A constituição e somente a constituição."

Mas o exército e seus "milhões" já haviam minado essa preciosa "legitimidade", e a "vontade do povo" era agora mais poderosa do que qualquer eleição.

Aqueles crédulos ou vaidosos o suficiente para acreditar nisso ajudaram Sisi a formar um governo civil "fantasma" não eleito, ao qual, lamentavelmente, Mohamed ElBaradei imediatamente emprestou seu nome como "vice-presidente interino". Adly Mansour, um velho nomeado de Mubarak para o Tribunal Constitucional Supremo, tornou-se "presidente", toda a invenção invariavelmente apoiada pelo Grande Imam de Al-Azhar, Ahmed el-Tayeb, e pelo papa copta, Tawadros II. O marechal de campo Sisi, comandante-chefe das forças armadas, é claro, permaneceu ministro da Defesa, não mais leal a Morsi, mas a si mesmo e à administração fantasma que ele e o exército haviam criado.

Mas "legitimidade" era o que a Irmandade agora considerava sagrado, mesmo que ainda acreditasse que o ainda mais sagrado Islã era "a resposta". Mas se a primeira tarefa do exército era proteger "o povo", como poderia também proteger "o povo" que ainda insistia que Morsi era o presidente "legítimo"? E se o exército, como ElBaradei me disse em 2011, fazia "parte do povo", que "povo" eles defenderiam agora?

As circunstâncias da detenção de Morsi inicialmente não estavam claras, mas foram críticas para evitar a palavra "golpe". Em novembro de 2013, o advogado Mohamed Damati leu na televisão egípcia o que ele disse ser uma carta do presidente deposto, na qual Morsi teria afirmado: "que fui sequestrado à força e contra minha vontade de 2 de julho até 5 de julho em uma casa da Guarda Republicana até eu e meu ajudante sermos novamente transferidos à força para uma base naval pertencente às forças armadas por quatro meses completos".

Menos de dois anos após o golpe que não foi, emigrantes egípcios simpáticos à Irmandade enviaram-me gravações de generais egípcios aparentemente conspirando para persuadir o mundo de que Morsi havia sido mantido em uma prisão civil e não militar após sua detenção em 2013 — e, portanto, não era vítima de um golpe militar. As fitas pareciam fornecer evidências valiosas de que Morsi foi deposto inconstitucionalmente, se seu confinamento fosse ilegal, Sisi não poderia mais negar que dera um golpe.

As próprias fitas eram hilárias, com generais e altos funcionários trabalhando para Sisi discutindo a necessidade de construir uma ala inteira da prisão ao lado de uma prisão militar — com uma placa de sinalização da polícia civil na porta para enganar advogados e juízes. Embora Sisi denunciasse as fitas como fabricadas, elas forneceram provas vívidas de como o novo regime temia que o golpe militar pudesse ser revelado.

Em um determinado momento, um homem identificado como general Mamdouh Shahin, assistente do ministro da Defesa de Sisi para "assuntos legais e constitucionais", pede a um funcionário para antecipar o dia da detenção de Morsi, acrescentando que "preciso que você mencione um prédio, mas não mencionaremos que está dentro de uma unidade militar".

Nas fitas, os homens de Sisi fizeram demandas histéricas e hilárias para esconder a localização da prisão de Morsi, que era na verdade a base naval de Abu Qir, no Mediterrâneo.[12] Em determinado momento, vozes podiam ser ouvidas sugerindo que "podemos colocar um abrigo em qualquer lugar dentro de dois dias, mesmo no caminho para a unidade militar, não no [exato] lugar ... e uma porta separada com "Ministério do Interior" escrito nela ou algo assim". Isso foi uma sátira que quase obscureceu as consequências sombrias dessa comédia.

Assim, como os mais servis apoiadores de Sisi poderiam ter dito, pela primeira vez na história mundial, um golpe não foi um golpe. O exército tomou o país, depôs e prendeu o presidente democraticamente eleito, suspendeu a constituição, prendeu os suspeitos de sempre, fechou estações de televisão e concentrou seus armamentos nas ruas da capital, mas Obama não conseguiu se convencer a chamar isso de golpe. Ele pediu ao exército egípcio que "devolvesse a autoridade total a um governo civil democraticamente eleito (...) por meio de um processo inclusivo e transparente" — sem explicar a qual "governo civil eleito" em particular ele estava se referindo. A porta-voz de Hillary Clinton, Jen Psaki, que anteriormente havia repetido o ridículo número de "22 milhões" de manifestantes anti-Morsi no Egito, anunciou sem entusiasmo que "não estamos de nenhum lado (...) estamos do lado do povo egípcio"[13].

Pouco importava. Sisi estava com pressa. Ele queria, de uma vez por todas, a mesma "legitimidade" que tanto obcecou Morsi em seu último discurso presidencial. Para isso, ele precisava desesperadamente de um elenco de milhões, da prisão do presidente como criminoso e da aceitação silenciosa do mundo de que isso não era um golpe militar. Ele conseguiu o que queria a tempo de a Irmandade ser esmagada por um

12 Em frente à "Baía de Aboukir", onde Nelson lutou na Batalha do Nilo em 1798.

13 Obama e Hillary Clinton covardemente falharam em usar as palavras "golpe de estado" porque a lei dos EUA exigiria que a administração cortasse a ajuda ao Egito, incluindo os US$ 1,3 bilhão para o exército de Sisi. O primeiro-ministro britânico David Cameron pegou a mesma infecção verbal, evitando a palavra "golpe", mas buscando "uma transição democrática genuína" no Egito.

trovão tão repentino e tão chocante que os apoiadores de Morsi foram abatidos aos milhares antes que o mundo pudesse reagir. Os próprios cadáveres que se amontoavam nas praças, mesquitas e mortuários do Cairo seriam a prova física da legitimidade do marechal de campo Sisi. Pois quem ousaria questionar seu poder ou seu direito de agir de acordo com "a vontade do povo"?

12

O tigre ferido

Tão atolado em sangue,
já não posso voltar atrás,
o regresso seria tão fastidioso
quanto a ida.

William Shakespeare, *Macbeth*, Ato III, cena 4

Aiman Husseini estava deitado perto da parede. O nome de Khaled Abdul Nasser estava escrito em tinta preta em sua mortalha branca, à esquerda da porta. Havia 37 corpos na sala. Os médicos tinham sangue nas camisas. Havia manchas escuras, marrom-escuro, até mesmo nas paredes. O hospital de campanha ao lado da mesquita de Rabaa al-Adawiya estava lotado de homens e mulheres chorando. Muitos deles falavam sobre Deus. "Essas pessoas estão no sol", disse-me um médico. "Eles estão com Deus. Nós estamos apenas na sombra."

A maioria dos mortos havia sido baleada no rosto, vários nos olhos. Um massacre? Certamente — embora pequeno em comparação com os dias que viriam. E esses eram apenas uma pequena fração dos mortos em 27 de julho de 2013. Essas mortes ocorreram nas horas antes do amanhecer. A polícia, disseram todos, abriu fogo quando membros da Irmandade Muçulmana desfilaram perto do túmulo do presidente Anwar Sadat, não muito longe da mesquita de Rabaa al-Adawiya, onde mantinham uma grande ocupação exigindo a restauração de Mohamed Morsi. Quem atirou primeiro? Bem, todos os mortos eram Irmãos Muçulmanos ou seus amigos. Não havia policiais mortos.

A Irmandade disse que sua gente estava desarmada, o que pode muito bem ser verdade, embora eu me lembre de que um homem que guardava um estacionamento perto da mesquita e que me indicou o caminho para o hospital estava segurando um fuzil Kalashnikov. Em Beirute, eu havia me acostumado a ver armas nas mãos de jovens, mas fiquei um pouco chocado ao ver esse homem com uma camiseta azul segurando uma arma automática. Mas ele foi o único homem armado que vi.

O dr. Ahmed Habib disse-me que havia usado o equipamento médico de duas semanas em apenas algumas horas. "Olhe para o sangue em minhas roupas", ele gritou para mim. Médicos estavam deitados do lado de fora da sala dos mortos, dormindo no chão sujo, exaustos depois de tentar salvar vidas a manhã toda. "Dizem que somos uma minoria agora, então não merecemos viver", outro médico me disse. Eu não gostava da frase de propaganda, mas esses eram minutos dramáticos em uma sala cheia de corpos mortos. Eles eram retirados da sala em macas sob o flash das câmeras e inseridos em ambulâncias que faziam fila ao lado da mesquita no calor do meio-dia.

Muitas pessoas disseram as coisas que as pessoas sempre dizem quando confrontadas com a tragédia; que nunca cederiam, que morreriam antes de se submeter ao governo militar e que Deus era maior do que a própria vida, certamente maior do que Sisi. O dr. Habib até insistiu comigo que havia uma vida após a morte, o que eu pedi a ele para provar. "Porque não somos animais para comer comida e beber água a vida toda", ele respondeu. "Você acha que essa é a única razão para nossa existência?"

Atrás do hospital havia muitos homens feridos, alguns gemendo de dor. Mas foram os mortos que chamaram nossa atenção, tão recentemente mortos que seus rostos ainda não tinham assumido a máscara da morte. Lembro-me de que, enquanto caminhava por essa pequena casa mortuária, não conseguia compreender o número de corpos ao meu redor. Eu havia visto a morte às centenas, aos milhares, no Líbano, na Bósnia, na Argélia. Mas aqui? Este não era o Egito familiar que visitei tantas vezes. Essa violência terrível, desencadeada tão rapidamente e tão obviamente pré-planejada, era surpreendente. Como um povo tão imperturbável, tão paciente, tão aparentemente resignado, poderia infligir a si mesmo tanta dor e com tanta rapidez? E isso foi apenas um aperitivo do que estava por vir.[1]

---

1 O ministro do interior egípcio alegaria que apenas 21 membros da Irmandade foram

Os apoiadores de Morsi não esconderam sua intenção de se opor ao golpe. Eles exigiriam o retorno de seu presidente. Ele não havia sido eleito democraticamente?, nos perguntavam repetidamente nas ruas do Cairo. Se os inimigos de Morsi pudessem demonstrar na Tahrir, então "milhões" de muçulmanos também poderiam ficar lealmente ao lado de seu presidente.

O velho argumento a favor de eleições livres no mundo árabe era simples: se os islamistas tivessem permissão para vencer nas urnas, veríamos se eles poderiam governar. Mas o governo de Morsi desperdiçou seu tempo impondo uma constituição no estilo da Irmandade Muçulmana, permitiu que os ministérios organizassem suas próprias minirrevoluções e promoveram leis que fecharam grupos de direitos humanos e prenderam ONGs estrangeiras. A vitória de 51% de Morsi não foi suficiente, em meio ao caos atual, para fazê-lo o presidente "de todos os egípcios". A demanda da revolução de 2011 por pão, liberdade, justiça e dignidade não havia sido atendida. Mas poderia o exército satisfazer esses apelos mais do que Morsi, apenas chamando as manifestações pró-militares de "gloriosas"? Os políticos podem ser bandidos, mas os generais podem ser assassinos, especialmente quando têm uma mídia cada vez mais complacente para bajulá-los. Jornalistas que haviam exaltado as liberdades concedidas pela revolução de 2011 voltaram repentinamente à sua antiga obsequiosidade mubarakista. Alguns foram ainda mais longe. Quando Sisi deu seu golpe, toda a equipe jornalística de um popular canal de televisão local apareceu na tela com uniforme militar completo, servilidade jornalística em uma escala inédita. Então, quando Sisi decidiu destruir o enorme acampamento da Irmandade Muçulmana com seus milhares de apoiadores de Morsi fora da mesquita de Rabaa, no Cairo, ele pôde contar com uma mídia amplamente fiel para apoiar o massacre subsequente.

Após vários avisos aos manifestantes cujas "casas" de barracas cobriam pelo menos dois quilômetros quadrados ao redor da mesquita, as Forças de Segurança Central e Forças Especiais de Sisi agiram com total impiedade. Esses civis acreditavam que a casa de oração islâmica atrás deles protegeria os inocentes? Foi nomeada em homenagem à santa sufi iraquiana do século VIII Rabia al-Adawiyya al-Qaysiyya, nascida um século após a morte do Profeta Maomé, que em um texto antigo foi descrita

mortos. A Human Rights Watch declararia mais tarde que 74 apoiadores pró-Morsi foram mortos pela polícia de choque e homens armados à paisana em 27 de julho.

correndo pelas ruas de Basra com uma jarra de fogo e um balde de água. "Quero apagar os fogos do Inferno e queimar as recompensas do Paraíso", ela supostamente anunciou.

Às 6h30 da manhã de 14 de agosto, os paramilitares de Sisi invadiram a praça, disparando tiros reais contra as milhares de famílias acampadas lá. O exército não atirou, mas permitiu que atiradores de elite do governo entrassem em sua base e não conseguiu impedir o massacre que durou 12 horas. Apesar das promessas anteriores de "passagem segura", os soldados impediram que os manifestantes traumatizados e feridos deixassem a praça. Relatórios iniciais indicaram que pelo menos 817 civis egípcios — incluindo mulheres, crianças, jornalistas locais e até mesmo um cinegrafista da Sky News britânica — caíram sob as armas das forças de "segurança" egípcias.[2]

Não houve tentativa de esconder a extensão do massacre. Outras organizações de notícias, incluindo a BBC, relataram livremente a carnificina. Essa foi a resposta de Sisi à demanda da Irmandade Muçulmana de que Morsi fosse restaurado. Seus apoiadores devem ser liquidados, junto com qualquer um que atrapalhe. Em uma tentativa fútil de se defender, alguns atiraram pedras na polícia de segurança. Números posteriores mostraram que mais de mil pessoas foram mortas, muito mais do que morreram em toda a revolução de 2011.

Os rostos dos mortos estavam escondidos sob os nós do celofane, sua presença horrível, mas invisível, aliviada de tempos em tempos pelos pares de pés ainda calçados com sapatos de borracha baratos saindo do fundo das macas. Em uma rua lateral, encontrei Abeer Saady, repórter do jornal Shorouk, observando a multidão antes de procurar o corpo de um colega, Ahmed Abdul Dawed, de 27 anos, um apoiador da Irmandade Muçulmana que trabalhava para o jornal governamental Al-Akhbar. "A Irmandade quer que os números de mortos sejam altos, o governo quer que os números sejam baixos", ela disse tristemente. Outros jornalistas árabes pagaram o mesmo preço de Ahmed Dawed. Habiba Ahmed Abd Elaziz

2 Mick Deane, que havia trabalhado para a Sky News por 15 anos, foi atingido no lado esquerdo do peito por um único disparo. Um colega que estava ao seu lado disse mais tarde a um tribunal de coronéis britânico que pensava que "ele foi alvo (...) Não sei por que atiraram nele, as únicas outras pessoas ao redor eram algumas mulheres sentadas no chão lendo o Alcorão, não havia ninguém em pé ao nosso lado (...) Não ouvi o tiro sendo disparado, a primeira coisa que soube foi quando o sr. Deane se virou para mim e disse: "Fui baleado" e pude ver sangue saindo pela camisa dele (...)" Os coletes à prova de balas da equipe haviam sido confiscados quando chegaram ao aeroporto do Cairo.

trabalhava para a Gulf News, mas estava oficialmente de licença quando foi morta a tiros perto da mesquita de Rabaa.

Os apoiadores da Irmandade há muito abandonaram qualquer afeição pelos jornalistas locais, mas ainda tinham tempo para os infiéis da imprensa estrangeira. Mesmo assim, eles foram distantes em suas respostas para mim. Quem é esse? Perguntei a um jovem que estava ao lado de um corpo coberto por um grande lenço kuffiya. "O que isso importa para você?", foi sua resposta. Murmurei que o homem morto merecia um nome, e o homem deu de ombros. Um velho sentado na tampa de um caixão disse que um homem chamado Adham estava dentro da caixa. Persisti. "Mahmoud Mustafa", outro homem gritou para mim quando apontei para o gelo que esmagava o monte de terra de seu filho morto. Ainda outro homem me disse que estava guardando o cadáver de Mohamed Fared Mutwali, que tinha 57 anos quando foi morto. Lentamente, os nomes trouxeram os mortos de volta à vida. Até algumas horas atrás, essas pessoas tinham identidades, idades, empregos.

Um jovem inteligente que queria falar em inglês colocou a mão no meu braço e apontou para outra forma de celofane. "Este era meu irmão", ele disse. "Ele foi baleado ontem. Ele era médico. Seu nome era dr. Khaled Kamal e ele estudou medicina em Beni Suef, no Alto Egito".

Você não podia ver essas coisas e acreditar que a tragédia do Egito seria enterrada com os mortos. Naquela sexta-feira de manhã, a Irmandade lembraria os mortos nas mesquitas do Cairo e os egípcios esperariam a reação do governo, a reação da polícia, a reação do exército, a resposta do marechal de campo Abdel Fattah al-Sisi. Claro, você poderia tentar equilibrar a dor que era tão visível do lado de fora do necrotério com a normalidade que o governo queria que todos nós desfrutássemos no Cairo. Mas havia pequenas coisas sobre o lugar dos mortos que ficavam na mente. O plástico azul brilhante e alegre que forrava um caixão e a incongruência de ver um rótulo da Etihad Airways colado em uma das extremidades.

Esse era um lugar que o exauria com o inexplicável. Deveria ter sido reconfortante voltar para a relativa segurança do velho Hotel Marriott, mas não foi. Mal cheguei ao meu lugar favorito no Cairo quando soube que Ra'ad Nabil — um policial turístico que costumava me cumprimentar com um aceno — estava voltando para casa do outro lado do rio em Mohandesin algumas horas antes, quando um grupo de locais o ameaçou. Ele sacou sua arma e atirou no ar. Um dos homens agarrou a arma e apontou para Ra'ad, um homem inofensivo de cerca de 50 anos, e atirou em seu coração.

E depois do massacre de Rabaa veio o massacre da Praça Ramsés, ao lado da mesquita de Al-Fath. Debaixo de seu minarete imponente, o mais alto do Cairo e o terceiro mais alto do mundo, testemunharíamos a última revolta aberta da Irmandade contra o regime de Sisi. O que vimos foi um capítulo muito vergonhoso da história egípcia. Os policiais, alguns deles usando capuzes pretos, atirou contra a multidão do telhado da delegacia de polícia da Rua Ramsés. Eles atiraram até contra os carros na rodovia do aeroporto.

Para entender seu trabalho terrível, bastava subir os degraus de mármore rosa da mesquita de Al-Fath e ver ali dentro a fileira de feridos deitados em tapetes profundamente tecidos e, em um canto remoto, 25 cadáveres meio cobertos. O dr. Ibrahim Yamani levantou suavemente as bandagens: tiro no rosto, tiro na cabeça, tiro no peito. Eram atiradores de elite da polícia, trazidos para o centro da cidade para fazer essas pessoas sofrerem. Você podia ouvir seus tiros estalando sobre a praça de dentro da mesquita, às vezes seguidos de gritos.

O que era tão extraordinário era ver alguns dos rostos dos assassinos. Havia um homem com bigode e cabelo curto no telhado da delegacia de polícia, acenando com uma pistola no ar e gritando obscenidades para a multidão abaixo. À sua esquerda, um policial usando um capuz preto, agachado ao lado da parede e apontando seu fuzil automático para os carros na rodovia. Eu estava parado na estrada com meu motorista Adel quando uma das balas do policial passou entre nós e zumbiu para a praça.

Uma hora antes, eu estava conversando com a polícia de segurança na mesquita de Rabaa incendiada — cena do massacre de dois dias antes — e um deles me disse alegremente que "nós fazemos o trabalho e o exército assiste". Essa era uma verdade importante. Porque eu iria ver o exército a dois quilômetros do massacre na Praça Ramsés, sentado em cima de seus veículos blindados limpos, longe o suficiente para ficar fora do alcance. Não haveria sangue em seus uniformes.

Mesmo em meio ao derramamento de sangue, ninguém tinha nenhuma desculpa para ser romântico em relação à Irmandade, e acho que esses policiais que vi no telhado estavam tão assustados quanto alguns entre a multidão. Cinismo à parte, a Irmandade provavelmente precisava desses cadáveres na mesquita. Um dia sem "martírio" poderia sugerir que o fogo da ideologia havia sido apagado pelas balas, que os salafistas poderiam tomar seu lugar como a única verdadeira mão direita islâmica do Estado, ainda que em colaboração com o exército.

Mas não havia desculpa para a polícia. Seu comportamento não foi indisciplinado. Eles foram ordenados a matar, e mataram. No centro de uma das maiores cidades do mundo, conhecida por bilhões, a menos de dois quilômetros da magnificência da tumba de Tutancâmon, a apenas 200 metros dos tribunais de justiça egípcios, a polícia atirou contra milhares de seus próprios cidadãos com o simples objetivo de matá-los. E enquanto faziam isso, os baltagi, os viciados em drogas e ex-policiais com os porretes e barras de ferro, apareceram com rifles ao lado da delegacia de polícia da Rua Ramsés.

Desnecessário dizer que os mortos também se tornaram "terroristas" na mídia egípcia. Um massacre de 26 cadetes da polícia egípcia, algemados e executados no Sinai, permitiu ao governo mesclar a Irmandade com o mais violento dos grupos islamistas: o ISIS. Membros da Irmandade, vivos ou mortos, agora eram caluniados na imprensa do Cairo como "terroristas", culpados, segundo Gamal Zayed do Al-Ahram, de "atos sistemáticos e deliberados de traição, assassinato, tortura, perjúrio, ingratidão e engano". Alguns jornalistas expressaram sua indignação. "Todo mundo tem o direito de pedir a dissolução desse grupo", escreveu Emad Eddin Hussein no Shorouk, "mas ninguém tem o direito de aniquilá-los". A dele era uma voz solitária.[3]

O próprio Sisi nunca pronunciou uma única palavra de arrependimento pelo assassinato em massa de tantos apoiadores da Irmandade em todo o Egito. O silêncio de políticos, intelectuais, artistas e escritores normalmente moderados foi alarmante, pois deveriam representar a consciência moral da nação. Mohamed ElBaradei, enojado pelo massacre em Rabaa, renunciou ao cargo de vice-presidente interino, escrevendo que "não posso ser responsável diante de Deus por uma única gota de sangue". Ele havia alertado contra qualquer violência do governo, mas depois afirmou que "grupos extremistas" — em outras palavras, a Irmandade —

3 As estatísticas do Centro Egípcio de Pesquisa Econômica e Social foram sombrias. Afirmou que 1.295 egípcios foram mortos entre 14 e 16 de agosto, 1.063 apenas no primeiro dia — incluindo 983 civis, 53 funcionários de segurança e 28 corpos encontrados sob a plataforma da mesquita de Rabaa. Treze policiais e três civis foram mortos em um ataque a uma delegacia de polícia em Kerdasa, 24 civis em Alexandria, seis em Sherqeya, seis em Damietta, 13 em Suez, 45 em Fayoum, 21 em Beni Suef e 68 em Minya. Essa foi uma tragédia nacional, não apenas do Cairo.

lucrariam com os subsequentes assassinatos em massa em Rabaa. Tendo, portanto, expressado seu desgosto pela violência da administração à qual se juntara tão precipitadamente, o Prêmio Nobel do Egito voou para Viena com sua virtude intacta.

Ao longo dos dias, semanas e anos seguintes, as atrocidades cometidas pelas forças de segurança egípcias contra os apoiadores da Irmandade e sua legitimidade seriam reveladas por ONGs, por investigações da mídia estrangeira, pela Anistia Internacional e pela Human Rights Watch. O assassinato de 51 apoiadores de Morsi em um protesto fora do Clube da Guarda Republicana do Exército em 8 de julho de 2013 provocou uma indignada exigência da Anistia por uma investigação judicial sobre a "força letal intencional contra pessoas que não representavam risco para a vida das forças de segurança". Um ano depois, a Human Rights Watch publicou um relatório de 195 páginas que descobriu que a polícia e o exército egípcios em Rabaa "mataram sistematicamente e deliberadamente manifestantes em grande parte desarmados por motivos políticos" em uma escala "sem precedentes no Egito" e que "provavelmente constituíam crimes contra a humanidade". A Human Rights Watch falou do massacre como um ataque premeditado semelhante aos assassinatos da Praça Tiananmen na China em 1989.

Todos sabíamos o que o presidente Mohamed Morsi diria quando enfrentasse seus juízes pela primeira vez em novembro de 2013. "Sou o presidente da República", gritou ele. E quando o tribunal caiu no caos, jornalistas egípcios gritaram para Morsi e seus seis co-acusados repetidamente. "Execute-os! Execute-os!", eles cantaram em coro, e é claro que os policiais não fizeram absolutamente nada para acabar com esse circo monstruoso. Talvez eles concordassem com os jornalistas, mas em um determinado momento, advogados dos réus da Irmandade Muçulmana estavam brigando nos bancos do tribunal com repórteres e policiais egípcios, enquanto Morsi e seus ex-companheiros — que se reuniam pela primeira vez desde o golpe militar de julho — assistiam placidamente de dentro de sua jaula de ferro.

Poderia ter sido fácil brincar com esse carnaval de tribunal, seus policiais implorando para que multidões de repórteres e advogados parassem de brigar, enquanto o ex-presidente do Egito estava em seu terno, ocasionalmente abraçando seus colegas prisioneiros, todos atrás das grades no final da sala de audiências com painéis de madeira. Isso fazia parte da tragédia pós-revolucionária do Egito, um líder eleito enfrentando acusações de incitação ao assassinato, uma acusação que poderia lhe custar a vida.

Ninguém acreditava que isso aconteceria. Os jornalistas não teriam latido por sua forca se achassem que ele seria condenado à morte, mas era essencial que Morsi afirmasse ser ainda presidente do Egito caso fosse enforcado. Essa audiência historicamente inédita era sobre se o Egito pós-revolucionário poderia ter uma democracia funcional.

Para Sisi, no entanto, o julgamento de Morsi tinha a intenção de colocar o selo final na legitimidade de seu golpe. O que importava era que Morsi fosse julgado em um tribunal criminal por incitar pessoas "a cometer crimes de assassinato deliberado e premeditado" e por incitar outros "ao uso de violência, brutalidade, coerção, posse de armas de fogo, munições (...) e prisão, detenção e tortura ilegais de manifestantes pacíficos". Essas acusações referiam-se à violência fora do palácio presidencial 11 meses antes, quando cinco civis foram mortos — mas poderiam ter sido feitas, com muito mais justificativa, contra os policiais e os bandidos baltagi que correram desenfreados entre a Irmandade em uma escala infinitamente maior nas mesquitas de Rabaa e Al-Fath no agosto anterior.

A criminalidade de Morsi e da Irmandade era muito importante. Só poderia ser conferida legalidade ao que era de fato um golpe se Morsi pudesse ser considerado culpado de atos criminosos, um processo que continuaria até o dia em que ele sofresse um ataque cardíaco fatal — ainda em sua jaula do tribunal — quase seis anos depois. O ato mais importante de legitimidade, é claro, seria a eleição de Sisi para a presidência em 2014, com aqueles fraudulentos 96,91% dos votos.

As perspectivas para a primeira aparição de Morsi no tribunal não eram boas. Os policiais na porta nos apertaram a mão, sorriram, pegaram nossos passaportes e celulares, distribuíram números de identidade de plástico laminado, levaram-nos de ônibus para o tribunal, vasculharam respeitosamente nossos arquivos, livros e bolsas. Quando chegamos ao tribunal, centenas de policiais enchiam os bancos da frente, os corredores laterais, os assentos em ambas as extremidades dos bancos, o estrado atrás da cadeira do juiz, com mais três dúzias amontoadas em uma jaula de ferro adjacente.

Não tínhamos visto Morsi desde o golpe, mas ele parecia bem, talvez um pouco mais gordo, falando animadamente com seus colegas que usavam macacões brancos de prisioneiros. Seu aliado do partido, Mohamed

Beltagy, estava lá e pudemos ver Essam el-Erian, o líder da Irmandade, e acho que foi ele que gritou que um tribunal criminal não deveria julgar seu caso, que a audiência era "ilegal (...) injusta, imoral, inconstitucional".

Seis dos prisioneiros estavam detidos na academia de polícia desde o amanhecer e El-Erian continuou berrando que eles haviam sido "torturados" e privados de advogados desde sua prisão. Os próprios advogados reclamaram que não tinham tido tempo para preparar seus casos. Eles exigiram saber por que homens à paisana surgiram repentinamente atrás do juiz com câmeras, mas o juiz Sabri Youssef não quis explicar quem eram esses homens estranhos. Os advogados de Morsi e seus colegas levantaram as mãos no símbolo de quatro dedos "Rabaa" da Irmandade, junto com esboços de um jornalista pró-Irmandade morto na Praça Tahrir. Eles foram recebidos com vaias de repórteres egípcios e alguns policiais.

O juiz leu o nome Mohamed Mohamed Morsi — era, claro, por ele que todos nós havíamos vindo a esse tribunal tão estranho. Ahmed Abdul-Ali, outro dos réus, disse aos repórteres através da grade da jaula que Morsi não vira nenhum de seus assistentes desde julho, razão pela qual podíamos vê-lo em uma conversa animada com seus ex-colegas, sem dúvida a primeira reunião séria do Partido Liberdade e Justiça desde o golpe.

Quando interrompeu o juiz Youssef, a voz de Morsi soou alta e confiante. "Sou o Presidente da República", afirmou. "O golpe é um crime. O tribunal é responsável por esse crime. Tudo o que está acontecendo aqui é um disfarce para o golpe. É uma tragédia que o grande judiciário do Egito seja um disfarce para o golpe." Morsi havia entendido exatamente o argumento de El-Erian. O tribunal tinha a intenção de apagar o fato do golpe. Enquanto os jornalistas egípcios gritavam contra ele, Morsi podia ser ouvido dizendo: "Não se deixe enganar (...) isso tudo está a serviço do inimigo externo".

Não estava claro a qual "inimigo externo" ele estava se referindo. Israel? Os norte-americanos? Ou o regime de Sisi? Ele disse que respeitava os membros do tribunal, mas que não tinham o direito constitucional de julgar um chefe de Estado. "Sou o presidente do Estado e estou sendo detido contra minha vontade." E foi por isso que Morsi insistiu que ainda era o presidente — porque se não fosse, o tribunal poderia ter o direito de julgá-lo.

Ele lutou. Enquanto os técnicos de som aumentavam o volume do microfone do juiz para abafar as palavras de Morsi, ele podia ser ouvido implorando: "Dê-me alguma coisa [um microfone] para que eu possa falar com você.""Agora não", respondeu o juiz. Se um tribunal pode mostrar as divisões de uma nação, este o fez. Morsi tinha motivos legais sólidos para objetar à audiência, mas muitos egípcios acreditavam que ele nunca deveria ter sido eleito, que nunca agiu como seu presidente e foi derrubado com ignomínia porque ele mesmo estava planejando um golpe.

Fora da academia, a polícia antidistúrbios estava fixando botijões de gás em suas armas, em frente a centenas de manifestantes pró-Morsi. Uma gangue de capangas armados do governo começou a perseguir homens pelo estacionamento. No geral, um dia vergonhoso, a ser seguido por muitos outros. Morsi lutaria por anos, antes que uma série de julgamentos em massa o prendesse e seus colegas da Irmandade e, quase literalmente, o exaurisse até a morte.

Ele seria acusado de fugir da prisão para a qual havia sido enviado por Mubarak durante a revolução de 2011, mas agora era acusado de ter sido libertado com a ajuda de palestinos armados do movimento Hamas de Gaza. Assim, ele poderia ser retratado como um "líder" do Hamas, em vez de um presidente egípcio — e, portanto, receber uma sentença de 20 anos por ser membro de uma organização "terrorista" libertado por outra organização "terrorista". Em 2015, Morsi foi acusado de espionagem e traição pelo mesmo motivo da libertação da prisão. A maior parte da liderança da Irmandade já havia recebido penas de prisão ou condenações à morte. Mohamed Badie, o "Líder Supremo" da Irmandade, apareceu no tribunal com o macacão vermelho; o judiciário egípcio o condenaria à morte duas vezes e à prisão perpétua seis vezes.

O esmagamento da Irmandade agora era uma questão de segurança. Morsi e seus colegas eram diariamente condenados como "terroristas" no mesmo nível dos islamistas do Sinai, que já estavam se unindo ao ISIS. O Catar retirou todo o seu apoio financeiro ao Egito; a Arábia Saudita, que havia financiado os salafistas egípcios, interveio para financiar o regime de Sisi. O próprio Sisi chamou o rei saudita Abdullah de "Rei dos Árabes", adulação à qual o rei sabiamente não respondeu. Mas a Irmandade ainda poderia ser arrastada de sua sepultura para assustar os eleitores. Quase um ano após a derrubada de Morsi, as paredes da fortaleza da Irmandade em Kerdasa, a sudoeste do Cairo, ainda estavam decoradas com imagens em estêncil de "mártires" da Irmandade e do próprio Morsi, "o presidente legítimo". Essa era a cidade onde as turbas vingaram-se dos assassinatos de Rabaa atacando a delegacia de polícia, matando 13 policiais e mutilando seus corpos.

Se a Irmandade Muçulmana estava enterrada como um partido político, ainda poderia ser ressuscitada quando Sisi achasse necessário. Uma semana antes de seu triunfo nas eleições presidenciais de 2014, ele repetiu várias vezes que não era hora de manifestações ou "liberdade de expressão". Os objetivos mais importantes, disse ele, eram a restauração da "segurança" e a guerra contra os "terroristas" da Irmandade Muçulmana. Se alguns dos intelectuais artísticos e de classe média que inicialmente apoiaram o exército agora tinham que comprar óculos escuros cada vez mais escuros para ocultar a cor do sangue, os líderes europeus mostraram-se cada vez mais complacentes com a nova ditadura, mesmo antes de Sisi ser eleito presidente.

Apenas dias após os massacres de agosto no Cairo, o secretário de Relações Exteriores britânico, William Hague, descreveu o derramamento de sangue que deixou centenas de civis mortos como "turbulência". E embora o governo do Reino Unido não aprovasse "intervenções militares em processos democráticos", ele acreditava que a derrubada de Morsi por Sisi não era ilegal; era, disse ele, uma "área cinzenta". Depois que vários funcionários da Irmandade Muçulmana buscaram refúgio no Reino Unido, o primeiro-ministro David Cameron tomou a medida extraordinária, em abril de 2014, de ordenar uma investigação sobre as atividades da Irmandade na Grã-Bretanha, para "que entendamos (...) quais são suas crenças em termos de extremismo e extremismo violento". Isso claramente seria difícil — nunca houve nenhuma evidência de que os refugiados da Irmandade na Grã-Bretanha tivessem se envolvido em violência. Além disso, funcionários britânicos frequentemente se reuniram com Morsi durante sua presidência e certamente teriam indicado ao Ministério das Relações Exteriores qualquer suspeita de que seus mentores da Irmandade estivessem envolvidos em "terrorismo".

No entanto, Cameron pediu a Sir John Jenkins, o embaixador britânico na Arábia Saudita, para liderar a investigação. Os sauditas, que queriam que Sisi esmagasse a Irmandade, agora estavam mandando US$ 5 bilhões de um pacote de assistência econômica do Golfo de US$ 12 bilhões para compensar a perda pelo Cairo de um pacote de financiamento de US$ 5,5 bilhões do Catar. Sir John, disse Cameron, elaboraria um relatório sobre sua "filosofia e valores" e "supostas conexões" com a violência. Como a Arábia Saudita havia denunciado a Irmandade como "terrorista", dificilmente se poderia esperar que Jenkins tivesse muita experiência de primeira mão sobre a organização, embora a porta-voz de Cameron afirmasse que ele tinha "profundo conhecimento" do Oriente Médio. Sir Richard Dearlove, o ex-chefe do MI6, teria descrito a Irmandade como "essencialmente uma organização terrorista" — novamente sem nenhuma evidência.[4]

Em público, o governo britânico sempre enfatizou a assistência que os sauditas davam às autoridades de inteligência britânicas, declarando diversas vezes que "informações" sauditas haviam salvado vidas britânicas ou que qualquer dano às relações do Reino Unido com a Arábia Saudita poderia acabar com o compartilhamento de inteligência e, assim, custar vidas britânicas.

Mas havia outros custos envolvidos no relacionamento do Reino Unido com os sauditas. Em fevereiro de 2014, menos de dois meses antes de Cameron anunciar publicamente sua investigação de "segurança" sobre a Irmandade Muçulmana, a empresa de armas britânica BAE Systems fechou um acordo para a venda de 72 caças Typhoon para a Arábia Saudita por US$ 7 bilhões. A venda anterior de caças britânicos para o Reino Unido pela British Aerospace, o Al-Yamamah, valia US$ 45 bilhões em 2005. Uma subsequente investigação britânica sobre fraude na transação foi encerrada pelo primeiro-ministro Tony Blair com o argumento de que sua continuação não estaria no "interesse nacional".[5] Em 2019, as joint ventures entre a Arábia Saudita e o Reino Unido valiam US$ 17,9 bilhões. Ignorando os massacres perpetrados contra a Irmandade Muçulmana e expressando suas suspeitas sobre as vítimas do golpe de Estado egípcio e seu líder, Mohamed Morsi, David Cameron estava, na verdade, negando a integridade do homem que havia sido legalmente eleito presidente menos de dois anos antes. A decisão de Cameron não foi apenas uma submissão covarde aos interesses comer-

---

4 Curiosamente, a equipe de investigação de Cameron também incluía seu conselheiro de segurança nacional, Sir Kim Darroch — cujos relatórios diplomáticos vazados de Washington sobre a administração 'disfuncional' do presidente norte-americano Trump levaram à sua renúncia em 2019. Após sua própria aposentadoria, o ex-embaixador Jenkins se tornaria um defensor e apologista do príncipe herdeiro Mohamed bin Salman — após o ataque da Arábia Saudita ao Iêmen, mas antes do desmembramento do jornalista Jamal Khashoggi no consulado saudita em Istambul.

5 Quando o Serious Fraud Squad investigou as acusações de suborno e corrupção no Al-Yamamah, os sauditas reclamaram que isso poderia manchar a reputação de figuras importantes no Reino. A transferência de informações de inteligência saudita para o Reino Unido poderia acabar se a polícia continuasse seu trabalho, e relatos falavam de 'vidas britânicas' em risco se a polícia acusasse funcionários sauditas de aceitar subornos maciços da BAE.

ciais da Grã-Bretanha; ele estava ajudando o regime ditatorial de Sisi.

Desnecessário dizer que a equipe de investigadores de Cameron não conseguiu encontrar nenhuma evidência da "natureza terrorista" da Irmandade Muçulmana e, quase um ano após anunciar sua investigação, ele foi forçado a anunciar que ela não seria publicada. Mas, como o debate sobre o "golpe", isso já não importava mais. O regime militar egípcio havia recebido apoio internacional para sua eliminação da Irmandade Muçulmana. Menos de três meses depois de Cameron cancelar sua própria investigação, Sisi foi eleito presidente.

E assim, em 3 de junho de 2015, apenas um dia depois de Morsi ser condenado à morte no Cairo, o governo egípcio anunciou que o presidente Sisi faria uma visita oficial à Grã-Bretanha. O convite de Cameron foi acompanhado por garantias do Reino Unido de que "nenhum assunto está fora de cogitação", embora o efeito tenha sido um pouco estragado pela declaração de que esses "assuntos" incluíam aqueles que eram importantes "para o interesse nacional do Reino Unido". É importante catalogar essa combinação infernal de comércio, "segurança" e ditadura, pois abriu caminho para outras abordagens da França e da Alemanha. O convite de Cameron seguiu um acordo de investimento da BP com o Egito no valor de US$ 12 bilhões. A resposta britânica à ascensão de Sisi no Egito e a promessa vazia de um relatório sobre a Irmandade Muçulmana que agradaria a Arábia Saudita ilustraram o mesmo desequilíbrio que existia entre a Europa e os EUA e seus ditadores e reis clientes no Oriente Médio. Esses árabes deveriam ser tratados como aliados de confiança ou como clientes gananciosos?

Sisi disse no dia da eleição que "os egípcios estão saindo para escrever sua história e traçar seu futuro", mas uma viagem de três horas pelos locais de votação do Cairo em 28 de maio de 2014 não produziu nenhuma evidência de tal entusiasmo. Em Giza, as escolas que abriram para os eleitores estavam desertas. Na ilha de Gezira, lar dos literatos e dos líderes empresariais decaídos do Cairo, três soldados e dois policiais relaxavam do lado de fora da seção eleitoral. Em um distrito, encontrei um soldado armado usando uma máscara de esqui preta, mas ele também estava guardando um prédio vazio. Mesmo em Heliópolis, onde o próprio Sisi morava, não se encontrava um único eleitor. Dirigi até a própria seção eleitoral onde Adly Mansour, o "presidente interino", havia votado dois dias antes, em uma rua bem arrumada de pequenas mansões. Era a mesma história: quatro soldados, três policiais, policiais à paisana armados, mas nenhum eleitor à vista.

Programas de notícias denunciaram aqueles que não votariam como "traidores de seu país" e Ibrahim Mahlab, o 'primeiro-ministro interino', anunciou que a lei que exigia que eleitores fossem às urnas seria totalmente implementada. Não fez diferença. O resultado oficial de 93,3% era literalmente incrível. Menos agradável para Sisi foi a participação: meros 45%, representando apenas 23,3 milhões de eleitores, em vez dos 80 milhões que ele esperava; e isso era 6% a menos do que a participação de eleitores no segundo turno da eleição presidencial de 2012, que Morsi venceu[6]. O candidato rival em 2014, o desafortunado jornalista nasserista Hamdeen Sabahi, supostamente conquistou o apoio de meros 3% dos eleitores.

O rosto de Sisi continuou a adornar os postes de luz do Cairo nas semanas seguintes, mas era impossível ignorar os pôsteres de seu único verdadeiro oponente; não Sabahi, mas o imensamente popular cantor argelino Cheb Khaled, que lotou a casa em 8 de maio no Cairo. Os apoiadores de Sisi reuniram-se na Praça Tahrir para celebrar a vitória de um presidente que derrubou seu antecessor em um golpe militar e depois buscou popularidade com políticas vagas de austeridade, valores familiares e apelos ao patriotismo e à segurança — sem nem mesmo se dar ao trabalho de organizar uma campanha eleitoral.

Sisi era um homem impaciente. A eliminação de seus inimigos internos — e então de todos aqueles que poderiam se opor a ele — começou muito antes de ele assumir a presidência. Antes da eleição, um site independente, Wiki Thawra, afirmou que 41.163 egípcios foram presos nos 11 meses após o golpe de Sisi, entre 3 de julho de 2013 e 15 de maio de 2014[7]. Apoiado por uma administração norte-americana cada vez mais

---

6 A Irmandade Muçulmana havia considerado a eleição uma farsa, embora um jovem de 20 anos entrevistado pelo *Le Monde* provavelmente tenha captado o humor popular antes da eleição. "Já sabemos o resultado", disse ele. "Ele vai ganhar. Então, qual é o sentido de votar?"

7 As estatísticas da coerção estatal podem ser tão banais quanto terríveis. Enquanto 2.076 pessoas foram detidas após os assassinatos na mesquita de Rabaa e 2.240 antes e depois do cerco da mesquita de Al-Fath - muitos daqueles que poderiam ter sido presos em Rabaa provavelmente já haviam sido mortos a tiros -, quase 40.000 egípcios foram

negligente, Sisi decidiu esmagar toda a dissidência, começando pelos estudantes. A polícia egípcia recebeu poderes especiais para entrar nos campi universitários, supostamente para evitar violência entre apoiadores de Morsi e Sisi; 38 estudantes da universidade Al-Azhar foram condenados a 18 meses de prisão. Uma nova lei antiprotesto permitiu à polícia prender três dos líderes mais proeminentes da revolução de 2011. Eles foram condenados a três anos de trabalhos forçados. Em novembro de 2013, foram condenadas a 11 anos de prisão 14 jovens apoiadoras de Morsi. Houve novas restrições a manifestações públicas e reuniões de mais de dez pessoas. Ativistas pró-democracia foram presos em suas casas e enviados a julgamento por participar de protestos.

Em manifestações em todo o Egito para marcar o terceiro aniversário da derrubada de Mubarak em 2011, realizadas tanto por ativistas pró-Morsi quanto por ativistas seculares antiSisi, as forças de segurança mataram 49 manifestantes. Em um grotesco erro judicial em março de 2014, um juiz provincial de Minya condenou à morte 529 supostos apoiadores da Irmandade por matar um único policial no verão anterior. O juiz Saeed Youssef Elgazar deu aos prisioneiros apenas algumas horas para se defenderem, tendo exclamado, segundo testemunhas: "Não fale sobre a constituição — não quero ouvir sobre isso no meu tribunal".

Menos de quatro meses antes, o "ministro das Relações Exteriores" egípcio, Nabil Fahmy, havia insistido que "o povo egípcio aspira a um sistema democrático (...) independentemente do fato de que podemos ter algumas variações culturais aqui e ali em termos de nossas tradições". Os egípcios estavam agora descobrindo o que essas "variações culturais" envolveriam. Quando um menino de 15 anos levou para a escola uma régua com o símbolo dos quatro dedos da Irmandade, seu pai foi preso e dois de seus professores foram acusados de "espalhar o caos entre os alunos".

À medida que a ditadura de Sisi se afirmava, o humor, mesmo o mais inocente, era suprimido com a mesma certeza que a dissidência política. A sátira desapareceria tão rapidamente quanto os inimigos do Estado. Um dos poucos jornais privados que ainda tentavam relatar a verdade chocou seus leitores no verão de 2015 com uma condenação de sete páginas à polícia por roubo, tortura, estupro, sequestro e condições de detenção

levados à prisão. De acordo com o site, houve 837 julgamentos militares para civis durante esse período, a maioria das audiências em Marsa Matruh, na fronteira noroeste com a Líbia.

desumanas. Al-Masry Al-Youm culpou as forças de segurança, o Ministério do Interior e o Parlamento — o que, na ausência de um parlamento eleito, significava Sisi. O Conselho Nacional para os Direitos Humanos, semigovernamental, observou que 1.500 homens haviam sido condenados à morte e que 124 prisioneiros haviam morrido sob custódia por falta de cuidados médicos, tortura ou maus-tratos.[8]

O advogado Karim Hamdi, por exemplo, apareceu em janeiro de 2015 na delegacia de Matareya — conhecida localmente como 'o matadouro' — para fazer uma reclamação rotineira em nome de um cliente. Ele morreu dentro da delegacia, em uma área de classe trabalhadora onde houve muitas manifestações e prisões pró-Morsi. Segundo um colega, sua autópsia revelou que "sua língua havia sido cortada e que ele tinha ferimentos nos órgãos genitais e costelas quebradas". Ahmed Gamal Ziada, um fotojornalista absolvido após 496 dias de detenção na prisão de Abu Zabel, ao norte do Cairo — a mesma instituição fora da qual 37 prisioneiros foram queimados até a morte no verão de 2013 — falou sobre a "morte lenta" dos detentos mantidos na seção de isolamento, conhecida como "o túmulo dos vivos". Em novembro de 2015, nove jornalistas egípcios estavam atrás das grades.

ONGs estrangeiras tinham ainda menos influência. Quando Kenneth Roth, diretor da Human Rights Watch, chegou ao aeroporto do Cairo para apresentar o relatório da organização sobre o massacre de Rabaa, um ano após os assassinatos, ele foi imediatamente deportado. O Centro Carter fechou seu escritório no Egito porque não podia mais monitorar as eleições. Entre mais de mil sentenças à morte proferidas até junho de 2015, estava uma contra Emad Shahin, um ex-acadêmico de Harvard e agora professor visitante de Georgetown que foi acusado de "espionagem", mas estava felizmente fora do país quando foi condenado.

Mas os algozes do Egito foram mantidos ocupados. Nos seis anos que se seguiram ao golpe de Sisi, eles enforcaram 179 homens, muitos deles torturados antes de confessar assassinato, ataques a bomba ou outros atos de 'terrorismo'. Mas aqueles que afirmavam que Sisi havia devolvido o país a uma ditadura estilo Mubarak estavam errados. Nos sete anos de sua própria

8 Sentindo o frisson de preocupação com essas atrocidades que agora estavam afetando até mesmo seus apoiadores de classe média, Sisi fez um discurso público incomum — e altamente revelador — para seus policiais: "Eu digo a todos os nossos filhos na polícia ou em qualquer outra agência governamental [sic] que eles devem ter em mente que estão lidando com seres humanos".

guerra contra a Irmandade, entre 1990 e 1997, os carrascos de Mubarak haviam executado apenas 68 islamistas e prendido 15.000 outros. Em 2019, nos seis anos desde o golpe, Sisi havia encarcerado 60.000 presos políticos.

Isso era um sinal de medo tanto quanto era uma evidência de determinação em eliminar o "terror". Sisi agora tinha três conflitos separados em suas mãos: sua repressão à Irmandade, com base no argumento de que eles mesmos eram "terroristas" violentos; uma campanha de grupos extremistas islâmicos contra os coptas cristãos minoritários do Egito, e, o mais assustador de tudo, a guerra muito real da al-Qaeda e do ISIS contra o próprio regime de Sisi.

Ataques violentos contra a minoria cristã do Egito começaram sob Sadat e continuaram durante os quase 30 anos do governo de Mubarak. Apenas alguns dias antes do início da revolução de janeiro de 2011, um homem armado matou nove fiéis durante uma missa da meia-noite no Alto Egito, um ataque sectário seguido pelo assassinato de 21 cristãos e outros fora de uma igreja em Alexandria, pelo qual a Al-Qaeda foi amplamente culpada. Mais de dois anos depois, após Sisi depor Morsi, os coptas foram novamente alvo de uma série de assassinatos, incêndios de igrejas e saques de propriedade cristã, alguns dos ataques claramente cometidos por vingança por apoiadores da Irmandade. No norte do Sinai, dois homens mascarados mataram a tiros um padre da aldeia. O Conselho Mundial das Igrejas protestou. O bispo de Minya, no Alto Egito, insistiu que "devemos orar por aqueles que nos fazem o mal, porque não sabem o que fazem", mas esta bênção cristã não teve efeito.

O antagonismo muçulmano-cristão, inflamado no passado por disputas familiares sobre casamento ou sequestro, transformou-se em violência sectária quando os cristãos foram vistos como tendo dado sua lealdade a Sisi e seu exército. Quando grupos islâmicos se juntaram a essa onda de assassinatos, a esperança de Sisi de que pudesse tratar seus inimigos como um só foi cumprida. Até mesmo os próprios muçulmanos confundiam o novo regime de Sisi e os coptas com os faraós do Egito, assim como os assassinos de Sadat fizeram em 1981. "Sim ao Islã", foi pintado nas paredes do Museu de Antiguidades de Mallawi, no Alto Egito, depois que foi incendiado e saqueado. "Sisi, estamos chegando." No entanto, as antiguidades do museu incluíam ouro e joias da época da dinastia Omíada do século VII à Fatímida do século XII. Tanto antes quanto depois do golpe, as forças de segurança muitas vezes chegaram tarde demais para pegar os culpados.

Seu atraso foi deliberado? As autoridades estavam tentando mostrar aos egípcios o caos que eles sofreriam se não apoiassem Sisi? Ou agentes de inteligência do governo instigaram os ataques pelo mesmo motivo? Por mais improváveis que fossem, essas histórias circulavam pelo Egito.

Também circulavam as listas de vítimas dos soldados de Sisi na península do Sinai: 100 mortos nas dez semanas seguintes ao golpe de Estado de Sisi, nove mortos em um duplo atentado suicida a carro-bomba no início de setembro. A batalha do Sinai estendeu-se às fronteiras de Gaza quando as tropas egípcias renovaram seu dever de proteger Israel fechando 152 túneis de contrabando usados para transportar alimentos e armas para os palestinos. Os islamistas do Sinai — e logo o próprio ISIS — já estavam penetrando no Cairo. Em finais de novembro, mais de mil soldados e policiais foram mortos.

Jornalistas e ONGs agora estavam proibidos de visitar o Sinai; se o tivessem feito, teriam sido capazes de relatar que grandes áreas do vasto deserto de 60.000 quilômetros quadrados haviam caído nas mãos de combatentes islâmicos, que logo se declarariam aliados do ISIS[9]. Quando homens do ISIS invadiram seis bases militares perto de Sheikh Zuweid, perto da fronteira israelense, no final de junho de 2015, eles mataram 64 soldados, alguns deles executados depois de serem capturados. Sisi enviou a força aérea para bombardear a cidade.

Então, depois de dezenas de julgamentos grotescamente injustos de seus inimigos, Sisi agora iria "emendar" quaisquer leis que protegessem os acusados, para acelerar sua forma peculiar de "justiça". A Irmandade continuou a afirmar que permanecia um movimento não violento que acreditava em eleições justas. Mas com suas fileiras esmagadas pelo programa de prisões, tortura e morte de Sisi, "experts" em Washington sugeriram que uma geração mais jovem de apoiadores havia abandonado

9 As batalhas originais do Sinai foram explicadas pelas autoridades do Cairo como sendo ataques de contrabandistas ou tribos empobrecidas irritadas com a negligência do governo central em relação à sua região. Mas, como o exército egípcio se gabou de matar centenas de islamistas, essa desculpa não era mais credível. Com centenas de soldados egípcios morrendo nas batalhas subsequentes, as promessas de estabilidade de Sisi tornaram-se ainda menos sustentáveis. Quando 32 soldados e policiais foram mortos em quatro ataques separados em janeiro de 2015, seus cadáveres foram devolvidos de avião ao Cairo. O ISIS sequestrou 21 cristãos egípcios que trabalhavam na Líbia, cortando-lhes a garganta em uma praia do Mediterrâneo em fevereiro de 2015, filmando em vídeo seus últimos momentos agonizantes enquanto a maré corria vermelha pela areia.

seu slogan de "nossa pacificação é mais forte que balas". Isso parecia bem lógico, mas aqueles que permaneceram em contato com os ex-colegas ministeriais de Morsi descreveram um cenário mais nuançado — e mais assustador.

Compartilhar uma cela de prisão e um caminhão da prisão com jihadistas é tanto o sonho quanto o pesadelo de um jornalista, o que tornou Mohamed Fahmy uma figura única. Egípcio com cidadania canadense, ele era o repórter do canal Al Jazeera English que passou quase dois anos no sistema prisional de Sisi, preso com dois colegas por ser um "terrorista" pró-Irmandade, fabricando notícias e colocando em risco a "segurança" do estado. As acusações eram mentiras e os julgamentos que se seguiram foram uma zombaria da justiça. Mas, finalmente, extraído das profundezas de seu encarceramento, ele pôde viajar para o Canadá e escrever um relato extraordinário de seu tempo em cativeiro.

Enquanto recitações do Corão ecoam pela seção infestada de vermes da prisão de Tora, a "Seção Escorpião", e Fahmy murmura versos meio esquecidos, "minha mente racional, educada no Ocidente, protesta — afinal, é um grupo de islamistas encarcerados com quem rezo. Sinto-me constrangido. Quase bobo (...) Mas algumas das orações que aprendi quando menino voltam e me envolvem, arrastando-me em sua maré." Ao chegar à sua cela, ele descobre que está preso com homens que estava entrevistando para a Al Jazeera apenas alguns meses antes, quando eram membros do governo Morsi: Essam al-Haddad, auxiliar executivo de Morsi que havia conhecido Barack Obama; Khaled al-Qazzaz, conselheiro de relações exteriores de Morsi.

Para seu desgosto, vários outros prisioneiros gritam seu apoio à Al Jazeera, que na época — para horror de Fahmy — havia transmitido material pró-Irmandade em sua rede "ao vivo" do Egito. "Vocês, jornalistas, foram enviados aqui para ver a verdade", gritou um homem. "Há uma razão pela qual Deus o trouxe aqui." E então Fahmy descobre que alguns de seus colegas prisioneiros islâmicos haviam sido filmados para o canal "ao vivo" da Al Jazeera — não é de admirar que ele estivesse em sua cela.

Fahmy conhece Mohamed al-Zawahiri, irmão de Ayman, o homem nomeado líder da Al-Qaeda após o assassinato de Bin Laden. "Não somos assassinos impiedosos e sanguinários", garante a Fahmy. "Nós apenas nos defendemos (...) exigimos nossos direitos de estabelecer um governo baseado na Sharia Islâmica." Quando Fahmy pergunta se suas conexões no Sinai podem tê-lo levado à prisão, um homem ao lado de al-Zawahiri grita: "Que Sinai! Esses são legítimos combatentes da resistência. De que lado você está?"

De que lado mesmo? Em agosto de 2014, o ISIS divulgou um vídeo da decapitação do jornalista norte-americano James Foley. Quando é levado para mais interrogatórios, Fahmy se encontra em um caminhão da polícia no meio do trânsito do Cairo e seus companheiros vibram de alegria quando o rádio do motorista anuncia que três policiais foram mortos em um posto de controle. O ISIS promete matar outro repórter, Steven Sotloff, se os EUA continuarem a bombardear suas posições no Iraque. Fahmy era amigo de Sotloff. "Ele deve ser um espião", cospe o prisioneiro algemado a Fahmy. "Por que um norte-americano se colocaria em tanto perigo, se não?" Fahmy sabe por quê: arriscar a vida para conseguir a matéria. Ele ouve, horrorizado, outro homem dizer que "ele é apenas um norte-americano. E quanto aos milhares de iraquianos mortos pelos EUA?"

Então é a vez de Sotloff. Fahmy vê o próximo vídeo. "Steven, de cabeça e barba raspadas, veste um macacão laranja (...) Seus óculos pequenos, as curvas arredondadas de seu rosto quente e o sorriso gentil (...) não estão mais lá (...) Rezo para que sua mente e coração estivessem calmos." Fahmy está furioso "que esse homem horrível que matou Steven e eu estejamos sendo rotulados com o mesmo nome: terrorista". Mas na véspera de sua libertação da prisão, ele aperta a mão de um homem condenado à morte. "Nos últimos seis meses", ele escreveria, "esses homens, alguns deles jihadistas que invocam a morte e a destruição sobre o mundo por uma ideologia desumana, generosamente compartilharam sua comida e seus poucos pertences".

Fahmy permaneceu convencido de que os regimes de tortura e prisão do Oriente Médio eram universidades para futuros jihadistas. Ele também temia pelo futuro de sua própria profissão, citando Adel Iskandar, um professor canadense de origem egípcia, sobre a cobertura da Al Jazeera do Egito durante o golpe militar: "A Al Jazeera escolheu um lado no conflito e correu com ele, e quando a estação não conseguiu fazer a cobertura em primeira mão, confiaram em imagens e relatórios produzidos por grupos de oposição islâmicos e facções armadas da milícia. Essa técnica tornou-se seu modus operandi na Síria, onde as apostas e os custos são extremamente altos — especialmente para os jornalistas."

Fahmy, assim como seus colegas da Al Jazeera presos com ele, foi vítima do apoio do Qatar à Irmandade Muçulmana e de sua hostilidade ao regime de Sisi. Assim que o Qatar retirou seu enorme apoio financeiro ao Egito, qualquer pessoa conectada ao emirado do Golfo estava perdida. Se o Qatar tivesse abandonado a Irmandade, seus correspondentes internacionais no Cairo teriam sido protegidos. Mas a própria duplicidade da rede em transmitir o trabalho de Fahmy e seus colegas no canal ao vivo e anti-Sisi foi uma forma de traição jornalística da qual os egípcios tiraram total vantagem. Isso também significou que os mais terríveis ataques do ISIS ao Egito nos anos seguintes ficaram sem nenhum relato em primeira mão no canal de satélite árabe em inglês mais assistido do mundo.

Isso foi um alívio para Sisi, cujas credenciais antiterroristas agora pareciam manchadas. O próprio Sinai estava começando a parecer o interior de Mossul e Fallujah, no Iraque e no leste da Síria, um playground insurgente em que as forças egípcias estavam cada vez mais na defensiva. Assim como os israelenses usavam caças-bombardeiros em seus ataques regulares a Gaza, e assim como os sírios e russos bombardeariam o leste de Aleppo do ar, os egípcios enviaram F-16s para atacar seus alvos no Sinai. Os precedentes estabelecidos por Israel e os norte-americanos estavam sendo seguidos com a maior precisão[10].

Dentro do próprio Sinai, os civis viram-se no familiar vale da sombra da morte: presos à pobreza entre islamistas bárbaros e soldados assassinos. O exército egípcio já executava prisioneiros, um crime de guerra a que o ISIS se entregou por vários anos. Contudo, o massacre causado pelo grupo de cinco caminhões de assassinos do ISIS que cercaram uma mesquita sufi em Bir el-Abed, no Sinai, em 25 de novembro de 2017, mostrou como as ideias teocráticas pervertidas do grupo haviam infectado seus apoiadores no Egito.[11] Cerca de 40 atacantes matariam 305 fiéis muçulmanos,

10 Em julho de 2015, um site islâmico mostrou um navio de guerra egípcio em chamas na costa do Sinai após o que parecia ter sido um ataque de mísseis do ISIS. As autoridades militares do Cairo optaram por não admitir a destruição virtual de um de seus navios.

11 Afirmações de uma união mística com Deus estavam destinadas a atrair a fúria animal do ISIS. Assim como a alegação sufi de que a imaginação humana poderia aproximar os crentes de Deus, e que aqueles que baseavam sua crença no dogma estavam, como diria uma expressão persa, "sobre pernas de pau". Como os cristãos, as grandes famílias sufis tendiam agora a apoiar seus ditadores locais. Exatamente 13 meses antes do ataque de Bir el-Abed, um sheik sufi idoso e proeminente no Sinai, Suleiman Abu Heraz, foi sequestrado pelo ISIS, acusado de praticar magia e depois decapitado. O comandante da

incluindo 27 crianças. Eles até carregavam a bandeira negra do ISIS, cercando a mesquita Al-Rawda, colocando homens armados do lado de fora da entrada e de todas as 12 janelas e depois abatendo todos os homens, mulheres e crianças que tentavam escapar. Famílias inteiras foram mortas. Foi o ataque mais mortal do tipo na história egípcia — aqui, pelo menos, havia um número que não podia ser exagerado. Sisi proferiu sua promessa padrão de vingança com "punho de ferro", envolvendo-se na maior batalha travada no Sinai desde a guerra árabe-israelense de 1967.

Se seu exército agora era constantemente desafiado dentro das próprias fronteiras do Egito, Sisi não permitiria que nada interferisse em seus lucros econômicos não licenciados e não documentados. O único desafio ao monopólio do exército sobre shoppings, vendas de imóveis, hotéis, resorts, prédios de apartamentos, vilas, construtoras, fábricas e postos de gasolina poderia vir dos trabalhadores que produzem as exportações do Egito. O potencial exército de mulheres já havia sido destruído pelo comportamento obsceno dos militares na Tahrir; o exército de trabalhadores agora deve ser emasculado. Pois se Sisi se imaginava amado por seus hábitos ascéticos, nada deveria interferir na segurança financeira de seus oficiais militares.

Já vimos como os sindicatos egípcios, com sua longa tradição anticolonialista, protagonizaram a primeira "revolução" contra Mubarak e deram seu apoio aos manifestantes da Tahrir em 2011, viajando da cidade do algodão de Mahalla e de outras cidades industriais do Delta do Nilo. O gosto dos trabalhadores por ações independentes continuou após a eleição de Morsi. Cerca de 20.000 trabalhadores das empresas de fiação e tecelagem de Mahalla convocaram uma greve de oito dias por melhores condições em julho de 2012. Mas a proteção de Sisi ao monopólio financeiro do exército significava que os trabalhadores egípcios não deveriam mais sonhar em controlar os "meios de produção", muito menos desafiar a autoridade do governo. É por isso que o direito do exército de julgar civis em tribunais militares era tão importante para o regime.

O artigo 174 da nova constituição nacional de Sisi de 2013 autorizou juízes militares a julgar qualquer trabalhador empregado por empresas comerciais controladas pelo exército por greve, ocupação de fábricas ou

---

"polícia da moralidade" do grupo declarou algumas semanas depois que sua "prioridade era combater o politeísmo, incluindo o sufismo".

atos de "desobediência civil". A constituição, é claro, não fazia menção ao monopólio do exército sobre tantos ativos econômicos. Uma decisão do Supremo Tribunal Administrativo em abril de 2015 proibiu efetivamente todas as greves, declarando que o direito de greve "viola a Sharia Islâmica" e "vai contra os ensinamentos islâmicos". Os funcionários eram servidores públicos e não podiam privar os cidadãos de serviços. As regras islâmicas, decidiu o tribunal, significavam que a recusa em "obedecer às ordens dos superiores no trabalho" era "um crime".

Como isso poderia ser, perguntaram sindicatos e um ex-vice-primeiro-ministro, quando foi a Irmandade Muçulmana que tentou misturar religião com o Estado? Quem disse que greve é contra a lei da Sharia? Essa decisão foi apoiada pelo tribunal quando eles afirmaram que até mesmo os acordos internacionais sobre direitos trabalhistas assinados pelo Egito deveriam ser "condicionados à sua consistência com a Sharia Islâmica". O sindicalista independente e ativista de direitos humanos Kamal Abbas protestou que "o que estamos testemunhando é o retrocesso de todos os ganhos que obtivemos como trabalhadores após a revolução de 25 de janeiro" de 2011.

Nos primeiros quatro meses de 2016, milhares de trabalhadores industriais participaram de quase 500 greves, piquetes e manifestações em todo o Egito em protesto contra o aumento dos preços, baixos salários e pagamentos atrasados. A Federação Sindical Egípcia Oficial de Jabali al-Maraghi entrou com uma ação judicial para criminalizar sindicatos não oficiais. No entanto, quando sindicatos independentes reclamaram à Organização Internacional do Trabalho que os delegados do governo à sua conferência em Genebra eram ilegítimos, a OIT expressou apenas sua "preocupação", antes de adicionar devidamente o Egito à sua lista de estados que violam os direitos dos trabalhadores.

Havia algo de ridículo e pouco inspirador na ditadura de Sisi. Era brutal, agressiva, opressiva e mortal, mas tinha uma estrutura de farsa e tragédia que alguns poderiam considerar cômica. Ele chamava o povo de "luz dos meus olhos", mas também podia desempenhar o papel de pai irritado com seus filhos indolentes. "Não vou dormir e nem vocês", anunciou em uma entrevista na televisão. "Devemos trabalhar, noite e dia, sem descanso." O trabalho do presidente era melhorar a moral pública e "apresentar Deus" corretamente. Ele iria, prometeu, tomar medidas legais contra insultos pessoais.

Mas o governo de Sisi continha um elemento essencial de bufonaria, mais Mussolini do que tirano nazista. Antes de sua primeira presidência, retratos de rua o mostravam adornado com medalhas, mas ele não havia visto nenhum combate militar — a menos que contasse sua agora esquecida defesa dos testes de virgindade em manifestantes femininas da Tahrir. Ele se formou na academia militar apenas após a guerra de 1973, mas após seu golpe não fez nada para impedir que os lojistas egípcios vendessem bolos e doces com sua imagem.

Egípcios adoradores passavam notas de 100 dólares falsas com o retrato de Sisi sobre a gravura de Benjamin Franklin. Era a mesma foto que tínhamos visto nas ruas, de uniforme completo. No verso, sobre a Casa Branca, ele estava em uma espécie de trono, dessa vez com uniforme de camuflagem, boné de beisebol na cabeça, braço levantado até o queixo enquanto pensava, sem dúvida, no futuro estável do Egito. Sisi não instigou esse culto à sua personalidade, mas não fez nada para detê-lo. Uma voz em um sonho, Sisi disse a um confidente jornalista em uma gravação vazada, havia lhe dito: "Nós lhe daremos o que não demos a nenhum outro". Mas se o novo presidente vitalício se considerava abençoado por tais promessas sobrenaturais, como é que os egípcios que tão corajosamente derrubaram o "Estado profundo" de Mubarak aceitaram essa promoção fraudulenta de seu novo líder? Será que isso, como às vezes temia, era a reinfantilização do povo? Ou será que alguns medos mais sinistros haviam se apoderado do Egito?

Depois que telespectadores de televisão no início de 2016 observaram Sisi viajando em uma comitiva motorizada ao longo de um tapete vermelho de quatro quilômetros, houve um clamor, mesmo em jornais que há muito tempo adotavam reverência pelo homem que ainda era oficialmente um marechal de campo. O exército foi forçado a responder que o tapete havia sido usado antes e não havia sido comprado por Sisi. Muito mais perturbador para os egípcios foi a decisão de Sisi de dar aos sauditas duas ilhas estratégicas do Mar Vermelho — pelas quais soldados egípcios deram suas vidas na guerra de 1967 — em troca, presumivelmente, dos bilhões de dólares que o Reino havia dado ao Egito desde o golpe.

Sisi lutou por seu presente generoso pelos tribunais do Cairo e pelo parlamento, onde deputados normalmente submissos reclamaram que ninguém tinha o direito de entregar território soberano do país a uma nação estrangeira. Para muitos egípcios, seu general favorito — o homem que prometeu proteger sua pátria de "terroristas" e "estrangeiros" islâmicos — estava vendendo as ilhas de Tiran e Sanafir como suborno. "Venha, venha, meu Pasha", anunciou o satirista Bassem Youssef. "A ilha é por um bilhão, as pirâmides por dois, com duas estátuas grátis." Houve manifestações de rua no Cairo, rapidamente esmagadas pela polícia. O parlamento e os tribunais relutantemente aprovaram a transferência. Parecia uma coisa, ver o rosto enfeitado de Sisi aparecer em chocolates — outra coisa bem diferente era comê-los.

Aqueles que ousaram criticar o governo de Sisi veriam sua crítica pessoal condenada como traição. Dessa vez foi o Sindicato de Atores Egípcios, outro sindicato oficial, que empunharia a faca. Amr Waked e Khaled Abol Naga foram acusados de "alta traição ao país e ao povo do Egito" por condenarem publicamente o governo egípcio em uma audiência no Congresso dos EUA. Waked e Naga, ambos atores proeminentes, foram proibidos de atuar no Egito.

Naga havia descrito um país cujo povo estava preso ou vivia com medo de ser preso. Waked disse que o regime de Sisi havia desenvolvido uma "alergia" à verdade, uma afirmação que continha sua própria ironia dolorosa, pois ambos haviam apoiado ingenuamente o golpe de Sisi de 2013. Waked, cuja crítica ao governo de Sisi já lhe havia valido uma sentença de oito anos de prisão no Egito — *in absentia*, pois vivia na Europa —, acreditava que a proibição do sindicato mal importava, já que "se eu voltar para o Egito, nem mesmo terei tempo para atuar". Porque, claro, ele seria preso imediatamente. Se tudo isso parece um pouco cômico, seria bom lembrar um evento infinitamente mais terrível que atingiu um jovem que mostrou interesse demais pelo exército de trabalhadores que Sisi e os militares tanto temiam.

Em 3 de fevereiro de 2016, os restos mortais horríveis do corpo de um estudante italiano foram encontrados em uma vala de concreto nos arredores do Cairo. O corpo seminu de Giulio Regeni trazia as terríveis evidências de sua tortura: sete costelas quebradas, ossos quebrados nas mãos e pés, cortes e arranhões por todo o corpo, dentes quebrados, sinais de eletrocussão no pênis e uma hemorragia cerebral causada por golpes na cabeça. Quando seus pais realizaram uma coletiva de imprensa no Senado italiano, pensaram em distribuir fotos de seu filho morto de 28 anos, estudante de doutorado na Universidade de Cambridge, antes de decidir que as imagens eram horríveis demais para serem mostradas.

Regeni estudou no ensino médio nos Estados Unidos, viajou pela América Latina, Alemanha e Áustria e vivia no Egito desde novembro de 2015. Para sua tese de doutorado, ele estava pesquisando os movimentos sindicais egípcios — o que era tanto o motivo de ele estar no Cairo quanto o provável motivo de seu assassinato. Algumas semanas antes de sua morte, Regeni havia escrito prescientemente que "o desafio dos sindicatos [egípcios] ao estado de emergência e o apelo do regime à estabilidade e à ordem social — justificado pela 'guerra ao terror' — significa (...) um questionamento ousado da retórica subjacente que o regime usa para justificar sua própria existência e sua repressão da sociedade civil".

Regeni acabara de participar de uma reunião no Cairo em que trabalhadores de todo o Egito haviam pedido a formação de um comitê para organizar uma campanha nacional pela liberdade sindical. Como o jornalista alemão Alexander Stille escreveria, Regeni e sua supervisora de Cambridge, a acadêmica egípcia Maha Abdelrahman, entenderam que o movimento sindical independente parecia "ameaçar um regime militar determinado a reprimir fontes autônomas de poder". Muito mais ameaçadoras para Regeni, no entanto, eram as suspeitas, medos e delírios dos serviços de segurança egípcios, que rapidamente souberam do trabalho do estudante e até se convenceram de que ele poderia ser um espião britânico.

Esses homens haviam herdado um sistema de barbárie policial e prisional que existia há muito tempo no "Estado profundo" de Mubarak. O caos da presidência de Morsi e a revolução "corretiva" só fizeram aumentar seu desejo de usar medidas cruéis e letais para esmagar aqueles que destruiriam o Estado que os protegia. Alguns desses homens haviam desenvolvido sua própria forma de sadismo, pois descobriu-se que policiais sob Sisi desenvolveram o hábito de gravar iniciais nos corpos de suas vítimas. O cadáver de Regeni carregava justamente essas letras.

Em seu último artigo para o jornal comunista italiano Il Manifesto, publicado postumamente, Regeni apontou que Sisi controlava "o maior número de policiais e militares da história do país", mas que "em um contexto autoritário e repressivo sob o comando do General Sisi, o simples fato de haver iniciativas populares e espontâneas que quebrem o muro do medo é em si um grande estímulo para a mudança". Em poucas palavras, ele havia insinuado uma verdade amplamente escondida daqueles que acreditavam apenas no panorama ditadura-versus-islamismo: que um dos maiores perigos para o regime egípcio vinha da oposição secular e socialista, simbolizada pelos movimentos sindicais duros e independentes.

Nos dias seguintes à descoberta do corpo de Regeni, os policiais de Sisi anunciaram, alternativamente, que ele havia sido vítima de um acidente de trânsito, sequestrado e assassinado por uma "gangue criminosa" de ladrões ou vítima de uma briga de amantes. O governo italiano explodiu de raiva pela morte de Regeni, suspeitando que a "gangue criminosa" fosse a própria polícia de segurança do Estado de Sisi.[12]

Organizações de notícias italianas e britânicas nomearam um general da polícia da era Mubarak, Khaled Shalabi, como o homem encarregado do CID na governadoria de Giza, onde o corpo de Regeni foi encontrado. Foi Shalabi quem primeiro afirmou que o estudante havia sido morto em um acidente de trânsito — certamente a primeira violação de trânsito em que a vítima havia sido previamente torturada com eletricidade. A mídia italiana descobriu rapidamente que Regeni havia saído de seu apartamento no Cairo em 25 de janeiro de 2016, no quinto aniversário da revolução de 2011, para ir à festa de aniversário de um amigo. A Reuters foi a primeira a relatar que ele havia sido preso perto da estação de metrô Nasser, no centro do Cairo, e levado a um complexo de segurança. A agência disse que suas fontes incluíam três policiais e três membros dos serviços de segurança.

A investigação do jornalista Stille revelou que a área de pesquisa acadêmica de Regeni incluía o sindicato independente de vendedores ambulantes, que estavam em contato constante com os manifestantes. Muitos dos vendedores também trabalhavam para a polícia como espiões mal pagos. Em 2015, Regeni soube de uma bolsa de 10.000 libras emitida por uma fundação britânica para financiar um projeto de desenvolvimento que poderia ajudar em sua pesquisa de doutorado. Um dos líderes sindicais egípcios interessou-se por isso e surgiu um vídeo dele perguntando a Re-

12 O Ministério das Relações Exteriores de Londres só começou a reclamar sobre o assassinato do estudante de Cambridge depois de receber 10.000 assinaturas de protesto do Reino Unido. Em aparente contraste, o Parlamento Europeu votou por uma maioria de 588 votos que o Egito deveria cooperar com as investigações da Itália sobre a morte de Regeni, acrescentando que este não era "um caso isolado" entre as crescentes violações de direitos humanos do país e que armas não deveriam mais ser vendidas ao Egito se pudessem ser usadas contra "a oposição ou a sociedade civil". O Ministério das Relações Exteriores italiano disse que a Itália deveria estar envolvida na investigação porque "queremos que a verdade venha à tona, cada última parte dela". Mas a "última parte" nunca veio à tona.

geni se esse dinheiro poderia ser usado por seu sindicato. Um diplomata ocidental de uma nação neutra que conheci por acaso no Cairo não muito tempo depois da morte de Regeni havia visto o vídeo, no qual o estudante parecia envergonhado enquanto o sindicalista o pressionava por dinheiro. Regeni, disse ele, estava "desconfortável". Mas para a polícia, isso deve ter parecido muito mais sinistro. O que um estrangeiro bem financiado estava fazendo conversando com um exército de quase mendigos no Cairo?

O Ministério do Interior egípcio anunciou que os assassinos de Regeni eram uma gangue de quatro homens "especializados em se passar por policiais, sequestrar estrangeiros e roubar seu dinheiro". Todos foram mortos a tiros pela polícia "em uma troca de tiros". O governo trouxe uma bandeja de objetos pertencentes a Regeni: seu passaporte italiano, sua carteira de identidade da Universidade de Cambridge e seu cartão de crédito. Mas os investigadores italianos não encontraram nenhuma transação de cartão de crédito registrada após o desaparecimento de Regeni. Isso certamente foi outra novidade: uma gangue de ladrões profissional que matou um cativo, mas nunca usou seu cartão de crédito.

Os detalhes desse caso individual eram tão terríveis quanto reveladores. Se esse era o destino de um estudante estrangeiro inocente no Egito, o que acontecia com os milhares de egípcios comuns que estavam sendo "desaparecidos" pelo estado policial de Sisi? Um e-mail anônimo recebido pelo jornal La Repubblica afirmou que Regeni havia sido colocado sob vigilância pelo general Shalabi e, quando questionado pela polícia, ele se recusou a responder a menos que um diplomata italiano e um intérprete estivessem presentes. Foi então que a tortura começou. O e-mail dizia que isso incluía choque elétrico em suas "partes delicadas", ser despido e deixado em um quarto onde o chão estava inundado de água e que era "eletrificado" a cada meia hora.

Sabemos agora que a administração prisional egípcia sob Sisi é estratificada, com 42 prisões "oficiais", mas um sistema paralelo de detenção em que dezenas de milhares de cidadãos são mantidos em prisões militares, torturados e brutalmente interrogados pelo serviço de inteligência nacional de Sisi. O jornalista e autor Tom Stevenson nomeou algumas das prisões secretas como Maskar Zaqaziq, Al-Azouly e Agroot — todas fora do Cairo — onde as vítimas eram rotineiramente despidas, eletrocutadas, espancadas nas solas dos pés e açoitadas com correias de couro.

Entre os detentos, segundo Stevenson, estavam estudantes, ativistas trabalhistas e socialistas, bem como supostos Irmãos Muçulmanos, todos tratados "como um exército consideraria combatentes capturados em um mundo sem protocolos de Genebra"[13]. Isso, relatou Stevenson, "era a essência da ditadura militar: uma visão do Estado e da população que ele governa como dois exércitos opostos, o primeiro mais bem equipado, mas menor que o segundo, o que torna a brutalidade uma tática indispensável". Podemos lamentar a situação dos jornalistas da Al Jazeera presos por Sisi. "Mas coisas piores acontecem todos os dias com pessoas cujos nomes nunca saberemos."

A morte de Regeni foi naturalmente mais importante para os europeus do que os milhares de egípcios que estavam morrendo em meio à violência do regime militar de Sisi. Nem a família de Regeni receberia justiça. Até hoje, Sisi nega toda responsabilidade pelo assassinato do italiano. Nem fez qualquer comentário sobre a morte de seu prisioneiro mais importante em 17 de junho de 2019.

A morte de Mohamed Morsi foi totalmente previsível, verdadeiramente ultrajante e, logicamente, um caso de assassinato. Quando você morre na prisão de um ditador ou nas mãos dos serviços de segurança de um ditador, você é assassinado. Não importava se era o confinamento solitário, a falta de tratamento médico ou o isolamento, nem se Morsi estava quebrado pela falta de contato humano com aqueles que amava. Segundo a Anistia, ele recebeu apenas três visitas familiares em quase seis anos de confinamento solitário e lhe foi negado acesso a seus advogados ou a um médico. Não é relevante que os tribunais tenham sido injustos, as acusações frívolas, a sentença mortificante. As evidências sugeriam que a morte de Morsi deve ter sido muito desejada por seus carcereiros, seus juízes e o

---

13 Não é que o interesse italiano pela causa moral de seu próprio mártir tenha se mantido. No verão de 2019, a disseminação do poder político de direita no país levou prefeitos – incluindo Massimiliano Fedriga, o novo prefeito de Udine, cidade natal de Regeni – a retirar ou obscurecer faixas anunciando o destino do estudante. Fedriga alegou ser necessário "desconectar" seu assassinato da "arena política" e acabar com a controvérsia sobre o caso. No entanto, o Facebook do prefeito continha centenas de comentários maldosos sobre Regeni, chamando-o de comunista, islâmico e espião britânico. Como escreveria o professor Mario Del Pero, Regeni "pertencia a um mundo diferente daquele que agora está se tornando realidade na Itália e em outros lugares, habitado por aqueles que — por medo ou ódio — preferem autocratas nacionalistas a um estudante do mundo como Regeni".

único homem no Egito que não podia ser contradito. Você não precisa ser torturado com eletricidade para ser assassinado.

Não que Morsi fosse em si uma figura visionária. Sua presidência foi caótica, pouco inspiradora, ocasionalmente brutal e muito arrogante. A Irmandade Muçulmana sempre sofreu de uma espécie de vaidade, razão pela qual se manteve afastada da revolução de 2011 até que a queda de Mubarak fosse certa — e porque o próprio Morsi começou a falar com o exército antes do fim da violência. Mas o simbolismo torna-se muito importante quando o primeiro e último presidente eleito de um país morre na frente de seus próprios juízes e lhe é negado até mesmo um funeral público. O diabético de 67 anos estava falando com seus juízes — em julgamento por sua vida mais uma vez, dessa vez por espionagem — quando caiu desmaiado.

Só se pode imaginar a reação dos juízes quando Morsi desabou. Estar preparado para condenar o homem à forca, apenas para testemunhá-lo encontrando seu criador mais cedo do que o planejado, deve ter provocado uma concentração única de mentes judiciais.[14] Mas eles podiam ter ficado surpresos? Grupos de direitos humanos há muito reclamavam do mau tratamento de Morsi, mas a mídia e os estadistas mundiais ignoraram essas denúncias. Morsi era agora coisa do passado, suas reaparições no tribunal eram um tédio. Tudo o que poderia ter surpreendido seus juízes foi que ele conseguiu falar por cinco minutos antes de partir de sua jurisdição para sempre.

As manchetes foram mantidas nas páginas internas; o único jornal ocidental a dar a um amigo do homem morto a chance de falar foi o *Washington Post*, que permitiu ao médico e acadêmico egípcio-canadense Wael Haddara, um conselheiro pré-eleitoral de Morsi, espaço para exigir que o Egito respondesse pela morte do ex-presidente.

Se ele pudesse guiar o Egito em direção à democracia, Morsi havia comentado a Haddara, ele esperava ser assassinado. Assumir o poder executivo, ele havia dito anteriormente a um âncora de televisão egípcio, era uma "espécie de suicídio". Em uma última reunião antes de se tornar presidente em junho de 2013, Haddara pediu a Morsi que autografasse uma bandeira egípcia para ele. E isso é o que Morsi escreveu: "O Egito que vive na minha imaginação: um Egito de valores e civilização; um Egito de

14 Exceto Turquia, Malásia, Catar, Jordânia, Hamas, a Irmandade Muçulmana no exílio e outros suspeitos.

crescimento, estabilidade e amor. E sua bandeira, sempre pairando acima de nós." Quisera Sisi tivesse tanta eloquência ou tanta honra.

A família de Morsi teve permissão negada para enterrá-lo em sua cidade natal no Delta do Nilo, então ele foi enterrado às 5 da manhã em uma cerimônia furtiva e fortemente vigiada no Cairo oriental, com a presença apenas de sua esposa e filhos. *Al-Masry Al-Youm* foi o único jornal do Cairo a colocar sua morte na primeira página, embora a manchete não mencionasse que ele havia sido presidente do Egito, muito menos o único a ser genuinamente eleito. Uma gravação de áudio vazada de uma de suas aparições no tribunal em 2017 permitiu ao mundo ouvir sua voz pela última vez. "Eu não sei onde estou", ele podia ser ouvido implorando. "É aço atrás de aço e vidro atrás de vidro. O reflexo da minha imagem me deixa tonto."

13

"Caro Moussa ..."

> Serás exposto, como nossos monstros raros,
> Pintado em um poste, com a inscrição:
> "o tirano, vejam!"
>
> William Shakespeare, *Macbeth*, Ato V, cena 8

"As revoltas aqui", começou Cat Stevens. E a audiência libanesa enlouqueceu. Levantaram-se, gritaram e aplaudiram. Aquela única palavra, "revoltas", não tinha um efeito mágico, mas sim catártico, talvez uma espécie de droga: tocou a todos. Stevens estava no palco de Beirute, a apenas uma hora de carro da fronteira síria, uma hora e meia de Damasco. Ninguém precisava que a mensagem fosse explicitada.

Sua decisão de cantar "My People", uma canção com mais de duas décadas, uma das grandes canções originais pelos direitos civis, refletiu perfeitamente esses tempos de entusiasmo e terror no Oriente Médio. Poderia ter sido escrita para eles:

> My People
> When you gonna leave
> My People?
> Give them room to breathe
>
> (Meu Povo

Quando você vai embora
Meu Povo?
Dê-lhes espaço para respirar)

Os libaneses sabiam tudo sobre a conversão de Stevens ao Islã, sua deportação de Israel por supostamente ter dado fundos ao Hamas e sua proibição de entrada nos EUA devido a "preocupações com possíveis ligações com atividades relacionadas ao terrorismo". Mas mesmo que fosse verdade, ser deportado de Israel é, para a maioria dos libaneses, o equivalente a um prêmio de música. Não é de admirar que eles chorassem ao ouvir aquelas palavras:

All they need is dignity
A chance to be free ...
Let them out of jail
My people
[...]
Stop pointing guns at
My People

(Precisam é de dignidade
Uma chance de serem livres...
Tire-os da prisão
Meu povo
[...]
Pare de apontar armas para
Meu povo)

Os direitos civis eram uma coisa; agora, essa música continha uma extraordinária presciência. Tire-os da prisão. Quem na plateia não podia pensar nas prisões do Egito ou da Síria? Quem não podia pensar nas pessoas 'na praça' sem lembrar de um lugar chamado Tahrir? Stevens adorou todo o show, mas o grande homem teve que falar sobre as revoltas. Yusuf Islam estava exausto, mas eu o abordei com o entusiasmo de um repórter novato. Algo a nos dizer sobre o "despertar árabe"? "Estou inspirado", respondeu ele. "Mas também com medo — por causa da falta de liderança definida. A ditadura é fácil, mas a democracia é sobre consenso — e isso é difícil. Mas é como o sol nascendo."

Em fevereiro de 2012, o sol brilhou vermelho-sangue sobre o Oriente Médio. O terremoto do ano anterior havia sido a experiência política mais tumultuada desde a queda do Império Otomano. Os dóceis, passivos e medrosos árabes do Orientalismo haviam se transformado em lutadores pela liberdade e pela dignidade que nós, ocidentais, sempre assumimos ser nosso papel único no mundo. Em seus últimos dias, como vimos, até mesmo Bin Laden foi forçado a sugerir que havia algum conteúdo divino nesses movimentos profundamente seculares.

Mas tanto tempo após a morte de Bin Laden, suas últimas mensagens emergiram e já não eram dignas de zombaria. Pois um elemento islâmico mais sombrio e ainda mais cruel teria infectado as feridas do mundo árabe. No início de 2012, as revoluções não haviam produzido os finais felizes preferidos pelo público ocidental — e do Oriente Médio. Aqueles que clamavam por liberdade foram abatidos a tiros na Síria, na Líbia, no Iêmen, no Bahrein. Nós, no Ocidente, ajudamos a transformar a revolta líbia em um banho de sangue, mas quando os sauditas organizaram sua mini-invasão do "Reino do Bahrein", ficamos em silêncio. Os iemenitas poderiam ter aprendido uma lição com essa sombria intervenção saudita.

No entanto, a escolha de Cat Stevens pelo local de seu concerto foi inspirada. Foi aqui no Líbano, menos de sete anos antes, em 2005, que a primeira verdadeira revolução árabe foi encenada, após o assassinato do primeiro-ministro Rafiq Hariri. A maioria das centenas de milhares que se reuniram na Praça dos Mártires culpou os sírios pelo assassinato de seu primeiro-ministro. Nunca antes tínhamos visto algo assim no Líbano ou no mundo árabe moderno. Isso não era apenas um jogo de poder. Nem era uma "revolução democrática". Foi uma insurreição do povo contra as mentiras e a corrupção do governo, bem como contra o controle estrangeiro sob o qual viveram por 29 anos.

Sim, eles queriam a saída do exército sírio, mas também queriam a renúncia de seu presidente pró-sírio, Emile Lahoud. Eles não queriam mais governos libaneses complacentes liderados por velhos fracos; e a maioria exigia a verdade sobre o assassinato de Hariri. Por um momento, evitemos o fato de que a maior minoria no Líbano, os muçulmanos xiitas, estavam ausentes.

Havia um oceano de bandeiras do Líbano. E nunca antes essas bandeiras pareceram tão magníficas. Não era apenas o cedro verde no centro, mas o fato de ter sido levantado em protesto contra a desonestidade e o assassinato. Foram os jovens do Líbano, tão frequentemente cortejados pelos velhos e culpados homens deste país, que estavam usando sua bandeira para se livrar deles. Estavam felizes e rindo; alguns até fizeram piqueniques ou marcharam com trombetas e tambores. Muitos eram filhos cujos pais os haviam enviado para estudar no exterior durante a guerra civil, que então retornaram e estavam ansiosos por se livrar do passado sectário. As tropas libanesas que estavam em volta da praça ostentavam seus rifles invertidos sobre os ombros, com os canos apontados para o chão.

Essa coragem indomável perduraria — mesmo durante a guerra entre Israel e o Hezbollah em 2006 — e seria tragicamente reencenada quase uma década e meia depois, quando mais uma geração insistiu que os líderes sectários do Líbano deveriam renunciar e que a corrupção deveria chegar ao fim. Mais uma vez, os antigos zaim (líderes) libaneses tentaram se manter no poder, protegendo suas contas bancárias no exterior e sua liderança sobre um país financeiramente em decomposição. Mas até mesmo essa manifestação de 2019–2020 provou que a revolução libanesa poderia sobreviver às chamas da Al-Qaeda. Talvez fosse inevitável que o despertar árabe tivesse começado no Líbano, que permanece a mais educada, cínica, corajosa e internamente perigosa das nações árabes. Esse lugar sedutor — ferro coberto de folha de ouro — sobreviveu mesmo aos incêndios vizinhos da Síria, enquanto a revolução visitava impiedosamente o resto do mundo árabe.

E mesmo em 2005 — na revolução, que ninguém na época reconheceu como revolução — os libaneses conseguiram expulsar o exército sírio de seus 10.454 quilômetros quadrados de território. E "as pessoas na praça" sentiram seu próprio poder pela primeira vez. Muitos escolheram ignorar a importância da Resolução 1559 do Conselho de Segurança da ONU, apoiada pelos Estados Unidos, a principal potência internacional por trás da partida da Síria.

Os libaneses dormiram em barracas nas calçadas. Era tentador para eles acreditar que faziam parte de um grande movimento pela democracia no Oriente Médio. Claro, havia alguns sinais cansativos; os cristãos tendiam a ficar do lado leste da Praça dos Mártires e os muçulmanos do lado oeste. Mas muitos libaneses disseram a nós, repórteres, que estavam demonstrando por seus filhos. Havia uma grande e cruel caricatura do líder xiita do Hezbollah, Sayed Hassan Nasrallah, com um de seus braços puxado pelo Líbano, o outro pela Síria, com as palavras "Decida-se!" acima dela. Bashar al-Assad já havia tomado sua própria decisão.

Quando as últimas tropas sírias atravessaram as tempestades e nevascas do Monte Líbano em direção ao Vale da Bekaa, passaram sob a estátua sombria de Basil, irmão de Bashar, o homem que teria sido presidente da Síria se não tivesse morrido enquanto dirigia rápido demais para o aeroporto de Damasco. Montado em seu cavalo favorito, sua efígie havia sido guardada pela última década por pares de igualmente sombrios oficiais da inteligência síria. Em breve, eles organizariam o transporte da tola estátua de Basil de volta a Damasco. As últimas posições sírias nas montanhas foram abandonadas nas primeiras horas de 14 de março de 2005, quando uma de suas maiores bases de radar de vigilância aérea em Mdeirej foi desmontada. Apenas alguns caminhões sobraram nas encostas mais baixas. Não parecia um exército em retirada, escrevi na época, mas sua partida nessa manhã sombria e fria forneceu um contraste impressionante com sua chegada em junho de 1976. Eu estava em Chtaura quando eles chegaram, centenas de veículos blindados descendo a rodovia internacional em direção a Beirute. "Sempre é bom receber visitas", um lojista observou ironicamente para mim na época. "E sempre é bom quando eles voltam para casa."

O Líbano tratava seus jornalistas com todas as nuances da ironia. E, fiel à forma, o mesmo lojista aproximou-se de mim enquanto eu assistia aos sírios voltarem a passar pela cidade todos aqueles anos depois e perguntou se eu me lembrava dele. Era bom ver os "visitantes" voltando para casa, ele sorriu. Foi o ponto mais baixo da história do exército sírio, uma retirada dissimulada pelas neves com tanques enferrujados e soldados desmoralizados, debilitados pela corrupção do Líbano por quase três décadas.

A revolução libanesa estava incompleta — sempre estaria — mas o 'poder do povo' havia forçado o exército sírio a deixar o Líbano. No entanto, não foi a vitória simples que a administração Bush e os apresentadores de notícias norte-americanos gostaram de retratar. Meio milhão de muçulmanos xiitas libaneses também vieram a Beirute da Bekaa e do sul do Líbano para dizer que rejeitavam os planos norte-americanos no Líbano e exigindo saber quem matou Rafiq Hariri. Mas isso foi mais uma demonstração antiamericana do que uma demanda por liberdade; e o Hezbollah, cujas formidáveis habilidades organizacionais provocaram essa pequena contrarrevolução, estava fornecendo uma voz nacionalista e pró-síria. Todo o vasto comício foi conduzido da maneira usual do Hezbollah: máxima segurança, muitos jovens de camisa preta e disciplina assustadora. O comentário sarcástico de Assad sobre os manifestantes de Hariri precisarem de uma 'lente de zoom' para mostrar seus números foi respondido por uma demonstração de poder xiita. O Líbano não poderia mais ser desconsiderado — nem por Bush nem por Assad.

* * *

Primeiro, o policial iraniano gritou insultos contra o apoiador de Mir Hossein Mousavi, um jovem de camisa branca com barba rala e cabelo despenteado. Em seguida, bateu com o cassetete no rosto do jovem e o chutou nos testículos. Foi a mesma coisa por todo o caminho até a Praça Vali Asr. A polícia antidistúrbios, com coletes à prova de balas pretos, capacetes pretos e cassetetes pretos, a maioria a pé, mas seguida por uma coluna volante de homens da segurança em motos Honda vermelhas brilhantes, atacando os jovens que gritavam e corriam para salvar suas vidas. Eles não aceitavam os resultados das eleições presidenciais do Irã em 2009. Não acreditavam que Mahmoud Ahmadinejad tivesse vencido com 62,6% dos votos. Os libaneses não eram os únicos povos do Oriente Médio preparados para confrontar seus opressores.

Há muito tempo é moda confinar a luta muçulmana pela iluminação e liberdade ao mundo árabe. Salvo a monarquia pseudossaudita corrupta e wahabita, o Irã era a única nação da região a reivindicar Deus como sua inspiração. O legado do Ayatollah Khomeini para os iranianos — o governo religioso permanente e o tênue tecido da democracia parlamentar — era tão único quanto arrogante. A eleição de 2009 inevitavelmente explodiria quando um povo corajoso fosse em milhões às urnas porque queria ter voz na forma como seu país era governado. Desde as eleições pós-invasão no Iraque e uma eleição libanesa cinco dias antes, um povo do Oriente Médio não demonstrava tão firmemente seu direito de ser ouvido.

No entanto, não era um novo Irã que estávamos prestes a ver. Quer o desequilibrado Mahmoud Ahmadinejad se agarrasse ao poder ou o velho e confiável primeiro-ministro da guerra Irã-Iraque, Mir Hossein Mousavi, o ganhasse, o Irã seria um pouco mais forte do que antes. A pele grossa do governo clerical que cobria o Irã permaneceria, talvez arranhada ocasionalmente, mas incapaz de sangrar ou reformar uma nação que tanto precisava da mudança com que apenas Mousavi sonhava. Khomeini deu ao Irã um governo para e pelos mortos, simbolizado no ethos do "Líder Supremo" que o velho homem construiu antes de sua morte há quase 20 anos. Mousavi pelo menos tinha o apoio do santo ex-presidente Mohamed

Khatami. A rejeição do Ocidente ao governo de Khatami nos trouxe o triunfo do excêntrico Ahmadinejad, outra vitória dos norte-americanos em sua demonização da República Islâmica.

Esse foi o presidente que já afirmou que uma nuvem emanava de sua cabeça, um halo mesmo, quando discursou na ONU — depois negou ter dito tal absurdo. Então, Ahmadinejad poderia realmente ser reeleito? Mais tarde, ele afirmou que o "regime israelense" deveria ser "apagado do mapa" e que o Irã continuaria com sua tecnologia nuclear, não importa o quanto Israel e os EUA ameaçassem bombardeá-los. Agora, estava constantemente exigindo democracia enquanto ameaçava, na véspera da eleição, prender seus oponentes por causa do que ele alegava serem suas mentiras "hitlerianas". Os oponentes rapidamente apelidaram Ahmadinejad de "Democrador".

A vida política do Irã sempre produziu uma combinação burlesca de velhos sagrados e economistas inteligentes, ocasionalmente agindo em coalizão altamente não sagrada, então talvez a mão firme de Mousavi durante a terrível guerra Irã-Iraque aumentaria sua popularidade. Dos quatro candidatos — os outros eram o ex-comandante da Guarda Revolucionária Mohsen Rezaee e Mehdi Karroubi, um clérigo reformista e ex-presidente do parlamento —, os eleitores nas ruas do sul de Teerã falavam abertamente comigo sobre seu apoio a ele. "Eu não iria votar", disse Mariam Amina. "Mas então pensei que meu silêncio ajudaria alguém que não está qualificado para ser presidente do Irã. E pensei que meu único voto valeria a pena e que a pessoa que se tornasse presidente seria um bom presidente." Poderia haver uma razão melhor para qualquer democrata no mundo votar?

Pois isso também era um protesto contra o regime. Havia muita conversa entre a multidão nas seções de voto da Escola Issar na Rua Shaheed Mozaffarikhah sobre a crosta permanente do governo islâmico que Khomeini havia colocado sobre o povo. Um homem chamado Ehsan pensou que isso explicava o fracasso do governo Khatami, o fracasso das manifestações na Universidade de Teerã em 1997 em favor da lei civil, "a corrente sobre nós", como ele chamou. "Os papéis-chave são sempre desempenhados pelo Líder Supremo [agora o Ayatollah Ali Khamenei], o conselho de conveniência, o judiciário, os serviços de inteligência. Há pessoas ao redor do Líder Supremo e todas estão alinhadas com ele."

As autoridades judiciárias acabaram de fechar o jornal reformista pró-Mousavi *Hayat-e-No* ("Ressurgimento"). Os rapazes de Ahmadinejad já estavam trabalhando. E enquanto dirigia até a pobreza no sul da cidade, havia os cartazes juvenis do menino sempre sorridente. Aqui, pelo menos, havia um denominador comum com os muçulmanos do Irã a oeste. Assad Senior e Junior eram retratados em uniformes militares, Saddam em traje curdo. Mas ninguém jamais foi enganado por esses retratos absurdos. Na estação de voto da mesquita Hasrat Rasoul, encontrei até um basiji, Asghar Naderzadeh, um dos guerreiros inspirados religiosamente que lutaram contra Saddam nas trincheiras de Shalamcheh, que votaria em Mousavi. "Todos os veteranos de guerra o conhecem como uma boa pessoa", disse ele. "Ele gerenciou a guerra perfeitamente e controlou a inflação durante esse período."

Escrevo sobre essas pessoas para mostrar como seu desejo de liberdade foi expresso com a mesma coragem que as demandas que os libaneses fizeram a seus mestres sírios quatro anos antes. Kubra, uma enfermeira com um lenço e um casaco roxo, queria reeleger Ahmadinejad. Seu irmão morreu na batalha de Shalamcheh, o mesmo campo de morte para o qual Naderzadeh havia sido enviado como soldado infantil. Mas, ela acrescentou de repente, ela aprovou o discurso de Barack Obama no Cairo seis dias antes, quando o presidente dos EUA havia reconhecido a interferência maléfica de Washington na história iraniana. "Acho que Obama está abordando o Irã corretamente e isso será aceito em nossa sociedade. Não respeitamos uma pessoa em especial, mas respeitamos alguém que respeita nossas crenças. Queremos que outras pessoas em outros países nos reconheçam como seres humanos."

Naquele momento, um tenente do exército que estivera ouvindo nossa conversa aproximou-se de mim, com um fuzil AK-47 no ombro. Estava com barba por fazer, mas com olhos duros e fortes. "Estamos convencendo esses elementos de que estamos tendo uma democracia no Irã", começou ele. "Mas a democracia é para pessoas que conhecem suas próprias intenções. O povo iraniano não sabe o que quer. A democracia não vai funcionar aqui." Respondi que não achava que você pudesse filtrar os pobres dos educados e deixar apenas os ricos e poderosos governar. Acho que o soldado era um homem inteligente, mas então apareceu um homem do Ministério do Interior e um homem do governo e disseram ao soldado que ele não podia falar com jornalistas.

E assim foi que, quando os iranianos ouviram que Ahmadinejad recebeu 62,63% dos votos, mas que Mousavi havia recebido apenas 33,75% — seus dois rivais juntos menos de 3% —, saíram às ruas em todo o país para denunciar uma fraude eleitoral massiva. Ou, como cantava em coro a multidão em torno da Praça Fatimi, enquanto dançavam em círculo: "Ahmadinejad sionista — trapaceando nos exames!"

Muitos dos manifestantes — alguns agora usando lenços verdes sobre o rosto, a cor da campanha de Mousavi — tentavam chegar ao Ministério do Interior, onde o conselho eleitoral do governo estava ocupado contando (ou contando errado) a enorme votação popular nacional. Desci para o porão desse edifício ferozmente feio, onde eram oferecidos lattes de chocolate frio e bolo de frutas com morango aos jornalistas. Homens corpulentos distribuíam cópias gratuitas do execrável boletim informativo *Iran*. "Ahmadinejad", dizia a manchete. "24 milhões de votos. O povo vota pela honestidade, sucesso e a batalha contra a corrupção."

Nas ruas de Teerã, estava assistindo a cenas que se tornariam assustadora, cansativa, desesperadamente familiares no mundo árabe em menos de dois anos. Os policiais iranianos agora haviam desmontado de suas bicicletas e estavam quebrando pedras do pavimento para arremessar contra os manifestantes, muitos deles andando de moto entre as fileiras de policiais. Vi um oficial imensamente alto quebrando pedras com o cassetete, partindo-as com as botas e arremessando-as contra os homens de Mousavi. Uma mulher de meia-idade caminhou até ele e gritou uma pergunta óbvia: "Por que você está quebrando as pedras do pavimento da nossa cidade?"

Meu próprio tradutor persa foi espancado três vezes nas costas. Os policiais trouxeram seus próprios fotógrafos para tirar fotos dos manifestantes — daí os lenços verdes sobre seus rostos — e homens bem alimentados à paisana agora se misturavam com eles nas ruas. Cheguei ao lado do Ministério do Interior quando a polícia trouxe seus prisioneiros de volta da linha de frente da estrada. O primeiro era um jovem de talvez 15 ou 16 anos que foi levado por dois policiais paramilitares uniformizados até uma van e jogado no chão de aço, antes que um dos policiais entrasse e o atacasse com o cassetete. Atrás de mim, mais de 20 policiais estavam sentados nos degraus de uma loja, comendo marmitas pré-embaladas.

Observamos enquanto o próximo infeliz era levado para a van. De camisa caindo sobre as calças sujas, foi espancado do lado de fora do veículo, chutado nas bolas e depois espancado em um banco no fundo do veículo. Outro policial entrou e lhe bateu no rosto com um cassetete. O homem gemia de dor. Outro policial veio repetir a performance — e isso, lembre-se, foi na frente de dezenas de outros homens da segurança e com muitas mulheres na calçada oposta, todas olhando horrorizadas. Agora, um terceiro policial, de uniforme do exército, embarcou no veículo, amarrou as mãos do homem atrás das costas com algemas de plástico, pegou seu cassetete e o atingiu no rosto. O prisioneiro agora estava em lágrimas, mas os golpes continuaram até que mais jovens chegassem para seu tormento. Então, mais vans policiais chegaram e cada vez mais prisioneiros para serem espancados. Todos foram levados nesses caminhões-gaiola para o porão do Ministério do Interior.

Outra pausa agora dessas atrocidades, porque foi nesse momento que a declaração impressa de Mousavi chegou à sede de sua campanha. Era coisa forte:

> "Os resultados dessas eleições são chocantes. As pessoas que ficaram nas filas de votação conhecem a situação, sabem em quem votaram. Agora estão olhando com espanto para esse jogo de mágica das autoridades na televisão e no rádio. O que aconteceu abalou toda a fundação da República Islâmica do Irã, que agora governa por mentiras e ditadura. Recomendo às autoridades que parem isso imediatamente e voltem à lei e à ordem, a cuidar dos votos do povo. A primeira mensagem de nossa revolução é que o povo é inteligente e não obedecerá àqueles que ganham o poder trapaceando. Toda a terra do Irã pertence a eles e não aos trapaceiros".

Esse foi um chamado à liberdade muito corajoso e eloquente, tão audacioso quanto qualquer coisa que testemunhamos em Beirute quatro anos antes e igual às demandas que ouviríamos dos tunisinos, egípcios, líbios e sírios dois anos depois. O discurso de Mousavi sobre o "jogo de mágica" e a insistência de que o país deveria "retornar à lei e à ordem", com sua clara implicação de que a liderança havia se desviado dos princípios da República Islâmica, foram partes essenciais dessa mensagem. Ele nunca pediu uma contrarrevolução, razão pela qual seus apoiadores adotaram a cor islâmica verde. Mas a essência de sua mensagem estava contida na palavra "mágica". A República Islâmica do Irã — como todas as nações árabes a oeste — deve pertencer ao seu povo, não aos seus líderes. O reformismo, que Mousavi representava, significava, em última análise, uma separação entre igreja e estado. Mas não uma separação do Islã do povo iraniano.

Os iranianos são um povo sofisticado e educado que entende os ocidentais muito melhor do que nós os entendemos. Mas a aparição de Ahmadinejad diante da imprensa foi quase a de um "Democrador" árabe em sua indiferença, ingenuidade e retidão. Claro, havia uma diferença vital entre esse "presidente" e seus homólogos em outras partes do Oriente Médio. Eles eram odiados não apenas como opressores, mas como instrumentos de potências estrangeiras. Sem os EUA, Mubarak não poderia sobreviver. Nem a Jordânia. Nem o Líbano, talvez. Nem as monarquias do Golfo. Nem — como descobriríamos em breve — Assad poderia sobreviver sem os russos. Mas no Irã, a liderança religiosa era abençoada pelo ódio aos Estados Unidos. E assim, seus inimigos internos podiam ser contaminados como lacaios do Grande Satanás. A única coisa que os tiranos árabes precisavam era do apoio dos EUA. A única coisa que os autocratas iranianos precisavam era do ódio dos EUA. O discurso do Cairo de Obama causou um pequeno problema nessa equação, embora Trump mais tarde corrigisse o equilíbrio a favor do Irã, rasgando o solene acordo nuclear de seu país com a República Islâmica.

Mas a pequena fala de Ahmadinejad foi altamente instrutiva. Seu paletó Humphrey Bogart estava aberto, seu sorriso especial claramente visível atrás de seus pelos faciais. Houve orações. Então veio o homem. O povo iraniano venceu as eleições. Era o papel deles governar. O Irã amava todos os povos. Ajudaria todos os povos. Os iranianos se amavam. Estavam unidos. Sempre estariam juntos.

O homem claramente havia lido cuidadosamente o discurso do Cairo de Obama e alguns de seus motivos de "mudança" encaixavam-se bastante bem com a nova administração dos EUA. O bullying era coisa do passado, ele nos assegurou. Precisávamos de diálogo com todas as questões em aberto. Os sistemas políticos pós-Segunda Guerra Mundial haviam se mostrado anti-humanitários. "O tempo em que um punhado de países se reunia para decidir o destino de um país menor já passou. Acabou." Mas havia uma corrente subjacente sinistra nesse pequeno discurso, uma mistura de enorme arrogância e brutalidade potencial, louvor infantil e ameaça física. A violência da polícia — que eu acabara de testemunhar em primeira mão — sugeria que, uma vez que as autoridades tivessem limpado as ruas, haveria pouca misericórdia para os inimigos de Ahmadinejad.

Foi o dia do destino e da coragem do Irã. Um milhão de seus habitantes marcharam da Praça Engelob para a Praça Azadi — da Praça da Revolução para a Praça da Liberdade — sob os olhos da polícia antidistúrbios, as multidões cantando, rindo e insultando Ahmadinejad como "poeira". Mir Hossein Mousavi estava entre eles, montado em um carro em meio à fumaça de escapamento e ao calor, sério, perdido, ainda inconsciente do tamanho dessa demonstração épica. Ele podia ter perdido oficialmente a eleição, mas essa foi sua parada da vitória pelas ruas de Teerã. Isso iria terminar, previsivelmente, em tiros e mais sangue.

Desde a revolução de 1979, manifestantes em massa não se reuniam em tão grande número pelas avenidas dessa cidade tórrida e desesperada. Eles empurravam-se e aglomeravam-se por vielas estreitas para chegar à rodovia principal e então encontraram a polícia de capacetes de aço e cassetetes alinhados de cada lado. Os policiais, agora horrivelmente superados em número por essas dezenas de milhares, sorriram timidamente e acenaram com a cabeça para os homens e mulheres que exigiam liberdade. A coragem dessas pessoas era ainda mais impressionante, pois muitos já haviam tomado conhecimento da selvagem morte de cinco iranianos no campus da Universidade de Teerã no dia anterior, mortos, segundo os estudantes, por basiji armados de pistola. Quando cheguei aos portões da faculdade, muitos dos alunos choravam atrás da cerca de ferro de seu campus, gritando "massacre" e jogando um pano preto sobre a cerca de ferro.

Às vezes, a marcha vitoriosa de Mousavi ameaçava esmagar-nos contra paredes de homens e mulheres que cantavam. Eles cantavam em uníssono: "Tanques, armas, basiji, vocês não têm mais efeito." Enquanto os helicópteros do governo rugiam acima, esses milhares olhavam para cima e uivavam acima do barulho das pás do rotor: "Onde está meu voto?" Poderiam essas palavras amordaçar a arrogância do poder? Em coro, eles cantaram: "Eles roubaram nosso voto e agora o estão usando contra nós." Atrás de nós, pedras começaram a explodir na estrada quando os basiji voltaram sua atenção para a Universidade Sharif. Um homem caiu na estrada, o rosto coberto de sangue. Mas a grande massa de pessoas seguiu em frente, gritando de alegria com os milhares de iranianos que acenavam para eles dos telhados.

Uma mulher que devia ter uns 90 anos acenou com um lenço verde na varanda de um asilo e um homem ainda mais velho emergiu e acenou com sua muleta no ar. Os milhares abaixo deles gritaram de volta com alegria. Um estranho destemor possuía todos eles. Quem ousaria atacá-los agora? Que governo poderia negar um povo com esse tamanho e determinação? Ao anoitecer, os basiji estavam sendo perseguidos por centenas de manifestantes no oeste da cidade e tiros ecoavam pelos subúrbios.

Era uma escuridão perigosa, prefigurada por uma nuvem cinza que se aproximou de nós quando nos aproximamos da Praça Azadi. Então choveu e ficamos encharcados. Há uma leve estação chuvosa no meio do verão em Teerã, mas ela chegou cedo, a luz do sol arqueando através das nuvens como o horizonte em uma pintura bíblica. Moin, um estudante de engenharia química da Universidade de Teerã, o mesmo campus onde sangue havia sido derramado algumas horas antes, estava andando ao meu lado e cantando em persa enquanto a chuva caía. Perguntei-lhe para traduzir. "É um poema de Sohrab Sepehri, um de nossos poetas modernos", respondeu ele.

Devemos ir para debaixo da chuva.
Devemos lavar nossos olhos,
E devemos ver o mundo de uma maneira diferente.

Moin sorriu para mim e para seus dois amigos estudantes. Estávamos tropeçando em bueiros e sarjetas escondidos sob os pés dos homens e os chadores das mulheres. Pois não eram apenas os jovens modernos. Os pobres estavam lá, os trabalhadores de rua e as senhoras de meia-idade totalmente cobertas, algumas carregando bebês nos ombros ou crianças pelo braço.

O vasto monumento Azadi apareceu através da luz cinza como uma nave espacial, e depois de caminhar por oito quilômetros, Moin, seus amigos e eu passamos uma hora espremendo-nos através de um corpo de humanidade tão denso que pensamos que nossos peitos poderiam ser esmagados. Ao redor do monumento, o Xá há muito tempo havia construído um terrapleno de grama e lutamos para chegar ao seu topo e lá, de repente, estava a natureza de tirar o fôlego de tudo isso. Em meio à grande bacia de grama e concreto que cerca a sombria arquitetura de concreto do Xá, havia mil almas, movendo-se, balançando e cantando na fresca luz do sol pós-chuva. Pode ter havido três milhões de pessoas ao nosso redor; era como um vasto animal, uma grande besta ofegante que respirava, rugia e se movia lentamente sob aquela monstruosa flecha de concreto.

Não foi assustador. Moin e seus amigos deitaram na grama, fumando cigarros. Perguntaram-se se o Líder Supremo Khamenei entenderia o que isso significava para o Irã. Um dos amigos de Moin insistiu que ele teria que realizar novas eleições. Eu não tinha tanta certeza de que os pais da revolução de 1979 olhariam tão gentilmente para essa demanda óbvia por liberdade. É verdade que o Líder Supremo concordou em investigar os resultados das eleições, mas Ahmadinejad era um homem duro em um ambiente clerical duro. Seu glorioso predecessor, Hojatoleslam Mohamed Khatami, estava em algum lugar lá embaixo na multidão, junto com Mousavi e, diziam, a esposa de Mousavi, Rahnavand. Mas eles não podiam proteger essas pessoas. O governo é o estado e o poder político, uma combinação assustadora mesmo em uma democracia, muito menos em uma necrocracia, e a menos que aqueles policiais antidistúrbios de sorriso pálido se mudassem para a oposição, as armas da República Islâmica permaneceriam nas mãos da administração de Ahmadinejad e seus protetores espirituais[1].

O que veio a seguir foi previsível, implacável, alarmante, destinado a aterrorizar seus inimigos. "O tempo da competição acabou", disse-nos o Líder Supremo. "Se os protestos de rua não pararem, haverá outras consequências." O aiatolá Ali Khamenei havia se tornado Thomas Cromwell, elogiando aqueles que odiava com a precisão suficiente para o destinatário saber que a ira de um Líder Supremo poderia abraçar um ou dois clérigos seniores. E quando ele confirmou que "aqueles que votaram nesses quatro candidatos terão suas recompensas no céu", você sabia que a maioria não seria recompensada com o presidente de sua escolha.

Eu estava a apenas alguns metros desse divino todo-poderoso. Se o povo voltasse às ruas mais uma vez, "terroristas poderiam estar escondi-

1 Um dia depois, milhares de iranianos caminharam em silêncio por Teerã para lamentar os estudantes mortos na universidade e, depois, na Praça Azadi. Uma jovem advogada comercial entre eles havia estudado psicologia. "Se deixarmos isso agora, vamos enfrentar alguém como Pinochet — e nossos ditadores aqui nem são ditadores atualizados", ela me disse sem um traço de sorriso. "Meu treinamento psicológico é muito útil. Ahmadinejad tem um problema clássico de psicose. Ele mente muito e é alucinatório, e o problema é que ele acha que tem algum parente lá em cima!" E aqui a senhora apontou na direção geral do céu. Anos depois, tentando elevar seu tenente mais confiável ao seu gabinete privado, Ahmadinejad descobriu que seu amigo era acusado de feitiçaria e bruxaria. Este era o mundo do ocultismo que Khomeini havia conseguido enquadrar para seu estado islâmico.

dos entre as massas". Foi uma escala deslizante a partir daí. Talvez algumas dessas pessoas estivessem trabalhando para serviços de espionagem estrangeiros, para os sionistas, para aquele "inimigo mais traiçoeiro", os britânicos. Mas onde isso deixava Mousavi e o milhão de iranianos que marcharam por Teerã e muitas outras cidades? Eles estavam prestes a se tornar inimigos do povo, inimigos da revolução. Uma coisa era dizer que estavam protestando apenas contra um voto fraudulento e Ahmadinejad, mas agora os manifestantes seriam obrigados a pagar por seu "terrorismo".

À medida que a internet falhava e os vistos de jornalistas eram reduzidos, a imprensa internacional partiu e as terríveis consequências desse "despertar" iraniano foram transmitidas fora do Irã pelas mídias sociais, testemunhas oculares e a diáspora iraniana, que havia distorcido em décadas anteriores muitos dos eventos críticos que transformaram esse país após sua revolução. Assim, a história lamentável da estudante de filosofia de 26 anos, Neda Agha-Soltan, morta a tiros por um basiji durante uma manifestação em 20 de junho, com sangue escorrendo do nariz e da boca, foi pervertida pelas autoridades que alegariam que ela foi baleada pela CIA.

Enquanto o governo tentava persuadir os pais de Agha-Soltan a culpar a oposição por sua morte e proibiu os serviços de memória para ela nas mesquitas, a fotografia mais nauseante a emergir dessa tragédia foi uma foto da Reuters do ex-príncipe herdeiro Reza Pahlavi, "lutando contra as lágrimas" em Washington, ao declarar que Neda Agha-Soltan estava "agora para sempre no meu bolso". Aproveitando-se imediata e vergonhosamente da morte da mulher, o filho do impiedoso falecido Xá anunciou que "eu a adicionei à minha lista de filhas". Uma declaração tão diminuidora foi seguida por uma ampla cobertura na mídia ocidental, onde essa mulher inocente foi enobrecida como uma "Joana d'Arc Islâmica".

As manifestações de rua continuaram no Irã, mas os apoiadores de Mousavi detidos foram espancados e torturados — e em alguns casos estuprados — por interrogadores do governo. Houve revolta pública no julgamento de 100 pessoas, muitas delas proeminentes no campo reformista, acusadas de fomentar uma revolução. Quando Ahmadinejad foi formalmente empossado, em 3 de agosto, a esposa de Mohamed Abtahi, teólogo e chefe de gabinete de Khatami durante sua presidência, afirmou que seu marido havia sido torturado para confessar sua culpa. Em poucos dias, o chefe da polícia iraniana, o general Ismail Moghaddam, admitiu que os detidos haviam sido torturados na prisão de Kahrizak, em Teerã. Grupos de direitos humanos identificaram três homens que morreram sob tortura. Os manifestantes da oposição eram agora regularmente confrontados por apoiadores de Ahmadinejad e espancados nas ruas. Da segurança dos EUA, o filósofo e intelectual iraniano Abdolkarim Soroush acusou o Líder Supremo de ordenar o estupro de prisioneiras.

Isso era mais do que apenas as punições de "chutar as bolas" que testemunhamos. O parlamento iraniano mais tarde revelaria o escândalo da prisão de Kahrizak e identificaria o procurador-chefe do país, Saeed Mortazavi, como o culpado. Ele foi afastado para dirigir a agência anticontrabando do país, embora nenhuma punição tenha sido aplicada ao chefe adjunto da polícia iraniana, o general Ahmad Reza Radan, que teria supervisionado sessões de tortura em que os prisioneiros eram borrifados com água e depois espancados com cabos elétricos.

Durante os protestos de rua em massa contra a reeleição de Ahmadinejad no verão de 2009, muitos iranianos, sabendo que eu morava em Beirute e havia testemunhado as manifestações em massa contra a Síria, perguntaram-me como os libaneses mobilizaram suas manifestações. Eu dizia a eles que os xiitas do Líbano haviam se alinhado cuidadosamente com aqueles que exigiam a verdade sobre o assassinato de Rafiq Hariri, ainda considerando a Síria como amiga. Mas enfatizei que muitas das forças de segurança libanesas simpatizavam com as multidões libanesas, concordavam pessoalmente com suas demandas e não tinham reputação de brutalidade contra seu próprio povo. Mas os inimigos do movimento "verde" no Irã não eram ocupantes ou soldados de um país estrangeiro; os manifestantes iranianos estavam se opondo ao próprio governo.

Se os iranianos se inspiraram em seus homólogos no Líbano, a repressão aos inimigos de Ahmadinejad em 2009 também trouxe lições vitais para ditadores árabes que um dia poderiam enfrentar distúrbios civis semelhantes em suas próprias cidades. O presidente sírio Bashar al-Assad logo veria seu próprio país em chamas em uma revolta muito mais perigosa do que qualquer outra que enfrentou a República Islâmica. O regime de Assad observou atentamente como a República Islâmica esmagou a oposição e o presidente sírio foi um dos primeiros líderes estrangeiros a visitar Teerã para parabenizar Ahmadinejad. A agência de notícias iraniana IRNA informou que Assad "condenou a interferência de países estrangeiros nos assuntos internos do Irã". Essa mesma advertência se tornaria lei canônica entre funcionários do governo sírio e jornais uma vez que a revolução chegasse à Síria dois anos depois.

* * *

> "Saí com um sentimento de amargura em relação a um sistema que devorava seus próprios filhos. Quando aconteceu de cruzar o caminho de um ex-detento, fingi não o reconhecer. Ele fez o mesmo (...) Todos os arrependimentos que tenho não farão nada para limpar o que aconteceu. Agora é a minha vez de ser torturado. Voltei-me para Deus, mas seu perdão é mais fácil de obter do que o das pessoas comuns; é impossível para mim encontrar as palavras para implorar por isso."

Desolado, mas com autopiedade, esse ex-policial tunisiano, agora com 68 anos, ainda estava muito assustado para dar seu nome seis anos após a derrubada do presidente Zine al-Abidine Ben Ali. Policial do Ministério do Interior e torturador, ele era um dos homenzinhos que sabiam como infligir dor. Existem milhares deles em todos os regimes árabes. Quando finalmente concordou em contar sua história em 2017, para uma revista francófona de pequena circulação, ele escolheu o nome "Ridha", que significa "contentamento", uma paz de espírito de que ele claramente não podia desfrutar. Ele era um jovem despreocupado quando ingressou na escola de polícia na década de 1970, inconsciente, ele afirmava, de que fazia parte de um sistema de repressão.

Quando lhe ensinaram a interrogar suspeitos, a tortura não foi mencionada. Seu primeiro ato de violência, disse ele, foi contra um acusado de pedofilia. "Como você não pode bater em um estuprador que destruiu a vida de uma criança? Isso é tortura?" Seus superiores haviam aprendido com seus ocupantes alemães na Segunda Guerra Mundial, disse ele, como usar eletricidade em prisioneiros. "Não éramos pervertidos nem sádicos, ou pelo menos não pensávamos em nós mesmos assim, mesmo que alguns de nós fossem mais cruéis (...) estávamos convencidos de estar em uma luta contra as forças das trevas que tentavam deixar nosso país de joelhos." Pequenos esquadrões de policiais interrogavam dois ou três detidos, humilhando-os para quebrar sua resistência, "forçando-os a se despir e a ficar em posturas degradantes, batendo neles com mangueiras de borracha e chicotes, deixando o mínimo de vestígios possível, fazendo as mesmas perguntas repetidamente". Então, Ridha disse:

> "Havia métodos mais sofisticados, como o "frango no espeto", em que [o prisioneiro] era mantido nu sobre um fogo, espancado e recebia choques elétricos em partes sensíveis do corpo, ou tinha a cabeça enfiada em um recipiente de água, produtos químicos e merda, ou até mesmo forçado a se empalar em uma garrafa. Havia variações nisso, mais ou menos nojentas, dependendo (...) do grau de crueldade do esquadrão policial. Estávamos presos ao sistema".

Os suspeitos confessavam crimes de que não sabiam, "mas repassávamos isso aos nossos superiores e eles os submetiam ao juiz de instrução [magistrado examinador]. Esses métodos bárbaros ensinaram às vítimas a nunca mais se oporem ao regime". Os prisioneiros não eram criminosos, mas eram tratados pior do que assassinos, disse Ridha. Ele foi promovido e agora dava ordens verbais a outros para torturar prisioneiros, reunindo informações sobre islamistas do serviço de inteligência egípcio de Omar Suleiman. Assim, ele progrediu de um recruta policial entusiasmado com um emprego seguro no governo para um torturador aposentado do Ministério do Interior, um homem de meia-idade assustado que seus crimes seriam descobertos agora que a tirania de 23 anos de Ben Ali havia sido destruída.

Sua vida refletiu as carreiras cruéis de seus pares no Egito, na Líbia, na Síria, no Iêmen, no Bahrein e em todos os outros estados árabes. Uma vez que a polícia tratou o povo como inimigo da nação, eles iniciaram uma rotina necessária de humilhação na qual os mais impotentes inevitavelmente seriam tratados como indignos de respeito. Foi o que aconteceu com o agora lendário mártir Mohamed Bouazizi, o vendedor ambulante desempregado do centro da Tunísia que ateou fogo a si mesmo depois que uma policial confiscou sua carroça de legumes e supostamente lhe deu um tapa no rosto, "acendendo o fósforo que literalmente acendeu a Primavera Árabe". Antes de sua morte, 18 dias depois, Ben Ali se apressaria com fotógrafos ao lado do leito de Bouazizi, com as sobrancelhas franzidas de preocupação pelo jovem de 26 anos, a equipe do hospital rígida de medo diante da presença do ditador. Tarde demais. O jovem tornou-se o símbolo da resistência autossacrificante do país; na era dos atacantes suicidas jihadistas, sua autoimolação foi única, pois tinha a intenção de causar apenas sua própria morte. Mesmo isso seria ignorado nos meses seguintes, pois a história trataria o pobre Bouazizi impiedosamente depois de sua morte[2].

Sua história havia sido contada tantas vezes que sua ejeção póstuma do hall da revolução tunisiana era provavelmente inevitável. Entre as 42.000 almas de uma cidade economicamente deprimida como Sidi Bouzid, os heróis devem manter sua humildade para serem honrados. Na época em que a jornalista irlandesa Mary Boland chegou à cidade em novembro de 2011, quando Bouazizi era creditado globalmente por iniciar todo o despertar árabe, seu túmulo havia sido caiado de branco, uma placa em sua memória arrancada, seu ato de suicídio diminuído por acusações de que ele estivera bebendo e havia ateado fogo em si mesmo por acidente. Quando a mãe de Bouazizi aceitou a compensação estatal de Ben Ali de US$ 13.000 e mudou sua família para o resort costeiro de La Marsa, foi condenada por abandonar o povo de Sidi Bouzid.

Os norte-americanos haviam fornecido aos tunisianos o apelido de "Revolução do Jasmim" — assim como haviam concedido aos libaneses a "Revolução do Cedro" —, embora, como o geógrafo tunisiano Habib Ayeb, causticamente notou, "os residentes de Sidi Bouzid provavelmente nunca tenham visto um jasmim em suas vidas". O Ocidente preferiu concentrar-se naqueles que morreram por essa revolta delicadamente nomeada, sem refletir sobre quantas vidas poderiam ser destruídas nas vastas revoluções que foram rapidamente desencadeadas em todo o Oriente Médio. Quando mais tarde perguntei ao advogado libanês que representava o exilado Ben Ali sobre o mártir mais famoso da Tunísia, ele respondeu que "o corpo de Bouazizi será uma luz nesta parte do mundo, ou será o fogo que a consumirá".

À medida que o número de "mártires" da Tunísia aumentava, Bouazizi tornou-se mais uma estatística, enquanto a riqueza e a corrupção da família Trabulsi de Ben Ali eram uma obscenidade quase tão infame quanto a lista daqueles que seu regime havia matado. Grande parte do dinheiro foi investido pela segunda esposa de Ben Ali e sua família Trabulsi, cujos membros possuíam ou controlavam muitas das maiores instituições financeiras do país. Os tribunais tunisianos, em condenações decididas após

2 Nas primeiras semanas da revolução, a memória de Bouazizi foi polida pela recontagem de seu sacrifício por intelectuais. O escritor e psicanalista tunisiano Fethi Benslama, por exemplo, diria que Bouazizi "tornou-se um exemplo (...) de como cada homem é reduzido pelo qahr — uma palavra que podemos traduzir como 'impotência total' — e que prefere a aniquilação total a uma vida como um ninguém. Acredito que ele anuncia, ou revela, uma mudança no modelo de papel do 'mártir' no mundo árabe."

apenas algumas horas sem testemunhas nem advogados para o réu, condenaram o tirano ausente e sua esposa a um total de 50 anos de prisão.[3]

Hosni Mubarak, a poucos dias de sua própria deposição, observou o destino de Ben Ali com fascinação horrorizada. Ele também havia enviado sua riqueza furtada para o exterior. E como Mubarak, o ditador tunisiano havia alimentado seu povo com resultados eleitorais tão fraudulentos que convidavam à zombaria aberta. Em 1999, o *padrone* tunisiano havia oficialmente vencido com 99,48% nas eleições presidenciais, mas em 2004 ele ganhou apenas 99,44%. Ben Ali, enquanto prendia e torturava opositores políticos, advogados, jornalistas, ativistas de direitos humanos, sindicalistas e apoiadores de presos políticos, exortava seus cidadãos a lembrar dos "3.000 anos de história" da Tunísia, a lembrar de Hannibal e Ibn Khaldun, "uma inspiração para todo tunisiano leal nesta terra de abertura e tolerância".

Durante as audiências da comissão da verdade de 2017 em Tunis, Sami Brahim, pesquisador acadêmico, descreveu sua prisão e tortura por suspeita de simpatias islamistas quando era estudante, duas décadas antes. Ele descreveu como os prisioneiros eram forçados a abusar sexualmente uns dos outros — exatamente o mesmo ultraje que os prisioneiros de Mubarak foram obrigados a realizar no complexo da prisão de Tora, no Cairo — e de como um médico então despejou éter sobre sua virilha, queimando seus genitais. Seu tratamento foi pior, disse ele, do que o perpetrado pelos norte-americanos em Abu Ghraib durante a ocupação do Iraque.

Assim como Mubarak, Ben Ali tornou-se chefe do departamento de segurança geral da Tunísia; "um policial em seu íntimo, ele nunca amadureceu completamente" nas palavras de um ex-companheiro. Ele dava raras entrevistas à imprensa estrangeira, nunca realizava conferências de imprensa, mas às vezes revelava seu caráter até mesmo para inimigos políticos.

Eric Rouleau, um mestre correspondente do Le Monde e mais tarde

3 Ben Ali, que tinha 74 anos, morreu em seu exílio na Arábia Saudita oito anos depois. Uma história, posteriormente investigada pelo *Le Monde*, dizia que ele e sua família não haviam "fugido" para a Arábia Saudita em 14 de janeiro de 2011, mas haviam viajado para Jeddah para "férias" oficiais em um voo da Tunisair. A tripulação, entrando na suíte VIP do aeroporto, aparentemente viu um noticiário da Al Jazeera afirmando que seu presidente havia fugido para a Arábia Saudita. Nesse ponto, o capitão da aeronave, Mahmoud Cheikhrouhou, revelou mais tarde, ligou para seu chefe da companhia aérea e decidiu deixar seu presidente para trás, em Jeddah, levando seu avião e sua tripulação diretamente de volta a Túnis após apenas duas horas e meia no chão.

diplomata, descreveu como Ben Ali brincava com emissários estrangeiros em Túnis. Ele era obcecado, lembrou Rouleau, com tecnologia de comunicação — fornecida pela França — e quando o embaixador francês fez uma visita de cortesia a Ben Ali, o presidente “me perguntou com raiva irreprimida por que eu o considerava um agente da CIA consumido por uma ambição infinita. E ele citou, como evidência do que disse, quase palavra por palavra, os telegramas confidenciais que eu havia enviado ao Quai d’Orsay (...) O embaixador, portanto, não havia escapado da rede de inteligência do centro de espionagem [de Ben Ali]”.

Para entender como os tunisianos viam Ben Ali após a revolução, poderíamos estudar as charges de Roger Zerbo, nas quais o presidente, sua família e bajuladores são sempre coloridos de roxo imperial. Os parentes inchados de Ben Ali foram retratados exibindo seus novos shoppings enquanto o povo — 96% do qual sempre se disse pertencer à polícia secreta de Ben Ali — era espancado por capangas de uniformes pretos e óculos escuros.

Logo que comprei o volume de charges de Zerbo, estava dirigindo pelos subúrbios da capital com um amigo jornalista tunisiano que insistiu que de todos os livros agora publicados em Túnis, 92% eram islamistas. Não tinha como verificar esse número, mas a pequena cidade de Sejnane, a oeste de Bizerta, testemunhou, muito brevemente, a existência de um “Emirado Islâmico” no final de 2011, quando cerca de 200 salafistas tomaram seu controle e transformaram prédios do governo em prisões para “pecadores”. As mulheres começaram a usar o niqab, os homens a deixar a barba e a vestir roupas de estilo afegão. Uma loja que vendia CDs de músicas ocidentais em árabe foi incendiada e um autoproclamado juiz islâmico anunciou ao dono que “se você tentar mais uma vez distrair os muçulmanos da mesquita, será sua casa e todos aqueles que estão nela que queimarão”.

Essa súbita emergência do que logo chamaríamos de jihadismo foi resultado da influência externa ou uma resposta natural aos 23 anos de estagnação política e mental que milhões de tunisianos foram forçados a suportar sob Ben Ali? Há mais de uma maneira de uma população se incendiar. Você pode queimar seu corpo — ou pode queimar sua mente.

Uma investigação séria sugeriu fortemente que Bouazizi não estava sozinho em seu martírio. O jornalista Olivier Piot, por exemplo, descobriu que outros dois jovens haviam se matado de maneira idêntica, um na cidade costeira de Monastir, em março de 2010, e outro em Metlaoui, no sudoeste do país, oito meses depois. Já em 1998, escreveu Piot, um estudo da unidade de queimaduras de um importante hospital de Tunis estimou que 15,1% das admissões eram "suicídio por fogo".

Como fundador e líder do maior partido pós-revolução na Tunísia, o Ennahda, Rached Ghannouchi inicialmente passou muito tempo tentando persuadir seus concidadãos — e o Ocidente — de que ele não queria criar um estado islâmico. No dia anterior ao nosso encontro, bem mais de um ano após a revolução, ele acabara de ser severamente criticado pelo professor de direito Jamil Sayah (no antigo jornal direcionado de Zerbo, La Presse), que o acusou de querer "islamizar a modernidade enquanto os tunisianos querem modernizar o Islã". Suspeitei que Ghannouchi não leu o artigo, mas mordeu a isca:

> "Não acredito que os tunisinos queiram mudar o Islã, mas querem ser modernos enquanto são muçulmanos. O Islã é uma religião moderna. Não precisamos de nenhuma cirurgia no Islã para torná-lo moderno. Desde o início, o Islã era uma religião pluralista. Desde o início, o Islã acreditava na liberdade de religião e consciência e na legitimidade do Estado em um contrato entre os cidadãos e o Estado."

E quanto ao misterioso vídeo, perguntei, que surgiu no início de 2012, que mostrava Ghannouchi saudando líderes salafistas e que causou uma avalanche de condenação? Houve um grande debate na Tunísia sobre a Sharia, ele respondeu. Os salafistas haviam realizado manifestações a favor e as elites seculares do país sentiram-se ameaçadas. Mesmo dentro do Ennahda havia divisões, e seu líder de 71 anos afirmou que teve que reagir "com força" a isso. Ele realizou reuniões com os salafistas. Teve que convencê-los de que a Sharia havia sido "vinculada a muitas outras aplicações que deram errado no Afeganistão".

Em seu grande mérito, Ghannouchi conseguiu evitar tanto os perigos da subserviência ao estilo de Morsi a oponentes dentro de seu próprio partido quanto a obediência às classes médias secular-conservadoras que queriam suprimir os salafistas. E, permanecendo líder do Ennahda enquanto recusava qualquer cargo governamental para si mesmo, ele se tornou um líder intelectual, e não político, da Tunísia. Não estava preparado para recriar o arquipélago de prisões de Ben Ali para os opositores do regime:

"Devemos ser firmes com aqueles que violam a lei (...) mas alguns de nossos oponentes querem que adotemos os mesmos métodos de Ben Ali, abrindo campos de prisioneiros, prendendo milhares de pessoas e usando tortura e tribunais farsescos apenas por pertencerem a esse grupo. Dizemos que a lei vê as pessoas como indivíduos, não apenas como grupos. Se um motorista não para em um sinal vermelho, não se deve perguntar sua ideologia, mas sim informa-lo de que infringiu a lei."

* * *

O homem que vi, havia mais de três décadas, saudar solenemente uma falange de homens-rã uniformizados de preto, enquanto nadavam em direção à Praça Verde em uma noite tórrida em Trípoli, finalmente estava fugindo, perseguido — como os ditadores de Túnis e Cairo — por seu próprio povo furioso. E, no seu caso, pela OTAN também.

As imagens do YouTube e do Facebook contavam a história com uma realidade granulada, a fantasia transformada em fogo e estações de polícia em chamas em Benghazi e Trípoli, de cadáveres e homens furiosos, de uma mulher com uma pistola pendendo da porta de um carro, de uma multidão de estudantes derrubando uma réplica de concreto de seu Livro Verde[4]. Um epitáfio bastante adequado para um regime que todos nós, norte-americanos, britânicos e russos, apoiamos ou bajulamos de tempos em tempos.

Gaddafi era único em sua espécie. Ele escreveu outro livro — apropriadamente intitulado, em suas atuais circunstâncias infelizes, Fuga para o Inferno e outras histórias — e exigiu uma solução de um único estado para o conflito israelo-palestino que seria chamado, segundo ele decidiu, "Isratina". Pouco depois, ele expulsou meio milhão de residentes palestinos da Líbia e disse-lhes que voltassem a pé para sua terra perdida. Saiu furioso da Liga Árabe porque a considerava irrelevante — um breve momento de sanidade, é preciso admitir — e chegou ao Cairo para uma cúpula, confundindo deliberadamente uma porta de banheiro com a da sala de conferências, até ser levado de lado por Mubarak, que tinha no rosto um sorriso estreito e sofrido.

Certamente agora poderíamos vasculhar os arquivos de Trípoli e ler

4 Publicado em 1975, o pequeno volume de Gaddafi expõe sua filosofia política.

a versão líbia dos atentados a discotecas em Berlim, pelos quais uma série de civis árabes e a própria filha adotiva de Gaddafi foram mortos nos ataques de retaliação norte-americanos de 1986. E sobre o atentado ao avião de Lockerbie em 1988 — e sobre a grotesca deportação de seu conspirador condenado, e sobre o atentado ao voo 722 da UTA em 1989, e sobre seu fornecimento de armas para o IRA, e sobre seus assassinatos de oponentes em casa e no exterior, e sobre o assassinato de uma policial britânica em Londres, e sobre sua invasão do Chade e sobre as matanças em massa em suas prisões. E — aqui, novamente, devemos respirar fundo — sobre os acordos secretos que os países ocidentais fizeram com Gaddafi para ajudá-lo a esmagar seus inimigos políticos e entregar-lhe aqueles que ele torturaria por anos. E se alguns arquivos profundos e terríveis permanecerem desconhecidos, a completa hipocrisia de nossa política imediata em relação à Líbia seria revelada em uma série de memorandos assustadores entre os próprios serviços de inteligência do Reino Unido e os homens brutais que serviram a Gaddafi.

Sabíamos tudo sobre a visita indiferente de Tony Blair a esse velho horrível em 2004[5]. Gaddafi já era uma figura perturbada cujo gesto "estadista e corajoso" — uma frase emanada do secretário do interior Jack Straw quando o líder líbio prometeu entregar as miçangas nucleares que seus cientistas não conseguiram transformar em uma bomba — permitiu ao líder britânico afirmar que, se não tivéssemos atingido os sadamistas com nossa justa ira por causa de suas próprias armas de destruição em massa inexistentes, a Líbia também teria se juntado ao "eixo do mal". Apenas dias após o infame beijo e aperto de mão de Blair, os sauditas acusaram Gaddafi de conspirar para assassinar o aliado da Grã-Bretanha rei Abdullah.

Como em todas as histórias do Oriente Médio, um conto histórico deve preceder o espetáculo da queda de Gaddafi. Por décadas, seus oponentes tentaram matá-lo. Eles surgiram como nacionalistas, como prisioneiros de suas câmaras de tortura, como exilados "cães vadios", como islamistas nas ruas de Benghazi, o foco da revolta final contra seu domínio. E ele os derrotou a todos. Essa venerável cidade havia alcançado seu status de martírio em 1979, quando Gaddafi enforcou publicamente estudantes dissidentes em sua praça principal. No entanto, era importante lembrar que, 42 anos antes, o Ministério das Relações Exteriores britânico não

---

5 Blair era um enviado oficial ao Oriente Médio quando viajava no jato particular de Gaddafi.

tinha objeção a um golpe contra "um rei fraco e impopular" por um jovem oficial militar dinâmico que falava, segundo o embaixador britânico interino, com "autoridade notável".

De alguma forma, até o fim, Gaddafi conseguiu evitar o opróbrio internacional que recaiu sobre outros déspotas no Egito, na Síria ou no Iêmen. Assim como consideramos Mussolini um bufão em vez de um demônio, o narcisismo de Gaddafi permitiu que nos entregássemos à zombaria em vez de ao ódio — até que fomos incentivados a "hitlerizá-lo" pouco antes e durante o ataque "humanitário" da OTAN em 2011.

Uma repórter canadense capturou perfeitamente esse fenômeno quando naquele ano ela revisou os retratos extravagantes de um líder que estava "claramente apaixonado por seu próprio excepcionalismo". O rosto de Gaddafi, escreveu Rosie DiManno, era:

> "sorridente, sombrio, beatífico, pensativo, seguro, glamurizado, imperioso (...) A cavalo e tilintando com medalhas militares, colheita enfiada embaixo do braço; de turbante e envolto em roupas beduínas; vestido de cáqui e com quepe; saudando com boina Che Guevara e óculos de chá de John Lennon (...) semidivino, raios de luz irradiando de sua cabeça como um halo santo (...) abençoado e abençoando, a fonte singular de onde toda a beneficência brota (...) a vaidade palpável de um excêntrico que envelhece (...) Esse negócio de ser imortalizado congelou seus traços na meia-idade perpétua (...) Nenhuma adoração, por mais artificial que seja, pode jamais ser suficiente."

No final, vimos o tirano estendido para apodrecer no chão de concreto de um frigorífico em Misrata, um velório "tão horrível que os líbios que formaram filas para vê-lo tiveram que usar máscaras faciais para filtrar o odor de putrefação", o sangue lavado de seu rosto, olhos fechados, um único ferimento de bala visível sob seu cabelo agora ralo, mas outras feridas em seu corpo. Ele seria enterrado secretamente no deserto. "Se essa sequência de imagens inspira o primeiro capítulo da era pós-Gaddafi", escreveu Alan Cowell no *New York Times*, "então a nova Líbia será fundada em uma lenda não do heroísmo de seus libertadores — as milícias que resistiram ao ataque das forças pró-Gaddafi —, mas da ambiguidade moral e da autoridade duvidosa, do recurso à mentira diante de evidências desagradáveis". Houve execuções sumárias, aparentemente por milícias antigovernamentais, na cidade natal de Gaddafi, Sirte.

E assim como Saddam, julgado e executado apenas pelo massacre de xiitas 21 anos antes da invasão anglo-americana do Iraque, Gaddafi poderia ter levado seus segredos com ele.[6] No entanto, grupos de direitos humanos aproveitaram-se dos arquivos do governo líbio, repletos de correspondência entre os serviços de segurança de Gaddafi e o MI6, que, junto com a CIA, entregaram seus inimigos para serem torturados. No final, a OTAN cuidou de sua morte, mesmo que a "mudança de regime" não devesse ser o objetivo de sua intervenção. Um caça-bombardeiro, acredita-se que francês, atacou seu comboio quando saía de Sirte, ferindo Gaddafi; imagens de vídeo mostraram-no sendo provocado, espancado e ofendido por seus captores rebeldes, arrastado do capô de um veículo e puxado pelo cabelo para o chão. A câmera se afasta enquanto tiros são ouvidos.

Sua morte estava se preparando há muito tempo. O "despertar" árabe na Líbia começou, como os protestos no Túnis, no Egito e, posteriormente, na Síria, com manifestações de rua em massa de estudantes, acadêmicos, soldados desertores do governo, advogados e famílias locais. A cobertura da mídia ocidental, já acostumada com a narrativa do ditador versus o povo que havia adotado na Tunísia e no Egito, enfatizou a coragem dos rebeldes líbios em vez do tribalismo do país e, muito mais importante, dos grupos islâmicos que rapidamente emergiram entre os combatentes. O "Grupo de Combate Islâmico" e a "Brigada de 17 de Fevereiro" eram claramente evidentes nas ruas de Benghazi, mas poucas pistas de sua existência apareceram nas notícias quando a guerra civil estourou no início de fevereiro de 2011.

Os primeiros desvarios de Gaddafi — de que seus verdadeiros inimigos eram a Al-Qaeda e os EUA, Reino Unido e França — continham algum fundamento, mas suas forças de segurança embarcaram em uma série de assassinatos e, em seguida, ameaçaram invadir Benghazi, que agora era o centro de um governo de oposição. A história do ódio de Gaddafi por seus inimigos em Benghazi, que ele jurou caçar "polegada a polegada", levou talvez inevitavelmente à intervenção da OTAN. Como um relatório posterior do Comitê da Câmara dos Comuns do Reino Unido deixou

6 É difícil evitar a impressão, concluiu Cowell, "de que nos mundos sombrios das agências de inteligência que primeiro rastrearam o coronel Gaddafi como patrocinador do terrorismo, depois colaboraram com ele após sua conversão paulina à cooperação com o Ocidente há menos de uma década, pode ter havido alívio por lhe ter sido negada a oportunidade de contar seus múltiplos segredos".

claro, os líderes europeus ainda estavam assombrados pelos "aterradores eventos de Srebrenica" e a falha do Ocidente em salvar os civis muçulmanos da cidade bósnia 16 anos antes. Mas eles sabiam pouco sobre os participantes da rebelião, nem sobre os exageros e mentiras que os oponentes de Gaddafi espalharam para mobilizar a opinião ocidental. E assim que os EUA, a Grã-Bretanha e a França começaram a bombardear os tanques de Gaddafi, tornou-se "sua" história.

Meu colega Patrick Cockburn, que agora reportava da linha de frente na Líbia, estava quase sozinho em alertar os leitores sobre as notícias enganosas que caracterizaram essa nova guerra. Perguntou-se ele: quão bem os jornalistas estavam se saindo enquanto o mundo árabe era convulsionado por revoltas contra os estados policiais que o governaram por tanto tempo? A reportagem na Líbia, temia Cockburn, era cruamente simplista:

> "Saddam já foi condenado como a fonte de todo o mal no Iraque, assim como Gaddafi é hoje demonizado como um tirano implacável. Essa imagem alimenta a crença mortalmente enganosa de que, uma vez que a imagem satânica for removida, tudo ficará bem e, quaisquer que sejam as falhas da nova liderança, ela será melhor do que a anterior."

"Em fevereiro, muitos jornalistas — seguindo o exemplo da rápida destruição dos regimes tunisiano e egípcio — acreditavam que o governo de Gaddafi duraria apenas mais alguns dias. Corajosos manifestantes civis foram expulsos das ruas de Trípoli, onde um punhado de jornalistas pôde permanecer no Hotel Rixos sob a vigilância do regime. Até 15.000 homens, muitos deles trabalhadores egípcios desesperados para deixar o país, foram reprimidos pela polícia no aeroporto de Trípoli enquanto tentavam comprar passagens para sair do país. Líbios ricos recém-chegados subornaram funcionários da imigração para permitir-lhes algumas horas na cidade e uma saída segura no mesmo dia. A própria Trípoli parecia estar prestes a cair. Cairia antes da chegada dos rebeldes de Benghazi? Não. O exército e as forças paramilitares de Gaddafi revidaram".

Patrick Cockburn foi implacável em suas críticas à forma como a guerra foi retratada. A história que mais convincentemente ilustrou a natureza maligna de Muammar Gaddafi, escreveu ele em junho:

> "...é a alegação de que ele ordenou que suas tropas estuprassem mulheres que se opunham a ele e sua aquisição de medicamentos

do tipo Viagra para encorajá-los a fazê-lo. Essa história já existia há algum tempo, mas ganhou credibilidade quando o procurador do Tribunal Penal Internacional, Luis Moreno-Ocampo, disse que tinha provas de que o líder líbio havia pessoalmente ordenado o estupro em massa. Esta semana, a secretária de Estado dos EUA, Hillary Clinton, disse estar "profundamente preocupada" com os relatos de que as tropas de Gaddafi estavam envolvidas em estupros generalizados como arma de guerra."

Sem dúvida, acrescentou Cockburn, estupros individuais ocorreram. A única evidência substancial de estupro em massa veio em maio em uma pesquisa da dra. Seham Sergiwa, uma psicóloga infantil que trabalha com crianças traumatizadas pelos combates. Ela disse que distribuiu 70.000 questionários a líbios em campos de refugiados e recebeu 59.000 respostas, encontrando 259 mulheres estupradas e entrevistando 140 delas, algumas agredidas na frente de suas famílias. Mas Cockburn relatou como, quando Diana Eltahawy, especialista em Líbia da Anistia Internacional, perguntou se a Anistia poderia encontrar alguma das mulheres, a dra. Sergiwa respondeu que "havia perdido contato com elas e que ela era a única que dizia estar diretamente em contato com as vítimas". Eltahawy disse a Cockburn que "conversamos com mulheres, sem mais ninguém por perto, em toda a Líbia, incluindo Misrata (...) Nenhuma delas conhecia ninguém que tivesse sido estuprada. Também conversamos com muitos médicos e psicólogos com o mesmo resultado." Ela disse que não havia encontrado nenhuma evidência de estupro como política. Nem a Human Rights Watch conseguiu encontrar evidências de estupro em massa, escreveu Cockburn.

Todos nós jornalistas estávamos familiarizados com as histórias de atrocidades que circulavam sobre os inimigos do Ocidente no mundo árabe. Eram fáceis de acreditar, muitas vezes impossíveis de refutar; simplesmente questioná-las provocaria acusações de colegas de que o jornalista cético era tendencioso ou preconceituoso em relação ao regime perverso ou indiferente ao sofrimento de suas vítimas. Cockburn não deu desculpas pela brutalidade de Gaddafi, mas apontou que até agora "o único massacre do regime de Gaddafi (...) que está bem atestado até agora" foi o assassinato de 1.200 prisioneiros na prisão de Abu Salim, em Trípoli, em 1996. Mas ele decidiu que na Líbia, jornalistas

> "têm sido excessivamente crédulos, e os governos ocidentais, interesseiros ao disseminar relatos de atrocidades sobre o governo líbio, independentemente de haver ou não evidências para sustentá-los."

Quando as histórias se mostravam falsas ou exageradas, escreveu Cockburn, elas ganhavam "quase nenhuma menção."[7]

A cobertura de guerra, acrescentou Cockburn, "retornou ao que era durante as escaramuças imperiais do século XIX, com o mundo recebendo apenas um relato parcial e muitas vezes enganoso do que está acontecendo na Líbia".

A conclusão era óbvia. As nações ocidentais viam com bons olhos o "misterioso grupo autonomeado" em Benghazi como os líderes da Líbia. Esse entusiasmo, como Cockburn percebeu, era "provavelmente motivado" por expectativas de concessões comerciais e uma divisão dos campos de petróleo, os mesmos motivos que levaram Blair, o presidente francês Nicolas Sarkozy e outros a "bajular humilhantemente Gaddafi" antes da revolta. "Uma zona de exclusão aérea estrangeira e uma zona de não-circulação limitada para defender Benghazi contra os tanques de Gaddafi poderiam ser justificadas no início da guerra, mas isso rapidamente se transformou em uma decisão duvidosa de derrubar Gaddafi". Com considerável presciência, o colunista do Independent Adrian Hamilton descreveu a cúpula realizada em Paris em setembro de 2011, na qual líderes e secretários de relações exteriores de 30 países pertencentes aos chamados "Amigos da Líbia" discutiriam como poderiam ajudar uma Líbia pós-Gaddafi. "Na realidade", escreveu Hamilton, "os 30 países presentes, juntamente com 20 agências de ajuda e organizações internacionais, estarão lá para ver o que podem tirar disso (...) [Mas] o Ocidente pressionará o

7 Nossa resposta jornalística a todos os relatos de atrocidades no Oriente Médio foi fortemente influenciada pela história da guerra de propaganda. Após relatos de atrocidades alemãs contra civis belgas em 1914 — alguns verdadeiros, mas grosseiramente exagerados — serem usados para inflamar a ira aliada contra o Kaiser, oficiais britânicos e norte-americanos duvidaram dos primeiros relatos do Holocausto que chegaram a eles em 1942. Estes se revelaram não apenas verdadeiros, mas uma grosseira subestimação do mal cometido pela Alemanha Nazista contra os judeus da Europa e outras minorias. Após a Segunda Guerra Mundial, exércitos regularmente divulgavam histórias de atrocidades sobre seus inimigos, e jornalistas — relutantes em repetir aquelas expressões iniciais de descrença dos crimes de guerra nazistas — prontamente aceitavam quase qualquer acusação de massacre, estupro em massa ou tortura alegada por líderes militares ou políticos ocidentais.

governo interino a manter os islamistas afastados?"[8]

As políticas do Ocidente em relação à Líbia, tanto antes quanto depois da queda de Gaddafi, foram secretas, ignorantes, gananciosas e letais — uma acusação que seus líderes mal se preocuparam em esconder, mas que o mundo facilmente esqueceu assim que a guerra da Síria forneceu mais sangue inocente para contemplarmos. Além da fila de políticos ocidentais buscando a amizade de Gaddafi depois que a guerra do Iraque se transformou em catástrofe, o próprio Reino Unido não apenas serviu ao brutal regime de segurança líbio, fornecendo-lhe informações sobre os inimigos de Gaddafi, mas também organizou o sequestro dos oponentes do regime e, com a ajuda da CIA, enviou-os como cativos para a Líbia para tortura e interrogatório. Essa política vergonhosa foi inaugurada sob o primeiro-ministério de Blair e principalmente descoberta pela Human Rights Watch nos escritórios abandonados do ex-comandante de inteligência de Gaddafi e depois ministro das Relações Exteriores, Moussa Koussa. Documentos revelaram um escândalo de dimensões internacionais, provando a cumplicidade do governo britânico na entrega de um dos inimigos islamistas mais proeminentes de Gaddafi da Malásia.

A história de Abdul Hakim Belhaj, fundador e emir do "Grupo de Combate Islâmico", tornou-se infame. Supostamente recebendo asilo no Reino Unido, ele e sua esposa grávida, Fatima, voaram de Kuala Lumpur para Bangkok para um voo de transferência para Londres. Mas, por acordo com o MI6, oficiais da CIA e tailandeses encontraram-nos em Bangkok e os enviaram para a polícia secreta de Gaddafi em Trípoli. Belhaj descreveria seis anos de tortura na prisão de Abu Salim enquanto oficiais seniores do MI6 pressionavam o escritório de Moussa Koussa por notícias de quaisquer revelações que sua vítima pudesse ter feito. Agentes da inteligência britânica entregaram aos líbios os nomes dos oponentes de Gaddafi no Reino Unido, pressionando os solicitantes de asilo a cooperar com o regime. O MI6 enviou três de seus funcionários para visitar Belhaj na prisão e perguntar-lhe se ele tinha ligações com a al-Qaeda. Quando ele indicou a eles o tormento que estava sofrendo, os visitantes britânicos não fizeram nada a respeito.

---

8 Em poucas semanas, a violência islâmica generalizada se tornaria parte rotineira da guerra da Líbia. No início de outubro, mais de 200 salafistas fortemente armados, uniformizados e barbudos atacaram uma mesquita em Trípoli e destruíram os túmulos de dois imames. Brocas pneumáticas foram usadas para destruir dois cemitérios muçulmanos perto da capital. Em Benghazi, cinco meses depois, cemitérios militares da Commonwealth e italianos da Segunda Guerra Mundial seriam profanados.

O "diretor de contraterrorismo" do MI6, Sir Mark Allen, desempenhou um papel lamentável nesse relacionamento vil, organizando reuniões entre os serviços secretos britânico e líbio e compartilhando informações de inteligência sobre os inimigos do regime e seus supostos vínculos com a al-Qaeda. A mera amabilidade da correspondência britânica é bastante impressionante. "Saudações do Serviço de Segurança Britânico", começa uma nota de 2003. "Desejamos expressar nossos agradecimentos pela informação detalhada e muito útil que tem compartilhado conosco." Em 24 de dezembro do mesmo ano, Sir Mark Allen enviou a seguinte mensagem assombrosa ao seu colega:

> "Amanhã é nossa festa de Natal. Encerro enviando-lhe os melhores votos a você, sua família e às pessoas do seu Serviço. Sua conquista em realizar a iniciativa do Líder foi enorme e de enorme importância. Foi um verdadeiro privilégio trabalhar com você e gostei muito. Neste momento sagrado de paz, ofereço-lhe minha admiração e todos os parabéns. Espero vê-lo em breve. Queremos que você venha almoçar em nosso escritório."

Enviar saudações de Natal aos torturadores de Gaddafi certamente demonstrou como a resposta ocidental ao 11 de setembro havia se contaminado e como nossa luta contra a al-Qaeda estava gravemente distorcida moralmente. A "entrega" de Belhaj à Líbia aconteceria quase imediatamente; em março de 2004, Allen parabenizou os oficiais de Koussa pela "chegada segura" do prisioneiro, acrescentando que sua entrega "era o mínimo que podíamos fazer por você e pela Líbia para demonstrar o relacionamento notável que construímos nos últimos anos". Belhaj mais tarde receberia 500.000 libras em compensação do governo britânico, com a primeira-ministra Theresa May reconhecendo em 2018 que ele havia sofrido "um tratamento deplorável". Um juiz britânico havia anteriormente rejeitado seu caso contra as autoridades britânicas por motivos de "interesse nacional". Blair repetidamente negou qualquer memória do caso.

Como essa vergonhosa relação entre agências estatais britânicas e o regime líbio levou à libertação do homem preso pelo atentado de Lockerbie continua sendo quase um segredo de Estado[9]. Abdelbaset Ali al-Me-

9 Os leitores podem iniciar sua busca pela verdade desse misterioso, mas trágico, massacre em massa estudando *Megrahi: you are my jury – the Lockerbie evidence* (2012), do jornalista John Ashton, que foi pesquisador da equipe jurídica que representava Megrahi.

grahi, um dos dois oficiais de inteligência líbios entregues por Gaddafi, foi o único homem condenado pela destruição de um avião da Pan Am sobre Lockerbie, na Escócia, em 21 de dezembro de 1988. Seu julgamento, prisão, libertação antecipada e morte foram objeto de investigações legais, apelos públicos e livros, muitos dos quais sugeriam que o caso contra ele foi ilegalmente forjado pela CIA para evitar culpar os verdadeiros responsáveis. Até mesmo uma comissão de revisão criminal escocesa relatou que Megrahi "pode ter sofrido um erro judiciário"[10].

Os advogados de Megrahi entraram com um recurso, solicitando uma investigação legal completa que revelaria documentos de fontes estrangeiras, incluindo evidências da polícia alemã. Mas em 2009, Megrahi, sofrendo de câncer de próstata terminal, queria retornar à Líbia em uma transferência de prisioneiros — o que significaria que ele abandonaria seu recurso. Uma montanha de evidências também mostrou que o governo trabalhista, agora liderado por Gordon Brown, temia que a BP perdesse interesses substanciais no petróleo líbio se Megrahi morresse em uma prisão britânica. A Líbia havia avisado os britânicos de que esse resultado teria um impacto "catastrófico" nas relações entre o Reino Unido e a Líbia. E descobriu-se que o antecessor de Brown, Tony Blair, também havia discutido o caso de Megrahi com Gaddafi em 2004. Assim, a libertação do prisioneiro doente resolveu dois problemas: manteve as relações comerciais do Reino Unido com a Líbia e encerrou para sempre as informações devastadoras que poderiam ter sido divulgadas em um recurso legal formal. A grotesca recepção pública de Megrahi em Trípoli foi acompanhada por uma promessa de Saif Gaddafi de que a amizade entre a Líbia e o Reino Unido "seria fortalecida para sempre".

Quanto a Moussa Koussa, ele fugiu da Líbia em março de 2011, nos primeiros dias da revolta contra Gaddafi, viajando para Túnis e depois, em

---

Embora contenha suas próprias falhas, vários críticos e o deputado Tam Dalyell estavam convencidos de que a investigação de 497 páginas de Ashton fornecia evidências convincentes da inocência de Megrahi.

10 Somente a Síria, no Oriente Médio, era capaz de encontrar os agentes capazes de destruir uma aeronave norte-americana. No entanto, no momento em que a Síria enviou seus tanques para defender a Arábia Saudita depois que Saddam Hussein invadiu o Kuwait, menos de dois anos depois, toda a verdade do MI6 foi desligada. A Síria agora era aliada dos Estados Unidos. Então, os espiões e diplomatas — e o homem do *Daily Telegraph* — de repente venderam uma história nova e muito menos provável. Não foi a Síria, mas o coronel Gaddafi que destruiu o voo 103 da Pan Am sobre Lockerbie.

um jato particular suíço, para o aeroporto de Farnborough, na Inglaterra. O secretário de Relações Exteriores de David Cameron, William Hague, disse que o ex-comandante de inteligência havia sido seu "canal de comunicação pessoal com o regime nas últimas semanas" e agora estava "conversando voluntariamente com funcionários britânicos" em Londres. A UE levantou as sanções contra ele e ele posteriormente voou para o Catar, negando todas as acusações de tortura ou responsabilidade pelas mortes de prisioneiros.

Cameron gabou-se em setembro de 2011 de que a Grã-Bretanha havia desempenhado um papel moral e militar na remoção de Gaddafi. O ditador líbio, disse ele, era "um monstro". Ele era "responsável por crimes terríveis (...) e acho que o mundo ficará muito melhor sem ele". Cameron repreendeu os críticos que afirmavam que o Reino Unido ficaria sem bombas durante a campanha contra Gaddafi. E, na previsão mais miserável do ano, acrescentou que "pessoas que disseram que isso tudo seria um enorme pântano de islamistas e extremistas estavam erradas".

A campanha de bombardeio da OTAN contra o regime líbio havia começado em 19 de março, mas em dois meses ex-militares britânicos estavam alertando sobre a pressa com que o Reino Unido e seus aliados haviam mergulhado na guerra. Sua decisão foi baseada na Resolução 1973 do Conselho de Segurança da ONU — que teoricamente exigia um cessar-fogo imediato, o fim dos ataques contra civis e potenciais crimes contra a humanidade, uma zona de exclusão aérea e o endurecimento das sanções. Não exigia a derrubada de Gaddafi. Christopher Parry, um ex-almirante da Marinha do Ministério da Defesa do Reino Unido, foi um dos primeiros a comentar que o conflito era "um exemplo clássico de como agir com pressa e se arrepender depois". Em sua concentração em se livrar de Gaddafi, ele escreveu, "pouca atenção foi dada ao que aconteceria depois". Tão escassa era a munição da OTAN que, em junho, ela havia ficado sem bombas "inteligentes". Os EUA tiveram que reabastecer suas forças. Também se pediu a Washington para reabastecer aeronaves britânicas e francesas e fornecer às potências europeias vigilância eletrônica. Apesar das garantias de Cameron, os franceses foram reduzidos a usar bombas de "exercício" não explosivas para destruir tanques e edifícios; entre seus alvos — um sinal de como as nações da UE haviam armado Gaddafi desde a década de 1980 — estavam sete barcos-patrulha líbios fabricados na França.

Embora esse colapso quase fatal do poder de fogo da OTAN europeia tenha sido amplamente esquecido, não era segredo na época. Em junho de 2011, o secretário de Defesa de Obama, Robert Gates, lembrou publicamente à OTAN seu subinvestimento crônico durante a guerra do Afeganistão e repreendeu a aliança por seu desempenho na Líbia. "A aliança militar mais poderosa da história", disse ele a uma conferência de "segurança" em Bruxelas, "está há apenas 11 semanas em uma operação contra um regime mal armado em um país pouco povoado — ainda assim, muitos aliados estão começando a ficar sem munições, exigindo que os EUA, mais uma vez, compensem a diferença". Mas de onde veio a base intelectual para a guerra barata da OTAN, um "caos" segundo Obama?

Qualquer relato do envolvimento da França na queda de Gaddafi deve incluir o papel de Bernard-Henri Lévy. Esse filósofo e intelectual público telefonou para Nicolas Sarkozy de Benghazi e, através de uma linha ruim, persuadiu o presidente francês a reconhecer a oposição líbia. E a conhecê-los. Ele levou Mustafa Abdul Jalil, o líder rebelde e agora chefe do "Conselho Nacional de Transição", a Paris, onde ele se encontrou com Sarkozy e Hillary Clinton em 14 de março. Assim foi aberto o caminho para a Resolução 1973 da ONU e o ataque da OTAN ao regime de Gaddafi. Lévy nunca negou seu envolvimento e afirma ter dito a Sarkozy que "se houver um massacre em Benghazi, o sangue dos mortos manchará a bandeira francesa". Ao que — novamente segundo Lévy — Sarkozy respondeu: "Não quero ser presidente francês para uma segunda Srebrenica". Meses depois, Lévy admitiria que os rebeldes líbios "não eram anjos" e lamentou a morte de Gaddafi. Mas sua justificativa para seu próprio envolvimento continha uma forma única de egoísmo. "Não sou eleito", disse ele:

> "Não sou diplomata. Não tinha nenhuma legitimidade no sentido tradicional da palavra. Minha legitimidade era aquela que eu me dava, e que [Sarkozy] então reconheceu."

Entretanto, esse tipo de legitimidade é a mesma reivindicação de direito próprio que todo ditador concede a si mesmo; as eleições não tinham nada a ver com isso. O ministro das Relações Exteriores francês, Alain Juppé, ficou compreensivelmente indignado com essa interferência de um homem a quem ele pessoalmente desprezava e que se via como um intelectual do nível de George Orwell ou André Malraux. Mas em nenhuma de suas entrevistas posteriores Lévy deu qualquer indicação de que entendia as complexas realidades tribais da Líbia, que eram uma das fontes da "legitimidade" de Gaddafi.[11] Em maio, ele publicou uma carta conjunta de "61 tribos da Líbia" que exigia "uma Líbia livre, democrática e unida (...) uma vez que o ditador tenha desaparecido", esperançosamente se descrevendo como "uma tribo única e unida (...) de líbios livres". Mas foi por sua presumida liderança das tribos ocidentais da OTAN que Lévy seria mais vilipendiado. Pois mais do que qualquer outro indivíduo, Lévy espremeu a proteção física de Benghazi em uma direção bastante diferente: o esmagamento de Gaddafi.

Em setembro de 2011, representantes de 60 países reuniram-se em Paris para derramar bênçãos simbólicas sobre a "nova Líbia", prontos para exigir a rápida liberação de US$ 110 bilhões de ativos líbios congelados para ajudar o recém-consagrado Conselho Nacional de Transição. Meu colega de Paris, John Lichfield, relatou com ironia que "evitar 'outro Iraque' na 'nova Líbia' — uma descida para uma guerra civil faccional ou tribal — era o propósito não declarado da reunião de Paris". Três anos depois, Patrick Cockburn observou que David Cameron não havia retornado a Benghazi desde que apareceu lá em 2011 para dizer a uma multidão que "sua cidade era um exemplo para o mundo, pois vocês se livraram de um ditador e escolheram a liberdade" — palavras que ele "evidentemente quer esquecer" enquanto "milícias beligerantes reduzem a Líbia à anarquia primordial". Governos estrangeiros e mídia, acrescentou Cockburn, "têm boas razões para esquecer o que disseram e fizeram na Líbia em 2011, porque as consequências da derrubada de Gaddafi foram terríveis". Em janeiro de 2012, grupos de ajuda relataram que apoiadores de Gaddafi haviam sido torturados até a morte; a Médicos Sem Fronteiras retirou-se da Líbia depois que pacientes foram trazidos a eles por funcionários entre sessões de tortura.

Questionado mais tarde se a política britânica na Líbia em 2011 era proteção civil ou mudança de regime, Lord David Richards, então chefe do Estado-Maior da Defesa do Reino Unido, disse ao Comitê de Relações Exteriores da Câmara dos Comuns que "uma coisa se transformou quase inelutavelmente na outra". Na verdade, ele disse a um entrevistador em maio de 2011 que "agora temos que apertar o cerco para demonstrar a

11 Ele teria feito bem em ler o trabalho de Patrick Haimzadeh, um ex-diplomata francês em Trípoli. Ele escreveu longamente sobre as tribos líbias que, por razões políticas e geográficas, apoiaram tanto Gaddafi quanto os rebeldes. Algumas alianças diferentes — as de Zintan e Machachiya, por exemplo — remontam ao período da colonização italiana. Tribos de Bani Walid, Tarhouna e Fezzan eram leais a Gaddafi.

Gaddafi que o jogo acabou e ele deve ir embora".[12] Os norte-americanos haviam sido muito mais explícitos sobre seus objetivos muito antes. O almirante Mike Mullen, presidente do Estado-Maior Conjunto, testemunhou perante o Congresso dos EUA em 31 de março que "a política do presidente é ver Gaddafi sair, ver uma mudança de regime".

* * *

"Massacre! É um massacre!", gritavam os médicos. Três mortos. Quatro mortos. Um homem foi levado de maca para mim na sala de emergência, sangue jorrando no chão de um ferimento de bala enorme na coxa. A poucos metros de distância, seis enfermeiras lutavam pela vida de um homem de rosto pálido e barbudo, com sangue escorrendo do peito. "Tenho que levá-lo para cirurgia agora", gritou um médico. "Não há tempo — ele está morrendo!" Outros estavam mais próximos da morte. Um pobre jovem — de 18 ou 19 anos, talvez — tinha um terrível ferimento na cabeça, um buraco de bala na perna e uma bagunça sangrenta no peito. O médico ao lado dele virou-se para mim chorando. "Ele tem uma bala fragmentada no cérebro e não consigo tirar os pedaços, e os ossos do lado esquerdo da cabeça estão completamente esmagados. Suas artérias estão todas quebradas. Simplesmente não posso ajudá-lo." Os feridos não eram milicianos; eram enlutados voltando de um funeral, muçulmanos abatidos por suas próprias forças de segurança. Mas isso não era a Líbia.

E os líderes ocidentais também não estavam pedindo a derrubada do autocrata que governava o Bahrein, um rei que insistia em ser chamado de "Sua Majestade", embora seu emirado do tamanho de um bolso fosse mais de duas mil vezes menor que a Líbia. Nem a OTAN estava prestes a defender os manifestantes desarmados que estavam à mercê da polícia e dos soldados do rei local. Eram xiitas confrontados por um monarca representando uma minoria sunita. E enquanto a Líbia agora estava aberta à anarquia e à ganância do Ocidente, o rei Hamad bin Isa Al Khalifa do Bahrein tinha uma apólice de seguro que qualquer nação árabe poderia invejar: uma garantia de seu pequeno reino de seus vizinhos sunitas sauditas, uma sede para a Quinta

---

12 Em nome do governo britânico, Richards — ainda chefe da Defesa — também elaborou planos para treinar e equipar um exército rebelde sírio de 100.000 homens para derrubar Assad, um esquema posteriormente abandonado pelo gabinete britânico. Após sua aposentadoria em 2013, o Barão Richards de Herstmonceux tornou-se conselheiro do governo dos Emirados Árabes Unidos e da empresa armamentista norte-americana DynCorp.

Frota dos EUA com mais de 4.000 militares norte-americanos e uma base para a Marinha Real. Esse não era o momento para o liberalismo de Obama e o triunfalismo moral de Cameron atrapalharem a repressão dos xiitas do Bahrein que exigiam liberdade, uma maioria de 70% cujo único aliado simpático — e então apenas nominalmente — era o Irã.

Fora do Complexo Médico Salmaniya, em 18 de março de 2011, um auxiliar de enfermagem estava voltando com milhares de outros homens e mulheres do funeral de um dos manifestantes que havia sido morto na Praça da Pérola no dia anterior. "Decidimos caminhar até o hospital porque sabíamos que havia uma manifestação", disse ele. "Alguns de nós estávamos carregando galhos de árvores como símbolo de paz que queríamos dar aos soldados perto da praça, e estávamos gritando "paz, paz". Não houve provocação — nada contra o governo. De repente, os soldados começaram a atirar. Um estava atirando com uma metralhadora do topo de um veículo blindado de transporte de pessoal. Havia policiais, mas eles simplesmente foram embora quando os soldados atiraram contra nós. Mas você sabe, as pessoas no Bahrein mudaram. Eles não queriam fugir. Eles enfrentaram as balas com seus corpos."

Os protestos que agora ocorriam no hospital já haviam atraído milhares de xiitas — incluindo centenas de médicos e enfermeiras de toda a capital do Bahrein, Manama, ainda em seus trajes brancos —, mas sua raiva se transformou em quase histeria quando os moribundos e feridos foram trazidos. Cerca de cem médicos lotaram as salas de emergência, gritando e amaldiçoando seu rei e seu governo enquanto os paramédicos lutavam para empurrar carrinhos carregados com as últimas vítimas através da multidão que gritava. Um homem tinha uma espessa camada de ataduras enfiada no peito, mas o sangue já manchava seu torso, escorrendo pela calça jeans, pingando do carrinho. "Ele tem uma bala no peito — e agora há ar e sangue em seus pulmões", a enfermeira ao lado dele gritou para mim em meio à confusão. "Acho que ele está indo,"

Os rumores queimavam como gasolina na pequena ilha do Bahrein naquela noite e muitos profissionais de saúde insistiam que cerca de 60 cadáveres haviam sido retirados da Praça da Pérola no dia anterior, e que a polícia foi vista por multidões empilhando corpos em caminhões que foram levados pela via expressa para a Arábia Saudita. Era fácil descartar essas histórias macabras; toda a "revolta" e suas consequências, incluindo a tortura estatal, na realidade custaram a vida de apenas 46 bahreinitas.

Mas por que a família real do Bahrein permitiu que suas forças de segurança abrissem fogo contra manifestantes pacíficos? Virar-se contra civis bahreinitas — tanto os xiitas como os sunitas eram pessoas bem educadas, intelectuais — com fogo real parecia um ato de loucura. Isso permitiu que sete sociedades políticas xiitas chamassem as mortes de "um massacre hediondo", o que claramente era um exagero. Mas a investigação do governo iria aceitar que os protestos representavam "uma seção transversal da sociedade bahreinita" e aqueles de nós que cobriram essa tragédia nos encontramos entrevistando xiitas pobres das aldeias, estudantes, advogados, intelectuais, sindicalistas, médicos, clérigos, até mesmo pilotos de avião.

Os manifestantes haviam decidido transformar a Rotatória da Pérola do Bahrein — um cruzamento de rodovias dominado pelo monumento de uma pérola gigante para representar o patrimônio pesqueiro da antiga vila de Muharraq — em sua 'Praça Tahrir', completa com tendas, um 'centro de mídia' e um punhado de lojas de kebab. Originalmente, suas demandas eram bastante simples, uma monarquia constitucional, mas um primeiro-ministro eleito — embora isso quase certamente tirasse o executivo das mãos da família Khalifa em favor de um líder xiita. O rei Hamad acabara de conceder a cada família bahreinita uma doação de US$ 2.600 e expressou seus arrependimentos pelas primeiras mortes. No início dos protestos, o príncipe herdeiro Salman falou com líderes da oposição — ele era um homem popular que havia ajudado a livrar a monarquia dos aparelhos mais sinistros e cruéis que haviam combatido a oposição xiita anterior com tortura e exílio. Uma jovem me disse que ela e seus amigos carregariam o príncipe herdeiro nos ombros ao redor da praça se ele viesse falar com eles. Essa boa vontade não durou muito.

Pois o poder duro, pesado e inescapável da Arábia Saudita baixou sobre a ilha do Bahrein. Os sauditas temiam que as manifestações em Manama e nas cidades do exterior pudessem acender fogos igualmente provocativos no leste de seu reino, onde uma minoria xiita substancial vivia em Dhahran e outras cidades próximas à fronteira com o Kuwait. Os príncipes e xeques sunitas da península arábica concordaram que não tolerariam revoluções inspiradas no Egito, especialmente em um pequeno reino com uma esmagadora maioria xiita governada por uma minoria sunita que incluía a família real. Inevitavelmente, o que havia começado como uma revolução "moderada", exigindo apenas uma monarquia constitucional e um primeiro-ministro eleito, tornou-se — após mais mortes do Estado e a tortura habitual de detentos — uma rebelião contra o rei. Menos de um mês depois, tropas sauditas entrariam no Bahrein para esmagar a rebelião.

O rei Hamad bin Isa Al Khalifa, cujas conexões de clã com o Bahrein datavam de 1796 e cujo governo familiar foi consolidado por um tratado com a Grã-Bretanha em 1820, talvez não estivesse em perigo se suas "reformas" — muito divulgadas por suas empresas de relações públicas ocidentais — realmente permitissem aos xiitas uma maior participação no governo. Mas o governo dos Khalifa havia sido conflituoso, embargado por disputas familiares, arrogância britânica e um medo permanente da Arábia Saudita e da maioria xiita. O Bahrein possuía uma refinaria gigante para atender à indústria petrolífera saudita, mas gastou suas energias construindo um centro financeiro internacional que fornecia um refúgio para os bancos que fugiam da guerra civil libanesa. Para os visitantes que não dirigiam além de Manama até as pobres aldeias xiitas ao sul, parecia uma ilha segura, quente, quase tropical, governada por uma tribo socialmente anglófila.

O Rei Hamad estudou em Godalming e Cambridge antes de frequentar a faculdade de oficiais do exército britânico em Aldershot. O príncipe herdeiro Salman obteve mestrado em história e filosofia no Queen's College, Cambridge. Havia um hábito entre os correspondentes ocidentais de considerar o Bahrein — com sua rica elite sunita, seus ganhos com bancos e turismo, seus numerosos expatriados britânicos e suas amigáveis tripulações da Gulf Air — como uma pequena e aconchegante Ruritânia, tão romanesca em suas pretensões quanto acolhedora a seus visitantes europeus e norte-americanos. Seus hotéis e clubes noturnos — antes de Dubai se tornar uma cidade de fantasia oriental alternativa — forneciam mulheres e álcool a uma clientela de financistas visitantes, diplomatas, pessoal naval entediado dos EUA e da Europa e banqueiros expatriados. E milhares de turistas sauditas sedentos por uísque.

Os britânicos concederam ao Bahrein sua "independência" em 1971 e firmaram um tratado de amizade com o estado dos Al Khalifa, mas uma combinação de oficiais de segurança britânicos, lojas de departamentos de Londres e placas de trânsito inglesas transformou o centro da capital em "Bahrein no Tâmisa". Seus simpáticos funcionários de imigração sorriam para os visitantes ocidentais.

Mesmo quando cheguei, logo após o início dos protestos de fevereiro de 2011, o oficial de imigração do Aeroporto Internacional do Bahrein fez pouco mais do que dar uma olhada em meu passaporte. Era eu o Robert Fisk que escrevia livros sobre o Oriente Médio?, perguntou ele. De fato, respondi com um sorriso ingênuo. Nesse caso, disse ele com um sorriso igualmente caloroso, gostaria de uma cópia de *A grande guerra pela civilização* — em árabe. E, claro, eu tinha exatamente aquela edição em minha bagagem de mão — para esse momento exato. O visto foi imediato. Bem-vindo ao Bahrein. Como a tolerância xiita, essa recepção amigável não duraria muito mais.

Por baixo da membrana de tolerância urbana do Bahrein estava constantemente a "não-democracia" do Bahrein. Para manter seu poder familiar e seu status de satélite saudita, os Khalifa tiveram que reprimir sua maioria xiita. Em 2011, esquecemos a revolta xiita anterior, mais longa e igualmente violenta, da década de 1990 no Bahrein, quando tanto nacionalistas de esquerda quanto islamistas protestaram juntos contra a falta de direitos humanos e exigiram o retorno à constituição democrática de 1973. Eles tinham boas razões para protestar. As leis de emergência permitiam prisão sem julgamento, tortura generalizada, deportação e perda de cidadania. A Grã-Bretanha reclamava de maneira regular, mas suave, principalmente quando políticos da oposição bahreinita — que não precisavam de visto para entrar no Reino Unido — eram embarcados em voos para Londres e, depois de sua chegada, privados de sua cidadania. Mas o envolvimento da Grã-Bretanha na repressão à dissidência bahreinita foi muito além disso.

Ian Stewart MacWalter Henderson tinha torturadores em sua equipe no Bahrein. Em 1996, ele era o mais temido de todos os policiais secretos do Golfo, diretor-geral de segurança e chefe do Departamento de Investigação do Estado do Bahrein, um ex-superintendente de 67 anos da polícia da Divisão Especial Britânica, cujos oficiais torturavam rotineiramente prisioneiros, tanto nos porões de seu quartel-general quanto na prisão de al-Qalaa. Segundo testemunhas, eles mutilavam detentos com furadeiras, abusavam sexualmente de prisioneiros e mandavam detentos menores de idade para casa em sacos mortuários. Por 30 anos, Henderson foi o poder colonial por trás do trono do Sheikh Isa, e claramente o homem perfeito para o trabalho. Como oficial de polícia no Quênia, ele havia lutado contra os Mau Mau e foi duas vezes condecorado com a Medalha George pela Rainha Elizabeth por reprimir a revolta nativa. Talvez sua maior conquista tenha sido a captura de Dedan Kimathi, o líder Mau Mau que liderou a luta armada contra o domínio colonial e que foi executado pelos britânicos em 1957.

Mudando-se para Manama como servo do aliado britânico do Bahrein, Henderson rapidamente se estabeleceu como um indivíduo muito assustador. Aldeias xiitas foram saqueadas da mesma forma que aldeias quenianas simpáticas aos Mau Mau foram destruídas. Oponentes políticos do Bahrein o chamavam de "o Açougueiro do Bahrein".

No final de 1995 e início de 1996, passei semanas viajando por Líbano, Síria, Catar e Reino Unido, entrevistando ex-prisioneiros bahreinitas que forneceram evidências consistentes — e, como gostamos de dizer, convincentes — de espancamentos severos e agressões sexuais, todos realizados sob a responsabilidade de Henderson. Um alto clérigo xiita me descreveu como foi espancado com um bastão por um coronel jordaniano do Serviço Especial de Investigação chamado Adel Flaifl, que também era intérprete de Henderson. O mesmo homem foi acusado de torturar uma jovem xiita em 1985, amarrando-a a um poste na sede do SIS e espancando-a até a inconsciência com os punhos. Um ex-prisioneiro afirmou que, na década de 1980, foi abusado sexualmente no quartel-general de Henderson por outro oficial britânico que forçou uma garrafa em seu ânus na tentativa de persuadi-lo a revelar os nomes dos opositores xiitas do regime do Sheikh Isa. O homem identificou o britânico pelo nome — e confirmei que um oficial britânico de mesmo nome trabalhava para Henderson na época.

Essa história de crueldade — insignificante como possa parecer diante da selvageria épica infligida na época aos prisioneiros nas prisões de Saddam Hussein ou Hafez al-Assad — fazia parte da mesma revolta que confrontou o Rei Hamad em 2011. Muitos dos homens de meia-idade que participaram dos protestos da Praça da Pérola nos contaram que haviam sido torturados nas prisões do Bahrein na década de 1990. Alguns até mencionaram Henderson e Flaifl. Para esses ex-prisioneiros, o "Despertar Árabe" de 2011 fazia parte de uma luta contínua de 30 anos por liberdade, representação eleitoral e igualdade de direitos.

O próprio Henderson era uma figura de óculos, quase avuncular, cuja polidez era tão lendária quanto a brutalidade de sua equipe. Ele nunca machucou pessoalmente um prisioneiro — nem, até onde se sabe, esteve presente em sessões de tortura — e seus escritórios no quarto andar e salas de arquivo na sede do SIS do Bahrein sugeriam o local de trabalho de um funcionário público sobrecarregado em vez de um policial secreto. Aqueles que visitaram esses cômodos achavam que Henderson se considerava um pouco de ambos. Sua esposa era sua secretária pessoal, uma mulher na casa dos 60 anos que, vestida com um macacão marrom — "como qualquer dona de casa inglesa", como a descreveu um ex-detento —, conduzia os prisioneiros ao escritório do marido para interrogatório. Às vezes, Henderson preferia encontrar prisioneiros importantes na sede de Al Hidd das Forças Especiais do Ministério do Interior do Bahrein, cujas unidades totalmente paquistanesas saudavam elegantemente Henderson ao chegar e o guardavam durante seu banho diário perto do complexo de doca seca do Bahrein. Fotografias de jornais locais de Henderson, que nunca o identificavam pelo nome, sempre o mostravam ao lado do ministro do Interior, Sheikh Mohamed al-Khalifa, e do diretor de treinamento do ministério, coronel Hassan Issa al-Hassan.

O Sheikh Khalil Sultan, um clérigo xiita proeminente, encontrou Henderson 20 vezes em 1995 durante uma série de negociações que interromperam brevemente a insurreição contra o Sheikh Isa — negociações que provaram que o ex-oficial de polícia colonial britânica desempenhou um papel pessoal ao lidar com as demandas da oposição pelo retorno do parlamento e da democracia constitucional. "Fui preso em minha casa à meia-noite de 1º de abril (...) durante os distúrbios nas aldeias ao redor de Manama", disse o Sheikh Khalil:

> "Não havia mandado de prisão contra mim. Fui vendado e algemado. Fui levado para a sede do SIS, onde o coronel Adel Flaifl entrou em minha cela e me atacou com seu bastão, atingindo-me seis vezes na cabeça, no rosto e nas coxas. Ele estava furioso. Ele disse: 'Não tenho tempo para você porque estamos ocupados com os outros [prisioneiros]. Esta noite é o fim de vocês — todos vocês.' Então ele saiu. Mas nada aconteceu."

Cerca de 2.000 prisioneiros foram encarcerados pela polícia de segurança de Henderson enquanto os distúrbios e a desordem continuavam no Bahrein. O Sheikh Khalil, agora convidado a encontrar-se com o ministro do Interior, foi então informado de que ele e outros dois líderes xiitas poderiam apresentar propostas para o fim dos distúrbios pessoalmente a Henderson. Eles foram levados para o último andar do prédio do SIS, onde a esposa de Henderson disse-lhes para entrarem na sala dele:

> "Havia outras pessoas, incluindo outro britânico cujo nome era "Brian" (...) Henderson tinha um início de calvície e rosto branco como giz; estava de terno e gravata. Ele foi muito cortês e apertou a mão de cada um de nós. Ele sabia dizer "Ahlan wa sahlan" [bem-vindo] em árabe, mas não falava a língua — o coronel Adel Flaifl traduzia para ele".

O Sheikh Khalil e seus dois colegas sugeriram que os protestos no Bahrein poderiam ser encerrados libertando todos os prisioneiros não condenados, uma anistia para os prisioneiros condenados, o retorno dos deportados, trabalho para os desempregados do Bahrein, liberdade de expressão, a restauração da constituição e eleições parlamentares — que em certo momento seriam exatamente as mesmas demandas dos manifestantes de 2011. Em 1995, Henderson, segundo Khalil, disse que essas propostas resolveriam a crise. Mas as negociações continuaram sem efeito por quatro meses. Então, depois que o clérigo xiita concordou em acabar com a propaganda da oposição contra o governo — ele lembrou que "falou nas mesquitas, pedindo às pessoas para ficarem calmas, e elas obedeceram" —, ele foi libertado. Ele viajou para Londres para falar com a oposição exilada, apenas para ouvir que o ministro do Interior havia descumprido o acordo.

Houve novas prisões em massa, seguidas de espancamentos na sede do SIS. Três clérigos xiitas — os xeques Ali Salman, Haidar Fikri e Hamze Deir — foram forçados a ficar de pé por horas sem dormir e tiveram seus medicamentos negados por Flaifl, segundo Khalil, e depois foram deportados. E aqui, novamente, há um vínculo direto com os eventos de 2011, pois foi o Sheikh Ali Salman, agora secretário-geral da Sociedade Islâmica Nacional Al-Wefaq, o maior partido político do Bahrein, que falou nas orações de sexta-feira em 4 de fevereiro daquele ano, diante de uma multidão estimada em 5.000 pessoas, comparando esses protestos de 2011 com os da Tunísia e do Egito e exigir eleições pacíficas. Duas semanas depois, Salman estava se preparado para liderar as orações de sexta-feira na Praça da Pérola na presença do príncipe herdeiro, como gesto de reconciliação. O filho do rei apareceu na televisão estatal para declarar que as negociações com a oposição haviam começado e que "uma nova era" havia começado na história do Bahrein, uma em que "esta nação não é apenas para uma seção — não é para sunitas ou xiitas. É para o Bahrein e para os bahreinitas." E assim, após dois dias de derramamento de sangue, dezenas de milhares de xiitas — alguns sindicalistas sunitas e jornalistas bahreinitas entre eles — voltaram correndo para a praça em 19 de fevereiro, cantando e acenando com rosas.

No entanto, à tarde, muitos daqueles que haviam invadido alegremente a Praça da Pérola, de onde haviam sido expulsos pela polícia e pelo exército, agora estavam indo mais longe em suas aspirações, exigindo a abolição da própria monarquia. Muitos carregavam cartazes de Saddam, Mubarak e Ben Ali, todos com os retratos riscados de preto ao lado de um retrato do Rei Hamad e as palavras "Fora, Fora Hamad". Multidões cantavam "Vão embora, Khalifas" e diziam aos jornalistas que apenas uma nova constituição e o julgamento da polícia e dos soldados que haviam atirado contra eles com munição real encerrariam os protestos. Homens e mulheres na praça nos perguntavam como as tropas bahreinitas podiam ter atirado contra seus próprios cidadãos. Mas uma proporção das tropas "bahreinitas" acabou sendo de soldados paquistaneses empregados pelas autoridades de segurança do Bahrein. E a maioria desses paquistaneses não hesitou em atirar contra seus próprios cidadãos, bem como contra o Talibã, nas massivas ofensivas contra os islamistas no próprio Paquistão nos últimos três anos. Falando urdu, pastó e até mesmo balochi, esses homens também constituíam uma unidade central do exército dos Emirados. E se Obama agora insistia que não deveria haver mais violência por parte das forças de segurança do Bahrein, escrevi em meu relatório para Londres: "Vocês podem ter certeza de que os sauditas estariam aconselhando o contrário". Por que as autoridades do Bahrein não poderiam aceitar eleições democráticas se os manifestantes estavam dispostos a ter uma monarquia constitucional?, perguntei a um membro júnior da família real no dia seguinte. Ele sorriu com minha ingenuidade. "Os sauditas não permitiriam isso", respondeu ele.

Nem os sauditas se preocupariam com as palavras reticentes de Obama quando se tratava do Rei Hamad. Na ONU, o presidente norte-americano elogiou as recentes "reformas e responsabilização" no reino e declarou que o "patriotismo" bahreinita era mais poderoso do que o "sectarismo". Ele não mencionou os milhares de bahreinitas "protestando pacificamente, nas ruas, morrendo pelos mesmos valores que esta instituição deveria defender", como fez com a Síria. A reunião de oração de sexta-feira com o príncipe herdeiro foi cancelada pelo Sheikh Ali Salman quando o príncipe se recusou a dizer antecipadamente até onde iria para atender à demanda xiita por reformas. Também havia uma clara nota de raiva contra a Os EUA quando homens e mulheres na praça encontraram — entre os destroços do acampamento dos manifestantes destruído em 17 de fevereiro — dezenas de granadas de gás lacrimogêneo importadas dos EUA.

As ações do regime Khalifa nos dias seguintes no Bahrein foram quase idênticas ao sistema de repressão sádica, mas finalmente inútil, que Henderson, Flaifl e seus homens usaram uma década e meia antes — mas dessa vez, a monarquia também recrutou o exército da Arábia Saudita e dos Emirados. Não que eles tivessem muita escolha. Em 14 de março, tropas sauditas em veículos blindados e soldados dos Emirados Árabes Unidos — estes últimos necessários para dar o sabor de um projeto internacional do Golfo à chegada dos sauditas — cruzaram a ponte e entraram em território soberano do Bahrein. Os Khalifa afirmaram ter convidado os sauditas a vir, embora seu próprio exército contivesse 30.000 homens. "Isso não é uma invasão de um país", insistiu um porta-voz da Casa Branca, evitando deliberadamente quaisquer paralelos com a invasão do Kuwait por Saddam Hussein em 1990.

Portanto, os protestos estavam condenados. De acordo com a investigação oficial que apareceu em novembro seguinte, as autoridades do Bahrein temiam a "intervenção" iraniana no país, embora não houvesse sinal de tal perspectiva, exceto a condenação das ações do governo pelo Ministério das Relações Exteriores iraniano. Mas houve uma grave violência sectária e, à medida que a multidão crescia em número, homens "armados" foram vistos nas ruas, embora estivessem apenas com facas ou barras de ferro. Expatriados paquistaneses foram atacados, dois fatalmente. Em seguida, em 16 de março, dois dias após a chegada dos sauditas, milhares de soldados e tanques bahreinitas avançaram sobre a "praça" da Pérola atrás de nuvens de gás lacrimogêneo. Pelo menos quatro manifestantes foram mortos a tiros e dois policiais foram atropelados e mortos. As prisões em massa começaram imediatamente. O relatório oficial de novembro — que poderia ter sido escrito sobre os homens de Henderson na década de 1990 — afirmava que "os indivíduos presos foram (...) transportados para as delegacias de polícia, onde foram submetidos a várias formas de maus-tratos, sendo os mais comuns espancamento, chutes, tapas, chicotadas com mangueiras de borracha e insultos verbais dirigidos em particular às crenças religiosas xiitas".

Em uma campanha de destruição obviamente planejada, as forças de segurança do Bahrein, com a ajuda de trabalhadores asiáticos, procederam à demolição de 53 estruturas religiosas xiitas em cidades e vilas. Apesar das afirmações do governo de que os edifícios destruídos haviam sido erguidos sem permissão oficial, pelo menos cinco haviam recebido uma escritura real e uma licença de construção oficial. Tratores e guindastes foram usados para transformar mesquitas em escombros; a mesquita Momin era um lugar de culto há 400 anos. Em Nuwaidrat, o túmulo de um santo xiita chamado Mohamed Abu Kharis, que morreu há 200 anos, foi escavado e seus ossos espalhados. Isso não foi apenas um pogrom antixiita, foi um ataque wahabita tão devastador quanto a campanha saudita contra santuários e túmulos.

Ao longo de sua inevitavelmente desesperada revolta, os xiitas insistiram em demonstrar sua lealdade ao Bahrein. Sua bandeira "revolucionária" era a bandeira vermelha e branca do Bahrein. Os manifestantes incluíam alguns dos bahreinitas mais bem-educados no que era o estado mais bem-educado do Golfo Árabe. Ali al-Ekri, um respeitado cirurgião ortopédico pediátrico, foi preso em 17 de março e condenado a cinco anos de prisão por tratar manifestantes feridos, sendo libertado apenas em 2017. Ayat al-Gormezi, uma poeta estudante de 20 anos, afirmou ter sido espancada com cabos elétricos após recitar um poema criticando a monarquia em um comício pró-democracia. Continha o verso: "Vamos matar a humilhação e assassinar a miséria".

Os jornais locais do Bahrein foram naturalmente tendenciosos a favor do governo — um jornalista que relatou os protestos foi até mesmo demitido pelo editor que o enviou para cobrir os eventos — e publicaram muitas cartas e artigos apoiando o regime, escritos por autores com nomes ingleses que se identificavam como expatriados britânicos ou bahreinenses naturalizados britânicos. A maioria condenou a mídia ocidental, repetiu calúnias sectárias contra os xiitas da ilha e elogiou o Rei Hamad. "Sangue foi derramado aqui no Bahrein e os abutres estão aqui para se banquetear", anunciou um artigo, referindo-se a repórteres de jornais e televisão como "jornalistas egocêntricos alimentados com uma diatribe de propaganda antigovernamental", "cães de caça" e "hackers famintos de sangue (...) salivando com a perspectiva da próxima notícia da hora".

Uma mulher anglo-bahreinita atacou a cobertura da Sky News sobre os manifestantes feridos no Complexo Médico Salmaniya, insistindo que "o Bahrein é um farol brilhante para o mundo que o multiculturalismo pode funcionar e funciona (...) Sua Majestade tem sido incrivelmente paciente (...) o povo [sic] do Bahrein continuará a apoiar incondicionalmente sua liderança". Uma leitora britânica no Bahrein escreveu pessoalmente para mim, ofendendo o Dr. Ekri ao mesmo tempo em que afirmava que os cidadãos xiitas "têm famílias de 30 filhos e quatro esposas".

Muito mais caprichosa foi a decisão do gabinete de informações do governo do Bahrein de pedir à Comissão de Reclamações da Imprensa Britânica que me condenasse por "perseguir uma agenda para atacar e difamar o governo do Reino do Bahrein" e acusar tanto a mim quanto a Patrick Cockburn de cobrir os protestos de uma maneira "grosseiramente simplificada". O Independent respondeu publicando a reclamação original do Bahrein e, posteriormente, exortando os leitores a adquirir a investigação oficial sobre a violência — que foi muito mais devastadora em suas revelações de abusos e torturas do governo do que qualquer coisa que Cockburn ou eu havíamos escrito.

A própria Grã-Bretanha agora era alvo de crescentes críticas, tanto por suas vendas de armas ao Bahrein quanto pelo trabalho da Agência Nacional Britânica de Melhoria Policial — um título contendo sua própria mensagem depreciativa —, que havia ajudado a treinar a força policial do Bahrein, bem como as da Líbia, do Catar e da Arábia Saudita. A defesa da Grã-Bretanha — insistindo que elementos de direitos humanos foram incorporados aos seus programas de treinamento policial no exterior (que presumivelmente incluíam o torturador tunisiano "Ridha") — parecia ridícula quando esquadrões da polícia do Bahrein treinados pelo Reino Unido atacavam manifestantes pela democracia. Até o início dos protestos, a Grã-Bretanha havia fornecido ao Bahrein rifles de assalto, metralhadoras, espingardas, rifles de precisão e granadas de mão, ganhando 6,4 milhões de libras em vendas de armas no ano fiscal de 2010.

Ainda assim, longe de demandar liberdade para a maior parte da população do Bahrein, o primeiro-ministro britânico, David Cameron, convidou o príncipe herdeiro do Bahrein para uma visita oficial ao Reino Unido em maio de 2011. Cameron trocou um caloroso aperto de mão com o Sheikh Salman em frente ao número 10 da Downing Street, enquanto este último buscava reparar a reputação de seu reino marcada pela violência. Havia razões óbvias para o que o Independent chamou de cegueira seletiva "moralmente ofensiva" da Grã-Bretanha. Somente o Royal Bank of Scotland revelou ter 302 milhões de libras em empréstimos vinculados ao Bahrein, e em abril de 2011, o Bahrain British Business Forum comemorou o que considerou "um ano recorde". No entanto, nesse mesmo mês de maio, o secretário de Estado britânico, William Hague, organizou sanções da UE contra a Síria após as tropas de Assad abrirem fogo contra manifestantes.

Não sabemos como Ian Henderson, ex-chefe de segurança do Bahrein, reagiu à revolta de 2011. Ele havia se aposentado em sua casa em Dartmoor, no oeste da Inglaterra, 15 anos antes, carregado de honrarias da monarquia que serviu tão fielmente. Morreu em 2013, sem ser incomodado pelas numerosas acusações de brutalidade feitas contra ele por grupos de direitos humanos. Em 2000, a Divisão de Crimes Graves da Scotland Yard organizou uma investigação fraca sobre o comportamento escandaloso de Henderson no Bahrein, mas nenhuma acusação foi feita contra o mais confiável dos servos estrangeiros do rei, apesar do testemunho de vítimas de tortura desfiguradas que conseguiram identificá-lo.

Em julho de 2002, a British Carlton Television transmitiu um documentário de meia hora sobre a carreira de Henderson no Bahrein, *Blind eye to the Butcher*. O documentário revelou um relatório do Ministério das Relações Exteriores que mencionava Henderson e provavelmente foi escrito por Sir Anthony Parsons, ex-agente político da embaixada britânica no Bahrein no final dos anos 1960 e posteriormente embaixador no Irã. Um trecho do documento descreve como "nos últimos três anos, a Divisão Especial [do Bahrein] sob a competente liderança de Henderson estabeleceu uma posição dominante sobre os grupos subversivos".

Mas a família real do Bahrein não ficou desprovida de conselhos de outro ex-policial britânico experiente nos dias sensíveis que se seguiram à publicação do relatório. No início de dezembro de 2011, a monarquia do Bahrein contratou "Yates da Yard" para aconselhar sobre a reforma de seus serviços de segurança. John Yates havia sido comissário assistente do Serviço de Polícia Metropolitana de Londres, detentor da Medalha da Polícia da Rainha por coordenar a resposta da polícia ao tsunami de 2004 no Oceano Índico. Yates dirigiu o "Special Inquiry Squad" britânico, investigando acusações de "dinheiro por honras" no Reino Unido, mas aposentou-se em 2011 após severas críticas ao seu manejo de uma reinvestigação do escândalo de escuta telefônica do *News of the World*. O Lorde Juiz Leveson referiu-se à abordagem de Yates durante a investigação posterior como uma "atitude inadequadamente desdenhosa, defensiva e de mente fechada". Isso obviamente não preocupou seus novos empregadores no palácio real do Bahrein, que contrataram Yates menos de seis meses após sua renúncia da Met.

Ele chegou ao Bahrein, em suas próprias palavras, "para reformar as práticas da força policial", juntamente com o ex-chefe de polícia dos EUA John Timoney, um oficial irlandês que havia transformado o departamento de polícia de Miami — com uma reputação de atirar imprudentemente contra civis — em uma força que não disparou um tiro por quase dois anos. A revista *The New Yorker* chegou a descrever Timoney como "um dos chefes de polícia mais progressistas e eficazes do país". Mas, ao enfrentar protestos contra uma cúpula comercial de 2003 em Miami, Timoney foi duramente criticado por organizar o uso extensivo de spray de pimenta, balas de borracha, tasers e cassetetes contra os manifestantes.

Nem Yates nem Timoney foram acusados de incentivar a brutalização ou tortura de prisioneiros bahreinenses, mas mesmo após a chegada dos dois "experts" policiais, a condenação por parte de grupos de direitos humanos continuou. O Centro de Direitos Humanos do Bahrein registrou 30 casos documentados de bahreinitas mortos após confrontos com a polícia ou forças de segurança entre novembro de 2011 e março de 2012. Persistiram relatos em 2012 de xiitas acusados de conspirar com o Irã para derrubar a monarquia. A ONG anglo-dinamarquesa Redress reclamou em 2013 que os detidos dos protestos de 2011 ainda não haviam sido libertados e que os policiais nunca foram acusados de tortura, mas de "agressão resultando em morte". No início de 2013, uma prestigiosa conferência de ética médica no Bahrein foi cancelada pela Médicos Sem Fronteiras depois que as autoridades não concederam permissão por escrito para que a reunião em um hotel de Manama prosseguisse. Jonathan Whittall, da MSF no Oriente Médio, disse que a conferência tinha a intenção de "restaurar a confiança no sistema de saúde do Bahrein", pois as instalações de saúde no Bahrein haviam se tornado um campo de batalha durante os protestos de 2011. O presidente irlandês da Universidade Médica do Bahrein renunciou. Ele havia recebido uma garantia verbal do príncipe herdeiro de que o evento iria acontecer — "Eu quero que esta conferência aconteça", ele aparentemente disse ao presidente da universidade —, mas a permissão escrita necessária nunca chegou.

Somente meses depois, o movimento Human Rights First, com sede em Washington, pediu ao governo Obama que retirasse as vendas de armas, pois o Rei Hamad não havia cumprido as reformas prometidas. Em janeiro de 2014, multidões xiitas lutaram contra a polícia após a morte de um jovem de 23 anos sob custódia. O ministro da Justiça do Bahrein buscou suspender o partido xiita Al-Wefaq; então o governo ordenou que Tom Malinowski, o secretário assistente dos EUA para direitos humanos, deixasse o Bahrein depois que ele se encontrou com líderes do Al-Wefaq, incluindo o Sheikh Ali Salman. O governo Obama não reagiu, embora o Departamento de Estado tenha dedicado 49 páginas de seu relatório de 2014 sobre direitos humanos ao Bahrein, detalhando detenção arbitrária, tortura, superlotação de prisões e restrições à liberdade de expressão.

Inacreditavelmente — uma palavra superutilizada que neste caso é justificada —, muitos desses abusos eram quase idênticos aos que eu descrevi duas décadas antes. Os relatos de tortura e mortes sob custódia após as manifestações de 2011 eram intercambiáveis com meus próprios arquivos de registros da Anistia Internacional de eventos equivalentes na década de 1990. Em novembro de 2014, um detento foi espancado pela polícia de segurança do Bahrein e jogado em uma cela de isolamento, onde morreu de seus ferimentos. No verão de 2016, o governo do Bahrein fechou o Al-Wefaq, despojou o líder espiritual xiita do Bahrein, o aiatolá Isa Qassim, de sua cidadania e dobrou a sentença de prisão do veterano líder da oposição Sheikh Ali Salman, o secretário-geral do Al-Wefaq. O xeque — outrora, é claro, um detido de Henderson e agora uma figura essencial no teatro do absurdo que o Bahrein construiu em torno de sua existência — está, no momento da escrita, ainda preso. Condenado a quatro anos em 2015 por discursos que proferiu em 2012 e 2014 — ele então ousou pedir uma solução pacífica para as demandas dos manifestantes de 2011 e a prisão dos que cometeram abusos dos direitos humanos —, Ali Salman foi indiciado novamente após uma audiência de apelação bem-sucedida em 2018 e enviado para a prisão por toda a vida. As provas para essa última farsa da justiça basearam-se em uma ligação telefônica que Salman fez ao primeiro-ministro do Bahrein, Khalifa bin Salman Al Khalifa, oito anos antes. Em outras palavras, nada havia mudado.

Entre a repressão, a detenção e a morte no Bahrein, porém, houve uma única ópera bufa encenada pela família real e seus fiéis seguidores:

persuadir o mundo — apesar de todas as evidências em contrário — de que o Bahrein era apenas um reino pequeno, pacífico e amante da liberdade no Oriente, muito amado por seus amigos ocidentais (e pela Arábia Saudita) e que estava sofrendo apenas com alguns "agitadores" ocasionais e "ativistas" não especificados nas ruas. A palavra-chave era normalidade — demonstrada mais fortemente pela realização do Grande Prêmio do Bahrein em 2012, apenas um ano após ter sido cancelado por causa da revolta árabe em Manama. A ilha era segura para esse grande evento esportivo internacional, insistiram os Khalifa; mais do que isso, era um símbolo da unidade nacional. O esporte — por mais paródica que sua expressão física pudesse ser nas circunstâncias — deveria estar acima da política. O Ministério das Relações Exteriores do Reino Unido pediu aos fãs que não fossem, mas o príncipe herdeiro torceu os argumentos. Tendo decidido realizar a corrida, ele anunciou que "cancelar apenas empodera os extremistas" — provando assim que o esporte tinha muito a ver com política, especialmente do tipo violento.

Ele não precisava se preocupar. Aqueles reis das corridas de carros, Jenson Button e Lewis Hamilton, estavam apenas interessados no esporte, anunciaram. "Acho que é muita propaganda", declarou o piloto alemão Sebastian Vettel. O chefe da Fórmula 1 Bernie Ecclestone disse que estava "tudo normal", argumentando que "a imprensa deveria apenas ficar quieta e lidar com os fatos, em vez de inventar histórias" — como se a morte e a tortura dos manifestantes no Bahrein fossem ficção. Suponha, perguntei no *Independent*, que Bashar al-Assad estivesse hospedando o fim de semana da Fórmula 1. Ecclestone teria jantado em Damasco, feliz em dar ao regime uma cobertura esportiva suave para sua opressão? Mas ninguém estava tão convencido da integridade do Bahrein — nem mais leal em defender seu governo — quanto o autor de um longo e às vezes amargamente criticado artigo pós-Grande Prêmio que apareceu no *Daily Telegraph* em 24 de abril de 2012 sob a autopiedosa manchete: "O Bahrein está perplexo com a hostilidade do mundo".

Sim, "coisas" terríveis aconteceram em 2011 e o rei reconheceu isso; algumas das 35 mortes foram pelas mãos das forças de segurança. Mas haveria um novo ombudsman da polícia, 500 "policiais comunitários" extras, um novo "código de conduta" da polícia e o CID estava sendo reformado, prometeu o artigo. "Não sou apologista do que aconteceu no ano passado", lamentou o escritor, mas "como muitos bahreinitas e expatriados (...)

estou perplexo com o nível de críticas dirigidas a uma nação que reconheceu seus erros." Essa pequena nação ficou espantada

> "com o nível de ignorância sobre o que realmente está acontecendo aqui, no nível de animosidade e bile, no viés da mídia. E perplexo que tantos no Reino Unido (...) pudessem tão facilmente engolir tudo o que os grupos de oposição e ativistas estavam dizendo (...) As manchetes sugeriam que o país estava em chamas (...) Não quero trivializar a situação no Bahrein. Ainda existem dificuldades [sic], todas as quais requerem soluções políticas. Mas isso não é a Síria..."

Henderson teria aprovado. O artigo foi escrito, explicou o *Telegraph*, pelo "ex-chefe de contraterrorismo do Reino Unido", John Yates — "Yates da Yard".

14

Os homens de meias brancas

Eu também penso [...]
Na condição dos vencidos, países onde [...]
Cortes marciais se reúnem à meia-noite ao
som de tambores,
E pessoas rechonchudas andam sem sorrir
Pelos cais e estações ou percorrem as noites
Em vans em busca de vítimas, para investigar,
Em celas à prova de som, o Sentido de
Honra...

W.H. Auden, *The age of anxiety: a baroque eclogue* (*A era da ansiedade, uma égloga barroca*), 1947.

Esperando no lounge da Aeroflot em Moscou por um voo de volta para Beirute, fui atraído por uma revista russa com uma matéria sobre o Profeta Maomé. Não sei ler russo, mas o artigo era ilustrado com uma extraordinária pintura a óleo do século XVI do Profeta subindo ao céu na Noite do Poder, seu rosto coberto por um véu, seu cavalo Buraq galopando até os sete céus para a chegada final de Maomé ao trono de Deus. Na pintura, sua jornada era cercada por jatos de fogo dourado que se curvavam e contorciam sobre uma superfície preta como breu. Isso cristalizou os eventos temíveis, magníficos, corajosos e terríveis que eu estava testemunhando com meus próprios olhos nessas terras de super-história.

E nunca haveria mais fogo dourado e escuridão como na Síria. Eu havia visitado esse país por três décadas e meia. E no momento em que ouvi, em 2011, sobre os distúrbios civis e as manifestações antiAssad em Damasco e depois em Daraa, eu sabia o que esperar. Em meus arquivos em Beirute, procurei alguns de meus primeiros relatórios da Síria depois de chegar ao Oriente Médio como correspondente do *The Times*. Eu havia quase esquecido uma série de despachos que enviei de Aleppo em 1980 — 31 anos antes do início da guerra civil. Esses meus relatórios telexados eram um modelo fantasmagórico do que eu estaria escrevendo quando a guerra civil atingisse Aleppo em 2012. Não fossem os grampos enferrujados e o papel velho amassado, eu poderia me convencer de que era uma versão aberrante de meus relatórios atuais. É claro que, em 26 de março de 1980, reportei do norte da Síria como o vice-ministro do Interior do país havia acabado de

> "enviar um relatório a seu superior sobre a violência em Aleppo e na cidade central de Hama. Normalmente, o relatório semanal do ministro tem apenas meia página, mas esse documento abrangia cinco páginas completas e listava surtos de tumultos e tiroteios não apenas em Aleppo e Hama, mas também nas cidades de Deir ez-Zor às margens do Eufrates, Idlib e em Maarat al-Numan, onde o exército mantém um quartel bem guardado. Mais significativamente, o documento indicava o número de vítimas fatais como 80 mortos em Hama — quase todos eles funcionários do partido Baath — e quase 100 mortos em Aleppo, a maioria deles civis."[1]

E tudo isso ocorreu quase um ano antes da revolta islâmica em massa em Hama, em fevereiro de 1982, que testemunhei e sobre a qual escrevi na época. Ao longo das décadas, escrevi dezenas de longas análises da

---

1 A Turquia foi acusada de conspirar com os oponentes do regime. O Partido da Salvação Nacional de Necmettin Erbakan — ao qual pertencia um jovem futuro presidente turco, Recep Tayyip Erdogan, e que defendia um governo menos secular e mais islâmico em Ancara — foi acusado de conspirar contra o regime de Hafez al-Assad. Os paralelos com a guerra de seu filho Bashar — ainda muito distante no futuro — eram sufocantes.

história síria, de seu tratamento pelos otomanos e depois pelos franceses, cujos instintos coloniais infectariam a Síria com a mesma certeza que espalharam o vírus do sectarismo. A Síria, eu costumava lembrar, sempre foi acusada de expansionismo, mas sua experiência foi de amputação e perda territorial. Primeiro veio o general francês de um braço, Henri Gouraud, que separou o Líbano da Síria em 1920 e a entregou aos cristãos pró-franceses. Então Paris entregou a cidade costeira síria de Alexandretta aos turcos em 1939, na esperança de que a Turquia se juntasse à Entente Aliada contra Hitler[2]. Então, na Guerra dos Seis Dias de 1967, a Síria perdeu as Colinas de Golã, posteriormente anexadas por Israel. Após o assassinato de Rafiq Hariri em 2005, a tentativa cínica de 29 anos do partido Baath sírio de redominar o Líbano havia terminado em uma amarga retirada.

Agora, em 2011, o regime de Bashar al-Assad em Damasco seria expulso de mais da metade da própria Síria. A terrível guerra civil não era apenas sobre a sobrevivência ou destruição de um regime brutal. Era também uma tentativa dos governantes do país de evitar a divisão final da Síria nas mãos de turcos, curdos e norte-americanos e, indiretamente, da Arábia Saudita e dos outros reinos do Golfo. Eles usariam o ISIS e outros islamistas em uma tentativa de destruir Assad. Seus aliados viriam do Hezbollah libanês xiita, do Irã xiita e das milícias xiitas do Iraque e do Afeganistão, e da Rússia.

Eram dias alucinantes. Gaddafi ainda estava fugindo na Líbia, o Egito estava em caos pós-revolucionário, a revolta do Bahrein havia sido recentemente esmagada e o Iêmen, após semanas de derramamento de sangue, agora possuía dois governos. A guerra da Síria havia apenas começado. Eu até mesmo poderia simpatizar com o presidente do Estado-Maior Conjunto dos EUA, almirante Mike Mullen, quando ele expressou seus sentimentos em uma coletiva de imprensa em Washington no início de 2011. “Nunca”, disse ele, “vi tanta coisa acontecendo tão rapidamente em tantos lugares diferentes ao mesmo tempo”. Talvez a Síria seria diferente. O próprio Assad disse ao *Wall Street Journal* em janeiro de 2011 que, apesar dos eventos na Tunísia e no Egito, a Síria permaneceria “estável”. Quase um ano antes, eu estava ouvindo em Abu Dhabi uma discussão entre embaixadores suecos no Oriente Médio. À luz dos eventos posteriores, o homem de Estocolmo em Damasco era especialmente intrigante. Ele falou sobre

---

2 Os turcos concordaram — mas não antes de 1945, nove semanas antes de Hitler se matar.

os "recursos petrolíferos decrescentes" da Síria e a necessidade de uma economia competitiva "para que o regime sobreviva", mas concluiu que a Síria era "um país politicamente estável no meio de uma região instável".

Em sua condenação das ditaduras do Oriente Médio, o Ocidente geralmente julgou essas autocracias corruptas e cruéis de acordo com sua utilidade para o Ocidente. Se os tiranos fossem aliados, nós os descreveríamos como "homens fortes" que impuseram uma "lei de ferro" sobre seu povo, mas que permaneceram "amigos leais". Ben Ali, Mubarak, o Xá do Irã e as monarquias do Golfo encaixavam-se nessa descrição. Assim, de tempos em tempos, também Saddam Hussein — quando invadiu o Irã e não o Kuwait — e até mesmo Gaddafi, quando oferecia seu playground nuclear às nossas autoridades de inteligência. Aqueles que caíram fora dessa categoria flexível eram monstros; Saddam, por exemplo, depois que invadiu o Kuwait, ou os novos líderes do Irã depois que destronaram o Xá. E, exceto por alguns sorrisos das administrações Nixon e Carter e de um ou dois presidentes franceses, Assad pai e filho encaixavam-se perfeitamente no papel de déspotas.

A rotina do homem forte/tirano também dependia da natureza amigável dos ditadores "leais" em relação a Israel. Mubarak, Ben Ali e os árabes do Golfo e o rei Hussein da Jordânia passaram nesse teste com quase nota máxima. O ódio de Saddam por Israel às vezes podia ser aceito, dependendo de seu igual ódio pelos iranianos e de seu relacionamento com a Arábia Saudita. Governar uma terra contendo quase 150 bilhões de barris das reservas mundiais de petróleo também ajudou. Pequenos delinquentes que não possuíam um estado, "revolucionários", secessionistas ou irredentistas poderiam ser perdoados — até mesmo admirados — se aceitassem o poder dos amigos do Ocidente, embora isso pudesse induzir vertigem nos escolhidos. A transição de Arafat de superterrorista em Beirute na década de 1980 para superdiplomata após fazer a paz com Israel na década de 1990 e depois voltar a ser superterrorista depois que recusou a versão truncada de Israel de uma "Palestina" independente em 2000 era suficiente para induzir paroxismo.

Mas o califado de Assad era, naquela retórica baathista menos imaginativa, firme. O regime de Hafez e Bashar era o "coração pulsante do arabismo", a "rocha da resistência palestina", o "inimigo mortal do sionismo" e, inevitavelmente, o verdadeiro amigo da União Soviética e de sua sucessora um tanto truncada, mas igualmente tirânica. A menos que Kissinger precisasse de um cessar-fogo em Golan ou Obama pudesse organizar negociações diretas com Israel, a Síria e seus líderes alauitas xiitas eram indignos de confiança, bárbaros, sádicos, terroristas, assassinos e algozes.

Para aqueles de nós que viviam na região e eram sobrecarregados com o privilégio amaldiçoado de visitar esses estados de tortura, era impossível persuadir os visitantes de que uma certa perspectiva poderia ser adotada se algo como a realidade fosse colorir sua visão do mal encarnado.

Havia uma tendência infeliz de desculpar a crueldade do pai como mero pragmatismo. Hafez al-Assad sempre considerou Arafat como "um político condescendente que raramente era fiel à palavra". Anos depois, ele diria à sua conselheira Bouthaina Shaaban que "salvei Arafat de três tentativas de assassinato. Olhando para trás, não sei se fiz certo!" Mas com a dissidência interna, Hafez não demonstrava tal humor. Ele estava preparado para negociar por meio de intermediários após a violência em Aleppo em 1980, mesmo após o massacre de recrutas do exército alauita. Mas dois anos depois, diante de uma campanha da Irmandade Muçulmana em torno de Hama, ele esmagou a revolta com sangue e execuções. "Morte mil vezes aos Irmãos Muçulmanos", zombou Assad. Então, o que Hafez teria feito se confrontado com a guerra síria de 2011? Diplomatas e soldados de Bashar me disseram que se faziam essa pergunta muitas vezes.

Como a Irmandade Muçulmana na década de 1980 era considerada no Ocidente um perigo islâmico — a Al Qaeda era então um pesadelo futuro impensável, o apocalipse do ISIS inimaginável —, houve pouca reação internacional aos massacres de Hama, exceto pela condenação usual da Anistia Internacional e de outras organizações humanitárias. A Irmandade buscava liberdade e independência da família Assad, mas nunca exigiu democracia. Essa era a joia multiuso pela qual os EUA e a Europa poderiam estar preparados para apoiar potenciais aliados no mundo árabe.

Era fácil satirizar os cansativos planos econômicos quinquenais da Síria, seus comícios pífios pró-governo, sua fidelidade camponesa à família Assad, seu parlamento servil e seus membros em genuflexo. Os discursos presidenciais nessas sessões miseráveis em Damasco seriam interrompidos ad nauseam pelos "representantes do povo" gritando seu amor eterno por Hafez ou Bashar, e sua disposição em sacrificar seu sangue e alma por eles. Só encontrei algo parecido com isso em outra cidade; não no Cairo, nem em Trípoli, mas em Washington. Quando o primeiro-ministro israelense Netanyahu discursou em uma sessão conjunta do Congresso dos EUA em

1996, foi interrompido por aplausos 14 vezes; em 2011, recebeu 29 ovações de pé dos deputados norte-americanos; em 2015, Netanyahu foi interrompido 39 vezes por rodadas de aplausos. Os membros do Congresso dos EUA podem não estar prontos para derramar sangue por Israel, mas estavam preparados para sacrificar suas almas.[3]

Os agentes de inteligência de Bashar, no entanto, não eram motivo de riso. A segurança do Estado, a inteligência militar, a segurança do partido Ba'ath, a inteligência da Força Aérea, o centro de informações da Guarda Presidencial e a inteligência do Ministério do Interior deveriam espionar uns aos outros; mas essa era uma invenção ligeiramente imaginativa distribuída por subordinados do regime a jornalistas e diplomatas ingênuos. De fato, havia rivalidades poderosas entre as agências de defesa e interior sírias, mas uma rede de oficiais de confiança recebeu a atenção de Bashar. Alguns controlavam o "arquivo libanês", enquanto outros espalhavam sua influência e proteção pelos grupos de espionagem separados dos movimentos palestinos com base na Síria. Esses oficiais mais graduados não tinham interesse em brutalidade física, mas trabalhavam duro com suspeita e teoria. Muitos deles estavam a serviço há mais de duas décadas.

Quando o ISIS atacou o coração do regime com bombas suicidas em Damasco, em julho de 2012, uma das figuras mais temidas da rede de inteligência síria, o cunhado de Bashar, Assef Shawkat, foi assassinado. O ministro da Defesa cristão, Daoud Rajiha, morreu com ele. Mas a rede sênior de mukhabarat não pereceu. Foi um choque, mas desde os primeiros dias de Hafez al-Assad, o Ba'ath podia absorver quase qualquer terremoto. Seu núcleo alauita-tribal e a lealdade da velha classe de oficiais do exército foram a razão pela qual Bashar pôde sobreviver à mais longa e terrível guerra civil do mundo árabe. E foi o exército sírio que finalmente o salvaria, juntamente com a implacável campanha militar da Rússia.

A profundidade das autoridades de informação de Bashar, no entanto, lhe deu tanto autoconfiança quanto um perigoso desprezo pela própria vasta operação de inteligência dos Estados Unidos no Oriente Médio. Os norte-americanos, disse Bashar a um grupo de congressistas dos EUA em 30 de dezembro de 2009, possuíam um "aparelho de informação

---

3 O advogado palestino de direitos humanos Raja Shehadeh comparou com desprezo a resposta dos parlamentares sírios a Bashar com "esses veneráveis senadores e membros do Congresso (...) exibindo a mentalidade de rebanho de ovelhas, levantando-se sobre os quartos traseiros e batendo as patas para esse belicista inveterado."

enorme", mas faltava-lhes a capacidade de analisar as informações que coletavam. "Vocês estão falhando na luta contra o extremismo", gritou Bashar para eles. "Embora careçamos de suas capacidades de inteligência, conseguimos combater extremistas porque temos analistas melhores," O presidente sírio elogiou sua então estreita cooperação com a polícia de segurança estatal da Turquia e as informações que isso lhe proporcionava. "Nos EUA, vocês gostam de atirar [em terroristas]", disse ele. "Sufocá-los é muito mais eficaz." Na verdade, "sufocá-los" nesses túneis que eles cavavam na rocha viva sob as cidades da Síria se tornaria uma parte vital da estratégia de destruição dos oponentes do país.

Bashar foi talvez o único líder árabe que compartilhava a capacidade dos iranianos de entender os norte-americanos melhor do que os norte-americanos os entendiam. Hafez, o pai, era um homem de pavio curto, mas de infinita paciência, uma contradição aparente, mas que lhe permitia agir com emoção feroz enquanto incentivava o tedioso paternalismo das reuniões de gabinete, nas quais ministros com vãs ambições concordariam com qualquer coisa que evitasse mudanças. A política externa síria em relação a Israel seria manter exatamente a mesma política seguida por Hafez: terra por paz, mas a devolução da terra antes da paz. Os israelenses queriam desfrutar da paz antes de ceder um quilômetro quadrado de território — e tanto Hafez quanto Bashar entenderam o que isso significaria. Haviam assistido Arafat trair os palestinos ao concordar exatamente com essa exigência israelense. Eles não fariam o mesmo.

Isso ensinou a Bashar que, por mais insuperáveis que seus antagonistas possam parecer e qualquer que seja a ameaça que seus inimigos externos possam representar, seu desejo não constituía o ato. Se estava completamente divorciado da opinião pública síria no início de 2011, Bashar entendeu muito bem o erro mais flagrante de seus inimigos: que bastaria querer para conseguir. Repetidamente, nos primeiros anos da guerra civil, a convicção absoluta dos líderes europeus e norte-americanos de que Bashar al-Assad seria derrubado não se baseava em nenhum critério objetivo; estava fundado na noção romântica de que, porque ele deveria ser destruído, ele poderia e, portanto, seria destruído, terminando seus dias no exílio como Ben Ali, em um hospital como Mubarak ou, de preferência, abatido em horror como Gaddafi[4].

4 Béchir Ben Yahmed, o jornalista tunisiano que fundou a inestimável revista semanal francesa *Jeune Afrique*, foi o primeiro a perceber que Obama, Hillary Clinton, François Hol-

Horror era uma palavra que sempre pertencia às câmaras de tortura da Síria, embora, como vimos, as nações ocidentais estivessem preparadas para colaborar secretamente em sua dor, submetendo perguntas para as vítimas responderem, cortesia dos interrogadores sírios. Sob Hafez, a brutal repressão à liberdade na Síria fez com que a Human Rights Watch publicasse um livro inteiro sobre a terrível situação das prisões e câmaras de tortura do país em 1991. Meus próprios arquivos sobre abusos dos direitos humanos no país têm prateleiras de comprimento. Eles incluem um arquivo da Anistia Internacional de 20 páginas sobre o encarceramento contínuo de médicos desde 1980, um documento da Human Rights Watch de 64 páginas sobre a repressão aos curdos sírios e milhares de páginas de apelos individuais por prisioneiros políticos, alguns deles com mais de 80 anos. Com a sucessão de Bashar em 2000, uma "Primavera Síria" deveria ter chegado quando o ex-oftalmologista seguiu sua obsessão pela internet permitindo que o país entrasse online, um privilégio que terminou para alguns com prisões arbitrárias. Funcionários do governo lembrariam aos jornalistas, extraoficialmente, que Bashar agora havia proibido toda e qualquer tortura — uma garantia minada para mim quando um oficial da mukhabarat cuja família eu conhecia me disse casualmente "a menos que seja realmente necessário".

Os relatórios da Anistia Internacional e da Human Rights Watch diminuíram na primeira metade de 2000, o primeiro saudando a libertação de 600 presos políticos em novembro, mas dentro de cinco meses estava registrando a prisão de Hassain Daoud, "interrogado e torturado continuamente" sobre ativistas curdos após ser devolvido à força à Síria da Alemanha após um pedido de asilo fracassado. Riyad al-Turk, um advogado de 71 anos que havia sido encarcerado por 18 anos sob Hafez al-Assad por se opor ao governo, foi levado em setembro de 2001 para a prisão de Adra logo após uma cirurgia cardíaca, por ser um membro líder da Aliança Democrática Nacional. Alguns prisioneiros muito idosos foram libertados após apenas algumas semanas no verão de 2003, mas isso não indicava nenhuma compaixão da parte da polícia de segurança. No mesmo mês, Khalil Mustafa, um ativista curdo, morreu após tortura no centro de detenção militar em Aleppo. Seu corpo foi devolvido à família com uma perna quebrada em dois lugares e um olho

lande, Sarkozy, Cameron e numerosos correspondentes da mídia haviam se feito de tolos "porque tomamos nossos desejos por realidade". Políticos e escritores não levaram em conta os aliados do regime — Irã, Hezbollah e Rússia — e sua determinação em sobreviver.

faltando. Em 2004, mais de 30 curdos sírios foram mortos por agentes do governo em tumultos sectários de futebol em Qamishli.

Novamente em 2004 — sete anos antes da revolta síria — a Anistia Internacional relatava que "as autoridades prenderam arbitrariamente dezenas de ativistas islâmicos, incluindo cidadãos de outros países", pelo menos 50 dos quais haviam sido presos durante incursões noturnas em toda a Síria. A Anistia identificou 15 dos detidos, mas não ficou claro por que a mukhabarat síria decidiu lançar essa campanha de prisões. Esses homens não pareciam ser apoiadores da Irmandade. Então, esses " cidadãos de outros países" eram os mesmos "combatentes estrangeiros" que haviam atacado as forças de ocupação norte-americanas no Iraque? Os EUA haviam pedido aos sírios que apreendessem esses homens?

Mas a prisão de figuras não violentas e respeitadas na oposição síria não oficial continuou, enquanto os velhos generais da inteligência da era de Hafez al-Assad assustaram Bashar a suprimir todos os sinais de dissidência. Por que, poderíamos perguntar, os serviços de segurança sírios tiveram que prender o dr. Alfred Thoma, o dr. Yasser al-Aiti, Jabr al-Shufi, Fayez Sara, Ali al-Abdulla e Rashed Sattouf em dezembro de 2007, apenas dias depois que eles — junto com outros 163 sírios — haviam participado de uma reunião da "Declaração de Damasco para a Mudança Democrática"? Eles nunca pediram o fim do regime. Os delegados elegeram a dra. Fida al-Hurani como chefe da organização. Ela também foi detida e seu marido, o dr. Gazi Alayan, um palestino que morava na Síria há 18 anos, foi deportado para a Jordânia.

Como dizem nos relatórios policiais, a rede espalhou-se mais. O artista sírio Talal Abu Dana foi preso em Aleppo, seu estúdio e suas pinturas destruídos. Em seguida, em fevereiro de 2008, Kamel al-Moyel, da cidadela de Zabadani, foi pego pelos homens de meias brancas[5]. Já condenado e preso estava Michel Kilo, um proeminente intelectual cristão que ajudou a fundar o movimento "Declaração". Mas quando os detidos foram finalmente levados ao Palácio da Justiça, Ali al-Abdulla parecia ter hematomas no corpo. O juiz Mohamed al-Saaour, o terceiro juiz de instrução de Damasco, presidiu o caso em que os prisioneiros foram acusados de "difundir informações falsas", formar uma organização secreta para der-

5 Quase todos os homens da mukhabarat do Oriente Médio usam meias brancas. Talvez exista uma loja de roupas com uma concessão para os policiais secretos da região. Os únicos que não usam meias brancas são os da variedade israelense, que usam velhos bonés de beisebol.

rubar o governo e incitar "tendências sectárias e racistas".

Então, por que toda essa raiva repentina contra esses democratas autodeclarados? Posteriormente, descobriu-se que em 4 de dezembro de 2007, pouco antes das primeiras prisões, o presidente George W. Bush reuniu-se na Casa Branca com o ex-deputado sírio Mamoun al-Homsi, com Ammar Abdulhamid, um autor sírio exilado que já havia pedido a derrubada do governo Assad, e Djengizkhan Hass, um ativista da oposição curda. Nove dias depois, uma "fonte" oficial vazou a reunião para a mídia, e foi então que os homens de meias brancas atacaram.

O jornal *Tishrin* de Damasco exigiu saber por que Washington estava mostrando tanta preocupação com os direitos humanos na Síria. O bloqueio israelense, apoiado pelos norte-americanos, de um milhão e meio de palestinos de Gaza não era uma violação dos direitos humanos? Os árabes não tinham visto com muita clareza a preocupação de Washington com os direitos humanos em Abu Ghraib e Guantánamo? Mas, nesse caso, por que diabos a Síria alimentou a campanha norte-americana contra ela, com prisões regulares de acadêmicos de meia-idade e até mesmo, segundo se soube, do vice-reitor da Faculdade de Estudos Islâmicos da Universidade de Damasco?

Bashar, como seu pai, poderia agradar aos nacionalistas da Síria, mas não àqueles que questionassem sua legitimidade ou apontassem a natureza sectária dessa autocracia nacionalista. Mas ele também se sentiu obrigado a agradar às fundações corruptas de sua própria família, enquanto seus parentes se enriqueciam por meio de bancos, shoppings, negócios imobiliários, empresas de telefonia móvel e do exército degradado que retornou em desgraça do Líbano — um país cuja venalidade contaminou a liderança militar síria assim que chegaram como "pacificadores" em Beirute em 1976.

O sistema de nepotismo familiar bilionário foi pesquisado exaustivamente, mas os perigos pessoais de seu poder eram assustadores. Um de seus vice-primeiros-ministros me disse mais tarde que, após sua nomeação, Rami Makhlouf — primo materno de Bashar e um bilionário empresário sírio que controlava a concessão de telefonia móvel do país, Syriatel — pessoalmente o parabenizou:

> "À noite, quando cheguei em casa em Malki, bateram na porta. 'Isto é para você', disse um homem, e havia um envelope marrom.

> Eu abri e havia um conjunto de joias dentro — todos diamantes. Eu o fechei. Liguei para Rami Makhlouf para agradecer — e pedi que ele mandasse o mesmo homem de volta para pegar o presente. [Então] conversei com o presidente. 'Sr. Presidente', eu disse. 'Seu primo acabou de me enviar um presente para me subornar.' E Bashar Assad respondeu: 'Se você tivesse aceitado, ele seria seu dono'. Então Rami Makhlouf ligou. 'Você recusou o presente', disse ele. 'Mas por que você teve que contar ao presidente?' Bashar Assad confiava em mim. 'Ninguém ousa dizer uma palavra sobre sua integridade', ele me disse".

Ficou claro que Bashar entendia que um membro próximo de sua própria família poderia tentar comprar um de seus ministros — mas ele claramente não conseguia se libertar da corrupção que ameaçava seu regime. Ela abrangia todo o sistema de segurança e o partido Ba'ath. O mais condenável de tudo era que Bashar permitiu que esse veneno que consumia tudo no corpo político continuasse em um momento em que a Síria estava enfrentando sua crise econômica mais severa em uma geração.[6] Em sua entrevista de janeiro de 2011 ao *Wall Street Journal*, Bashar teria dito ao repórter Jay Solomon que a Síria era "imune" às revoltas no Oriente Médio, mas ele nunca usou essa palavra. Ele descreveu a Síria como "estável" e a comparou favoravelmente ao Egito, que havia sido "apoiado financeiramente pelos Estados Unidos, enquanto estamos sob embargo pela maioria dos países do mundo". Os sírios "não entram em uma revolta", disse ele, porque possuem algo mais importante do que seus próprios problemas e a necessidade de reforma econômica. "É sobre a ideologia, as crenças e a causa que você tem."

Mas socialismo e nacionalismo não eram suficientes quando a corrupção existia ao lado da pauperização em massa. Notavelmente, Assad parecia bem ciente dos perigos que enfrentava e os expressou em uma passagem amplamente ignorada de sua entrevista. Onde quer que se viajasse na Síria, disse ele:

---

6 Makhlouf era tão leal quanto corrupto. Em 2011, ele disse a seus 80.000 funcionários sírios que seriam demitidos se protestassem contra o regime. Ele só seria derrubado em 2019, quando Bashar enviou a mukhabarat para exigir milhões de dólares de "impostos" não pagos de seu império de negócios bilionário, incluindo a Syriatel. Em uma aparição lamentável no Facebook dirigida ao presidente em 2020, Makhlouf até se queixou das forças de segurança "desumanas" da Síria!

> "Você tem pobreza e a situação está piorando dia a dia e temos cinco anos de seca (...) Então, teremos menos trigo; costumávamos exportar trigo e algodão todos os anos, mas este ano temos problemas (...) Este ano, três milhões dos 22 milhões de sírios serão afetados pela seca."

Apenas nove meses depois de Assad lamentar uma situação econômica "piorando dia a dia", Michel Kilo, um dos prisioneiros da "Declaração", explicou que as reformas "liberais" do governo Assad haviam destruído as fontes de renda das populações rurais e das pequenas cidades na Síria, justamente as pessoas das quais o regime "deriva proteção (...) para a ordem de segurança militar". Em algumas regiões, 12% dos agricultores sírios abandonaram suas terras ou transformaram 15% de suas terras agrícolas em ração para animais — juntamente com a seca, aqui estava um motivo principal para a falta de trigo. A expropriação de terras "para fins públicos", o empobrecimento e a migração forçada, escreveria Kilo, significavam que os refugiados eram "atraídos para favelas de telhado de lata nos subúrbios das cidades".

E essas eram justamente as favelas onde a oposição iria se levantar contra o regime. Assistindo às revoluções tunisiana e egípcia em suas televisões, os sírios, escreveu Kilo, "podiam ver com seus próprios olhos como pessoas fracas e desarmadas podiam derrotar um estado de segurança". Eles concluíram que o nacionalismo do regime "não era nada além do nacionalismo da regulamentação e controle, supressão e divisão". E tudo isso, acrescentou Kilo, enquanto alguns viviam em "opulência aristocrática" e o desemprego jovem, oficialmente estimado em 7%, poderia chegar a 70%. Como os governos ocidentais, porém, os manifestantes sírios basearIam sua confiança em motivos morais, não materiais. Era a mesma velha equação fatal: que o regime que havia esmagado seu povo por quatro décadas poderia e seria destruído porque deveria ser destruído.

O "esmagamento" do povo continuou até o momento da revolução. Poderia haver um símbolo mais patético de humilhação do que a garota síria de 19 anos arrastada para um tribunal de segurança de Damasco em fevereiro de 2011 para ser condenada a cinco anos de prisão por usar a internet "para revelar informações a uma potência estrangeira que deveria permanecer secreta"? O verdadeiro crime de Tal al-Mallouhi foi pedir um papel na construção do futuro de seu país e reclamar que Obama deveria fazer mais pelos palestinos.

Por acaso, Khaled Yacoub Oweis, o correspondente da Reuters que havia coberto corajosamente a lamentável aparição de al-Mallouhi no tribunal, seguiu o instinto de repórter indo alguns dias depois para o sul da Síria para entrevistar o coveiro local sem dinheiro em Tisia, o agricultor forçado a transformar a safra de trigo em ração animal, o velho que tentava sobreviver na abandonada cidade romana de Bosra. "Você não pode continuar pressionando as pessoas assim", disse o velho a Oweis. Este era o único jornalismo que contava em um mundo revolucionário: o repórter que gastou o sapato para ir atrás da história. Apenas duas semanas depois, os sírios retiraram a permissão de Oweis por sua "cobertura desprofissional e falsa de eventos".

Nos meses que se seguiram, nenhum correspondente estrangeiro pôde entrar no país e os poucos jornalistas libaneses que trabalhavam para agências de notícias internacionais foram assediados por agentes da mukhabarat. O regime esperava sufocar a revolta controlando as notícias das manifestações. Mas, ao negar aos repórteres estrangeiros a oportunidade de cobrir os eventos eles mesmos, o regime obrigou as organizações de notícias estrangeiras a depender da tecnologia de seus oponentes. Não havia como verificar seus sites de mídia social e filmagens de confrontos violentos feitas por telefones celulares, mas como essa era a única reportagem disponível, ela foi disseminada pelo mundo. Se houvesse uma guerra de propaganda a ser vencida, a Síria a perdeu desde o primeiro dia.

Nem mesmo podemos ter certeza sobre o dia em que a revolução síria começou. Foi na cidade de Daraa, no sul, onde no início de março de 2011 a polícia de segurança prendeu um grupo de alunos por escreverem slogans antiAssad em uma parede? Cerca de 15 adolescentes foram levados para a delegacia local, espancados e maltratados rotineiramente por até um mês. Diz-se que alguns tiveram as unhas arrancadas; relatou-se que um teria sido morto e depois jogado na frente da porta de sua família. Outro relato mais credível diria que o menino foi morto a tiros em uma manifestação nos dias seguintes. De qualquer forma, era o tipo de crueldade que vinha naturalmente daqueles com a arrogância do poder, a exemplo do chefe local da "Direção de Segurança Política", Atif Najib, que era primo do presidente.

Ou a revolução começou mais de um mês antes, em 26 de janeiro, quando Hasan Ali Aqlah, um sírio em Hasakah, uma cidade no extremo nordeste do país, ateou fogo em si mesmo com gasolina em protesto contra as políticas do governo? Aqui certamente poderia ser observada a influência incendiária da autoimolação de Mohamed Bouazizi na Tunísia. Mas já houvera uma manifestação com tochas em Raqqa por multidões enfurecidas com o assassinato de dois curdos locais. Em Damasco, em fevereiro, lojistas correram espontaneamente em defesa de um jovem que estava sendo agredido pela polícia.

Amigos sírios meus que chegavam a Beirute falavam com entusiasmo sobre o sentimento sem precedentes de rebelião no país, embora suas observações muitas vezes fossem acompanhadas pela convicção de que Assad não deveria saber sobre a repressão de seu próprio governo. Isso era absurdo; esses homens e mulheres estavam, eu sentia, inconscientemente esperando evitar a violência do Egito — e especialmente da Líbia —, de alguma forma se convencendo de que Bashar poderia ser "desacoplado" de seu próprio aparato de segurança. A ideia de que o cavaleiro branco do Ba'athismo pudesse obter transubstanciação em protetor do povo sírio era uma ilusão romântica, mas perigosa.

Bashar libertou milhares de prisioneiros não políticos e prometeu empregos a todos os graduados universitários. Mas isso era apenas um gesto simbólico. Não havia grande entusiasmo entre os sírios em desfrutar da presença de ladrões recém-libertados em suas ruas, assim como Assad e sua coorte não desejavam compartilhar seu poder com oponentes educados de todo o estado caótico — razão pela qual os presos políticos permaneceram em suas celas. Nem havia um desejo óbvio de parte a parte de abrir as portas da prisão para membros da Irmandade Muçulmana. Mas havia uma determinação crescente e visceral de compartilhar as aparentes liberdades conquistadas pelos tunisianos e egípcios. Por que os sírios não deveriam merecer — e compartilhar — essa mesma honra e dignidade?

Honra e dignidade estavam certamente em jogo na tradicionalmente rebelde Hauran, ao sul da qual ficava a antiga cidade cananeia de Daraa.[7] Quando as mães das crianças em cativeiro apareceram na sede da polícia da cidade para exigir sua libertação, foram maltratadas. Então, muito mais gravemente, um grupo de anciãos tribais foi ver o governador da cidade, Faysal Kalthum, para exigir uma explicação para o comportamento da polícia. Segundo um amigo meu sírio druso que disse estar presente, cada um dos homens colocou seu turbante na mesa do governador como um

7 Até então conhecida como uma estação desleixada na antiga linha ferroviária otomana Haj de Damasco a Medina, seus edifícios eram principalmente famosos como o local da suposta humilhação sexual de T.E. Lawrence nas mãos de oficiais turcos, em 1917.

gesto tradicional de negociação. Contudo, Kalthum pegou o turbante do xeique mais prestigioso, jogou-o no chão de seu escritório e pisou nele. O povo de Daraa saiu em massa para protestar. Bashar — desempenhando, suponho, o papel de protetor — demitiu rapidamente seu governador. Como sempre, tarde demais.

A AFP relatou em 20 de março que um homem havia sido morto, 100 outros feridos. Cristãos juntaram-se a seus concidadãos muçulmanos para exigir o fim da violência do governo. A sede do partido Ba'ath na cidade foi incendiada, juntamente com os escritórios regionais da Syriatel, a empresa de telefonia móvel de Rami Makhlouf. Bashar agora enviou seu vice-ministro das Relações Exteriores, Faisal Mekdad, natural de Daraa, para enfrentar as famílias enlutadas da cidade.

Levou oito meses para que eu pudesse questionar Mekdad sobre seu papel. Uma figura acadêmica de óculos, na casa dos 50 anos, ex-diplomata sírio na ONU, Mekdad sentou-se no reluzente ministério das Relações Exteriores, parecendo a Starship Galactica, em Damasco, argumentando que "a velha Síria nunca mais voltará (...) será um país livre para a imprensa". Isso não me pareceu tranquilizador, mas Mekdad fez uma cara corajosa. As manifestações em Daraa haviam sido pacíficas, ele concordou:

> "O que aconteceu nunca deveria ter acontecido. Fui enviado a Daraa para apresentar condolências aos mortos. Enfrentei pessoas furiosas. Disse a eles que o presidente não queria que isso acontecesse, que o presidente não tinha nada a ver com isso. Dei a eles as condolências do presidente e eles disseram que sabiam que erros foram cometidos (...) Ele demitiu o governador e estabeleceu um comitê judicial independente para investigar. O que eu sei é que grupos armados estão matando manifestantes."

Os vídeos carregados no YouTube de Daraa contavam uma história diferente. O relato de Mekdad sobre a aceitação da inocência do presidente pelos pais enlutados e sua afirmação de que um comitê "independente" investigaria os assassinatos estavam à altura da afirmação de que "grupos armados" estavam matando os manifestantes.

Os dois primeiros inocentes a serem mortos a tiros pelos homens de Assad foram Mahmoud al-Jawabra e Husam al-Ayash, e quando as multidões protestaram em frente à mesquita Omari, outros oito homens foram mortos a tiros por policiais da segurança do Estado. Nenhum tiro foi disparado contra as forças governamentais nesse período, mas um clipe da televisão estatal das primeiras manifestações mostrava claramente um homem com um rifle automático preso às costas, parado atrás das multidões. Protestos de rua pacíficos eclodiram em muitas cidades sírias, esmagados com cada vez mais selvageria por forças militares especiais, agentes de segurança e milicianos. À medida que surgiam relatos do assassinato de mais manifestantes desarmados em Damasco, Daraa e outras cidades sírias, às vezes surgiam histórias de como o medo era injetado nas pessoas. Um relatório publicado no Independent continha o relato de uma testemunha ocular da violência rotineira em uma delegacia de polícia, contado por um homem que havia sido preso por filmar uma manifestação de rua. O corredor no prédio da segurança, disse a testemunha, tinha 15 metros de comprimento, e no meio, sentado em uma mesa, estava um general de uniforme verde enquanto

> "ao seu redor, as pessoas se aglomeravam no chão, a maioria deles jovens com o mesmo olhar ansioso. Havia cerca de 50, alguns deles de Daraa (...) O maior grupo de prisioneiros estava agachado, amontoado ao lado da cortina. Um parecia que parte de seu olho direito havia sido arrancado; de outro faltava uma parte do nariz. Ambos provavelmente não tinham mais de 16 anos (...) Logo, um homem enorme de camiseta branca e calção de pijama surgiu de trás da cortina. Ele agarrou um adolescente e o levou para trás da barreira. Ele esteve lá por cerca de três minutos (...) Tudo o que pude ouvir foram seus gritos. Quando ele foi trazido de volta, sua cabeça estava coberta de sangue. Eles tinham tentado cortar fora metade de seu rosto. O general, que estava sentado à sua mesa bebendo chá de ervas e ouvindo um cantor libanês em um aparelho de som, não disse nada."[8]

---

8 A fonte do *Independent* para esta história era impecável — e em Damasco, Alastair Beach, nosso correspondente no Cairo, havia persuadido os sírios de que era um turista. Ele havia concluído um curso de um ano de língua árabe em Damasco em 2010, seu passaporte continha muitos carimbos de entrada na Síria, e sua desculpa estar "voltando para ver meus velhos amigos" em Damasco — era boa o suficiente para o oficial de vistos sírio. Mas, para evitar a descoberta assim que chegasse à Síria, Beach usou o pseudônimo de "Khalid Ali" como seu próprio nome. E ele só pôde identificar o homem aterrorizado que entrevistou como "Mohamed".

Em Beirute, eu estava recebendo relatos semelhantes de manifestantes da oposição. Um jovem que conhecia me enviou um e-mail de Amã depois de fugir de sua casa em Damasco em abril, com um relato de seus sofrimentos nas mãos da segurança do Estado[9]. Sua raiva pelos acontecimentos em Daraa e na "capital" alauita de Latakia fervia em sua mensagem:

> "Assad vai enforcar seu irmão Maher porque ele matou milhares de pessoas nos últimos anos e recentemente em Deraa? A gangue em Lattakia é uma gangue alauita que pertence à família Assad, todos nós os conhecemos na Síria, eles são chamados de shabiha, as pessoas em Lattakia estavam protestando contra o governo e depois o serviço secreto, a polícia e o exército trouxeram essas shabiha para assustar as pessoas e matá-las. Na Síria, não estamos protestando por comida ou dinheiro, queremos mudar todo o sistema e enforcar toda a família Assad..."

Esta foi a primeira vez que me deparei com a palavra "shabiha", que, traduzida livremente, significa "fantasmas", uma milícia de assassinos pró-governo cuja existência o regime sempre negou. A shabiha incluía sunitas e combatentes alauitas-xiitas, originalmente criados pela família Assad na década de 1970 para controlar o contrabando e as extorsões.

Em 22 de abril, Alastair Beach estava relatando a morte a tiros de pelo menos 49 manifestantes em todo o país, um dia depois de Assad ter revogado o estado de emergência de 48 anos. Desde os primeiros assassinatos em Daraa, grupos de direitos humanos em Damasco afirmavam que 220 civis haviam morrido. Entre as fontes confiáveis nessa fase inicial da guerra estava Nadim Houry, pesquisador sênior da Human Rights

9 Saad Ajmal tentara imprudentemente filmar uma manifestação na Praça Marjeh em Damasco — onde fica o Ministério do Interior sírio — para encontrar mais de 100 policiais de segurança na rua, gritando elogios a Bashar al-Assad. Ele escondeu seu telefone com câmera, mas viu-se cercado por dezenas de agentes do governo gritando "ele está filmando!!" "Cinco caras me seguraram (...) e começaram a me bater (...) eles pegaram meu telefone, meu documento de identidade e meu dinheiro (...) eles disseram por que você está filmando, bastardo?? Nós vamos matar todos vocês inimigos de Assad, a Síria pertence a Assad e não a vocês, pessoas bastardas!! Imediatamente eu disse 'Estou com vocês!! Nós todos seguimos o presidente Assad até a morte!' Eles disseram então por que você está filmando? Eu disse porque estou feliz que haja uma manifestação pedindo pelo maior líder Assad, eles me deixaram ir [mas] havia um homem (parecia um oficial) que me pegou e me deu um tapa (...) Eu não sei como consegui escapar, foi um milagre."

Watch na Síria. "Está claro que as forças de segurança sírias estão preparadas para ir muito longe para sufocar isso", disse-me ele na época. "Mas as pessoas precisam revisar rapidamente a história da Síria. Não há um caminho fácil para a transição lá — não há instituições independentes. Os movimentos juvenis são controlados, os sindicatos são controlados pelo partido Ba'ath."

A situação de Assad já estava clara. Tendo olhado para Daraa com dois rostos — primeiro, a fisionomia da raiva e depois o olhar paternal do amor suspeito —, ele estava agora em seu ponto mais vulnerável. Todo ditador sabe que quando começa a fazer concessões, corre o maior risco de ser deposto. Cada concessão, cada ato de equilíbrio, cada libertação de prisioneiros, e as multidões exigem mais. Não havia revogado o estado de emergência para os sírios? Não havia permitido que eles protestassem pacificamente e libertado mais prisioneiros? Não havia abolido os odiados tribunais de segurança? Em Damasco, em Hama, em Banias, em Latakia e em Daraa, eles ainda saíam às ruas em dezenas de milhares. Queriam a libertação de mais 6.000 prisioneiros políticos, o fim da tortura, o fim da mukhabarat. E queriam que Bashar se fosse. "Nada é mais corrosivo que o sangue", escreveu Issa Goraieb, editor do *L'Orient-Le Jour,* aquela voz tradicional dos cristãos libaneses. "E nada é mais perecível do que uma concessão oferecida apenas sob pressão da rua." Talvez sentindo que os milicianos xiitas apoiados pela Síria do Hezbollah poderiam em breve ter que lutar por Assad, um dos colegas de Goraieb lembrou aos leitores que o movimento financiado pelo Irã se gabava de sua luta pela "libertação dos povos árabes", mas que suas boas intenções haviam "parado nos portões da Síria".

Esses eventos sangrentos agora assumiam uma qualidade macabra própria. Em várias cidades, atiradores de elite atacavam multidões — e depois atiravam nos enlutados que participavam dos funerais dos mortos. No dia seguinte, as forças governamentais voltavam para abrir fogo nos enlutados que participavam dos funerais dos enlutados mortos no dia anterior. Ainda esperando por um visto, eu ficava sentado na minha sala escura em Beirute, assistindo aos noticiários noturnos da televisão estatal síria. Eram um show de horrores. Cadáveres nus com múltiplas feridas de bala, nucas explodidas. Mas não eram manifestantes assassinados. Eram soldados sírios, insistia a televisão, assassinados por "bandidos armados traidores" perto de Daraa.

Essas imagens mostravam os corpos, recém-lavados para o enterro, retirados do hospital militar Tishrin em Damasco. Suas patentes e identidades eram lidas enquanto eram carregados da capela mortuária do exército pela polícia militar em caixões cobertos por bandeiras. Eram de Tartus, Banias, Aleppo, Damasco. Quando o cortejo fúnebre de um soldado chamado Nida al-Hoshi passava pela estrada costeira do Mediterrâneo para o norte, o apresentador de notícias acrescentou, os enlutados foram emboscados por "uma gangue armada". Era fácil ser cínico em relação a essas imagens e ao brilho dado às suas mortes. Atirar em funerais, afinal, até então havia sido prerrogativa das próprias "gangues armadas" do governo. E a televisão síria não havia mostrado um único civil morto ou funerais civis após a morte de 320 manifestantes em mais de um mês.

Mas se esses soldados mortos eram vítimas de assassinatos por vingança de famílias indignadas que haviam perdido seus entes queridos nas mãos da polícia secreta, isso significava que havia uma oposição preparada para usar armas contra seus agressores. E se realmente houvesse grupos armados percorrendo a Síria, então o regime de Assad estava mesmo a caminho da guerra civil.

De acordo com aqueles que tentavam bravamente enviar notícias da Síria — embora não de Daraa, onde os telefones e a internet agora estavam desligados —, os corpos eram de soldados sírios que se recusaram a atirar em seu próprio povo e que foram imediatamente punidas com a execução pela shabiha. Não era típico de um regime sectário brutal que estava liquidando seu próprio povo para permanecer no poder? Ou existiam agora, entre os manifestantes desarmados, "civis armados" que estavam revidando de forma sistemática?

Então, de repente, centenas de sírios, a maioria mulheres e crianças, começaram a fugir para o extremo norte do Líbano, atravessando uma antiga ponte de pedra que marcava a fronteira entre os dois países. Estavam fugindo da cidade síria de Tel Kalakh, a 32 quilômetros de Homs, cuja população acabara de começar a realizar manifestações contra seu governo. Tel Kalakh agora estava cercada pelo exército sírio, cujas tropas podíamos ver do outro lado do estreito rio Nahr al-Kabir.

Meu motorista Abed estava de volta comigo, agora com quase 80 anos, mas cheio de entusiasmo. Ele fazia seu Mercedes vermelho escuro correr pelos vales do Akkar, no norte do Líbano, dirigindo muito rápido como sempre. Só quando nos aproximamos dos topos das colinas acima da planície de Homs — já dentro do Líbano, mas perto o suficiente para ver a Síria — ele diminuiu a velocidade, tateando entre os olivais como se tivesse acabado de avistar o castelo do Drácula.

Algo terrível havia acontecido na cidade de Tel Kalakh, onde cerca de 28.000 pessoas viviam, incluindo cristãos, alauitas e sunitas. Cerca de 4.000 dos sunitas sírios chegaram à segurança do Líbano e à pequena aldeia de Arida para receber comida, abrigo e cobertores de parentes e estranhos, e estavam lá quando cheguei — 80 vivendo em uma única casa, a apenas 20 metros da Síria, desesperados para elogiar a bondade dos libaneses, ferozes em seu ressentimento contra Assad. Houve um massacre, disseram-nos essas pessoas. Houve prisões e pânico. Um homem descreveu como os detidos da cidade haviam voltado para casa com as unhas arrancadas e as barbas queimadas. "Há 40 anos, não conseguimos respirar", disse ele.

Essas pessoas choravam lágrimas de medo e frustração. Disseram que havia atiradores da shabiha entre os soldados, vestidos de preto, que passaram algum tempo arrancando os véus das meninas e tentando sequestrá-las. Mesmo antes do início dos disparos, disseram eles, oficiais militares e à paisana haviam passado algum tempo separando sunitas de alauitas, dizendo aos últimos para permanecerem em suas casas. Então eles atiraram na multidão, às vezes com uma metralhadora montada em um veículo blindado. Os refugiados afirmaram que sua revolta começou dois meses antes, o que sugere que os primeiros protestos rurais na Síria podem ter começado duas semanas antes dos tiroteios em Daraa. Alguns dos refugiados disseram que haviam sido protegidos graças à intercessão do respeitado imã da mesquita da cidade, Sheikh Osama Akeri. Mas em 27 de abril, disseram eles, homens armados tiraram o xeique de sua casa — o que levou milhares de muçulmanos sunitas às ruas novamente.

Pelo menos 40 civis foram mortos nesse banho de sangue. E aqui estão as palavras de um homem que falou comigo anonimamente:

> "Estávamos gritando 'independência — dê-nos liberdade e independência' e eles vieram em tanques e abriram fogo, a shabiha atirando nos homens na frente; todos começaram a correr, mas eles continuaram atirando em nós dos tanques e as pessoas caíram em todos os lugares. Os tanques cercaram completamente a cidade. As pessoas estavam fugindo para os campos, os bebês chorando, tentando chegar ao Líbano."

À vista de Arida, muitas mulheres e crianças foram paradas em um posto de controle militar, mas parece que homens de Tel Kalakh incendiaram o bloqueio. Por três dias, muçulmanos sunitas escaparam da cidade, saindo furtivamente de suas casas à noite enquanto os tiros continuavam nas ruas. Tel Kalakh, assim como Daraa, não estava apenas cercada, mas também o fornecimento de eletricidade e água foram cortados. Pude ver vários soldados sírios na outra margem do rio, observando o movimento dos refugiados.

Algumas pessoas na cidade estavam com muito medo de comparecer aos funerais dos mortos, disse-me outro homem. "Não queríamos correr o risco de sermos mortos (...) as famílias próximas dos mortos foram aos cemitérios, e alguns idosos. Só isso." Talvez essas pessoas tivessem ouvido falar do destino dos enlutados em Daraa. Um dos mortos foi identificado como Muntaser Akeri, primo do xeique preso. Outros moradores, homens e mulheres, disseram que os tiros continuaram por 20 horas, que só depois de um dia alguns dos que haviam sido levados pela mukhabarat em ônibus e carros voltaram. "Havia tantos soldados e policiais à paisana e capangas que não podíamos escapar", disseram-me. "Os alauitas não se juntaram ao nosso protesto. Estávamos sozinhos."

Ninguém conseguiu me explicar por que tantos soldados estavam sendo mortos na Síria, embora eles dissessem que não havia homens armados entre os manifestantes. No entanto, ouviram-se tiros após o anoitecer do lado sírio da fronteira, um fenômeno que havia persuadido o exército libanês a enviar patrulhas noturnas à fronteira. Os sírios com quem conversei insistiram que nunca antes houvera violência sectária em Tel Kalakh.

Os habitantes possuíam armas — era uma região de contrabando —, então essas armas haviam sido usadas contra as forças governamentais? Ou havia outros homens em Tel Kalakh que estavam lutando contra o exército sírio? Se sim, eles não estavam longe. Tão perto da Síria estavam os refugiados que, enquanto conversava com eles, meu celular libanês alternava repetidamente entre Beirute e o sistema móvel Syriatel de Rami Makhlouf em Damasco, o 'ping' da mensagem chamando constantemente minha atenção para as palavras: "Bem-vindo à Síria... Para guia turístico, disque 1555. Aproveite sua estadia."

De volta ao meu apartamento em Beirute, recebi uma ligação de uma equipe de filmagem da Al Jazeera. Poderia encontrá-los em um café na Rua Hamra? Eles sabiam que eu estivera na fronteira síria. Na verdade, Ali Hashem e sua equipe haviam filmado a apenas algumas centenas de metros dos refugiados que entrevistei. E eles não apenas conseguiram filmar tropas sírias, mas também homens armados atirando nos soldados do governo. Enquanto tomávamos nosso café, eles ligaram a tela da câmera. Pude ver um dos combatentes correndo atrás do muro de uma casa de blocos de concreto, um homem com um fuzil Kalashnikov atirando do lado do prédio em direção a um alvo invisível. Hashem trabalhava para o escritório da Al Jazeera em Beirute e disse que três semanas antes havia testemunhado grupos armados entrando na Síria com rifles e lançadores de granadas.

Então, aqueles manifestantes corajosos e desarmados em Daraa e Damasco, Latakia e Tel Kalakh não eram os únicos inimigos do regime de Assad. Havia, parecia, um componente armado na revolução síria — mesmo já em abril de 2011. Ali Hashem enviou suas imagens para a sede da Al Jazeera no Catar para o próximo boletim de notícias. Era importante que o mundo soubesse que homens armados agora estavam em ação contra as forças sírias. Mas, para meu espanto, ele me disse que o canal de satélite do Catar havia se recusado a transmitir suas imagens. Mohamed Fahmy, da Al Jazeera — os leitores se lembrarão da história de seu encarceramento nas prisões do Cairo —, também entrou em contato posteriormente com Hashem, que disse que o canal do Catar havia dito a ele para "esquecer que há homens armados" na Síria. Fahmy acreditava que isso mostrava como a Al Jazeera apoiava a política antiAssad do Catar e como estava moldando, em vez de relatar, a história, e assim "potencialmente contribuindo para a situação intratável na Síria". O canal estava feliz em enfatizar a crueldade do governo egípcio em relação aos seus oponentes, mas, como observei no Bahrein, a Al Jazeera não estava nada ansiosa em dar espaço no ar aos oponentes xiitas do estado do Golfo durante a própria revolução em miniatura do reino.

A violência em Tel Kalakh continuou por pelo menos mais uma semana. Em meados de maio, uma mulher síria havia morrido em um hospital libanês, juntamente com um soldado sírio. Em Daraa, foi descoberta uma vala comum contendo pelo menos 26 corpos, incluindo os restos mortais em decomposição de um homem de 62 anos e quatro de seus filhos, juntamente com uma mulher, outra criança e seis homens. Enquanto as sanções dos EUA eram impostas a Assad e a vários de seus principais funcionários de segurança, o presidente disse tristemente que a crise estava chegando ao fim, acrescentando, de forma farsesca, que policiais mal treinados eram os culpados. Os torturadores da Síria eram, por qualquer padrão, muito bem treinados.

Suleiman al-Khalidi, correspondente da Reuters detido em Damasco no final de maio após relatar em Daraa, foi levado para uma sede da mukhabarat onde viu um jovem

> "pendurado de cabeça para baixo, saliva branca e espumosa escorrendo de sua boca. Seus gemidos soavam mais bestiais que humanos (...) a venda foi removida por alguns minutos. Isso me permitiu (...) ver um homem encapuzado gritando de dor na minha frente. Quando disseram a ele para abaixar as calças, pude ver seus genitais inchados, amarrados com força com um cabo de plástico (...) Para meu horror, um homem mascarado pegou um par de fios de uma tomada de energia doméstica e deu-lhe choques elétricos na cabeça."

Al-Khalidi lembrou que seu interrogador, que havia gritado com ele que ele era "um cachorro", atendeu a uma ligação em seu celular. "Seu tom imediatamente se tornou mais caloroso e afetuoso: 'Claro, querida, vou conseguir o que você quiser', disse ele, mudando de torturador profissional para pai indulgente."[10]

Enquanto isso, relatos de massacres inundavam a Síria. A AFP relatou de Damasco que 33 civis haviam sido mortos em um dia por funcionários da segurança síria: 12 em Homs, 15 na província de Idlib, dois em Daraa e outros quatro em Damasco, Latakia, Deir ez-Zor e Hama. Dezenas de milhares de manifestantes lotaram as praças das cidades em todo o país. Não havia dúvida de que esses protestos maciços ocorreram, mas a ausência de

10 Alastair Beach, do *The Independent*, quase compartilhou a experiência de al-Khalidi quando viajou de ônibus do norte do Líbano para Aleppo no início do outono de 2011. O motorista de táxi que o pegou no ponto de ônibus, ele lembrou, "era um sujeito desagradável com cara de rato que acabou me entregando para a mukhabarat local. Durante o interrogatório, eles estavam particularmente interessados (e não pouco confusos) em meu iPod. Era realmente um dispositivo para ouvir música? Ou também poderia funcionar como um dispositivo de escuta não muito sutil?" Sírios questionados pelos agentes de segurança para explicar sua tecnologia Apple descobriram que seus interrogadores eram igualmente ignorantes.

repórteres internacionais dentro da Síria produziu uma imagem confusa do que estava acontecendo. "Ativistas" de direitos humanos afirmavam que 1.310 pessoas haviam sido mortas até 21 de junho, mas os repórteres não conseguiam encontrar nenhuma maneira de confirmar esse número.

No Irish Times, o correspondente do Oriente Médio do jornal referiu-se pela primeira vez a "elementos civis armados" que haviam "aberto fogo contra as forças de segurança interna e as tropas" na Síria. Quando líderes da oposição política síria se reuniram em Istambul, Haitham El-Maleh, um proeminente defensor dos direitos humanos, foi especificamente questionado se uma "rebelião armada" estava em andamento; ele insistiu que "os únicos grupos armados são os da shabiha", os milicianos do regime. Ele conhecia, disse ele, famílias cujos pais e filhos recebiam não mais que 1.000 libras sírias (cerca de US$ 20 na época) para atacar manifestantes ou se juntar a manifestações pró-regime.

Repetidamente, organizações de notícias fora da Síria viram-se dependendo das mídias sociais, com poucas maneiras de verificar suas informações. Relatos da Síria, por exemplo, foram seriamente prejudicados quando uma blogueira jovem e supostamente lésbica chamada "Garota Gay em Damasco", cujos relatos vívidos da vida na capital cativaram grande parte da mídia internacional, revelou-se uma farsa. Após a alegação de que "Amina Abdallah Aral al Omari" havia sido presa pela mukhabarat, a blogueira revelou-se um homem norte-americano casado de 40 anos chamado Tom MacMaster, cursando mestrado na Universidade de Edimburgo na Escócia. "Ela" havia enganado a BBC, o *Guardian* e a revista *Time*, que havia chamado o falso blog de "uma voz honesta e reflexiva da revolução". Blogueiros sírios explodiram de fúria com a falsidade de MacMaster, apontando quanto dano isso causaria à veracidade síria.

Esse fiasco, escreveu o colunista do *Toronto Star* Thomas Walkom, "deveria servir de alerta para aqueles apaixonados pelas mídias sociais (...) Dizer que jornais e televisão tradicionais têm um caso de amor com as mídias sociais é um eufemismo. Os meios de comunicação convencionais estão desesperados para serem modernos," No enanto, os repórteres ocidentais pareciam mais interessados em explorar por que MacMaster perpetrou suas mentiras do que em como haviam sido enganados por elas. Ele atribuiu isso à sua "vaidade" e porque — quase incrivelmente — ele disse que queria expor "a cobertura muitas vezes superficial do Oriente Médio". Em certo sentido, ele já havia feito isso. Não houve nenhuma mudança perceptível na resposta dos jornalistas estrangeiros em relação às mídias sociais sírias, exceto por um aviso padrão sem sentido e repetido de que o conteúdo "não pôde ser verificado".

A história, eu costumava pensar, fornecia mais pistas para os eventos atuais do que todos os blogueiros da Síria. Então, naquele verão de 2011, perguntei aos leitores do *Independent* se eles reconheciam um cenário em que:

> "Sírios eram abatidos nas ruas de cidades em todo o país, tanques cercavam as principais cidades da Síria, soldados matavam manifestantes desarmados e em grande parte muçulmanos sunitas enquanto as autoridades protestavam que "gangues armadas" estavam matando tropas. No norte da Síria, os cidadãos barricavam suas cidades contra o assalto armado das autoridades e nacionalistas sírios carregando armas e exigindo liberdade estavam se preparando para entrar em Homs e Hama. Tropas locais estavam desertando em massa para o povo, enquanto outras, muitas delas alauitas da seita muçulmana xiita, eram leais às autoridades em Damasco. A revolta estava infectando o Líbano vizinho, enquanto um diplomata britânico escrevia de Damasco que as autoridades haviam "instituído nada menos que um reino de terror (...) Isso certamente se espalhará por todo o Oriente Médio".

Os leitores podem ter achado isso familiar. Era o que eu pretendia. Mas a cena que eu estava descrevendo era a Síria em maio de 1945. O regime que atirava era o de Charles de Gaulle, e os nacionalistas eram os avós dos jovens que agora protestam tão bravamente nas mesmas ruas contra o regime de Assad. O diplomata britânico era Terence Shone, anteriormente "ministro plenipotenciário" no Egito e, em seguida, encarregado pelo secretário de Relações Exteriores britânico, Anthony Eden, de cumprir a promessa — feita pelas forças anglo-francesas quando libertaram a Síria e o Líbano da França de Vichy em 1941 — de conceder plena independência a ambos os países. Para o horror de Shone e Eden — e de Churchill também —, os franceses passaram a disparar granadas contra o prédio do parlamento sírio e a metralhar do ar o Souk Al-Hamidiyah.

Por fim, os franceses foram persuadidos a abandonar seus antigos territórios mandatários e os nacionalistas sunitas, liderados por homens formidáveis como Jamil Mardam Bey, declararam vitória. A Síria era independente. Ou pelo menos era o que eles acreditavam. Essas ironias pendiam como lustres escuros sobre a nova batalha pela Síria. As "gangues armadas" de ontem agora eram "terroristas", e os nacionalistas carregavam armas novamente. Soldados estavam desertando e o regime estava reencenando o "reinado do terror" outrora imposto pela França. Em vez de Terence Shone, agora víamos o embaixador dos EUA, Robert Ford, expressando seu desprezo pelo regime sírio — junto com seu homólogo francês — visitando Hama. Lá, ele encorajaria os manifestantes a não negociar com Assad, que, segundo ele garantiu, em breve fugiria de Damasco. Mas em breve seriam os funcionários das embaixadas europeias e norte-americanas que fugiriam de Damasco, isolando-se do regime que pensavam estar condenado e deixando as dezenas de milhares — senão milhões — de civis opostos a Assad para enfrentar o ditador sozinhos.

Esse foi o primeiro momento crítico da revolução síria. Poderia o protesto do povo sírio manter a "pureza" de suas intenções políticas per mitindo que seu povo morresse indefeso? Durante a revolução egípcia, os opositores do regime sírio enviaram aos manifestantes antiMubarak dicas sobre como usar Facebook e tweets. Agora os egípcios tentaram ajudar seus camaradas na Síria. Um egípcio, que disse "adorar" a Síria, enviou conselhos a eles na "Syrian News Network". Permaneçam unidos, disse ele. Gritem os mesmos slogans. Certifiquem-se de que muçulmanos e cristãos marchem juntos. "Não dê nenhuma desculpa às autoridades [sírias] para dividi-los por motivos sectários ou ideológicos." E, certamente o mais importante de tudo:

> "Nunca ataquem as forças de segurança. Seu movimento deve permanecer pacífico a todo custo. Recusem-se a carregar armas, mesmo que sejam atacados."

Era um conselho que nunca poderia ser aceito. Pois aqueles que estavam instando os manifestantes pacíficos a romper todo o contato com o regime de Assad — os norte-americanos e europeus e seus aliados árabes — já estavam armando os inimigos do ditador para seu próprio benefício.

Sempre oscilando às sortes passageiras, Walid Jumblatt agora sentia que Bashar poderia não sobreviver e temeu por seu próprio povo druso na Síria e no Líbano. Embora ainda não pedisse a deposição do ditador, ele observou que "alguns" no partido Ba'ath sírio estavam tentando impedir as reformas prometidas por Bashar, que deveria haver punição pelos crimes cometidos contra "o povo sírio" e a libertação de todos os presos políticos. E — outra pista do que não podia ser dito — condenou "todos os ataques armados que visam (...) o exército sírio". Ele não sugeriu quem estava por trás desses ataques. O governo sírio certamente usou esses "ataques armados" como desculpa para um verdadeiro massacre em Hama, quando se relatou que cerca de 100 civis foram mortos. A agência de notícias estatal descreveu como as tropas sírias entraram em Hama para deter grupos armados que estavam "atirando intensamente para aterrorizar civis", alegação à qual um porta-voz da embaixada dos EUA em Damasco respondeu imediatamente. "Há uma grande gangue armada na Síria", disse ele, "e se chama governo sírio".

Não há dúvida de que esses massacres ocorreram em Hama no final de julho de 2011; anos depois, os moradores repetiriam esses relatos para mim com considerável risco para sua segurança pessoal. Mas a Reuters agora incluía regularmente em seus despachos um parágrafo que logo se tornaria uma adição permanente a quase todos os seus relatórios da Síria: que a ausência de jornalistas independentes tornava "difícil verificar relatos de violência e baixas". Uma fonte para a qual muitos meios de comunicação internacionais agora se voltavam era chamada de "Observatório Sírio para os Direitos Humanos", comandado de uma casa em Coventry, no Reino Unido, por um antigo opositor do regime sírio conhecido como Rami Abdulrahman.

Quanto mais indignada a "comunidade internacional" ficava, mais aumentava a retórica contra o regime. Um dia depois que o rei Abdullah da Arábia Saudita retirou seu embaixador de Damasco, os kuwaitianos e bahreinitas seguiram seu exemplo diligentemente — embora nenhum tenha chamado a atenção para a repressão do próprio pequeno levante civil do Bahrein. A Liga Árabe pediu misericordiosamente que Assad "parasse imediatamente" a violência. Até a Turquia, segundo Erdogan, havia "perdido a paciência". A ONU rugiu, embora tenha conseguido manchar os manifestantes sírios pedindo a "ambas as partes" que "exercessem moderação" — como se os manifestantes também possuíssem tanques.

Um vídeo do YouTube de Hama surgiu mostrando soldados de uniforme militar no topo de um veículo blindado sírio, soldados desertando e saudando manifestantes. Esse tipo de filmagem era uma testemunha duvidosa da história, observei no *Independent*, "mas não há dúvida de que, diante da violência estatal em tal escala, os civis se armaram para proteger suas famílias, para se vingar do regime, para manter as milícias sírias [do governo] fora de suas cidades". Essa foi uma versão romântica da realidade que construí.

No entanto, era patético ouvir o blablablá dos líderes do Ocidente. Obama disse que Assad deveria "deixar o poder", mas Damasco não tremeu. De qualquer forma, o presidente norte-americano só havia escolhido ir tão longe após a condenação de Bashar al-Assad pela Arábia Saudita, Catar, Kuwait, Turquia, Jordânia, Autoridade Palestina e eu.[11] Cameron, Sarkozy e Angela Merkel seguiram as palavras de Obama alguns minutos depois. Hillary Clinton falou de novas sanções contra Assad "e seus comparsas" e "fortes sanções econômicas", mas Damasco não se deu ao trabalho de responder.[12] O secretário-geral da ONU, Ban Ki-moon, mal havia exigido um fim "imediato" de "todas as operações militares e prisões em massa" quando Bashar lhe contou uma mentira deslavada: que "todas as ações militares e policiais" haviam parado.

Fora da Síria, as histórias de horror eram avassaladoras. Como jornalistas, não poderíamos deixar de reagir ao relatório que começou a circular no final de julho, de que oito recém-nascidos haviam morrido em suas incubadoras em um hospital de Hama depois que as forças do governo deliberadamente destruíram os geradores elétricos que alimentavam a instalação. Aqueles de nós que cobriram a invasão do Kuwait por Saddam Hussein lembraram muito bem dos relatos de tropas iraquianas jogando bebês para fora de incubadoras na Cidade do Kuwait em agosto de 1990. Isso gerou enorme apoio para a iminente libertação do Kuwait pelo Ocidente, mas a história era ficção. Então, quando a CNN divulgou a nova história das incubadoras de Hama, notei que sua fonte era o "Observatório Sírio para os Direitos Humanos", com sede em Coventry.

Os relatos foram ilustrados por uma fotografia de bebês ainda enrolados em panos, aparentemente todos mortos no hospital al-Hourani. Em

11 A nação ímpar foi Israel, que permaneceu incomumente silenciosa; esperando com perspicácia, sem dúvida, para ver se o sucessor de Assad poderia ser ainda pior que o atual ocupante do cargo.

12 Se o último sugeria apenas um congelamento dos produtos derivados de petróleo de origem síria, significava pouco, já que a Síria mal conseguia produzir petróleo suficiente para si mesma, quanto mais para exportação. Na reunião de embaixadores suecos de que eu havia participado no Golfo, uma agência do governo de Estocolmo concluiu que a Síria era em grande parte afetada pela crise econômica mundial porque realmente não tinha uma economia.

seu próprio site, Rami Abdulrahman, "diretor" do OSDH, citou um funcionário anônimo do hospital dizendo que o fornecimento de eletricidade foi cortado "em uma renovação da campanha de opressão militar". Mas egípcios que viram a foto reconheceram que ela havia sido usada em um jornal egípcio para ilustrar a superlotação e as más condições na maternidade do Hospital Pediátrico Shatby em Alexandria. Um colega egípcio me alertou sobre essa revelação e disse ao Independent que toda a história de Hama parecia ser falsa, mas o relato não morreu.

Essas mentiras não desculpavam a crueldade do governo sírio, embora a credulidade da mídia internacional certamente estivesse reduzindo a credibilidade dos relatos vindos do interior da Síria. O relatório de agosto da Anistia Internacional sobre 1.800 mortes de manifestantes e detidos continha relatos assustadores de tortura ou execução sob custódia. Alguns prisioneiros tiveram seus pescoços quebrados. Hamza al-Khatib, de 13 anos, foi devolvido aos pais em Daraa com marcas de tortura e com o pênis cortado. Como a imprensa internacional, a Anistia Internacional não teve permissão para entrar na Síria, mas os detalhes eram, na linguagem do jornalismo moderno, convincentes.

Ao mesmo tempo, surgiram mais relatos da Síria de que soldados desertores estavam formando suas próprias unidades para lutar contra o exército do governo. Mas Obama, ainda profundamente envolvido em sua guerra na Líbia, não tinha intenção de entrar em batalha pelos manifestantes sírios. Quando Ghiyath Matar, de 26 anos, um líder proeminente das manifestações no subúrbio de Daraya, em Damasco, foi assassinado sob custódia, os embaixadores norte-americano e francês fizeram outra jornada muito pública de seus edifícios diplomáticos para oferecer suas condolências à família de Matar. Mas quando grupos da oposição síria anunciaram sua "unidade" após uma longa conferência em Istambul e pediram ajuda internacional, não havia nenhum Bernard-Henri Lévy para arranjar reconhecimento internacional para eles. Um governo sírio no exílio na Turquia estava muito distante. E isso continuaria assim mesmo quando, um ano depois, uma força de oposição fortemente armada tomou metade de Aleppo como sua própria "capital de Benghazi", a caminho — pensavam eles — de Damasco.

Assassinatos individuais eram um padrão do que a maioria de nós agora chamava de guerra civil síria, embora essa definição fosse rejeitada tanto pelo governo Assad quanto por seus inimigos. Sariya Hassoun, filho de 22 anos do grão-mufti sírio Ahmed Badreddin Hassoun, leal a Assad, foi morto a tiros por "terroristas armados" na província de Idlib. Um líder curdo proeminente foi assassinado no norte da Síria por quatro homens mascarados, provavelmente agentes do governo. Ainda assim, os funcionários da ONU, agora colocando as fatalidades na Síria em 3.000 em sete meses, disseram apenas que "temiam" uma guerra civil no país.

Mesmo no Líbano, era possível ver as bases para o conflito civil sírio. Armas estavam sendo contrabandeadas em grandes quantidades do norte do Líbano. Houve incursões de tanques sírios através da fronteira para procurar "gangues armadas". O exército libanês parou um caminhão carregado de munição e granadas propelidas por foguetes perto de Halba, no extremo norte do país. Revelou-se que, mesmo antes do sequestro do idoso político sírio Shibli Aysami, três membros sírios da família Jassem foram sequestrados perto de uma delegacia de polícia no leste de Beirute, depois de terem sido vistos distribuindo panfletos pedindo "mudança democrática". O veículo dos sequestradores pertencia à embaixada síria em Beirute, segundo o chefe das Forças de Segurança Interna Libanesa, o major-general Ashraf Rifi. As forças sírias haviam cruzado brevemente a fronteira e disparado granadas contra a aldeia de Ersal porque acreditavam que "elementos armados subversivos" estavam escondidos lá.[13] Eles mataram um homem inocente, que se revelou ser sírio. Embaixadores ocidentais em Beirute haviam reclamado anteriormente ao governo libanês quando o exército libanês enviou de volta a Damasco três desertores militares sírios. Temendo que estes não fossem bem-vindos em casa por seus oficiais, os embaixadores alertaram que isso poderia constituir um crime contra a humanidade. Toda uma unidade de desertores do exército sírio apareceu em um website pouco depois, afirmando que eram vários milhares.

E começaram as vastas manifestações em massa em Damasco em favor de Assad, um milhão de pessoas, segundo seus admiradores, sob as quais sobrevoaram helicópteros militares sírios carregando enormes bandeiras nacionais da Rússia e da China — os dois amigos da Síria no Conselho de Segurança que vetaram mais sanções da ONU no início de outubro.

---

13 Eles podem ter estado corretos. Anos depois, Ersal seria tomada pelo ISIS e outros islamistas que capturaram soldados libaneses na cidade e cortaram a garganta de vários de seus cativos.

Eu já havia cruzado a suja e velha fronteira síria em Al-Jdeideh tantas vezes que as paredes quebradas, as multidões de peregrinos xiitas destituídos, as placas sugerindo que qualquer visitante com uma reclamação deveria ligar para um número de telefone em Damasco, há anos haviam perdido seu charme pitoresco. Os oficiais de imigração eram os mesmos homens cansados de meia-idade que eu havia encontrado tantas vezes. Finalmente, meu visto havia sido concedido — mas apenas por três dias. Havia, é claro, um "pequeno problema". Um aviso da mukhabarat apareceu no canto superior direito da tela do computador de imigração. Robert Fisk tinha entrada proibida. Liguei para Reem Haddad no Ministério da Informação. Ela ligou para a mukhabarat. Ela então ligou para o chefe do departamento de imigração. A mukhabarat então ligou para o oficial de imigração. "Bem-vindo à Síria", disse ele.

Dirigi para ver Reem Haddad no que eu havia subversivamente chamado de Templo da Verdade nos primeiros anos do regime Assad. O desejo obsessivo de saber cada jornada empreendida por jornalistas estrangeiros havia desaparecido. No entanto, manter a fachada de "controle" lançou uma profunda sombra sobre o edifício comunista autêntico, a banalidade lamentável de seus elevadores descojuntados, corredores sombrios e seu igualmente cansativo escritório de "imprensa estrangeira". Eu queria ver o funeral de soldados mortos pelas chamadas "gangues armadas"? Ligue para o exército. Eu fiz isso.

Compareça ao hospital militar Tishrin às 9h30, disseram-me. Os guardas no portão terão meu nome. Eles tinham. E o sargento Jassem Abdul-Raheem Shehadi e o soldado Ahmed Khalaf Adalli do exército sírio foram enviados para seus túmulos com a cerimônia que suas famílias teriam desejado: caixões cobertos com a bandeira síria, trompetes e tambores e coroas de flores seguradas por seus camaradas e a presença de seu oficial comandante. Shehadi tinha 19 anos, Adalli tinha 20.

Percebi que o exército, a mukhabarat, funcionários do governo — até mesmo velhos amigos sírios que talvez procurassem privacidade antes de falarem comigo — estavam agora envolvidos na maior crise de suas vidas. A morte estava associada às guerras da Síria com Israel. Mas agora a Síria estava lutando contra si mesma. Sob bombardeios, com assassinos sectários percorrendo as aldeias, com "gangues armadas" e esquadrões de soldados abatidos e assassinos shabiha, com valas comuns descobertas e execuções em batalha, os habitantes desse mais orgulhoso dos países árabes estavam enfrentando sua própria aniquilação.

Quer acreditassem que o governo os odiava, os torturava, os prendia, os protegia, os amava ou os representava, a Síria havia embarcado em um caminho para o deserto que ninguém poderia prever. Em centenas de entrevistas e conversas ao longo de oito anos ou mais, não encontrei um único sírio que tivesse previsto isso. Todos disseram, diretamente, que nunca poderiam imaginar o que aconteceria com seu país. E se houvesse um sonho de liberdade, ele se tornaria um desastre para todos que lutaram dentro de sua estrutura.

Tudo o que aprendi naquele dia acrescentaria um pouco mais a esse panorama de colapso. Shehadi e Adalli foram mortos a tiros em Daraa — por atiradores, segundo seu oficial comandante, major Walid Hatim. Hatim e outro oficial me disseram que 1.150 soldados haviam sido mortos na Síria nos últimos cinco meses. Então, essa era uma guerra — civil ou internacional variaria nos anos seguintes , um conflito sangrento no qual o exército estava agora totalmente envolvido. As baixas militares na Síria são um segredo de estado, mas nos anos seguintes, os oficiais do exército me diriam o total de mortos em suas batalhas. Até o final de 2018, o exército sírio havia perdido mais de 65.000 soldados, incluindo cinco generais. Mas aqui estávamos no outono de 2011, e mais de mil haviam sido mortos. Some isso ao número da ONU de 3.000 mortos e o total já era de cerca de 4.500, talvez 5.000.

O major Hatim queria falar sobre as perdas do exército. Na montanha Zawi, perto de Idlib, disse ele, 30 soldados sírios haviam sido mortos em uma emboscada. Shehadi e Adalli estavam baseados em Daraa havia seis e quatro meses, respectivamente; portanto, o exército não estava movimentando seus batalhões, uma tática comum no exército se ele não confia em seus soldados. Era um sinal dos tempos que o major Hatim chegasse a esse funeral em Damasco com roupas civis. Por que ele não estava usando seu uniforme? Perguntei a ele. “É mais fácil”, respondeu ele. Por causa dos perigos de dirigir de Daraa para Damasco? “Talvez”, respondeu ele. Isso também contava sua própria história.

Ambos os soldados mortos haviam perdido seus pais anos atrás e seus dois tios haviam viajado de Raqqa para escoltar os corpos para casa. Salim Abdullah Shehadi estava à beira das lágrimas. “Meu sobrinho tinha três irmãos e duas irmãs e eles são muito pobres. Sua mãe Arash agora terá que ser cuidada por nós. Aqueles assassinos mataram a esperança de nossa família.”

Atrás de Salim Shehadi, soldados sírios estavam em trajes de combate completos enquanto os caixões eram trazidos do necrotério do hospital. Todos os mortos militares da Síria — se seus corpos forem recuperados — saem dos portais de concreto do hospital Tishrin nos subúrbios de Damasco.

O próprio major Hatim era um veterano do exército de 25 anos. "Quando entrei para o exército, não distinguíamos de onde vinham nossos soldados, de que região — e não o fazemos agora." Era sua maneira de dizer que as origens religiosas dos soldados não importavam. Mas eu insisti. Qual era a religião dos homens mortos? Um médico interrompeu. "A religião nacional", disse ele. "Eles eram sunitas." Uma frase estranha, a religião "nacional". E apesar de todo o discurso do governo sobre "mãos estrangeiras" por trás da violência na Síria, o major Hatim admitiu para mim que — no que diz respeito aos seus próprios soldados mortos — "infelizmente os assassinos são sírios".

Bouthaina Shaaban, a assessora do governo tão leal à família governante que estava escrevendo um relato acadêmico de seus anos como tradutora de Hafez al-Assad, disse o que todos os outros sírios em Damasco estavam me dizendo: que a situação em Homs era terrível, que o exército estava sendo atacado em todo o país. Qualquer pessoa com uma placa de matrícula militar em seu carro era um alvo.

Era uma narrativa política familiar vinda do regime. A violência estava sendo dirigida ao exército, a edifícios públicos e cidades. Não tinha nada a ver com manifestações políticas. "Essa violência é a coisa mais perigosa que está acontecendo agora na Síria", continuou Shaaban. "Todos os sírios querem viver em paz, seguir em frente com o pluralismo e as reformas. Obviamente, há um setor que está interessado no conflito e não nas reformas. Todos recebem dinheiro para atirar nos manifestantes — ou são fundamentalistas extremistas."

Certamente, disse eu a Shaaban — aquelas terríveis imagens do YouTube de manifestantes sendo baleados em Daraa, Homs e Hama eram reais. Uma delas até mostrava soldados sírios se virando e atirando no homem que os estava filmando com sua câmera móvel. Todos sabíamos como os serviços de inteligência podiam ser brutais. Shaaban observou-me atentamente e passou a defender "o exército e a polícia e os serviços de segurança que fizeram sacrifícios terríveis, mas foi dito a eles para não atirar nos manifestantes. Eu realmente não sei por que as pessoas inventam coisas." Digo a Shaaban que passei horas conversando com refugiados sírios no Líbano que contaram histórias terríveis da milícia shabiha e da brutalidade dos serviços de inteligência em sua aldeia de Tel Kalakh. Certamente ela não acredita que todas essas pessoas estavam inventando esses eventos?

Em vez disso, ela falou sobre os "grupos armados" e que estava muito indignada com a reportagem da Al Jazeera, que era de qualquer forma proibida na Síria. Mas então quase todos os correspondentes estrangeiros foram banidos da Síria — e isso foi a conselho, segundo seus associados, da própria Shaaban.

E então o que se podia dizer de mais uma manifestação pró-Assad na Praça Umayyad? Essa cresceu de 10.000 para talvez 50.000 e pode ter chegado a 200.000 ao meio-dia. Eles eram apenas um quarto do tamanho dos protestos da oposição síria. Havia mulheres idosas de véu, mulheres de meia-idade, crianças com 'Síria' pintado nos rostos. A maioria carregava bandeiras sírias vermelhas, brancas e pretas. Alguns carregavam as bandeiras da Rússia e da China.

Claro, isso foi organizado pelo governo. A ideia de que todas essas pessoas haviam produzido bandeiras idênticas não fazia sentido. Eu havia sido mantido acordado em minha cama nas primeiras horas por aplausos gravados em fita, enquanto funcionários do governo testavam repetidamente o sistema de som ensurdecedor para a manifestação que estava por vir. Eu havia ouvido pela última vez tais aplausos falsos em um referendo presidencial sírio igualmente fraudulento. Sim, lembro-me das eleições de 2007 — quando o pobre Muhsen Bilal, cirurgião por profissão, ex-embaixador na Espanha e então ministro da Informação, teve que anunciar que a vitória de Bashar de 99,82% demonstrava o que ele chamou de "nosso próprio estilo de democracia".

Então, como realmente todas essas pessoas acreditavam em sua pseudodemocracia? Quantas seriam sacrificadas pelo oftalmologista afetado cujos retratos eram misericordiosamente superados em número pelas bandeiras sírias? Segui uma multidão de manifestantes para fora da praça. Caminhei com eles até o Monte Qasioun acima de Damasco. Algumas pessoas me convidaram para suas casas para tomar chá com elas. Essas pessoas eram pobres e também da classe média; havia jovens ostentando cruzes cristãs entre seus vizinhos muçulmanos. Eu não acreditava que todos sentissem amor paternal pelo alauíta magro e diminuto que prometia levá-los para as amplas terras altas ensolaradas da paz e que já se recusava a conversar com qualquer forma de oposição política. Sem dúvida, a mukhabarat estava por perto. Eu suspeitava que alguns desses "elementos civis armados" também estivessem lá. Mas, apesar das demonstrações de coragem em massa que foram encenadas contra Assad em toda a Síria, muitas mulheres e homens haviam comparecido para ele em Damasco naquele dia.

Quando conversei com eles em particular, em suas casas, estavam mais assustados do que inspirados. Sim, eles expressaram sua lealdade a Assad, mas de maneira rotineira. Mas eles falaram sobre o exército. Quase todos em Damasco tinham um pai, irmão, tio, primo, filho no exército. Essas pessoas sabiam tudo sobre as baixas do exército. Eles me disseram que os homens armados que matavam os soldados talvez fossem beduínos que contrabandeavam drogas para a Arábia Saudita, "islâmicos" do Iraque ou "pessoas que acham que não há outra maneira de se livrar do regime".

O medo estava claramente em ação, mas o medo da mudança, o medo do caos, "islâmicos", "terroristas" e o governo obviamente haviam feito muito para encorajar esse sentimento de alarme. Todos me contaram dos rumores que haviam ouvido do campo fora de Damasco. Na província de Idlib, disseram eles, todos estavam armados. Armas haviam chegado a Homs e Hama do Líbano, uma história que fazia sentido para mim. Damasco ainda estava segura, mas Damasco não era o resto da Síria. A cidade vivia em uma bolha, mas todos sabiam quão frágil era sua película.

Apesar das falas diárias sobre a iminente derrubada de Assad, também estava ficando claro para mim que a guerra não iria acabar tão cedo. Ambos os lados acreditavam que poderiam vencer, o que garantia que a guerra continuaria. Mas as pessoas estavam conversando. Muitos dos aparelhos e "cuidadores" do ministério que no passado atormentaram a vida de jornalistas estrangeiros haviam sido enviados para lutar na guerra. Eu conhecia vários oficiais da mukhabarat que haviam sido transferidos para o exército sírio regular. Alguns buscaram uma espécie de redenção nessa mutação, e deve ter sido uma experiência psicológica considerável para eles: lutar por seus compatriotas em vez de torturá-los.

Em Beirute, os jornais matutinos libaneses que comprava a cada amanhecer brilhante de inverno para ler ao lado do Mediterrâneo deveriam ter um aviso de saúde anexado a eles. "Novo banho de sangue na Síria: pelo menos 36 civis mortos"; "47 mortos em 24 horas entre legalistas e rebeldes"; "ataque mata 40 manifestantes"; "Rebeldes armados começam a defender bairros, diz ativista de Homs". As manchetes eram grandes, a nota de cautela — "as alegações não puderam ser verificadas de forma independente"

— geralmente impressa no final dos relatos. O *New York Times* publicou um despacho de que desertores militares antiAssad estavam operando no sul da Turquia sob o comando de um ex-coronel do exército sírio, Riad Asaad, chamando-se de "Exército Livre Sírio ". Embora encorajassem alguns oficiais superiores a transferir sua aliança, o "ESL" não poderia vencer uma revolução com fuzis Kalashnikov. Eles precisariam que uma ou duas brigadas de tanques desertasse em massa. E isso não aconteceu.[14]

Infelizmente, prestamos menos atenção às conexões que continuaram entre Damasco e Moscou. Os russos, todos sabíamos, mantinham uma base naval no porto sírio de Tartus. Menos óbvio era o suprimento contínuo de armas para o exército e a força aérea sírios. Apenas nove dias depois que a Rússia e a China vetaram uma resolução do Conselho de Segurança da ONU condenando a Síria, o diretor-geral conjunto do serviço federal russo de cooperação militar disse que não haveria "restrições de nenhum tipo às entregas de armas para a Síria". Em meu relatório para o Independent, escrevi:

> "São os Sukhois e Migs de Putin que estão ditando o ritmo na terrível guerra síria. E em terras onde os direitos humanos não contam nada para a maioria dos ditadores regionais, houve pouco murmúrio sobre o Kremlin (...) Mesmo o bombardeio norte-americano contra o ISIS só começou de verdade quando Putin enviou seus próprios caças-bombardeiros para a Síria — momento em que muitos árabes perguntaram por que Washington não havia conseguido destruir o culto."

Volte às revoluções árabes, sugeri, e você verá Obama e sua desastrosa secretária de Estado Hillary Clinton cometendo novos erros, deixando de perceber que esse despertar público massivo no mundo árabe era real e que os ditadores iriam embora — a maioria deles, pelo menos. No Cairo, em 2011, quase a única decisão tomada por Obama foi evacuar cidadãos norte-americanos da capital egípcia. Ao mesmo tempo, Assad estava recebendo o patriarca ortodoxo russo Kirill na Síria, um importante prelado em uma nação árabe cuja população era 10% cristã. Assad expressou sua

14 Assim como vários oficiais do exército que desertaram, a nova carreira de Asaad não durou muito. Manifestantes o acusaram de permanecer leal ao regime nos primeiros dias da revolta síria, e ele passou a fazer alianças com grupos islâmicos, o que irritou os apoiadores estrangeiros originais do ESL.

"admiração pelo povo russo e suas autoridades, que se colocaram ao lado do povo sírio". Kirill, que sabia como cantar do mesmo hinário, descreveu a Síria de Assad como "um modelo de coesão islâmico-cristã".

Nós, ocidentais, temos o hábito de sempre olhar para o Oriente Médio através de nossa própria cartografia piedosa, mas incline o mapa a 90 graus e você perceberá como a Síria está próxima dos irredentistas muçulmanos chechenos da Rússia. Não é de admirar que Moscou tenha observado a rebelião na Síria com a maior preocupação. Citando Napoleão, que certa vez disse: "Se alguém quer entender o comportamento de um país, tem que olhar para um mapa", meu amigo israelense Uri Avnery escreveu que "a geografia é mais importante que a ideologia, por mais fanática que seja. As ideologias mudam com o tempo. O país mais fanaticamente ideológico do século XX foi a União Soviética. Detestava seu predecessor, a Rússia czarista. Teria detestado seu sucessor, a Rússia de Putin. Mas veja só: os czares, Stalin e Putin conduzem mais ou menos a mesma política externa". Escrevi que a Rússia está de volta ao Oriente Médio. O Irã está garantindo seu semicírculo político de Teerã-Bagdá-Damasco-Beirute. E se os árabes do Golfo — ou os norte-americanos — quiserem se envolver novamente, podem conversar com Putin.

Enquanto as embaixadas ocidentais em Damasco se preparavam para reduzir seus diplomatas na cidade, seus serviços de inteligência já estavam oferecendo assistência militar ao ESL. Agentes do serviço secreto francês (DGSE — Direction Générale de la Sécurité Extérieure[15]) e do MI6 britânico estavam conversando com seus homólogos turcos sobre uma zona de exclusão aérea e um 'cordão sanitário' de dez quilômetros de largura ao longo de uma faixa do norte da Síria em que 8.000 membros do ELS poderiam ser protegidos. Uma unidade da DGSE foi incumbida de treinar esses homens em guerra de guerrilha antes de devolvê-los através da fronteira. Um oficial da DGSE revelaria mais tarde que os britânicos e franceses foram os primeiros a entrar em contato com os rebeldes do ESL, mas já haviam notado divisões políticas entre eles. O ministro das Relações Exteriores francês, Alain Juppé, havia concluído que os turcos temiam o início de uma guerra civil em grande escala em sua fronteira sul e buscavam a ausência de seu voisin dictateur[16].

Eu escrevi no *Independent* que Rússia e EUA sempre sofreram de uma

---

15 "Direção Geral de Segurança Externa". (N.T.)

16 "Vizinho ditador". (N.T.)

dependência por líderes militares obedientes; e Putin, que se aposentou da KGB apenas com o posto de tenente-coronel — em contraste com o posto de marechal de campo de Al-Sisi — entende muito bem como funciona um "Estado Profundo". Patriotismo, nacionalismo e corrupção são um poderoso caldo de cultura para a sobrevivência autocrática no mundo árabe. Além da economia amoral. Eu me referia à visita que Putin fez ao Cairo para tratar de novos acordos comerciais com rublos, a venda de bilhões de dólares em armas e tanques e uma nova aliança "antiterrorista" do tipo que a Rússia já ostentou na Síria. Al-Sisi vai se lembrar — escrevi — "que o próprio Bashar al-Assad enviou um telegrama parabenizando-o por ter esmagado a Irmandade (...) e já que Putin demonstrou que não tem nenhum problema com as brutalidades cometidas por seu aliado sírio, alguns milhares de corpos no campo islâmico egípcio não vão mantê-lo acordado à noite", e ele ficaria contente em "trazer o Egito para uma aliança tripla Cairo-Damasco-Moscou contra o 'terror'"[17].

Estávamos sentados na sala de jantar de um dos antigos hotéis de Istambul, a torre de Malatya do século XV imponente sobre nós. Os otomanos teriam entendido Khaled Khoja, um turcomeno sírio, seus olhos observando-me para ver se eu admirava sua fluência em inglês. Ou seu cinismo.

> "Se Bashar al-Assad for capturado em Damasco, ele não será tratado como Gaddafi. Mas e se ele fosse capturado em Homs? Não queremos que o sr. Bashar al-Assad enfrente esse fim. Mas, como diz o sr. Erdogan, ele tem que pensar no que aconteceu com Gaddafi e com Saddam Hussein. A juventude agora está enlouquecida. Todas as revoluções são criadas por loucos, não por sábios."

Sempre temendo por seu próprio império, os otomanos sabiam como destruir os dos outros. Khoja estava reclinado em sua cadeira, saboreando a ideia de poder incipiente. Seria ele contado entre os loucos? Ou seria ele o homem para resolver a bagunça síria antes que os lunáticos

17 Al-Sisi já havia se encontrado com Putin antes, em Moscou, e o líder russo, conhecido por seu cinismo, só pode ter gostado de conhecer um autocrata militar que foi eleito presidente após encenar um golpe de estado bem-sucedido contra um presidente eleito anteriormente — mesmo a antiga União Soviética nunca conseguiu isso. O presidente egípcio supervisionou o massacre de centenas de apoiadores da Irmandade em 2013. O presidente russo supervisionou a ocupação sangrenta de partes do leste da Ucrânia um ano depois. Eles tinham muito sobre o que conversar.

assumissem o controle?

Khoja, um médico de família de cabelos escuros na casa dos 40 anos, era um dos representantes mais antigos do Conselho Nacional Sírio exilado, reconhecido apenas pela Líbia pós-Gaddafi como representante da Síria. E como todos os exilados, ele se refestelava em um estranho mundo de fantasia e realidade. Estávamos nos aproximando da última chance, disse ele. Caso contrário, seria um conflito sectário. E Assad? "Dou-lhe de seis meses a um ano". Aqui estava a fantasia. O caos em Homs já era um conflito sectário.

No entanto, Khoja tinha o tipo de currículo que todo líder da oposição síria cobiçava. Ele sabia tudo sobre os homens de meias brancas. Por sua recusa em tolerar Hafez al-Assad, seu pai havia sido preso na prisão militar de Tadmor (Palmyra) por 14 anos, sua mãe condenada a cinco anos, o próprio Khaled por dois anos aos 15 anos — incluindo um ano nas celas do quartel-general da inteligência em Damasco. De seus três tios, um foi enforcado; dois, segundo o próprio Khoja, foram fuzilados na rua.

"E então, sem aviso, Khoja admitiu para mim que havia encontrado os insurgentes armados da Síria. Ele havia conversado com eles em Antakya:

> "Disseram que estão se organizando e que a rebelião começou em Jisr al-Shughour, em Idlib. Eles treinaram a juventude lá. Estão conseguindo armas do Líbano — e de alguma forma armas do Iraque. A 'zona tampão' — esse cenário será o próximo passo se Bashar al-Assad continuar matando pessoas. A maioria dos refugiados tentará evacuar para uma zona tampão. Uma zona de exclusão aérea ajudaria o Exército Sírio Livre a se organizar na zona tampão sem nenhuma intervenção militar."

Então lá estava. Uma zona tampão do exército turco. Como membro do "comitê de relações exteriores" do CNS, Khoja havia sido instado por outros exilados a visitar o Golfo e Trípoli — e havia chegado à capital líbia no dia seguinte ao assassinato de Gaddafi. Mas as ambições do CNS não terminavam com mero apoio político. Com coordenação do Rei Abdullah:

> "poderia haver outra zona tampão em Daraa para que o regime sírio ficasse preso como Saddam em 1990 — com zonas tampão ao norte e ao sul. Mas poderia haver uma solução sem qualquer intervenção militar. O exército sírio pode se reorganizar."

Aqui a fantasia estava tomando conta[18]. Nos primeiros dias da revolta síria, observou Khoja, o ministro das Relações Exteriores dos Emirados Árabes Unidos havia visitado a Síria — assim como havia visitado Saddam Hussein antes da invasão de 2003 e Hosni Mubarak antes de sua derrubada em 2011. E quando os Emirados Árabes Unidos estavam envolvidos, significava que havia uma oferta para a família Assad. Eles poderiam ir para a Arábia Saudita, Malta. "Seria uma boa solução. Não queremos nos vingar da família Assad — especialmente se isso ajudar a evitar uma guerra civil." Havia um sorriso no rosto de Khoja agora. Hafez, acrescentou, teria lidado com a crise síria melhor que seu filho Bashar. Ele falou vagamente de "uma Síria civil, democrática e pluralista" quase exatamente da mesma maneira que Bashar al-Assad falou do país. No entanto, ele não tinha ilusões sobre Moscou:

> "Os russos conversam conosco. Estão tentando nos convencer a fazer concessões a Bashar al-Assad e dar-lhe uma chance. Eles não vão mudar — eles vão apoiar Bashar até o fim."

E nisso Khoja estava correto.

---

18 Quando sugeri a Khoja que quase três décadas de exílio o haviam levado à mitologia em vez da história, ele respondeu: 'Posso pensar com muita clareza, mesmo no exílio — mas não estou enfrentando os tanques. Não estou enfrentando as balas do regime." Esse é o mesmo velho problema enfrentado por todos os exilados políticos no mundo árabe.

15

O cirurgião das mãos ensanguentadas

> Enquanto isso, os turcos entram na cidade (...) onde só há mulheres e crianças. E, quando saem, só vemos corpos, grandes e pequenos. E a opinião pública? O que ela faz? O que ela diz? Nada (...) Essas catástrofes são um "infortúnio" (...) Seis ou sete grandes potências conspiram contra um pequeno povo. O que é essa conspiração? A mais covarde de todas. A conspiração do silêncio (...) Mas trovão não é. O trovão vem de cima e, na linguagem dos políticos, é chamado de trovão da revolução.

Victor Hugo sobre o massacre de civis gregos pelos turcos otomanos em Creta, 17 de fevereiro de 1867, jornal *Kleio*, Trieste

Pouco mais de um ano após o início da guerra síria, Goya chegou a Beirute. O Instituto Cervantes de Beirute demonstrou grande confiança ao levar para o Oriente Médio uma exposição das gravuras de *Os Desastres da Guerra*, de Goya. Seus terríveis esboços do século XIX sobre pilhagem, tortura e execução. Isso foi, de fato, uma demonstração do próprio sadismo e masoquismo do Líbano na guerra civil libanesa de 1975-1990. Mas eu temia que aqueles que viessem explorar esse maior dos manifestos antiguerra devessem olhar para essas obscenidades e pensar no campo e nas cidades 400 quilômetros mais a leste, onde tais atrocidades estavam ocorrendo a toda hora. Quisera Francisco de Goya pudesse voltar para nós e visitar Hama ou Homs.

Nesses esboços estava a selvageria desferida sobre um povo que ousou desafiar Napoleão depois que ele instalou seu irmão José como rei da Espanha em 1808. As 82 gravuras são tão indescritíveis que Goya mal falou sobre elas. Eu havia visto as imagens de guerra de Goya pela última vez em Lille, mas aqui no Líbano elas tiveram um efeito muito mais terrível.

Duas semanas antes das gravuras de Goya chegarem a Beirute, a *Paris Match* publicou as fotografias do fotojornalista norte-americano Robert King, que acabara de passar sete semanas em uma clínica secreta em al--Qusayr, perto de Homs, filmando o trabalho do dr. Kassem al-Zein enquanto ele cuidava das vítimas dos tiros do exército sírio. Uma de suas fotos mostrava uma menina com a mão mutilada, outra um menino de quatro anos chamado Mustapha cujo rosto ensanguentado era uma máscara de pena e violência. "Não tentei esconder a realidade nem embelezá-la", disse King em uma entrevista. "Pelo contrário, eu queria mostrar sua brutalidade feia. Acho escandaloso ir a uma guerra para fazer fotos artísticas."

Então, o que Goya fez quase 200 anos antes? Continuei a andar pelas gravuras. Um padre prestes a ser enforcado, uma mulher levada para ser agredida sexualmente, homens cortados e presos a uma árvore, uma figura arrastada pelos degraus de uma forca, um homem pendurado ao lado de um oficial francês satisfeito consigo mesmo. Essas imagens permaneceram inéditas até 35 anos após a morte de Goya. Que prova de barbárie veremos a seguir da Síria?, eu me perguntei. Pouco poderíamos ter imaginado que dos desertos viria aquilo que usaria a arte como antítese da humanidade e aqueles que acreditariam que a violência em sua concepção mais apavorante deveria ser empregada como uma forma de arte psicótica.

No entanto, muito antes do ISIS, o inverno de 2011-12 foi de carnificina desenfreada na Síria, crueldade em massa cujos detalhes vazaram como sangue sobre suas fronteiras, a recusa contínua do regime em tolerar todos, exceto alguns jornalistas enfatizando ao mundo seu desejo de manter em segredo sua própria culpa. Uma investigação da ONU concluiu que as forças sírias mataram 256 crianças até 9 de novembro de 2011, incluindo uma menina de dois anos que foi morta a tiros em Latakia em 13 de agosto por um oficial que disse que "não queria que ela crescesse para ser uma manifestante". A ONU, que definiu criança como qualquer pessoa com menos de 18 anos, disse que entrevistou 233 vítimas sobreviventes e testemunhas.

A Liga Árabe ameaçou a suspensão da Síria caso o país não encerrasse a violência contra os manifestantes, retirasse seus blindados das cidades sírias, liberasse presos políticos e iniciasse conversações com a oposição. Furioso, o "leão de Damasco" retrucou: a Síria já havia implementado o "plano de paz" da Liga, enquanto sua possível suspensão era uma tentativa de "provocar intervenção estrangeira na Síria, como ocorreu na Líbia". O Iraque xiita se absteve na votação da Liga, enquanto o Iêmen e o Líbano votaram contra.[1] A Liga posteriormente congelou a adesão da Síria — mas o Conselho Nacional Sírio da oposição não foi autorizado a ocupar seu lugar, apenas a participar de reuniões "excepcionalmente". Uma delegação mal escolhida e mal financiada de "observadores" da Liga Árabe chegou a Damasco, com suas comunicações confiscadas pelo regime no momento em que chegaram à fronteira entre Jordânia e Síria. Seu relatório sem valor falou da injustiça e da opressão sofridas pelos cidadãos sírios, registrou a condenação das forças governamentais pela oposição e denunciou o uso de bombas e mísseis antitanque contra as forças governamentais por "grupos armados".

Entretanto, quantos "grupos armados" estavam agora marchando pela Síria? Fotografias de soldados sírios que haviam desertado para o Exército Sírio Livre (ELS) agora enchiam vídeos no YouTube, muitos deles posando em frente à bandeira preto-branco-verde da oposição, que se tornaria tão familiar nas ruas sírias nos anos seguintes. O grupo reivindicou a responsabilidade pelo ataque a um ônibus da força aérea síria na rodovia principal entre Homs e Palmyra em novembro de 2011, uma emboscada na qual seis pilotos, um oficial e outros três militares foram mortos. Enquanto eu conversava sobre o incidente com um major do exército sírio meses depois, ele se virou e gritou comigo: "O que você acha que nossos pilotos sentem quando seus camaradas são assassinados?" Talvez fosse uma resposta justa se as bombas de barril da Síria não fossem lançados sobre civis.

No entanto, alguns ataques ao governo claramente não eram obra

1 Os libaneses, temendo que a promessa de "terremoto" de Assad pudesse fragmentar seu próprio território nacional, lembraram-se de outro 'plano de paz' da Liga em 1976, que enviou uma força de "manutenção da paz" de 30.000 soldados, em sua maioria sírios, para o Líbano (junto com alguns batalhões de soldados sauditas, sudaneses e emiratenses). O exército sírio permaneceu por 29 anos — e ainda mantinha o Líbano, mesmo após sua partida oficial, em seu abraço fraterno.

do ELS. Após atentados suicidas contra dois escritórios de segurança do Estado no centro de Damasco no final de dezembro de 2011, o regime culpou a Al Qaeda; o ELS nunca havia usado equipes suicidas e a Al Qaeda era especialista em autoimolação. Uma das bombas explodiu na sede da inteligência militar síria no distrito de Kafr Soussa, matando 15 pessoas. No total, 40 homens e mulheres foram mortos e outros 150 feridos. Mas um novo argumento foi então ouvido. O governo sírio, alegava-se, havia encenado os atentados a fim de assustar a missão de monitoramento da Liga Árabe. Um "ativista" da oposição chamado Omar Idlibi anunciou que o regime deve ter encenado as explosões "porque ocorreram em áreas fortemente guardadas, difíceis de penetrar de carro".

Isso se tornaria um refrão familiar nos anos seguintes; que qualquer ataque de guerrilha que causasse baixas civis em massa entre os supostos apoiadores de Assad era perpetrado pelo governo. Jornalistas na região haviam ouvido essa explicação muitas vezes. Em 1982, os israelenses costumavam acusar os palestinos de detonar bombas que tinham como objetivo matar seu próprio povo a fim de obter simpatia internacional. No entanto, em maio de 2012, depois que pelo menos outras 45 pessoas foram mortas em mais duas enormes explosões de carros-bomba em uma sede de inteligência na capital, a oposição novamente alegou que as bombas foram detonadas pelo governo. No entanto, esses e os bombardeios anteriores haviam sido reivindicados — nas palavras de um correspondente do Oriente Médio — "por uma organização que se autodenomina Frente al-Nusra para a Proteção do Povo da Síria, que se acredita que esteja associada à Al Qaeda". Lentamente, essa afiliada da Al Qaeda entraria em nossas reportagens sobre a guerra síria.

No início de 2012, o regime concentrou seu poder de fogo em Homs. Nos meses anteriores, houve atrito contínuo entre as partes alauíta e sunita da cidade, mas o ELS decidiu criar um bastião no distrito sunita de Baba Amr, um subúrbio despretensioso de blocos de apartamentos de concreto nos arredores sul da cidade, ao lado da rodovia principal entre Damasco e Aleppo.

Com enorme risco pessoal, vários jornalistas e fotógrafos ocidentais conseguiram entrar em Homs com a ajuda de opositores do regime. Seus relatos falavam de uma batalha em que os inocentes sofreram terrivelmente, em que as crianças menores se tornaram vítimas casuais do bombardeio sírio. Suas palavras não podiam ser descartadas como mera propaganda rebelde. Paul Wood, da BBC, escreveu um relato clássico do cerco que combinava imensa simpatia pelo sofrimento dos civis e um relato assustador de execuções por homens do ELS. A maioria das vítimas que ele viu nos hospitais

> "eram civis e muitos eram crianças. Um menino de 11 anos foi trazido. A maior parte de seu rosto havia sido arrancada em uma explosão. Tudo abaixo do meio do nariz havia desaparecido, pedaços sangrentos pendurados sobre um buraco onde sua mandíbula e boca tinham estado. Bombas caíam continuamente do lado de fora. As pessoas gritavam no corredor. O menino ainda estava consciente. Vimos um vislumbre de olhos arregalados de choque (...) o menino morreu de seus ferimentos no dia seguinte."

Wood descobriu civis que haviam ficado histéricos depois que "centenas de granadas, morteiros e foguetes caíram". Um homem andava de um lado para o outro gritando que o exército sírio estava prestes a usar armas químicas e que tropas terrestres estavam avançando para o subúrbio. Nada disso era verdade, acrescentou Wood.

A televisão estatal negou que houvesse um bombardeio. Contou a mentira inventiva de que os moradores estavam ateando fogo em lixo em seus telhados para dar a impressão de um ataque. A mídia oficial também disse que a maior parte da violência foi causada pelos combatentes rebeldes do Exército Livre Sírio.

Como escreveu Wood, o "Exército Livre Sírio" era "mais um nome usado por milícias locais do que uma única organização com uma estrutura de comando coerente" — uma situação significativa e perigosa quando o Ocidente já estava enviando armas para a oposição síria. O homem da BBC assistiu a um vídeo gravado dois meses antes, no qual uma dúzia de homens uniformizados do exército sírio estavam alinhados de frente para uma parede, um dos quais se vira para a câmera com um olhar petrificado. "Nós os matamos", disse um homem do ELS a Wood, "essa é a política para a shabiha". Wood viu um filme que, segundo lhe disseram, havia sido tirado do celular de um miliciano do governo capturado:

> "Os prisioneiros estavam deitados de bruços no chão, com as mãos amarradas às costas. Um a um, suas cabeças foram cortadas. O

homem empunhando a faca disse, provocativamente, ao primeiro: 'Isso pela liberdade.' Quando o pescoço de sua vítima se abriu, ele continuou: 'Isso é pelos mártires. E isso é por colaborar com Israel."

Coisas assim, acrescentou Wood, fariam os governos ocidentais hesitar "enquanto decidem se (...) ajudar os rebeldes. Se eles ajudarem os rebeldes, irão alimentar uma guerra civil ou, pior, uma guerra sectária?"

Mas, como sabemos agora, governos estrangeiros gastaram pouco ou nenhum tempo "pausando" antes de iniciar suas operações de envio de armas para a Síria. E mesmo nessa fase inicial do conflito, havia evidências perturbadoras de que o ELS estava dividido. Alguns de seus combatentes pareciam ter simpatias fortemente islamistas. Um funcionário de uma ONG ocidental que estava em Homs em meados de fevereiro de 2012 lembrou como os homens armados que o levaram por Baba Amr "paravam em cada cruzamento perigoso, colocavam uma fita no toca-fitas do carro e transmitiam música islâmica alta com muitas orações enquanto corriam pelos cruzamentos". Em uma ocasião, o mesmo funcionário da ONG teve que acalmar um grupo de combatentes da oposição que pretendia executar um ocidental por beber uísque.

No entanto, a miséria humana estava no centro dos acontecimentos em Baba Amr. Quando um bebê ferido por estilhaços foi levado a um centro médico improvisado mal equipado, Marie Colvin, correspondente de guerra veterana do *Sunday Times*, deu um relato devastador dos últimos momentos da criança à CNN. A morte do bebê, disse ela:

> "foi simplesmente desoladora, talvez porque ele estivesse tão quieto. Um dos primeiros choques (...) foi que a avó estava ajudando (...) na sala de emergência, e simplesmente começou a gritar. 'Esse é meu neto, onde você o encontrou?' E então o médico disse 'não há nada que possamos fazer'. Nós apenas observamos esse menino, sua barriguinha subindo e descendo enquanto ele tentava respirar. Foi horrível. Meu coração se partiu."

A casa do menino havia sido atingida por um projétil, disse Colvin ao comentarista da CNN Anderson Cooper, que perguntou por que ela achava importante que o público visse essas imagens da criança moribunda. Colvin acreditava, disse ela, que o bebê faria mais pessoas perguntar: "O que está acontecendo e por que ninguém está impedindo esse assassinato em Homs que acontece todos os dias?" Não havia alvos militares onde ela estava localizada, disse ela:

> "Há o Exército Livre Sírio: muito inferior em número e armamento — eles têm apenas Kalashnikovs e lançadores de granadas. Mas eles não têm base. Há mais jovens sendo mortos, vemos muitos adolescentes, mas eles estão saindo apenas para tentar levar os feridos a algum tipo de tratamento médico. Portanto, é uma completa e absoluta mentira que eles [o regime] estejam apenas atrás de terroristas. Há foguetes, granadas, granadas de tanques, antiaéreos sendo disparados em linhas paralelas na cidade. O Exército Sírio está simplesmente bombardeando uma cidade de pessoas com frio e famintas."

Horas depois, um projétil sírio explodiu perto de Colvin e de seu colega francês, o fotógrafo Rémi Ochlik. Eles morreram instantaneamente.

Já havia "jornalistas cidadãos" sírios morrendo em suas tentativas de relatar a revolução em seu país. Mas pouco imaginávamos que um libanês estaria entre os primeiros na lista de jornalistas mártires. Ali Shabaan era agora um deles — desconhecido no Ocidente, mas amado em sua pequena vila do sul do Líbano, especialmente por Fatima Atwi, com quem ele deveria se casar no dia em que o enterraram.

Fatima agarrou-se à grade da varanda acima da estrada que leva ao belo cemitério da vila, lágrimas respingando em sua blusa. Shabaan havia trabalhado no fim de semana anterior na fronteira libanesa-síria para poder ter o fim de semana seguinte de folga para sua cerimônia de noivado. Ele trabalhava para o canal de televisão libanês New TV, geralmente simpático ao regime sírio, e havia dirigido até a fronteira e recebido ordens de voltar pelas tropas sírias. Foi então que atiraram nele. Uma morte rápida. E um funeral rápido, é claro, segundo a tradição muçulmana.

Mas por que Shabaan morreu? Ele e sua equipe haviam passado o posto aduaneiro libanês em Wadi Khaled para filmar a fronteira e gritaram para os oficiais de imigração sírios que estavam filmando para a New TV do lado libanês da fronteira. A história de seus colegas foi simples: depois de se identificarem, a equipe começou a filmar e foi ordenada a parar por tropas sírias uniformizadas. A equipe estava dando ré no carro quando este foi atingido pelas balas, e Shabaan foi morto pela primeira rajada. Ele não chegou a entrar em território sírio. Graças ao antigo mandato francês, a linha exata da fronteira não foi delineada com tanto cuidado quanto poderia. Mas isso não era motivo para matar um jornalista. Ahmed Shabaan assistiu ao corpo de seu único filho sendo colocado na terra. E a Síria, para desgosto dos enlutados, enviou suas condolências oficiais.

* * *

Nenhum porta-voz do regime, nenhuma empresa de relações públicas, poderia lavar o sangue das ruas das cidades da Síria. Em fevereiro, a Human Rights Watch publicou outro relatório sobre a tortura de crianças; ele cobria muito do mesmo terreno que a investigação da ONU do ano anterior, mas incluía detalhes sobre a queima de crianças de 13 anos com pontas de cigarro e choques elétricos. Como o ministro das Relações Exteriores russo, Sergey Lavrov, poderia defender o veto de Moscou no Conselho de Segurança da ONU repetindo promessas de novas eleições sírias quando o número de mortos civis em Homs era relatado em 80 em 6 de fevereiro e mais de 100 48 horas depois?

Até o final de fevereiro, o governo sírio estava falando em "limpar" Baba Amr, uma expressão arrepiante que, na linguagem militar, quase sempre precede o assassinato em massa.[2] Então, soubemos que o Comitê Internacional da Cruz Vermelha ainda não havia recebido acesso a Baba Amr. Para o Ocidente, o "direito de proteger" estava totalmente perdido em meio ao clamor de líderes que se recusavam a interferir na Síria. Mas interferência, certamente havia. O exército libanês reforçou Ersal depois que um ministro pró-sírio no governo de Beirute reclamou da infiltração da Al Qaeda na cidade fronteiriça. No início de fevereiro, dois homens foram levados perante o tribunal militar em Beirute por enviar armas para a Síria através do Vale do Bekaa. No extremo nordeste do país, encontrei um caminhão de soldados libaneses na estação de fronteira, homens grandes e corpulentos com armas automáticas. Ambulâncias da Cruz Vermelha Libanesa, com seus feridos sírios de Homs dentro, tiveram permissão para passar. Mas para as criaturas tristes e patéticas que desciam a estrada sem malas nem documentos, não havia passagem fácil. Senti a tentação, quan-

2 Os israelenses usariam a mesma palavra em inglês quando invadiram o Líbano em 1982. Cinco meses antes, quando os sírios estavam acabando com os insurgentes muçulmanos de Hama, eles disseram — nas palavras do então ministro da Informação sírio — que estavam "fazendo buscas" na área. "Bahath" foi a palavra que ele usou. Os britânicos falaram de "passar pano" na Segunda Guerra Mundial. No mesmo conflito, o major da SS Juergen Stroop referiu-se à "limpeza" das ruas judaicas de Varsóvia.

do escrevi sobre essas pessoas naquela noite, no final de março de 2012, de lembrar de outros refugiados em outro momento, em outro lugar, a fronteira neutra suíça com a Alemanha nazista.

Nem tudo era exatamente como parecia em al-Qaa. A poucos metros da alfândega havia um aglomerado de casas e um caminho rochoso que corria baixo atrás de um olival. Uma mulher e seu marido que moravam ao lado me receberam cautelosamente e me pediram para não imprimir nem seus primeiros nomes. "À noite, todos vêm por aqui, pelo caminho", disse ela. "Ninguém os para. São oposição [síria] entrando no Líbano e refugiados sírios. Sejam quem forem, não perguntamos e apenas dizemos 'Deus os ajude'. Muitos civis são cristãos fugindo."

Vi outra coisa ao longo desse caminho. Sapatos e botas quebrados com as solas rasgadas e meias sujas, todas rasgadas. Pertenciam a pessoas desesperadas que haviam entrado no Líbano à noite, pessoas que não conseguiam ver e no escuro devem ter caído nas pedras invisíveis e escorregado na lama. Um povo silencioso fazendo seu caminho para um futuro desconhecido. A palavra em al-Qaa era que os homens de Bashar al-Assad estavam tentando cortar as últimas rotas de fuga. Não é de admirar que essas pessoas tenham caído na escuridão.[3]

Do que exatamente eles estavam fugindo ficou claro a partir de uma

3 A maneira como a demografia sectária da Síria afetava seu vizinho era muito visível na cidade libanesa de Trípoli, a apenas 64 quilômetros das montanhas de Homs. O exército libanês foi forçado a posicionar sua antiga armadura francesa em torno do enclave de Jabal Mohsen, onde até 40.000 alauítas têm suas casas, depois que Mohamed Bathish, um sunita, foi baleado na cabeça por um atirador em meados de fevereiro de 2012, na mais longa batalha de armas que a cidade havia testemunhado em muitos anos. Para chegar à linha de frente abaixo do castelo cruzado de Saint Gilles foi fácil. Eu só tive que seguir as centenas de cartazes preto-branco-verdes do Exército Livre Sírio nas paredes. Para protestar contra o ataque a Homs, os habitantes sunitas haviam levantado sobre a rua principal um enorme lençol que retratava Assad como um porco gigante. Essa imagem do animal mais impuro do Islã, desnecessário dizer, não se recomendava aos habitantes de Jabal Mohsen. Depois que os alauítas haviam colado em suas varandas fotos de Assad — como um homem, não como um porco —, rajadas de rifles e foguetes ecoaram pelo rio Abu Ali. Em Jabal Mohsen, descobri mais tarde retratos de Assad ao lado de Jesus e Maria, pelo menos um dos quais certamente não deveria estar lá. Os alauítas de Trípoli originalmente não vieram de Homs, mas da cidade costeira síria de Latakia. Na década de 1930, os alauítas haviam se mudado para o centro de Damasco, os sunitas para os subúrbios da capital síria, muitos deles com famílias extensas dentro do Líbano. Antes do mandato francês e suas fronteiras coloniais, Homs e Trípoli eram tão próximas que as famílias cruzavam as montanhas entre elas nos fins de semana.

série de imagens de vídeo horríveis de civis mortos, aparentemente filmadas nos distritos de Karm el-Zeitoun e al-Adawiye, em Homs. As imagens mostravam os corpos de pelo menos 26 crianças e 21 mulheres, algumas das quais haviam sido estupradas antes de serem assassinadas, segundo "militantes sírios" —designação do jornal diário libanês *L'Orient-Le Jour* —, enquanto outras haviam sido esfaqueadas por milicianos shabiha. O Ministério da Informação sírio em Damasco reconheceu que uma vala comum havia sido encontrada, mas afirmou, inevitavelmente, que eram vítimas de "gangues terroristas" com a intenção de virar a opinião internacional contra a Síria. A Arábia Saudita e o Catar estavam ajudando esses grupos, disse o governo. O "Conselho Nacional Sírio" da oposição, também inevitavelmente, pediu "intervenção militar internacional e árabe urgente". O secretário-geral da OTAN, Anders Fogh Rasmussen, disse à Reuters na Turquia cinco dias depois que "não temos nenhuma intenção de intervir na Síria". Ele até rejeitou o apoio logístico para "corredores humanitários" para cidades e vilas sitiadas; se um mandato da ONU fosse fornecido para a OTAN tomar medidas na Síria, como fez na Líbia, isso não mudaria nada, "porque a Síria também é uma sociedade diferente, é muito mais complicada étnica, política e religiosamente".

Aí está. A Síria não era perigosa demais para a intervenção internacional, mas era muito complicada para a OTAN. Não iremos à guerra pela Síria, escrevi em meu relatório. "No Kosovo, bombardeamos do ar até que Milosovic foi informado pela Rússia de Yeltsin de que estava sozinho. Mas a Rússia de Putin não vai dizer a Assad que ele está sozinho. E além disso, não temos exércitos da OTAN esperando na fronteira síria para invadir o país se Assad se render".

A guerra estava infectando áreas cada vez maiores do país. Houve ferozes batalhas entre o exército sírio e grupos armados — não apenas o ELS — na província norte de Idlib, adjacente à fronteira turca. Este se tornaria o campo de batalha mais difícil de toda a guerra. Idlib quase quebrou o exército sírio e terminaria como o lixão de todos os grupos jihadistas islâmicos na guerra. Nos anos seguintes, as redes de televisão ocidentais e a mídia convencional continuaram a falar das "linhas vermelhas" do presidente dos EUA e das "opções sobre a mesa" e de todos os outros obamismos. Escrevi que "também podemos esquecer as 'linhas vermelhas' porque ambos os lados na Síria usaram gás, eu suspeito, e não fomos à guerra (...) Mas não fomos à guerra pelos curdos quando Saddam usou gás contra eles em 1988 — isso se tornou uma das menores desculpas para a invasão do Iraque por Blair-Bush 15 anos depois. E depois de sugerir que os russos acabaram de lançar gás na província de Idlib, você pode ter certeza de que não vamos à guerra com Moscou. Então, em meio à angústia do povo sírio (...) é hora de pararmos de mentir para o povo do Oriente Médio. E é hora de pararmos de mentir para nós mesmos."

Jornalistas agora estavam viajando para o norte da Síria e conversando diretamente com grupos rebeldes que desprezavam o ELS, mas lutavam regularmente contra as forças do governo em Idlib. A AFP, por exemplo, entrevistou membros do "Grupo de Combate Abu Sulieman" entre oliveiras e ruínas romanas no norte da Síria e descobriu que seu líder de 35 anos desconfiava dos desertores do exército sírio.[4] Havia outros sinais de insatisfação. Fadwa Sulieman, a talentosa atriz síria, alauíta que implorou que sunitas e alauítas se unissem para resistir ao poder de Assad, foi forçada a buscar segurança em Paris em março de 2012. Ela disse que estava "envergonhada de ver que a revolução não está indo na direção certa, que está no processo de se armar (...) que o país está caminhando para uma guerra sectária". No final de abril, uma importante reportagem sobre refugiados sírios na revista *Time* descrevia a oposição política e militar como "infeliz e desorganizada".

Você poderia identificar a crescente anarquia no campo sírio por detalhes casuais. Homens armados apareceram na estação de pesquisa agrícola ICARDA em Tel Hadya, a 32 quilômetros de Aleppo, e roubaram veículos, além de máquinas agrícolas e computadores[5]. Mas havia outros padrões mais sinistros emergindo. Dois helicópteros sírios atacaram a pequena cidade sunita de Haouch, forçando seus 7.000 habitantes a abandonar suas casas. Eles haviam sido bombardeados pelas forças do governo

4 Um dos guerrilheiros disse à AFP que 'viajou três vezes para a Turquia para ver seu chefe, Riad Asaad. Pedi a ele que nos desse dinheiro, armas. Ele não fez nada. Ele é um mentiroso. O que ele quer é tomar o lugar de Bashar em seu palácio, e nada mais!

5 Como "berço da agricultura" — o Eufrates flui a apenas 112 quilômetros a leste de Aleppo —, a cidade também era sede do Centro Internacional de Pesquisa Agrícola em Zonas Áridas, uma das melhores instituições do gênero no mundo, que aumentou a produção de alimentos na Ásia e na África em uma área que contém um bilhão de pessoas, metade das quais ganha a vida com a agricultura. Doadores incluíam Grã-Bretanha, Canadá, EUA, Alemanha, Holanda e o Banco Mundial. Felizmente, o banco de genes do ICARDA havia sido duplicado fora da Síria. O governo sírio mais tarde mudou um posto de controle do exército para mais perto da estação de pesquisa de Tel Hadya — e depois abandonou completamente a vila.

por duas semanas. As autoridades alegaram que os rebeldes estavam nesses locais, mas havia uma suspeita crescente de que isso também fazia parte de uma política baathista para preparar a Síria para a partição caso Damasco caísse. A "fronteira" entre cidades alauítas e sunitas aqui correspondia quase exatamente à fronteira leste do antigo "Estado dos Alauítas" — criado pelo mandato francês que havia dividido a Síria em miniestados sectários.

As histórias de sadismo e crueldade que emergiram das aldeias sunitas a oeste de Hama são tão terríveis que qualquer autor deve pausar nos detalhes. Al-Qubayr (entre 78 e 100 mortos), Tremseh (entre 68 e 150), em Bayda e aldeias fora da cidade costeira de Banias ("pelo menos" 248) — em alguns casos havia soldados entre os mortos, mas na maioria dos casos eram civis e quase sempre sunitas. Mas o nome de Houla se destaca, não pelo número de mortos, mas porque a ONU enviou soldados experientes para a aldeia para coletar evidências. E porque um correspondente britânico igualmente experiente, Alex Thomson, da Channel 4 News, foi com eles.

Semanas depois, na Europa, conversei longamente com um dos oficiais superiores da ONU que me deu um relato emocionante dos civis mortos, "uma menina com o cérebro ausente, baleada na frente do crânio, homens baleados na cabeça, todos sunitas, e seus assassinos — sem sombra de dúvida — as gangues shabiha alauítas". A ONU encontrou uma vala comum contendo 100 corpos, principalmente mulheres e crianças. Seu relatório subsequente responsabilizaria o governo sírio. Mas um relato muito mais memorável está contido no próprio relatório de Thomson. Ele e sua equipe viram-se cercados por "pessoas gritando e chorando em uma mistura de alívio, choque e raiva", depois foram fisicamente puxados de casa em casa. Em poucos minutos, ele relatou:

> "conhecemos Younis, de 25 anos, deitado em um quarto com dois ferimentos a bala no torso. Ele está nos contando, fracamente, como estava tentando ajudar um menino de 11 anos na sexta-feira quando foi ferido. O menino foi morto a tiros. Uma menina de 15 anos está deitada em outra cama a menos de três metros de distância, descrevendo como testemunhou a milícia Shabiya agachada atrás de uma janela enquanto ela tentava fugir. Ela também foi baleada (...) Quer quiséssemos ou não, fomos praticamente arrastados para as ruas novamente. De um lado, um menino de oito anos baleado no braço, ao lado dele um homem nos mostrando um vídeo em seu

telefone de duas crianças, suas gargantas cortadas tão profundamente que estão praticamente decapitadas."

Um homem falando bom inglês aproxima-se de Thomson e sua equipe, falando com "raiva fria e calculada". Ele descreve o intenso bombardeio de Houla antes da entrada dos shabiha, cerca de 100 deles em uniformes militares. Ele e outros moradores concordam que vieram de aldeias alauítas ao sul e oeste e foram de casa em casa, massacrando famílias sunitas. "Quando tudo isso acabar", diz o homem:

> "seremos vitoriosos. E iremos lá. E os encontraremos e os massacraremos e os mataremos. Mataremos seus homens, mulheres e crianças como eles mataram nossos homens, mulheres e crianças."

Thomson pergunta retoricamente ao público o que ele pode oferecer a um idoso chamado Abdul Hamad "que sabe não apenas que sua filha foi morta, mas que sua garganta foi cortada com uma faca, aparentemente empunhada por homens que moram a poucos quilômetros de distância".

Em Damasco, meu colega Patrick Cockburn sugeriu que o massacre de Houla pode ter sido "executado por forças do regime em vingança pela morte de um informante do governo na aldeia alauíta de Kabu, próxima, um mês antes". Amigos sírios fizeram um relato diferente: que as degolas de Houla podem ter sido uma retaliação pela tentativa de envenenamento do cunhado de Assad, Assef Shawkat, uma das figuras de segurança mais importantes do regime, reivindicada pelo ELS alguns dias antes.[6] A Missão de Supervisão da ONU tentou continuar suas investigações em outros massacres de aldeias, mas foi atacada a tiros quando tentou entrar em Al-Qubayr, aparentemente por tropas sírias. Um homem moribundo na aldeia conseguiu fazer uma ligação telefônica para seu irmão e disse a ele que os shabiha acabaram de cortar sua mão. O irmão, escondido em uma aldeia vizinha, mais tarde chegou à casa de sua família. "Começamos a retirar os cadáveres da casa", disse ele. "Todos eles estavam mutilados, cortados com facas. Havia corpos de crianças e mulheres por toda parte." O homem não encontrou seu irmão.

---

6 Preparando uma refeição para Shawkat (e para os outros dois homens que morreriam com ele na explosão de Damasco em julho), um cozinheiro entusiasmado aparentemente colocou 15 comprimidos de veneno em sua comida em vez dos cinco prescritos - e eles não comeram porque acharam que a comida estava estragada.

Ler seus próprios despachos antigos pode ser um exercício miserável. Muitas vezes, nós, jornalistas, erramos. O peso das evidências pode ser tão impressionante que ficamos completamente convencidos da conclusão de qualquer série de eventos. Quando o acordo de Oslo foi divulgado pela primeira vez, houve um desejo quase infantil da parte da 'comunidade internacional' de se convencer de que finalmente haveria 'paz' entre israelenses e palestinos; um fim para a guerra no Oriente Médio. Chega de sangue e lágrimas, disse Yitzhak Rabin. Qualquer um que se opusesse a essa linha narrativa se tornava não apenas objeto de ridículo, mas também de ofensas pessoais.

No entanto, depois de anos na sela, você consegue detectar as miragens no deserto, os finais felizes que inevitavelmente se transformarao em tragédia, a "justiça" que deve ser acompanhada por desonra; em outras palavras, os relatórios que você gostaria de escrever em oposição aos relatórios que você deve escrever. E assim, depois de Houla e dos outros banhos de sangue, enchi minha coluna com avisos que muitos leitores não gostariam de ouvir. Bashar al-Assad, escrevi, sairá impune.

> "Ele escapou com Daraa. Ele escapou com Homs. E vai escapar com Houla. Sim, esse pode ser o momento crítico, o 'ponto de inflexão' homônimo do horror, o milissegundo de fissão revolucionária, quando o colapso baathista se torna inevitável em vez de provável (...) Mas o Oriente Médio está repleto de 100 Houlas, suas crianças mortas empilhadas entre as estatísticas, com facas e cordas, além de armas, entre as armas do assassinato."

E se os soldados de Assad deixaram suas milícias alauítas fazerem o trabalho sujo?, perguntei. A ditadura argelina do FLN não usou unidades de "guarda nacional" para assassinar seus oponentes na década de 1990? Gaddafi não tinha suas milícias legalistas (...) e Mubarak seus policiais drogados e ex-condenados, os baltagi? Israel não permitiu que seus falangistas libaneses entrassem nos campos de refugiados palestinos em 1982, onde estupraram, evisceraram e assassinaram civis? Isso também não era "governo pelo assassinato"? Em Bentalha, na Argélia, cerca de 200 aldeões foram destruídos em uma noite em 1997, cabeças de bebês esmagadas contra as paredes, mulheres estupradas e mutiladas até a morte com facões, homens decapitados com facas. Os assassinos podem ter sido islamistas. Ou milicianos do governo — a aldeia havia votado em eleições para oponentes do governo — e certamente o exército se recusou a ajudar as vítimas. Hoje, o Ocidente trata a Argélia como um baluarte contra o "terror". Para Houla, leia-se Bentalha, um lugar que todos nós esquecemos, escrevi em meu artigo em maio de 2012. "Assim como esqueceremos Houla."

As demandas internacionais pela destruição da tirania de Assad cresceram em proporção quase inversa à disposição do Ocidente em concretizá-la.[7] No final de 2011, o secretário de defesa de Obama, Leon Panetta, disse em Tel Aviv que a queda de Assad era "apenas uma questão de tempo". Mas dois meses depois, novamente em Israel, Panetta estava andando para trás. "É trágico, obviamente, que haja pessoas morrendo", disse ele sem entusiasmo, "entretanto, a chave agora é pressioná-lo (...) [para] fazermos o esforço para substituir Assad (...) Vamos dar algum tempo a isso". Um mês depois, o presidente francês Nicolas Sarkozy exigiu a renúncia de Assad, já que as atividades do regime "produziram nojo em todo o mundo".

Era como uma aula de dança infantil, cada político mais entusiasmado em mostrar sua habilidade de se mover com a música, marcar o tempo, recuar quando necessário. Quanto mais barulhenta a retórica, por mais oca que fosse, mais satisfeitos ficavam os estadistas que aguardavam o colapso do tirano. Mesmo quando Assad foi acusado de usar armas químicas, os britânicos — indispostos, como todas as outras nações "civilizadas", a se envolver militarmente — ainda estavam felizes em atingir o regime de Assad com palavras. "Acho que é impensável que o presidente Assad possa desempenhar qualquer papel no futuro governo de seu país", disse o primeiro-ministro britânico David Cameron na cúpula do G8 no verão de 2013. Apenas alguns

---

7 Muito antes da guerra síria, os oponentes de Assad estavam prevendo precipitadamente sua partida. "... Bashar vai cair — o povo vai derrubá-lo", gabou-se Abdul Halim Khaddam, ex-vice-presidente de Assad, em 2006, de seu exílio em Paris. No verão de 2011, um ex-agente de inteligência israelense (prof. Mordechai Kedar da Universidade Bar Ilan) estava anunciando que se os alauítas perdessem o controle, "o pior acontecerá com eles". Nesse caso, "massas sunitas frenéticas desceriam sobre bairros alauítas em Damasco, Homs, Hama e Aleppo, prontas para separar cabeças alauítas de seus pescoços". Isso era, de fato, o que muitos alauítas temiam. Jornais árabes locais, especialmente o veementemente antiAssad *L'Orient-Le Jour* de Beirute, proclamaram que havia chegado a hora do presidente sírio "fazer as malas com um mínimo de dignidade". Nadim Khoury, pesquisador da Human Rights Watch, esperava que "se o regime caísse", muitos dos "segredos bem guardados" da mukhabarat — incluindo o destino de detidos libaneses em prisões sírias — seriam revelados. Não seria o caso.

dias depois, o secretário de Estado norte-americano John Kerry comparou Assad a Adolf Hitler e Saddam Hussein.[8] Obama posteriormente defenderia "ataques limitados e personalizados" na Síria, um "tiro de advertência", como ele mesmo colocou em seu cansado vocabulário imperial.

Era contagiante, essa forma de fúria impotente. Onze países ocidentais e árabes reafirmaram solenemente em uma reunião dos "Amigos da Síria" em Londres que Assad "não tinha papel" no futuro governo sírio. A declaração conjunta, no entanto, revelou a "crescente preocupação" das nações com o "aumento do extremismo e dos grupos extremistas" dentro da Síria. O Estado Islâmico do Iraque e do Levante — em breve ISIS —, junto com a Frente Nusra, semeada pela Al Qaeda, "ameaça as forças moderadas, bem como a integridade territorial e a segurança regional e internacional". Isso era em si intrigante. O regime sempre havia, para seus próprios propósitos, promovido esses grupos islâmicos como inimigos da Síria. Agora, os EUA, a Europa e seus aliados árabes os viam como uma ameaça não ao regime de Assad, mas às "forças moderadas" que o Ocidente já estava armando para destruir Assad.

Dois anos após o levante e a Síria já era um campo de batalha para os antigos inimigos da Guerra Fria. Escrevi no verão de 2013 que "as superpotências de hoje estão lutando na Síria; a Rússia quer provar seu poder internacional e esmagar um levante islamista perto de sua fronteira. O Ocidente quer contra-atacar o poder da Rússia no Oriente Médio dando armas aos rebeldes e, ao mesmo tempo, impedindo que os islamistas assumam o controle da Síria. Isso significa que não nos importamos realmente em acabar com a guerra. Enxertada nesse conflito fantasma Ocidente-versus-Rússia, havia a luta sunita-xiita, em que os sunitas — as monarquias do Golfo, Jordânia, Turquia, Egito (até certo ponto) e grande parte do norte da África — alinhavam-se contra os xiitas: os iranianos, os alauítas, a população majoritária do Iraque, o Hezbollah — representando a maior comunidade xiita no Líbano —, o Bahrein e uma minoria xiita na Arábia Saudita.

8 Essa foi uma mistura potente. Saddam foi comparado a Hitler por presidentes dos EUA na década de 1990 — embora o ditador-herói de Saddam fosse Stalin —, mas agora ambos foram jogados juntos por causa do uso de gás. Mas foi uma combinação infeliz, já que muitos dos precursores das armas químicas de Saddam vieram dos EUA. Os comentários de Kerry foram um pouco antes da observação de Hillary Clinton em março de 2011 — quatro dias depois de manifestantes sírios serem abatidos — de que "há um líder diferente na Síria agora. Muitos dos membros do Congresso de ambos os partidos que foram à Síria nos últimos meses disseram que acreditam que [Assad] é um reformador."

Alguma vez houve, alguém se perguntou, uma guerra no Oriente Médio de tamanha hipocrisia, de tamanha covardia moral, de tamanha retórica falsa e tamanha humilhação pública? Obama e Clinton ainda esperavam por uma 'democracia' na Síria pós-Assad. No entanto, quando o Catar e a Arábia Saudita, aliados do Ocidente, armaram e financiaram os rebeldes sírios, Washington não murmurou uma palavra de crítica. O Catar era uma autocracia real e a Arábia Saudita estava entre as mais perniciosas ditaduras califais-reais do mundo árabe. Os governantes de ambos os estados herdaram o poder de suas famílias — assim como Bashar al-Assad — e os sauditas eram aliados dos grupos salafistas-wahabitas na Síria, assim como já foram leais apoiadores do Talibã "medieval" no Afeganistão.

Mesmo a crítica severa de Walid Jumblatt contra o regime sírio, ano após ano e cada vez mais apoplética, parecia comparativamente sã em comparação ao histórico dos e das estadistas do mundo. Em fevereiro de 2012, o líder druso libanês estava pedindo a Moscou para exilar Assad para "o extremo da Sibéria". "A vida dos tiranos é curta!", gritou um ano depois, instando o Ocidente a encontrar uma solução "sem Assad". Então ele começou a falar da "banalidade do mal" na Síria, expressão usada por Hannah Arendt sobre o criminoso de guerra nazista Adolf Eichmann. Ela o havia descrito como "nem pervertido nem sádico", mas "assustadoramente normal". E Jumblatt pode ter tido razão ali.

Que o déspota pudesse um dia até declarar vitória sobre aqueles que planejavam liquidar seu regime era uma sugestão tão impensável quanto sua existência contínua. Mas embora eu também acreditasse originalmente que Daraa e as atrocidades que se seguiram haviam condenado Assad, instintivamente senti que essa era uma conclusão muito fácil. No início de 2012, comecei a expressar minhas próprias dúvidas sobre a iminente fuga de Assad. Ele não estava prestes a ir, escrevi no *Independent*:

> "Ainda não. Talvez não por muito tempo. Jornais do Oriente Médio estão cheios de histórias sobre se este é o 'momento Benghazi' de Assad — esses relatos são quase sempre escritos de Washington ou Londres ou Paris —, mas poucos na região entendem como nós ocidentais podemos errar tanto. O velho ditado tem que ser repetido e repetido: o Egito não era a Tunísia; o Bahrein não era o Egito; a Líbia não era o Iêmen. E a Síria definitivamente não é a Líbia."

O ódio inundou minha caixa de entrada de e-mails. Eu estava apoiando Assad, dando minha bênção ao seu regime diabólico. Quanto o governo sírio estava me pagando para escrever tais mentiras? Tentar dizer a verdade — que Assad provavelmente não seria deposto, talvez nem mesmo por anos — era considerado idêntico ao endosso de uma ditadura implacável. Simplesmente implicar que Assad poderia sobreviver mais do que o previsto era dar alento moral ao regime. Um amigo pessoal meu, Sammy Katz, chefe do escritório de Beirute da AFP, provocou uma reação semelhante quando chegou às mesmas conclusões. "Eu estava na cerimônia de premiação de correspondentes de guerra em Bayeux", ele me disse. "Meus colegas não foram ofensivos, mas foram agressivos. Essa é a única palavra que consigo pensar: agressif"[9]. O escritor e acadêmico francês Fabrice Balanche, muito respeitado por seu conhecimento da Síria e dos alauítas, foi condenado como "um defensor do regime de Assad" quando disse durante uma entrevista na França em 2011 que o regime não estava "maduro" para cair e que a Síria estava caminhando em direção a uma guerra civil.

Era como se toda a Primavera Árabe, aquela luta massiva por dignidade e justiça, só pudesse ter um final feliz — e, portanto, deveria ser relatada de acordo com um formato estabelecido em discursos presidenciais, análises de "especialistas" e editoriais. Isso havia começado anos antes, uma praga enfatizada novamente pela linguagem oca de George W. Bush, onde todos na região deveriam estar lutando — ou fugindo — do "terror". Ficou claro que se as opiniões de alguém não mais se sincronizavam com a insistência esmagadora sobre um resultado benéfico dos eventos — a queda de Assad, por exemplo — elas deveriam ser rejeitadas, condenadas, difamadas, amaldiçoadas e denunciadas. Não importava o cuidado com que o ofensor tentava explicar que uma avaliação fria da provável conclusão de uma guerra pode não corresponder às grandes esperanças de rebeldes, combatentes da liberdade, democratas e inocentes desarmados, muito menos à avaliação promíscua dos políticos. Proferir

9 Eu já havia passado por essa rotina tantas vezes antes — na Irlanda do Norte quando escrevi sobre a brutalidade do exército britânico, na guerra de Kosovo quando escrevi sobre as vítimas sérvias inocentes do bombardeio da OTAN, em Gaza quando escrevi sobre as vítimas palestinas de Israel, no Iraque quando escrevi sobre a crueldade norte-americana e jihadista – que eu até conseguia adivinhar as palavras nas quais as ofensas viriam. Eu era "pró-IRA" ou aprovava a "limpeza étnica" sérvia ou apoiava o "terrorismo". As ofensas, especialmente nas redes sociais, não tinha a intenção de esclarecer a verdade, mas sim de inibir minha reportagem.

essas heresias era convidar à calúnia. As redes sociais continham mais do que calúnia e difamação. "Leitores" anônimos me disseram que esperavam que minha garganta logo fosse cortada por meus "amigos", os shabiha.

Quase exatamente cinco anos antes de sua morte, meu velho amigo israelense, autor e filósofo Uri Avnery, escreveu sobre as "falhas fatais" de tantos movimentos populares por democracia, liberdade e justiça social. Eram, segundo ele, "as falhas de uma geração criada nas 'redes sociais', no imediatismo da internet, na facilidade da comunicação instantânea em massa. Isso favorecia um sentimento de empoderamento sem esforço, da capacidade de mudar as coisas sem o árduo processo de organização de massas, de construção de poder político, de ideologia, de liderança, de partidos. Uma atitude feliz e anárquica que, infelizmente, não pode resistir ao poder real."

Avnery estava claramente pensando na insatisfação dos manifestantes egípcios com a Irmandade Muçulmana — porque eles se viam diante de um partido que possuía tudo o que faltava a eles: "organização, disciplina, ideologia, liderança, experiência, coesão". No caso da Síria, no entanto, a força que enfrentou os manifestantes também possuía tanques, artilharia e poder aéreo. Se a revolução síria fosse continuar, esses manifestantes também teriam que construir poder político. Mas também teriam que estar fortemente armados, o que seria o fim da revolução pacífica. Nesse ponto, os oponentes de Assad tiveram que decidir se aqueles que desejavam armá-los pretendiam ajudá-los a destruir o regime ou se estavam mais interessados em destruir a Síria.

Nikolaos Van Dam, um verdadeiro especialista em assuntos sírios e ex-diplomata holandês em Damasco, expressou eloquentemente a dicotomia por trás desse problema em sua obra indispensável sobre a destruição do país. Ele observou como acadêmicos e jornalistas que observaram que a oposição

> "não era apenas pacífica, mas também ocasionalmente usava violência e atacava o exército e as forças de segurança [do governo] com armas e foram fortemente criticados pela oposição e outros, mesmo que apenas porque isso pudesse dar alguma credibilidade à história do regime de ser atacado por 'terroristas armados' e pudesse ajudar a quebrar a imagem da oposição estritamente pacífica, uma pacificidade que forneceu à oposição um forte tipo de legitimidade moral. A crítica aos radicais islâmicos violentos

que começaram a ofuscar os oponentes pacíficos do regime foi facilmente interpretada como uma crítica a toda a oposição, incluindo aqueles que eram pacíficos."

Sami Moubayed, um sábio estudioso e historiador sírio (e não baathista), descreveu como figuras seniores da oposição síria eram céticas em relação à Frente Nusra quando ela se anunciou em 2012 porque estavam tentando:

> "desesperadamente provar que não existiam islamistas na comunidade rebelde síria — apenas soldados seculares que haviam desertado do exército sírio. Se a Jabhat al Nusra fosse real, então ela ameaçava acabar com tudo pelo que eles vinham trabalhando desde março de 2011."

No meio de julho de 2012, um jovem sírio apareceu em um elegante prédio de escritórios em Beirute. Sem dar seu nome, disse que queria falar com outro sírio que trabalhava no prédio, um homem sunita da classe média de Damasco, bem-educado, amigo meu, que havia desertado alguns meses antes depois de ocupar um alto cargo no regime. O visitante foi levado para cima e se apresentou. "Fui enviado a você pelo shebab", disse ele — o que significa que trabalhava para a oposição síria — "e precisamos da sua ajuda". Sua história era tão reveladora quanto assustadora. Damasco estava prestes a ser atacada. Mas os combatentes rebeldes estavam fora de controle. "Alguns deles estão drogados", disse o visitante. "Eles vão tirar qualquer um. Não podemos garantir o que alguns desses homens vão fazer. Se eles entrarem [no subúrbio de] Malki, não poderíamos proteger nenhuma das pessoas que moram lá. Somos contra os salafistas que estão lutando — existem bons sírios — drusos e ismaelitas [alauítas] estão conosco. Se capturarmos Damasco, não sabemos como administrar uma pequena cidade, muito menos um país."

Era uma verdadeira história de guerra civil. Havia caras ruins entre os caras bons e caras bons entre os ruins. Mas o sectarismo estava mordendo a revolução síria. O proeminente sírio em Beirute sabia de tudo isso. Ele estava anotando e deu ao visitante o seguinte conselho: "Organize comitês de bairro, homens bem vestidos que devem ser claramente identificados, que devem proteger todos, cristãos, drusos, sunitas, alauítas, todos em cada bairro."

A tempestade estava prestes a estourar. Em 18 de julho, eles foram para a jugular. O cunhado do presidente, o ministro da Defesa e um alto conselheiro mortos, o ferimento do ministro do Interior, uma bomba enorme dentro do quartel-general militar dirigido pelo próprio irmão de Assad; os assassinatos levam tempo para serem planejados, mas isso foi em uma escala épica. A irmã de Bashar al-Assad, Bushra, havia perdido o marido na explosão no próprio centro de Damasco. Falava-se da "batalha decisiva" e haveria massacres por vir.

Dias depois, conheci um jovem oficial sírio que testemunhou os combates nas ruas. "Foi impiedoso, foi uma carnificina", disse ele. Assad havia chamado seu irmão Maher, cuja própria legião — um ramo da 4ª Divisão Blindada do exército — foi enviada para a cidade. Seus tanques cercaram a capital. "Eles atiraram em todos os homens armados", disse o oficial. "Quando se renderam, eles atiraram em todos os prisioneiros. Vi os corpos, estavam empilhados uns sobre os outros. Nunca vi nada igual."

Os tiros podiam ser ouvidos dentro do palácio presidencial. Eram dias históricos, sem precedentes para o regime, principalmente para o próprio Bashar al-Assad. Ele pensou em ir embora?[10] Quando o avião presidencial deixou Damasco na noite de 18 de julho, descobriu-se que estava transportando o corpo de seu cunhado para o enterro perto de sua cidade natal, Tartus. Os apoiadores de Assad fugiram em longas caravanas de carros particulares para o Líbano. Mais de 30.000 sírios cruzaram a fronteira em dois dias. Dentro do Líbano, os sunitas estavam comemorando a morte de Shawkat; ele era considerado o responsável pelo assassinato de seu ex-primeiro-ministro sunita Rafiq Hariri em 2005 e apareceu em um documento da ONU como suspeito — até que a própria ONU censurou seu nome da página.

Nos combates de rua em Damasco e Hama, o exército recuperou quase todo o terreno perdido para os combatentes rebeldes em seu grande ataque à capital. Os relatos de centenas de mortos eram tão inverificáveis quanto prováveis. Um vídeo que surgiu, aparentemente da cidade sulina de Herak, mostrava os corpos de crianças mortas deitadas em um chão ensanguentado.

---

10 Mesmo que Assad pensasse em partir, isso teria sido impossível. "Suponha que nosso presidente alauíta decida fugir", um ex-soldado sírio me disse antes. "Ele será levado ao aeroporto por um coronel alauíta. O que você acha que o coronel pensará? Ele deixará [o presidente] ir [ao aeroporto]? Duvido."

Mesmo quatro anos após o grande ataque rebelde, a artilharia ainda murmura fora dos muros da prisão de Mezze em Damasco. Diferentemente de seus companheiros de cela, Hamoud Saleh Hamed não usa grilhões quando é empurrado em uma nova cadeira de rodas para a sala de visitas do governador da prisão síria na prisão militar. Impossível, já que o coto direito calçado e a metade inferior esquerda da perna faltando significam que o professor de matemática saudita de 37 anos de Meca não pode escapar. Ele fala com grande calma, um homem inteligente de cabelos longos, olhos grandes e fundos e barba rala que conta sua vida como comandante de pelotão da Frente Nusra e como executor que disparou quatro tiros na cabeça de um 'colaborador' do governo sírio.

Por todos esses anos, esperei falar com um islamista que lutou para capturar esta cidade em 2012 e aqui está ele, insistindo que gravemos suas palavras, feliz em ter sua foto tirada por Nelofer, que está sentada ao meu lado. Aqui está um dos 'combatentes estrangeiros' dos quais o regime falava com tanta frequência, um dos jihadistas sobre os quais ouvimos tanto, mas nunca vimos. Ele é um homem pensativo que às vezes se detém para recordar, mas cujas palavras são precisas e proferidas com uma confiança perturbadora. Hamoud Hamed diz que se arrepende de ter matado o homem de 50 anos cujo nome ele nunca soube, mas relata com orgulho seu treinamento com armas e seu papel na sangrenta Batalha de Damasco de julho de 2012, quando ele e seus camaradas, da Nusra e do ELS e Liwa al-Islam e outros grupos, tentaram em vão capturar a capital da Síria.

"Francamente", admitiu o oficial de inteligência do governador antes que o prisioneiro fosse trazido para a sala, "estou muito surpreso que eles vão deixá-los encontrar este homem". Mas eu podia muito bem entender por que "eles" fizeram isso. Hamoud Hamed era um saudita que lutou contra o regime sírio ao lado de outros sauditas sunitas wahabitas, admitindo que foi enganado sobre a guerra síria pela internet e pelo canal Al Jazeera do Catar, descrevendo em detalhes como foi preparado na Arábia Saudita para sua jihad por um amigo que arranjou sua passagem pela Turquia para os campos de batalha sírios. Terrivelmente ferido, foi capturado por tropas sírias em 2015 enquanto tentava fugir para Idlib. Ele foi um dos poucos que sobraram. Alguns haviam escapado. Muitos — embora ele não tenha dito — haviam sido executados.

Hamoud Hamed sorriu muito durante nossa entrevista, suas palavras ocasionalmente interrompidas pelo estrondo dos bombardeios da escuridão lá fora. O governador e seu oficial de segurança saíram da sala a nosso pedido e Hamed insistiu que queria falar, mesmo quando lhe garantimos que poderia relaxar e beber o copo de suco de laranja a seu lado. Ele nunca havia encontrado um jornalista estrangeiro antes, mas gostava de conversar, disse ele.

Muitos islamistas expressam fascinação pela matemática, mas Hamed disse que obteve seu mestrado porque teve bons professores na "respeitada Meca", onde se casou com uma mulher saudita e teve um filho e quatro filhas. Seu próprio pai, agora falecido, havia sido muezzin em uma mesquita de Meca. "A guerra síria havia começado e havia muitos protestos", disse ele. "A internet e os canais de televisão como a Al Jazeera diziam que o povo sírio estava pedindo ajuda. Slogans jihadistas espalharam-se e os jihadistas fora da Síria começaram a clamar por ajuda para defender o povo e parar a brutalidade do regime de Assad. A ideia de ir para a Síria e participar cresceu na minha mente. Alguns xeiques e líderes religiosos na Arábia Saudita falaram na televisão e nas mesquitas e nos encorajaram."

Um amigo sírio em Meca, a quem ele chamava de "Abdul-Rahman al-Suri" (Abdul-Rahman da Síria), organizou seu voo da Saudi Airlines para a cidade turca de Antakya, embora sua partida fosse mantida em segredo por medo de que o serviço de inteligência saudita descobrisse. "Eles se recusavam a permitir que as pessoas fossem para a Síria", disse Hamed, "mas por razões políticas, nada a ver com a sharia islâmica". Levado pela fronteira e para a cidade síria de Atme em um carro, Hamed chegou a uma "pensão" onde seus documentos de identidade e passaportes foram retirados dele para "guarda". Após mais dois dias, foram levados a um campo de treinamento militar da Nusra/al-Qaeda onde foram ensinados a usar rifles AK-47, lançadores de foguetes antitanque RPG B-7 e morteiros.

Os professores eram egípcios, seu instrutor turco. Após um mês, Hamed foi enviado para a zona rural leste de Deir ez-Zour com sete homens, um egípcio, um catari e cinco sauditas, onde encontraram o líder da Nusra da Síria oriental, "Emir" Abu Maria al-Qahtani, que seria mais tarde rebaixado pela liderança da Nusra durante uma disputa sobre as relações com o ISIS. "Depois que nos encontramos", disse Hamoud Hamed, "juramos nossa lealdade e obediência e oramos para que aceitássemos os bons e maus momentos e não questionássemos as ordens de nosso comandante enquanto procurávamos ver aqueles que são infiéis aos olhos de Deus.

Fomos levados para a cidade de Deir ez-Zour, que estava sob cerco e onde havia intensos combates".

De Deir ez-Zour, em um comboio de carros, vans e jipes, Hamed disse, ele foi levado com mais sete homens para um subúrbio de Damasco, Ghouta, onde, ficando em "uma grande casa", foi instruído a treinar com morteiros por outro mês, após o que foi enviado para o distrito de Jobar. Um dos líderes de Hamed, "Abu Bakr al-Urduni" [Abu Bakr da Jordânia]:

> "localizou nossos alvos. Eu deveria atirar no estádio Abbasiyyin e na área do memorial de guerra Panorama.[11] Recebi os pontos de destino do Google Maps. A ideia era separar os soldados sírios que defendiam, para confundi-los. O plano era que sete carros-bomba suicidas entrassem em Damasco. A hora zero para mim era 9h do dia 15 de julho [2012] e começamos a bombardear."

Hamed admite que não sabia quem estava dentro de suas áreas-alvo, mas diz que seus próprios morteiros caseiros começaram a explodir. Um foi atingido pelo fogo do exército sírio e ele acabou sendo forçado a fugir enquanto as forças governamentais avançavam. "Houve erros de nossos líderes, um dos carros-bomba explodiu na estrada que leva à cidade." Enquanto seus homens bombardeavam Ghouta, que agora estava sob cerco do exército, Hamed recuou novamente para al-Teibi e depois para a vila de Marj al-Sultan. E aqui, um homem da Nusra o convidou a se casar com sua sobrinha como segunda esposa. Ela mais tarde lhe daria dois filhos.

Hamed estava dirigindo um veículo na companhia de seu novo cunhado quando um foguete do exército sírio atingiu o veículo, arrancando sua perna esquerda e cortando sua perna direita no joelho. Seguiram-se meses de operações médicas em hospitais rebeldes improvisados e quatro dias de cirurgia. Hamed sorriu enquanto falava de seus ferimentos. Valeu a pena? Perguntei. "Foi o destino", disse ele:

---

11 Uma escolha interessante de alvos. O estádio Abbasiyyin, uma arena de atletismo com 30.000 lugares onde o Papa João Paulo II realizou uma missa em 2001, havia sido ocupado por tropas do exército do governo vários meses antes e fazia fronteira com o distrito de Jobar, onde Hamed comandava suas equipes de morteiros. O memorial de guerra Panorama, quatro milhas a oeste, continha uma exposição sobre a batalha pelo Golan sírio na guerra do Oriente Médio de 1973 — e era um local honrado para soldados e veteranos do conflito.

> "Vou lhe contar sobre um incidente. Havia um homem na área de Ghouta que havia sido pego sinalizando alvos para o exército sírio. Um juiz religioso, um mufti, o condenou à morte. Eles me perguntaram se eu o mataria. Estava do lado de fora e o homem estava ajoelhado no chão. Ele confessou diante de vários líderes que estavam lá. Então atirei na nuca dele. Eu não sabia o nome dele. Os outros me disseram para continuar atirando e atirei nele mais três vezes. Não senti nada. Se esse homem era muçulmano e havia cometido um pecado, quando o matei eu o purifiquei de seus pecados."

Essa terrível admissão foi seguida por um longo silêncio. Hamoud Hamed falou novamente sobre o destino, sobre mais meses de operações médicas e depois de seus arrependimentos. "Foi o destino", disse ele novamente:

> "Em Ghouta, o cerco era pior e as pessoas estavam com muita fome. Quando as pessoas quiseram que fôssemos embora, isso me causou grande dor. As pessoas que queríamos ajudar não nos queriam mais. E foi doloroso para mim quando eclodiram lutas entre os diferentes grupos rebeldes, entre muçulmanos, entre o Exército Livre Sírio e a Nusra e o Daesh."

E assim ele finalmente mencionou o Daesh. O "Estado Islâmico" havia chegado para infectar todos os jihadistas. O ISIS era grotescamente sectário, seu dever era destruir seus adversários muçulmanos sunitas, cristãos, alauítas, pró-regime, antirregime, yazidis, inocentes e espiões. E quase venceria.

Estranho, não é, como toda vez que temos uma "crise" no Oriente Médio, os russos intervêm para tirar vantagem dela?' Escrevi no *Independent* em março de 2015:

> "Assim que identificamos o ISIS/Califado Islâmico/Daesh como o antagonista mais apocalíptico, do fim do mundo, desde Hitler/Napoleão/Nero/Gengis Khan, a velha Mãe Rússia estende suas garras de urso e faz cócegas em uma ex-república soviética, a Ucrânia. Enquanto os meninos do ISIS se consolidavam em Raqaa e Mossul, os russos tomaram a Crimeia."

Na Síria, armas afluíam para ajudar os curdos em Kobani, enquanto os ucranianos pediam mais armas. "Especialistas" de Moscou apareciam regularmente na televisão — muitos tinham o estranho hábito de bater as mãos na frente da tela — para nos dizer que 'nossa' guerra era lutar contra o "fascismo" islâmico na Síria e no Iraque (e, eu acho, Afeganistão). Observei:

> "Voltemos agora à guerra esquecida na Chechênia — esquecida por nós, é claro. Fomos indulgentes quando Boris Yeltsin travou a primeira guerra chechena no meio dos anos 1990, e quando Vladimir Putin estava concluindo a segunda guerra da Rússia na Chechênia em 2002, estávamos novamente muito preocupados com nossa nova aventura no Afeganistão e nossa iminente 'libertação' de Bagdá para nos preocuparmos com os pobres chechenos."

No entanto, folheando um pouco mais nossas páginas de história, encontramos outra autonegação muito mais importante em 1956. Pois assim que os britânicos e franceses conspiraram com os israelenses para ir à guerra por Suez — e expulsar Nasser do poder —, os soviéticos enviaram seus tanques para as ruas de Budapeste para reprimir a Revolução Húngara. O supremo desrespeito ao direito internacional demonstrado tanto pelas forças soviéticas quanto pelos exércitos anglo-franceses anulou a conduta ultrajante de cada um. E embora o bombardeio de tanques soviéticos em Budapeste estivesse há muito tempo em planejamento e, portanto, mais provavelmente tenha sido programado para coincidir com a invasão de Suez, era difícil condenar os russos por tirar vantagem de nossa agressão europeia no Egito.

"E quem são os vencedores deste burlesco de décadas?", perguntei. Bem, os árabes, por um lado, escrevi em meu relatório. O presidente marechal al-Sisi do Egito festejou Putin no Cairo, mas está feliz em receber empresários britânicos para ajudar em seus projetos faraônicos para uma nova capital administrativa egípcia (custo total em torno de US$ 45 bilhões) e um 'novo' Canal de Suez. E o presidente Bashar al-Assad pode contar com o apoio de Putin em sua guerra contra os rebeldes da Síria, enquanto se beneficia dos ataques aéreos dos EUA contra seus inimigos do ISIS. E há Israel. Sua aliança com os EUA é forte como sempre, apesar das tolices de Bibi Netanyahu no Capitólio, Israel oferecendo mediar entre a Rússia e a Ucrânia — uma proposta interessante, já que Israel tem muita experiência em ocupar a terra dos outros. E lembre-se, Putin já elogiou a carreira política do ministro das Relações Exteriores israelense nascido na União Soviética, Avigdor Lieberman — que acredita, como o ISIS, que os israelenses árabes desleais deveriam ter suas cabeças cortadas —, como "brilhante". Pelo menos os ditadores e racistas do Oriente Médio entendem a hipocrisia das superpotências.

A hipocrisia estava em exibição em abundância na Síria. Mantive um diário do qual escrevi um "caderno" diário para os leitores do Independent, uma coletânea de notícias, histórias de horror, afirmações inacreditáveis, rumores e segredos militares. E o relato da miserável partida da ONU.

Atrás das paredes dos antigos quartéis franceses, abaixo da Praça dos Omíadas, jazia o destroço queimado do último caminhão-bomba sob uma árvore enrugada. Seria contra a caserna degradada que o exército sírio ainda usa? Ou era um pequeno truque para os oficiais da ONU no Hotel Dama Rose do outro lado da rua? Os últimos 100 observadores militares já estavam fazendo as malas para a viagem a Beirute. "Estamos extintos em cinco dias", ouvi um dos oficiais da ONU dizer no saguão.

Mal se podia culpá-los por irem embora. Em Aleppo, os soldados da ONU haviam começado a viajar num raio de 30 milhas da cidade, mas no espaço de meses, suas escoltas governamentais não se aventuravam além do último posto de controle do governo nos limites municipais. Os rebeldes eram menos amigáveis com a ONU; vários dos observadores internacionais me disseram que viram "estrangeiros" entre o Exército Livre Sírio. Chegavam telefonemas para homens do ELS, rastreados pela própria unidade de inteligência da ONU, de códigos de discagem no Catar e na Arábia Saudita.

Alguns avisos foram mais diretos. Apenas uma semana antes, um segurança que trabalhava para a ONU, ex-agente de segurança do governo sírio, foi sequestrado, torturado e assassinado perto de sua casa ao norte de Damasco. Encontraram 20 ferimentos de bala em seu corpo. Os oficiais da ONU, que tinham permissão para conversar com ambos os lados do conflito, falaram-me sobre Kfar Zita perto de Hama, e sobre execuções realizadas por homens com rifles usando munição de 7,62 mm, matéria cerebral na parede ao lado das balas alojadas. O exército sírio no distrito estava usando tanques T-72, foguetes S-5 de helicópteros Hind, Mig-23s e pequenos aviões que pareciam pouco maiores que Piper Cubs. E drones, sempre seguidos pelos Hinds. Um salafista na televisão estatal disse a seu público que seus inimigos eram "alauítas e xiitas e cristãos". Os soldados da ONU tendiam a concordar. Como todo exército estrangeiro que entrou no Levante nos últimos tempos, eles há muito tempo haviam descoberto os padrões sectários.

O comandante da ONU em Damasco, o general senegalês Babacar Gaye, deu um miserável adeus à sua missão em 18 de agosto de 2012, alegando de forma pouco convincente que a ONU não abandonaria a Síria — mas, na verdade, transformando o país em uma zona de fogo livre no momento em que seus últimos soldados começaram sua retirada. Depois que as tropas da ONU chegaram em 21 de abril para monitorar a retirada de armas pesadas e um cessar-fogo, a violência diminuiu, disse-nos Gaye. Mas "no meio de junho, ficou claro que as partes não estavam mais comprometidas com o cessar-fogo". Observadores da ONU haviam tentado "facilitar pausas nos combates" para auxiliar o trabalho humanitário e Gaye pediu a "todas as partes que parassem a violência que está causando tanto sofrimento ao povo sírio". Quando perguntei ao general como ele se sentia sobre o fracasso de sua missão, ele disse que estava "confortado pelo fato de a ONU permanecer na Síria". Mas isso era fantasia. Salvo um pequeno escritório da ONU com talvez apenas dez funcionários, a única missão de observação da ONU restante na Síria era a força UNTSO pós-1967, que deveria manter a paz entre Israel e a Síria nas Colinas de Golã. Muito em breve, estaria se abrigando do fogo de artilharia da guerra civil síria.

Ficamos pensando por que as tropas da ONU foram retiradas, mesmo antes da chegada do diplomata argelino Lakhdar Brahimi para assumir seu papel como enviado da ONU. Haveria alguém na sede da ONU que soubesse desde o início que a missão não tinha a intenção de ter sucesso? Ou foi porque as nações ocidentais e os patrocinadores do Golfo não queriam que observadores da ONU espiassem a quantidade de novas armas que poderiam estar planejando enviar para o ELS e seus aliados mais barbudos nessas partes da Síria?

Fora do hotel da ONU, na quente tarde de Damasco, as ruas, muitas vezes vazias, falavam de lassidão e não de desastre. O regime não parecia estar à beira do colapso, mas os sinais de deslocamento estavam em toda parte. Soldados agora estavam alojados na antiga estação Ottoman Haj no centro de Damasco — da qual nenhum trem havia saído em meses. As principais rodovias para o norte foram cortadas e as linhas telefônicas para Aleppo desmoronaram; a maioria dos viajantes optava por voar para a cidade a partir de Damasco, mesmo que a estrada do aeroporto de Aleppo para o centro da cidade fosse perigosa.

Encontramos o principal escritório de passagens da Syrian Arab Airlines em frente à estação Haj lotada de passageiros, todos procurando voos para fora do país ou implorando por assentos para parentes em aviões saindo de Aleppo. Houve batalhas armadas mortais naquela antiga cidade da Rota da Seda, até agora poupada pela guerra. Era uma nova frente no conflito. Se o exército sírio perdesse Aleppo, eles dariam a seus oponentes rebeldes uma nova capital da qual poderiam reivindicar o domínio da Síria. Nelofer e eu decidimos entrar na fila naquele lotado guichê de passagens aéreas. Havia muitos assentos para Aleppo no voo da Syrian Arab Airlines. O funcionário, dizendo-nos com indiferença que era impossível reservar uma volta, olhou nossos passaportes ocidentais sem interesse, como se fôssemos turistas a caminho de desfrutar dos antigos souks de Aleppo, visitar a grande Cidadela ou relaxar no Hotel Baron. Só quando ele disse 'boa sorte' vi um reflexo de preocupação em seus olhos.

O Airbus 320 tinha apenas uma dúzia de passageiros, mas a tripulação passou pela rotina de segurança de voo — como se garantir que nossas bandejas de mesa estivessem bem presas de alguma forma garantisse nossa pequena aventura. Aterrissamos antes do anoitecer. Os cartazes de viagem nas paredes, suas cores já desbotadas, o segurança mal arrumado apontou para um pequeno escritório onde um funcionário da companhia aérea nos disse para esperar pelo gerente militar do aeroporto. Ele acabou chegando e tentou em vão ligar para Damasco. Sacudiu a cabeça espantado que dois jornalistas ocidentais tivessem aparecido para assistir à guerra em Aleppo e depois nos levou para o estacionamento abandonado do aeroporto onde estava parado um único táxi amarelo. "Leve essas pessoas para um bom hotel", disse ele ao motorista. Então ele olhou para Nelofer e disse: "Você deveria usar um lenço. Será mais seguro para você". Foi então que percebemos que teríamos que viajar por território controlado pelos rebeldes para chegar ao oeste de Aleppo.

Jornalistas que cruzaram a fronteira turca com a Síria já haviam chegado aos subúrbios orientais. Seus relatos falavam de rebeldes olhando para a Cidadela. Estaríamos olhando para o outro lado dessa mesma fortaleza que Tamburlaine de Christopher Marlowe destruiu em 1400. A destruição é pelo que Aleppo será conhecida novamente, sua cidade antiga mesmo agora, no verão de 2012, aguardando sua redemolição. A aniquilação da própria Síria e de suas cidades, vilas e aldeias, suas mesquitas e igrejas e, acima de tudo, seu povo, agora fará parte de nossa terrível história.

Agosto de 2012. Aleppo, perguntamos a nós mesmos, está realmente participando agora do conflito sírio depois daqueles meses quase incríveis em que a maior cidade do país permaneceu altivamente à margem do despertar árabe? Sabemos que é verdade quando o motorista do táxi do aeroporto sai da autoestrada em direção a Aleppo. Um halo de fumaça marrom abraça o horizonte e o motorista sabe que não deve seguir as placas da autoestrada do aeroporto. Ele vira à esquerda, saltando sobre o trilho mediano quebrado e entre duas pilhas enormes de pedras, ciente do que estamos prestes a ver. Diante de nós há um mar de ruínas, casas queimadas e carros destruídos pelos quais dirigimos muito lentamente, o acelerador falhando enquanto deslizamos por dois caminhões de lixo, tombados para formar uma barricada.

Mas esses são postos de controle fantasmas. Não há homens armados, nem milicianos, nem Exército Livre Sírio, nem al-Qaeda nem uma alma civil, porque essa batalha acabou. Esse é o subúrbio de al-Baz, retomado pelo exército do governo, nos disseram mais tarde, embora não vejamos um soldado por quilômetros. O exército veio e se foi, e os edifícios de cada lado da estrada estão esmagados por bombas e marcados por balas. Dirigimos por essas ruas fantasmas. Cabos elétricos pendem de seus postes. Há até mesmo, à nossa direita, uma delegacia espectral, seu gigantesco retrato mural de Bashar al-Assad intacto, mas acima de cada janela a mancha negra dos incêndios, o prédio destruído, a estação de bombeiros ao lado abandonada. Um caminhão de bombeiros foi batido contra uma parede. Em todos os oito quilômetros, vejo uma criança solitária nas ruínas e uma mãe carregando um bebê por uma nuvem de poeira. Somente quando a Cidadela aparece à nossa direita há pessoas nas ruas, famílias, meninas pequenas em seus vestidos de Eid, um café shwarma.

"Limpamos essas ruas", um oficial sírio me diria mais tarde. Sim, essa palavra novamente. Encontramos o Aleppo Palace Hotel no centro da cidade, soldados do governo descansando no parque em frente, um elegante gerente de mesa armênio e quartos apertados e sujos com janelas quebradas. Não tinha muita certeza sobre os homens que encontraríamos, os homens de Assad, soldados e oficiais. Era uma sensação estranha, sentar-se em uma casa particular comandada pelo exército sírio em Aleppo e conversar com generais acusados de crimes de guerra. Eu estava, por assim dizer, na "toca do inimigo". Um general major imensamente alto e careca que comandava Saif al-Dowla tinha muito a dizer sobre a guerra que seus soldados estavam lutando e o desprezo com que eles consideravam seus inimigos. "Ratos", o general os chamava. "Eles atiram em nós e depois correm e se escondem nos esgotos. Estrangeiros — turcos, chechenos, afegãos, líbios, sudaneses..." E sírios, eu disse. "Sim, sírios também, mas contrabandistas e criminosos..." Uma metralhadora roncou no final da rua.

Eu não acreditava na lista internacional de "Terroristas Ltda.", embora mudasse um pouco de ideia nas semanas seguintes. E os generais sírios mudariam sua descrição dos "contrabandistas e criminosos", os desertores do ELS que, é claro, eles conheciam. O major general de 53 anos tinha 33 anos no exército sírio, dois filhos, dois netos e duas feridas de bala da batalha de julho em Damasco. Ele me disse que poderia "limpar" essa parte de Aleppo de "terroristas" em 20 dias. Nelofer e eu esperávamos encontrar esse general mais tarde quando — tínhamos certeza — sua promessa não seria cumprida. E, de fato, três anos depois, em Palmyra — recapturada pelo exército do ISIS, perdida novamente para o ISIS e retomada mais uma vez pelo exército com a ajuda dos russos —, encontramos com ele novamente. E quanto àqueles 20 dias? Perguntamos a ele. Ele não percebeu quando nos encontrou em 2012, admitiu, a "natureza" do inimigo.

Balas zuniram enquanto corríamos pela antiga rodovia em direção à fortaleza. O enorme portão medieval de ferro e madeira, com suas dobradiças e suportes ornamentados, uma obra de defesa que havia resistido por 700 anos, havia sido arrancado. Eu escalava madeira carbonizada e pedaços de rocha com delicadas inscrições corânicas. Centenas de buracos de bala haviam perfurado a alvenaria do portão interno. Para mim, um visitante de Aleppo que se maravilhou com seus tesouros arquitetônicos por mais de três décadas, o choque de encontrar essas batalhas campais nesse patrimônio mundial, um lugar de museus e mesquitas, foi razão de infinita tristeza. Mas a devastação sofrida por seus civis seria imensurável em palavras. Em uma nota a um colega em 2018, escrevi que "talvez o bombardeio de Grozny por Putin deveria ter sido um aviso para nós de outra barragem total contra outra cidade na Síria". E nos anos seguintes, a própria cidadela, o coração de ferro dessa cidade, ocupada, destruída e reconstruída por homens de coração de ferro, testemunharia mais uma vez a castração de seu poder.

No entanto, em 2012, os soldados sírios gostavam de se gabar. Trinta rebeldes mortos, apenas oito soldados feridos — vi um deles, mas isso não provava que as estatísticas fossem verdadeiras. Com seus soldados, passamos correndo pelos destroços do belo antigo Hotel Carlton, em cujo pátio permanecia um Renault de 1930. Mas ao longo de várias ruas, corremos para salvar nossas vidas e ficou claro que o exército sírio não controlava mais essa parte da cidade. Por 15 minutos, nos abrigamos com um grupo de oficiais em uma pequena casa acima de uma loja de turistas abandonada. Quando entramos, notamos uma fila se formando na frente de uma padaria na praça em frente ao Hotel Sissi. Mas quando saímos, não havia mais fila e tantas balas cruzavam a praça que tivemos que correr por um beco vizinho.

No oeste de Aleppo, Nelofer e eu saíamos de nosso hotel central e simplesmente vagávamos pelas ruas. Bombas explodiam nos telhados e um canhão de som oco disparava para o leste de trás da escola de artilharia. Os ricos já haviam partido, a classe média ficava em casa e os pobres sofriam, principalmente porque vinham das favelas ao redor do leste da cidade, fitas de concreto negligenciado em que unidades do ELS e grupos islâmicos agora faziam suas pequenas fortalezas.

Os pobres, é claro, estavam por toda parte. Pegue as três famílias de 19 almas que encontramos quando caminhamos pelo parque ao lado da Praça Saddallah al-Jabiri. Estavam deitados à sombra de uma árvore mirrada, sua única cobertura desde que chegaram lá um mês antes do subúrbio oriental de Haydariya. Há um pai na casa dos 40 anos que se recusa a dar até mesmo seu primeiro nome, mas está preparado para contar a história da família. "O Exército Livre veio para nossa mesquita e um imã nos disse para 'sair de suas casas'. Esse foi o conselho dele. Depois ouvimos bombas e balas, então saímos de nossas casas". O pai era curdo-sírio, descobriu-se, e ele se referiu aos homens armados que se opunham ao regime de Assad como "Exército Livre". Tivemos que nos esforçar para ouvir suas palavras acima do som de um helicóptero.

"Quase todos estavam deixando nossa área — era o início do Ramadã —, embora algumas famílias ficassem em suas casas", gritou o homem. Houve o estalo de balas atingindo uma rua a duas ou três quadras de distância. Outro combatente rebelde havia atirado no quarteirão da Rua Quwatli e o exército sírio havia pedido um ataque aéreo e agora o helicóptero estava atirando. Mas o pai não parou:

"O imã era do outro lado de Haydariya, sabíamos quem ele era, ele usava roupas de xeique, não era estrangeiro. Quando estávamos saindo, nosso sobrinho Hassan saiu do carro para comprar pão. Foi aí que o atirador o atingiu, sim, um dos do 'Exército Livre'".

Hassan está deitado ao nosso lado em um velho tapete, com dor, o braço esquerdo enfaixado no pulso e no ombro. "Agora as caridades aqui vêm e nos alimentam, mas não temos onde ficar." Então um jovem se aproximou, um alfaiate de 32 anos que disse que seu nome era Bakri Toufnakji. Ele tinha uma casa em Bab Jenin na Cidade Velha e estava lá quando os rebeldes chegaram. "As famílias estavam todas na rua e fui falar com as pessoas do 'Exército Livre'", disse ele. "Eu disse que temos famílias aqui e mulheres e crianças e um homem com problemas cardíacos. Eu disse: 'Por favor, vá embora e leve suas armas com você'. E o 'Exército Livre' disse que iria embora. Mas então o exército [governamental] veio e a luta começou."

Em uma entrevista reveladora a um correspondente da Reuters, um comandante insurgente local daria um relato muito análogo desses eventos. Ele reclamou que, embora ele e seus homens tivessem "libertado as partes rurais desta província" antes, "esperamos e esperamos que Aleppo se levantasse e não o fez. Não podíamos confiar neles para fazer isso por si mesmos, então tivemos que levar a revolução a eles." Outro combatente disse ao repórter da Reuters que "tivemos que iniciar a batalha para encorajar Aleppo e acostumar os residentes a fazer parte da revolta (...) infelizmente, ainda há pessoas que apoiam o regime".

Aleppo era uma "cidade do exército" e os alepinos permitiam de bom grado que seus filhos fossem convocados. Mas a cidade sempre possuiu um núcleo ascético de islamistas que às vezes se mudavam para o "triângulo de Idlib" ao longo da fronteira turca, considerado na Síria um centro da al-Qaeda; homens de Idlib estavam entre aqueles que se acredita terem se mudado para o campo palestino de Nahr el-Bared no Líbano em 2006, provocando uma pequena revolta islâmica ao norte de Trípoli. Em 1994, um estudante egípcio de arquitetura fez duas visitas de várias semanas a Aleppo, estudando seus edifícios e história: Mohamed Atta lideraria mais tarde os sequestradores do 11 de setembro.

Sentei-me para tomar um chá com um sírio de meia-idade que queria me dizer por que odiava o regime. Ele era uma pessoa de fala mansa que me encontrou em um café no centro de Damasco. "Meu irmão fazia parte da revolução [dos Irmãos Muçulmanos] de 1980 e nem mesmo minha família sabia disso", disse ele:

> "Então, um dia, os homens da inteligência da mukhabarat vieram em três carros para prendê-lo. Ninguém sabe para onde o levaram — nem mesmo agora, 32 anos depois. Documentos oficiais diziam que meu irmão estava vivo, mas em 1996 recebemos notícias de ex-prisioneiros que disseram que haviam visto meu irmão, e que ele havia sido enforcado ou baleado na prisão de Tadmor [Palmyra]. Para mim, a revolução começou há muito tempo, quando meu irmão foi preso. Agora minha revolução está ficando maior (...) O que aconteceu é que se você tem um balão e continua colocando muito ar nele, ele vai explodir. Quando as pessoas começaram a protestar no ano passado, o governo usou a força para detê-las e as prisões — gota, gota, gota — houve uma explosão."

"As pessoas", disse esse homem, "saíram do silêncio" — em si mesma uma expressão notável — e "começaram a usar um pouco de violência contra o governo". Mas ele aceitaria um parlamento verdadeiramente democrático com eleições reais mesmo que Bashar al-Assad permanecesse? "Conhecemos esse governo há 40 anos", respondeu ele. "Você não pode confiar neles para lhe dar a temperatura correta durante o dia. Democracia e violência não se encontram."

Em 2016, em uma tentativa pública de mostrar a "mão suave" do regime, 267 detentos — mais da metade deles detidos na sede da polícia em Damasco — foram libertados por ordem de Assad. Meu colega Sammy Kaz encontrou alguns deles quando foram libertados na capital, sujos, espancados e cada um forçado a assinar um documento em que dizia lamentar sua "ação" e prometia "não participar de mais nenhuma manifestação não autorizada". Um homem de 36 anos identificado apenas como "Ahmad" disse que primeiro havia sido sequestrado e baleado nas pernas pelo ELS por fornecer informações sobre seus membros ao regime, foi encontrado por soldados do governo que o levaram ao hospital — e depois preso pela mukhabarat por dois meses. Ahmad não tinha dinheiro para um táxi para casa. Nem sapatos.

Repórteres de agências ainda conseguiam, com muito cuidado, operar dentro do que agora chamavam de "território controlado pelos rebeldes" e visitar os locais de ataques aéreos sírios contra casas civis em Tal Rifaat e Azaz; pequenas imagens de horror apareceriam em suas reportagens junto com reclamações de comandantes rebeldes freelancers de que "crimes de guerra (...) arriscavam dar à oposição uma reputação tão ruim quanto a de Assad".

Enquanto os líderes ocidentais continuavam a enfatizar a calamitosa perda de poder de Assad, relatos diretos da crescente influência islâmica continuaram a surgir. Em novembro de 2012, a jornalista da Reuters Erika Solomon estava relatando o medo de "potências estrangeiras" de que "armas enviadas a grupos obscuros podem simplesmente alimentar a carnificina — ou mesmo serem usadas contra seus próprios donos". Em uma reportagem separada, ela escreveu sobre "os corpos de quatro soldados [sírios] uniformizados, alinhados em um jardim, todos baleados na cabeça" e comentou que "cada vez mais casos de execuções estão vindo à tona, incluindo um vídeo (...) que mostrava rebeldes em outra parte de Idlib (...) alinhando vários soldados contra uma parede e os fuzilando, um ato que as Nações Unidas disseram que poderia constituir um crime de guerra".

Quando o padre ortodoxo Fadi Jammil Haddad tentou a libertação de um médico cristão sequestrado ao sul de Damasco, ele próprio foi sequestrado e morto a tiros; em seu funeral, uma bomba explodiu matando dois civis. Na mesma semana, o líder da al-Qaeda, Ayman al-Zawahiri, pediu aos muçulmanos que vivem em países vizinhos à Síria que se juntassem à revolta contra Assad. No mesmo dia em que um terrorista suicida da Nusra matou pelo menos 50 soldados do governo perto de Hama, surgiram histórias de rebeldes sírios voltando-se contra seus próprios comandantes. Escrevendo sobre "uma causa que foi cada vez mais sequestrada pelos islamistas", a repórter da AFP Jennie Matthew entrevistou um comandante do ELS perto de Aleppo, um ex-estudante de religião que se chamava "Sheikh Omar" e que culpou os desertores na Turquia por seu fracasso em destruir o regime. "Existem dois tipos de desertores — aqueles que permanecem na Síria e lutam e depois o outro tipo, que fica em hotéis chiques na Turquia", disse ele. "Eles estão sonhando com a queda do regime (...) São pessoas que só pensam no benefício pessoal (...) são pessoas fracas."[12]

12 O crescente número de "covardes no exílio" que os comandantes do FSA detestavam

Nesse estágio, até mesmo os norte-americanos começaram a perceber que algo estava dando muito errado com a história do povo sírio contra o tirano na qual eles haviam baseado publicamente suas políticas. Hillary Clinton agora falava de combatentes estrangeiros islamistas que haviam "sequestrado" a revolução síria, exigindo que a oposição do "Conselho Nacional Sírio" apoiada pelo Ocidente ampliasse sua adesão para incluir mais grupos de resistência. Ela estava preocupada, segundo ficou claro, com o crescente "extremismo" na Síria. Após assistir a outro vídeo de execução de tropas governamentais, o Alto Comissário das Nações Unidas para os Direitos Humanos descreveu as imagens como provavelmente sendo "um crime de guerra". As imagens mostravam 12 soldados sírios feridos alinhados no chão e mortos a tiros com armas automáticas enquanto os assassinos os descreviam como "cães da shabiha de Assad". Depois de encorajar os sírios a se levantarem contra seu ditador — como fizemos no Iraque na década de 1990 —, o Ocidente abandonaria a Síria ao purgatório de sua guerra sectária e ao tormento do mesmo regime do qual eles queriam escapar em primeiro lugar. Assim como a catastrófica invasão anglo- norte-americana do Iraque pôs fim às aventuras militares ocidentais épicas no Oriente Médio, a tragédia da Síria garante que não haverá mais revolução árabe, escrevi. E levou apenas 13 anos ensanguentados — de 2003 a 2016 — para realinhar o poder político. A Rússia e o Irã e os muçulmanos xiitas da região agora estão decidindo seu futuro. Foi o que sobrou de nossa promessa de "liberdade" e "democracia"!

Eventos sem precedentes no Oriente Médio moderno estavam ocorrendo na Síria quase todos os dias; um relatório de Damasco, por exemplo, relatou que o governo estava sistematicamente arrasando as casas destruídas pela batalha e os bairros danificados de famílias simpáticas à insurgência — garantindo assim que eles nunca pudessem retornar para casa. E surgiram os primeiros relatos de combates entre rebeldes e tropas governamentais dentro da Grande Mesquita de Aleppo do século XI. Esta, pelo menos, havia sobrevivido — por enquanto. Mas, por mais cruel que a expressão possa ser, esses eram meros edifícios. O sadismo colossal

também irritava seus anfitriões norte-americanos na Turquia. Um diplomata norte-americano reclamou amargamente comigo que sua aversão à oposição lá finalmente se transformou em desprezo quando muitos declararam que só voariam para as negociações de paz em Roma se recebessem passagens aéreas da classe executiva de Istambul.

desse conflito assombraria as mentes até mesmo dos observadores mais neutros por grande parte de suas vidas. Tropas irlandesas da ONU que serviam na missão de paz da Força de Observadores de Desengajamento das Nações Unidas nas Colinas de Golã seriam assombradas por anos pelos massacres que viram nas ruas das aldeias. Eles, nas palavras frias de uma testemunha ocular da ONU, encontrariam "restos de decapitações, enforcamentos expostos nas ruas, em árvores e pontes, civis inocentes e famílias massacradas".

POSFÁCIO

Nelofer Pazira-Fisk

A incapacidade de distinguir entre o mal absoluto, o mal relativo, a corrupção, o cinismo e a arrogância produziu estranhas miragens. Regimes que favorecemos sempre possuíram divisões de exército "de elite", unidades de segurança "de elite" e foram sustentados por famílias governantes paternais e muito reverenciadas. Regimes que desejamos destruir estavam equipados apenas com tropas de terceira categoria, amotinados, desertores, policiais corruptos e marcados por famílias governantes.

O Egito, com seus prisioneiros políticos, sua tortura policial e suas eleições falsas, era um paraíso turístico. A Síria, com seus prisioneiros políticos, sua tortura policial e suas eleições falsas, gostaria de ser um paraíso turístico. O Iraque, com seus prisioneiros políticos, sua tortura policial e suas eleições falsas, não era — e não desejava ser — um paraíso turístico.

Estes foram os dois últimos parágrafos que Robert escreveu antes de sua morte em 30 de outubro de 2020. Eles faziam parte do capítulo final deste livro — e sobre o tema da cobertura da mídia ocidental sobre o Oriente Médio e sua relação com a elite política ocidental. "O problema é que existe uma relação osmótica entre jornalistas e poder, e eles se alimentam um do outro. Se eles traem essa relação osmótica, são expulsos do grupo de imprensa. Não apenas pelo governo, mas pelos outros jornalistas", disse Robert a Eva Salinas da Open Canada em 8 de novembro de 2019. "Uma das razões pelas quais recebo muita crítica pelas matérias que escrevo é que, se não me ativer à versão jornalística geral do que está acontecendo, sou [visto como] traindo [outros]".

Robert escreveu sobre a responsabilidade dos jornalistas e a manipulação da linguagem na reportagem, que distorcia a verdade. Ele escreveu sobre o uso deliberado da linguagem pela mídia ocidental para acomodar seus padrões duplos: "Quando os manifestantes na Líbia, na Síria e no Irã são baleados, é um 'massacre'; mas quando os manifestantes são baleados no Bahrein, na Arábia Saudita ou no Egito sob Sisi, são 'ações punitivas'. A mídia tradicional no Ocidente dança em torno das palavras, obscurecendo seu significado simplesmente para evitar controvérsia ou ofender 'centros de poder'."

> No contexto ocidental, poder e mídia tem a ver com palavras — e o uso de palavras. É sobre semântica. É sobre o emprego de frases e orações e suas origens. E tem a ver com o mau uso da história; e nossa ignorância da história. Cada vez mais, nós, jornalistas, tornamo-nos prisioneiros da linguagem do poder.

A jornalista israelense Amira Hass foi uma das maiores influências na vida de Robert. Ele costumava citá-la dizendo que o trabalho de um jornalista é "desafiar os centros de poder". Responsabilizando poderes e desafiando sua autoridade, Robert argumentou que governos e políticos não têm o monopólio da "verdade", mas agem como se tivessem.

Robert levava seus leitores a sério e respondia a todos, passando horas respondendo a suas cartas e e-mails. Ele acolhia suas críticas ou pontos de vista divergentes, desde que estivessem dispostos a engajar-se em um diálogo. Mas ele não perdia tempo com ataques ofensivos que, segundo ele, tinham o objetivo de silenciar as críticas à poderosa elite do Ocidente e suas más ações no Oriente Médio, em vez de uma tentativa de debater o assunto. O anonimato oferecido pelas plataformas online digitais tornou a natureza desses ataques mais agressiva e frequente.

> Isso agora se tornou uma característica de muitos comentários de ódio na internet. Seja ofensa antissemita, islamofobia ou ódio de gênero, os slogans estão substituindo os argumentos. Assim, de forma descarada e sutil, a acusação substituiu o debate. Todo político, jornalista, "ativista", todo primeiro-ministro, editor e clérigo (de qualquer variedade) agora tem que refutar as acusações feitas contra eles — por mais absurdas que sejam — para provar sua inocência. Eles são culpados até que se prove o contrário, este último um resultado feliz, mas quase impossível

> de alcançar, já que sua culpa já é um "fato" da internet, apenas colocado em dúvida ao responder ao contrário — e assim tornando-se parte do discurso de ódio. Não há sentido em culpar a tecnologia por nossa situação (...) É o uso ao qual permitimos que essa tecnologia seja colocada que agora nos confronta nas redes sociais. Jornalistas — e devemos falar por nós mesmos — não merecem, nem devemos tolerar, a sujeira e a calúnia que nos são lançadas por fazer nosso trabalho por aquelas pessoas que, longe de serem dignas de atenção, precisam de séria ajuda médica.

Ao relatar o maus-tratos e a traição do Ocidente ao Oriente Médio, Robert compilou um arquivo de documentos e testemunhos individuais — um catálogo das falhas do Ocidente e seu efeito na vida das pessoas nas terras de "grande história e sofrimento". Da invasão anglo-americana do Iraque, à ocupação e colonização ilegal e aberta de Israel nas terras árabes, ao contínuo relacionamento amigável dos governos ocidentais com as monarquias do Golfo e os ditadores no Egito e na Turquia, às campanhas catastróficas dos EUA e da OTAN na Líbia, na Síria e no Afeganistão — são inúmeros relatos de angústia humana, tristeza, esperança e derrota.

> O exército sírio mata civis, mas afirma tomar todos os cuidados para evitar "danos colaterais". Os israelenses dizem o mesmo. Os britânicos dizem o mesmo, os norte-americanos, os russos e os franceses. Talvez a Corte Internacional de Haia um dia nomeie soldados sírios responsáveis por tais crimes — tenha certeza de que eles não tocarão nos guerreiros do Ocidente. Um tribunal alemão julgou dois oficiais de segurança sírios em 2020 por tortura e agressão sexual contra prisioneiros nove anos antes. Mas os EUA retiraram-se do Tribunal Penal Internacional em 2002 para evitar que processassem militares ou funcionários norte-americanos.

Permitir que governos ocidentais e seus aliados saíssem impunes de crimes de guerra estabeleceu um novo e perigoso precedente: a normalização de tais crimes. Robert alertou que esse padrão e a linguagem usada para encobrir o assassinato deliberado de civis, e depois a culpabilização das vítimas por sua própria morte e destruição, não apenas enfraqueceram a posição moral do Ocidente contra a tirania, mas permitiram que ditaduras e autocracias ao redor do mundo usassem isso como justificativa para seus próprios crimes de guerra.

Isso não poderia ser mais verdadeiro do que no caso da Síria, ou mais preciso do que no caso da invasão russa da Ucrânia. Perguntam-me com frequência o que Robert teria dito sobre a última guerra na Europa. Seus despachos teriam visto a crise atual no Oriente Médio, nos Bálcãs e na Europa sob a perspectiva da história e de um ponto de vista do Oriente Médio, apontando os padrões duplos dos governos ocidentais e sua atitude hipócrita em relação ao sofrimento das pessoas na região. A constante recusa dos EUA em aderir ao Tribunal Penal Internacional comprometeu a capacidade do Ocidente de repreender Putin por seus crimes contra a humanidade. Como poderia a União Europeia, no momento mais fraco e pouco inspirador de sua história, responsabilizar Putin quando a linguagem que ele e seu ministro das Relações Exteriores, Sergey Lavrov, usam é igualada palavra por palavra à de Benjamin Netanyahu e à dos ministérios da Defesa e Relações Exteriores israelenses, e é rotineiramente adotada pela Casa Branca e pela mídia?

Ao fazer um acordo com o Talibã, os Estados Unidos e a OTAN lançaram os afegãos, especialmente as mulheres, sob o domínio de um grupo militante que tem matado civis desarmados — bombardeando hospitais e escolas — e sequestrado e torturado manifestantes mulheres. A gritante hipocrisia do Ocidente é impossível de esconder, mesmo por trás da linguagem de sua habitual covardia. Como Joe Biden poderia ter a audácia de falar sobre os direitos das mulheres iranianas à liberdade, quando ele presidiu o roubo dos mesmos direitos das mulheres no Afeganistão? O novo aliado dos EUA, criado, depois abandonado e recentemente renomeado no Afeganistão, o Talibã, é o único governo do mundo que proíbe mulheres e meninas de frequentar a escola.

Atingido por conflitos desde a invasão soviética em 1979 e as prolongadas guerras civis, religiosas e por procuração que se seguiram — em parte graças ao apoio dos norte-americanos aos mujahidin afegãos e aos predecessores do Talibã —, o Afeganistão foi esquecido pelo Ocidente. Os afegãos não podem ser criticados por pensar que o verdadeiro objetivo do Ocidente era a desintegração da União Soviética, não sua liberdade ou independência. E agora eles podem desfrutar da "democracia" sob o Talibã, que também se entrega à influência e poder imaginados de Putin. Não é muito diferente da situação na Síria, onde as forças rebeldes foram descartadas para o lixo de Idlib, e os sonhos dos manifestantes de "liberdade" e "democracia" foram abandonados como um "projeto" ocidental. O objetivo norte-americano de derrubar Assad pode não ter sido alcançado, mas há outras políticas de poder a serem consideradas.

Afinal, deixar Assad no poder é o preço que a administração dos EUA está preparada para pagar para evitar uma guerra israelo-iraniana. Nenhuma pergunta poderia ser feita sobre o papel de Israel na guerra síria, já que seu exército atacou aleatoriamente alvos sírios e iranianos na Síria desde 2013, embora curiosamente nunca o ISIS. Existem evidências de vídeo e testemunhas oculares credíveis de combatentes feridos da Nusra sendo evacuados e tratados em hospitais israelenses. Em 2018, o governo Trump reconheceu a anexação ilegal de Israel do Golã, território sírio capturado na guerra de 1967.

Em fevereiro de 2021, o secretário de Estado americano Antony Blinken afirmou que "como questão prática, o controle do Golã (...) acho que continua sendo de real importância para a segurança de Israel". Ele disse à CNN que "questões legais são outra coisa e, com o tempo, se a situação mudasse na Síria, é algo que examinaremos, mas não estamos nem perto disso".

"Em algum lugar sobre o Atlântico", escreveu Robert, "há uma cortina de vidro gigante através da qual os norte-americanos veem o Oriente Médio, o que distorce completamente sua visão". Incorporada a essa visão está uma atitude colonial arrogante de que apenas o Ocidente e os europeus realmente apreciam a democracia. O Ocidente ofereceu ao Oriente Médio a democracia na forma de operações militares — abertas ou secretas, diretamente ou com a ajuda de seus aliados regionais —, mas ninguém deveria esperar que as pessoas nesses países entendessem ou valorizassem totalmente a democracia porque não eram europeus.

Um refugiado sírio, o dr. Hamza al-Kateab, de Aleppo, vivendo no exílio no Reino Unido, ofereceu conselhos aos ucranianos em 2022: eles "não devem esperar que nenhuma linha vermelha seja respeitada. Ou que qualquer lei humanitária seja respeitada nessa invasão. Não espere que [essa situação] mude nas próximas semanas; é uma guerra de longa duração. Não espere que o mundo fique ao seu lado por muito tempo. As pessoas tendem a esquecer. A mídia tende a mudar para o próximo assunto quente ou para a próxima área de conflito. E os dois milhões de refugiados agora, esse número vai aumentar nos próximos dias, e de repente a narrativa vai ser: 'Você está roubando nossos empregos. Você deveria ter ficado para lutar pelo seu país, e o que você está fazendo aqui?'"

Quando Robert assumiu o cargo de correspondente do Oriente Médio para o *The Times of London* em 1976 e fez de Beirute sua casa, ele também tomou uma decisão. Consciente das atitudes coloniais ocidentais, ele nunca compraria ou teria propriedade no Líbano ou em qualquer outro lugar do Oriente Médio, porque as terras árabes pertenciam aos árabes, não aos europeus. Por 44 anos, ele viveu no mesmo apartamento alugado, com o mesmo senhorio. Ele argumentou que os exércitos ocidentais e seus governos egoístas deveriam deixar o Oriente Médio em paz. *A noite do poder: a traição do oriente médio* é tanto seu apelo pelo fim da interferência ocidental quanto um relato do sofrimento humano devido à loucura da guerra e aos ditadores apoiados. A representação inadequada da mídia das pessoas no Oriente Médio é uma extensão da mesma mentalidade que já colonizou essas terras.

Durante o *lockdown* da Covid, enquanto Robert continuava sua pesquisa e escrita deste volume, discutimos as condições cada vez piores no Oriente Médio e a necessidade de mais reportagem investigativa. Robert não viveu para testemunhar e escrever o próximo capítulo dessa grande tragédia chamada Oriente Médio. Mas ele lembrou seus leitores dos "raios manchados", nas palavras de Faiz Ahmed Faiz, o grande poeta paquistanês que muitas vezes lemos e admiramos. O amanhecer que Robert desejava ver romper nessas terras épicas não chegou; a luz prometida entre as cortinas oscilou e deu lugar a mais escuridão; e a noite ainda está encharcada de sangue inocente:

> Esta não é a Aurora por que, extasiados pela liberdade,
> Partimos em pura saudade...
> Amigos, nosso sangue moldou seus próprios caminhos misteriosos.
> Quando mãos puxaram nossas mangas, tentando nos deter,
> E de câmaras maravilhosas, Sirenas gritaram
> Com seus braços sedutores, com seus corpos nus,
> Nossos olhos permaneceram fixos naquela Aurora que acenava...
> Agora ouça a terrível mentira desenfreada:
> ...Veja nossos líderes polirem sua maneira, limpa de nosso sofrimento:
> De fato, devemos confessar apenas a felicidade;
> Devemos renunciar a qualquer expressão pelo Amado — todo anseio é proibido[1].

De frente para o Mediterrâneo, nossa varanda dava para a Corniche, à

1 Faiz Ahmed Faiz, "Alvorada da Liberdade", 1947.

beira-mar, por onde os Cruzados já passaram; o mandato francês a batizou de "Avenue des Français", um lembrete da ganância e das campanhas militares fracassadas do passado. As gerações futuras terão que lutar pela liberdade de seus próprios ditadores, déspotas, presidentes corruptos, sistemas políticos sectários e liberdade das bases militares e suas operações. Em 2020, havia mais bases militares dos EUA e da OTAN na região do que em qualquer outro momento da história. Por quê? Pode-se perguntar se outra cortina de ferro está sendo desenhada enquanto o exército russo recua, fantasmas do passado pairando novamente em covis mais sombrios. A ascensão do fascismo, a islamofobia, o antissemitismo, o nacionalismo e dogmas de todas as variedades na Europa estão novamente ameaçando as liberdades civis e a tolerância, enquanto a terra que ocupamos está caminhando para a extinção como resultado de nossa exploração e guerras. E a Síria?, perguntei a Robert dias antes de sua morte. Ele me entregou um de seus artigos: "Diz-se que os árabes do Golfo, particularmente o Qatar, estão interessados em reconstruir financeiramente a Síria. Então, se eles não se rendessem militarmente, os 'rebeldes' de Idlib poderiam ser comprados? Não menos pelas nações árabes que os apoiaram em primeiro lugar. Estes são os primeiros dias. Mas todas as guerras têm fim. E é aí que a história reinicia."

NOTAS

Prefácio

xviii revelado pela primeira vez ao Profeta Mohamed: Minha grafia preferida é Muhammad, mas para ser consistente com *A grande guerra pela civilização*, mantive esta grafia (Mohamed) em *A noite do poder*, exceto em algumas ocasiões em que é grafado de forma diferente em um documento original escrito.

1: Legado

1 Para o pequeno Sayef: entrevista com os pais de Sayef Mohamed e com a Dra. Samira Alaani, Fallujah, 6 e 7 de março de 2012.

4 Quando crianças morreram em uma praga de cânceres: Fisk, The Great War for Civilisation, pp. 895–913; sem "dados epidemiológicos revisados por pares", carta de Doug Henderson datada de 22 de dezembro de 1998.

6 Seu vice-presidente, Tariq al-Hashemi, acabara de fugir: veja Reuters, 17 de fevereiro e 1° de abril de 2012, e AP, 3 de abril de 2012.

7 Havia um massacre toda noite: registros dos mortos de Bagdá, estatísticas do necrotério e depoimentos de testemunhas nessas páginas estão em meus cadernos pessoais de 2003–2005 e relatados posteriormente no Independent. Veja especialmente as edições do jornal de 19, 21, 22, 25 de setembro de 2003; 17, 27, 31 de dezembro de 2003; 7 de janeiro de 2003; 3 de abril de 2003; 14, 27 de julho de 2003; 2 de janeiro de 2004; 27, 29 de março de 2004.

21 em 2004, quando David Brooks anunciou: veja International Herald Tribune, 13 de abril de 2004, "A batalha pelo Iraque não acabou", por David Brooks.

21 Mas quando Thomas Friedman anunciou: veja International Herald Tribune, 10 de dezembro de 2004, "Pessoas de destruição em massa", por Thomas L. Friedman.

22 Brooks escreveu sobre: veja International Herald Tribune, 3 de novembro de 2006, "Os mesmos velhos demônios", por David Brooks; veja também Independent, 11 de novembro de 2006, "Aí vêm as desculpas odiosas", por Robert Fisk.

22 Peters foi mais direto: veja USA Today, 3 de novembro de 2006, "Último suspiro no Iraque", por Ralph Peters.

22 "Era impossível dizer": Mansour, Inside Fallujah, p. 173.

2: A era do ditador

24 Sadat – o novo amigo da América: David Hirst e Irene Beeson, Sadat (Faber, 1991), pp. 345–7.

25 Em novembro de 1983, a Casa Branca estava sendo informada: Memorando do Departamento de Estado dos EUA ao secretário de estado "Uso de Armas Químicas pelo Iraque", 1° de novembro de 1983, Arquivos de Segurança Nacional, citado em Convenção sobre Armas Biológicas e de Toxinas e Iraque: Um relatório para o Parlamento sobre a resposta do governo britânico ao fornecimento de materiais biológicos dos EUA ao Iraque, 18 de outubro de 2004, p. 4.

25 Howard Teicher, um membro da equipe: Tribunal Distrital dos EUA, Distrito Sul da Flórida: "A Declaração Juramentada de Teicher: Iraqgate", 31 de janeiro de 1995, citado em Geoffrey Holland, "Exportações de materiais biológicos dos Estados Unidos para o Iraque: Comprometendo a credibilidade do direito internacional", junho de 2005, p. 9.

25 Um relatório do Senado dos EUA de 1994 por Donald Riegle: Relatório de Riegle ao Senado dos EUA, 25 de maio de 1994, citado em Holland, "Exportações de materiais biológicos dos Estados Unidos para o Iraque", p. 5.

25 Anos depois, o Ministério das Relações Exteriores Britânico: Hansard, 10 de março de 2003, citado em Holland, op. cit., p. 5.

25 Os destinos dos bacilos de antraz: relatório de Riegle, citado em Holland, op. cit.

26 Em 2011, o ministro das forças armadas do Reino Unido, Nick Harvey, admitiu: veja Guardian, 14 de novembro de 2011, citado em CADU (Campanha Contra Armas de Urânio Depletado) News, Edição 37, Outono de 2011.

26 Na invasão de 2003, as forças dos EUA e do Reino Unido: CADU News, Edição 34, Agosto de 2010. 29 De acordo com uma transcrição semioficial: veja New York Times, 23 de setembro de 1990.

29 entrevista ao diário saudita Al-Hayat: veja Al-Hayat, 15 de março de 2008, "Saddam me convocou solicitando que eu notificasse o presidente 'para não se alarmar (...) não há motivo para preocupação'".

30 Robert Gates, mais tarde: London Review of Books, 22 de julho de 2010, "Valeu a Pena", por Andrew Cockburn.

30 O oficial norte-americano encarregado de calcular: veja Independent, 23 de abril de 1992, "Demógrafo dos EUA demitido por expor mortes de civis iraquianos", por Simon Jones.

31 Durante o massacre de xiitas: União Islâmica de Estudantes e Jovens Iraquianos (Grã-Bretanha e Irlanda), sem data, provavelmente 1992, "Saddam lança campanha implacável para exterminar os árabes dos pântanos".

31 Em um período de seis semanas, de abril a maio de 1999: Relatórios de "Ação Urgente" da Anistia Internacional, 19 de maio e 18 de agosto de 1999 (Números de índice AMR 51/81/99 e AMR 51/133/99).

33 O Washington Post já havia relatado: veja Washington Post, 2 de março de 1999, "EUA espionaram o Iraque via ONU", por Barton Gellman.

34 Mais de 70% dos árabes no Egito, Jordânia e Líbano: veja The Monthly (Beirute: Edição 11, Maio de 2003) registrando uma pesquisa realizada em fevereiro de 2003 pela Information International de Beirute e Zogby International; veja também Independent, 12 de março de 2003.

37 na expressão do professor de jornalismo de Berkeley, Mark Danner: veja o New York

Review of Books, 21 de dezembro de 2006, "Iraque: A guerra da imaginação", por Mark Danner.

37 Intelectuais norte-americanos de direita: Christopher DeMuth, presidente do American Enterprise Institute, citado em State of Denial de Bob Woodward, citado em Danner, ibid.

38 Mas como convencer os iraquianos: veja a revista Time, 25 de maio de 2003, "A soma de dois males", por Brian Bennett e Michael Weisskopf.

40 Ruud Lubbers do Alto Comissariado da ONU para Refugiados: veja Independent on Sunday, 27 de julho de 2003, "Continuamos nos perguntando quem será o próximo", por Robert Fisk.

41 O interrogatório formal de Saddam pelo FBI: veja Independent on Sunday, 5 de julho de 2009, "Os arquivos de Saddam: suas entrevistas finais", por David Connett.

45 Em um julgamento justo, escreveu Gwynne Dyer: veja Jordan Times, 22 de dezembro de 2003, "Os julgamentos de Saddam", por Gwynne Dyer.

46 No entanto, o choque da aparência de Saddam: veja Le Figaro, 19 de outubro de 2006, "O julgamento fracassado de Saddam Hussein no Iraque", por Thierry Oberlé.

46 Mais sério foi o apoio financeiro e técnico norte-americano: Toronto Star, 30 de dezembro de 2006, "Tempestade em julgamento, sentença", por Olivia Ward.

46 A Anistia Internacional, descrevendo as audiências: veja o Globe and Mail (Toronto), 1º de janeiro de 2007, "Críticos criticam a pressa do Iraque em matar Hussein", por Estanislao Oziewicz.

47 Mesmo quando três dos assessores mais próximos de Saddam: agências citadas por L'Orient-Le Jour (Beirute), "Operação Anfal: 'Ali, o Químico' condenado à morte".

47 O mais condenatório de tudo: veja o Globe and Mail, "Críticos criticam a pressa do Iraque em matar Hussein".

47 Sentado a poucos metros de distância: BBC World News, 5 de novembro de 2006, reportagem de John Simpson.

48 A Organização Mundial da Saúde e o Ministério da Saúde iraquiano: veja New York Times, 9 de janeiro de 2008, "OMS encontra aumento do número de mortos civis no Iraque", por Nick Cumming-Bruce; veja também Le Monde, 11 de janeiro de 2008, "150.000 mortos em três anos no Iraque: OMS revisa para baixo o balanço do 'Lancet'".

48 No início de 2008, a organização britânica: agências citadas por L'Orient-Le Jour (Beirute), 31 de janeiro de 2008, "Mais de um milhão de iraquianos mortos desde a invasão de 2003".

49 Dez dias após sua execução: veja New York Times, 8 de janeiro de 2007, "A voz de Saddam paira sobre a reabertura do julgamento de crimes de guerra", por John Burns.

50 nos poucos meses antes do enforcamento de Saddam: veja Le Canard Enchaîné, 3 de janeiro de 2007, "Bagdá do enforcado", por Louis-Marie Horeau.

50 Enjoado pelas evidências: entrevistas do autor de 2003 a julho de 2008 com ex-tradutores e investigadores do julgamento que solicitaram anonimato.

51 Uma delas era Samar Sa'ad Abdullah: veja o Relatório da Anistia Internacional, 31 de agosto de 2009, p. 8.

52 um jornal egípcio relatou: veja o Egyptian Mail, 20 de agosto de 2013, "Iraque exe-

cuta 17 pessoas: ministério".

52 Em uma declaração que me foi passada em Beirute: veja Independent, 9 de fevereiro de 2007, "Insurretos iraquianos divulgam suas condições para cessar-fogo", por Robert Fisk.

52 ele foi apelidado de "o general da última chance": veja Le Monde, 24 de janeiro de 2007, "O general da última chance", por Patrice Claude.

3: Andando sobre vidraças

58 Encontrei um Humvee: veja Independent, 19 de setembro de 2003, "Mais um dia, mais uma armadilha mortal para os EUA", por Robert Fisk.

58 A história do soldado anônimo: veja Independent, 5 de dezembro de 2003, "Como um herói de guerra norte-americano está levando sua batalha sobre o Iraque para Washington", por Andrew Buncombe, e "Samarra: e-mail de soldado devasta relato do Pentágono".

59 Soldados norte-americanos usaram marretas, pés de cabra: AP, 18 de dezembro de 2003, "Tropas dos EUA invadem casas, lojas em grande ataque para caçar guerrilheiros em cidade turbulenta", por Aleksander Vasovic.

59 Três meses após a batalha de Samarra: veja Independent, 23 de março de 2004, "Civis finlandeses entram na lista de fatalidades enquanto 11 soldados britânicos se ferem em Basra", por Robert Fisk.

59 A Newsweek trouxe os mortos norte-americanos de volta à vida: veja Newsweek, 2 de abril de 2007, "Vozes dos caídos: A Guerra do Iraque nas palavras dos mortos da América".

61 Mas não apenas os mortos falaram: veja New York Times, 19 de agosto de 2007, "A guerra como a vimos", por Buddhika Jayamaha, Wesley D. Smith, Jeremy Roebuck, Omar Mora, Edward Sandmeier, Yance T. Gray e Jeremy A. Murphy. 61 Pegue Benjamin Busch: As cartas de Busch para casa de maio e julho de 2005 foram originalmente enviadas para mim por seu amigo Benji Rogers. Detalhes do livro subsequente de Busch, Dust to Dust: A Memoir, aparecem na bibliografia. 62 construindo uma reputação feroz: veja Ricks, Fiasco, pp. 313–17. 62 Em palavras assustadoramente semelhantes: veja Zaki, Mesopotamia, pp. 126–7: e referência de Zaki a S.H. Longrigg, Four Centuries of Modern Iraq, publicado pela primeira vez em 1925, edição adicional (Reading (Reino Unido): Garnet, 2002). 63 Tenente Coronel Gareth F. Brandl: BBC News, 7 de novembro de 2004, Paul Wood.

63 "porque somos uma nação cristã": veja Los Angeles Times, 16 de outubro de 2003, "General lança guerra em termos religiosos", por Richard T. Cooper; veja também NBC Nightly News with Tom Brokaw, 1º de outubro de 2003.

63 "Você tem que entender a mente árabe": veja New York Times, 7 de dezembro de 2003, "Novas táticas duras dos EUA apertam o controle sobre cidades do Iraque", por Dexter Filkins. 64 havia revelado contatos de inteligência militar dos EUA e de Israel: carta de Vane na Army Magazine (Arlington, Virgínia), julho de 2003. A revista declara que os artigos são "expressões de opinião pessoal", mas acrescenta que é uma "revista profissional... representando os interesses do Exército dos EUA".

64 "ajuda ativa e secreta na guerra": veja New Yorker, 15 de dezembro de 2013, "Alvos móveis: O plano de contra-insurgência no Iraque repetirá os erros do Vietnã?", por Seymour M. Hersh.

65 "Aqueles que têm que lidar com problemas semelhantes": veja Los Angeles Times, 22 de novembro de 2003, "EUA buscam conselhos de Israel sobre o Iraque: à medida que a ocupação se torna mais sangrenta, autoridades recorrem à experiência de um aliado com insurgentes", por Esther Shrader e Josh Meyer.

65 Joe Klein escreveu cinicamente: veja revista Time, 5 de fevereiro de 2003, "Como Israel está envolvido no Iraque", por Joe Klein.

66 Em 1978, o Tenente Daniel Pinto: veja Jonathan Randal, The Tragedy of Lebanon: Christian Warlords, Israeli Adventurers and American Bunglers (Londres: Chatto and Windus, 1983), p. 217.

66 Tropas israelenses que mataram sete palestinos: veja Robert Fisk, Pity the Nation: Lebanon at War (Londres: OUP, 1992), pp. 423–8.

67 Garner co-assinou uma carta em 2000: veja New Statesman, 7 de abril de 2003, "Os homens estranhos por trás da guerra de George W. Bush", por Michael Lind.

68 Eu notei pela primeira vez o grande número: veja Independent on Sunday, 28 de março de 2004, "Ocupantes gastam milhões em exército privado de seguranças", por Robert Fisk em Bagdá e Severin Carrell em Londres.

68 Blackwater: veja Scahill, Blackwater (2006).

68 Os bandidos armados da Blackwater: veja Independent, 4 de julho de 2004, "Então é isso que eles chamam de 'novo' Iraque livre", por Robert Fisk.

68 Em meados de 2007, a Reuters relatou que 933 "contratados" morreram no Iraque: veja Reuters, 3 de julho de 2007, "Em guerras terceirizadas dos EUA, mortes de contratados ultrapassam 1.000", por Bernd Debusmann.

69 "as empresas mercenárias oferecem uma alternativa privatizada": veja Scahill, Blackwater, p. 365.

69 a um preço: veja Independent on Sunday, 28 de março de 2004, "Ocupantes gastam milhões em exército privado de seguranças", por Robert Fisk em Bagdá e Severin Carrell em Londres.

72 Sua narrativa de desastre era feroz: veja Independent, 28 de abril de 2006, "Visto através de uma lente síria: 'Americanos desconhecidos' estão provocando guerra civil no Iraque", por Robert Fisk.

73 Incluía uma operação de contra-insurgência de alto risco: veja Independent, 11 de abril de 2007, "Dividir para conquistar: Plano dos EUA para Bagdá", por Robert Fisk; veja também Independent, "Mito de Tal Afar, farol do 'sucesso' norte-americano", por Patrick Cockburn.

74 Ele era altamente cético: correspondência com o autor de George W. Appenzeller Sr., 18 de fevereiro e 20 de março de 2007.

75 Líderes muçulmanos xiitas temiam que os milicianos: veja Independent, 25 de março de 2008, "Número de mortos de tropas dos EUA no Iraque chega a 4.000", por Patrick Cockburn.

75 Não é de admirar que oficiais norte-americanos: veja New York Times, 11 de junho de 2007, "EUA armam alguns grupos sunitas para lutar contra a Al-Qaeda", por John F. Burns e Alissa J. Rubin.

75 Em um mundo cansado do Iraque: veja Dr. Abdul Kareem al-Obeidi, presidente da Associação Iraquiana de Saúde Mental Infantil, ao Secretário-Geral da ONU, 13 de junho de 2007; para cobertura, veja Independent, 15 de junho de 2007, "Conflito 'criará uma geração violenta'", por Colin Brown.

76 Janina Struk, uma freelancer: Janina Struk, Private Pictures, pp. 168–70.

77 o que ela não havia encontrado?: veja Independent, 6 de março de 2006, "A chocante verdade sobre a ocupação norte-americana do Iraque", por Robert Fisk.

77 O júri militar condenou Welshofer: veja AP, 23 de janeiro de 2006, "Oficial condenado na morte de iraquiano pede desculpas", por Jon Sarche; veja também Independent, 18 de março de 2006, "O fim farsesco do sonho norte-americano", por Robert Fisk.

78 A última carta de um jovem soldado: A última carta de Daniel Somers foi publicada pela primeira vez no Phoenix New Times e depois apareceu no blog Gawker.com. Howard e Jean Somers escreveram sobre a tragédia de sua família no New York Times em 11 de novembro de 2013 ("Ao perder um filho veterano para um sistema quebrado"), mas não mencionaram a referência de Daniel a crimes de guerra. O ex-congressista republicano Ron Paul citou brevemente a seção de "crimes de guerra" da carta de Somers em seu boletim informativo do Instituto para a Paz e Prosperidade de 24 de junho de 2013, mas escreveu apenas sobre sua raiva daqueles que enviam soldados norte-americanos "para sofrer e morrer em guerras desnecessárias".

4: Pintando Otelo de preto

81 Nos estágios iniciais da guerra: correspondência de Tom Geddes ao Ministério da Defesa do Reino Unido, 28 de outubro de 2008 e 12 de março de 2009; e correspondência do Ministério da Defesa (Diretoria de Operações, Equipe de Operações do Iraque) para Geddes, 20 de janeiro de 2009 (ref.: TO4839/08) e 6 de julho de 2009 (ref.: TO2330/2009).

83 o Inquérito Chilcot sobre a guerra do Iraque revelaria mais tarde: veja Independent, 1° de julho de 2010, "Documentos revelam como Goldsmith mudou seu conselho sobre a legalidade da guerra", por Kim Sengupta.

84 "distinção binária", escrevi: veja Independent, 30 de janeiro de 2010, "Tony Blair e sua consciência tão limpa", por Robert Fisk.

85 Você só precisava ouvir a linguagem de Blair: entrevista de Blair com Andrew Marr, BBC 2, 1° de setembro de 2010.

85 Entre os mais amargos e dickensianos: veja Independent, 22 de janeiro de 2011, "Você pode pegar uma enguia pela cauda, mas ela ainda pode morder você na cara", por Simon Carr.

86 A AP publicou uma história direta: veja AP, 1° de janeiro de 2004, "Caça ao Iraque pode prejudicar outros objetivos dos EUA", por Dafna Linzer.

87 Assim como Bush e Blair alegaram que não desejavam invadir o Iraque: veja Fisk, The Great War for Civilisation, pp. 1193–4.

87 ampla evidência de que sua invasão seguiria um caminho notavelmente semelhante: John Newsinger em Race and Class, Vol. 49, No. 3, janeiro-março de 2008, que cita Trevor Lloyd, The General Election of 1880 (Londres, 1968), pp. 14, 22; Sir Edward Malet, Egypt 1879–1883 (Londres, 1909); William Laird Clowes, The Royal Navy, Vol. 7 (Londres, 1903); John Morley, The Life of William Ewart Gladstone, Vol. 3 (Londres, 1904), p. 85; William Scawen Blunt, Secret History of the English Occupation of Egypt (Nova York, 1922), p. 9; J.L. Garvin, The Life of Joseph Chamberlain, Vol. 1, (Londres, 1935), p. 455; R.A.J. Walling (ed.), The Diaries of John Bright (Nova York, 1931), pp. 487–8; Sir William F. Butler, An Autobiography (Londres, 1911), pp. 253–6; Reverendo Arthur Male,

Scenes Through the Battle Smoke (Londres, 1901) pp. 453–4; Norman Kelvin, The Collected Letters of William Morris 1885–1888, Vol. 3 (Princeton, 1987); Timothy Mitchell, Colonising Egypt (Berkeley, 1991), p. 97.

89 "resgatar algo da tragédia da morte": veja Tony Blair, A Journey (Londres: Hutchinson, 2010).

89 Major General Tim Cross, enviado a Washington para monitorar: veja Independent, 8 de dezembro de 2009, "Blair 'ignorou pedido para adiar invasão do Iraque'", por Michael Savage.

90 "ponto cego" sobre o planejamento pós-guerra: veja Independent, 2 de dezembro de 2009, "Grã-Bretanha 'não planejou a queda de Saddam'", por Michael Savage.

90 Oito anos depois: veja Financial Times, 12 de fevereiro de 2011, "Estamos melhores agora? Pode apostar", por Gideon Rachman.

90 General Wesley K. Clark: entrevistado por Amy Goodman no Democracy Now!, 2 de março de 2007.

91 À medida que o Departamento de Defesa dos EUA divulgava mais evidências: veja AP, 6 de abril de 2007.

91 Blair foi revelado ter tido três conversas telefônicas: veja Independent, 22 de julho de 2011, "Trabalhistas acusados de hipocrisia sobre contatos com Murdoch", por Andrew Grice.

91 aumento nos avisos: veja Independent, 21 de julho de 2010, "Ex-chefe do MI5 destrói defesa de Blair da guerra do Iraque", por Andy McSmith.

91 Meu colega Patrick Cockburn e eu tínhamos criticado: veja Independent, 19 de março de 2008, "Essa é a guerra que começou com mentiras e continua com mentira após mentira", por Patrick Cockburn.

91 Eu ainda teria achado certo removê-lo: entrevista de Blair com Fern Britton, BBC 1, 13 de dezembro de 2009.

92 "que vocês prosperem": A Proclamação de Bagdá pelo Tenente General Sir Stanley Maude, 19 de março de 1917; veja também Fisk, The Great War for Civilisation, pp. 170–3.

92 Em 2006, um círculo crescente de ex-generais dos EUA: veja New York Times, 14 de abril de 2006, "Mais generais aposentados pedem a renúncia de Rumsfeld", por David S. Cloud e Eric Schmitt; New York Times, 13 de outubro de 2007, "Ex-comandante chama esforço do Iraque de 'Pesadelo'", por David S. Cloud.

93 "Pode-se esperar que os séculos cansativos de má administração": William Ewing, From Gallipoli to Baghdad, pp. 297–8.

93 um belo volume de pinturas de Donald Maxwell: Donald Maxwell, A Dweller in Mesopotamia, pp. 4–14, 117, 121–4.

93 Ewing lecionou: Ewing, From Gallipoli to Baghdad, p. 234.

94 Em julho de 1918, o especialista em petróleo do Almirantado: veja Helmut Mejcher, Imperial Quest for Oil: Iraq 1910–1928 (Londres: Ithaca Press, 1976) pp. 35–42, citando o artigo do Almirante Sir Edmund Slade sobre a "Situação do petróleo no Império Britânico", 29 de julho de 1918, PRO CAB 21/119.

95 Em 1995, por exemplo, a CIA pediu ao Congresso: veja New York Times, 12 de abril de 1995, "CIA pede dinheiro ao Congresso para controlar o Iraque e o Irã", por Elaine Sciolino.

96 Deixe-me apenas lidar com a questão do petróleo: veja Hansard (Câmara dos Comuns), 15 de janeiro de 2003.

96 Em 2011, no entanto, memorandos secretos revelaram: veja Independent, 19 de abril de 2011, "Memorandos secretos expõem ligação entre empresas de petróleo e invasão do Iraque", por Paul Bignell; veja também Greg Muttitt, Fuel on the Fire, pp. 43–5.

97 Petróleo é uma coisa escorregadia: veja Independent, 1° de outubro de 2003, "Petróleo, guerra e um crescente sentimento de pânico nos EUA", por Robert Fisk.

97 Mesmo após o início da guerra, uma análise detalhada: veja Le Monde diplomatique (edição em inglês), abril de 2003, "Nenhuma guerra por qual petróleo?", por Yahya Sadowski.

98 Não demorou muito para que os principais doadores da campanha eleitoral de Bush: veja o relatório do Center for Public Integrity, 30 de outubro de 2003, "Contratados dos EUA colhem os lucros da reconstrução pós-guerra".

99 Um mês depois, Paul Krugman perguntou: veja New York Times, 23 de julho de 2004, "Contabilidade e responsabilidade", por Paul Krugman.

99 "muitos países ricos em petróleo seguem o caminho de um governo irresponsável": veja o relatório da Christian Aid (Londres), 28 de junho de 2004, "Alimentando suspeitas: A coalizão e os bilhões de petróleo do Iraque"; veja também o comunicado de imprensa da Christian Aid de 28 de junho de 2004.

99 O pai de sete filhos era um auditor sênior no novo Ministério da Indústria do Iraque: veja Independent, 16 de julho de 2004, "Bomba em caixão encerra mais um dia macabro no 'novo' Iraque", por Robert Fisk.

102 "Era nosso dever": Muttitt, Fuel on the Fire, p. 76. 102 Como apontou uma investigação de ONG: veja Platform, "Projetos brutos: A exploração da riqueza petrolífera do Iraque", por Greg Muttitt, 22 de novembro de 2005.

102 "Os EUA eram libertadores, não colonizadores": veja Muttitt, Fuel on the Fire, p. 247.

103 Muttitt rastreou os planos originais dos EUA: veja "Missão cumprida para as grandes petrolíferas? Como um desastre norte-americano abriu caminho para a ascensão – e possível queda – das grandes petrolíferas no Iraque", por Greg Muttitt, 2012.

103 Klein acredita que o Grupo de Estudo do Iraque de James Baker: veja Naomi Klein, The Shock Doctrine, p. 453, citando James A. Baker III, Lee H. Hamilton, Lawrence S. Eagleburger et al., Iraq Study Group Report, dezembro de 2006, p. 57.

103 "a natureza de uma guerra de recursos no século XXI": veja Independent, 22 de abril de 2011, "Greg Muttitt: Grandes empresas de petróleo ainda estão no controle quando se trata da guerra de recursos", por Phil England.

104 "a rapidez do processo": veja Muttitt, Fuel on the Fire, pp. 328–30.

104 Uma deputada, Shatha al-Musawi, tentou abrir um processo legal: veja Ibid., p. 346.

104 "não queria uma lei do petróleo para colocar multinacionais": entrevista de Jonathan Pickering com Greg Muttitt, 26 de junho de 2013, "Dissecando petróleo e política e além".

105 "descobriu que quase todo o dinheiro norte-americano reservado para reconstruir o Iraque": veja London Review of Books, 6 de setembro de 2007, "Taxa de queima", por Ed Harriman.

105 "distribuindo caminhões de dólares": veja London Review of Books, 7 de julho de 2005, "Para onde foi todo o dinheiro?", por Ed Harriman.

105 O rastro do dinheiro "perdido": veja Independent, 28 de julho de 2010, "EUA incapazes de prestar contas de bilhões de dinheiro do petróleo iraquiano", por Patrick Cockburn.

106 Em 2006, mercenários estrangeiros e locais representavam: veja Globe and Mail (Toronto), 28 de dezembro de 2006, "Uma verdadeira contabilidade das 'forças' dos EUA no Iraque", por Barry Lando.

106 "'América', escreveu o colunista Frank Rich": veja New York Times, 21 de outubro de 2007, "Suicídio não é indolor", por Frank Rich.

106 "o aproveitador de guerra incomparável": veja New York Times, 24 de março de 2008, "O pisoteio do setor privado no Iraque".

106 Em março de 2010, 207.553 mercenários: Feinstein, The Shadow World.

107 Em outubro de 2011, a Exxon Mobil: veja Independent, 9 de dezembro de 2011, "Acordo da Exxon com curdos inflama Bagdá", por Patrick Cockburn.

107 Uma empresa com estreitas ligações com George W. Bush: veja New York Times, 3 de julho de 2008, "Painel questiona o papel do Departamento de Estado no acordo", por James Glanz e Richard A. Oppel Jr. 107 "perguntas sobre tópicos inúteis não seriam toleradas": veja Independent on Sunday, 8 de dezembro de 2003, "Iraquianos encontram zona dos EUA em Bagdá um universo paralelo", por Phil Reeves. 107 a partir de então, eles só poderiam plantar sementes: veja Current Concerns (Zurique), agosto de 2005, "Iraque e as 'sementes da democracia' de Washington", por F. William Engdahl. 107 admitir que 190.000 rifles e pistolas: veja Independent, 7 de agosto de 2007, "Pentágono admite 190.000 armas desaparecidas no Iraque", por Rupert Cornwall. 109 Em 2007, o custo financeiro das guerras da América: veja Guardian, 14 de novembro de 2007, "Guerras do Afeganistão e Iraque custam US$ 1,6 trilhão", por Julian Borger.

109 O presidente Barack Obama estava pedindo ao Congresso: AP, 13 de janeiro de 2010, "Obama quer mais US$ 33 bilhões para guerras".

110 David Brooks escreveu: veja New York Times, 25 de janeiro de 2007, "Quebrando o impasse", por David Brooks.

110 Quando vi com meus próprios olhos: veja Independent, 5 de junho de 2003, "Saqueadores do Iraque perdido", por Robert Fisk; veja também Independent, 17 de setembro de 2007, "É a morte da história", por Robert Fisk; veja também Peter G. Stone e Joanne Farchakh Bajjaly, The Destruction of Cultural Heritage in Iraq (Woodbridge (Reino Unido): Boydell, 2008).

5: "Você tem sua missão e eu tenho a minha"

114 Levei semanas para persuadir: veja Independent, 6 de junho de 2006, "O rosto do inimigo", por Robert Fisk.

117 Eu observo enquanto eles retiram cadáveres: veja Independent, 18 de março de 2004, "Ataque de carro-bomba em hotel de Bagdá deixa 17 mortos", por Robert Fisk.

118 Há muito tempo cheguei à conclusão: veja, por exemplo, Pity the Nation (Fisk), especialmente pp. 478–522 e 561, 610–1; veja também The Great War for Civilisation (Fisk), especialmente pp. 580–90, 1039–42.

119 Quando fui ver Samir novamente dois anos depois: entrevista do autor com Samir Jarrah, Houch, Líbano, 6 de novembro de 2003.

121 Nem ele era respeitado por ser um assassino em massa: veja Independent, 13 de

setembro de 2001, "Eles podem correr e se esconder. Bombistas suicidas vieram para ficar", por Robert Fisk.

121 Em 2006, sobre as mesquitas de Sidon e Tripoli: veja Independent, 7 de julho de 2006, "Libaneses saúdam seus 'mártires' na guerra do Iraque", por Robert Fisk.

123 Passei um mês vasculhando estatísticas oficiais, em árabe: veja Independent, 14 de março de 2008, "O culto do bombista suicida", por Robert Fisk; jornais e arquivos consultados durante março e início de abril de 2008 incluíram As-Safir (Beirute), An-Nahar (Beirute), Sharq al-Awsat (Londres), Al-Ahram Weekly (Cairo), L'Orient-Le Jour (Beirute), Middle East Reporter (Beirute), AP e Reuters.

126 Números militares dos EUA mostraram que: veja AP, 6 de junho de 2008, "Bombistas mulheres mostram táticas insurgentes em mudança no Iraque", por Kim Gamel.

126 Um dos bombardeios suicidas femininos mais temíveis: veja AP, 2 de fevereiro de 2010, "Bombista suicida feminina atinge peregrinos iraquianos, mata 54".

126 Nada poderia ilustrar melhor a falta de conhecimento: veja Reuters, 28 de março de 2007, "EUA culpam a Síria por deixar bombistas entrarem no Iraque", por Sue Pleming.

127 Em 2008, os militares dos EUA estimaram que 40% dos jihadistas: veja Los Angeles Times, 17 de março de 2008, "Um perfil dos insurgentes estrangeiros do Iraque", por Alexandra Zaris.

128 uma ambição há muito acalentada: veja Atwan, After Bin Laden, p. 16.

129 "Fiquei chocado com a pergunta dele [Fisk]": veja Najwa e Omar bin Laden e Sasson, Growing Up bin Laden, p. 225.

130 porque ele não era fã de fotografia: ibid.

132 O regime saudita, disse ele, havia "perdido sua legitimidade": veja Fisk, The Great War for Civilisation, pp. 23–4.

133 esta conta secreta paquistanesa: veja The Abbottabad Commission, 2013 (32 capítulos) por Justice Javed Iqbal (presidente), Abbas Khan, Ashraf Qazi e Lt Gen. (aposentado) Nadeem Ahmed (membros), revelado pela Al Jazeera, julho de 2013. Até que uma cópia publicada esteja disponível, os leitores devem consultar o site da Al Jazeera para obter uma cópia: http://www.aljazeera.com/indepth/spotlight/binladenfiles/2013/07/201378143927822246.html. As referências neste livro vêm das pp. 1, 36, 37–40, 41, 43, 45, 47, 50, 52, 54, 56–62, 65, 67, 70, 72, 75–6, 77, 101, 105–6, 108–24, 145, 170–1, 174, 188–9, 190–2, 195–6, 207, 208, 211, 218, 244–5, 253, 279, 287, 304, 334.

137 Um homem grande em um manto branco: veja Independent, 21 de maio de 2011, "Tempos difíceis no Líbano enquanto a revolta síria ferve", por Robert Fisk.

138 Os documentos que os norte-americanos divulgaram: veja Osama bin Laden & Al-Qaeda: Documents Captured At Abbottabad Compound, Original Arabic Transcriptions, English Translations and Annotations, disponível em BACM Research (www.PaperlessArchives.com), 264 South La Cienega Boulevard, No. 1142, Beverly Hills, CA 90211. As citações nestas páginas são retiradas dos seguintes arquivos e páginas: SOCOM-2012-0000003, p. 3; SOCOM-2012-0000004, pp. 1–21; SOCOM-2012-0000007, p. 1; SOCOM-2012-0000009; SOCOM-2012-0000010 pp. 1–5, 8, 10; SOCOM-2012-0000011; SOCOM-2012-0000018, pp. 2, 408; SOCOM-2012-0000019, pp. 2–6, 9–10, 12–13, 18–20, 22, 22–4, 30–2, 34–7, 44–6, 48.

139 "uma nova organização fundamentalista ainda mais mórbida que a Al-Qaeda": veja Al-Ahram Weekly (Cairo), 24–30 de janeiro de 2008, "Disputando o mandato militante", por Khalil El-Anani.

147 Não podíamos esquecer em meio aos carros em chamas: veja Independent, 19 de novembro de 2013, "Explosões de bombas em Beirute... embaixada iraniana é o alvo em uma guerra crescente entre xiitas e sunitas", por Robert Fisk.

148 Na noite anterior aos bombardeios: veja Independent, 25 de novembro de 2013, "Ataque suicida em Beirute: A tragédia está se espalhando da fronteira ocidental do Irã para o Mediterrâneo", por Robert Fisk.

149 Mouin Abu Dahr nasceu em uma família mista sunita-xiita: veja L'Orient-Le Jour (Beirute), 25 de novembro de 2013, "Após a identificação dos kamikazes de Jnah, a caça aos instigadores".

149 O comandante das "Brigadas Abdullah Azzam": veja New York Times, 5 de janeiro de 2014, "Militante ligado a bombardeio no Líbano morre na prisão", por Ben Hubbard e Hwaida Saadjan.

150 Um conhecido da família de Mohamed: veja Daily Star (Beirute), 25 de novembro de 2013, "Quem eram os bombistas de Bir Hassan em Beirute?", por Mohamed Zaatari.

6: "Agora a coisa ficou séria, cavalheiros..."

151 Agora o General Richard Myers: veja New York Times, 12 de agosto de 2005, "Autoridades veem risco na divulgação de imagens de abuso de prisioneiros no Iraque", por Julia Preston.

152 Como então explicar o testemunho de Haj Ali: veja Klein, Shock Doctrine, p. 446.

152 "o choque da câmara de tortura": Klein, Shock Doctrine, p. 443.

153 Nós não sabíamos, Hersh disse a uma plateia de palestra: Fisk, Age of the Warrior: Selected Writings by Robert Fisk (Londres: Fourth Estate/HarperCollins 2008), p. 307, citando o discurso principal da Conferência de Membros da ACLU por Seymour Hersh, 8 de julho de 2008.

153 Eles estudaram uma conferência de imprensa do Pentágono: transcrição de notícias do Departamento de Defesa dos EUA do briefing com o secretário de defesa Rumsfeld e o General Pace, 29 de novembro de 2005.

153 Uma investigação do Pentágono revelou que em Guantánamo, Mohamed al-Qahtani: veja Independent, 15 de julho de 2005, "Degradação de Guantánamo revelada", por Rupert Cornwall.

154 "contrasta fortemente com minhas próprias experiências como interrogador": veja Washington Post, 9 de fevereiro de 2007, "O pesadelo de um interrogador do Iraque", por Eric Fair.

154 Quando o massacre norte-americano foi revelado: veja Independent, 3 de junho de 2006, "Sobre a chocante verdade da ocupação norte-americana do Iraque", por Robert Fisk.

154 Os assassinatos só vieram à tona: veja Independent, 5 de setembro de 2011, "Tropas dos EUA executaram civis, alega carta vazada", por Donald Macintyre e Jerome Taylor.

155 "É aquele que por acaso foi descoberto": veja o Sunday Times, 2 de março de 2008, "Mísseis Patriot: veteranos do Iraque contra a guerra", por Ariel Leve.

155 Dentro de dez anos da invasão: veja Daily Star (Beirute), 6 de agosto de 2007,

"Soldado dos EUA pega 110 anos atrás das grades por estupro, assassinato de garota iraquiana e família", citando relatório da AFP de Washington; Le Monde, 13 de julho de 2007, "Um soldado norte-americano condenado a 13 anos de prisão pelo assassinato de três prisioneiros iraquianos", citando AFP de Washington; National Post (Toronto), 31 de março de 2009, "Soldado dos EUA pega prisão perpétua por matar prisioneiros iraquianos", por William Ickes, citando AFP; Independent, 17 de novembro de 2004, "Marines investigarão alegações de crimes de guerra", por Andrew Buncombe.

155 Entre muitos incidentes que Washburn recordaria: veja Winter Soldier, p. 20.

156 "escondidos em hotéis, cercados por motoristas e tradutores": veja Hedges e Al-Arian, Collateral Damage, p. xvii.

157 Sami al-Haj caminha com dor em sua muleta de aço: veja Independent, 25 de setembro de 2008, "Seis anos em Guantánamo", por Robert Fisk.

161 O agente de inteligência dos EUA, Capitão Ponce: veja Klein, Shock Doctrine, p. 443.

161 tornar-se "socializado à atrocidade": veja Collateral Damage de Hedges e Al-Arian, p. xiii.

162 "insensibilidade grosseira ao sofrimento... a influência da crueldade licenciada": veja Roman Society from Nero to Marcus Aurelius de Samuel Dill, pp. 234–5 (Londres: Macmillan, 1904).

162 Mark Twain escreveu um profundo: veja A Pen Warmed Up in Hell: Mark Twain in Protest, editado por Frederick Anderson (Nova York: Harper & Row, 1979), pp. 97–100, "Luto e luto pela noite", por Mark Twain.

163 "métodos comuns de guerra": veja, por exemplo, Redress, agosto de 2013, (Redress Trust, Londres) "Tortura no Oriente Médio: A lei e a prática", p. 4.

165 "Isso se move lateralmente pelo mundo árabe": veja Independent, 19 de março de 1997, "As profecias de gadfly de Mubarak de uma revolução islâmica pacífica", por Robert Fisk.

168 as "Cinco Técnicas": veja Cruel Britannia: A Secret History of Torture de Ian Cobain (Londres: Portobello, 2013), pp. 129–34.

169 A última vez que viu seu filho: veja Independent on Sunday, 4 de janeiro de 2004, "'Os britânicos disseram que meu filho seria libertado em breve. Três dias depois eu tinha seu corpo'" por Robert Fisk; Independent, 19 de dezembro de 2004, "O exército não teve uma palavra de compaixão pelo homem morto, nem por seus filhos órfãos", por Robert Fisk; Independent, 9 de setembro de 2011, "Robert Fisk: Não é a brutalidade que é 'sintomática'. É a mentira sobre isso".

170 Levou o Ministério da Defesa britânico: veja Independent, 11 de julho de 2008, "Família de homem iraquiano morto por soldados recebe pagamento de £ 3 milhões", por Beverley Rouse; veja também Cobain, Cruel Britannia, p. 311.

171 Socando os prisioneiros: veja Janina Struk, Private Pictures, p. 126.

171 Advogados britânicos sentiram o mesmo: carta ao autor de Phil Shiner, 9 de julho de 2009.

172 Após uma campanha de oito anos: veja Independent, 9 de setembro de 2011, "Chutado e espancado até a morte por covardes", por Nina Lakhani.

172 Os combatentes desconheciam: veja RCRC, The Magazine of the International Red Cross and Red Crescent Movement, edição 2 – 2004, pp. 24–5, "O que faz as pessoas se comportarem da maneira que se comportam na guerra?".

173 Durante o inquérito militar do Reino Unido: veja Independent, 14 de julho de 2009, "Inquérito Baha Mousa mostra vídeo de soldado abusando de detidos iraquianos", por Robert Verkaik.

173 Um olhar para o infantil: veja New York Times, 21 de novembro de 2003, "Enquanto Bush e Blair falam, eles encontram muitas maneiras de dizer: 'Devemos combater o terror'" (transcrição parcial).

174 Oficiais dos EUA em Bagdá: veja New York Times, 19 de março de 2006, "Na 'sala negra' da unidade secreta, um retrato sombrio do abuso dos EUA", por Eric Schmitt e Carolyn Marshall.

174 "Uma razão pela qual": entrevista telefônica do autor com Justin Huggler, 21 de fevereiro de 2015.

174 Em agosto de 2004, o uso de tortura: veja Independent, 12 de agosto de 2004, "Evidências obtidas por tortura permitidas por juízes britânicos", por Robert Verkaik.

176 Descobrindo que várias ditaduras: veja The Spokesman (ed. Ken Coates), No. 95, 2007, pp. 12–48, "Uma acusação contra Tony Blair e o fracasso do processo político", pelo Juiz E. W. Thomas.

176 A história de enviar árabes: veja Guardian, 18 de agosto de 1972, "Grã-Bretanha adia decisão sobre rebeldes de Rabat", por Patrick Keatley; veja também The Times, 19 de agosto de 1972, "Governo acusado de pressa mal julgada ao enviar oficiais rebeldes de volta a Rabat", por John Groser; The Times, 19 de agosto de 1972, "Extradição por outro nome" (editorial); e The Times, 8 de novembro de 1972, "11 oficiais serão mortos por complô contra o rei Hassan" (relatório da Reuters).

177 Pesquisando a vida de seu avô: veja Independent, 6 de dezembro de 2007, "A guerra de Henry: A luta de um homem contra a entrega extraordinária", por Patrick Cockburn.

177 George W. Bush disse abertamente ao mundo: veja New York Times, 14 de março de 2009, "Contos do mundo sombrio da tortura", por Mark Danner; veja também New York Review of Books, 30 de abril de 2009, "O relatório de tortura da Cruz Vermelha: O que significa", por Mark Danner.

178 Pegue o caso de Mohamed al-Zery e Ahmed Agiza: veja Le Monde diplomatique, abril de 2005, "Estados Unidos: Comércio de tortura", por Stephen Grey.

178 Três anos após o Tribunal de Apelação do Reino Unido: veja relatório do Parlamento Europeu sobre Justiça e Assuntos Internos, 14 de janeiro de 2007, "Atividades da CIA na Europa: Parlamento Europeu adota relatório final deplorando a passividade de alguns estados membros" (relator Giovanni Claudio Fava); veja também Independent, 24 de janeiro de 2007, "Hoon criticado por voos secretos da CIA", por Stephen Castle.

179 Os cinco foram apreendidos com a ajuda da polícia albanesa: veja Washington Post, 11 de março de 2002, "EUA por trás da transferência secreta de suspeitos de terrorismo", por Rajiv Chandrasekaran e Peter Finn.

179 Documentos secretos da CIA mantidos pelo Ministério das Relações Exteriores Britânico: veja Independent, 5 de fevereiro de 2009, "EUA acusado de chantagem sobre evidências de julgamento de terrorismo", por Robert Verkaik; veja também Independent, 11 de fevereiro de 2010, "Grã-Bretanha sabia que a CIA torturava suspeito", por Nigel Morris; Independent, 20 de fevereiro de 2010, "Serviço se-

creto enfrenta nova alegação de cumplicidade em tortura", por Robert Verkaik; Daily Mail, 27 de fevereiro de 2010, "Tortura: A vergonha do MI5", por James Slack.

180 Grupos de direitos humanos há muitos anos: veja relatório da Anistia Internacional MDE 24/02/95 de abril de 1995, "Síria – Repressão e impunidade: As vítimas esquecidas"; relatório da Human Rights Watch, Vol. 8, No. 2 de abril de 1996, "Prisão de Tadmor da Síria: Dissidência ainda refém de um legado de terror"; relatório da Anistia MDE 24/01/2001 de setembro de 2001, "Síria – Prisão Militar de Tadmor: Tortura, desespero e desumanização"; entrevista do autor com ex-prisioneiro de Tadmor, Boston, EUA, fevereiro de 2003.

180 Aamer testemunharia que dois oficiais do MI5 ou MI6: veja Independent, 1 de março de 2009, "Culpado: Segunda Grã-Bretanha: Whitehall colaborou na minha tortura", por Robert Verkaik; veja também Independent, 17 de novembro de 2010, "Conta para liquidação de casos de 'tortura' da Baía de Guantánamo pode ultrapassar US$ 30 milhões", por Robert Verkaik e Nigel Morris.

181 Em novembro de 2003, a Anistia Internacional produziu dois relatórios urgentes: veja relatórios da Anistia Internacional MDE 24/042/2003 de 11 de novembro de 2003 sobre Hasan Mustafa e MDE 24/038/2003 de 4 de novembro de 2003 sobre Abdullah Almalki.

182 Aqueles que acham esta história inacreditável: entrevista do autor com Abdullah Almalki, Ottawa, Canadá, 22 de fevereiro de 2009; notas de Almalki para o seminário de 28 de janeiro de 2009 (cópia em posse do autor); veja também Independent, 14 de março de 2009, "O Ocidente deveria sentir vergonha de sua conivência com torturadores", por Robert Fisk; The Commission of Inquiry into the Actions of Canadian Officials in Relation to Maher Arar, 18 de setembro de 2006, Frank Iacobucci (Conselho Privado do Canadá, Ottawa); Kerry Pither, Dark Days.

184 Não apenas a RCMP era novamente cúmplice: veja New York Times, 1 de fevereiro de 2004, "Acusações de má conduta mancham a imagem da polícia canadense", por Clifford Krauss; veja também Toronto Star, 6 de novembro de 2007, "Inquérito invisível de Ottawa", por Tonda MacCharles; Globe and Mail, 19 de outubro de 2007, "Vários congressistas dos EUA pedem desculpas a Arar", por Paul Koring.

185 Anos após Arar e Almalki: veja Toronto Star, 1 de abril de 2009, "CSIS 'desafia ordens sobre tortura'", por Tonda MacCharles.

186 Bob Herbert, um antigo defensor de artigos de opinião: veja New York Times, 18 de fevereiro de 2005, "Nossos amigos, os torturadores", por Bob Herbert.

186 No entanto, havia heróis: veja New York Times, 6 de julho de 2008, "A Comissão da Verdade", por Nicholas D. Kristof.

187 Cinco anos após o 'afogamento simulado' ter se tornado rotina: veja New York Times, 1 de novembro de 2007, "Posição do indicado evita emaranhado de casos de tortura", por Scott Shane.

187 É verdade que alguns daqueles que abusaram de seus prisioneiros: veja Washington Post, 9 de fevereiro de 2007, "O pesadelo de um interrogador do Iraque", por Eric Fair.

187 Oficiais de inteligência líbios... tiveram permissão para visitar Guantánamo: veja Independent on Sunday, 24 de abril de 2005, "Cobras, espancamentos, agressões sexuais: A história da vida de um residente britânico em Guantánamo", por Severin Carrell.

188 Al-Saadi suportaria seis anos na prisão: veja Cobain, Cruel Britannia, pp. 272–5.

188 Então ele se entregou e: veja Toronto Star, 18 de fevereiro de 2009, "Ex-detento de Guantánamo se entrega", por Ahmed al-Haj (Reuters).

188 Thomas White, o ex-secretário do Exército dos EUA: veja McClatchy Newspapers, 15 de junho de 2008, "A prisão norte-americana para terroristas muitas vezes abrigava os homens errados", por Tom Lasseter.

189 Isso se tornou óbvio quando, em novembro de 2005: veja New York Times, 2 de julho de 2009, "Inquérito do grande júri sobre a destruição de fitas", por Mark Mazzetti.

189 Nada poderia ter simbolizado mais dolorosamente as profundezas morais: veja Public Library of Science (PloS) Medicine, 26 de abril de 2011, "Cumplicidade médica na tortura na Baía de Guantánamo: A evidência é o primeiro passo para a justiça"; veja também Independent, 27 de abril de 2011, "Médicos dos EUA 'ocultaram sinais de tortura' em Guantánamo", por Steve Connor.

190 O mais obtuso desses escritores, Bruce Anderson: veja Independent, 15 de fevereiro de 2010, "Não só temos o direito de usar a tortura. Temos um dever", por Bruce Anderson.

190 O documento de 528 páginas era tão direto quanto horrível: Relatório do Comitê Seleto do Senado sobre o Programa de Detenção e Interrogatório da Agência Central de Inteligência, 9 de dezembro de 2014; veja também Washington Post, 9 de dezembro de 2014, resumo do relatório do comitê do Senado por Greg Miller; veja também Independent, 28 de abril de 2012, "Afogamento simulado e 'interrogatório aprimorado' mostrados como ineficazes", por David Usborne.

191 O horror... estava nos detalhes: veja Globe and Mail, 10 de dezembro de 2014, "Pensávamos que era ruim. Era pior" (editorial).

191 A transferência de prisioneiros dos EUA em todo o mundo: veja San Francisco Chronicle, 18 de novembro de 2005, "EUA detiveram mais de 83.000 na guerra contra o terror", por Katherine Shrader (AP).

191 Quando os prisioneiros tentavam cometer suicídio: veja London Review of Books, 2 de agosto de 2007, "O lugar menos pior", por Colin Dayan.

191 Houve momentos... em que a tortura parecia ser mais sobre linguística do que dor: veja Independent, 14 de dezembro de 2014, "Mais uma vez a linguagem é distorcida para esconder a má conduta do Estado norte-americano", por Robert Fisk.

192 Não haveria prestação de contas para os torturadores árabes: veja Daily Star (Beirute), 13 de dezembro de 2014, "O Oriente Médio pode debater a tortura?", por Rami G. Khouri.

193 Sem implicar simpatia: veja Independent, 10 de dezembro de 2014, "Relatório de tortura da CIA: Essas depravações não vão enfurecer o mundo muçulmano – eles estão enfurecidos com elas há anos", por Robert Fisk.

7: O Cão na manjedoura

198 Os britânicos enviaram tropas: ver The Arab Awakening de Antonius, pp. 267–8

198 Não era nem mesmo original: ver Oxford Illustrated History of the Holy Land (Oxford: OUP, 2018), pp. 276–8 no Capítulo 10, 'De Napoleão a Allenby: A Terra Santa e o Oriente Médio mais amplo', por Robert Fisk

199 Após graves distúrbios internos entre judeus e, depois, ataques árabes em Jaffa: ver Hansard, Debates da Câmara dos Comuns, 14 de junho de 1921, cc 265–334

199 Essas explicações, no entanto: ver The Balfour Declaration: The Origins of the Arab-Israeli Conflict de Jonathan Schneer, pp. 347–61

200 As promessas repetidas de Churchill: ver Winston S. Churchill de Martin Gilbert, Vol. 5, Companion Part 3 Documents, 'The Coming of War' (Londres: Heinemann, 1982), pp. 602–6, depoimento de Churchill à Comissão Real da Palestina, 12 de março de 1937

201 Churchill ... Índios Americanos: ver Dockter, Churchill and the Islamic World, p. 178

202 'Você me garantiu que nossa conversa': ver Winston S. Churchill de Gilbert, p. 624, carta de Churchill para Peel, 16 de março de 1937

203 Mas a origem no final do século XIX: ver Oxford Illustrated History of the Holy Land, pp. 276–8

203 Mas Herzl ... 'viu': ver The Iron Wall de Avi Shlaim, p. 4

204 Hoje, os palestinos comemoram: ver Palestine Before 1948: Not Just Memory: Khalil Raad (1854–1957) (Beirute: Institute for Palestine Studies, 2013); ver também Independent, 7 de abril de 2013, 'As fotos palestinas de Khalil Raad traçam a história – e a tragédia', por Robert Fisk

205 Quando começou o conflito moderno entre judeus e árabes?: ver L'Orient Littéraire (Beirute), 1º de junho de 2017, 'Sykes-Picot: les accords du désaccord', entrevista de James Barr por Jean-Claude Perrier

206 Quando ocorreu a Revolta Árabe de 1936–39: ver Picture Post (Londres), 5 de novembro de 1938, 'Guerra na Terra Santa'

207 Em 1937, Churchill também imaginava: ver Fisk, The Great War for Civilisation, p. 451, citando Winston Churchill, Step by Step: 1936–1939 (Londres: Odhams, 1947), 'Palestine Partition', 23 de julho de 1937

208 Não há guardas armados: ver Independent, 11 de fevereiro de 2010, 'Estado de negação: Robert Fisk busca a paz em Israel'

208 Avi Shlaim, um distinto acadêmico israelense: ver Shlaim, Israel and Palestine, pp. 60–1

209 O jovem Major Derek Cooper: ver Irish Times, 9 de dezembro de 1997, 'De Ballintemple aos acampamentos beduínos', por Robert Fisk; ver também John Baynes, For Love of Justice: The Life of a Quixotic Soldier (Londres: Quartet, 1997), pp. 60–1

209 Os restos mortais de algumas dessas vítimas árabes palestinas: ver Al Jazeera, 3 de junho de 2013, 'Fossa comum palestina encontrada em Tel Aviv', citando reportagem da AFP de 31 de maio de 2013

209 O que me levou ao calçadão de Tel Aviv: ver Independent, 2 de dezembro de 2012, 'Judeus e árabes viviam na Palestina original. Por que, pergunta Ruth Dayan, não podem viver assim novamente?', por Robert Fisk; ver também notas do autor de entrevista com Ruth Dayan, Tel Aviv, 23 de novembro de 2012

211 Shlomo Sand é uma pedra no sapato: ver Shlomo Sand, The Invention of the Jewish People, pp. 112–13, citando Living With the Bible de Moshe Dayan (Nova York: William Morrow, 1978)

211 Moshe tinha 'um gosto péssimo para mulheres': ver revista Time, 26 de fevereiro de 1973, 'Israel: A vida com Moshe'

211 Uri Avnery, o mais persistente: ver Haaretz (Tel Aviv), 7 de junho de 2013, 'Ocupação? Que ocupação?', por Uri Avnery

212 Sand argumenta: ver Sand, The Invention of the Jewish People, p. 239

212 Avnery escreveu que: da coluna semanal de Avnery no site Gush Shalom, 30 de

março de 2018, 'Derrame Sua Ira'

212 Miko Peled, cujo pai: ver 'The General's Son', discurso de Peled na Universidade de San Diego, 30 de novembro de 2011

213 Dorothy Thompson, a influente: ver Peter Kurth, American Cassandra: The Life of Dorothy Thompson (Boston: Little, Brown and Company, 1990), pp. 161–2, 281–5, 423, 537–8

214 Na véspera da visita de arrecadação de fundos de Begin: ver New York Times, 2 de dezembro de 1948

214 Não havia nada de novo: ver Victor Klemperer, I Will Bear Witness: A Diary of the Nazi Years 1933–41 (Nova York: Random House, 1998), Vol. I, pp. 23, 68–9; Vol. II (1942–1945) (Random House, 1999), p. 88

215 Ela era, escreveu seu biógrafo: ver Kurth, American Cassandra, p. 425

215 Só em 2006 Pappe: ver Ilan Pappe, The Ethnic Cleansing of Palestine, pp. xii–xv

216 Mas Morris, que primeiro revelou: ver Haaretz Magazine, 9 de janeiro de 2004, entrevista de Ari Shavit com Benny Morris sobre seu livro The Birth of the Palestinian Refugee Problem Revisited (Oxford: OUP, 2004)

218 Os palestinos não eram os únicos: ver Amos Oz, The Bruno Kreisky Forum for International Dialogue (Viena), Relatório Anual 2005

220 Para Netanyahu e seus apoiadores: ver Haaretz, 11 de novembro de 2013, 'A raiva de Netanyahu pelo acordo nuclear do Irã é alimentada pela traição ocidental de 1938 em Munique', por Chemi Shalev

220 Certamente esta é a situação que Dorothy Thompson: ver Kurth, American Cassandra, p. 425

220 Mas quando as vítimas de Hitler: ver Courrier International, 3–16 de maio de 2018, 'Hébraïser les noms'; ver também Courrier International, 19–25 de fevereiro de 2009, 'As raízes russas de Israel', citando artigo em Ogoniok (Moscou) por Vladimir Baider

221 A ideia de que a colonização da Palestina: ver L'Humanité (Paris), 22 de janeiro de 2016, 'Shlomo Sand: "Quando leio Finkielkraut ou Zemmour, sua leitura da História me assusta"', entrevista por Pierre Barbancey

221 A destruição de aldeias árabes continuou: veja L'Orient-Le Jour (Beirute), 29 de maio de 2014, "Em Cafarnaum, Rai celebra uma missa para os libaneses refugiados em Israel"; veja também Walid Khalidi, All That Remains, pp. 460–1.

221 Quando conversei ao longo de muitos anos: veja Walid Khalidi, All That Remains, p. xxxii.

222 Eles carregam bem suas feridas: notas do autor da entrevista com Raphie Etgar, Jerusalém, 25 de setembro de 2011; veja também Independent, 27 de setembro de 2011, "Palestina, sim, mas os israelenses traçam a linha em Jerusalém...", por Robert Fisk.

224 O mesmo aconteceu com as Resoluções do Conselho de Segurança da ONU: veja Independent, 20 de dezembro de 2008, "Uma palavra que faltava semeou as sementes de...", por Robert Fisk.

229 As chaves devem sempre ser o símbolo: veja Independent, 14 de junho de 2018, "Conversei com palestinos que ainda guardam as chaves de...", por Robert Fisk.

8: O império israelense

231 Os católicos irlandeses gaélicos: veja Robert Kee, Ireland: A History (Londres:

Weidenfeld and Nicolson, 1980), p. 41.

231 George Hintlian: veja Independent, 30 de janeiro de 2010, "Israel não pode mais ignorar a existência do primeiro Holocausto", por Robert Fisk; notas do autor da entrevista com Hintlian, Jerusalém, 26 de janeiro de 2010.

233 "um líder que subordinou o humanitário": veja Haaretz, 1 de maio de 2015, "Como Herzl vendeu os armênios", por Rachel Elboim-Dror.

234 Aqui está a resposta da escritora israelense-irlandesa: veja Irish Times, 26 de julho de 2018, carta de Ronit Lentin.

235 "Palestina", como escreveu Edward Said: veja Eqbal Ahmad, Confronting Empire: Interviews by David Barsamian, prefácio de Edward Said, p. xxviii (Cambridge, EUA: South End Press, 2000).

236 Escritores, acadêmicos, jornalistas: veja Guardian, 8 de fevereiro de 2005, obituário de Michael Adams por David Gilmore.

236 O ódio pelo jornalista judeu australiano: veja Antony Loewenstein, My Israel Question (Melbourne: Melbourne University Press, 2006), p. x.

236 Dentro de cinco anos: veja Guardian, 22 de março de 1972, "Israel reivindica firmemente a Cisjordânia", por Walter Schwarz; The Times, 19 de outubro de 1972, "Anexação indicada no discurso de Dayan", por Eric Silver; Guardian, 27 de abril de 1972, "Abrindo caminho através da história árabe", por David Hirst.

237 É instrutivo notar que quando Dayan: veja Guardian, 28 de junho de 1973, "Dayan proíbe plano de 'estado sanduíche'", por Eric Silver.

240 O fechamento de Sharon em 2005: veja The Economist, 18 de janeiro de 2014, "E se ele tivesse continuado com a demolição?"; Donald Macintyre, Gaza: Preparing for Dawn, pp. 45–52; New York Review of Books, 21 de dezembro de 2006, "O Enigma de Ariel Sharon", por Jonathan Freedland; New York Times, 21 de agosto de 2005, "Os Desapossados", por Elie Wiesel; Independent, 16 de maio de 2006, "Estrondo de balas israelenses encerra protesto de ativistas contra a barreira", por Donald Macintyre; Anistia Internacional, "Ocupação duradoura: palestinos sob cerco na Cisjordânia", junho de 2007, p. 5 (AI Index: MDE 15/033/2007).

241 "Área C" não soa muito ameaçador: veja Independent, 30 de janeiro de 2010, "Nas colinas pedregosas da Cisjordânia, a Palestina está morrendo lentamente", por Robert Fisk; Escritório da ONU para a Coordenação de Assuntos Humanitários, território palestino ocupado, Relatório de dezembro de 2009, "Restringindo o espaço: O regime de planejamento aplicado por Israel na Área C da Cisjordânia".

242 Acadêmicos judeus tanto em Israel quanto na América: veja Haaretz, 9 de março de 2006, "Como nasceu o 'Império Acidental'", por Aryeh Dayan; Gershom Gorenberg, The Accidental Empire: Israel and the Birth of the Settlements, 1967–1977 (Nova York: Henry Holt, 2007); London Review of Books, 10 de abril de 2008, "Agarre mais colinas, expanda o território", por Henry Siegman; London Review of Books, 2 de agosto de 2007, "Territórios Imaginados", por Yonatan Mendel; L'Humanité (Paris), 20 de abril de 2015, "A arquitetura como arma de ocupação da Palestina", por Léopold Lambert.

243 E assim cada tentativa palestina de acabar com a colonização: veja Independent, 7 de junho de 2008, "Israel corta fundos de impostos palestinos enquanto as relações atingem um novo patamar", por Donald Macintyre; Independent, 11 de julho de 2008, "Isto é como apartheid"", por Donald Macintyre; Independent, 8 de novembro de 2008, "Israel demoliu casas 'enquanto os EUA votavam'", por Donald

Macintyre; Independent, 27 de abril de 2009, "Plano secreto de Israel para expansão da Cisjordânia", por Ben Lynfield; Independent, 6 de março de 2009, "Plano para parque temático turístico aumenta as tensões em Jerusalém", por Donald Macintyre; Independent, 12 de outubro de 2008, "Os árabes são um filtro através do qual encontramos nosso caminho para a terra"", por Donald Macintyre; Irish Times, 3 de março de 2009, "Grupo de paz alega que Israel planeja mais assentamentos", por Mark Weiss; Independent, 14 de maio de 2009, "Papa desafia Israel a dar uma pátria aos palestinos", por Donald Macintyre; Daily News Egypt, 19 de maio de 2009, "Israel emite licitações para assentamento na Cisjordânia: rádio" (AFP); Independent, 29 de maio de 2009, "Israel rejeita pedido dos EUA para interromper a construção de assentamentos", por Rupert Cornwell; Independent, 3 de junho de 2009, "Netanyahu cita acordo secreto com Bush para justificar mais assentamentos", por Donald Macintyre.

244 Em Jerusalém Oriental, havia: veja Fisk, The Great War for Civilisation, pp. 437–48; Independent, 25 de julho de 2009, "Israel usa foto de Hitler para vender sua expansão de assentamentos", por Donald Macintyre; Guardian, 9 de junho de 2011, "Irving Moskowitz demole parte de hotel em Jerusalém para construir moradias para colonos", por Harriet Sherwood; Gilbert Achcar, The Arabs and the Holocaust, pp. 141–2 e 142n; Ma'an News Agency, 31 de julho de 2009, "Planos de assentamentos em Jerusalém Oriental são mensagem israelense para Obama", por grupo de direitos humanos israelense Ir Amin; Rabin e Schwanitz, Nazis, Islamists, and the Making of the Modern Middle East (Londres: Yale University Press, 2014), p. 254; Sean McMeekin, The Berlin-Baghdad Express: The Ottoman Empire and Germany's Bid for World Power 1898–1918, pp. 360–1; Independent, 6 de julho de 2014, "Despejar a culpa do Holocausto em um palestino é um insulto às suas seis milhões de vítimas", por Robert Fisk; transcrição do discurso de Benjamin Netanyahu no 37º Congresso Sionista, Jerusalém, 20 de outubro de 2015 (Gabinete do Primeiro-Ministro Israelense); Haaretz, 21 de outubro de 2015, "Netanyahu: Hitler não queria exterminar os judeus" (relatório da AFP); Guardian, 21 de outubro de 2015, "Raiva com a alegação de Netanyahu de que o Grande Mufti palestino inspirou o Holocausto", por Peter Beaumont; Gush Shalom, 30 de outubro de 2015, "Adolf, Amin e Bibi", por Uri Avnery; Gush Shalom, 28 de julho de 2018, "Adolf e Amin", por Uri Avnery.

247 Seja o viés dos colunistas: veja Des Moines Register, 10 de abril de 2002, "Evidências de Arafat exigem um veredicto", por Cal Thomas; Sunday Times (Londres) 17 de setembro de 1972, "Viciados em terror", por Brian Moynahan; Daily Mail (Londres), 13 de novembro de 2004, "Luto pelo cano de uma arma enquanto Arafat é enviado para seu túmulo", por Ross Benson; Iowa City Press Citizen, 10 de abril de 2002, "Israel tentou a paz; Palestina respondeu com guerra", por Mona Charen.

248 a expansão deliberada e imparável: L'Orient-Le Jour (Beirute), 9 de março de 2010, "Israel dá luz verde a 112 novas moradias em uma colônia da Cisjordânia"; AFP, 13 de março de 2010, publicado em Dawn (Karachi), 14 de março de 2010, "Hillary repreende Israel por casas de colonos"; National Post (Toronto), 24 de março de 2010, "Jerusalém não é um assentamento"", por Stephen Collinson; Chicago Tribune, 9 de maio de 2010, "O futuro sombrio fadado de Israel", por John J. Mearsheimer; Independent, 7 de julho de 2010, "Política de assentamen-

tos israelenses mina solução de dois estados, diz relatório", por Catrina Stewart e David Usborne; Daily Star (Beirute), 4 de agosto de 2010, "Observatório de assentamentos israelenses encontra 492 violações de 'congelamento'" (agências); Toronto Star, 24 de junho de 2010, "Construindo casas para o inimigo", por Linda Gradstein; Financial Times, 11 de outubro de 2010, "A América deveria financiar colonos israelenses para sair", por Diana Buttu; L'Orient-Le Jour (Beirute), 12 de outubro de 2020, "O gabinete israelense por um referendo antes de uma retirada do Golan e de Jerusalém Oriental"; Irish Times, 11 de novembro de 2010, "Clinton repreende Israel por plano de assentamentos", por Mark Weiss; Irish Times, 15 de novembro de 2010, "Ministros israelenses recebem detalhes do plano para retomar as conversas palestinas", por Mark Weiss; Independent, 15 de novembro de 2010, "Israelenses avaliam plano de incentivo dos EUA para reiniciar as conversas de paz", por Donald Macintyre; New York Times, 21 de novembro de 2010, "Líder palestino insiste na paralisação dos assentamentos", por Isabel Kershner; Al Ahram Weekly, 1 de dezembro de 2010, "Washington cede", por Khaled Amayreh; Daily Star (Beirute), 5 de abril de 2011, "Israel aprova 942 novas casas de colonos em Jerusalém Oriental" (AFP, Reuters); AFP, 24 de maio de 2010, "Netanyahu diz ao lobby de Israel que não há volta às antigas fronteiras", por Gavin Rabinowitz; Independent, 17 de julho de 2011, "Colonizadores judeus estão aterrorizando palestinos, diz general israelense", por Catrina Stewart; Guardian, 16 de agosto de 2011, "Aprovação de casas de colonos para a Cisjordânia atinge perspectivas de paz", por Harriet Sherwood; transcrição do discurso de Mahmoud Abbas na Assembleia Geral da ONU, 23 de setembro de 2011; Daily Star (Beirute), 11 de fevereiro de 2012, "42 razões para descartar a raiva de Susan Rice", por Rami G. Khouri; transcrição do discurso do presidente Barack Obama na Assembleia Geral da ONU, 21 de setembro de 2011; Haaretz, 21 de setembro de 2011, "Palestinos decepcionados com o discurso de Obama na ONU", por Natasha Mozgovaya e Reuters; Independent, 23 de setembro de 2011, "Um presidente que é impotente diante da realidade do Oriente Médio", por Robert Fisk; Haaretz, 22 de setembro de 2011, "Um prenúncio de um status quo moribundo", por Yael Sternhell.

249 Mas não "delicado" o suficiente: veja Daily Star (Beirute), 23 de fevereiro de 2012, "Israel aprova 500 casas em assentamento da Cisjordânia, legaliza 200 já construídas" (AFP); Peace Now, 23 de junho de 2012, "Nossos Irmãos Muçulmanos", por Uri Avnery.

250 Colonos judeus agora atacavam regularmente: veja New York Times, 23 de setembro de 2012, "Em meio à busca por um estado, tensões aumentam na Cisjordânia", por Ethan Bonner; L'Orient-Le Jour, 4 de agosto de 2012, "Uma aldeia palestina em luta incessante contra os colonos pela terra" (AFP); L'Orient-Le Jour, 4 de outubro de 2011, "Colonizadores incendeiam uma mesquita; Netanyahu 'furioso'" (AFP); Irish Times, 14 de dezembro de 2011, "Colonos judeus atacam base israelense", por Mark Weiss e Michael Jansen; Irish Times, 16 de dezembro de 2011, "Colonos judeus ateiam fogo em mesquita em Ramallah", por Mark Weiss, Daily Star (Beirute), 23 de outubro de 2012, "Israel e Palestina após os Acordos de Oslo", por Daoud Kuttab; Irish Times, 28 de outubro de 2013, "Israel libertará 26 militantes palestinos", por Mark Weiss; Guardian, 31 de julho de 2015, "A conversa do governo israelense é barata sobre a violência de 'etiqueta de preço'", por Harriet Sherwood; Independent, 20 de maio de 2011, "Muita retórica – mas

muito pouca ajuda", por Robert Fisk.

251 Houve momentos: veja as notas do autor da entrevista com o Professor Yeshayahu Leibowitz, Jerusalém, 5 de setembro de 1993; e-mail do autor de Walid Jumblatt, 18 e 21 de agosto de 2018 e 3 de setembro de 2018; Independent, 20 de agosto de 2018, "Uri Avnery, o otimista israelense que jogou xadrez com Yasser Arafat", por Robert Fisk; Gush Shalom, 2 de novembro de 2013, "90 anos a partir de agora", por Uri Avnery; Gush Shalom, 3 de março de 2018, "Porque não há nada", por Uri Avnery; e-mail do autor para Holly Baxter no Independent, 20 de agosto de 2018.

253 E não sem razão: veja Irish Times, 1 de dezembro de 2012, "Votação da ONU sobre a Palestina provavelmente dará início a uma onda de construção de assentamentos israelenses", por Mark Weiss; Irish Times, 21 de dezembro de 2012, "Israel aprova o início de um novo assentamento na Cisjordânia", por Mark Weiss; L'Orient-Le Jour (Beirute), 31 de maio de 2013, "Milhares de novas moradias judaicas em Jerusalém Oriental" (AFP); Al Arabiya, 13 de agosto de 2013, "Kerry exorta palestinos a 'não reagirem adversamente' aos assentamentos israelenses" (AFP); Daily Star (Beirute), 5 de abril de 2014, "Kerry: EUA reconsiderando papel nas negociações do Oriente Médio" (AP, AFP).

253 Se apenas Obama e seu secretário de Estado: veja Libération, 26 de setembro de 2016, "Veneno", por Alexandra Schwarzbrod e "No início, eram apenas tendas", por Nissim Behar; Guardian, 22 de janeiro de 2017, "Israel revela planos para quase 600 casas de assentamento em Jerusalém Oriental", por Peter Beaumont; Irish Times, 25 de janeiro de 2017, "Israel construirá 2.500 novas casas de assentamento" (Reuters); Irish Times, 31 de janeiro de 2017, "Parlamento de Israel votará aprovação para assentamentos na Cisjordânia", por Mark Weiss.

255 É como um casamento de prata: veja Independent, 4 de outubro de 2018, "Assisti uma família palestina perder sua terra há 25 anos – e esta semana voltei para encontrá-los", por Robert Fisk; veja também "De Beirute à Bósnia Parte 2: A Estrada para a Palestina", Channel 4 e Discovery Channel, 1993.

256 Mas é a terra de Chaim Silberstein: veja Independent, 24 de setembro de 2018, "Na Cisjordânia, alguns não têm certeza se Trump é um amigo de Israel ou não", por Robert Fisk; New York Times, 21 de setembro de 2018, "Por que a 'opção jordaniana' não morre", por Shmuel Rosner.

259 Não me choco mais: veja Independent, 20 de setembro de 2018, "Pedi ao único jornalista de Israel na Palestina para me mostrar algo chocante – e foi isso que vi", por Robert Fisk; Haaretz, 14 de setembro de 2018, "A intenção de Israel nunca foi a paz nem a condição de Estado palestino", por Amira Hass.

260 Acadêmicos judeus estavam entre: veja New York Review of Books, 23 de outubro de 2003, "Israel: A alternativa", por Tony Judt.

9: Selvagem

262 Uma tarde de sábado: veja Walid Khalidi, All That Remains, pp. 102–3, citando Benny Morris, The Birth of the Palestinian Refugee Problem 1947–1949, pp. 129, 152–3; veja também Independent, 26 de novembro de 2012, "O sofrimento de Sderot: Como seus verdadeiros habitantes foram apagados dos mapas e memórias de Israel", por Robert Fisk.

264 Assim, o que chamei de este 'hiato desagradável': veja Edmund Blunden, Undertones of War (Londres: Four Square, 1962), pp. 132–3.

265 Um dos locais mais verdejantes e pacíficos: veja Macintyre, Gaza, pp. 3–4, 8–9.

269 Dentro da Primeira Igreja Congregacional: veja Independent, 29 de julho de 2002, "Estrelas e conflito: Um tipo estranho de liberdade", por Robert Fisk; veja também Toronto Star, 19 de fevereiro de 2009, "O papel de Obama, e saídas, no Oriente Médio", entrevista com Naomi Klein por Haroon Siddiqui; Al-Aqsa journal (Reino Unido), Vol. 10, No. 2, Primavera de 2008, "Relações palestino-cristãs/muçulmanas: Mitos, propaganda e realidades", por Ben White.

273 Este fenômeno assumiu muitas formas: veja Gulf Today (Sharjah, Emirados Árabes Unidos), 8 de junho de 2008, "A guinada pró-Israel de Obama consterna defensores da paz", por Michael Jansen; New York Times, 11 de janeiro de 2009, "Time dos sonhos do Oriente Médio? Quase", por Roger Cohen; Gush Shalom, 27 de julho de 2013, "Por baixo da mesa", por Uri Avnery.

274 Esta reticência extraordinária: veja Daily Star (Beirute), 31 de janeiro de 2003, "A América imperial está prestes a atacar", por Patrick Seale; New York Times, 9 de janeiro de 2006, "Onde a espionagem começa e para: Rastreando uma CIA em dificuldades e um presidente em guerra", por James Bamford; veja também James Risen, State of War: The Secret History of the CIA and the Bush Administration (Free Press, 2006); Independent, 6 de dezembro de 2003, "Israel acusado de relatórios falsos de Saddam", por Justin Huggler.

274 Seria agradável registrar: veja The Forward (Nova York), 8 de março de 2018, "Fizemos um documentário expondo o 'lobby israelense'. Por que não foi exibido?", por Clayton Swisher; Le Monde diplomatique (Paris), setembro de 2018, "Lobby israelense, o documentário proibido", por Alain Gresh; L'Orient-Le Jour (Beirute), 17 de setembro de 2018, "Quando a Al-Jazeera se autocensura", por Julie Kebbi; veja também Clayton Swisher, The Palestine Papers: The End of the Road? (Hesperus, 2011), pp. 27, 53, 64.

275 Swisher já representava: veja The Electronic Intifada, 10 de novembro de 2004, "Desafiando a mitologia de Camp David, quatro anos depois" (entrevista com Clayton Swisher); veja também Clayton Swisher, The Truth about the Collapse of the Middle East Peace Process (Nation Books: Nova York, 2004), especialmente p. 362.

276 Olhando através da paisagem: veja New Statesman, 5 de julho de 2010, "E-mails vazados do General Petraeus sobre Israel", por Mehdi Hasan; Irish Times, 28 de abril de 2004, "Negroponte detalha os limites da soberania a serem cedidos ao Iraque", por Conor O'Clery'; Le Monde, 28 de abril de 2004, "Lakhdar Brahimi, 'super-bombeiro' da ONU", por Corine Lesnes.

277 Quase três meses antes do início: veja Reuters, 3 de outubro de 2006, "Israel adverte que guerra com Hezbollah convidaria à destruição", por Joseph Nasr (veja também Mohamed Ali Khalidi, 'Cinco lições que aprendi com o ataque israelense a Gaza', Instituto de Estudos Palestinos, 15 de abril de 2015); Haaretz, 27 de junho de 1999, "A honra das FDI impede a normalidade de Israel", por Zvi Barel; Le Monde, 8 de setembro de 2007, "Human Rights Watch acusa Israel de ter cometido 'crimes de guerra' em 2006 no Líbano", por Michel Bole-Richard; William M. Arkin, Code Names: Deciphering US Military Plans, Programs, and Operations in the 9/11 World (Nova Hampshire, EUA: Steerforth Press, 2005), p. 137.

277 no mês crítico: veja Independent, 3 de março de 2008, "Gaza, uma questão de vida ou morte para todo um povo", carta de Ruth Tenne; Independent, 1 de maio de

2008, "Gaza 'à beira da explosão' alerta a ONU", por Donald Macintyre; Middle East Policy Council, Vol. XVII, No. 1, Primavera de 2010, "A guerra de Gaza, o congresso e o direito humanitário internacional", por Stephen Zunes; Haaretz, 28 de dezembro de 2008, "Ataque da IAF seguiu meses de planejamento", por Barak Ravid; Independent, 14 de novembro de 2008, "Com a travessia fechada, a ajuda alimentar acaba para Gaza", por Donald Macintyre; Independent, 15 de novembro de 2008, "Desnutrição crônica em Gaza culpada por Israel", por Donald Macintyre; Centro de Pesquisa sobre Ação Global, 8 de janeiro de 2009, "Guerra e gás natural: A invasão israelense e os campos de gás offshore", por Michel Chossudovsky; Rádio da Casa Branca, 2 de janeiro de 2009, "Discurso de rádio do presidente", George W. Bush; Guardian, 7 de janeiro de 2009, "Como Israel levou Gaza à beira da catástrofe humanitária", por Avi Shlaim.

279 Até mesmo o site do Ministério das Relações Exteriores israelense: veja Le Monde diplomatique, fevereiro de 2009, "Plus le mensonge est gross...", por Dominique Vidal; La Presse (Montreal), 31 de dezembro de 2008, "Israel é o agressor", por Rachad Antonius; London Review of Books, 1 de janeiro de 2009, "Se Gaza cair...", por Sara Roy; Hot Press (Dublin), 18 de março de 2009, "Retorno a Sião", entrevista com Zion Evrony por Jason O'Toole.

280 Repórter de jornal canadense: veja La Presse (Montreal), 8 de janeiro de 2009, "Boom, boom, boom...", por Patrick Lagacé; La Presse (Montreal), "Eleições e guerra da mídia", por Jooneed Kahn, citando o blog do Los Angeles Times, 29 de dezembro de 2008, "FAIXA DE GAZA: Em louvor à Al Jazeera", por Ashraf Khalil; Le Monde, 9 de janeiro de 2009, "A imprensa, mantida à distância, rumina sua frustração", por Benjamin Barthe; Independent, 9 de janeiro de 2009, "Crianças encontradas ao lado de mães mortas", por Donald Macintyre; Independent, 15 de janeiro de 2009, "Pressão por cessar-fogo se intensifica", por Donald Macintyre; Independent, 27 de setembro de 2018, "Aqui está o que encontrei quando passei o dia com o jornalista mais controverso de Israel, Gideon Levy", por Robert Fisk; Irish Times, 6 de janeiro de 2009, "Árabes criticam o 'silêncio ensurdecedor' de Obama sobre a crise", por May Fitzgerald; Time magazine, 19 de dezembro de 2008–6 de janeiro de 2009, "A Entrevista: Pessoa do Ano Barack Obama".

281 Mas o 'véu' foi rasgado muito mais seriamente: veja Independent Magazine, 12 de dezembro de 2009, "Gaza: Um ano depois", por Donald Macintyre.

281 Eu me tornei tanto um leitor de jornal: veja International Herald Tribune, 12 de janeiro de 2009, "E se o Hamas estivesse no seu bairro" (AIPAC); National Post (Toronto), 29 de dezembro de 2008, "O que você faria?", por Lorne Gunter.

282 Os canadenses franceses não seriam poupados: veja La Presse (Montreal), 31 de dezembro de 2008, "Tel Aviv não tem escolha" (carta assinada em conjunto); National Post (Toronto), 3 de janeiro de 2009, "Israel x Hamas: Civilização vs. Terror", por Robert Fulford; New York Times, 3 de janeiro de 2009, "Israelenses unidos na Guerra de Gaza enquanto a censura aumenta no exterior", por Ethan Bronner.

282 Essas ficções extraordinárias: veja Irish Times, 6 de janeiro de 2009, "Ofensiva israelense em Gaza", carta ao editor de Zion Evrony; The Times, 23 de fevereiro de 1974, "IRA Provisório luta batalha transfronteiriça com o Exército", por Robert Fisk; National Post (Toronto), 2 de fevereiro de 2009, "Por que Israel não pode se dar ao luxo de recuar" (editorial); National Post (Toronto), 23 de fevereiro de

2009, "Pare de minimizar o Hamas", por James Kirchik; Independent, 21 de janeiro de 2009, "Eu vi um soldado israelense atirar e matar minhas duas filhinhas"", por Donald Macintyre; L'Orient-Le Jour (Beirute), 20 de janeiro de 2009, "Os seguranças em busca de corpos não conhecem descanso", por Mehdi Fedouach (AFP); Katherine Butler, e-mail pessoal para o autor, 17 de janeiro de 2019.

283 Havia alguns israelenses: veja Independent, 17 de janeiro de 2009, "Apelo para parar a guerra das vítimas de salvas de foguetes", por Ben Lynfield.

283 Havia um palestino em Gaza: veja Democracy Now! (Nova York), 19 de janeiro de 2011, entrevista com Izzeldin Abuelaish por Amy Goodman, que inclui entrevista gravada anteriormente por Amjali Kamat e Jacqui Soohen com Democracy Now!; Independent, 19 de janeiro de 2009, "Minhas filhas, eles as mataram": médico da TV mostra aos israelenses os horrores da guerra", por Ben Lynfield.

285 Mas a nação de Israel: veja New York Times, 13 de janeiro de 2009, "Os objetivos de Israel em Gaza?", por Thomas Friedman; Irish Independent (Dublin), 7 de janeiro de 2009, "Os problemas de Israel são devidos aos seus fundadores esclarecidos", por Kevin Myers; The Economist, 7 de fevereiro de 2009, "Crises de raiva"; Irish Times, 6 de janeiro de 2009, "Israel deve ser responsabilizado pela ação em Gaza", por Fintan O'Toole; Guardian, 10 de janeiro de 2009, "Chega. É hora de um boicote", por Naomi Klein; Independent, 8 de janeiro de 2009, "Por que nos importamos com as inumanidades israelenses", carta ao editor de John Kennett.

286 E quem apoiou o Hamas?: veja Bruno Stevens, Ground (Bruxelas: Lanoo Books, 2010), prefácio de Robert Fisk; Independent, 31 de dezembro de 2008, "A autoilusão que assola ambos os lados neste conflito sangrento", por Robert Fisk; Independent, 22 de janeiro de 2009, "Hamas admite matar 'colaboradores israelenses'", por Donald Macintyre; New York Times, 26 de junho de 2010, "Guerra, tempo limite, guerra, tempo...", por Thomas Friedman; Independent, 22 de janeiro de 2009, "Contrabandistas de volta ao trabalho em túneis sob Gaza", por Donald Macintyre; Irish Times, 11 de dezembro de 2009, "Egípcios construindo muro subterrâneo em Gaza", por Michael Jansen; Independent, 8 de janeiro de 2010, "Gaza: esperança traída", por Fares Akram.

287 Durante vários meses: veja Le Canard enchaîné, 25 de março de 2009, "Obama e Sarko preocupam um pouco Israel", por Claude Angeli.

287 Nos dias e semanas seguintes: veja New York Times, 10 de janeiro de 2009, "Uma guerra de Gaza cheia de armadilhas e truques", por Steven Erlanger; Independent, 24 de janeiro de 2009, "Fósforo branco culpado pela dor da família", por Donald Macintyre; Independent, 24 de janeiro de 2009, "Palestinos esperam respostas sobre a guerra israelense em Gaza", por Donald Macintyre; London Review of Books, 26 de fevereiro de 2009, "Retorno a Gaza", por Amira Hass; Independent, 20 de março de 2009, "Os segredos sujos de Israel em Gaza", por Donald Macintyre; Independent on Sunday, 1 de março de 2009, "Esquadrões da morte de Israel: A história de um soldado", por Donald Macintyre; Independent, 21 de março de 2009, "Israelenses são instruídos a lutar 'guerra santa' em Gaza", por Donald Macintyre; Independent, 15 de julho de 2009, "Soldados israelenses revelam a verdade brutal do ataque a Gaza", por Donald Macintyre; Independent, 20 de março de 2009, "Israel deve extirpar o câncer da brutalidade militar" (editorial); Independent, 24 de março de 2009, "ONU acusa tropas de usar menino de 11 anos como escudo humano", por Donald Macintyre; Human Rights Watch (Nova York),

13 de agosto de 2009, "Mortes de bandeiras brancas: Assassinato de civis palestinos durante a Operação Chumbo Fundido"; Guardian, 13 de agosto de 2009, "Soldados israelenses mataram civis desarmados carregando bandeiras brancas em Gaza", por Peter Beaumont.

290 Mas enquanto releio minhas anotações: carta do autor para Shameem Bhatia, 17 de setembro de 1996 (coleção do autor).

290 Os israelenses decidiram desde o início: veja Conselho de Direitos Humanos da ONU, A/HRC/12/48, "Direitos Humanos na Palestina e Outros Territórios Árabes Ocupados: Relatório da Missão de Apuração de Fatos das Nações Unidas sobre o Conflito de Gaza" (doravante: Relatório Goldstone), pp. 434–50; Relatório Goldstone, pp. 68, 73, 76, 89, 91, 99, 102, 111, 119, 121, 138, 139, 142, 143, 146, 153, 155, 159, 163, 165–6, 187; Daniel Terris, The Trials of Richard Goldstone (New Brunswick, EUA: Rutgers University Press, 2019), p. 235.

293 Repetidamente, o Relatório Goldstone: veja Relatório Goldstone, pp. 184–7; entrevista com Desmond Travers, janeiro de 2018.

293 Evidências incriminatórias surgiram: veja Relatório Goldstone, pp. 227–32, 242, 255, 199; entrevista com Desmond Travers, janeiro de 2018.

293 Um livro curto e bastante otimista: veja Richard Goldstone, For Humanity: Reflections of a War Crimes Investigator (New Haven, EUA: Yale University Press, 2000), pp. 126–30; Terris, The Trials, p. 241; Tikkun (Berkeley, EUA), 2 de outubro de 2009, "Entrevista da Tikkun com o juiz Richard Goldstone", pelo rabino Michael Lerner; Jerusalem Post, 1 de fevereiro de 2010, "Dershowitz: Goldstone é um traidor do povo judeu" (repórteres da equipe); Guardian, 17 de setembro de 2009, "Israel rejeita críticas da ONU sobre a guerra de Gaza", por Rory McCarthy; revista Revolve, 2010/11, entrevista com Norman Finkelstein em novembro de 2009 por Adwan Mohamed e Uffa Kauls Ayring.

296 Israel começou a produzir: veja Reuters, 29 de setembro de 2009, "EUA exorta Israel a investigar crimes de Gaza para impulsionar a paz", por Stephanie Nebehary; AFP, 22 de outubro de 2009, "Goldstone desafia os EUA a detalhar falhas no relatório de Gaza"; New York Times, 21 de setembro de 2009, "Um enviado dos EUA defende a ONU", por Neil MacFarquhar; Zunes, "A guerra de Gaza, o congresso e o direito humanitário internacional".

296 O Congresso, que havia preparado obedientemente: veja Zunes, "A guerra de Gaza, o congresso e o direito humanitário internacional"; Swisher, The Palestine Papers, pp. 66–7; Daily Star (Beirute), 5 de outubro de 2009, "Palestinos irritados quando Abbas abandona caso de crimes de guerra de Gaza", por Mohammed Daraghmeh' (AP); Daily Star (Beirute), 13 de agosto de 2010, "Atirador israelense receberá 45 dias por matar duas mulheres palestinas" (AFP).

296 Os israelenses encerraram sua primeira 'investigação': veja Toronto Star, 31 de março de 2009, "Israel descarta acusações em mortes em Gaza" (AP); Irish Times, 24 de março de 2009, "Civis não foram alvos em Gaza, diz Israel", por Mark Weiss; Independent, 17 de outubro de 2009, "Israel perde votação da ONU sobre 'crimes de guerra' em Gaza", por Donald Macintyre; Haaretz, 1 de fevereiro de 2010, "Dois oficiais das FDI disciplinados por usar fósforo branco na ofensiva de Gaza", por Anshel Pfeffer.

297 Mas as repercussões políticas do terremoto de Goldstone: veja Independent, 23 de setembro de 2009, "Judeus norte-americanos [sic] e os interesses de Israel",

por Don [sic] Macintyre; Independent, 11 de março de 2010, "Estado de negação: Robert Fisk busca a paz em Israel"; Independent, 2 de fevereiro de 2010, "Israel se sente sitiado. Como uma vítima. Um azarão", por Robert Fisk; Independent, 23 de novembro de 2012, "Um dos grandes guerreiros de esquerda de Israel quer a paz com o Hamas e Gaza – mas o Knesset quer?", por Robert Fisk.

297 ONGs e jornalistas: veja Independent, 9 de setembro de 2009, "Guerra de Israel em Gaza matou 252 crianças, alega relatório", por Donald Macintyre; Independent, 2 de fevereiro de 2010, "Buracos são abertos na negação do exército sobre ataque a Gaza", por Donald Macintyre.

298 Havia rumores persistentes: entrevista do autor com Uri Avnery, Tel Aviv, Israel, 23 de novembro de 2012; New York Times, 25 de abril de 2010, "Críticos judeus de um juiz sul-africano cedem", por Barry Nearak; Yediot Ahronoth, 7 de maio de 2010, "Juiz Richard Goldstone serviu ao regime do Apartheid na África do Sul, enviando pelo menos 28 africanos negros para a forca e enviando outros para o chicote", por Zadok Yehezkeli; Terris, The Trials, p. 272, citando Yediot Ahronoth, 10 de maio de 2010, "O passado sombrio do juiz Goldstone", por Tehiya Barak; Terris, The Trials, p. 56; London Review of Books, 10 de junho de 2010, "'J'accuse' Dreyfus em nossos tempos", por Jacqueline Rose.

299 A espada caiu: veja Norman Finkelstein, Gaza: An Inquest into its Martyrdom, University of California Press, 2018, p. 118; Washington Post, 1 de abril de 2011, "Reconsiderando o Relatório Goldstone sobre Israel e crimes de guerra", por Richard Goldstone; New York Times, 17 de setembro de 2009, "Justiça em Gaza", por Richard Goldstone; Finkelstein, Gaza, p. 129; Haaretz, 7 de abril de 2011, "Goldstone pavimentou o caminho para uma segunda guerra de Gaza", por Gideon Levy.

300 Daniel Terris recorda: veja Terris, The Trials, pp. 300–7, 92, 259–60, 290–1, 295; Independent, 3 de janeiro de 2019, "O juiz Richard Goldstone sofreu por virar as costas para Gaza – mas não tanto quanto os palestinos que ele traiu", por Robert Fisk; Democracy Now! 19 de janeiro de 2018, entrevista de Norman Finkelstein com Amy Goodman; entrevista telefônica do autor com Desmond Travers, 10 de janeiro de 2018; entrevista pessoal do autor com Travers, Blackrock, Irlanda, 11 de janeiro de 2018; e-mail de Travers para o autor, 12 de janeiro de 2018; Ministério das Relações Exteriores de Israel, 3 de abril de 2011, "Por trás das manchetes: O Relatório Goldstone refutado – pelo próprio Goldstone".

301 Em 2014, o Coronel Ofer Winter: veja Times of Israel, 12 de julho de 2014, "Comandante das FDI busca a ajuda de Deus para lutar contra os gazenses 'blasfemos'"; Jerusalem Post, 14 de julho de 2014, "Conotações religiosas em carta de comandante das FDI para seus soldados geram críticas e apoio", por Jeremy Sharon; Independent, 4 de junho de 2015, "Quando os palestinos aprenderão? Recorrer ao direito internacional não é a resposta – basta perguntar à América e a Israel", por Robert Fisk; Times of Israel, 22 de julho de 2014, "Dermer: FDI merece Prêmio Nobel da Paz por 'restrição inimaginável'", por Raphael Ahren; Al Arabiya News, 31 de dezembro de 2014, "EUA 'se opõem fortemente' à adesão da Palestina ao TPI" (AFP); Escritório do Alto Comissariado da ONU para os Direitos Humanos, Genebra, 22 de junho de 2015, "Inquérito da ONU sobre Gaza encontra alegações críveis de crimes de guerra cometidos em 2014 por Israel e grupos armados palestinos"; Haaretz, 23 de junho de 2015, "Chefe da investigação da ONU sobre Gaza diz ao Haaretz que a principal mensagem é que Israel não

pode lançar uma bomba de uma tonelada em um bairro", por Barak Ravid; Times of Israel, 23 de junho de 2015, "Vergonha para você, Mary McGowan Davis", por David Horowitz; Irish Times, 23 de junho de 2015, "Crimes de guerra cometidos no conflito de Gaza – ONU" (Reuters).

302 Obama não havia proferido: veja Haaretz, 22 de novembro de 2012, "Operação retificação", por Ari Shavit; Jerusalem Post, 22 de novembro de 2012, "Irresponsabilidade até na guerra", por Yisrael Medad e Eli Pollak (do 'Observatório da Mídia de Israel').

302 Nos anos seguintes: veja Washington Report on Middle East Affairs, maio de 2018, p. 47, "A tango sionista: Passo para a esquerda, passo para a direita", por Gideon Levy; Independent, 3 de junho de 2005, "Matamos policiais por vingança, confessam soldados israelenses", por Donald Macintyre; Independent, 19 de abril de 2008, "Nosso reinado de terror, pelo exército israelense", por Donald Macintyre; Independent, 9 de junho de 2009, "Amarrados, vendados e espancados – por tropas israelenses", por Ben Lynfield; Jerusalem Post, 1 de fevereiro de 2010, "Soldadas alegam abusos contra palestinos", por Ben Hartman; Paris Match, 16–22 de setembro de 2010, "Israel: Quando os oficiais quebram o silêncio", por Catherine Schwaab; Irish Times, 15 de setembro de 2012, "Nova ocupação de soldados israelenses: abrindo um conflito fechado", por Derek Scally; Irish Times, 19 de junho de 2014, "Soldados israelenses falam sobre abuso de palestinos", por Kitty Holland; Irish Times, 24 de junho de 2014, carta ao editor de "Quebrando o Silêncio" do diretor executivo de Quebrando o Silêncio, Yuli Novak.

302 Era uma tarde úmida e fria do início do inverno: veja Independent, 8 de novembro de 2018, "As três filhas de Izzeldin Abuelaish foram mortas em Gaza – mas ele ainda se agarra à esperança para o Oriente Médio", por Robert Fisk; Toronto Star, 28 de dezembro de 2010, "Médico de Gaza processa Israel por mortes", por Oakland Ross; Toronto Star, 1 de outubro de 2015, "As consequências domésticas da política externa de Harper", por Haroon Siddiqui; Times of Israel, 3 de dezembro de 2018, "Tribunal decide contra médico de Gaza que processou por bombardeio das FDI que matou 3 filhas".

10: Como pareciam valentes nossos navios de guerra naquele amanhecer

308 Minhas palavras se espalharam: veja Independent, 13 de julho de 2006, "Beirute espera enquanto mestres sírios enviam aliados do Hezbollah para o Líbano", por Robert Fisk.

309 Isso significava não apenas feridas físicas: veja Independent, 14 de julho de 2006, "De minha casa, vi o que a 'guerra contra o terror' significava", por Robert Fisk; Independent, 15 de julho de 2006, "O que estou vendo no Líbano a cada dia é um ultraje", por Robert Fisk.

311 Na antiguidade, Plínio escreveu sobre os penhascos: veja Independent, 30 de setembro de 2006, "A anatomia de um massacre", por Robert Fisk; Independent, 16 de julho de 2006, "Um diário emocionante de uma semana na vida e morte de Beirute", por Robert Fisk; Independent, 18 de julho de 2006, "Exploda minha cidade e eu explodirei a sua", por Robert Fisk.

320 No ano 551 d.C.: veja Independent, 19 de julho de 2006, "Paraíso Perdido: A elegia de Robert Fisk para Beirute"; Independent, 24 de junho de 2006, "Um crime de guerra", por Robert Fisk.

323 Eles escreveram os nomes das crianças mortas em seus sudários de plástico: veja

Independent, 31 de julho de 2006, "Como podemos ficar parados e permitir que isso continue?", por Robert Fisk; Independent on Sunday, 6 de agosto de 2006, "Massacre em Qana", por Robert Fisk; Independent, 8 de agosto de 2006, "Lágrimas de crocodilo de líderes enquanto Beirute queima", por Robert Fisk; para um relato completo do massacre de Qana de 1996, veja Fisk, Pity the Nation (edição de 2001), pp. 669–89; para Blair sobre "Saddam teria se tornado uma ameaça novamente", veja RTE (Dublin), The Late Late Show, Tony Blair entrevistado por Ryan Tubridy, 3 de setembro de 2010.

325 Enquanto a carnificina: dentro do vasto arquivo WikiLeaks sobre o tráfego da embaixada dos EUA de Beirute durante a guerra do Líbano de 2006, veja especialmente os relatórios diplomáticos de 2006 para a secretária de Estado Rice datados de 12, 13, 14, 17, 18, 19, 20, 23, 24, 26, 28 de julho e 4 de agosto; para detalhes do ataque do Hezbollah ao Hanit, veja Le Point (Paris), 19 de outubro de 2006, "Tsahal: Processo de um fiasco", por Jean Guisnel.

327 Foi aquele grande e velho jornal: veja Haaretz, 12 de setembro de 2006, "Comandante das FDI: Disparamos mais de um milhão de bombas de fragmentação no Líbano", por Meron Rappaport; Independent, 18 de setembro de 2006, "Colheita mortal: Os campos libaneses semeados com bombas de fragmentação", por Patrick Cockburn; Daily Star (Beirute), 26 de outubro de 2010, "Fragmentos de bomba de fragmentação matam removedor de minas no sul do Líbano; Al Jazeera, 13 de agosto de 2015, "Vida entre as bombas de fragmentação israelenses no Líbano", por Joseph Ataman; veja também Cluster Munitions in Lebanon, 2005 (Landmine Action, Reino Unido).

327 Enfrentando não apenas o seu próprio: veja relatório da Anistia Internacional de 22 de agosto de 2006 (Índice nº: MDE 18/007/2006), "Líbano: Destruição deliberada ou 'danos colaterais'? Ataques israelenses à infraestrutura civil"; relatório da Human Rights Watch, Vol. 18, No. 3 (E), "Ataques fatais: Ataques indiscriminados de Israel contra civis no Líbano"; London Review of Books, 2 de novembro de 2006, "O ataque à Human Rights Watch", por Aryeh Neier.

328 Em poucos meses: entrevistas do autor com oficiais de segurança libaneses e oficiais do Hezbollah, dezembro de 2006; veja também Independent, 9 de março de 2007, "Olmert planejou a guerra do Líbano antes do sequestro de soldados", por Donald Macintyre; Jerusalem Post, 29 de setembro de 2009, "Hezbollah tinha melhor inteligência do que os israelenses em 2006", por Yaakov Katz.

331 Não que os soldados: Day, "Um mártir caído".

331 Comandante do exército irlandês: veja Independent, 25 de julho de 2016, "Faz 10 anos desde que os capacetes azuis da ONU foram mortos no sul do Líbano – e poderia acontecer novamente", por Robert Fisk.

331 É correto citar: veja Legion, revista de história militar do Canadá, 2 de janeiro de 2013, "Um mártir caído: A história não contada de um capacete azul canadense morto na guerra", por Adam Day; Ottawa Citizen, 11 de julho de 2017, "Adam Day, correspondente de guerra canadense, amigo – Descanse em paz", por David Pugliese.

332 Os israelenses nunca revelaram seu segredo: e-mail do autor do Comdt Kevin McDonald, 21 de julho de 2016; veja também Peacekeeping on the Edge: Observer Group Lebanon and the 2006 Israel-Lebanon War, um relato pessoal do Comdt. Kevin McDonald: https://www.academia. edu/27311015/PEACE-

KEEPING_ON_THE_EDGE.

332 Outra mulher: cartas ao autor de Jamile Wakim-Fleming, 13 de outubro de 2006 e 4 de junho de 2007.

11: O despertar

334 A cidade egípcia de Mahalla el-Kubra: veja Independent, 6 de agosto de 2011, "A cidade e seus trabalhadores que primeiro enfrentaram Mubarak", por Robert Fisk; Le Monde diplomatique, julho de 2011, "O Egito em revolução", por Alain Gresh; Libération, 5 de fevereiro de 2011, "Esraa Abdel Farrah, a luta original", por Claude Guibal; veja também Marwan Bishara, The Invisible Arab, pp. 103–7; artigo de pesquisa de Roger J. Cottrell de 1994 (em posse do autor) "Luta de classes no Egito: A revolta em Kafr el-Dawar, 42 anos depois"; Guardian, 10 de fevereiro de 2011, "Sindicatos: A rede social revolucionária em ação no Egito e na Tunísia", por Eric Lee e Benjamin Weinthal.

338 Como se descreve um dia: veja Independent, 29 de janeiro de 2011, "Um povo desafia seu ditador, e o futuro de uma nação está em jogo", por Robert Fisk; Independent, 31 de janeiro de 2011, "Por quanto tempo mais Mubarak pode se agarrar?", por Robert Fisk.

341 Encontrei o homem do momento: veja Independent, 1 de fevereiro de 2011, "Mohamed El-Baradei: O homem que seria presidente", por Robert Fisk; notas do autor da entrevista com ElBaradei, Gizé, Egito, 31 de janeiro de 2011; Independent, 3 de fevereiro de 2011, "Sangue e medo nas ruas do Cairo enquanto os homens de Mubarak reprimem os protestos", por Robert Fisk.

343 No entanto, no dia seguinte, a Irmandade: CNN, 6 de fevereiro de 2011, Omar Suleiman entrevistado por Christiane Amanpour.

344 Acadêmicos também sugeriram: veja Contemporary Arab Affairs (Centro de Estudos da Unidade Árabe, Beirute), Vol. 6, No. 1, janeiro-março de 2012, pp. 54–67, "Suleiman: Mubarak decidiu renunciar... examinando o uso de mídias sociais na revolução egípcia de 2011", por Genevieve Barrons.

347 Todos de repente começaram a cantar: veja Independent, 12 de fevereiro de 2011, "A saída de um tirano. A alegria de uma nação", por Robert Fisk.

349 Mas uma divergência clara: veja Independent, 14 de fevereiro de 2011, "O exército está apertando seu controle sobre o Egito?", por Robert Fisk.

349 Cinco dias depois: veja Independent, 19 de fevereiro de 2011, "Guardas prisionais acusados de matar dezenas de detentos no Egito", por Donald Macintyre.

351 Para ser romântico: veja Sania Lanfranchi, Casting off the Veil, pp. 109, 159; Laura Bier, Revolutionary Womanhood, pp. 29, 39–40; Tarif Khalidi (ed.), An Anthology of Arabic Literature, pp. 131–2, trechos de uma palestra no Cairo em 1914 por May Ziadeh.

355 No entanto, muito antes de Morsi: veja Anistia Internacional, 31 de maio de 2011, "Egito: Admissão de 'testes de virgindade' forçados deve levar à justiça"; Independent, 21 de dezembro de 2011, "Mulheres do Cairo vão às ruas e dizem aos militares: chega de espancamentos", por Alastair Beach; Daily Star (Beirute), 1 de junho de 2011, "General egípcio defende testes de virgindade" (Reuters, AP); Guardian, 3 de setembro de 2012, "Do teste de virgindade ao poder", por William Wilson; Declaração conjunta de 12 organizações egípcias de direitos humanos, 25 de novembro de 2011, Crise dos Direitos Humanos no Egito: Os Resultados

Amargos de Dez Meses no Controle dos Militares; Independent, 10 de março de 2011, "Treze mortos com o retorno da violência à Praça Tahrir", por Alastair Beach; Independent, 27 de maio de 2011, "A revolução será televisionada", por Phil England; Jeune Afrique, 10–16 de julho de 2011, "Hussein Tantawi: Cuidado, marechal!", por Tony Gamal Gabriel; AP, 26 de julho de 2011, "Generais e manifestantes do Egito se movem para um confronto aberto", por Hamza Hendawi; Daily Star (Beirute), 30 de julho de 2011, "Partidos deixam comício do Egito por 'sequestro' islamista" (Reuters).

357 Mas a Irmandade: veja Al-Ahram Weekly, 3–9 de agosto de 2011, "Les dissensions au grand jour", por May Al-Maghrabi; Daily Star (Beirute), 15 de novembro de 2011, "Islamistas do Egito alertam Erdogan sobre papel regional" (Reuters); Courrier International, 22–28 de setembro de 2011, "Erdogan decepcionou os islamistas do Cairo", trecho do jornal online de Londres Elaph por Sabri Hassanayn; International Herald Tribune, 7 de julho de 2011, "Centenas protestam contra a libertação de 7 policiais egípcios" (AP); Egyptian Gazette, 10 de julho de 2011, "Sangue mantém viva a revolução do Egito", por Amr Emam; Independent, 14 de julho de 2011, "Centenas de policiais expurgados" (AP).

358 Então, justamente quando: veja Independent, 4 de agosto de 2011, "Uma vez intocável, o velho déspota e seus filhos enfrentaram a ira da nação que aterrorizaram", por Robert Fisk.

359 E então as câmeras também foram encobertas: veja Independent, 16 de agosto de 2011, "Juiz priva egípcios de transmissões de TV do julgamento de Mubarak", por Alastair Beach; Independent, 4 de janeiro de 2012, "Mubarak merece humilhação e indignidade, tribunal é informado" (AP); Tehran Times, 27 de junho de 2011, "Comentário: SOS dos filhos de Mubarak", por Arnaud de Borchgrave; BBC News Oriente Médio, 2 de junho de 2012, "Mubarak preso por mortes em protestos"; Al Arabiya Television, 6 de fevereiro de 2014, "Em entrevista rara, Mubarak diz que os egípcios querem Sisi".

360 Enquanto o julgamento de Mubarak se arrastava: veja L'Orient-Le Jour (Beirute), 6 de setembro de 2011, "Le procès Moubarak reprend" (agências); Independent, 22 de novembro de 2011, "Dezenas morrem, o gabinete vacila – e o caos reina", por Alastair Beach; Irish Times, 26 de novembro de 2011, "Respeito pelo exército desaparece à medida que as pessoas julgam que ele falhou nas reformas", por Patrick Bury; Independent, 22 de novembro de 2011, "Mubarak não era nada comparado aos militares", por Nada El-Gamma; Daily News Egypt, 28 de novembro de 2011, "Tantawi alerta contra 'mãos estrangeiras', diz que crise deve acabar antes da votação" (AP); Guardian, 26 de novembro de 2011, "Praça Tahrir permanece unida após derramamento de sangue", por Jack Shenker; Libération, 27 de novembro de 2011, "Manifestants égyptiens: la désunion nationale", por Marion Guénard

362 Há uma raposa na Praça Tahrir: veja Independent, 2 de julho de 2012, "Presidente Morsi, uma votação manipulada e um conto de raposa que deixou todo o Cairo em alvoroço", por Robert Fisk.

363 Muitos dos veteranos de Tahrir: veja Egyptian Gazette, 1 de dezembro de 2011, "Polícia 'olho de atirador' se entrega: oficial"; Independent, 6 de junho de 2012, "No Cairo, eles sabem que as revoluções nem sempre saem como queriam", por Robert Fisk; Guardian, 6 de março de 2013, "Atirador de Olho da Praça Tahrir

está na prisão, mas algo mudou?", por Patrick Kingsley; Economist, 22 de dezembro de 2013, "A rede se alarga – Repressão no Egito"; Los Angeles Times, 23 de dezembro de 2013, "No Egito, morte de ativista é novo golpe para a revolução", por Amro Hassan e Laura King; Egyptian Gazette, 27 de novembro de 2012, "Um novo nome para a Rua Mohamed Mahmoud?", por Marwa Shaalan.

364 Dezenas de milhares: veja Independent, 23 de junho de 2012, "Atrasado para a Revolução, Irmandade Muçulmana assume Tahrir", por Robert Fisk; New York Times, 22 de junho de 2012, "Confronto no Egito se intensifica na luta pelo poder", por David D. Kirkpatrick; Egyptian Gazette, 24 de junho de 2012, "Jornais demonizam a Irmandade Muçulmana", por Hamza Hendawi (AP); Al-Ahram Weekly, 27 de junho de 2012, "Hamas animado com a aparente vitória de Musri", por Khaled Amayeh.

366 Morsi era inteligente: veja Reuters, 30 de junho de 2012, "Musri do Egito faz juramento simbólico ao povo", por Saimaa Fayed; Daily Star (Beirute), 1 de setembro de 2012, "Retorno refrescante da soberania do Egito", por Rami Khoury; Irish Times, 7 de dezembro de 2012, "Morsi não oferece concessões à oposição", por Michael Jansen; Le Monde diplomatique, novembro de 2012, "Egito, da ditadura militar à ditadura religiosa?", por Alain Gresh.

368 Morsi descansou: veja Irish Times, 11 de dezembro de 2012, "Morsi investe o poder de detenção nos militares", por Michael Jansen; Irish Times, 24 de dezembro de 2012, "Egito alega que constituição foi aprovada pelos eleitores", por Michael Jansen; Irish Times, 27 de dezembro de 2012, "Presidente saúda nova constituição egípcia", por Michael Jansen; L'Orient-Le Jour (Beirute), 9 de agosto de 2012, "Les sables mouvant du Sinai", por Christian Merveille.

369 Ainda mais prejudicial para Morsi: veja New York Times, 21 de abril de 2013, "Morte de ativista no Egito gera acusações de abuso policial", por David D. Kirkpatrick; Reuters, 4 de junho de 2013, "Egito condena 43, incluindo norte-americanos, em caso de ONG", por Shaimaa Fayed; Reuters, 7 de maio de 2013, "Morsi do Egito traz mais islamistas para o gabinete", por Tom Perry e Yasmine Saleh; Economist, 30 de março de 2013, "Economia do Egito: Indo para os cachorros"; Financial Times, 9 de junho de 2013, "Conselheiro de Morsi culpa o FMI por atrasar acordo de empréstimo de US$ 4,8 bilhões do Egito", por Rhoula Khallaf; Le Monde diplomatique, agosto de 2013, "No Egito, a revolução à sombra dos militares", por Alain Gresh, citando Middle East Research and Information Project (Washington DC), 10 de julho de 2013, "Egito no terceiro ano".

369 A aparente indiferença de Morsi: veja Le Monde, 26 de novembro de 2012, "Mohamed Morsi, le syndrome du pharaon", por Christophe Ayad; Reuters, 7 de novembro de 2012, "Nas ruas do Egito, islamistas mostram sua força", por Yasmine Saleh.

370 Morsi até conseguiu: veja Daily Star (Beirute), 1 de junho de 2013, "A batalha da Ópera do Cairo", por Aya Batrawy (AP); Le Monde diplomatique, agosto de 2013, "Les cygnes du Caire", por Mona Abouissa.

371 Então, já em janeiro de 2013: veja Globe and Mail (Toronto), 30 de janeiro de 2013, "Confronto com o exército se aproxima para Morsi", por Omar El Akkad.

371 Como muitos dos novos generais ambiciosos do exército egípcio: veja Democracy in the Middle East by Abdelfattah El Sisi [sic], Strategy Report Project, US Army War College, Carlisle Barracks, Carlisle, PA, 15 de março de 2006, (consultor do projeto: Stephen J. Gerras); Reuters, 23 de agosto de 2013, "Em pequena cidade

norte-americana, uma janela para o passado do general egípcio", por Phil Stewart.

371 O exército mais tarde: veja Reuters, 2 de julho de 2013, "Papel de Morsi em comício da Síria visto como ponto de virada para o exército egípcio", por Yasmine Saleh e Tom Perry; Reuters, 23 de junho de 2013, "Exército do Egito diz estar pronto para agir para evitar conflito".

372 As fotos vieram primeiro: veja Reuters, 10 de outubro de 2013, "Reportagem especial – A força real por trás da 'revolução do estado' do Egito", por Yasmine Alsharif e Yasmine Saleh; Reuters, 20 de fevereiro de 2014, "Ativistas que apoiaram a queda de Morsi se voltam contra os militares", por Yasmine Saleh; Abouissa, "Les cygnes du Caire", citando Le Figaro, 30 de junho de 2013; Al Jazeera, 19 de julho de 2013, "Pessoas, poder ou propaganda? Desvendando a oposição egípcia", por Max Blumenthal; Guardian, 30 de junho de 2013, "Tony Blair apoia o governo do Egito e critica a Irmandade", por Patrick Kingsley; Independent, 4 de agosto de 2013, "Milhões vão às ruas do Egito em uma fantasia de mídia cada vez maior", por Robert Fisk.

373 Essencial para esta história enganosa: veja Daily News Egypt, 25 de julho de 2013, "Al-Sisi pede luz verde para combater o 'terrorismo'", por Nouran El-Behairy; AP, 5 de julho de 2013, "O primeiro presidente eleito livremente do Egito se viu isolado e abandonado por aliados, enquanto até seus guardas se afastavam", por Hamza Hendawi e Maggie Michael.

374 As circunstâncias da detenção de Morsi: veja Reuters, 13 de novembro de 2013, "Morsi diz que foi sequestrado antes de ser removido pelo exército", por Hadeel Al Shalchi; entrevista telefônica do autor com Rodney Dixon QC, 20 de fevereiro de 2015; transcrições das fitas 1, 2 e 3 de Messers Shahin, Mohamed Ibrahim, Mamdooh Higazy e Shahin Any e J.P. French Associates, relatório, 21 de janeiro de 2015, "no caso de Mamdou Shahin, Relatório sobre Comparações Forenses de Voz" (autores: Peter French e Sam Hellmuth); transcrições de Obama, A Casa Branca, Gabinete do Secretário de Imprensa, 1 e 3 de julho de 2013; Guardian, 3 de julho de 2013, "EUA em apuros sobre o Egito apoiar Morsi, mas encorajar manifestantes", por Dan Roberts; Independent, 4 de agosto de 2013, "Milhões vão às ruas do Egito em uma fantasia de mídia cada vez maior", por Robert Fisk.

12: O tigre ferido

377 Aiman Husseini estava deitado junto à parede: veja Independent, 28 de julho de 2013, "Testemunha ocular no Egito: 'A maioria foi baleada no rosto – apenas um nas costas'", por Robert Fisk.

378 Os apoiadores de Morsi não faziam segredo: veja Independent, 1 de julho de 2013, "As demandas da revolução de 2001 não foram atendidas... mas o exército não tem as respostas", por Robert Fisk.

379 Às 6h30 da manhã: veja Washington Post, 22 de agosto de 2014, "Por que os militares do Egito orquestraram um massacre", por Amy Austin Holmes; Guardian, 4 de setembro de 2015, "Cameraman da Sky News foi baleado no Egito depois que seu colete à prova de balas foi confiscado" (Central News); Independent, 15 de agosto de 2013, "Massacre do Cairo: Os mártires silenciosos da Irmandade Muçulmana jazem encharcados de sangue", por Robert Fisk; Independent, 16 de agosto de 2013, "A polícia continua atirando: os corpos se acumulam. No Cairo, banhos de sangue agora são uma ocorrência diária", por Robert Fisk; Independent, 18

de agosto de 2013, "Exclusivo; Cairo em guerra – sob cerco dentro da Mesquita Al-Fath", por Alastair Beach.

383 O próprio Sisi nunca proferiu: veja Al-Ahram Weekly, 22–28 de agosto de 2013, "Partindo da cena", por Mohamed Abdel-Baky; Al-Ahram Weekly, 21–27 de agosto de 2013, "ElBaradei sur la sellette", por May Al-Maghrabi; Al-Ahram Weekly, 15–21 de agosto de 2013, "O mesmo velho bode expiatório", por Khaled Dawoud; declaração pública de Anwar Sadat, 19 de agosto de 2013, "Resposta aos EUA e à UE: 'Chega de táticas de susto, entreguem soluções pragmáticas em vez disso'", 21 de agosto de 2013, "Resposta ao Editorial do Washington Post: 'Salvando o Egito do destino da Síria' e 20 de agosto de 2013, 'Revisão do Status Legal da Irmandade Muçulmana'"; Independent, 23 de agosto de 2013, "As pessoas pensam que cometeram um grande erro ao eleger Morsi... elas odeiam a Irmandade", por Robert Fisk.

384 Todos nós sabíamos: veja Independent, 5 de novembro de 2013, "Julgamento de Morsi: Se um tribunal pode exemplificar as divisões de uma nação, este o fez pelo Egito", por Robert Fisk; Independent, 4 de novembro de 2013, "Enquanto Mohamed Morsi vai a julgamento, o General Sisi deveria lembrar: o Egito é um lugar perigoso para governar", por Robert Fisk.

387 Ele seria acusado: veja AP, 21 de abril de 2015, "Tribunal egípcio condena Morsi a 20 anos de prisão", por Hamza Hindawi; Independent, 30 de maio de 2014, "Robert Fisk sobre a votação de Sisi: Salve o Imperador Egípcio – mas e aqueles 7% faltantes?"; Daily News Egypt, 27 de maio de 2014, "Enquanto o Egito vota, a cidade pró-Morsi, Kerdasa, testemunha a brutal divisão" (AFP); L'Orient-Le Jour (Beirute), 24 de maio de 2014, "A presidência de Sisi [sic] não será um retorno ao regime Mubarak. Será pior!"; Daily Star (Beirute), 23 de agosto de 2013, "Os generais egípcios tiveram um passeio livre", por Michael Glackin; BBC News, 1 de abril de 2014, "David Cameron ordena investigação sobre atividades da Irmandade Muçulmana", por Nicholas Watt; The Arab Uprisings and Foreign Assistance (Routledge, 2018), "Assistência internacional ao Egito após as revoltas de 2011 e 2013: Mais política e menos desenvolvimento", por Khaled Amin; Reuters, 4 de abril de 2014, "Irmandade Muçulmana exorta a Grã-Bretanha a não ceder à 'pressão' estrangeira sobre a revisão"; BBC News, 16 de março de 2015, "David Cameron suspende relatório da Irmandade Muçulmana", por George Parker; BBC News, 18 de junho de 2015, "O governo insiste que 'nenhum assunto está fora da mesa' quando o Sr. Cameron recebe o presidente em Downing Street".

390 Sisi disse no dia da eleição: veja Independent, 30 de maio de 2014, "Robert Fisk sobre a votação de Sisi: Salve o Imperador Egípcio – mas e aqueles 7% faltantes?"; L'Orient-Le Jour (Beirute), 30 de maio de 2014, "No Egito, o retorno (forçado) ao passado" (AFP); Daily News Egypt, 29 de maio de 2014, "Human Rights Watch alerta para a repressão subjacente que prejudica as eleições presidenciais", por Ali Omar; L'Orient-Le Jour (Beirute), 29 de maio de 2015, "Com Sisi, a estabilidade, mas até quando e a que preço...", por Anthony Samrani; Daily Star (Beirute), 14 de outubro de 2016, "Jurisdição crescente dos tribunais militares do Egito", por Sahar Aziz; Al-Ahram Weekly, 7–13 de novembro de 2013, "Guardiões", por Reem Leila; Daily Star (Beirute), 28 de novembro de 2013, "Egito ordena a prisão de símbolos da revolta anti-Mubarak" (Reuters).

391 Num grotesco erro judiciário: veja Globe and Mail (Toronto), "Tribunais canguru";

Al-Ahram Weekly, 7–13 de novembro de 2013, "A conciliação de Kerry no Cairo", por Ezzat Ibrahim; Reuters, 15 de dezembro de 2013, "Promotor egípcio mira pai de menino preso por regra 'pró-Morsi': advogado", por Maggie Fick.

392 Enquanto a ditadura de Sisi se afirmava: veja Le Monde, 10 de junho de 2015, "O Egito retoma a violência do Estado policial", por Hélène Sallon; Le Monde diplomatique, novembro de 2015, "A imprensa egípcia colocada em rédeas curtas", por Aziz El Mossassi; L'Orient-Le Jour (Beirute), 29 de dezembro de 2013, "O poder autoritário de volta ao Egito?"; Libération, 13 de agosto de 2014, "Um ano após o massacre de Rabaa, as ONGs odiadas por Al-Sisi", por Jenna Le Bras; Reuters, 16 de outubro de 2014, "Observador da democracia dos EUA deixa o Egito enquanto o laço político aperta"; L'Orient-Le Jour (Beirute), 6 de junho de 2015, "Os condenados à morte do Egito", por Omar Ashour (Project Syndicate); Al-Ahram Weekly, 3–9 de agosto de 2011, "Um ditador pego de surpresa", por Chaimaa Abdel-Hamid; Reuters, 31 de julho de 2019, "Como o Egito de Sisi distribui 'justiça'" (Equipe da Reuters).

393 Assaltos violentos: veja Al-Ahram Weekly, 25–31 de julho de 2013, "Coptas sob ataque", por Michael Adel; Al-Ahram Weekly, 15–21 de agosto de 2013, "Pagando o preço", por Dina Ezzat; Al-Ahram Weekly, 22–28 de agosto de 2013, "A Guerra contra os Coptas do Egito", por Michael Adel; Al-Ahram Weekly, 15–21 de agosto de 2013, "Les coptes au coeur de la tourmente", por Samar Al-Gamal; Daily Star (Beirute), 3 de setembro de 2013, "História vira fumaça em museu egípcio saqueado", por Mohamad Ali Harissi; AP, 11 de setembro de 2013, "Bombas suicidas atingem militares egípcios no Sinai, matam nove", por Ashraf Sweilam; Daily Star (Beirute), 16 de setembro de 2013, "Forças egípcias asseguram a fronteira da Faixa de Gaza" (Reuters); Daily Star (Beirute), 22 de outubro de 2013, "Cristãos do Egito chocados após tiroteios"; Reuters, 7 de outubro de 2013, "Granadas disparadas no Cairo, tropas mortas perto do Canal de Suez após morte de manifestantes", por Shadia Nasralla e Yara Bayoumy; Gulf News (EAU), 19 de novembro de 2013, "Homens armados matam oficial que testemunharia contra Mursi", por Ramadan Al Sherbini; Financial Times, 1 de setembro de 2015, "Tropas egípcias mortas em ataques militantes", por Kristen McTighe; L'Orient-Le Jour (Beirute), 26 de janeiro de 2016, "'São as ideias que o poder egípcio combate, não o terrorismo'", por Jenna Le Bras.

394 As batalhas originais do Sinai: Reuters, 30 de janeiro de 2015, "Sisi do Egito encurta visita à Etiópia após 32 mortos no Sinai", por Maggie Fick e Yusri Mohamed; Daily Star (Beirute), 3 de abril de 2015, "Jihadistas do Egito matam 15 soldados e dois civis em ataques a postos de controle no Sinai" (AFP); New York Times, 5 de agosto de 2015, "Pressão por retribuição no Egito desgasta a Irmandade Muçulmana", por David Kirkpatrick e Mayy El Sheikh.

395 Compartilhar uma cela de prisão: veja Mohamed Fahmy, The Marriott Cell: An Epic Journey from Cairo's Scorpion Prison to Freedom (Toronto: Random House, 2016), pp. 10–16, 66–7, 125–6, 131–2, 143, 161, 165, 178, 189, 192, 241–3, 293–5, 337; Guardian, 23 de junho de 2014, "Sentenças duras de jornalistas da Al-Jazeera provocam indignação internacional no Egito", por Patrick Kingsley; Independent, 31 de dezembro de 2016, "O que o tempo de um jornalista em uma prisão egípcia nos diz sobre a luta contra a jihad islâmica", por Robert Fisk.

397 Em julho de 2015: veja Independent, 20 de julho de 2015, "Que escolha para

o Egito – um presidente megalomaníaco ou a loucura do Estado Islâmico", por Robert Fisk.

398 Dentro do próprio Sinai: veja New York Times, 24 de novembro de 2017, "No Egito, retaliação furiosa, mas estratégia falha no Sinai", por Declan Walsh e David D. Kirkpatrick; Le Monde, 26 de novembro de 2017, "No Egito, carnificina em uma mesquita do Sinai", por Hélène Sallon.

399 Nos primeiros quatro meses: veja AP, 11 de junho de 2016, "Tempos difíceis no Egito inflamam inquietação trabalhista, confronto à frente", por Brian Rohan; relatório da Anistia Internacional de 30 de maio de 2018, "Egito: Governo acusado de interferir nas eleições de sindicatos trabalhistas".

400 Havia algo de cômico e irônico: veja New York Times, 24 de maio de 2014, "O novo homem forte do Egito, Sisi, sabe o que é melhor", por David D. Kirkpatrick; Independent, 5 de novembro de 2013, "Abdul Fattah al-Sisi: General egípcio é idolatrado por depor o ex-presidente Mohamed Morsi, mas sua popularidade pode durar?", por Robert Fisk; Daily Star (Beirute), 9 de fevereiro de 2016, "Tapete vermelho gigante para a comitiva de Sisi provoca alvoroço (AP); Guardian, 28 de fevereiro de 2014, "Líderes militares do Egito revelam dispositivos que afirmam detectar e curar a Aids" (AP); Courrier International, 7–14 de maio de 2014, "Você pode se orgulhar de ter Aids!", citando Mada Masr (Cairo), 18 de abril de 2014, por Amani Massoud; Reuters, 24 de junho de 2017, "Sisi do Egito ratifica acordo cedendo ilhas do Mar Vermelho à Arábia Saudita", por Ahmed Abulenein; L'Orient-Le Jour (Beirute), 22 de junho de 2016, "Uma decisão judicial independente será sem consequências?" (entrevista com o Prof. Ibrahim Awad da Universidade Norte-americana do Cairo, por Lina Kennouche); CBS 60 Minutes, 6 de janeiro de 2019; Washington Post, 27 de março de 2019, "'Tornou-se uma farsa, realmente': atores egípcios que criticaram Sisi em Washington são expulsos do sindicato", por Emily Tamkin; Middle East Eye (Londres), 27 de março de 2019, "Sindicato de atores do Egito expulsa Amr Waked e Khaled Abol Naga por críticas a Sisi"; Independent, 28 de março de 2019, "A repressão brutal do Egito aos direitos dos trabalhadores vai muito além do destino de dois atores", por Robert Fisk.

402 Em 3 de fevereiro de 2016: veja Irish Times, 11 de abril de 2016, "Itália frustrada com a investigação sobre a morte de estudante", por Paddy Agnew; Independent, 17 de abril de 2016, "O estudante italiano assassinado Giulio Regeni pagou o preço máximo por sua investigação sobre o Egito de Al-Sisi", por Robert Fisk; Politico (Virgínia, EUA), 4 de outubro de 2016, "Quem assassinou Giulio Regeni?", por Alexander Stille; Red Pepper (Londres), 7 de fevereiro de 2016, "No Egito, uma segunda vida para sindicatos independentes", por Giulio Regeni, reimpresso de Il Manifesto (Roma); Reuters, 1 de junho de 2016, "Após repressão universitária, estudantes egípcios temem por seu futuro", por Amira Ismail; Le Monde, 12 de março de 2016, "O Parlamento Europeu critica o Egito sobre direitos humanos", por Hélène Sallon; New York Review of Books, 22 de fevereiro de 2018, "Aguentando firme no Cairo", por Yasmine El Rashidi; London Review of Books, 19 de fevereiro de 2015, "O jeito de Sisi", por Tom Stevenson.

405 A morte de Regeni foi naturalmente: veja Reuters, 5 de abril de 2019, "Egito mata centenas de supostos militantes em tiroteios disputados", pela equipe da Reuters.

405 A morte de Mohamed Morsi: veja Independent, 18 de junho de 2019, "A democracia egípcia morreu ontem em uma jaula de prisão ao lado de Morsi", por

Robert Fisk; Independent, 20 de junho de 2019, "O Ocidente permanece em silêncio sobre a morte de um homem que outrora chamou de a grande esperança da democracia árabe", por Robert Fisk; Washington Post, 18 de junho de 2019, "O regime do Egito deve responder pela morte de Morsi. Outras ditaduras estão observando", por Wael Haddara; New York Times, 18 de junho de 2019, "Egito enterra silenciosamente o ex-presidente Morsi, silenciando a cobertura da morte", por Declan Walsh.

405 Não que o interesse italiano: veja Politico, 10 de julho de 2019, "Matando Giulio Regeni – novamente", por Mario Del Pero.

13: "Caro Moussa..."

408 "As revoltas aqui...": veja Independent, 22 de fevereiro de 2012, "Se ao menos Hague e Clinton ouvissem Yusuf Islam", por Robert Fisk.

410 A maioria das centenas de milhares: veja Independent, 2 de março de 2005, "Libaneses unidos sob a bandeira da 'revolução dos cedros'", por Robert Fisk; Independent, 10 de março de 2005, "Meio milhão se reúne em comício pró-Síria para desafiar a visão dos EUA", por Robert Fisk; Independent, 11 de março de 2005, "Aliado sírio retorna como primeiro-ministro libanês", por Robert Fisk; Independent, 15 de março de 2005, "O povo se posiciona contra as mentiras do Líbano", por Robert Fisk.

412 Primeiro, o policial iraniano gritou insultos: veja Independent, 14 de junho de 2009, "Irã entra em erupção enquanto eleitores apoiam 'o Democrator'", por Robert Fisk; Independent, 13 de junho de 2009, "Um país dividido unido pelo espírito da democracia", por Robert Fisk; Daily Star (Beirute), 9 de junho de 2009, "Mousavi coloca a 'aura' de Ahmadinejad sob os holofotes" (AP, AFP); Kayhan (Teerã), 13 de junho de 2009, "O líder da nação tem a última palavra: a eleição do presidente no Irã se tornou a principal notícia"; Iran (Teerã), 13 de junho de 2009, "Ahmadinejad 24 milhões de votos – o povo votou por progresso, justiça, honestidade e luta contra a corrupção"; Tehran Times, 13 de junho de 2009, "Comparecimento surpreendente surpreende a todos"; Etemad-e-Melli (Teerã), 14 de junho de 2009, "O ministério anunciou Karoubi como número 5: Ministro diz que dos 39 milhões de votos, Mahmoud Ahmadinejad foi eleito presidente com base em 24 milhões de votos"; Kayhan, 14 de junho de 2009, "A eleição de Ahmadinejad mais uma vez é notícia mundial"; Courrier International, 25 de junho–1 de julho, "Silêncio durante o dia, 'Allah Akbar' à noite", citando Kalameh Sabz, diário de Ebrahim Raha, 16 de junho de 2009; Independent, 16 de junho de 2009, "Alegações de massacre de estudantes em Teerã se espalham", por Robert Fisk; Independent, 14 de junho de 2009, "Ahmadinejad leva multidão ao frenesi enquanto oposição é silenciada", por Robert Fisk.

418 Foi o dia do destino do Irã: veja Independent, 15 de junho de 2009, "O dia do destino do Irã", por Robert Fisk; Independent, 18 de junho de 2009, Independent, 19 de junho de 2009, "Os mortos do Irã são lamentados – mas a luta continua", por Robert Fisk; Independent, 20 de junho de 2009, "Khamenei está lutando por sua própria posição, bem como pela de Ahmadinejad", por Robert Fisk; Toronto Star, 23 de junho de 2009, "'Fique comigo, Neda!'", por Cathal Kelly; National Post (Toronto), 23 de junho de 2009, "O rosto ensanguentado da revolta do Irã: vídeo de anjo morrendo visto em todo o mundo", por Araminta Wordsworth; Indepen-

dent, 10 de julho de 2009, "Tiros disparados para limpar ruas enquanto iranianos desafiam proibição de protestos", por Katherine Butler; Guardian, 31 de julho de 2009, "Dezenas de milhares desafiam proibição para ir às ruas de Teerã no dia de lembrança de Soltan", por Saeed Kamali Deghan.

422 As manifestações de rua continuaram: Independent, 4 de agosto de 2009, "Enquanto Ahmadinejad é ungido, suas vítimas mostram o preço da dissidência", por Katherine Butler; Guardian, 10 de agosto de 2009, "Irã admite que manifestantes eleitorais foram torturados", por Simon Tisdall; Guardian, 11 de janeiro de 2010, "Parlamento do Irã expõe abuso de prisioneiros da oposição na prisão de Teerã", por Robert Tait; Independent, 19 de setembro de 2009, "A grande divisão do Irã se mostra em um dia de protestos", por Nasser Karimi (AP); Libération (Paris), 19 de setembro de 2009, "'O poder cometeu um erro muito grave'", por Jean-Pierre Perrin; Independent, 3 de dezembro de 2009, "Mistério envolve envenenamento de médico que expôs tortura", por Lee Keath (AP); Independent, 10 de dezembro de 2009, "Tortura, estupro e violência infligidos a apoiadores da oposição após eleição iraniana, diz Anistia", por Katherine Butler; Toronto Star, 27 de junho de 2009, "Manifestantes devem morrer, exige clérigo iraniano", por Thomas Erdbrink (Washington Post).

423 O presidente sírio Bashar: veja Reuters, 19 de agosto de 2009, "Assad se encontra com Ahmadinejad, condena 'interferência estrangeira' no Irã".

423 "Saí com um sentimento de amargura...": veja Jeune Afrique, 29 de janeiro–4 de fevereiro de 2017, "Confissão de um torturador", entrevista com 'Ridha', por Frida Dahmani; Le Monde, 6 de janeiro de 2011, "Os desafios da revolução", por Gilles Keppel; Irish Times, 25 de novembro de 2011, "A morte do 'mártir' da Primavera Árabe que levou às revoltas pode não ser o que parece", por Mary Boland; Independent, 2 de setembro de 2011, "Como a revolução azedou no berço da Primavera Árabe", por Kim Sengupta; Egypt Independent, 21 de junho de 2012, "Resoluções geradas pela pobreza", por Dina K. Hussein; Independent, 9 de julho de 2011, "O julgamento de um ditador que até seus inimigos questionaram" (entrevista com Akram Azoury) por Robert Fisk.

425 Nas primeiras semanas da revolução: veja Jeune Afrique, 20–26 de fevereiro de 2011, "Fethi Benslama: 'O gesto de Bouazizi mudou o modelo do mártir'", por Renaud de Rochebrune.

426 Hosni Mubarak, a poucos dias de: veja Reuters, 2 de maio de 2011, "Suíços revelam fundos escondidos por Gaddafi, Mubarak, Ben Ali", por Stephanie Nebehay; Courrier International, 28 de outubro–4 de novembro de 2004, "Em Tunis, nada de novo", por Ali Lmrabet, citando El Mundo (Madri); Le Monde, 25 de maio de 2002, "O desconhecido", por Jean-Pierre Tuquoi.

426 Durante as audiências da comissão da verdade de 2017: veja New York Times, 22 de abril de 2017, "A busca pela verdade da Tunísia renova a promessa da revolução, dolorosamente", por Carlotta Gall; Independent, 24 de outubro de 2012, "Rached Ghannouchi diz que não quer um estado islâmico na Tunísia. Ele pode provar que seus críticos estão errados?", por Robert Fisk; Le Monde diplomatique, fevereiro de 2011, "Lembranças de um diplomata", por Eric Rouleau; Révolution! Des années mauves à la fuite à carthage por 'Z', (Tunis: Cérès, 2011); Independent, 21 de fevereiro de 2012, "Primavera envenenada: revolução traz mais medo do que liberdade para a Tunísia", por Robert Fisk; Le Monde diplomatique, fevereiro de 2011, "Tunísia: Diário de uma revolução", por Olivier Piot; La Révolution Tuni-

sienne: Dix jours qui ébranlèrent le monde Arabe por Olivier Piot (Paris: Les petits matins, 2011); La Presse (Tunis), 16 de outubro de 2012, "O 'irmão' Rached ou 'Echeikh' Ghannouchi: em quem acreditar?", por Jamil Sayah.

426 Ben Ali, que tinha setenta e quatro anos: veja Middle East Eye, 31 de janeiro de 2017, "Tunísia: a fuga de Ben Ali contada por seu piloto".

429 O homem que observei: veja Independent, 22 de fevereiro de 2011, "Muammar Gaddafi, tirano de Trípoli", por Robert Fisk; Independent, 25 de março de 1994, "Bem-vindo ao mundo louco, louco de Gaddafi", por Robert Fisk; Independent, 22 de dezembro de 2003, "Straw reinventa o pequeno assassino despótico Gaddafi como um estadista corajoso", por Robert Fisk; Qaddafi and the Libyan Revolution por David Blundy e Andrew Lycett (Londres: Corgi, 1988) pp. 71, 75; Toronto Star, 13 de junho de 2011, "Cada foto de Gaddafi conta uma história", por Rosie Dimanno.

431 No final, vimos: veja New York Times, 28 de outubro de 2011, "A lição de história da Líbia ainda precisa ser decifrada", por Alan Cowell; Independent, 22 de outubro de 2011, "'Gaddafi não pode mais machucar seu povo'", por Kim Sengupta; Daily Star (Beirute), 26 de outubro de 2011, "Desesperado e escondido, Gaddafi acreditava que as pessoas ainda o amavam", por Karin Laub; House of Commons Foreign Affairs Committee, "Líbia: Exame da intervenção e colapso e as futuras opções de política do Reino Unido", Terceiro Relatório da Sessão 2016–17; Independent on Sunday, 24 de abril de 2011, "Fantasmas assombrarão a Líbia por décadas", por Patrick Cockburn.

433 Patrick Cockburn foi implacável: veja Independent on Sunday, 19 de junho de 2011, "Mentiras, malditas mentiras e relatos de atrocidades no campo de batalha", por Patrick Cockburn; Independent, 24 de junho de 2011, "Grupos de direitos humanos lançam dúvidas sobre a justificativa da OTAN para ir à guerra", por Patrick Cockburn; e-mail de Cockburn para o autor, 15 de março de 2020; Independent on Sunday, 26 de junho de 2011, "Não acredite em tudo que você vê e lê sobre Gaddafi", por Patrick Cockburn; Independent on Sunday, 31 de julho de 2011, "Por que o Ocidente está comprometido com os rebeldes assassinos na Líbia", por Patrick Cockburn; Independent, 11 de agosto de 2011, "Os rebeldes maltrapilhos da Líbia são aliados duvidosos", por Patrick Cockburn; Irish Times, 20 de agosto de 2011, "O destino chama o homem dos momentos da Líbia", por Chris Stephen; Independent, 30 de maio de 2011, "Esquadrões de sequestro de Gaddafi levaram centenas de homens e meninos de Misrata", por Ruth Sherlock; Guardian, 27 de julho de 2011, "Forças rebeldes líbias resgatam 100 reféns de trás das linhas inimigas", por Chris Stephen; Independent, 1 de setembro de 2011, "A intervenção nunca é simplesmente humanitária", por Adrian Hamilton.

435 Em poucas semanas: veja L'Orient-Le Jour (Beirute), 11 de outubro de 2011, "Uma mesquita atacada e saqueada por 200 a 300 homens em Trípoli" (AFP); Al Jazeera, 5 de março de 2012, "Túmulos da Segunda Guerra Mundial destruídos na Líbia".

436 As políticas do Ocidente em relação à Líbia: veja New Yorker, 3 de setembro de 2011, "'Querido Moussa': Líbia e a CIA", por Jon Lee Anderson; Independent, 2 de setembro de 2011, "Chefe militar rebelde diz que foi torturado pela CIA", por Patrick Cockburn; Independent, 6 de setembro de 2011, "A maré pode estar virando contra abusos sistemáticos de prisioneiros", por Patrick Cockburn; Inde-

pendent, 6 de setembro de 2011, "Alegações sobre cumplicidade em tortura que se recusam a desaparecer" (editorial); Le Figaro, 4 de setembro de 2011, "Belhaj, o ex-jihadista aliado ao Ocidente", por Adrien Jaulmes; Le Monde, 5 de setembro de 2011, "M. Belhaj: 'Queremos um Estado civil na Líbia. Não somos da Al-Qaeda'", entrevista por Christophe Ayad; BBC News, 10 de maio de 2018, "Abdul Hakim Belhaj: O rastro de documentos que revelou o papel secreto do Reino Unido na entrega", por Dominic Casciani.

437 Exatamente como esse relacionamento vergonhoso: veja Independent, 21 de maio de 2012, "Abdelbaset al-Megrahi: O único homem condenado por envolvimento no atentado de Lockerbie" (obituário) por Tam Dalyell; Independent, 22 de agosto de 2009, "Pela verdade, olhe para Teerã e Damasco – não para Trípoli", por Robert Fisk; Independent, 15 de agosto de 2009, "Questões incômodas sobre Lockerbie não vão embora", por Richard Ingrams; Independent, 20 de agosto de 2009, "Livre para morrer: Legado amargo do bombardeiro de Lockerbie", por Andrew Grice; Independent, 22 de agosto de 2009, "Lockerbie: Agora é hora da vingança", por Chris Green, Andrew Grice, Oliver Duff e Jonathan Brown; Independent, 31 de agosto de 2009, "Straw: Nós conversamos sobre Megrahi", por Andy McSmith; Independent, 2 de setembro de 2009, "Brown 'não queria que Megrahi morresse na Grã-Bretanha'", por Andy McSmith e Nigel Morris.

439 O próprio Cameron se gabou: veja Independent, 3 de setembro de 2011, "Cameron se deleita com o papel do Reino Unido na derrubada de Gaddafi", por Nigel Morris; Guardian, 23 de maio de 2011, "OTAN deve repensar a estratégia da Líbia ou arriscar a anarquia, alerta almirante", por Nick Hopkins; Le Canard enchaîné, 1 de junho de 2011, "Bombas gratuitas para se vingar de Kadhafi", por 'J.C.'; Globe and Mail (Toronto), 11 de junho de 2011, "OTAN muito dependente do poderio militar dos EUA: Gates", por Dan De Luce (AFP); Irish Times, 17 de dezembro de 2011, "Sr. Presidente, tenho algo a lhe dizer", por Ruadhan MacCormaic.

440 Ele teria feito bem: veja Le Monde diplomatique, setembro de 2011, "Líbia, as condições da unidade nacional", por Patrick Haimzadeh; Le Monde diplomatique, dezembro de 2011, "Quem ganhou a guerra na Líbia", por Patrick Haimzadeh; Committee on Armed Services United States Senate, "Operação Odisseia e a Situação na Líbia", 31 de março de 2011.

441 Em setembro de 2011: veja Independent, 2 de setembro de 2011, "Potências mundiais deixam de lado suas diferenças para saudar a 'nova Líbia'", por John Lichfield; Independent on Sunday, 2 de novembro de 2014, "O Ocidente permanece em silêncio enquanto a Líbia cai no abismo", por Patrick Cockburn; Independent, 27 de janeiro de 2012, "Líbia 'livre' envergonhada por novas alegações de tortura", por Portia Walker; House of Commons Foreign Affairs Committee, "Líbia", parágrafo 47; Committee on Armed Services United States Senate, "Operação Odisseia e a Situação na Líbia".

442 "Massacre – é um massacre!": veja Independent, 19 de fevereiro de 2011, "'Eles não fugiram – eles enfrentaram as balas de frente'", por Robert Fisk.

446 Ian Stewart MacWalter Henderson: veja Independent, 18 de fevereiro de 1996, "Grã-Bretanha no coração do regime de brutalidade do Bahrein", por Robert Fisk; Guardian, 30 de junho de 2002, "Grã-Bretanha em silêncio sobre o 'Açougueiro do Bahrein'", por Tony Thompson.

448 Houve mais prisões em massa: veja Independent, 20 de fevereiro de 2011, "Flores

substituem balas no Bahrein enquanto a região atinge o ponto de ebulição", por Robert Fisk; Independent, 14 de junho de 2011, "Eu vi esses médicos corajosos tentando salvar vidas – essas acusações são um monte de mentiras", por Robert Fisk; The Atlantic (Washington), 21 de setembro de 2011, "Discurso de Obama na ONU e a exceção do Bahrein", por Max Fisher; Guardian, 14 de março de 2011, "Tropas da Arábia Saudita entram no Bahrein enquanto o regime pede ajuda para conter a revolta", por Martin Chulov; Relatório da Comissão Independente de Inquérito do Bahrein, Bahrein, 23 de novembro de 2011, p. 151.

452 Muito mais caprichoso: veja carta à Comissão de Reclamações da Imprensa do Reino Unido da Autoridade de Assuntos de Informação do Bahrein, 25 de julho de 2011, e carta da PCC ao editor do Independent (Langham para Blackhurst), 27 de julho de 2011 (cópias na posse do autor).

452 A própria Grã-Bretanha agora era o alvo: veja Independent, 19 de fevereiro de 2011, "Como a Grã-Bretanha ensinou às forças policiais árabes tudo o que sabem", por Jerome Taylor; Independent, 22 de abril de 2011, "Um olhar cego no Ocidente para a repressão no Golfo" (editorial); Independent, 20 de maio de 2011, "Cameron abraça a tirania", por Andy McSmith.

453 Em julho de 2002: veja Carlton Television (Reino Unido), 3 de julho de 2002, "Olho Cego para o Açougueiro"; Leveson Inquiry (Reino Unido), "Um Inquérito sobre a Cultura, Práticas e Ética da Imprensa pelo Rt. Hon. Lord Justice Leveson", novembro de 2011, Vol. 1 (Parte E), p. 418 (seção 12:15); New Statesman, 17 de abril de 2012, "Por que o ex-comandante da polícia metropolitana John Yates está trabalhando para o regime brutal do Bahrein?", por Mehdi Hasan; Daily Telegraph, 24 de abril de 2012, "O Bahrein está perplexo com a hostilidade do mundo", por John Yates; New Yorker, 26 de fevereiro de 2007, "Miami Blue: O teste de um policial de elite", por Elsa Walsh; Guardian, 16 de fevereiro de 2012, "John Timoney: O notório chefe de polícia enviado para reformar as forças no Bahrein", por Ryan Devereau.

454 Nem Yates nem Timoney: veja Guardian, 16 de fevereiro de 2012, "John Timoney: O notório chefe de polícia enviado para reformar as forças no Bahrein", por Ryan Devereau; Le Monde, 12 de fevereiro de 2012, "No Bahrein, os xiitas são acusados de conspiração em benefício do Irã", por Laure Stephan; Redress (Londres e Copenhague), abril de 2013, "Bahrein: Reforma fundamental ou tortura sem fim?", p. 45; notas do autor da entrevista com o Prof. Tom Collins, Beirute, 21 de março de 2013; Independent on Sunday, 24 de abril de 2013, "Bahrein atingido pela deserção de médicos", por Robert Fisk; MSI e Royal College of Surgeons na agenda da conferência de 10–11 de abril de 2013 no Hotel Intercontinental, Bahrein, "Ética médica e dilemas em situações de discórdia política e violência".

454 Apenas meses depois: Daily Star (Beirute), 16 de novembro de 2013, "Grupo de direitos exorta os EUA a repensar a estratégia do Bahrein" (AFP); Reuters, 28 de fevereiro de 2014, "Polícia do Bahrein entra em confronto com manifestantes após funeral", por Farishta Saeed e Rania al Gawal; Independent, 8 de julho de 2014, "Bahrein se move para expulsar oficial dos EUA 'indesejado' por se encontrar com grupo de oposição xiita", por Patrick Cockburn; New York Times, 8 de julho de 2015, "Perdendo influência no Bahrein", por Sayed Ahmed Alwadaei; Reuters, 23 de junho de 2016, "Bahrein aposta na segurança ao lançar repressão contra xiitas"; Anistia Internacional, 4 de novembro de 2018

455 Mas em meio ao governo do Bahrein: veja declaração do Príncipe Herdeiro Salman do Bahrein, 20 de abril de 2012; BBC Sport, 28 de março de 2012, "Bernie Ecclestone não tem dúvidas sobre a realização da corrida do Bahrein", por Andrew Benson; Independent, 21 de abril de 2012, "Isto é política, não esporte. Se os pilotos não conseguem ver isso, eles são o fundo do poço", por Robert Fisk; Daily Telegraph, 24 de abril de 2012, "O Bahrein está perplexo com a hostilidade do mundo", por John Yates.

14: Os homens de meias brancas

458 E nunca haveria: veja The Times, 27 de março de 1980, "Distúrbios de Aleppo culpados por grupo político turco com o objetivo de derrubar o regime de Assad", por Robert Fisk; The Times, 26 de março de 1980, "Tropas de choque vigiam Aleppo devastada por distúrbios", por Robert Fisk.

460 Estes eram dias eufóricos: veja briefing de notícias do Departamento de Defesa dos EUA, 1 de março de 2011, resposta de Mullen; Wall Street Journal, 31 de janeiro de 2011, "Entrevista com o presidente sírio Bashar al-Assad", por Jay Solomon; notas do autor do discurso de Niklas Kebbon, embaixador sueco na Síria, fórum diplomático sueco, Abu Dhabi, 8 de dezembro de 2009.

461 Havia uma tendência infeliz: veja Bouthaina Shaaban, Damascus Diary, p. 75; Nikolaos Van Dam, The Struggle for Power in Syria: Politics and Society under Asad and the Ba'th Party, p. 116; Thomas Friedman, From Beirut to Jerusalem, p.101; The Atlantic, 24 de maio de 2011, "Discurso de Netanyahu no Congresso e a política de aplausos", por Uri Friedman; Counterpunch, 6 de março de 2015, "Comício de incentivo de Netanyahu no Congresso", por Ben Norton.

462 Direitos humanos palestinos: veja Raja Shehadeh, Occupation Diaries, (Londres: Profile Books, 2012), p. 134.

463 A profundidade das informações de Bashar: veja relato da Embaixada dos EUA em Damasco sobre a reunião entre senadores dos EUA e o presidente Assad em 30 de dezembro de 2009 (datado incorretamente como 2010 no documento original), WikiLeaks http://wikileaks.org/cable/2010/01/10DAMASCUS8.html.

464 Horror era uma palavra: veja Human Rights Watch, Syria Unmasked: The Suppression of Human Rights by the Asad Regime (New Haven: Yale University Press, 1991); Anistia Internacional, 19 de junho de 1995, "Síria, vítimas esquecidas: Profissionais de saúde presos em 1980"; Human Rights Watch, outubro de 1996, Vol. 8, No. 4(E), "Síria: Os curdos silenciados"; Anistia Internacional, 16 de novembro de 2000, "Síria: Anistia Internacional saúda a libertação de presos políticos"; Anistia Internacional, 26 de abril de 2001, "Síria: Hussain Daoud, 30 anos"; Anistia Internacional, 3 de setembro de 2001, "Síria: Riad al-Turk, 71 anos, advogado"; Anistia Internacional, 11 de julho de 2003 e 30 de julho de 2003, "Síria: Abd el-Razaq Shoullar, 81 anos"; Anistia Internacional, 4 de setembro de 2003, "Síria: Khalil Sulayman", incluindo tortura e morte de Khalik Mustafa; Anistia Internacional, 2 de abril de 2004, "Prisões em massa/mortes ilegais/tortura e maus tratos: Centenas de curdos sírios"; Anistia Internacional, 9 de julho de 2004, "Síria: Detenção arbitrária e tortura de ativistas islâmicos devem parar".

466 Mas a prisão de não violentos: veja Independent, 15 de março de 2008, "Silenciados pelos homens de meias brancas", por Robert Fisk; carta e fax para o autor da Sra. Wafa Akram Al-Hurani (irmã do Dr. Fida Akram Al-Hurani), 6 de janeiro de

2008 e 11 de março de 2008; entrevista com ex-ministro sírio, Beirute, novembro de 2013, para o obituário de Bashar al-Assad (não publicado até o momento) para o Independent, 3 de dezembro de 2013.

468 Estava claro que Bashar entendeu: veja Solomon, "Entrevista com o presidente sírio Bashar al-Assad"; Contemporary Arab Affairs (Centro de Estudos da Unidade Árabe, Beirute e Londres), outubro de 2011, Vol. 4, No. 4, pp. 435–9, "Síria... a estrada para onde?", por Michel Kilo.

468 Makhlouf era tão leal: veja Independent, 7 de maio de 2020, "Isto é o que significa a queda repentina do empresário sírio Rami Makhlouf, primo de Bashar al-Assad", por Robert Fisk.

469 A 'esmagamento' do povo: veja Reuters, 14 de fevereiro de 2011, "Síria prende blogueira escolar por 5 anos", por Khaled Yacoub Oweis; Independent, 19 de fevereiro de 2011, "Humor negro em tempos de ditadura", por Robert Fisk; Reuters, 10 de março de 2011, "Nas terras agrícolas ressecadas da Síria, ecos dos problemas egípcios", por Khaled Yacoub Oweis; Guardian, 28 de março de 2011, "Jornalistas da Reuters desaparecidos na Síria", por Roy Greenslade.

470 Ou a revolução: veja Van Dam, Destroying a Nation, p. 192n.; Independent, 15 de abril de 2011, "O despertar árabe começou não na Tunísia este ano, mas no Líbano em 2005", por Robert Fisk; Independent, 23 de novembro de 2011, "Crise egípcia dá à Síria tempo para falar sobre democracia", por Robert Fisk; notas do autor da entrevista com Faisal Mokdad, Damasco, 24 de outubro de 2011; Independent, 4 de maio de 2011, "Sírios desafiam táticas de terror que mantiveram uma nação sob controle", por 'Khalid Ali'.

473 Em Beirute, eu estava recebendo: veja e-mails de 'Saad Ajmal' para o autor, 13 de abril de 2011; Independent, 23 de abril de 2011, "Dia mais sangrento na revolta síria enquanto tropas de Assad matam 'pelo menos 49'", por 'Khalid Ali'; notas do autor da entrevista telefônica com Nadim Houry da Human Rights Watch, 24 de abril de 2011; Independent, 25 de abril de 2011, "Transferir a culpa para o Líbano pode ser o método na loucura de Assad", por Robert Fisk; L'Orient-Le Jour (Beirute), 20 de abril de 2011, "Rokon Abadi na USJ: não há oposição verdadeira no Irã"; Independent, 23 de abril de 2011, "Cada concessão torna o presidente mais vulnerável", por Robert Fisk; L'Orient-Le Jour (Beirute), 23 de abril de 2011, "Um Gólgota sírio", por Issa Goraieb; L'Orient-Le Jour (Beirute), 19 de abril de 2011, "O projeto universalista do Hezbollah estimulado pela onda árabe", por Philippe Abi-Akl.

473 A fonte do Independent: e-mails de Alastair Beach para o autor, 17 de maio de 2020 e 20 de maio de 2020.

475 Estes eventos sangrentos: veja Independent, 27 de abril de 2011, "Se os rumores e conspirações forem verdadeiros, então o regime do presidente Assad está a caminho da guerra civil", por Robert Fisk; L'Orient-Le Jour (Beirute), 29 de abril de 2011, "Centenas de sírios fogem a pé de suas aldeias para se refugiarem em Wadi Khaled"; L'Orient-Le Jour (Beirute), 30 de abril de 2011, "A desaceleração do movimento de refugiados sírios em Wadi Khaled não oculta as manifestações de massa em Talkalakh", por Jeanine Jalkh; Independent, 2 de maio de 2011, "Nunca cessaremos nossa luta até derrubarmos Assad", por Robert Fisk.

479 Mas para minha surpresa: veja Fahmy, The Marriott Cell, p. 335; Daily Star (Beirute), 15 de maio de 2011, "2 sírios morrem no hospital após voo para o Líbano", por

Antoine Amrieh; L'Orient-Le Jour (Beirute), 17 de maio de 2011, "Em Deraa, o horror após a descoberta de uma vala comum"; Independent, 18 de maio de 2011, "Mulher e criança entre 26 corpos 'encontrados em valas comuns' perto da cidade síria", por 'Khalid Ali'; Independent, 19 de maio de 2011, "Assad admite 'erros' do regime sírio enquanto sanções são impostas", por 'Khalid Ali'; Reuters, 26 de maio de 2011, "Humanidade destruída dentro do aparelho de segurança da Síria", por Suleiman al-Khalidi; Gulf Times (Doha), 21 de maio de 2011, "Forças sírias matam pelo menos 34 manifestantes" (AFP); Irish Times, 21 de junho de 2011, "Sem reformas se os protestos continuarem, adverte Assad", por Michael Jansen.

480 Quando líderes da oposição política síria: veja Courrier International, 21–27 de julho de 2011, "'O regime será estrangulado pela economia'", entrevista republicada por Thaer Abbas em Asharq al-Awsat (Londres).

480 Relatos da Síria: veja Globe and Mail (Toronto), 14 de junho de 2011, "Autor pede desculpas por farsa de blog sírio", por Jill Lawless; Toronto Star, 15 de junho de 2011, "Farsa nos lembra de questionar 'notícias' sociais", por Thomas Walkom; Guardian, 13 de junho de 2011, "Blogueira lésbica síria é revelada conclusivamente como um homem casado", por Esther Addley; Guardian, 13 de junho de 2011, "Falsificador de Gay Girl in Damascus agiu por 'vaidade'", por Esther Addley.

481 História, eu frequentemente pensava: veja Independent, 16 de julho de 2011, "Agora a Primavera Árabe se torna um Verão Árabe", por Robert Fisk; A. B. Gaunson, The Anglo-French Clash in Lebanon and Syria 1940–45 (Londres: Macmillan, 1987), especialmente pp. 171–4; L'Orient-Le Jour (Beirute), 22 de junho de 2011, "Aviso aos sírios: conselhos e truques da Praça Tahrir", por Rania Massoud.

483 Sempre um cata-vento: veja L'Orient-Le Jour (Beirute), 25 de julho de 2011, "Joumblatt: Os responsáveis pelos crimes contra o povo sírio devem ser sancionados"; Daily Star (Beirute), 25 de julho de 2011, "Jumblatt: Alguns na Síria impedem a reforma"; L'Orient-Le Jour (Beirute), 16 de novembro de 2009, "O corpo de Johnny Nassif, desaparecido em 13 de outubro de 1990 em Yarzé, é devolvido à sua família", por Patricia Khoder; L'Orient-Le Jour (Beirute), 13 de novembro de 2006, "Eles acreditavam que seu filho estava detido na Síria, ele é encontrado em uma cova em Yarzé", por Patricia Khoder; Daily Star (Beirute), 1 de agosto de 2011, "Massacre em Hama" e "Condenação internacional das 'atrocidades' sírias" (agências); Independent, 9 de agosto de 2011, "Este massacre só terminará quando as palavras de condenação forem postas em prática", por Robert Fisk.

484 No entanto, era patético: veja Independent, 19 de agosto de 2011, "Obama lidera pressão diplomática contra o regime de Assad", por David Usborne, Oliver Wright e 'Khalid Ali'; Independent, 19 de agosto de 2011, "São seus bilhões que desaparecem rapidamente que preocuparão Assad, não as palavras de Washington", por Robert Fisk; L'Orient-Le Jour (Beirute), 2 de setembro de 2011, "O regime sírio acusado de ter provocado a morte de 30 recém-nascidos em Hama"; Anistia Internacional, 31 de agosto de 2011, "Detenções mortais: Mortes sob custódia em meio a protestos populares na Síria"; L'Orient-Le Jour (Beirute), 14 de setembro de 2011, "O regime sírio intensifica sua violência em todos os lugares"; L'Orient-Le Jour (Beirute) 14 de setembro de 2011, "Funerais de Matar: o exército atira na multidão depois que os embaixadores norte-americano e francês partem"; L'Orient-Le Jour (Beirute), 3 de outubro de 2011, "A oposição síria se reagrupa e pede ajuda".

486 Assassinatos individuais: veja L'Orient-Le Jour (Beirute), 15 de outubro de 2011, "A ONU adverte contra uma guerra civil na Síria"; L'Orient-Le Jour (Beirute), 17 de outubro de 2011, "O tráfico de armas para a Síria está em alta"; Daily Star (Beirute), 13 de outubro de 2011, "Observações sobre sequestro de Rifi provocam pedido de investigações", por Van Meguerditchian; Daily Star (Beirute), 14 de outubro de 2011, "Evidências concretas apoiam as observações de Rifi sobre sírios sequestrados"; L'Orient-Le Jour (Beirute), 10 de outubro de 2011, "O Líbano punido em Ersal por não ter apoiado totalmente Assad na ONU", por Philippe Abi-Akl; Independent, 17 de outubro de 2011, "Assad, seus ataques ao Líbano e o lento deslizamento da Síria para a guerra civil", por Robert Fisk.

487 Apareça no Tishrin: veja Independent, 26 de outubro de 2011, "O exército de Assad permanece desafiador enquanto enterra seus mortos", por Robert Fisk; Independent, 27 de outubro de 2011, "A Síria desliza para a guerra sectária", por Robert Fisk; Independent, 28 de outubro de 2011, "'O exército foi instruído a não atirar em manifestantes'", por Robert Fisk; Sunday Telegraph, 30 de outubro de 2011, "Bashar al-Assad: Não vou perder meu tempo com a oposição síria", por Andrew Gilligan.

491 Em Beirute, os jornais da manhã libaneses: veja L'Orient-Le Jour (Beirute), 29 de outubro de 2011, "Novo banho de sangue na Síria. pelo menos 36 civis mortos", L'Orient-Le Jour (Beirute), 31 de outubro de 2011, "A Liga Árabe cada vez mais firme com Damasco"; Daily Star (Beirute), 12 de novembro de 2011, "Rebeldes armados começam a defender bairros, diz ativista de Homs", por Lauren Williams; New York Times, 27 de outubro de 2011, "Em tapa na Síria, a Turquia abriga combatentes anti-Assad", por Liam Stack; L'Orient-Le Jour (Beirute), 14 de novembro de 2011, "A Rússia continua a fornecer armas para a Síria"; Independent, 16 de novembro de 2011, "Assad só sairá se seus próprios tanques se voltarem contra ele", por Robert Fisk; Le Canard enchaîné, 23 de novembro de 2011, "Uma intervenção 'limitada' preparada pela OTAN na Síria", por Claude Angeli; notas do autor da entrevista com Khaled Khoja, Istambul, 14 de novembro de 2011; Independent, 25 de novembro de 2011, "Exilado sonha com um retorno sem sangue após uma vida dedicada a se opor ao regime de Assad", por Robert Fisk; Independent, 9 de fevereiro de 2015, "Um encontro de mentes no Cairo: Acordo de armas de bilhões de dólares em discussão enquanto Putin e Abdel Fattah al-Sisi buscam laços comerciais mais estreitos e aliança contra o terror", por Robert Fisk; Independent, 10 de novembro de 2016, "Não é Donald Trump quem importa agora no Oriente Médio – é Putin", por Robert Fisk; Gush Shalom, 4 de novembro de 2017, "Quem tem medo da bomba iraniana?", por Uri Avnery.

15: O cirurgião das mãos ensanguentadas

497 Pouco mais de um ano: exposição Goya, Cronista de Todas as Guerras: Os Desastres e as Fotografias da Guerra, Villa Audi, Beirute, julho de 2012; Independent, 16 de julho de 2012, "Onde está um Goya que poderia cronometrar o conflito de hoje?", por Robert Fisk; L'Orient-Le Jour (Beirute), 3 de julho de 2012, "Goya, cronista de guerra e precursor do fotojornalismo, na villa Audi", por Zena Zalzal; Paris Match, 14–20 de junho de 2012, "As crianças esmagadas da Síria", Robert King registrado por Alfred de Montesquiou; Relatório da Comissão Internacional Independente de Inquérito sobre a República Árabe Síria, Conselho de Direitos

Humanos da Assembleia Geral das Nações Unidas, Décima sétima sessão especial, 23 de novembro de 2011; Independent, 13 de novembro de 2011, "O 'rugido' da Liga Árabe na Síria mostra como o minúsculo Catar está começando a flexionar seus músculos", por Robert Fisk; Van Dam, Destroying a Nation, p. 77; Foreign Policy (Washington), 31 de janeiro de 2012, "Relatório vazado de observadores da Síria detalha falhas da missão", por Colum Lynch.

499 Mas quantos 'grupos armados': veja Libération, 26 de novembro de 2011, "Contra Bashar al-Assad a escolha das armas", por Jean-Pierre Perrin; Irish Times, 24 de dezembro de 2011, "Ataques com duas bombas na Síria matam pelo menos 40", por Michael Jansen; Irish Times, 11 de maio de 2012, "Explosões de bombas em Damasco são as mais mortais desde o início da rebelião", por Michael Jansen.

500 No início de 2012, o regime concentrou-se: veja Karl Baedeker, Palestine et Syrie (Leipzig e Paris: Karl Baedeker, 1912), p. 364; Observer (Londres), 12 de fevereiro de 2012, "Homs da linha de frente: Bombardeio interminável e uma criança enterrada na noite", por Paul Wood; CNN, 22 de fevereiro de 2012, "Transcrição: A entrevista final de Marie Colvin na CNN"; Independent, 11 de abril de 2012, "Baleada no coração – a jornalista que Assad transformou em mártir", por Robert Fisk.

504 Nenhuma porta-voz do regime: veja Human Rights Watch, 3 de fevereiro de 2012, "Síria: Pare a tortura de crianças"; Independent, 1 de março de 2012, "O regime chama de 'limpeza', mas a verdade suja é clara", por Robert Fisk; Independent, 7 de março de 2012, "Homs é um eco do que aconteceu em Srebrenica?", por Robert Fisk; Daily Star (Beirute), 8 de fevereiro de 2012, "2 libaneses acusados de contrabando de armas para o Exército Livre da Síria"; Independent, 28 de março de 2012, "Na fronteira do Líbano, sírios silenciosos estão afluindo para um futuro desconhecido", por Robert Fisk; L'Orient-Le Jour (Beirute), 11 de fevereiro de 2012, "Retomada dos confrontos entre pró e anti-Assad em Trípoli, o exército se mobiliza com força"; Independent, 12 de fevereiro de 2012, "Conflito étnico se espalha pelas montanhas", por Robert Fisk; L'Orient-Le Jour (Beirute), 13 de março de 2012, "Massacre em Homs: mulheres e crianças degoladas e carbonizadas"; Reuters, 18 de fevereiro de 2012, "OTAN permanecerá fora da Síria, mesmo que surja mandato da ONU", por Simon Cameron-Moore e Tulay Karadeniz.

505 Exatamente do que eles estavam fugindo: veja Reuters, 14 de março de 2012, "Na fronteira turca, um fluxo de sírios em fuga", por Jonathon Burch; L'Orient-Le Jour (Beirute), 20 de março de 2012, "Da montanha rebelde de Idleb, os guerrilheiros desafiam o regime sírio" (AFP); Reuters, 23 de março de 2012, "Emboscados,"

505 Sem armas, rebeldes sírios imploram por armas: por Jonathon Burch; L'Orient-Le Jour (Beirute), 30 de março de 2012, "Fadwa Suleimane, ícone da revolução, vê a 'guerra confessional' se aproximando" (AFP); Revista Time, 23 de abril de 2012, "Fuga dos sírios: Os refugiados que escapam dos horrores de Assad contam suas histórias", por Rania Abouzeid; Independent, 21 de abril de 2012, "Contra-revolução - o próximo capítulo mortal", por Robert Fisk (citando Rami Khouri no Daily Star); Independent, 5 de agosto de 2016, "A mesma velha história, guerra diferente", por Robert Fisk.

507 Você podia identificar: veja Centro Internacional de Pesquisa Agrícola em Áreas Secas (ICARDA), 16 de julho de 2012, Novos Desenvolvimentos no ICARDA; entrevista do autor com o Dr. Mahmoud el-Solh, diretor geral da ICARDA, Beirute, 21 de julho de 2012; Independent, 23 de julho de 2012, "Se os alauítas estão se

voltando contra Assad, então seu destino está selado", por Robert Fisk.

507 As histórias de sadismo: veja Van Dam, Destroying a Nation, p. 193, n. 12; entrevista do autor com coronel da ONU (testemunha de Houla), 7 de julho de 2013; New York Times, 8 de junho de 2012, "Monitores da ONU na Síria encontram vestígios horríveis de massacre", por Rick Goldstone; Channel 4 News, 30 de maio de 2012, "A dor lancinante dos sobreviventes de Houla", por Alex Thomson; Independent, 28 de maio de 2012, "Regime de Assad culpa ataque assassino ao exército rebelde de Houla", por Patrick Cockburn; L'Orient-Le Jour (Beirute), 20 de julho de 2012, "'Após o ataque em Damasco, o regime pode visar interesses do Golfo ou ocidentais no Líbano'", por Emilie Sueur, entrevistando Fabrice Balanche; Daily Star (Beirute), 9 de junho de 2012, "Nações Unidas se preocupam com monitores 'alvo fácil' na Síria", por Tim Wicher da AFP; Daily Star (Beirute), 8 de junho de 2012, "Sobrevivente conta sobre carnificina horrível em vila síria; Independent, 29 de maio de 2012, "O Ocidente está horrorizado com o massacre de crianças agora. Logo esqueceremos", por Robert Fisk; L'Orient-Le Jour (Beirute), 8 de junho de 2012, "De Washington a Moscou, o massacre de al-Koubair é unanimemente condenado"; Agência de Notícias Árabe Síria (SANA) (Damasco), 4 de junho de 2012, "Discurso de Bashar al-Assad ao parlamento sírio"; Financial Times, 15 de junho de 2012, "Bashar al-Assad: Por trás da máscara", por Roula Khalaf.

510 As demandas internacionais: L'Orient-Le Jour (Beirute), 4 de outubro de 2011, "Marchas de apoio em todo o país ao 'Conselho Nacional Sírio'"; Departamento de Defesa dos EUA, 2 de dezembro de 2011, transcrição de notícias, "Observações do Secretário de Defesa Leon E. Panetta no Centro Saban"; Irish Times, 4 de janeiro de 2012, "Presidente francês acusa regime sírio de massacres", por Michael Jansen; Le Monde, 28 de janeiro de 2012, "Cairo é o novo santuário dos opositores sírios", por Claire Talon; L'Orient-Le Jour (Beirute), 18 de março de 2013, "Fabius já especifica quem serão os destinatários das armas francesas".

511 Era como uma aula de dança infantil: Irish Times, 19 de junho de 2013, "Cameron reivindica crédito pelo plano de sete pontos para a Síria", por Dan Keenan; Daily Star (Beirute), 5 de setembro de 2013, "Política dos EUA na Síria: Ilusão, julgamentos errados", por Bernd Debusmann; Daily Star (Beirute), 5 de setembro de 2013, "Pode ser o fim para Bashar Assad", por Michael Young; L'Orient-Le Jour.

511 Jour (Beirute), 23 de outubro de 2013, "Assad 'não desempenharia nenhum papel' em um futuro governo sírio"; L'Orient-Le Jour (Beirute), 21 de fevereiro de 2012, "Joumblatt pressiona Moscou a exilar Assad 'no fundo da Sibéria'"; L'Orient-Le Jour (Beirute), 19 de março de 2012, "Joumblatt: 'É o fim de Assad'"; Daily Star (Beirute), 17 de março de 2012, "Bandeira da revolta síria em Mukhtara", por Maher Zeineddine; L'Orient-Le Jour (Beirute), 17 de março de 2013, "Joumblatt sobre a Síria: A vida dos tiranos é curta!"; L'Orient-Le Jour (Beirute), 23 de agosto de 2013, "Joumblatt denuncia a 'banalização do mal' na Síria"; Independent, 14 de julho de 2013, "Ao tomar partido dentro de partidos, Rifkind arrisca uma repetição do erro dos Balcãs na Síria", por Robert Fisk

512 Muito antes da guerra síria: veja Le Nouvel Observateur, 12–18 de janeiro de 2006, "'Bachar vai cair'" (entrevista com Abdul Halim Khaddam por Jean-Paul Mari); Globe and Mail (Toronto), 15 de junho de 2011, "Dissecando a Síria", por Patrick Martin; L'Orient-Le Jour (Beirute), 5 de setembro de 2011, "A esperança em bemol", por Nagib Aoun; L'Orient-Le Jour (Beirute), 14 de outubro de

2011, "Com a revolta na Síria, a esperança dos parentes de desaparecidos cresce no Líbano".

513 Que o déspota poderia: veja The Australian, 13 de outubro de 2011, "Para a democracia prosperar, Assad precisa de uma chance", por Paul Stenhouse; Independent, 7 de fevereiro de 2012, "Sem um empurrão da OTAN, Assad permanecerá no poder", por Robert Fisk; Van Dam, Destroying a Nation, p. 206n., citando Syria Comment, 30 de novembro de 2013, "O Trabalho de Fabrice Balanche sobre Alauítas e o comunitarismo sírio", por Nikolaos Van Dam; Van Dam, ibid., p. 120; boletim informativo de Uri Avnery, 24 de agosto de 2013, "Chore, Pátria Amada"; Sami Mobayed, Under the Black Flag, p. 70; L'Orient-Le Jour (Beirute), 31 de julho de 2012, "Em Argel, refugiados sírios evitam falar de política por medo dos 'moukhabarate'" (AFP); Independent, 30 de julho de 2012, "Para as minorias, até a neutralidade é insegura", por Robert Fisk; entrevista telefônica do autor com Patrick Cockburn, 2 de junho de 2020.

514 Em meados de julho de 2012: veja Independent, 22 de julho de 2012, "O sectarismo atinge os rebeldes da Síria", por Robert Fisk; Independent, 19 de julho de 2012, "Rebeldes da Síria não reivindicarão seu maior prêmio", por Robert Fisk; Daily Star (Beirute), 20 de julho de 2012, "Mais de 30.000 sírios cruzam para o Líbano em 48 horas", por Rakan al-Fakih; Daily Star (Beirute), 25 de julho de 2012, "Síria nomeia supremo de segurança pós-bombardeio" (AFP); L'Orient-Le Jour (Beirute), 19 de julho de 2012, "O aparelho de segurança sírio parcialmente decapitado"; entrevista do autor com residente sírio de Damasco, 24 de julho de 2012; Independent, 26 de julho de 2012, "Sim, há violência, mas alguns sírios acham que é hora de voltar", por Robert Fisk; Independent, 1 de julho de 2016, "Dentro da prisão síria de Bashar al-Assad, um prisioneiro islamista fala do arrependimento por seu assassinato", por Robert Fisk; Independent, 15 de março de 2015, "Qual superpotência vencerá a batalha da hipocrisia", por Robert Fisk.

523 Dificilmente você poderia culpá-los: veja Independent, 18 de agosto de 2012, "Damasco: Uma cidade deserta, uma ONU desertora e uma tempestade prestes a irromper", por Robert Fisk; relatos subsequentes do autor podem ser encontrados no Independent 18 de agosto de 2012 ("ONU deixa a Síria ao seu destino sangrento"), 22 de agosto de 2012 ("Nenhum poder pode derrubar o regime de Assad porque Deus está do nosso lado""), 21 de agosto de 2012 ("Eles atiram em nós e depois correm e se escondem nos esgotos""), 4 de novembro de 2012 ("O caso das armas suecas na Síria"), 20 de agosto de 2012 ("No covil de lealistas que ainda matam em Aleppo"), 23 de agosto de 2012 ("Exército rebelde? Eles são um bando de estrangeiros""), 24 de agosto de 2012 ("Os pobres de Aleppo são pegos no fogo cruzado da guerra civil da Síria"); Reuters, 29 de julho de 2012, "Combatentes rurais invadem Aleppo, na Síria, para a batalha", por Erika Solomon; Daily Star (Beirute), 1 de agosto de 2012, "Rebeldes reivindicam sucessos em Aleppo"; Reuters, 30 de julho de 2012, "Combatentes islamistas árabes ansiosos para se juntar aos rebeldes da Síria", por Suleiman al-Khalidi.

530 267 detentos: veja Daily Star (Beirute), 3 de setembro de 2012, "Descalços, mas livres: Prisioneiros sírios libertados em todo o país" (AFP por Sammy Katz); Reuters, 8 de agosto de 2012, "Vizinhos retiram mortos de escombros de casas na Síria", por Hadeel al-Shalchi; Daily Star (Beirute), 14 de agosto de 2012, "Atrocidades de rebeldes sírios em vídeo provocam indignação" (AFP por Serene As-

sir); Daily Star (Beirute), 13 de agosto de 2012, "Revolucionários criam enclave no norte da Síria" (AFP por Ben Hubbard); Samar Yazbek, Uma Mulher no Fogo Cruzado: Diários da Revolução Síria (Londres: Haus Publishing, 2012), pp. 86–7; Observer, 28 de junho de 2012, "Samar Yazbek: 'A Síria foi enforcada, esquartejada e retalhada'", por Andrew Hussey; Daily Star (Beirute), 9 de agosto de 2012, "Civis são os primeiros a cair em ataque de Aleppo" (AP por Ben Hubbard); New York Times, 9 de abril de 2013, "Um homem muito ocupado por trás da contagem da guerra civil síria", por Neil MacFarquhar; L'Orient-Le Jour (Beirute), 15 de agosto de 2012, "Assad 'não controla mais de 30% da Síria'"; Reuters, 8 de novembro de 2012, "Na Síria, o cerco é um teste para a nova ordem rebelde", por Erika Solomon; Reuters, 8 de novembro de 2012, "Rebeldes sírios matam prisioneiro enquanto a guerra alimenta o ódio", por Erika Solomon; L'Orient-Le Jour (Beirute), 14 de agosto de 2012, "Jogados de um telhado, degolados, metralhados... por rebeldes" (AFP); Reuters, 25 de agosto de 2012, "Cartunista Ali Farzat diz que o medo foi derrotado na Síria", por Marwa Awad.

532 Eventos sem precedentes: veja Wall Street Journal, 28 de novembro de 2012, "Lutando para manter Damasco, a Síria aplaina 'favelas' rebeldes", por Sam Dagher; Daily Star (Beirute), 5 de outubro de 2012, "Combates ferozes danificam mesquita histórica na Cidade Velha de Aleppo"; Irish Times, 15 de julho de 2020, "Veteranos processam por emboscada na Síria", por Conor Gallagher.

Posfácio

533 O problema é que: Open Canada, 8 de novembro de 2019, "Cinco Perguntas com o Correspondente Estrangeiro Robert Fisk", por Eva Salinas.

534 No contexto ocidental: trecho da palestra de Robert no quinto Fórum anual da Al Jazeera, maio de 2010.

534 Isso agora se tornou uma característica: Independent, 13 de julho de 2019, "Hitler, tweets e Trump: O que eles têm em comum?", por Robert Fisk.

535 O exército sírio mata: Independent, 27 de agosto de 2012, "O Exército Sírio gostaria de parecer impecável. Não é", por Robert Fisk; parágrafo não publicado no capítulo final, *A noite do poder*, Robert Fisk, setembro de 2020.

537 Em fevereiro de 2021, o secretário de Estado dos EUA, Antony Blinken, declarou: Reuters, 8 de fevereiro de 2021, "Blinken evita endossar o reconhecimento das Colinas de Golã por Trump".

537 "Em algum lugar sobre o Atlântico": Independent, 1 de junho de 2017, "Irã, Síria e Iraque: Checagem da realidade", por Robert Fisk.

537 Um refugiado sírio, Dr. Hamaz al-Kateab: Channel 4 News, 12 de março de 2022, Dr. Hamza al-Kateab.

539 "Árabes do Golfo – particularmente o Catar – dizem": Independent, 26 de julho de 2018, "Até os Capacetes Brancos foram resgatados da Síria – então estamos prestes a ver a batalha final da guerra?", por Robert Fisk.

BIBLIOGRAFIA SELECIONADA

Uma bibliografia é um animal difícil de domar. O Oriente Médio não se presta mais à ordem política em sua literatura do que na vida, então o leitor deve perdoar alguma casuística na maneira como relacionei os livros abaixo. Israel e "Palestina" hoje caem naturalmente na mesma categoria — embora haja muitos que discordem — e parece óbvio que Líbano e Síria devem ser combinados, por razões históricas e políticas. A conjunção do Afeganistão e do Paquistão fala por si mesma — o Talibã e os drones eliminam fronteiras —, embora isso não reconheça a existência do "Pashtunistão". Se eu tivesse permitido que o fizessem, os fantasmas de uniforme preto do "Estado Islâmico" (ou Daesh) poderiam ter me persuadido a juntar Síria e Iraque.

Nas bibliotecas de novos livros sobre o Iraque, há estudos acadêmicos brilhantes e memórias piegas e egoístas, a maioria delas de participantes ocidentais nessa pantomima sangrenta. Camadas de inquéritos oficiais e a mendacidade de muitos de seus participantes apenas serviram para obscurecer a turpitude moral que estava por trás da invasão ilegal anglo-americana de 2003. As bibliografias do futuro terão, suponho, também que incluir a terrível contribuição de Hollywood para esse duvidoso campo de batalha, a conclusão patriótica de *The hurt locker/Guerra ao terror* inclinando-se fortemente contra *Rendition/O suspeito*, aquele filme penetrante, mas previsivelmente malsucedido, sobre tortura e a "guerra ao terror" de George W. Bush.

A história israelense divide seus leitores tanto quanto seus historiadores. Uma de suas tragédias é que Benny Morris e Ilan Pappe, os dois acadêmicos israelenses que mais fizeram para abrir a caixa lacrada da catástrofe palestina de 1948, agora são antagonistas amargos, o primeiro acreditando que a "limpeza étnica" da população árabe não foi longe o suficiente, o segundo convencido de que os crimes cometidos pelas forças sionistas em 1948 foram enterrados sob a própria paisagem do moderno Israel. Tanto se escreveu sobre esse momento-chave da história israelo-palestina — e tantas mentiras foram propagadas — que, nas palavras daquele eminente escritor cristão árabe George Antonius, não se deve confiar demais no vasto corpo de literatura disponível. A imprensa mundial, escreveu ele em 1938, é "largamente complacente" com a propaganda sionista quando confrontada com a propaganda árabe "primitiva e infinitamente menos bem-sucedida". Uma espécie de equilíbrio está sendo lentamente estabelecido, embora um olhar hoje para a imprensa ocidental e comentários quando Israel vai à guerra mostre o quanto a verdade ainda tem que viajar para ser eficaz. Leia Finkelstein e Dershowitz sobre Israel e você terá que tomar partido. Eles realmente se odeiam.

Evitei em grande parte as autobiografias egoístas daqueles "estadistas" e generais que dominaram tão fatalmente a política ocidental — ou "discurso", como somos obrigados a chamá-la — no Oriente Médio hoje. O mesmo para os "peritos de think-tank" que surgem e desaparecem em nossas telas de televisão sobre a "guerra ao terror" — ou "mal" — nos últimos 25 anos. Uma bibliografia não é lugar para esses mentirosos e charlatães.

Mas incluí às vezes monografias ou artigos curtos e pouco conhecidos cujos autores mostraram uma originalidade e liberdade de pensamento que seus "pares" mais conhecidos (e mais bem pagos) há muito abandonaram. Esse excelente historiador israelense Avi Shlaim e o jornalista paquistanês Ahmed Rashid estão representados nesta bibliografia, por exemplo, e também Naomi Klein. Mas também estão a coleção de declarações de Osama bin Laden de Bruce Lawrence e as do líder do Hezbollah, Sayed Hassan Nasrallah, de Nicholas Noe. Típico dos documentos "desconhecidos" encontrados aqui está o extraordinário compêndio de Geert von Kesteren de fotos privadas amadoras da guerra em Bagdá tiradas por famílias iraquianas. Gente como Samuel Huntingdon e Francis Fukuyama. Aqueles que acreditam que o conflito do Oriente Médio é um choque de civilizações devem procurar orientação em outro lugar.

Optei por evitar romances e poesia, com exceções específicas: duas obras de ficção sobre assassinatos de "honra" — porque há tão poucos textos documentais disponíveis — e três romances argelinos recentes que representam o horror e a natureza sórdida da guerra civil de 1990 e seu impacto, sobre o qual repórteres e historiadores locais ainda não podem escrever em detalhes sem medo de censura ou prisão; também incluí *Judith* de Lawrence Durrell, que permaneceu — surpreendentemente — inédito até 2012, um romance pró-israelense ambientado na Palestina de 1948 e um triste quase contemporâneo do popular épico sionista *Exodus* de Leon Uris.

Controversamente, talvez, recusei em grande parte o uso de sites ou resenhas da internet ou do Google como fontes no texto deste livro. O mesmo se aplica a esta bibliografia. A razão é simples. Não sou ludita, nem desprezo a tecnologia. Mas muitas fontes da internet usadas por escritores desapareceram posteriormente da web ou — muito mais perturbador — foram posteriormente alteradas por motivos políticos. O site do exército israelense de 2008, por exemplo, foi posteriormente alterado para excluir toda referência a um ataque militar israelense em Gaza — uma operação que ocorreu durante um cessar-fogo acordado entre Hamas e Israel e, portanto, minou a afirmação de Israel de que os palestinos haviam rompido a trégua. Da mesma forma, muitas contribuições da internet, especialmente sobre o Oriente Médio, são imprecisas, racistas ou caluniosas. A palavra impressa impõe uma responsabilidade ao escritor; eles devem ser responsabilizados legalmente e em honra.

Como jornalista da velha guarda, adoro livros e a pátina do tempo, a "oxidação" do papel, o cheiro da impressão — em vez dos sites e blogs que agora, insidiosamente, fazem parte do mundo acadêmico e jornalístico. Meus velhos cadernos manuscritos, páginas datilografadas e telegrafadas, até mesmo meus despachos impressos do Afeganistão, do Iraque, do Líbano e do Egito, amontoavam-se ao meu redor enquanto escrevia este livro. E, trabalhando em minha própria bela biblioteca sobre o mar, prateleira após prateleira de volumes amados sobre os quais passo os dedos enquanto verifico e reverifico citações, datas e memórias, há uma sensação de permanência, de confiabilidade, de — embora eu desconfie um pouco dessa palavra — responsabilidade da impressão. Quando dava uma palestra na UCLA, um membro da plateia me perguntou quais sites eu recomendaria sobre o Oriente Médio. Sites?, perguntei. O que há de errado com os livros? E a audiência estudantil imediatamente aplaudiu. O corpo docente na primeira fila ficou em silêncio.

Por quê, perguntei-me, dada a imprecisão factual das informações da internet, a vasta rede de ódio que ela muitas vezes representa, os sites eternamente mutáveis que agora estão entulhando as bibliografias de livros de referência muito tempo depois que os sites foram retirados ou alterados completamente ou simplesmente editados de maneira integral? Os livros são feitos para durar. Eles representam um sentimento impenetrável de confiança e continuidade, para serem reutilizados e relidos, uma fonte sobre a qual construir novas histórias com novas fontes escritas. Os autores têm que apoiar a palavra impressa, que é o que esta bibliografia reconhece. Abandonem todas as "ferramentas de escrita", aqueles que aqui entram.

Esta, no entanto, não é uma lista de leitura recomendada. Inclui livros que admiro e livros que odeio sobre as terras em que trabalho e as políticas terríveis que as estão destruindo. Não pretende ser completa.

Geral

Cobain, Ian, Cruel Britannia: A Secret History of Torture (Londres: Portobello Books, 2012)

Danner, Mark, Stripping Bare the Body: Politics, Violence, War (Nova York: Nation Books, 2009)

Ehrenreich, Barbara, Blood Rites: The Origins and History of the Passions of War (Londres: Granta, 2011)

Fatih, Lieutenant Mehmed, Gallipoli 1915: Bloody Ridge (Lone Pine) Diary (Istanbul: Denizler Kitabevi, 2003, Edição em inglês apresentada por Hasan Basri Danisman)

Klein, Naomi, The Shock Doctrine: The Rise and Fall of Disaster Capitalism (Toronto: Knopf, 2007)

Levene, Mark, The Crisis of Genocide, Volume I, Devastation: The European Rimlands 1912–1938; Volume II, Annihilation: The European Rimlands 1939–1953 (Oxford, 2013)

LeVine, Mark, Why They Don't Hate Us: Lifting the Veil on the Axis of Evil (Oxford: Oneworld, 2005)

Lieven, Anatol, Chechnya: Tombstone of Russian Power (Londres: Yale University Press,

1997)

Maalouf, Amin, Disordered World: Setting a New Course for the Twentyfirst Century (Londres: Bloomsbury, 2011)

Mehta, Vijay, The Economics of Killing: How the West Fuels War and Poverty in the Developing World (Londres: Pluto Press, 2012)

Polman, Linda, War Games: The Story of Aid and War in Modern Times (Londres: Viking, 2010)

Rees, Phil, Dining with Terrorists: Meetings with the World's Most Wanted Militants (Londres: Macmillan, 2005)

Roy, Arundhati, The Chequebook and the Cruise Missile (entrevistas com David Barsamian, prefácio de Naomi Klein) (Londres: Harper Perennial, 2004)

Summers, Anthony, and Robbyn Swan, The Eleventh Day: The Full Story of 9/11 and Osama bin Laden (Londres: Doubleday, 2011)

The 9/11 Commission Report: The Attack from Planning to Aftermath (novo posfácio de Philip Zelikow, diretor executivo da 9/11 Commission) (Nova York: W.W. Norton, 2011)

Todorov, Tzvetan, Hope and Memory: Reflections on the Twentieth Century (New Jersey, USA: Princeton University Press, 2003)

Vidal, Gore, Dreaming War: Blood for Oil and the Cheney-Bush Junta (Nova York: Nation Books, 2002)

Walker, Christopher J., Islam and the West: A Dissonant Harmony of Civilisations (Stroud, UK: Sutton Publishing, 2005)

Wikan, Unni, In Honor of Fadime: Murder and Shame (Chicago: University of Chicago Press, 2003)

Oriente Médio

Achcar, Gilbert, The People Want: A Radical Exploration of the Arab Uprising (Londres: Saqi, 2013)

Anderson, Scott, Lawrence in Arabia: War, Deceit, Imperial Folly and the Making of the Modern Middle East (Londres: Atlantic Books, 2013)

Antonius, George, The Arab Awakening: The Story of the Arab National Movement (Beirut: Librarie du Liban, 1969, com permissão de Hamish Hamilton)

Al-Aswany, Alaa, The Dictatorship Syndrome (Londres: Haus Publishing, 2019)

Atwan, Abdel Bari, After Bin Laden: Al Qa'ida, The Next Generation (Londres: Saqi, 2012)

——Islamic State: The Digital Caliphate (Londres: Saqi Books, 2015) Ball, Warwick, Out of Arabia: Phoenicians, Arabs and the Discovery of Europe (Londres: East and West Publishing, 2009)

Barr, James, A Line in the Sand: Britain, France and the Struggle for the Mastery of the Middle East (Londres: Simon & Schuster, 2011)

Barry, Michael, Homage to Andalus: The Rise and Fall of Islamic Spain (Dublin: Andalus Press, 2008)

Benjamin, Medea, Drone Warfare: Killing by Remote Control (Nova York: OR Books, 2012)

Bin Laden, Najwa and Omar and Jean Sasson, Growing Up bin Laden: Osama's Wife and Son Take Us Inside Their Secret World (Nova York: St. Martin's Press, 2009)

Bishara, Marwan, The Invisible Arab: The Promise and Peril of the Arab Revolution (Nova York: Nation Books, 2012)

Clark, Victoria, Allies for Armageddon: The Rise of Christian Zionism (Londres: Yale University Press, 2007)

Dockter, Warren, Churchill and the Islamic World: Orientalism, Empire and Diplomacy in the Middle East (Londres: I.B. Tauris, 2015)

Edgar, Iain R., The Dream in Islam: From Qu'ranic Tradition to Jihadist Inspiration (Nova York: Bergahn Books, 2011)

Fawaz, Leila Tarazi, A Land of Aching Hearts: The Middle East in the Great War (Cambridge, Mass.: Harvard University Press, 2014)

Feinstein, Andrew, The Shadow World: Inside the Global Arms Trade (Londres: Penguin, 2012)

Filiu, Jean-Pierre, From Deep State to Islamic State: The Arab CounterRevolution and its Jihadi Legacy (Londres: Hurst & Co., 2015)

Filkins, Dexter, The Forever War: Dispatches from the War on Terror (Londres: Bodley Head, 2008)

Fisk, Robert, The Great War for Civilisation: The Conquest of the Middle East (Londres: HarperCollins 2005, atualizada por Fourth Estate 2006; Nova York: Knopf, 2005)

Friedman, Thomas L., From Beirut to Jerusalem (Nova York: Farrar, Straus and Giroux, 1989)

Gardner, David, Last Chance: The Middle East in the Balance (Londres: I.B. Tauris, 2012)

Gelvin, James L., The Arab Uprisings: What Everyone Needs to Know (Oxford: OUP, 2012)

Gerges, Fawaz, Obama and the Middle East: The End of America's Moment (Nova York: Palgrave Macmillan, 2012)

Gilbert, Martin, In Ishmael's House: A History of Jews in Muslim Lands (Toronto: McLelland & Stewart, 2010)

Glen, Alec, In the Front Line: A Doctor in War and Peace (Edinburgh: Birlinn, 2013)

Hersh, Seymour M., The Killing of Osama bin Laden (Londres: Verso, 2016)

Kassir, Samir, Being Arab (Londres: Verso, 2006)

Keay, John, Sowing the Wind: The Seeds of Conflict in the Middle East (Londres: John Murray 2003)

Khadr, Omar, Omar Khadr, Oh Canada (ed. Janice Williamson) (Montreal: McGill--Queen's University Press, 2012)

Khairallah, Shereen, Railways in the Middle East 1856–1948 (Beirute: Librarie du Liban, 1991)

Khalidi, Tarif (ed.), An Anthology of Arabic Literature: From the Classical to the Modern (Edinburgo: Edinburgh University Press, 2016)

Lawrence, T. E., Seven Pillars of Wisdom: A Triumph (Londres: Jonathan Cape, 1973)

Maass, Peter, Crude World: The Violent Twilight of Oil (Londres: Allen Lane, 2009)

Makdisi, Ussama, Faith Misplaced: The Broken Promise of U.S.-Arab Relations: 1820–

2001 (Nova York: Perseus Books, 2010)

Mango, Andrew, Ataturk (Londres, John Murray, 1999) Mansel, Philip, Levant: Splendour and Catastrophe on the Mediterranean (Londres: John Murray, 2010)

Mazower, Mark, Salonica City of Ghosts: Christians, Muslims and Jews 1430–1950 (Londres: HarperCollins, 2004)

McMeekin, Sean, The Berlin-Baghdad Express: The Ottoman Empire and Germany's Bid for World Power, 1898–1918 (Londres: Allen Lane, 2010)

Mernissi, Fatima, Islam and Democracy: Fear of the Modern World (Nova York: Addison-Wesley Publishing, 1992)

Milton, Giles, Paradise Lost, Smyrna 1922: The Destruction of Islam's City of Tolerance (Londres: Hodder & Stoughton, 2008)

Moubayed, Sami, Under the Black Flag: At the Frontier of the New Jihad (Londres: I.B. Tauris, 2015)

Napoleoni, Loretta, Merchants of Men: How Kidnapping, Ransom and Trafficking Funds Terrorism and Isis (Londres: Atlantic Books, 2016)

Nasrallah, Ibrahim, Balcony of Disgrace (Arabic: Sharafa al-Ahr) (Beirute: Editions El--Ikhtilef/Arab Scientific Publishers, 2010)

Noueihed, Lin, and Alex Warren, The Battle for the Arab Spring: Revolution, Counter--Revolution and the Making of a New Era (Londres: Yale University Press, 2012)

Ottoway, Marina, and Julia Choucair-Vizoso (eds), Beyond the Façade: Political Reform in the Arab World (Washington: Carnegie Endowment for International Peace, 2008)

Phillips, Joshua E.S., None of Us Were Like This Before: American Soldiers and Torture (Londres: Verso, 2010)

Pither, Kerry, Dark Days: The Story of Four Canadians Tortured in the Name of Fighting Terror (Toronto: Viking, 2008)

Primakov, Yevgeny, Russia and the Arabs: Behind the Scenes in the Middle East from the Cold War to the Present (Filadélfia, SA: Basic Books, 2009)

Reid, Walter, Empire of Sand: How Britain Made the Middle East (Edinburgh: Birlinn, 2013)

Rihani, Ameen F., The Pan-Arab Movement (ensaios e discursos) (Washington: Platform International, 2008) ——The Riyani Essays (ensaios e discursos) (Washington: Platform International, 2010)

Riva, Rocío da, Lawrence of Arabia's Forerunner: The Bizarre Enterprise of Leo Frobenius, aka Abdul Kerim Pasha, in Arabia and Eritrea (1914–1915) (Vienna: Im Selbstverlag des Instituts für Orientalistik, 2009)

Rosen, Nir, Aftermath: Following the Bloodshed of America's Wars in the Muslim World (Nova York: Nation Books, 2010)

Shlaim, Avi, Lion of Jordan: The Life of King Hussein in War and Peace (Londres: Allen Lane, 2007)

Soueif, Ahdaf, Mezzaterra: Fragments from the Common Ground (Londres: Bloomsbury, 2004)

Tyerman, Christopher, God's War: A New History of the Crusades (Londres: Allen Lane, 2006)

Tyler, Patrick, A World of Trouble: America in the Middle East (Londres: Portobello Books, 2009)

Warde, Ibrahim, The Price of Fear: Al-Qaeda and the Truth behind the Financial War on Terror (Londres: I.B. Tauris, 2007)

Weddady, Nasser, and Sohrab Ahmari (eds), Arab Spring Dreams: The Next Generation Speaks Out for Freedom and Justice from North Africa to Iran (Nova York: Palgrave Macmillan, 2012)

Wint, Guy, and Peter Calvocoressi, Middle East Crisis (Londres: Penguin, 1957) Z, Révolution! Des années mauves à la fuite de Carthage (Tunis: Cérès Éditions, 2011)

Zenko, Micah, Between Threats and Wars: US Discrete Military Operations in the Post--Cold War World (Stanford, California: Stanford University Press, 2010)

Zogby, James, Arab Voices: What They Are Saying to Us, and Why it Matters (Nova York: Palgrave Macmillan 2010)

Zulfo, 'Ismat Hasan, Karari: The Sudanese Account of the Battle of Omdurman (Londres: Frederick Warne, 1980)

Afeganistão e Paquistão

Ahsan, Aitzaz, The Indus Saga and the Making of Pakistan (Islamabad: Army Press, 2008)

Bonosky, Phillip, Afghanistan: Washington's Secret War (Nova York: International Publishing, 1985)

Brooke-Smith, Robin, Storm Warning: Riding the Crosswinds in the Pakistan-Afghan Borderlands (Londres: Radcliffe Press, 2013)

Bury, Patrick, Callsign Hades (Londres: Simon & Schuster, 2010)

Fergusson, James, Taliban: The True Story of the World's Most Feared Guerrilla Fighters (Londres: Bantam Press, 2010)

Gul, Imtiaz, The Most Dangerous Place: Pakistan's Lawless Frontier (Londres: Penguin Books, 2010)

Jaunarena, Eugenia, Afghanistan Chooses a New Road (Moscou: Novosti Press Agency, 1986)

Muñoz, Heraldo, Getting Away With Murder: Benazir Bhutto's Assassination and the Politics of Pakistan (Nova York: W.W. Norton & Co., 2014)

Rashid, Ahmed, Jihad: The Rise of Militant Islam in Central Asia (Londres: Yale University, 2002)

Tanner, Stephen, Afghanistan: A Military History from Alexander the Great to the War against the Taliban (Filadélfia: Da Capo Press (Perseus Books), 2003)

Turse, Nick (ed.), The Case for Withdrawal from Afghanistan (Londres: Verso, 2010)

Van Linschoten, Alex Strick and Felix Kuehn (eds), Poetry of the Taliban (Londres: Hurst & Co., 2012)

Zaeef, Abdul Salam, My Life with the Taliban (eds Alex Strick van Linschoten and Felix Kuehn) (Londres: Hurst & Co., 2010)

Argélia

Boudjedra, Rachid, Les figuiers de barbarie (Algiers: Barzakh, 2010) Brace, Richard and Joan, Ordeal in Algeria (New Jersey, USA: D. Van Norstrand, 1960)

Chenouf, Aissa, Les Juifs d'Algerie ... 2,000 ans d'existence (Algiers: Editions el-Maa-

rifa, 2004)
Cherif, Mustapha, L'Émir Abdelkader: Apôtre de la fraternité (Paris: Odile Jacob, 2016)
Evans, Martin, Algeria: France's Undeclared War (Oxford: OUP, 2012)
Meddi, Adlene, La prière du maure (Algiers: Barzakh, 2008)
Meziane Cherif, Abderrahmane, La guerre d'Algérie en France: Mourepiane: L'armée des ombres (Algiers: Edif, 200; Paris: Editions Publisud, 2010)
Morgan, Ted, My Battle of Algiers: A Memoir (Nova York: HarperCollins, 2005)
Zaoui, Amin, La Chambre de la vierge impure (Algiers: Barzakh, 2009)

Armênia

Akcam, Taner, A Shameful Act: The Armenian Genocide and the Question of Turkish Responsibility (Nova York: Metropolitan Books, Henry Holt, 2006)
——The Young Turks' Crime Against Humanity: The Armenian Genocide and Ethnic Cleansing in the Ottoman Empire (Princeton: Princeton University Press, 2012)
Arsenian, Hagop, Towards Golgotha: The Memoirs of Hagop Arsenian, a Genocide Survivor (Beirute: Haigazian University Press, 2011)
Babkenian, Vicken, and Peter Stanley, Armenia, Australia & the Great War (Sydney: NewSouth Publishing, University of New South Wales, 2016)
Balakian, Grigoris, Armenian Golgotha: A Memoir of the Armenian Genocide, 1915–1918 (trans. Peter Balakian) (Nova York: Random House, 2006)
Bogosian, Eric, Operation Nemesis: The Assassination Plot that Avenged the Armenian Genocide (Nova York: Little, Brown, 2015)
Cheterian, Vicken, Open Wounds: Armenians, Turks, and a Century of Genocide (Londres: Hurst & Co., 2015)
Duckett, Ferriman, The Young Turks and the Truth about the Holocaust at Adana in Asia Minor, during April 1909 (Yerevan: Armenian Genocide Museum-Institute, 2009)
Fernandes, Desmond, The Kurdish and Armenian Genocides: From Censorship to Denial and Recognition? (Spanga, Suécia: Apec, 2008)
Fethiye Cetin, My Grandmother: A Memoir (Londres: Verso, 2008) Galichian, Rouben, The Invention of History: Azerbaijan, Armenia, and the Showcasing of Imagination (Londres: Gomidas Institute, 2009)
Ihrig, Stefan, Ataturk in the Nazi Imagination (Cambridge, Mass.: Belknap Press of Harvard University Press, 2014)
——Justifying Genocide: Germany and the Armenians from Bismarck to Hitler (Cambridge, Mass.: Harvard University Press, 2015)
Kevorkian, Raymond, The Armenian Genocide: A Complete History (Londres: I.B. Tauris, 2011)
——Les Arméniens: La Quête d'un refugé 1917–1939 (edited by Kevorkian, Levon Nordiguian and Vahe Tachjian) (Beirute: Presses de L'Université Saint-Joseph, 2007)
Koundakjian, Armine Carapetian, The Repression of Armenian Repatriates during the Stalin Era (Yerevan: self-published, 2012)
——What Was Written in Iran during Armenian Genocide Years (Yerevan: self-published, 2012)
Kouyoumdjian, Bardig, and Christine Simeone, Deir-Zor: On the Trail of the Armenian

Genocide of 1915 (Paris: Actes sud, 2005; Versão inglesa publicada privadamente pelo auto e fotógrafo, 2010)

Leverkuhn, Paul, A German Officer During the Armenian Genocide: A Biography of Max von Scheubner-Richter (Londres: Gomidas Institute, 2008)

Maronian, Bared and Maggie Mangassarian-Goschin, Orphans of the Genocide (Florida: Signalman Publishing, 2012)

Marsoobian, Armen T., Fragments of a Lost Homeland: Remembering Armenia (Londres: I.B. Tauris, 2015)

Natalie, Shahan, The Turks and Us (Nagorno-Karabagh: Punik Publishing, 2002)

Panian, Karnig, Goodbye, Antoura: A Memoir of the Armenian Genocide (Stanford, California: Stanford University Press, 2015)

Reiss, Tom, The Orientalist: Solving the Mystery of a Strange and Dangerous Life (Nova York: Random House, 2006)

Suny, Ronald Grigor, They Can Live in the Desert but Nowhere Else: A History of the Armenian Genocide (Princeton: Princeton University Press, 2015)

Tchamkerten, Astrig, Les Gulbenkian à Jerusalem (Lisboa: Fundação Calouste Gulbenkian, 2006)

Torossian, Captain Sarkis, From ... Dardanelles to Palestine: A true story of five battlefronts of Turkey and her allies and a harem romance (Boston: Meador Publishing, 1947)

Waal, Thomas de, Great Catastrophe: Armenians and Turks in the Shadow of Genocide (Oxford: OUP, 2015)

Watenpaugh, Keith David, Bread from Stones: The Middle East and the Making of Modern Humanitarianism (Oakland, California: University of California Press, 2015)

Yotnakhparian, Levon, Crows of the Desert: Memoirs (Tujunga, California: Parian Photographic Design, 2012)

Egito

Aburish, Said K., Nasser: The Last Arab (Londres: Duckworth, 2004)

Alwan, Yasser (preface and introduction), Imagining Egypt: The Photographs of Lehnert and Landrock (Cairo: Lehnert and Landrock, 2007)

Amin, Galal, Whatever Happened to the Egyptian Revolution? (trans. Jonathan Wright) (Cairo: American University in Cairo Press, 2013)

Al-Aswany, Alaa, The Republic 'As If': A Novel (Londres: HarperCollins, 2020)

Bier, Laura, Revolutionary Womanhood: Feminism, Modernity, and the State in Nasser's Egypt (Cairo: American University in Cairo Press, 2011)

Cook, Steven A., The Struggle for Egypt: From Nasser to Tahrir Square (Nova York: Oxford University Press, 2012)

Fahmy, Mohamed (with Carol Shaben), The Marriott Cell: An Epic Journey from Cairo's Scorpion Prison to Freedom (Toronto: Random House Canada, 2016)

Idle, Nadia, and Alex Nunns, Tweets (editors), Tweets from Tahrir: Egypt's Revolution as it Unfolded, in the Words of the People Who Made It (Nova York: OR Books, 2011)

Kandil, Hazem, Soldiers, Spies and Statesmen: Egypt's Road to Revolt (Londres: Verso,

2012)
Lanfranchi, Sania Sharawi, Casting off the Veil: The Life of Huda Shaarawi, Egypt's First Feminist (Londres: I.B. Tauris, 2012)
Mehrez, Samia, Egypt's Culture Wars: Politics and Practice (Cairo: American University in Cairo Press, 2010)
Nasser, Tahia Gamal Abdel, Nasser: My Husband (Cairo: American University in Cairo Press, 2013)
Pargeter, Alison, The Muslim Brotherhood: From Opposition to Power (Londres: Saqi, 2013)
Rifaat, Mohamed (Pasha), The Awakening of Modern Egypt (Cairo: Palm Press, 2005)
Sabry, Mohannad, Sinai: Egypt's Linchpin, Gaza's Lifeline, Israel's Nightmare (Cairo: American University in Cairo Press, 2015)
Smith, Simon C. (ed.), Reassessing Suez 1956: New Perspectives on the Crisis and its Aftermath (Aldershot, UK: Ashgate, 2008)

Golfo

Barr, James, Setting the Desert on Fire: T.E. Lawrence and Britain's Secret War in Arabia, 1916–18 (Londres: Bloomsbury, 2006)
Al-Bishr, Mohammed (editor), Saudis and Terror: Cross Cultural Views (Riyadh: Ghainaa Publications, 2005)
Mitchell, Timothy, Carbon Democracy: Political Power in the Age of Oil (Londres: Verso, 2011)
Trofimov, Yaroslav, The Siege of Mecca: The Forgotten Uprising (Londres: Allen Lane, 2007)

Irã

Ahmadi, Albertine, Carnets d'Iran: Recit (Sainte Croix, Switzerland: Editions Mon Village, 2001)
Ansari, Ali M., Iran: A Very Short Introduction (Oxford: OUP, 2014)
Bellaigue, Christophe de, Patriot of Persia: Muhammad Mossadegh and a Very British Coup (Londres: Bodley Head, 2012)
Diba, Farhad, Mohammad Mossadegh: A Political Biography (Londres: Croom Helm, 1986)
Hashemi, Nader, and Danny Postel (eds), The People Reloaded: The Green Movement and the Struggle for Iran's Future (Nova York: Melville House, 2010)
Milani, Abbas, The Shah (Nova York: Palgrave Macmillan, 2011)
Moqadam, Afsaneh, Death to the Dictator! Witnessing Iran's Election and the Crippling of the Islamic Republic (Londres: Bodley Head, 2010)
Ritter, Scott, Target Iran: The Truth about the White House's Plans for Regime Change (Nova York: Nation Books, 2006)

Iraque

Ali, Tariq, Rough Music: Blair/Bombs/Baghdad/Londres/Terror (Londres: Verso, 2005)
Amirian, Nazanin, Los Kurdos: Kurdistan: el pais inexistente (Barcelona: Flor del Viento

Edicciones, 2005)

Bellavia, David (with John Bruning), House to House: An Epic of War (Londres: Simon and Schuster, 2007)

Blix, Hans, Disarming Iraq: The Search for Weapons of Mass Destruction (Londres: Bloomsbury, 2004)

Busch, Benjamin, Dust to Dust: A Memoir (Londres: HarperCollins, 2012)

Chandrasekaran, Rajiv, Imperial Life in the Emerald City: Inside Baghdad's Green Zone (Londres: Bloomsbury, 2007)

Cockburn, Patrick, The Occupation: War and Resistance in Iraq (Londres: Verso, 2006)

——Muqtada Al-Sadr and the Fall of Iraq (Londres: Faber & Faber, 2008)

——The Jihadis Return: ISIS and the New Sunni Uprising (Nova York: OR Books, 2014)

Duelfer, Charles, Hide and Seek (Londres: Perseus Books, 2010)

Ewing, William, From Gallipoli to Baghdad (Londres: Hodder and Stoughton, 1917)

Ferguson, Charles H., No End in Sight: Iraq's Descent into Chaos (Nova York: Perseus Books, 2008)

Galbraith, Peter W., The End of Iraq: How American Incompetence Created a War Without End (Nova York: Simon and Schuster, 2006)

Gardner, Lloyd C., and Marilyn B. Young (eds), Iraq and the Lessons of Vietnam: Or How Not to Learn From the Past (Nova York: New Press, 2007)

Gordon, Joy, Invisible War: The United States and the Iraqi Sanctions (Cambridge, Mass.: Harvard University Press, 2010)

Hedges, Chris, and Laila Al-Arian, Collateral Damage: America's War Against Iraqi Civilians (Nova York: Nation Books, 2008)

Al-Jezairy, Zuhair, The Devil You Don't Know: Going Back to Iraq (Londres: Saqi, 2009)

Kesteren, Geert von, Baghdad Calling (Rotterdam: Episode Publishers, 2008)

Khudayyir, Muhammad, Basrayatha: The Story of a City (Londres: Verso, 2008)

Mansour, Ahmed, Inside Fallujah: The Unembedded Story (Gloucestershire, UK: Arris Books, 2009)

Maxwell, Donald, A Dweller in Mesopotamia: Being the Adventures of na Official Artist in the Garden of Eden (Londres: John Lane, Bodley Head, 1921)

Muttitt, Greg, Fuel on the Fire: Oil and Politics in Occupied Iraq (Londres: Bodley Head, 2011)

Nixon, John, Debriefing the President: The Interrogation of Saddam Hussein (Londres: Penguin Random House, 2016)

Oborne, Peter, The Rise of Political Lying (Londres: Free Press, 2005)

Packer, George, The Assassin's Gate: America in Iraq (Nova York: Farrar, Straus and Giroux, 2005)

Rai, Milan (chapter by Noam Chomsky), War Plan Iraq: 10 Reasons Why We Shouldn't Launch Another War Against Iraq (St Leonard'son-Sea, UK: Arrow Publications, 2002)

Ricks, Thomas E., Fiasco: The American Military Adventure in Iraq (Nova York: Penguin, 2007)

——The Gamble: General Petraeus and the Untold Story of the American Surge in Iraq (Londres: Penguin, 2010)

Rosen, Nir, In the Belly of the Green Bird: The Triumph of the Martyrs in Iraq (Nova York: Simon and Schuster, 2006)

Rutledge, Ian, Enemy on the Euphrates: The British Occupation of Iraq and the Great Arab Revolt 1914–1921 (Londres: Saqi, 2014)

Al-Safi, Haider, Iraqi Media: From Saddam's Propaganda to American State-Building (Cambridge: Askance Publishing, 2013)

Saleh, Zaki, Mesopotamia (Iraq) 1600–1914: A Study in English Foreign Affairs (Baghdad: Al-Ma'aref Press, 1957)

Scahill, Jeremy, Blackwater: The Rise of the World's Most Powerful Mercenary Army (Nova York: Nation Books, 2007); updated as Blackwater: From the Nissour Square Massacre to the Future of the Mercenary Industry (2008)

Scheer, Christopher, and Robert Scheer, and Lakshmi Chaudhry, The Five Biggest Lies Bush Told Us About Iraq (Londres: Seven Stories Press and Akashic Books, 2003)

Short, Clare, An Honourable Deception? New Labour, Iraq, and the Misuse of Power (Londres: Simon and Schuster, 2004)

Israel e Palestina

Achcar, Gilbert, The Arabs and the Holocaust: The Arab–Israeli War of Narratives (Londres: Saqi, 2009)

——Eichmann au Caire et autres essais (transl. Jean-Claude Pons), (Paris: Institute of Palestine Studies and Actes Sud, 2012)

Al-Ali, Naji (cartoons), A Child in Palestine (Londres: Verso, 2009)

Ateek, Naim Stifan, A Palestinian Christian Cry for Reconciliation (Nova York: Orbis Books, 2008)

Atwan, Abdul Bari, A Country of Words: A Palestinian Journey from the Refugee Camp to the Front Page (Londres: Saqi, 2008)

Backmann, Rene, Un Mur En Palestine (Paris: Fayard, 2006)

Barsamian, David, The Pen and the Sword: Conversations with Edward Said (Chicago: Haymarket Books, 2010)

Bird, Kai, Crossing the Mandelbaum Gate: Coming of Age Between the Arabs and Israelis, 1956–78 (Londres: Simon and Schuster, 2010)

Carter, Jimmy, Palestine: Peace Not Apartheid (Londres: Simon and Schuster, 2006)

Chehab, Zaki, Inside Hamas: The Untold Story of Militants, Martyrs and Spies (Londres: I.B. Tauris, 2004)

Chomsky, Noam, The Fateful Triangle: The United States, Israel and the Palestinians (Londres: Pluto Press, 1983)

Corrie, Rachel, My Name is Rachel Corrie (taken from the writings of Rachel Corrie, Alan Rickman and Katharine Viner, eds) (Londres: Royal Court, 2005)

Cronin, David, Europe's Alliance with Israel: Aiding the Occupation (Londres: Pluto Press, 2011)

Dershowitz, Alan, The Case for Israel (Nova York: Wiley, 2003)

Durrell, Lawrence, Judith: A Novel (Kerkyra, Greece: Durrell School of Corfu, 2012)

Enderlin, Charles, Par le feu et par le sang: Le combat pour l'indépendance d'Israel 1936–1948 (Paris: Albin Michel, 2008)

——Le Grand Aveuglement: Israel et l'irrésistible ascension de l'islam radical (Paris: Albin Michel, 2009)

Filiu, Jean-Pierre (trans. John King), Gaza: A History (Londres: Hurst Co., 2014)

Finkelstein, Norman G., Beyond Chutzpah: On the Misuse of AntiSemitism and the Abuse of History (Londres: Verso, 2005)

——'This Time We Went Too Far': Truth and Consequences of the Gaza Invasion (Nova York: OR Books, 2010)

——Knowing Too Much: Why the American Jewish Romance with Israel is Coming to an End (Nova York: OR Books, 2012)

Furlonge, Geoffrey, Palestine is My Country: The Story of Musa Alami (Londres: John Murray, 1969)

Ghandour, Zeina B., A Discourse in Domination: Imperialism, Property and Insurgency (Abingdon, UK: Routledge 2010)

Gilbert, Mads, and Erik Fosse, Eyes in Gaza (Londres: Quartet, 2010)

Al-Hout, Shafiq, My Life in the PLO: The Inside Story of the Palestinian Struggle (Londres: Pluto Press, 2011)

Kattan, Victor, From Coexistence to Conquest: International Law and the Origins of the Arab-Israeli Conflict, 1891–1949 (Londres: Pluto Press, 2009)

Khalidi, Walid (ed.), All That Remains: The Palestine Villages Occupied and Depopulated by Israel in 1948 (Washington DC: Institute for Palestine Studies, 1992)

Kimmerling, Baruch, Politicide: The Real Legacy of Ariel Sharon (Londres: Verso, 2003)

Laor, Yitzhak, The Myths of Liberal Zionism (Londres: Verso, 2009)

LeBor, Adam, City of Oranges: Arabs and Jews in Jaffa (Londres: Bloomsbury, 2006)

Loewenstein, Antony, My Israel Question (Carlton, Australia: Melbourne University Press, 2006)

Macintyre, Donald, Gaza: Preparing for Dawn (Londres: Oneworld, 2017) Martin, Robin H., Palestine Betrayed: A British Palestine Policeman's Memoirs (1936–1948) (Ringwood, UK: Seglawi Press, 2007)

McCarthy, John, You Can't Hide the Sun: A Journey Through Israel and Palestine (Londres: Bantam Press, 2012)

Mearsheimer, John J. and Stephen M. Walt, The Israel Lobby and US Foreign Policy (Londres: Allen Lane, 2007)

Milo, Max, Il n'y aura pas d'État palestinien: Journal d'un négociateur en Palestine (Paris: Editions Max Milo, 2010)

Morris, Benny, The Birth of the Palestine Refugee Problem 1947–1949 (Cambridge: CUP, 1987)

Murphy, Dervla, Between River and Sea: Encounters in Israel and Palestine (Londres: Eland Books, 2015)

Myer, Arno J., Plowshares into Swords: From Zionism to Israel (Londres: Verso, 2008)

Pappé, Ilan, Britain and the Arab-Israeli Conflict 1948–1951 (Londres: St Antony's College/Macmillan, 1988)

——The Making of the Arab–Israeli Conflict 1947–1951 (Londres: I.B. Tauris, 1992)

——The Ethnic Cleansing of Palestine (Londres: Oneworld, 2006)

——The Rise and Fall of a Palestinian Dynasty: The Husaynis 1700–1948 (Berkeley Los Angeles: University of California Press, 2010)

Rabkin, Yakov M., A Threat from Within: A Century of Jewish Opposition to Zionism (Winnipeg: Fernwood Publishing, 2006)

Reinhart, Tanya, The Road Map to Nowhere: Israel/Palestine Since 2003 (Londres: Verso, 2006)

Rodger, Peter, Herzl's Nightmare: One Land, Two Peoples (Londres: Constable, 2004)

Russell Tribunal on Palestine: Responsibility of the European Union: Its Member States and Corporations in the Ongoing Occupation of Palestinian Territories. Providing Illegal Assistance to Israel? (Brussels: Russell Tribunal on Palestine, 2011)

Salibi, Kemal, The Historicity of Biblical Israel: Studies in 1 & 2 Samuel (Beirute: Dar Nelson, 2009)

Sand, Shlomo, The Invention of the Jewish People (Londres, Verso, 2009)

——On the Nation and the 'Jewish People', with two essays by Ernest Renan (Londres: Verso, 2010)

——The Invention of the Land of Israel: From Holy Land to Homeland
(Londres: Verso, 2012)

Schneer, Jonathan, The Balfour Declaration: The Origins of the ArabIsraeli Conflict (Londres: Bloomsbury, 2010)

Shehadeh, Raja, Occupation Diaries (Londres: Profile Books, 2012)

Shlaim, Avi, The Iron Wall: Israel and the Arab World (Londres: Allen Lane (new edition), 2014)

——Israel and Palestine: Reappraisals, Revisions, Refutations (Londres: Verso, 2009)

Swisher, Clayton E., The Truth about Camp David: The Untold Story about the Collapse of the Middle East Peace Process (Nova York: Nation Books, 2004)

——(ed.) The Palestine Papers: The End of the Road? Documents on the Israeli-Palestinian (Israeli-Palestinian negotiation documents 1999– 2010, full texts on Al Jazeera's Transparency Unit website www. transparency.aljazeera.net) (Londres: Hesperus Press, 2011)

Tamari, Salim, Year of the Locust: A Soldier's Diary and the Erasure of Palestine's Ottoman Past (Berkeley, USA: University of California Press, 2011)

Yizhar, S. (real name: Yizhar Smilansky), Khirbet Khizeh (Londres: Granta, 2011)

Síria e Líbano

Ajami, Fouad The Syrian Rebellion (Stanford, California: Hoover Institution Press, Stanford University, 2012)

Bauer, Wolfgang, Crossing the Sea: With Syrians on the Exodus to Europe (High Wycombe, UK: And Other Stories, 2016)

Bouvier, Edith, Chambre avec Vue sur la Guerre (Paris: Flammarion, 2012)

Clonan, Tom, Blood, Sweat and Tears: An Irish Soldier's Story of Love and Loss (Dublin: Liberties Press, 2012)

Cortas, Wadad Makdisi, A World I Loved: The Story of an Arab Woman (Nova York: Nation Books, 2009)

Dagher, Sam, Assad or We Burn the Country: How One Family's Lust for Power Destroyed Syria (Nova York: Little, Brown, 2020)

De Wailly, Henri, Invasion Syria 1941: Churchill and de Gaulle's Forgotten War (Londres: I.B. Tauris, 2016)

Filiu, Jean-Pierre, Je vous écrit d'Alep (Paris: Denoel, 2013)

Fisk, Robert, Pity the Nation: Lebanon at War (Londres: Andre Deutsch, 1990, updated editions from Oxford University Press, 2003 and Nova York: Nation Books, 2003)

Glass, Charles, Syria Burning: A Short History of Catastrophe (Londres: Verso, 2016)

Al-Hout, Bayan Nuwayhed, Sabra and Shatila: September 1982 (Londres: Pluto Press, 2004)

Kanafani-Zahar, Aida, Liban: La guerre et la memoire (Rennes, France: Presses Universitaires de Rennes, 2011)

Kassir, Samir, Beirut (Berkeley, USA: University of California Press, 2010)

Khalidi, Anbara Salam, Memoirs of an Early Arab Feminist: The Life and Activism of Anbara Salam Khalidi (Londres: Pluto Press, 2013)

Littell, Jonathan, Syrian Notebooks: Inside the Homs Uprising (Londres: Verso, 2015)

Maasri, Zeina, Off the Wall: Political Posters of the Lebanese Civil War (Londres: I.B. Tauris, 2009)

Makdisi, Ussama, Artillery of Heaven: American Missionaries and the Failed Conversion of the Middle East (Ithaca, Nova York: Cornell University Press, 2008)

Mardam Bey, Salma, Syria's Quest for Independence 1939–1943 (Reading, UK: Ithaca Press, 1994)

McHugo, John, Syria: From the Great War to Civil War (Londres: Saqi, 2014)

Mobayed, Sami, Under the Black Flag: At the Frontier of the New Jihad (Londres: I.B. Tauris, 2015)

Rubin, Barry, The Truth About Syria (Nova York: Palgrave Macmillan, 2007)

Seale, Patrick, The Struggle for Arab Independence: Riad el-Solh and the Makers of the Modern Middle East (Cambridge: CUP, 2010)

Shaaban, Bouthaina, Damascus Diary: An Inside Account of Hafez al-Assad's Peace Diplomacy, 1990–2000 (Boulder, Colorado: Lynne Rienner Publishers, 2013)

Starr, Stephen, Revolt in Syria: Eye-witness to the Uprising (Londres: C. Hurst & Co., 2012)

Thompson, Elizabeth, Colonial Citizens: Republican Rights, Paternal Privilege, and Gender in French Syria and Lebanon (Nova York: Colombia University Press, 2000)

Tveit, Odd Karsten, Goodbye Lebanon: Israel's First Defeat (Londres: Rimal, 2013)

Van Dam, Nikolaos, The Struggle for Power in Syria: Politics and Society under Asad and the Ba'th Party (Londres: I.B. Tauris, 1996)

——Destroying a Nation: The Civil War in Syria (Londres: I.B. Tauris, 2017)

Yazbek, Samar, A Woman in the Crossfire: Diaries of the Syrian Revolution (Londres: Haus Publishing, 2012)

Jornalismo

Bell, Martin, The Truth That Sticks: New Labour's Breach of Trust (Londres: Icon Books, 2008)

Bentley, Gareth (unpublished PhD thesis) Journalistic Agency and the Subjective Turn in

British Foreign Correspondent Discourse (Londres: SOAS, 2011)

Caron, Sarah, Le Pakistan à vif: Témoignage d'une photo-reporter (Paris: Jean-Claude Gawsewitch, 2010)

Chomsky, Noam, Media Control: The Spectacular Achievements of Propaganda (Nova York: Seven Stories Press, 1997)

Crawford, Alex, Colonel Gaddafi's Hat: The Real Story of the Libyan Uprising (Londres: HarperCollins, 2012)

Fernández, Belén, The Imperial Messenger: Thomas Friedman at Work (Londres: Verso, 2011)

Friel, Howard, and Richard Falk, Israel-Palestine On Record: How the Nova York Times Misreports Conflict in the Middle East (Londres: Verso, 2007)

Goodman, Amy, and David Goodman, Static: Government Liars, Media Cheerleaders, and the People Who Fight Back (Nova York: Hyperion, 2006)

Huggler, Justin, The Burden of the Desert (a novel) (Londres: Short Books, 2014)

Hurndall, Tom, The Only House Left Standing: The Middle East Journals of Tom Hurndall (Londres: Trolley, 2012)

Labter, Lazhari, Journalistes Algériens 1988–1998: Chronique des années d'espoir et de terreur (Algiers: Chihab Editions, 2005)

Miles, Hugh, Al-Jazeera: How Arab TV News Challenged the World (Londres: Abacus, 2005)

Snow, John, Shooting History: A Personal Journey (Londres: HarperCollins, 2004)

Struk, Janina, Private Pictures: Soldiers' Inside View of War (Londres: I.B. Tauris, 2011)

Villiers, Frederic, Pictures of Many Wars (Londres: Cassell, 1902)

Wilson, Jean Moorcroft, and Cecil Woolf (eds), Authors Take Sides on Iraq and the Gulf War (Londres: Cecil Woolf Publishers, 2004)

Zinn, Howard (introduction), Target Iraq: What the News Media Didn't Tell You (Nova York: Context Books, 2003)

Documentos selecionados

The Abbottabad Commission, 2013 Pakistan Government official inquiry into the death of Osama bin Laden on the night of 1–2 May 2011, by Justice Javed Iqbal (president), Abbas Khan, Ashraf Jehangir Qazi, Lt. Gen. (retired) and Nadeem Ahmed (members), documento revelado pela Al Jazeera, July 2013

Acts of Aggression: Policing 'Rogue' States, Chomsky, Noam, Ramsey Clark and Edward W. Said (Nova York: Seven Stories Press, 1999)

Ali, Tariq, 'President of Cant: Obama at War' in New Left Review, no. 61 (Londres: New Left Review, February 2010)

Amnesty International Report 2011: The State of the World's Human Rights (Londres: Amnesty, 2011)

Aruri, Naseer, 'United States Policy and Palestine: Oslo, the Intifada and Erasure' in Race and Class: A Journal on Racism, Empire and

Globalisation, Vol. 52, January–March 2011 (Londres: Institute of Race Relations, 2011)

Barnett, Correlli, Post-Conquest Civil Affairs: Comparing War's End in Iraq and in Germany (Londres: Foreign Policy Centre, 2005)

Barrons, Genevieve, 'Suleiman: Mubarak Decided to Step Down Egypt Jan 25 OH MY GOD': Examining the Use of Social Media in the 2011 Egyptian Revolution, Contemporary Arab Affairs, Vol. 5. No. 1, January–March 2012

Beck, Peter, '"The Less Said about Suez the Better": British Governments and the Politics of Suez's History, 1956–67', ver English Historical Review, Vol. CXXIV, No. 508, June 2009

Burke, Pat (Commander, Irish Naval Service) In the Crosshairs:

Targeted Killing in Contemporary Conflict (Dublin: Defence Forces Review 2012, Óglaigh na hÉireann)

Carnegie Endowment for International Peace, Iraq: A New Approach (Londres: Carnegie Endowment, 2002)

Chomsky, Noam, The Umbrella of US Power: The Universal Declaration of Human Rights and the Contradictions of US Policy (Nova York: Seven Stories Press, 1999)

——Power and Terror: Post 9/11 Talks and Interviews (Nova York: Seven Stories Press, 2003)

——'Responsibility to Protest' in The Spokesman (Nottingham, UK: Bertrand Russell Peace Foundation, 2009)

——'"Exterminate All the Brutes": Gaza 2009' in The Spokesman (Nottingham, UK: Bertrand Russell Peace Foundation, 2009)

——'Exposing Western Leadership' (entrevista com Amy Goodman on Democracy Now!, 30 November 2010) reprinted in The Spokesman, No. 111 (Nottingham, UK: Bertrand Russell Peace Foundation, 2011)

Coury, Ralph M., 'A Syllabus of Errors: Pope Benedict XVI on Islam at Regensburg' in Race and Class: A Journal on Racism, Empire and Globalisation, January–March, 2009

Crow, Karim D., 'Distrust of Pluralism and Fear of Diversity Among Muslims' in Islam and Civilisational Renewal (Malaysia: International Institute of Advanced Islamic Studies, 2009)

Doyle, Colm, 'A Responsibility to Protect' in Irish Studies in International Affairs, Vol. 20 (Dublin: Royal Irish Academy, 2009)

Elworthy, Scilla, and Gabrielle Rifkind, Making Terrorism History (Londres: Rider, Random House, 2006)

Eqbal, Ahmad, (interview with David Barsamian) Terrorism: Theirs and Ours (Nova York: Seven Stories Press, 2001)

Esposito, John, 'Islam Studies, Foreign Policy and the Muslim World: From Bush to Obama' in Delicate Debates on Islam (Leiden, Netherlands: Leiden University Press, 2011)

Al-Hamid, Raed, 'The American Withdrawal from Iraq: Ways and Means for Remaining Behind', Contemporary Arab Affairs, Vol. 5, No. 2 (April 2012)

Haram al-Ein (Jerusalem: Centre for Jerusalem Studies, 2010)

Human Rights in Palestine and Other Occupied Arab Territories: Report of the United Nations Fact-Finding Mission on the Gaza Conflict (The Goldstone Report) (UN

General Assembly, Human Rights Council, 25 September 2009)

Islam and the West (Ditchley Park, UK: Oxford Centre for Islamic Studies, 1994)

Islamic Art at the Musée du Louvre (ed. Sophie Makariou) (Paris: Hazan/Musée du Louvre, 2012)

Karlsson, Ingmar, 'The Turk as a Threat and Europe's "Other"', Istanbul Lectures 2003–2008 (Istanbul: Swedish Research Institute in Istanbul, 2008)

Kilo, Michel, 'Syria … the Road to Where?', Contemporary Arab Affairs, Vol. 4, No. 4 (October 2011)

Messages to the World: The Statements of Osama bin Laden (int. Bruce Lawrence, trans. James Howarth) (Londres: Verso, 2005)

Miller, Chris (ed.), 'War on Terror' (Oxford Amnesty Lectures) (Manchester: Manchester University Press 2009)

Newsinger, John, 'Liberal Imperialism and the Occupation of Egypt in 1882' in Race and Class: A Journal on Racism, Empire andGlobalisation, Vol. 49 (January–March, 2008)

——'Taking Baghdad: Some US Marine Memoirs of the Invasion of

Iraq' in Race and Class: A Journal on Racism, Empire and Globalisation, Vol. 52 (April–June 2011)

Omar Khadr, Oh Canada (ed. Janice Williamson) (Montreal: McGillQueen's University Press, 2012)

Osama bin Laden and Al-Qaeda: Documents Captured at Abbottabad Compound, Original Arabic Transcriptions, English Translations and

Annotations, available from BACM Research (www. PaperlessArchives.com), 264 South LaCienega Boulevard, no. 1142, Beverley Hills, CA 902

Owen, Roger, 'The Arab "Demonstration" Effect and the Revival of Arab Unity in the Arab Spring' (drawn from Owen, The Rise and Fall of Arab Presidents for Life (Boston: Harvard, 2012) (Contemporary Arab Affairs, Vol 5, No. 3, July–September 2012)

Piterberg, Gabriel, 'Zion's Rebel Daughter: Hannah Arendt on Palestine and Jewish Politics' in New Left Review (Londres: New Left Review No. 48, November–December 2007)

Rashed, Roshdi, 'Arabic Science and Reviewing the Historiography of Science' (translation from Studies in the History of Arabic Sciences and Their Philosophy, Ch. 2, Beirut: Centre for Arab Unity Studies, 2011) (Contemporary Arab Affairs, Vol. 5, No. 1, January–March 2012)

Al-Rasheed, Madawi, 'Saudi Arabia: Local and Regional Challenges', Contemporary Arab Affairs, Vol. 6, No. 1 (January 2013)

The Sabeel Survey on Palestinian Christians in the West Bank and Israel (Jerusalem: Sabeel, 2006)

Sawaf, Zina, 'Youth and the Revolution in Egypt: What Kinship Tells Us', Contemporary Arab Affairs, Vol. 6, No. 1 (January 2013)

Shah-Kazemi, Reza, Crisis in Chechnya: Russian Imperialism, Chechen Nationalism, Militant Sufism (Londres: Islamic World Report, 1995)

Siddiqui, Haroon, 'Anti-Muslim Bigotry Goes Official – Canada's Newest Dark Chapter', in The Relevance of Islamic Identity in Canada:

Culture, Politics, and Self (ed. Nurjehan Aziz) (Toronto: Mawenzi House, 2015)

Strategic Foresight Group, Cost of Middle East Conflict (in cooperation with the AK Party, Turkey, Swiss Federal Department of Foreign

Affairs, Norwegian Ministry of Foreign Affairs, Qatar Foundation) (Mumbai, India: Strategic Foresight Group, 2009)

A Time to Speak Out: Independent Jewish Voices on Israel, Zionism and Jewish Identity (Londres: Verso, 2008)

United Nations Mission to Investigate Allegations of the Use of Chemical Weapons in the Syrian Arab Republic: Report on the Alleged Use of Chemical Weapons in the Ghouta Area of Damascus on 21 August 2013 Voice of Hezbollah: The Statements of Sayyed Hassan Nasrallah (ed. Nicholas Noe) (Londres: Verso, 2007)

Wilber, Donald, 'Overthrow of Premier Mossadeq of Iran, 1954', in Regime Change in Iran: Overthrow of Premier Mossadeq of Iran November 1952–August 1953 (Londres: Spokesman Books, 2006)

Winter Soldier: Iraq and Afghanistan: Eyewitness Accounts of the Occupation (Iraq Veterans Against the War, and Aaron Glantz) (Chicago: Haymarket Books, 2008)

AGRADECIMENTOS

Muitos daqueles que me ajudaram e incentivaram a escrever este livro são agora velhos amigos; eles têm pesquisado e desenterrado informações para mim há mais de 30 anos, ligando e escrevendo com revelações políticas e documentos secretos, memórias e revelações de eventos históricos desconhecidos. Entre eles estão árabes, israelenses e "ocidentais" — uma distinção insatisfatória que os leitores terão que resolver por si mesmos. Outros eu teria que chamar de "contatos", em vez de amigos: incluem milicianos, soldados, oficiais de inteligência, políticos, imames, banqueiros, diplomatas, policiais e, temo, pelo menos um suicida e sua família e vários assassinos. Mas sem uma multidão de outros — os pobres, os feridos e os oprimidos do mundo muçulmano, do Paquistão à "Palestina", Líbano e Egito — este livro nunca poderia ter sido concluído. A maioria ainda existe em meio ao terror e à injustiça em que viviam quando os entrevistei. Vários deles, infelizmente, morreram mortes violentas e dolorosas. Para maior clareza, às vezes anotei seus papéis ou a natureza de sua assistência a mim.

Amal Abdulhadi; Jawad Adra e Alicia Jammal da Information International (Beirute); Mme Khour Afifa; Paddy Agnew em Roma; Dra. Samira Alaani; Akik al-Aloussi do departamento de patologia do hospital Kindi em Bagdá; George W. Appenzeller, veterano da guerra do Vietnã cujo entendimento do exército americano foi essencial para minha cobertura do Iraque; Faik Amin Bakr do necrotério da cidade de Bagdá; Dra. Frazani Bari; Professor Peter Beck por sua pesquisa e artigo sobre as consequências políticas da invasão do Suez de 1956; Robin Brooke-Smith, ex-diretor do Edwards College em Peshawar; Dr. Chris Busby por seus relatórios e comentários sobre cânceres infantis e anomalias congênitas no Iraque; ex-major do Corpo de Fuzileiros Navais dos EUA Benjamin Busch pela permissão para citar suas eloquentes cartas para casa como oficial do Corpo de Fuzileiros Navais dos EUA no Iraque; Charley Campbell de Ontário por seu trabalho *Reading Arabia: An Expatriate View*; Lamri Chirouf da Anistia Internacional; o falecido Ken Coates da Bertrand Russell Peace Foundation; Ed Cody do Washington Post; meu amigo e colega Patrick Cockburn do *Independent*; o diplomata italiano Pietro Cordone; Dr. Douglas Cox; Nadim Elissa por suas informações sobre a conferência do Cairo de 1921; Mohamed Fahmy; Joanne Farchakh por seu tour guiado pelas cidades destruídas da Suméria; Ayman Gaballah, editor-chefe adjunto da Al Jazeera; Tom Geddes por sua correspondência com o Ministério da Defesa do Reino Unido; Zeinab al-Ghoneimi; Stella Gourney; Adrian Hamilton por sua diligência na busca de meus próprios arquivos no *Independent*; a vítima de estupro "Hanan"; Dr. Khair El-Din Haseeb do Centro de Estudos da Unidade Árabe em Beirute; Nadhem Shokr al Hadidi do Hospital Geral de Fallujah; a falecida Margaret Hassan da CARE; John Hellegers; Geoffrey Holland da Universidade de Sussex por seu relatório de 2004 sobre armas químicas iraquianas para o Parlamento do Reino Unido; Philip Hurst do Ashurst Seminar; Alan e David Hurst-Brown pela permissão para citar as cartas de seu bisavô de 1880 para sua esposa de Kandahar; Jack B. Hyde; meu amigo economista libanês Marwan Iskandar; a advogada de Lahore Hina Jalani; Eva Jasiewicz por sua ajuda em Basra em sindicatos de petróleo; Dr. Saleem Jahangeer; a jornalista Rania Kadri; Wadah Kanfar da Al Jazeera; o fotógrafo holandês Geert van Kesteren; Missak Kelechian por sua pesquisa no orfanato "morte" armênio em Aintoura (Líbano) e suas incansáveis investigações sobre o genocídio; meu amigo e estudioso islâmico Tarif Khalidi; meu motorista iraquiano Mohamed al-Khazraji; a advogada e ex-ministra jordaniana Asma Khodr; Eric Kueffner; Armine Carapetian Koundakjian; Jennifer Lowenstein por sua contínua ajuda na pesquisa; Ahmed Mansour da Al Jazeera; Maria al-Masani, Peter Metcalfe da T.E. Lawrence Society; colega e amigo Donald Macintyre; oficial do exército irlandês Comdt Kevin McDonald; Tewfiq e Philippa Mishlawi por seus inesgotáveis arquivos; Greg Muttitt, por seu conhecimento sobre petróleo iraquiano; a ativista feminina Lima Nabil; o advogado Ahmed Najdawi; Dra. Lubna Naji; Dr. Kypros Nicolaides do King's College Hospital, Londres; Jonathan Pickering; Othmar Ploeckinger por seu conhecimento de *Mein Kampf* de Hitler; Mario Portanova da revista milanesa *Diario*; Naima al-Rawagh do Programa de Empoderamento da Mulher Palestina; Rocio Da Riva por sua pesquisa sobre o espião do Oriente Médio da Alemanha na guerra de 1914-18, Leo Frobenius; Benji Rogers; Prof. Hugh Roberts da Universidade Tufts; ex-tenente Martin Rubenstein da RAF; Haider al-Safi, por sua sabedoria e coragem em meio ao derramamento de sangue do Iraque; Imad e Leena Saidi; o falecido Kamal Salibi; Neil Sammonds da Anistia Internacional; Manouchehr Sanadjian; Nadia Shamroukh da União da Mulher Jordaniana; o historiador israelense Avi Shlaim; Amira el-Solh; Huw Spanner, a ativista egípcia Azza Sulieman; meu amigo Odd Karsten Tveit; correspondente da Rádio Sueca no Oriente Médio Cecilia Uddén e Agneta Ramberg; Rob Yellowhammer.

Já se tornou quase um ritual para mim agradecer aos meus editores do *Independent*, sem cuja generosidade, coragem e tolerância nem *A noite do poder* nem meu trabalho anterior sobre o Oriente Médio, *A grande guerra pela civilização*, poderiam ter sido empreendidos. Agradeço aos ex-editores Andreas Whittam Smith, Simon Kelner, Chris Blackhurst, Amol Rajan e ao meu atual chefe Christian Broughton. Em uma época em que é moda criticar os editores por sua covardia diante da ortodoxia política e quando os "homens de Estado" tentam suborná-los com favores em troca de apoio às suas guerras, é um prazer infinito registrar que meus editores nunca mudaram uma palavra que escrevi e sempre me incentivaram a atacar os "caras maus", não importasse o custo.

Também devo prestar homenagem à minha editora da HarperCollins, Louise Haines, cuja fé em minha promessa de produzir este manuscrito no prazo foi, como sempre, cruelmente mal aplicada — os jornalistas sempre cumprem seus prazos de jornal, nunca as datas de entrega do editor —, mas cuja única reação foi perguntar ano após ano, muito gentilmente, se eu tinha a menor ideia de quando poderia terminar este livro. Louise tem um bom jeito de lisonjear seus autores; ela ri com deleite quando gosta de uma passagem de prosa. Mas quando ela está entediada ou impaciente com alguma suposta digressão, ela bate o lápis ritmicamente na página com a irritação de um tambor de carrasco. Graças a Deus ela não é jornalista.

Por fim, todo o meu amor e todos os meus agradecimentos vão para minha brilhante jovem esposa, Nelofer, que sempre falou deste livro com afeição porque sabia que representava parte da minha vida e esperava que sua conclusão pudesse marcar o fim dos muitos perigos que enfrentei. Na verdade, agora compartilhamos esses perigos nas terras mais perigosas da Terra. Acho que isso faz parte de nosso destino juntos.

* * *

Desde a morte de Robert, várias pessoas ajudaram a tornar possível a publicação deste livro. Agradeço a Louise Haines por seu apoio inabalável; Mia Colleran; a abordagem cuidadosa de Nick Humphrey na edição; Iain Hunt por sua diligência e trabalho árduo. Agradeço a Anthony Arnove; Noam Chomsky; Patrick Cockburn pelo prefácio e ao *Independent* pelo uso do material; ao estudioso islâmico Alexander Hainy-Khaleeli; Conor McCabe pela foto de Robert; aos amigos Oliver Byrne, Mark e Olga Hearns, Jennifer Lowenstein e Sian Smyth.

Robert iria atualizar os agradecimentos; peço desculpas a qualquer pessoa que deveria ter sido incluída, mas está ausente desta lista. Meus sinceros agradecimentos a todos vocês.

ÍNDICE

A

B

C

D

E

F

G

H

K

L

M

N

O

P

Q

R

S

Y

Z

Este livro foi impresso nas oficinas gráficas da Editora Vozes Ltda.,
Rua Frei Luís, 100 – Petrópolis, RJ.